中国
农业保险研究
2020

安华研究院

庹国柱　主编　　张韧锋　副主编

中国农业出版社
北　京

前　　言

　　从 2010 年安华研究院决定公开出版每年的中国农业保险发展报告到现在，整整过去了十年。在这 10 年里，安华研究院不间断地编辑出版了 10 本书（包括这本《中国农业保险研究 2020》）。前三年我们的书名叫《中国农业保险发展报告》，从 2014 年起，因为一些原因，我们调整了方向和内容，改名《中国农业保险研究》，主要是将前一年里各种专业杂志和报纸上发表的农业保险方面的论文、研究报告和其他重要文章，精选 30 多篇，结集出版。这些文字既反映农业保险政策演进、农业保险发展状况，也反映农业保险学术研究的最新成果。目的是记录我国农业保险在理论指导下、在政策推动下蓬勃发展的脚步，也为政产学研各界研究和操作农业保险提供参考。尽管如今是大数据和互联网时代，人们搜索文献很方便，但是实践表明，这个纸质的文集仍然给大家提供了便利。这是我们研究院坚持编辑出版这个专业文集的重要动力。

　　2019 年，对于农业保险来讲是一个有特殊意义的年份。中央相继发布了三个重要文件，指导农业保险的发展。一个文件是中共中央、国务院在春季发布的"1 号文件"《关于坚持农业农村优先发展　做好"三农"工作的若干意见》，一个是初夏时节，由央行、银保监会、证监会、财政部和农业农村部五部门共同发布的《关于金融服务乡村振兴的指导意见》，第三个是夏秋时节，由中央全面深化改革委员会批准并由财政部、农业农村部、银保监会和林草局四部委发布的《关于加快农业保险高质量发展的指导意见》（以下简称《指导意见》）。特别是第三个文件，专门针对农业保险发展中的困难和问题，全方位地提出了农业保险的发展规划、发展政策和实现路径。为农业保险在今后十年的发展打下了制度和政策基础。在这些重要文件的指导下，2019 年的中国农业保险继续高速增长，为农林牧渔业提供的风险保障高达 3.81 万亿元，同比增长 9.85%，受益农户 4 918.25 万户次。保险费收入也达到 672.48 亿元，同比增长 17.43%，增长速度依然领先保险行业。

　　正如《指导意见》指出的那样，在我们农业保险巨大发展的同时，我们也要看到"农业保险发展仍面临一些困难和问题，与服务三农的实际需求相比仍有较大差距"。无论制度和政策方面，还是实际运作方面，都有值得总结的经验和汲取的教训，有需要完善和改进的市场、经营等诸多层面的问题。比如，2020 年中央 1 号文件中特别指出的"农业保险保费补贴政策落实"问题，"保险机构及时足额理赔"问题和产品创新问题等。在中央和地方财政支持农业保险 12 年之后的 2019 年，首次在没有发生重大灾害情况，综合成本率超过100％。这也给我们学界和业界提出了许多值得进一步研究的重要问题。

这本文集，选择了 37 篇论文（含调查报告），分为 10 个专题和研究播报。这些专题包括发展综述、新政研读、农险机理、政策优化、市场建设、农险扶贫、经营管理、精算研究、巨灾风险、他山之鉴。基本上反映了一年来农业保险理论政策研究和实务进展调研方面的重要成果。

王国军教授撰写的《发展综述》，对 2019 年发展的概况进行了概括和评述。"新政研读"选择了几篇政、产、学、研不同视角对几个重要文件，尤其是《指导意见》的解读和心得体会的文章，其中，我们特邀中央农村工作领导小组原副组长袁纯清同志写了一篇精彩文章，从政府视角对文件作了解读，可以帮助我们进一步领会文件精神。在贯彻上述一系列中央文件的过程中，专家学者和业内同仁也对制度和政策优化方面，结合文件精神做了许多探讨，提出了很好的政策改进意见，我们精选了一组论文，放在"政策优化"专题里。农险界都比较重视农业保险的经营管理，在各地实践中这方面的问题也比较多，大家都非常关注，所以在"经营管理"专题里，我们收入了 7 篇文章。今年是党中央提出的扶贫攻坚的决胜之年，在过去的一年中，农业保险也为扶贫做出了独特的贡献，我们在"农险扶贫"专题里，选出了几篇探讨农险扶贫理论讨论和实践经验的作品与大家分享。期待在 2020 年决战决胜脱贫攻坚的战斗中，农险战线会有更多的实践和理论成果。

这本文集专门选择了三篇林业保险的论文和调研报告。对于林业保险方面我们以往的关注度不够。实际上林业保险作为农业保险的重要组成部分，这十多年发展同样是非常快的，2018 年的承保面积已经达到 23.25 亿亩[①]，远远大于农作物保险的承保面积。森林保险在促进林权制度改革和加强对森林的风险管理，补偿林业经营单位和林农的灾害损失方面发挥了重要作用。国家林业和草原局成立之后，非常重视森林和草原保险，也做了大量的调查研究，做出了

---

① 亩为非法定计量单位，1 亩≈667 平方米，下同。

初步的发展规划。特别是，准备大力发展极具重要性和挑战性的草原保险，扩大草原保险的试点。我国草原面积约 47.8 亿亩，占全国总面积的 33.6%，其中可利用面积为 33.65 亿亩，远远大于耕地面积。发展草原保险对草原生态保护和畜牧业的发展有重要意义。因此，未来的草原保险的拓展，对各级政府和所有农业保险经营机构来说，都值得关注和研究，我们也会及时选择这方面的研究成果编入以后年份的文集。

在新冠肺炎疫情肆虐的 2020 年春天，我们农业保险又从抗击疫病流行的英勇行动中，开始了新的一年的农业保险业务，努力克服各种困难为农林牧渔业穿戴抵御各种风险的"防护服"和"口罩"。犹如在疫病流行时有勇敢无畏的医护人员防病治病一样，农林牧渔业的风霜雨雪也永远有我们农业保险为其保驾护航。让农业保险在我国农业发展中不断显示我们的忠诚与担当吧！

庹国柱　张韧锋

2020 年 3 月 26 日于北京

目　录

2019 年农业保险市场发展概述

王国军　魏新宇

　　2019 年是我国农业保险发展继往开来的一年，农业保险继续为农业生产提供了强有力的风险保障。2019 年我国农业保险的保险金额已经达到了 3.81 万亿元，同比增长 9.85%；提供的农作物保险产品达 270 多种，覆盖面不断扩大，基本涵盖了农林牧渔的各个领域。受保障的农户量增长到了 1.91 亿户次；保费收入 674.82 亿元，同比增长 17.43%。业务规模继续位列亚洲第一位、世界第二位。无论是点还是面，2019 年我国农业保险的发展成就都值得称道。

一、2019 年我国农业保险发展的基本情况

　　在农业保险风险保障持续增加，市场规模稳步扩大的同时，几个方面的试点也在稳步推进：

（一）大灾保险的试点情况

　　2017—2018 年，财政部选择在 13 个粮食大省中的 200 个县进行大灾保险试点，将地租纳入到成本保障范围。两年的试点已经结束，与之前相比，受保障的物化成本提高约 90%，扩大了农作物成本保障范围。2019 年继续扩大了大灾保险试点范围，将原来的 200 个县增加到 500 个县，主要农业大省黑龙江、河南、山东各增加 30 个试点县，其他省份各增加 21 个，扩大了大灾保险保障范围，加大了农业保险"扩面、提标、增品"的工作力度。

（二）完全成本保险的试点情况

　　在大灾保险试点扩大的基础上，自 2018 年开始，根据广大农户的需求，财政部又决定在内蒙古、辽宁、安徽、湖北、山东和河南的 20 个产粮大县进行完全成本保险试点工作，与物化成本保险和大灾保险相比，完全成本包括了物化劳动成本和土地租金，还包括人力资源成本。完全成本保险进一步拓宽了保险责任，提高了保险保障

　　作者简介：王国军，对外经贸大学保险学院教授；魏新宇，对外经贸大学保险学院硕士研究生。

水平。目前，各试点县正稳步推进水稻、小麦、玉米的完全成本保险试点工作，保障了重要农产品有效供给，促进了农民持续增收。2020 年将会继续推进我国三大主粮的完全成本保险试点，促进农业保险高质量发展政策的进一步确定和落实。

（三）"保险＋期货"的试点情况

"保险＋期货"试点已连续五年被写入中央 1 号文件，截止到 2019 年，我国已在 23 个省区市开展了试点项目，项目涵盖了玉米、大豆、棉花、白糖、天然橡胶、鸡蛋、苹果、红枣八类农作物，主要由大连、郑州、上海三家交易所供给金融产品，推动全国的试点工作，以大连交易所为例，2019 年实现县级区域全覆盖试点 10 余个，全国范围的分散试点 60 余个。不仅如此，各地积极开展大豆收入保险、玉米收入保险等"保险＋期货"项目，推动农业保险从原来的保价格向保收入的转变，防控自然和市场双重风险。

（四）天气指数保险的试点情况

2019 年，政府、保险机构、气象局协同推进天气指数保险试点，目前涵盖玉米、水稻、小麦、花卉、蔬菜、水产、果业、茶叶、橡胶等多类农产品，为多地区的农业生产提供保险保障。继黑龙江之后，2019 年广东省政府参与试水巨灾气象指数保险，这一年广东省气象局出具了 20 份气象指数报告，12 个地市依约获得了 2.04 亿元巨灾损失赔款，充分发挥了科技手段拓展巨灾风险分散机制。

（五）农业保险大灾风险分散制度建设进展情况

2015 年建立的中国农业保险再保险共同体，共有 32 家成员公司以及 5 家观察员公司。2019 年"农共体"为其成员公司提供了超过 50％的再保险保障，风险保障总额超过 6 000 亿元，提高了我国农业保险的承保能力，增强了农业保险应对大灾风险的能力，为保障我国农业健康稳定发展发挥了重要作用。

按照人民银行、银保监会、证监会、财政部、农业农村部 2019 年 2 月联合印发的《关于金融服务乡村振兴的指导意见》，要完善农业再保险体系，组建中国农业再保险公司的工作被提上议事日程，进展顺利。这家国家控股的再保险公司经国务院批准在 2020 年初已经开始筹备。

二、2019 年我国农业保险发展的主要动力

2019 年我国农业保险之所以能够取得这样的成就，主要得益于以下几个方面：

（一）农业保险的财政补贴增加

自从 2007 年实施农业保险保费补贴制度以来，我国补贴品种不断增加，补贴区

域不断拓宽，补贴比例不断提高。中央财政已将农业保险保费补贴品种由 2007 年的 6 种（水稻、玉米、小麦、棉花、油料作物、能繁母猪）增加到 2019 年 16 种（水稻、玉米、小麦、油料作物、棉花、马铃薯、青稞、糖料作物、天然橡胶、森林、能繁母猪、奶牛、育肥猪、牦牛、藏系羊、主要粮食制种）。

此外，根据财政部 2019 年 9 月印发的《关于开展中央财政对地方优势特色农产品保险奖补试点的通知》，内蒙古、山东、湖北、湖南、广西、海南、贵州、陕西、甘肃、新疆等 10 个省份，由省级财政引导小农户、新型农业经营主体等开展的符合条件的地方优势特色农产品保险，也按照保费的一定比例获得了中央财政奖补，地方特色农产品保险的发展得到了中央财政的支持。2019 年中央财政对农业保险的补贴达到了 265.59 亿元，对纳入试点范围的地方优势特色农产品保险保费，在省级及省级以下财政至少补贴 35% 的基础上，中央财政对中西部地区补贴 30%，对东部地区补贴 25%。原则上，对国家扶贫开发工作重点县和集中连片特困地区县，县级财政承担的保费补贴比例不超过 5%（表1）。

另外，在中央财政补贴的基础上，一些地方政府结合当地特色与实际情况，也增设一些特色优势农产品补贴品种，如山东枣庄将日光温室、苹果、桃等纳入农业保险保费补贴项目，浙江嘉兴增加大棚蔬菜、葡萄等补贴品种。政府通过财政补贴的方式，不仅支持了农业保险的发展，极大促进了地方特色农业的繁荣，受到了农户的欢迎。

表1　2010—2019 年我国各级政府农业保险保费补贴支出情况

年份	各级政府	农业保险保费补贴（亿元）	财政收入（亿元）	财政支出（亿元）	农险保费补贴占财政收入的比重（‰）	农险保费补贴占财政支出的比重（‰）
2010	中央本级财政	67.8	42 488.47	15 989.73	1.60	4.24
	地方公共财政	58.3	40 613.04	73 884.43	1.44	0.79
	全国公共财政	125.1	83 101.51	89 874.16	1.51	1.39
2011	中央本级财政	78.7	51 327.32	16 514.11	1.53	4.77
	地方公共财政	70.8	52 547.11	92 733.68	1.35	0.76
	全国公共财政	149.5	103 874.43	109 247.79	1.44	1.37
2012	中央本级财政	90.97	56 175.23	18 764.63	1.62	4.85
	地方公共财政	81.87	61 078.29	107 188.34	1.34	0.76
	全国公共财政	172.8	117 253.52	125 952.97	1.47	1.37
2013	中央本级财政	120.38	60 198.48	20 471.76	2.00	5.88
	地方公共财政	108.34	69 011.16	119 740.34	1.57	0.91
	全国公共财政	228.72	129 209.64	140 212.10	1.77	1.63
2014	中央本级财政	129.6	64 493.45	22 570.07	2.01	5.74
	地方公共财政	121.1	75 876.58	129 215.49	1.60	0.94
	全国公共财政	250.7	140 370.03	151 785.56	1.79	1.65

（续）

年份	各级政府	农业保险保费补贴（亿元）	财政收入（亿元）	财政支出（亿元）	农险保费补贴占财政收入的比重（‰）	农险保费补贴占财政支出的比重（‰）
2015	中央本级财政	144.67	69 267.19	25 542.15	2.10	5.66
	地方公共财政	143.17	83 002.04	150 335.62	1.73	0.95
	全国公共财政	287.84	152 269.23	175 877.77	1.89	1.64
2016	中央本级财政	158.3	72 365.62	27 403.85	2.19	5.78
	地方公共财政	—	87 239.35	160 351.36	—	—
	全国公共财政		159 604.97	187 755.21		
2017	中央本级财政	179.04	81 123.36	29 857.15	2.21	5.99
	地方公共财政		91 469.41	173 228.34		
	全国公共财政		172 592.77	203 085.49		
2018	中央本级财政	199.34	85 456.46	32 707.81	2.33	6.09
	地方公共财政		97 903.38	188 196.32		
	全国公共财政		183 359.84	220 904.13		
2019	中央本级财政	265.59	89 305	35 115	2.97	7.56
	地方公共财政		101 077	203 759		
	全国公共财政		190 382	238 874		

数据来源：根据《中国统计年鉴》和中华人民共和国财政部网站的相关数据整理得到。

（二）农业保险制度的优化

2019 年 1 月 3 日，中共中央、国务院发布的中央 1 号文件《关于坚持农业农村优先发展　做好"三农"工作的若干意见》再次强调，要按照扩面、增品、提标的要求，完善农业保险政策。推进稻谷、小麦、玉米完全成本保险和收入保险试点。扩大农业大灾保险试点和"保险＋期货"试点。探索对地方优势特色农产品保险实施以奖代补试点。

2019 年 5 月 29 日，中央全面深化改革委员会第八次会议审议并原则同意《关于加快农业保险高质量发展的指导意见》。会议强调，农业保险作为分散农业生产经营风险的重要手段，对推进现代农业发展、保障农民收益具有重要作用。要按照政府引导、市场运作、自主自愿、协同推进的原则，扩大覆盖面，提高保障水平，拓宽服务领域，优化运行机制，完善大灾风险分散机制，加强基础设施建设，规范市场秩序，推动农业保险高质量发展。

2019 年 6 月 14 日，财政部印发《关于开展中央财政对地方优势特色农产品保险奖补试点的通知》（财金〔2019〕55 号）。

2019 年 9 月 19 日，财政部、农业农村部、银保监会和国家林草局联合印发《关于印发〈关于加快农业保险高质量发展的指导意见〉的通知》（财金〔2019〕102号）。

《关于加快农业保险高质量发展的指导意见》指出，农业保险作为分散农业生产经营风险的重要手段，对推进现代农业发展、促进乡村产业振兴、改进农村社会治理、保障农民收益等具有重要作用。

意见明确了我国农业保险发展的指导原则是政府引导、市场运作、自主自愿和协同推进。农业保险发展的主要目标：到2022年，基本建成功能完善、运行规范、基础完备，与农业农村现代化发展阶段相适应、与农户风险保障需求相契合、中央与地方分工负责的多层次农业保险体系。稻谷、小麦、玉米3大主粮作物农业保险覆盖率达到70%以上，收入保险成为我国农业保险的重要险种，农业保险深度（保费/第一产业增加值）达到1%，农业保险密度（保费/农业从业人口）达到500元/人。到2030年，农业保险持续提质增效、转型升级，总体发展基本达到国际先进水平，实现补贴有效率、产业有保障、农民得实惠、机构可持续的多赢格局。

为了实现这一目标，要提高农业保险服务能力、优化农业保险运行机制、加强农业保险基础设施建设、做好组织实施工作。

2009年10月13日，中国保险监督管理委员会和国家林业局发布了《关于做好政策性森林保险体系建设　促进林业可持续发展的通知》，按照"统一原则、试点先行、稳步推进"的思路，探索建立由保险监管、林业、财政等部门与保险经办机构、林业企业、林业专业合作组织、林农等多方积极参与的政策性森林保险工作机制，逐步扩大森林保险的覆盖面，不断完善森林保险险种和服务创新，力争实现"政府满意、林农实惠、森林保障、保险发展"。要坚持试点先行、以点代面、总结经验、稳步推广，有计划、分步骤地推进政策性森林保险工作。并从2019年开始将福建、江西和湖南列为中央财政森林保险保费补贴试点地区。

作为一项政策性为主体的保险，农业保险政策是农业保险健康持续发展的根本保证。2019年是农业保险政策获得较大突破的一年。

（三）农业保险的科技赋能

大数据、人工智能、区块链、物联网、地理信息技术等科技与农险服务相结合，在保险标的承保、理赔、产品开发等方面都大有可为。

在承保方面，2019年许多经营农业保险的综合性保险和专业农业保险公司都运用了无人机遥感、卫星遥感技术，对农作物的生长状况以及产量分布进行排查，并且通过技术平台得到温度、湿度、土壤等农作物生长环境，能有效辅助保险公司进行承保决策。在理赔方面，保险科技的使用打破了传统农险理赔流程中的局限，运用遥感技术能够全面了解不同区域的农作物受灾状况，合理分配查勘资源，节约保险公司成本，实现合理科学的查勘定损。比如，平安农险创新了电子签单模式，当确定好理赔方式和理赔金额之后，处理器自动识别签名是否与承保时一致，能够实现自动赔付，极大提高了服务客户的效率。在定价方面，利用物联网、大数据和人工智能等技术完善农险信息和数据的结构，对涉农信息进行积累、分析，有利于农险产品更合理、更精准地定价。此外，一些农业保险机构已经与气象部门、林业部门和地质部门形成联动机制，结合气象局的天气数据实时监控气象灾害，努力做好自然灾害前预警工作和应对灾害的减损、止损工作，发挥了保险的防灾减损、社会管理职能，提高社会福利。以安华农险为例，从 2007 年开始涉足农险科技创新，多年来建立了"天、地、空"一体化遥感检测服务网络，包括农作物生长状况检测、精准承保理赔检测、灾害跟踪检测等多个检测版块，通过电子图像进行承保和理赔。太保公司的"e 农险"科技化更为深入，在数字化流程、生物识别、农险物联网等方面取得较大突破，建立了农险数字化经营体系，并在 2019 年努力打造"5G"技术与农险领域深度融合，引领农险科技新生态。

三、农业保险发展亟须解决的几个重要问题

然而，尽管 2019 年我国农业保险成绩显著，我国农业保险的发展与我国农业、农村和农民发展的现实需要，与理想的农业保险制度还有很大的距离。我国农业保险的发展仍任重而道远。

（一）农业保险的保障水平仍有待提高

尽管已经有了非常大的进步，但我国农险的覆盖面仍然不高，服务领域相对有限，风险保障水平不高，市场风险保障明显不足。根据财政部的数据，我国主要作物农业保险覆盖率不足 70%。虽然自然风险的保障不断加强，但从 2018 年才开始在 6 个省份开展稻谷、小麦、玉米完全成本和收入保险试点工作，起步较晚且仍处在探索阶段。现阶段农业保险一般只保障直接成本，即使近几年在政策的推动下保障水平有所提高，保险金额也还不足以覆盖完全生产成本。而且对农业生产市场风险的保障仍然处于小范围小规模的探索阶段。反观美国、加拿大等国家，早在 20 多年前即开展了价格和收入保险试点工作，目前其收入保险已占农险份额的 90% 以上，有效防范了自然灾害和市场变动的双重风险。农业保险的服务领域更是有待扩展，比如，保障农业生产设施设备保险、环境污染责任保险、农产品质量和责任保险、农民短期意外伤害等人身风险等，都留有巨大的市场空间。

较低的风险保障难以满足农户的风险管理需求，农户的投保积极性不高，也影响保险公司经营的稳定性和持续性。因此，我国农业保险在提高保障水平和扩大保障范围方面，亟须在保障农作物直接物化成本基础上，进一步覆盖人工、土地等农业生产成本，有序稳妥地推进稻谷、小麦、玉米完全成本保险和收入保险试点，承保农户面临的自然风险和市场风险，直接为农户的收入水平提供保障。还要特别重视小农户和新型农业经营主体的农业保险供给的均衡，既要做到小农户应保尽保，把农险政策更

好地落实到实处，更要满足新型农业经营主体的保险需求。在外延方面，需要稳步推广指数保险、区域产量保险、涉农保险，探索开展一揽子综合险，将农机大棚、农房仓库等农业生产设施设备纳入保障范围。开发满足新型农业经营主体需求的保险产品。创新开展环境污染责任险、农产品质量险。支持开展农民短期意外伤害险。

（二）种植业和养殖业保障水平的失衡有待调整

我国养殖业大约占农林牧渔总产值的 40%，但养殖业保险的发展规模却远不及种植业。从试点情况来看，我国已开展大灾保险、完全成本保险等种植业领域保险试点，尚未积极推动养殖业完全成本保险试点，养殖业保险赔付率高、保费补贴分配等问题也尚未得到妥善解决。不仅如此，在养殖业保险占据重要地位的渔业保险更是处在缺位状态，只在部分市、县进行小范围试点，至今还没有进入中央财政补贴的范围。森林保险保障与行业发展水平失衡严重，难以满足我国林业风险保障的需求。

因此，我国需要在农业保险的传统领域保障范围的基础上，逐步丰富农业保险的内涵，逐步扩大种植业、养殖业、林业保险的覆盖面，中央需要采取更得力的财政措施，鼓励各地因地制宜开展优势特色农产品保险，提高保险机构开展养殖业保险的积极性，调整完善森林和草原保险制度，逐步提高养殖业和林业保险占农业保险的比重。

（三）财政补贴制度有待进一步健全

虽然农业保险财政补贴的额度每年都有所提高，补贴范围也在逐步扩大，但我国农险保费补贴仍具有方式单一、规模较小、覆盖面少的缺点。落实保费补贴是农业保险发展的动力，在世界范围内，政府对于财政保险的补贴形式多样。以美国等发达国家为例，有保费补贴、再保险补贴、经营补贴等，而我国财政补贴方式单一，仅采取了保费补贴一种方式。2007 年我国农险中央财政补贴占农业 GDP 比重仅有 0.08%，虽然政府一直加大力度推动保费补贴试点工作，2018 年的比重也仅有 0.31%，与发达国家相差甚远，难以与我国农业和农险体量相匹配（表 2）。此外，我国补贴覆盖范围不全，以"保险+期货"试点工作为例，资金主要来自期货交易所等金融机构，政府财政补贴的缺位阻碍了"保险+期货"试点的进一步推广。

表 2　中央财政补贴占比统计

年份	中央财政补贴（亿元）	农业 GDP（亿元）	中央财政补贴占比（%）
2007	21.5	27 674.1	0.08
2008	37.3	32 464.1	0.11
2009	59.7	33 583.8	0.18
2010	67.8	38 430.8	0.18
2011	78.7	44 781.4	0.18

（续）

年份	中央财政补贴（亿元）	农业 GDP（亿元）	中央财政补贴占比（%）
2012	91.0	49 084.5	0.19
2013	120.4	53 028.1	0.23
2014	128.2	55 626.3	0.23
2015	144.7	57 774.6	0.25
2016	158.3	60 139.2	0.26
2017	179.0	62 099.5	0.29
2018	199.34	64 734.0	0.31
2019	265.59		

在加大农业保险补贴力度、扩大农业保险补贴范围的同时，要优化农业保险的财政支持政策，探索完善农业保险补贴方式，加强农业保险与相关财政补贴政策的统筹衔接。中央财政农业保险保费补贴重点支持粮食生产功能区和重要农产品生产保护区以及深度贫困地区，并逐步向保障市场风险倾斜。对地方优势特色农产品保险，中央财政应尽快全面实施"以奖代补"政策，加大支持力度，扩大补贴范围，同时取消地方财力不足省份的财政配套补贴的规定，以推动地方优势特色农产品保险的积极性。

（四）政府与市场的关系有待进一步理顺

农险属于政策性险种，涉及政府和市场两个维度，市场参与主体较多，有保险机构、农户、各级政府，复杂的农险结构使得农险实践存在诸多问题。有些地方政府过多干预保险机构业务实践，在承保方面通过"设租"或"寻租"来干预农险市场的资源配置，增加了保险公司经营成本，扰乱了公平的市场竞争环境。理赔方面也有许多干预行为，比如政府在小灾年通过"协议赔款"获得一部分保险赔款，而在大灾年允许保险公司少赔、拒赔或者直接干预再保险安排，更有甚者截留、挪用财政补贴的农业保险费，滋生腐败现象，造成了农业保险业务效率的损失，阻碍了农业保险高质量发展。

我国农业保险的发展亟须处理好政府与市场的关系，明晰两者界限，优化保险运行机制。中央政府部门层面，制定全国统一的农业保险招投标办法，加强对保险机构的规范管理，减少招标带来的寻租、重复投保和腐败等问题，规范市场竞争，设计兼顾政府和市场的考核评估体系，量化各级政府和保险机构在农险服务中发挥的作用，改良农险服务的生态环境。地方各级政府层面，不参与农业保险的具体经营，充分尊重保险机构产品开发、定价、经营的自主权。中央和地方政府部门协同整合涉农信息资源，处理好财政补贴原则、强度和程序等问题，提高补贴效率；采用负面清单制度，加强针对市场行为、偿付能力、财务、公司治理的监管，尤其加大对市场上骗取财政补贴、虚假业务经营等保险机构的处罚力度。建立以政府权力为基础的奖罚制度，对保险机构虚假承保、虚假理赔、虚列费用、惜赔拒赔等现象加强管理，严厉处罚截留、挪用保费补贴等违法行为，以实现农业保险经营机构的优胜劣汰，提高农险制度的效率，规范农险市场行为，保障农业生产者的利益。

（五）农业保险的经营模式有待进一步完善

经过几十年的探索与实践，我国的农业保险市场逐渐形成了今天的供给侧格局：作为再保险主要载体的农业保险共同体和 31 家经营农业保险的财产保险公司共生；专业农业保险公司和综合性农业保险经营主体共栖；生产成本保险、农业大灾保险、产量保险、收入保险和天气及价格指数保险等多种产品形态共存。这种格局是在农业保险发展的初级阶段在不断的探索中形成的，有其合理性，但也在很大程度上制约了农业保险的高质量发展，需要进行与时俱进的深化改革。

这种经营模式表现出来的是我国农业保险需求侧与供给侧的错配。在需求侧，众多小农户的生产规模小且相对分散，使得保险机构在承保、核损、理赔过程中投入大量人力，成本较高，很难达到规模经济。也正是因为如此，逆向选择和道德风险普遍，政府的不合理介入，缺位或者越位使供需错位更加明显。农户倾向为品质较差的土地，而有了保险保障之后部分农户疏于管理，产生道德风险，使得农险防灾减损职能的农业风险管理功能弱化，难以提高社会的整体福利。此外，农民风险意识和保险意识薄弱，不考虑损失程度、保险金额和农业生产的努力程度，只强调理赔时的所谓"绝对公平"，使得农民满意度和投保积极性都不高。另外，因财政补贴不足和市场导向问题，针对新型农业经营主体的保险产品和服务供给明显不足。

为扭转农业保险需求侧与供给侧的错配，"普惠型的农业保险"＋"补充型的农业保险"模式应该成为未来农业经营模式改革的一个方向：所有的农业生产者，不论大农户还是小农户，不论是种植业、养殖业，还是林业的生产者，都可以获得基本的风险保障，由政府全额补贴保费。而保障程度更高的补充型的农业保险则由农业生产者自愿参加，按照供求关系，形成市场化的保险费率，政府通过原保险和相应的再保险提供部分保费补贴。在这样的农业保险经营模式下，农业保险保障的重点目标群体将向新型农业经营主体转变，同时新组建的国家农业再保险公司将整合农业大灾保险、完全成本保险和收入保险试点，构建起坚固的农业保险大灾风险准备金制度，最后形成一体化、多维度的农业保险体系。

（六）农业大灾风险分散机制有待建立健全

2013 年 3 月开始实施的《农业保险条例》提出"国家建立财政支持的农业保险大灾风险分散机制"，并"鼓励各省、市、自治区人民政府因地制宜、探索建立地方财政支持的农业保险大灾风险分散机制"。在这七年间，虽然按照财政部 2013 年 12 月印发的《农业保险大灾风险准备金管理办法》的要求，各家保险公司已经建立起公司层级的"大灾风险准备金"，也尝试建立了"农共体"来解决农业再保险问题，但是全国尚未建成统一的巨灾风险分散制度和机制，还缺乏国家层面和省级层面的巨灾损失分摊制度安排。虽然部分省市探索了一些巨灾损失分摊机制，建立了本省大灾风险分散基金。但总体看都还不够成熟，特别是在大灾年份，这个基金只是杯水车薪。

在法律法规、大灾基金结构、再保险安排、"共保体"模式上都有待完善和提高。法律法规方面，大灾保险缺乏法律作为顶层设计指导大灾保险实践，在保险机构设置、运行机制和风险防范等方面都缺乏相应的行为规范。在基金结构上，保险公司对计提风险准备金虽然作出了规定，但普遍不到位，各级财政应对巨灾风险的基金，除了个别省，基本上没有建立起来，中央层面也还没有完全确定是不是要做出巨灾风险基金安排。在再保险方面，我国中央财政并未给市场化再保险业务财政补贴支持，分保完全是市场化的。因体制机制问题，农险"共保体"存在着天然缺陷，虽然忠实履行了再保险保障的责任，还没有完全发挥预想的优势，而且，连续几年都处于亏损状态。

连续多年的农业丰收，我国发生全国性农业大灾的风险在逐年增加。因此，亟须建立起财政支持的多方参与、风险共担、多层分散的农业保险大灾风险分散机制，加快建立落实农业保险大灾风险准备金制度，增强保险机构应对农业大灾风险能力，设立国家农业再保险公司，完善再保险体系和分保机制，增加农业再保险供给。合理界定经营农业保险的原保险机构与再保险机构的市场定位，明确划分中央和地方各自承担的责任与义务，由中央和地方政府共同筹建国家巨灾风险准备金制度，充当最后的保险人。

（七）农业保险的基础设施有待建设与完善

我国在农险基础设施建设方面与农业保险市场比较发达国家相比仍有一定差距，比如在保险条款和费率拟定机制方面，产品雷同，农业保险风险分区和费率分区的工作还没有真正提到议事日程上来，一些公司不仅一省一费率，甚至"一张保单保全国"的情况非常普遍，对低风险地区的投保农户极不公平，也助长了逆选择和道德风险的发生。而在农业保险信息共享方面，除了北京、上海少数省市做得比较好，农业保险信息网络建设总体比较落后；农业风险的管理虽有一些优秀的案例，却没有形成真正有效的体系。

补短板，加强农险基础设施建设是我国农业保险进一步健康发展的必要条件。首先要加大投入力度，不断提升农业保险信息化水平。逐步整合财政、农业农村、保险监督管理、林业草原等部门以及保险机构的涉农数据和信息，动态掌握参保农民和农业生产经营组织相关情况，从源头上防止弄虚作假和骗取财政补贴资金等行为。其次，要加强农业保险风险区划研究，构建农业生产风险地图，发布农业保险纯风险损失费率，研究制定主要农作物、主要牲畜、重要"菜篮子"品种和森林草原保险示范性条款，为保险机构产品开发、费率调整提供技术支持。建立科学的保险费率拟订和动态调整机制，实现基于地区风险的差异化定价，真实反映农业生产风险状况。第三，要强化保险机构防范风险的主体责任，坚持审慎经营，提升风险预警、识别、管控能力，加大预防投入，健全风险防范和应急处置机制。督促保险机构严守财务会计规则和金融监管要求，强化偿付能力管理，保证充足的风险吸收能力。加强保险机构公司治理，细化完善内控体系，有效防范和化解各类风险。

（八）农业保险的知识产权保护机制有待建立

保险本质上是一种合同行为，农业保险产品创新的体现在合同条款的创新、风险管理服务的创新和费率厘定的创新，为了开发新产品，保险公司需要投入大量的人力、物力和财力资源，特别是前期研发的资金投入量大，对精算人才和数据的要求较高，但是创新的险种和服务却很容易被其他保险机构仿效抄袭，农业保险市场产品雷同，"搭便车"的现象比较普遍，已经到了司空见惯的地步，这大大影响了保险公司产品创新和服务创新的积极性。

2019 年五部委发布的《关于加快农业保险高质量发展的指导意见》中明确提出，要稳步推广指数、区域产量等保险，创新开展环境污染责任险、农产品质量险，对我国的农险产品创新提出了新的要求。然而，我国支持和保护新险种创新开发的相关法律法规相对匮乏，市场上保险机构之间的博弈影响了整个新险种开发的效率。不仅如此，从需求端来看，农险市场上的大量同质产品仅在形式上有差别，本质无异，难以满足农户的个性化需求，保险机构在同类险种招标过程中容易滋生寻租、腐败等问题，严重影响市场公平。农险知识产权保护法律亟待完善以加快推动新险种开发进程，扩大农业保险覆盖面。

在保护创新方面，对农业保险险种和服务的创新予以保护，建立相应的法律法规是第一位的，因此加快农业保险的立法进程非常必要，但短期内农业保险的立法很难取得较大的突破，因此可以考虑沿用中国人民银行 1996 年监管保险市场时曾给予新险种半年保护期的做法，由保险监管部门给予创新性的农业保险产品设计一年、两年或更长时间的保护期，保护期内其他保险公司不能使用相同的保险条款和费率，从而调动保险公司进行农业保险产品研发的积极性。当然，对于农业保险这种政策性险种而言，对创新型的农业保险产品和服务进行财政补贴才是最可行的激励手段。

参考文献

[1] 张海军. 我国农业保险高质量发展的内涵与推进路径 [J]. 保险研究，2019 (12).
[2] 庹国柱，李慧. 完善我国农业保险制度的一些思考 [J]. 中国保险，2019 (2).
[3] 丁少群，李植. 建立农业保险巨灾风险分散机制的迫切性与发展路径 [J]. 中国保险，2019 (2).
[4] 何小伟，吴学明. 对调整农业保险财政支持政策目标的思考 [J]. 中国保险，2018 (2).
[5] 冯文丽，张丙洋. 农业保险产品创新的知识产权保护 [J]. 中国保险，2016 (9).

把握好农业保险高质量发展的若干关节点[*]

袁纯清

我今天主要是围绕农业保险的高质量发展问题谈一些体会和看法。大家都知道，2019 年 5 月，由习近平总书记亲自主持，中央深改委对农业保险高质量发展的问题进行了专门的研究。10 月，财政部等四部委专门印发了《关于加快农业保险高质量发展的指导意见》（以下简称《指导意见》），我认为这个文件是一个纲领性的文件，内涵很丰富，政策的含金量很高，导向性也很强，可以说对农业、农民是一个福音，对从事农业保险的行业企业是一个利好。

现在的问题是要认真理解把握好这个文件，真正去贯彻落实好这个文件。下面结合我个人的体会和调查研究掌握的一些材料，从把握好农业保险高质量发展的若干个"关节点"，谈一些认识和体会，共十个方面。

一、高质量发展是农业保险发展的新要求

第一，为什么把这个问题要作为一个关节点来讲呢？实际上这是站位问题。为什么农业保险要高质量发展？总的来讲，以十九大为标志，中国的经济发展进入了高质量发展的新阶段，我们的经济发展都要以高质量发展来定位、来做决策、来制定政策，这是第一个缘由或者是出发点。

第二，农业保险本身是农业经济发展的一项重要内容，同时，从供给侧的角度来讲，农业保险是农业的一种供给，这种供给的质量如何，很大程度影响着农业发展的质量，这是一个基本的逻辑。

第三，正是这种新的要求，中央对农业保险的问题做了专门研究，《指导意见》开宗明义就是高质量发展。为了更好地理解这个问题，我们做一点历史的回顾。中国农业保险的历史可以追溯到 20 世纪 30 年代，当时的南京金陵农学院就开展了农业保险，后来断断续续，新中国成立以后也做了农业保险，但是因为搞的是计划经济，不是市场经济，根本做不起来，真正做起来是 2007 年中央财政开始对农业保险进行保

---

[*] 本文是根据袁纯清同志在第二十六届中国杨陵农高会农业保险论坛上的讲话整理。
　　作者简介：袁纯清，中央农村工作领导小组原副组长，博士。

费补贴，应该说此时才真正进入到农业保险发展的新阶段。我们把它叫做跨越式发展的阶段，"跨越"主要表现在，从2007年到今年，每年农业保险保费呈20％以上的增长速度。到2018年，农业保险的风险保障的总额达到了3.46万亿元，农业保险已经覆盖了所有的省区，承保的农作物达到了272种，尤其是玉米、水稻、小麦三大主粮作物的覆盖率超过了70％。

从保费的规模来讲，中国现在已经是世界第二大农业保险国，第一是美国，第二就是中国。当然我们人口比较多，面积比较大，人均来讲不一定是第二，但是从保费规模来讲，我们现在是第二大国。特别是我们的种植业，主要是粮食种植保险保费达到了391.4亿元，约为同年美国保费数额的60％，高出了日本、加拿大、印度、土耳其这些农业大国。尽管如此，我们还应该有一个定位，中国农业保险还处于初级发展阶段，还存在着制度方面、技术方面诸多的问题。特别是我们的保障水平还比较低，因为现在绝大多数的农业品种还处于物化成本保险的阶段。

所以，我们要有一个基本的共识，就是下一步中国的农业保险进入到既要坚持量的扩张，更应该注重质的提升的新的阶段，特别是要把提质作为农业保险当前和今后一个时期的主攻方向，走高质量发展的路子。

二、要把握农业保险高质量发展的核心要义

这个核心要义是什么呢？《指导意见》有三句话，第一句话是完善农业保险政策，第二句话是提高农业保险的服务能力，第三句话是优化农业保险的运行机制，这实际上也就是三个关键语。三个关键语里面有三个关键词，一个是完善，一个是提高，一个是优化。怎么完善、怎么提高、怎么优化呢？我认为政策上主要是补短板，服务上主要是下工夫，机制上主要是抓改进、抓改革。围绕这三句话，我再讲点意见。

关于完善相关政策。为什么要完善相关政策呢？因为农业保险在中国以及世界上都是一个通行的做法，即农业保险是政府发展农业的一个政策，被列入到政府农业支持保护体系的政策体系当中。但是从全国来看，与农业保险相关的政策还存在着诸多的不充分、不完善。一是农业保费的补贴标准不高，补贴的品种不多，现在中央财政保费补贴品种只有16个。二是上级政府对下级政府的农业保险工作缺乏刚性的要求，这还是很重要的一个问题。三是财政方面还没有制定农业保险大灾风险准备金的管理办法，没有制定统一的政策性农业保险招标管理办法，缺乏财政补贴管理监督机制。监管方面没有完全建立起完善的保险公司准入及退出机制，还没有制定出保险高科技应用领域（如遥感、无人机用于农业设施鉴定等）相关的标准和方法等，这都是政策性的问题，今后应该作为完善政策的内容。

关于提高服务能力。为什么提高服务能力？对于农业保险来讲，核心是服务，关键是能力。运用保险的工具来服务农业、服务农民、服务农村，是我国农业保险的基本定位。而服务的着力点在于能力，能力高不高，能力强不强，是衡量农业保险质量

的一个基本的标准。因此,农业保险高质量发展必须在提高服务能力上下工夫。

关于优化农业保险运行机制。从中国农业保险制定的政策性文件来讲,优化机制是第一次提出来的,这说明中国的农业保险是一个长期的政策,而不是一个短期的行为,它作为一个长期要坚持的农业发展方针,需要建立起相应的体制、机制。这个体制、机制从政府的角度来讲,就是如何发挥好政策的引导作用、工作的导向作用、市场的监管作用和社会的动员作用。从公司的角度来讲,就是如何遵从市场规律、自主开拓市场、主动作为、依规依法、稳健经营。从农民的角度来讲,就是如何根据自己生产的需求,为防范风险、自觉自愿地投保。这是三个不同的参与主体,应该明确各自定位和边界,最后要构建起政府、保险机构及农户等农业保险参与者之间的互动、联动、可持续的良性关系,形成相应的机制、体制。

三、要高度正视农业保险工作中存在的诸多问题

我们还是要坚持问题导向,提高农业保险高质量发展的针对性。

第一个问题,农业保险保障不充分。保障不充分主要是品种少,覆盖面还比较窄,标准还比较低,这是一个带有普遍性的问题。一是保障深度问题,我国农业保险的保障深度不够,棉花、小麦、水稻、甘蔗等重要的农产品的保障深度大概都在30%~45%。相比美国来讲,美国的玉米、棉花、大豆、小麦的保险保障深度都在80%以上,棉花达到了91%,这是很大的一个差距。从一个国家来讲,保障深度的问题,就是单位的保额比较低。现在全国水稻保额大概就是 400 元左右,有的省保额才 200 元,而实际的完全成本已经超过了 1 000 元。

另外一个方面,是农业保险承保的品种比较少,这些年我们绝大多数省都在努力搞特色农产品的保险,尤其是脱贫攻坚以来,各地加大了特色农产品保险的力度,但总数也不过 270 多种。实际上在全国范围内,详细划分大概有 700 多种农作物产品。现在以粮食为主的大宗农作物保险的保费总收入占 80% 以上,其他品种只占保费的20%,这说明尽管保了 272 个品种,但保障的覆盖面仍然是很低的,保障的品种还远远不够。

第二个问题,农业保险保障不平衡,品种和区域的差异很大。第一个是产品之间的保险保障水平不平衡,一些主要的农作物如粮食作物已经达到了 25% 的保障水平,但是像花生也是大宗农产品,只有 8% 多一点,品种之间很不平衡。特别是畜牧业,这几年生猪有很大的提升,但是羊和肉牛保障的水平不到 1%。比如:陕西的整个果业的保障水平高于全国 7 个百分点,但是畜牧业低于全国 3、4 个百分点,陕西省本身也是一个畜牧业大省,这是今后需要努力的一个方向。第二个是区域间的农业保险保障问题也不平衡。现在有一种现象,农业大省往往是农业保险保障的小省,2018年我国农业小省、中等省份和农业大省的农业保险保障水平分别为 32.58%、26.88% 和 23.80%。如果做点深入研究的话,这与保险费率也有一定的关系。例如

山东和江苏，都是农业大省和农业强省，但是农险保障水平却比较低，一方面与当地农业分布地区风调雨顺，自然灾害发生概率低有关，同时也与部分地区农业保险相关的政策（如无赔款优待）没有完全落实有关。

第三个问题，风险区划滞后，费率的制定不科学。现在世界上保险发达的国家，农业保险的风险基本上是以区域来划分的，这比较科学。比如瑞典就是将农业生产区域划分为一类风险区、二类风险区。现在我们是以省为单位来确定费率，意味着一省范围内是一个风险区间，这是不科学的，因为中国的省面积大，自然状况区别很大，但费率是一样的，这样经营，不受灾的地方的农民投保就没有多少积极性，如果费率不一样，灾害少的地方下调一些，老百姓就觉得交这个钱划得来。有一个很典型的例子，江苏省和贵州省的油菜籽的费率，一刀切都是4%，而两地赔付率的情况如何呢？贵州赔付率达到101%，就是说保险公司肯定要赔钱的，而江苏才14%，几乎没有赔付。江苏这个地方灾情小，贵州高山地区灾情很大，就造成了这种情况。所以，风险区划和费率紧密相联，要制定科学的费率，就首先有科学的风险区划。

第四个问题，农业保险运行机制不健全，不适应现代农业生产体系的要求。第一是保费补贴固化。中央财政2007年给省里补贴的保费比例到现在没有什么变化，这种固化使得激励作用衰减，或者说边际效应递减。还有补贴的方式单一，农业保险应该有经营管理费用的补贴，我们没有，美国是有的，大概应该占到保险经费的60%左右，这从机制上是一个问题。第二就是大灾的风险分散机制还不完善。现在遭受大灾，对于有限度的灾情，保险公司尚可承担相应的赔付，但是毁灭性的灾害，如赔付率高达300%以上时候怎么办？应该有一个政府兜底的大灾管理办法的机制，我们现在没有建立起来。现在还是硬补助，特大灾害后，往往是领导来了，一看灾害损失很大，给你补助灾害损失，财政拨付。设想一下，如果事先拿这部分钱买成一个大灾的保险，其功效要大于财政直接拨付的数额，也减少了政府管理的成本。第三是农业保险管理体制与整个农险市场的发展还不匹配。目前农业保险赔付的相关管理办法，部分已经不适应现在的要求。因为高科技运用，如电子签单，但还按传统的程序要求，就会造成过高的时间成本和人力成本。第四就是信息共享的机制不健全。比如说，对农户的种植保险，农民说原来就是5亩地，但保险公司测定只有四亩七分，依据在哪里？土地确权以后的数字才是有法律效力的，但这个数据政府有关部门不提供，就增加了很大的成本，还造成一些纠纷。还有气象数据，作物是否受灾，气象局的数据是最权威的、具有法律效力的，但没有建立起相应的提供渠道，更没有建立起完整的数据链，这都属于工作当中应该解决的问题。

第五个问题，是农业保险的市场环境有待于进一步规范。现在全国进入到农业保险市场的保险公司有33家。目前有两个突出的问题：一是地方政府对农业保险公司进入到当地的市场缺乏科学的管理机制，进入和退出的机制还很不完善。二是公司之间恶性竞争，使市场显得无序，如搞垫资、协议赔付等，都是反映较为突出的问题。

第六个问题，是逆选择及道德风险问题仍然比较突出。从老百姓角度上讲，受灾风险比较大的地方就投保，而风险小的地块不投保，这是一种情况；有的是假投保，这个问题也是很突出的。最近在四川德阳生猪保险赔付上发生了一个大案，基层干部串通养殖户，通过虚假招标，将死猪放在冰柜里面，重复计算，一头死猪变成几十头，是一起恶劣的道德风险案例。

第七个问题，是农业保险服务比较粗放，行业服务意识比较薄弱。我多次讲，一些农民反映，农业保险公司找农户要投保的时候，都是"爷爷"，要赔付的时候都成了"孙子"，农民的话有点极端，但反映了农民对农业保险的满意度不高。我们要对勘损不及时、计算不准确、赔付时间太长等问题予以高度重视。

第八个问题，是基层服务网络不完善，农险队伍建设仍然需要加强。这个问题带有普遍性，一般来讲，市一级的公司农险专职人员 4～5 人，县一级大约 2 人左右，到乡镇一级就不再有专职人员，协保员队伍都为兼职人员，且缺乏相关专业知识及技能，在这个问题上保险机构的负责人应有一种解决的紧迫感。

四、"扩面、增品、提标"仍然是农业保险高质量发展的总的方向

扩面、增品、提标这六个字仍然写在了高质量发展文件的导言部分，为什么？因为这六个字反映整个农业保险发展的基本规律和总的方向。可以说，坚持好这个方向，应该与时俱进，永远在路上。关于"扩面"，就是要扩大覆盖率，因为我们现在农业种植作物保险的覆盖率是 70%，还有比较大的扩面空间；关于"增品"，就是要考虑增什么品种，现在农业保险才覆盖 272 个品种，而我们农业有 700 多个品种，仅占三分之一左右；关于"提标"，基本情况就是目前的标准太低，目前保障的水平还停留在物化成本还不是完全成本，更不是收入保险。因此，可以说这是我们要不断坚持的一个方向，是一篇永远也做不完的文章。

从全国来讲，现在是 16 个主导型的中央财政补贴的品种，部分省有两个中央财政奖补的特色品种，农业专家的意见是中央补贴的品种应该有所增加了。比如苹果、柑橘作为果业覆盖面很广，淡水鱼覆盖面也很广，羊、牛、鸡这些畜牧产品存栏量都很大，这些都应该成为农业保险中央财政补贴增品的努力方向。

提标的问题，这次文件专门讲了，今后收入保险要成为重要的险种，这是努力的方向。从陕西来讲，苹果应该是一个重点。甘肃苹果保险可以作为一个范例，其苹果保险现在每亩保额为 4 000 元，这是很了不得的事情，实际上已经是完全成本保险了。

五、高保障是农业保险高质量发展的重要目标和形态

农业保险要保障农业发展，保障农民的收入，防范农业的风险。整体来讲，我国

农业保险的覆盖面还不错，从保障的广度来讲，已经进入到世界的前排了，达到了80％。但是，我们保障的深度是不够的。从保障深度上讲，种植业在2018年只有14％，只相当于印度和菲律宾水平的40％左右，这就要求我们要有紧迫感。下一步是要在这个方面做努力，有几个选择方向：一是完全成本保险，2018年已经在全国20多个稻谷、小麦、玉米的生产大县试点，开展完全成本保险，完全成本保险包括地租、物化成本和劳动力成本，这实际上是准收入保险，如果成功了，全国推行，保险金额能够由300～400元提高到1 000元，这是第一个选择方向。二是收入保险，现在也有很多试点。三是基本险＋附加险，这种产品模式指一部分是政策性保险，另外一部分是商业险，由农户自己选择，新型经营主体有这种需求，国元、中原、阳光等农业保险公司已经开展了较大的试点，为农户所欢迎。这也是一种类型的高保障，是我们选择的一个方向。四是已经开始的"保险＋期货"。从本质上讲，这是一个产量险和价格险的组合，约定一个价格，这个价格通过保险公司再到期货市场来进一步分散风险，获得相关的收益。这就是今后在高保障上要选择的几个方向。

六、一体化发展是农业保险高质量发展的新形式

为什么一体化是今后发展的新形式？这是由农业保险或者说保险所具有的风险防范、倍数效应、杠杆作用、增信功能等多种属性所决定的，特别是乡村振兴战略的提出，农业新业态的发展，使得农业保险也将呈现出一个多元化、立体化、一体化的态势。

第一，产业融合促进了农业保险的多元化和一体化。主要是一二三产业融合发展，这是现代农业发展总的趋势，将会构建起生产、加工、储存、流通、贸易一直到终端消费的产业链和价值链，这样就会产生大量新的业态主体，存在着生产风险、质量风险、销售风险，而且会产生一种联动效应，这是未来的农业保险发展方向，逐步地由单一产品模式向能够保障农业生产经营全流程风险的综合性一揽子组合产品以及模式发展。特别是随着我国农业现代化园区、田园综合体的兴起，进而又推动了特色小镇的出现，使现代农业成为板块化的一种趋势越来越明显，这就使农业保险综合化、一体化的发展具备了客观的条件，也有了现实的需求。

现在已经有保险公司开展了这方面的试验，比如说人保集团，就提出了一份保险保全面、一张保单保全家的新理念。我去甘肃调查，他们提出了一户一保、一户一单、一户一赔。又如，山东威海文登区在建立"六＋N"的一个中国农业社区化的板块模式，这个模式涵盖土地流转、农村劳务、乡村旅游、土地托管、生产管理、产品销售的全产业链，进而提出农业社会化服务经营主体＋保险＋担保＋银行＋政府的综合发展模式，太平公司在参与这个体系建设。总之这都是一些新的情况，用农业产业链带动保险链一体化的发展。

第二，就是保险与防险的一体化。过去保险就是对灾损进行赔偿，现在有的公司实践不仅仅是一个灾后的赔付，而是关口前移，保险公司通过保费来提前防灾，减少损失，这样反而减少了灾害损失和赔付，对农民和保险公司都是双赢的。如新疆维吾尔自治区政府专门发了一个文件，所有保费拿出 4% 做防灾，以省为单位做的这件事，在全国是走在前面的。中航安盟公司在阿坝地区森林保险几乎实现了全覆盖，他们和政府合作结合扶贫聘请护林员，用保费聘用了 2 180 人，跟政府的护林员数量几乎相等，护林员参与巡山护林工作，将生态护林工作和精准扶贫工作有效地结合在了一起，而且实现了由"林业管林"向"全员护林"的转变，是农业保险实现"保险"与"防险"一体化的一个典型范例。

第三，开展"农业保险+"，实现农业保险与其他业务部门合作的一体化，这是《指导意见》首先提出的，这是一个新的概念，也是一个新的模式。我认为这种创新对于参加的各方主体都是一个利好，它反映的是一个更深、更新的理念。目前，也有一些直接的经验，比如说，江苏省就是政府和保险企业进行共保，双方各拿 50% 的保费，有利润按比例分成，有赔付则按比例支付赔款，这一经验值得总结。

从农业保险的模式来讲，现在已经有了"订单+保险"，这就是保险+；也有了"订单+保险+期货""保险+担保+信贷"，这都是保险+。从本质上讲，它是由农业保险本身的属性派生出的功能，尤其是农业保险的增信功能，用保单质押，就解决了农民缺少担保的问题。当然，现在有新的法律是支持土地承包权做质押的，但是它是以标的物的产出来作为对应的，数量很小，特别对于一些高产出的，风险就很大。如果用保险保单做抵押，加上担保公司进来，再加上政府一同进来，和银行一同建立一个资金池，然后滚动发展，就能解决农民贷不到款和贷款贵的问题，这些都是新的路径。所以"农业保险+"也是有无限的文章可以做的。

七、加大政府政策支持是农业保险高质量发展的重要保证

第一，政府要定方向。政府作为农业保险发展的总设计师，制定规划，引导发展，加强对农业保险的宣传力度，为农业保险的发展指明方向，从某种意义上讲，政府的指向就是农业保险的发展方向。第二，政府要给点钱，尤其是农业供给侧改革，要由农业直接补贴向间接性补贴转化，政府要增加对农业保险保费的支持力度，因为农业保险本身是政府的政策工具。现在美国用于农业防灾的资金大概 90% 的钱都放在农业保险上，通过保险市场发挥作用，因为它有倍数效应。第三，政府要抓管理。例如政府要通过抓管理来解决逆向选择、不道德行为等市场监管问题。第四，政府要搞社会动员。政府对农民来说是最大的信任体，农业保险公司到基层做动员一是人力不足，二是群众工作不好做，政府基层干部有群众基础，公信力强，这就是政府的优势，若能得到他们的支持，农业保险工作将会事半功倍，因此政府的帮助是不可替代的。

八、加强协同是农业保险高质量发展的机制性要求

协同主要是政府、保险公司和农户三方主体。一是政府和保险公司要有良性互动。从政府来讲，一定要认识到保险公司在农村从事农业保险、服务农业，是一种运用市场办法来落实政府的政策。对于保险公司来讲，没有政府的支持，其效果是打折扣的，保险公司要多寻求政府的支持，政府要多给力，但不干预保险公司具体的经营活动。二是保险公司之间的协同。现在30多家保险公司，除需要建立市场准入和退出机制、择优选择以外，还有一个很重要的途径，就是加强公司之间的合作，可以通过共保体来解决这个现实的矛盾，现在有很多成功的案例。比如有的险种或产品，数额大，谁做都有风险，谁做也可能不是一个"香饽饽"，为什么不能共同做这个项目呢？有风险大家担，有利大家共享。三是保险公司与业外机构的协同。要突破保险公司自身的边界，实现与银行、担保、期货、企业等其他信用主体和市场主体的合作，应积极创新理念，解放思想。

九、提高服务能力和水平是农业保险高质量发展的核心指标

主要从三个方面来把握：第一，服务是保险公司的基本定位。保险业本身就属于服务业，提供优质服务是对其的基本要求，服务能力和水平的好坏优劣往往决定着企业的命运。第二，服务的关键在于有没有服务的情怀。第三，要看到农业保险的服务是政策性服务，是政府关于农业农民的政策上的替代，担负的是政府服务农民的政治责任，所以要把服务搞好。

做好服务的关键是能力，目前农业保险行业的服务能力还不够。一是人少，二是业务不熟悉不精准，包括不懂得农民的语言，无法与农民进行对话，缺少农民的信任感，也不懂得农业保险、金融的一些基本的规范和知识等。关于如何提高服务能力，一个是精准，一个是效率。除了情怀、方向、态度、立场之外，就是要提高应用科技的水平。农业要智能化，农业保险更要智能化。从科技来讲是解决两个问题，一个是发现能力，一个是计算能力。发现能力是什么？比如说，这是不是一头死猪，这里是不是受了灾。计算能力就是损失的数量和程度，比如运用传感器，无人机，大数据，云计算等，计算更加精准，速度更快，既可以减少时间成本，也可以减少社会成本，减少纠纷。

总体来说，做好服务就要求农业保险公司的同志们要热爱农民、懂得农民，更好地服务农民。

十、创新是农业保险高质量发展的动力源泉

可以说随着农业保险高质量发展征程的开启，农业保险进入到一个创新的时期，

需要各农业保险机构有"敢为天下先"的精神和勇气，大胆创新、勇于实践、敢于承担，把创新的过程变为一个推动农业保险高质量发展的过程，政府也应该支持创新，建立容错的机制，鼓励创新。

中航安盟是一家负责任、敢于创新的公司，在农业保险如何防险、高科技手段的运用，特别是草原保险上都走在全国的前列，希望一如既往不断取得新的成就，为农业发展、保障农民收入、防范农业风险做出新的贡献。

最后，祝愿第九届国际农业保险论坛取得圆满成功，有更多新的理论成果，也祝愿我亲爱的第二故乡陕西发展得越来越好，陕西人民的生活更加幸福美满。

农业保险高质量发展的内涵、特征和路径

张　峭

摘要： 中央全面深化改革委员会审议通过的《关于加快农业保险高质量发展的指导意见》出台，标志着农业保险进入高质量发展的新阶段，农业保险高质量发展既是服从与服务国家发展战略的新要求，也是农业保险自身发展的内在需求。农业保险高质量发展的内涵和特征主要体现在产品与服务优、运行效率高和发展可持续三个方面，产品与服务优主要是指农业保险提供的产品和服务是优质的，既符合政府对农业农村发展的要求、政策和导向，又能满足农业生产经营主体日益增长的风险保障需求；运行效率高主要是指政府与市场合作的农业保险运行体系是高效率的，要求在制度和机制上既要明晰政府和市场的边界，又要加强政府和市场的合作；发展可持续主要是指农业保险发展要保持一个相对稳定和可持续发展的状态，农业保险行业既要内部结构合理有韧性，又要对外具有巨灾风险转移分散体系和能力。这三个内涵特征既互为依存和支撑，又不矛盾和冲突。因此，加快农业保险高质量发展路径，就是要通过提高农业保险服务能力，提供优质农业保险产品与服务；优化农业保险运行机制，提升农业保险运行效率；强基础补短板防风险，促进农业保险稳定持续发展。

关键词： 农业保险；高质量发展；内涵特征；发展路径；运行机制

2019年5月29日，中央深改委第八次会议审议通过了《关于加快农业保险高质量发展的指导意见》（以下简称《意见》），2019年10月9日，国家财政部、农业农村部、中国银保监会、国家林草局联合印发《指导意见》。那么，何为"农业保险高质量发展"，其核心内涵是什么，它具哪些特征，如何加快发展。只有对"农业保险高质量发展"进行深刻的理解和把握，才能更好地贯彻落实《指导意见》。

一、农业保险高质量发展的必要性和意义

（一）农业保险高质量发展是农业保险自身发展的内在需求

作为农业风险管理的重要手段，农业保险是世界各国普遍采用的转移和分散农业风险以及降低农业生产不稳定性的重要保障措施，对防范农业面临的日益严峻的自然

作者简介：张峭，中国农业科学院农业风险管理研究中心主任，研究员。

灾害风险和市场波动风险、保障农业持续稳定和促进农业高质量发展具有重要"防火墙"和"安全网"作用。因此，从 2007 年中央财政农业保险保费补贴试点开始，我国农业保险进入快速发展时期，经过 12 年发展，农业保险覆盖了全部所有省份，承保的农作物有 200 多种，主要粮食作物覆盖率超过 70%，农业风险保障金额达 3.46 万亿元，农业保险市场规模已处于仅次于美国的世界第二大国。正如《指导意见》所总结，"在党中央、国务院正确领导下，各地区、各有关部门积极推动农业保险发展，不断健全农业保险政策体系，取得了明显成效"。但现阶段我国农业保险发展仍处于较为粗放的初级发展阶段，仍面临一些困难和问题，如农业保险保障不全面不充分不平衡、农险费率厘定不科学、市场招投标不规范、财政补贴机制固化、虚假承保协议理赔和农业巨灾风险分散体系不健全等，与"三农"风险保障实际需求仍有较大差距，迫切需要更精细化和更高质量的发展。因此，《指导意见》提出了"农业保险高质量发展"的要求，明确了"加快农业保险高质量发展"的指导思想和发展方向，标志着我国农业保险发展由粗放型"数量扩张"到精细化"质量提升"的新阶段，这是我国农业保险发展的内在需求。

（二）农业保险高质量发展是服从与服务国家发展战略的新要求

高质量发展是 2017 年党的十九大首次提出的新表述，2018 年中央经济工作会议上，习总书记指出，中国特色社会主义进入了新时代，我国经济发展也进入了新时代，基本特征就是我国经济已由高速增长阶段转向高质量发展阶段。在我国经济已由高速增长阶段转向高质量发展阶段背景下，作为经济重要组成部分的我国农业农村经济发展也出现了显著变化，农产品的供给从满足量的需求已向更加注重满足质的需求转变，过去高资源消耗、高投入高成本粗放发展方式已向追求高效绿色生态发展方式转变，城乡居民不仅要求农业提供优质安全的农产品，还要求农村提供青山绿水宜居的良好生态环境，因此，无论是从发展基础、发展方式还是从发展要求来看，农业农村经济发展也已进入了高质量发展新阶段，在 2018 年中央 1 号文件中就明确提出要求实施质量兴农战略，农业由增产导向转向提质导向，推动农业高质量发展。农业保险作为现代农业支持保护体系的重要组成部分和工具，必须适应经济和"三农"发展新形势和新要求，通过自身高质量发展来支持和保障农业农村经济高质量发展、脱贫攻坚和乡村振兴战略实施。所以，农业保险高质量发展也是服从与服务国家发展战略的要求和使命。

（三）《指导意见》出台标志着农业保险进入高质量发展新阶段

2019 年 5 月 29 日，中央深改委第八次会议审议通过了《关于加快农业保险高质量发展的指导意见》，2019 年 10 月 9 日，财政部、农业农村部、银保监会、国家林草局联合印发了《指导意见》。中央最高决策层就农业保险发展问题专门进行审议并出台文件，这是史无前例的，说明农业保险发展得到了党中央国务院的高度重视，农业保险有了新的定位和要求，结合国际农业支持保护体系发展和演变趋势，可以预期《指导意见》出台标志着农业保险进入高质量发展的新阶段，政策性农业保险将会逐步成为我国农业支持保护体系的基石和核心，农业保险的功能和作用会进一步增强，政府对农业保险支持力度会进一步加大，农业保险的地位会进一步提高。

二、农业保险高质量发展的内涵和特征

按照中央十九大会议精神，高质量发展就是能够很好满足人民日益增长的美好生活需要的发展，是体现新发展理念的发展。《指导意见》中关于农业保险高质量发展的指导思想，提出要"紧紧围绕实施乡村振兴战略和打赢脱贫攻坚战，立足深化农业供给侧结构性改革，按照适应世贸组织规则、保护农民利益、支持农业发展和'扩面、增品、提标'的要求，进一步完善农业保险政策，提高农业保险服务能力，优化农业保险运行机制，推动农业保险高质量发展，更好地满足'三农'领域日益增长的风险保障需求"。这一指导思想明确了农业保险高质量发展的目的与手段。我的理解可以进一步表述为，农业保险高质量发展就是以高效率服务方式为"三农"稳定持续地提供高质量的农业风险保障产品和服务的发展。所以，农业保险高质量发展的内涵和特征可总结为：产品与服务优、运行效率高和发展可持续。

（一）产品和服务优

农业保险高质量发展首先体现在能够提供高质量的保险产品和优质服务。农业保险属于服务业，衡量服务质量高低的标准就是提供的产品和服务能否很好满足用户需求。农业保险用户包括政府和农业生产经营者（农户）两类，农业保险高质量发展既要满足政府对农业农村发展的要求、政策和导向，也要满足农业生产经营主体日益增长的风险保障需求。作为代表国家和全体人民利益的政府，发展农业保险主要是为了实现三个基本目标：第一，保障粮食安全和重要农产品有效供给，使得重要农产品生产面临的风险威胁最小化，具体体现在对某些主要农业品种的扶持政策上有倾斜；第二，降低农产品价格的剧烈波动，保障宏观经济和社会的稳定，体现在通过逆周期补贴政策措施稳定重要农产品市场价格；第三，提高和稳定农业生产经营者的收入，满足社会公平目标，体现在给予"三农"政策上的扶持。政府农业政策目标还包括提升农产品国际竞争力、促进农业生态环境保护和可持续发展、实施扶贫攻坚和乡村振兴战略等，以上政府这些农业政策目标，并不是完全独立的，政府可以同时实现或兼顾这些目标，但当这些目标不能兼得，或者存在一定的冲突时，政府会更倾向于实现其中的一个和几个目标，而放弃其他目标，并且这些政策目标重要程度与优先序会随着社会经济发展水平以及农业发展阶段不同而发生变化。所以，实现农业保险高质量发展首先必须分析和把握国家农业农村发展的政策导向，满足政府农业农村发展的政策需求。对于农业农村微观生产经营主体来说，最关心的是有没有合适的、具有吸引力

的保险产品和优质的服务。农业生产经营者因从事产业不同、经营规模不同、生产环境不同，所面临的风险种类和大小会不同，所具有的风险偏好和能承担风险的能力也会不同，农业保险高质量发展就是能够开发和提供管理不同性质及大小风险的保险产品及产品体系，满足不同农业生产经营主体多元化和多层次的风险保障需求。同时要求农业保险经营机构能够通过优质的展业、承保和理赔服务，使农业保险服务精细化、精准化和具有良好用户体验，使农民真正具有获得感、安全感和幸福感。这样的保险产品和服务才是高质量的，才符合《指导意见》主要目标指出的"产业有保障、农民得实惠"。

（二）运行效率高

农业保险高质量发展内涵和特征还体现在农业保险运行的高效率。国内外理论研究和实践探索已经证明，政府和市场合作制度和机制是农业保险运行的最好和最有效率的制度和机制，我国在吸取国内外经验和教训后于 2007 年开始试验这一农业保险制度和机制，并于 2013 年 3 月由《农业保险条例》确定正式在全国实施，经过十多年实践，证明这一机制和制度总体上是科学的和有效的，农业保险发展也取得了举世公认的明显成效。但同时，实践中也发现现行的农业保险运行制度和机制还存在着一些缺陷和问题，影响其运行效率和效益，需要进一步修改和完善，正如"指导意见"中提出"优化农业保险运行机制，推动农业保险高质量发展"。政府与市场合作的农业保险运行制度如何优化和完善才能高效运行，其核心和面临的主要问题正如"指导意见"指出的要"明晰政府和市场边界"。明晰政府和市场边界，主要是明确政府的职能和作用，因为按照中国特色社会主义市场经济要求和《指导意见》提出的基本原则，要"充分发挥市场在资源配置中的决定性作用"，也就是说农业保险运行体系中政府和市场关系，市场是起决定性作用，是第一位，市场能够发挥作用的一定要发挥市场作用，只有市场失灵的地方才需要政府干预和支持，只有遵循这样的原则，才能解决农业保险市场体系不完善、政府经营干预过多和政府支持及监管不到位问题。那么，政府在农业保险运行体系中应该起到何种作用呢？我认为政府主要有三方面职能和作用：

第一，农业保险市场的培育和维护者。由于农业风险具有相关性和系统性的特征，农业保险产品是一种准公共产品，导致市场失灵从而无法充分提供生产经营者所需的保险产品，历史上农业保险的纯商业化尝试在国内外都以失败而告终，只有在政府进行干预和补贴之后，农业保险才走上了快速发展的轨道。政府对农业保险市场的培育和维护职能主要是通过四种方式发挥作用：①通过保费补贴、税收优惠、价格激励等方式鼓励和引导市场主体提供农业保险服务；②加强气象、价格、农情和灾情等公共信息的发布和供给，缓解信息不充分与不对称问题，增强市场信心；③为农业保险市场营造稳定的宏观与商业环境；④强化法律与制度建设，促进市场的有序竞争和规范运营。

第二，农业保险的组织和协调者。政府在农业保险中需要承担起组织和协调者的角色，因为一方面，由于农业保险具有外部性，其他市场主体和政府的行为目标并不完全一致，有时各主体之间的目标可能还有冲突，因此需要政府站在社会发展全局的高度进行组织和协调；另一方面，市场主体提供的各种保险产品和政府提供的风险管理政策或工具可能还具有一定的替代性，例如政府灾害救济和农业保险，这时也需要政府进行组织和协调，使相关主体合理分工和配合。

第三，农业风险应对的最后守护者。尽管完善的农业保险产品可以有效转移和分散农业生产者面临的风险，降低农业风险对农业和国民经济造成的冲击，但是农业风险尤其是农业巨灾风险是无法避免或消除的，当农业风险造成的影响和损失超出了市场承受能力和产生市场失灵时，政府就必须作为风险应对最后的守护人，支持农业生产经营者及其他市场主体应对这种巨灾风险，保障农业生产经营者尤其是那些低收入的贫困家庭有一个基本的消费水平和再生产能力，以免农业巨灾风险造成公共风险和危及整个社会。另外，政府在农业保险中也需要兼顾效率和公平，对低收入或贫困的农业生产者提供更多的支持，帮助他们应对风险，脱贫和防止返贫。

上述政府在农业保险中三个方面职能和作用要比一般商业保险中多和参与的深，在商业保险中的政府职能和作用主要体现在第一方面③和④即为农业保险市场营造稳定的宏观与商业环境，强化法律与制度建设，促进市场有序竞争和规范运营。正因如此，《指导意见》确立了农业保险的政策性属性，明确提出"推进政策性农业保险改革试点"，同时在基本原则规定"更好发挥政府引导和推动作用，通过加大政策扶持力度，强化业务监管，规范市场秩序，为农业保险发展营造良好环境"的政府职能。

（三）发展可持续

农业保险高质量发展还应体现在农业保险发展要保持一个相对稳定和可持续发展的状态。持续稳定发展主要表现在短期相对稳定发展，不能大起大落，中长期发展可持续性强，不能因巨灾风险和金融或经济危机的冲击出现大批企业倒闭甚至行业整体瘫痪；持续稳定发展还表现在行业体系内各业务结构合理、偿付能力充足和健康稳健，行业内和行业外合作顺畅和协调发展。农业保险运营的是一个涉及多重风险来源、多元市场主体、多类保险产品和多环节风险链条的复杂过程，这种复杂性不仅体现在农业风险具有不同于其他风险的特殊性，还体现在政府要把握好其在农业保险管理中的角色和作用，更体现在农业保险发展中要协调处理好政府和市场、制度规范和创新发展、政府部门间和上下层间等各类关系。因此，我认为在农业保险中，只有树立全局观念，明确和理顺各方主体的利益关系和职责定位，通过优化制度设计来激励各方主体的积极性，强基础、补短板、防风险，协调配合，合力推动，方能实现农业保险持续稳定发展。

需要指出的是，上述农业保险高质量发展的产品和服务优、运行效率高和发展可持续这三个内涵和特征，只有同时具备且互为依存和支撑，相互没有矛盾和冲突时，才算是农业保险高质量发展。同时，农业保险高质量发展也不是一个静止状态，是一个渐进性、系统性的动态发展过程，这种动态发展变化并非自然而然发生，其中既有客观规律的体现，也是制度政策努力推动的结果。

三、农业保险高质量发展的路径

依据农业保险高质量发展内涵和特征要求，针对中国农业保险目前存在的主要问题，《指导意见》坚持问题导向和目标导向，指出了农业保险高质量发展的方向和路径，针对性地提出了一系列加快农业保险高质量发展的系统性举措。

（一）提高农业保险服务能力，提供优质产品与服务

1. 扩大农业保险覆盖面和服务领域

《指导意见》针对农业保险保障不全面不平衡问题，在"稳步扩大关系国计民生和国家粮食安全的大宗农产品保险覆盖面"和"提高保险机构开展养殖保险的积极性"基础上，提出了"鼓励各地因地制宜开展优势特色农产品保险"，以加强农业保险目前覆盖面较低的地方特色产业的风险保障，同时对目前存在问题的森林保险和几乎空白的草原保险，"适时调整完善森林和草原保险制度，制定相关管理办法"，促进其发展。另外，"将农机大棚、农房仓库等农业生产设施设备纳入保障范围"，"创新开展环境污染责任险、农产品质量险，支持开展农民短期意外伤害险"，"鼓励保险机构为农业对外合作提供更好的保险服务"，"将农业保险纳入农业灾害事故防范救助体系"，大大拓宽农业保险服务领域。

2. 提高农业保险保障水平

《指导意见》针对农业保险保障不充分和水平低问题，提出农业保险"在覆盖农业生产直接物化成本的基础上"，"逐步提高保障水平"，"建立农业保险保障水平动态调整机制"。同时将农业保险责任由保自然风险扩大到"防范自然灾害和市场变动双重风险"，"稳妥有序推进收入保险"，到 2022 年"收入保险成为我国农业保险的重要险种"。

3. 完善农业保险产品体系

《指导意见》针对目前农业保险产品单一和粗放问题，在现行成本保险、完全成本保险和收入保险的基础上，提出"稳步推广指数保险、区域产量保险、涉农保险，探索开展一揽子综合险"，"开发满足新型农业经营主体需求的保险产品"，"探索构建涵盖财政补贴基本险、商业险和附加险等的农业保险产品体系"，丰富和完善农业保险产品体系，满足不同类型农业生产经营主体多元化多层次的风险保障需求。

4. 提供优质农业保险服务

《指导意见》针对目前农业保险承保理赔不规范和服务不到位问题，提出"推动

农业保险条款通俗化、标准化"，"保险机构要做到惠农政策、承保情况、理赔结果、服务标准、监管要求'五公开'"，保障农民充分知情权。"健全科学精准高效的查勘定损机制"，"做到定损到户、理赔到户，不惜赔、不拖赔，切实提高承保理赔效率"，"切实维护投保农民和农业生产经营组织利益"，为农业生产经营者提供优质服务。

（二）优化农业保险运行机制，提升农业保险运行效率

1. 明晰政府和市场边界

《指导意见》抓住目前农业保险存在许多问题的根源是政府和市场边界不清，提出了明晰政府和市场边界这一解决问题的关键和重点。清晰界定了政府和市场的地位和作用。在基本原则中明确政府只是起引导作用，市场才是起决定性作用和主导作用。政府的主要职能有"加大政策扶持力度，强化业务监管，规范市场秩序，为农业保险发展营造良好环境"四项，对边界一直不很明确的"政策扶持"职能作了进一步明晰，明确"地方各级政府不参与农业保险的具体经营"，只是通过给予必要的政策扶持，来调动市场主体积极性，"政策扶持"主要包括"保费补贴、大灾赔付、提供信息数据"、"协助办理农业保险业务"四项内容，而最后一项内容仅授权于"基层政府部门和相关单位"，并且需要"按照有关规定"来执行。在划定好政府职能边界基础上，农业保险高效运行还需要充分发挥市场的决定性作用，而要充分发挥市场作用，关键是要赋予保险机构经营自主权，为此，《指导意见》要求政府要"充分尊重保险机构经营自主权"，"发挥好保险机构在农业保险经营中的自主性和创造性"，同时明晰了保险机构经营自主权包括"产品开发、精算定价、承保理赔"三项具体内容，以防止政府"越位"对农业保险经营业务的不当干预。

2. 加强政府和市场合作

政府不能"越位"，但也不能"缺位"和"不到位"，应该政府作为的政府必须承担相应责任，这样也才能弥补农业保险市场的一些方面"失灵"，也才能将充分发挥市场的决定作用和更好地发挥政府作用有效结合，农业保险运行才能更有效率。为此，在明晰政府和市场边界基础上，《指导意见》就加强政府和市场合作，优化政府和市场合作机制提出了明确指导意见。在完善大灾风险分散机制方面，要"建立财政支持的多方参与、风险共担、多层分散的农业保险大灾风险分散机制"，并且"明确划分中央和地方各自承担的责任与义务"；在规范农业保险市场方面，政府要"加强财政补贴资金监管"，"加大对保险机构资本不实、大灾风险安排不足、虚假承保、虚假理赔等处罚力度"，"对未达到基本经营要求、存在重大违规行为和重大风险隐患的保险机构，坚决依法清退出农业保险市场"；在建立农业保险对外合作机制方面，政府要推动"建立健全保险机构与灾害预报、农业农村、林业草原等部门的合作机制"，"加强农业保险赔付资金与政府救灾资金的协同运用"，"推进农业保险与信贷、担保、期货（权）等金融工具联动"，"建立健全农村信用体系，通过农业保险的增信功能，提高农户信用等级，缓解农户'贷款难、贷款贵'问题"。

（三）强基础补短板防风险，促进农业保险稳定持续发展

1. 开展农业生产风险评估和区划

农业生产风险评估与区划是开展农业保险的前提和条件，是农业保险持续稳定发展的基础性工作，对农业保险准确厘定费率和实现"一致性"及"公平性"原则，防止道德风险、逆选择和降低运营成本具有重要意义。早在 2011 年我们就曾呼吁并发表文章"加强农业生产风险评估与区划，保障农险持续健康发展"，并于 2013 年又出版了专著《中国农作物生产风险评估与区划理论及实践》。尽管该项工作也在个别地方开展了一些探索，中国保监会也曾组织过对我国种植业开展省级保险费率区划试点工作，但由于它涉及面广、技术性强、实施难度大，又具有公共服务特性，保险机构不愿做或做不了，政府又缺乏组织牵头部门来推进，到目前为止，我国全面系统性农业生产风险评估及区划工作仍没有开展。针对这一问题，《指导意见》提出了"加强农业保险风险区划研究，构建农业生产风险地图，发布农业保险纯风险损失费率"，"为保险机构产品开发、费率调整提供技术支持"。并且要求"建立科学的保险费率拟订和动态调整机制，实现基于地区风险的差异化定价，真实反映农业生产风险状况"，夯实农业保险发展基础。

2. 加强农业保险相关信息共享

无论是农业保险产品科学定价还是精确承保精准理赔，需要长期的、大量的农业生产经营者基础信息和生产过程中农情灾情信息，而一方面由于我国农业农村信息化相对滞后，许多农业农村信息缺失和有偏差，另一方面已有的一些信息大多分散并由相关政府部门掌控，由于制度和部门利益原因，也有数据安全方面考虑，我国农业保险相关信息一直难以共享和利用。这种情况已影响到农业保险评估定价和承保理赔的有效开展，已经成为农业保险发展的短板和障碍。为此，《指导意见》提出"加大投入力度，不断提升农业保险信息化水平"，为农业保险积累数据和信息，同时，要求"逐步整合财政、农业农村、保险监督管理、林业草原等部门以及保险机构的涉农数据和信息，动态掌握参保农民和农业生产经营组织相关情况"，为农业保险提供信息支撑和服务，也能"从源头上防止弄虚作假和骗取财政补贴资金等行为"。

3. 健全农业保险基层服务体系

农业保险要为农业生产经营者和农户提供长期稳定服务，必须具有贴近农户的基层服务机构、设施和人员，否则，要么服务不及时、不到位和不全面，要么服务不能够持续。而目前许多中小保险机构因各种原因，基层组织机构不健全、服务网点少、设施条件差、人员素质低，已成为农业保险发展又一短板，为弥补这一短板，《指导意见》要求"经营政策性农业保险业务的保险机构，应当在县级区域内设立分支机构"，通过"制定全国统一的农业保险招投标办法"，"建立以服务能力为导向的保险机构招投标和动态考评制度"，"加强对保险机构的规范管理"，"支持保险机构建立健全基层服务体系，切实改善保险服务。"

4. 组建政府农业保险管理协调体系

农业保险属于政策性保险，政府在农业保险中具有非常重要作用，政府的坚强组织领导是确保农业保险高质量发展的重要保障。从全球范围看，建立相对集中统一的政府组织管理体系，强化农业保险政策、制度、程序的集中统一管理，是发达国家建立农业保险管理体系较成熟经验。如美国的农业风险管理局（Risk Management Agency，RMA），这个设立在美国农业部的管理机构是美国农业保险管理的综合统筹机构，通过管理和实施一系列由国会授权、联邦政府执行的农业保险计划，有效地增强了美国农业生产、经营和贸易的稳定性。因此，《指导意见》针对目前我国农业保险尚未建立中央层级管理协调机构和地方管理协调机构不统一，造成管理效率低下和管理资源浪费等问题，依据我国国情提出中央层级由"财政部会同中央农办、农业农村部、银保监会、国家林草局等部门成立农业保险工作小组，统筹规划、协同推进农业保险工作"，地方政府"成立由财政部门牵头，农业农村、保险监管和林业草原等部门参与的农业保险工作小组，确定本地区农业保险财政支持政策和重点，统筹推进农业保险工作"，这样就改变了中央层级机构缺失、地方层级一地一策的农业保险管理现状，形成农业保险管理协调机构职责明确和上下统一顺畅的管理协调体系，提供农业保险高效管理和协同推进的组织保障。

5. 建立风险防范和大灾风险分散体系

农业保险机构要持续稳定发展，必须加强对各种风险防范，应对大灾风险冲击。"指导意见"一方面针对目前农业保险机构面临的风险隐患，提出在风险防范机制上，"强化保险机构防范风险的主体责任，坚持审慎经营，提升风险预警、识别、管控能力"，要"加大预防投入，健全风险防范和应急处置机制"；在偿付能力管理上，要"严守财务会计规则和金融监管要求，强化偿付能力管理，保证充足的风险吸收能力"；在公司治理上，要求"加强保险机构公司治理，细化完善内控体系，有效防范和化解各类风险"。另一方面针对全国性大灾风险分散机制缺失问题，提出"完善大灾风险分散机制"，一是要"落实农业保险大灾风险准备金制度，增强保险机构应对农业大灾风险能力"，二是要"增加农业再保险供给，扩大农业再保险承保能力，完善再保险体系和分保机制"，三是要"合理界定保险机构与再保险机构的市场定位，明确划分中央和地方各自承担的责任与义务"。加快建立起"财政支持的多方参与、风险共担、多层分散的农业保险大灾风险分散机制"。

新时期、新定位、新目标下的
农业保险高质量发展研究

姜 华

摘要：《关于加快农业保险高质量发展的指导意见》的出台，从顶层设计上确定了农业保险未来的发展路线，确定了三年中期目标和十年长期目标，为当前和今后一段时期如何做好农业保险提供了根本遵循和行动指南。本文结合我国农险保险发展的实际，从需求、问题、目标三个层面对新时期推进农业保险高质量发展进行了系统思考，并基于农险保险经营主体角度，以中原农业保险股份有限公司为载体，对落实高质量发展要求进行探索，提出相应建议。

关键词：新时期；新定位；新目标；农业保险；高质量发展

我国农业保险自 2007 年开展试点以来，一直受到党中央、国务院的高度重视。习近平总书记在中央经济工作会议等场合多次强调，"农业保险一定要搞好，财政要支持农民参加保险。"李克强总理要求有关部门就提高覆盖面和保障水平、建立大灾风险分散机制等重点问题提出工作建议。2004—2019 年连续 16 年中央 1 号文件对农业保险工作进行了部署。在中央和地方的共同努力下，我国的农业保险取得了全球瞩目的成就，农业保险的制度体系、服务体系、产品体系不断健全。从 2007 年到 2018年，农业保险保费收入从 51.8 亿元增长到 2018 年的 572.6 亿元，覆盖人群从 5 000万户次增长到约 2 亿户次，保险赔款从 32.8 亿元增长到 423.2 亿元。我国已成为亚洲第一、世界第二的农业保险大国。

2019 年 5 月 29 日，中央全面深化改革委员会第八次会议审议通过了《关于加快农业保险高质量发展的指导意见》（以下简称《指导意见》），并于 10 月 9 日经财政部、农业农村部、银保监会、国家林草局联合印发。这个行业内期盼已久的文件的正式出台，标志着在新的历史时期，党中央、国务院对农业保险的新定位、新要求。《指导意见》划定了 2022 年和 2030 年两个阶段的发展任务时间表，在总结我国 13 年经验和吸取发达国家经验基础上，从我国政治体制、经济和农业农村特点出发，对如何实现两个阶段任务制定了清晰的路线图，创设了具有中国特色的农业保险发展模式，为当前和今后一段时期如何做好农业保险提供了根本遵循和行动指南，必将为新时期农业保险的发展注入新的动力。

作者简介：姜华，中原农业保险股份有限公司总裁。

一、以需求为导向，深刻认识农业保险高质量发展内涵

（一）新世纪我国农业保险政策的演进历程

2002 年我国修订《农业法》，提出国家逐步建立和完善政策性农业保险制度。2004 年中央 1 号文件提出"加快建立政策性农业保险制度，选择部分产品和部分地区率先试点，有条件的地方可对参加种养业保险的农户给予一定的保费补贴"，进一步指明了建立农业保险制度的具体指向，自此连续 16 年的中央 1 号文件均对农业保险的试验和发展提出指导意见。2007 年，中央财政在 6 省开展小麦、水稻、玉米、大豆、棉花等 5 类农作物保费补贴试点，正式拉开了政策性农业保险发展的序幕。随着现代农业和农业保险的大力发展。2012 年，国务院发布《农业保险条例》并于2013 年 3 月正式实施，作为《农业法》和《保险法》的配套法规，该条例阐述了农业保险的地位、作用，特别是对政策性农业保险制度中的若干法律规范做出了不同于《保险法》的规定。此后，财政部、银保监会、农业农村部等都出台一系列政策和规则，不断促进农业保险的试验和发展。此次《指导意见》的出台，针对农业保险制度发展中的困难和问题，为农业保险在新时期如何更好地服务乡村振兴大战略，提供了政策指引和快速发展路径。可以看出，每一项新的农业保险政策都是前一阶段政策的丰富和完善，更是不断深化农业保险认知、积极推动我国"三农"发展大趋势的主动作为。

（二）农业保险高质量发展是农业现代化规律的内在要求

党的十九大报告指出，我国经济已由高速增长阶段转向高质量发展阶段，正处在转变发展方式、优化经济结构、转换增长动力的攻关期。进入发展新阶段，把握历史新方位，新时代下农业保险的主要矛盾，已经迭代转换为供给体系和质量不能满足农业现代化发展需求的结构性矛盾。在这对矛盾的不断运动和相互作用中，农业保险的性质、定位、方向也在发生不断的变化。我们认为，推进农业保险高质量发展，应当着重考虑"一个定位"和"三个全新"。一个定位，农业保险性质经历了从商业性试点到财政补贴型试点的前期历程，而新时期农业保险的性质和定位应当是：从国家农业发展目标出发，立足于服务"三农"治理体系和治理能力现代化，明确和坚定农业保险的"政策性"定位，是我国农业支持保护制度的主要工具之一；三个全新，就是我们需要凝聚新共识，农业保险应当回归本源，以农为本、以民为本，坚定为农业的持续稳定发展保驾护航，同时不断增进政府满意度和农户获得感，满足人民美好生活的需要；我们需要把握新机遇，立足农业农村优先发展、城乡融合发展形势，做好政府农业风险管理的接手和助手；我们需要打造新能力，创新模式与技术，协同推进，实现质量变革、效率变革、动力变革，提高农业保险的全要素生产率。

（三）落实农业保险高质量发展的总体趋势

落实农业保险高质量发展，应当包括确保政策效力、实现政策效果、提升政策效率三个方面。

一是确保政策效力。从目标上，农业保险应服务乡村振兴国家战略，维护国家粮食安全和重要农产品供给，促进农业现代化发展和农户收入稳定，提高我国农产品全球竞争力；从组织上，农业保险涉及到五级党委政府、涉及到十几个政府部门，要齐抓共管，协同推进，要制定一整套严密的配套制度予以支持；从经营上，应坚持保险姓保、农险为农、保本微利的基本定位。

二是实现政策效果。农业保险要成为减灾救灾体系的主要承担者，以扩面、增品、提标为方向，使保险赔款支出占农业灾害损失的比例提升至发达国家水平。要成为"三农"政策的协同发力者，将保险有效融入政府"三农"发展政策、发展战略和规划、支农惠农项目，立足自身灾害管理功能，向服务农业现代化等多重目标转变。在农业产业发展、扶贫攻坚、生态治理、融资增信、科技兴农、新农主体培育、土地制度改革等方面，以市场化运作模式、基层服务能力、农村要素资源整合平台，不断降低"三农"的风险水平，延伸服务链条，整合服务资源，打造服务生态圈。

三是提升政策效率。农业保险要实现较低的市场运营成本，坚守合规经营的底线，与风险对价的费率水平，充足稳健的偿付和风险分散能力，足额、精准、迅速的赔款支付，规范、便捷的服务，公开和透明的信息披露。

二、以问题为导向，加快补齐农业保险高质量发展短板

《指导意见》指出："农业保险发展仍面临一些困难和问题，与服务'三农'实际需求相比仍有较大差距。"鲜明地概括出了党中央、国务院对当前农业保险的总体判断和政策出台本意。从实际情况看，农业保险仍然存在组织机制不完善、市场运行不规范、保障水平低、服务能力弱、功能作用单一、基础设施薄弱等问题，《指导意见》坚持问题导向，有针对性地提出各项政策举措，用三年左右的时间，到 2022 年基本建成功能完善、运行规范、基础完备、与农业农村现代化发展阶段相适应、与农户风险保障需求相契合、中央与地方分工负责的多层次农业保险体系，为 2030 年农业保险提质增效、转型升级发展蓄力动能。

（一）明确的定位是农业保险高质量发展的根本立足点

一直以来，由于对农业保险定位不明确，地方政府对农业保险地位和功能作用的理解、重视和运用程度存在较大差异，导致部分地区农业保险的统筹水平、组织领导力度、体制机制建设、市场发育程度、运行顺畅性不高，农业保险的目标规划、协调推进、考核竞争、巨灾分散等机制缺失。本次《指导意见》出台后，农业保险本质、

地位、作用得到了确认，是具有里程碑意义的重大转变，必将为各方稳定政策预期、保持战略定力、厚植发展基础、释放发展潜能提供核心的支撑。

（二）服务农业农村现代化是农业保险高质量发展的出发点

2018—2022年是实施乡村振兴战略的第一个5年，面临重大机遇和挑战。国际农产品贸易不稳定性不确定性仍然突出，提高我国农业竞争力、妥善应对国际市场风险任务紧迫。我国作为人口大国，粮食及重要农产品需求仍将刚性增长，保障国家粮食安全始终是头等大事。随着居民消费结构加快升级，农业由增产导向转向提质导向是必然要求。我国城镇化进入快速发展与质量提升的新阶段，但大量农民仍然生活在农村的国情不会改变。在乡村振兴战略下，农业保险既是农业现代化的积极助力，又是农业现代化的重要标志。当前，我国农业保险与现代化发展的要求相比，仍有不小差距：一是保障水平每亩地不到400元，而我们2018年农民的人均可支配收入已经到了14 617元。二是三大主粮作物参保率仅为67%，生猪参保率仅为31%。三是中央财政补贴险种仍然只有16类22种，与其他农业保险发达国家差距较大，例如美国纳入政府补贴的农作物达120个。四是农业保险补贴在农业支出预算中的比例很低。2018年我国农林水支出2.08万亿元，农业保险保费补贴仅为428亿元。五是服务于土地三权分置改革、农村污染防控、普惠金融体系建设、农村公共安全、农产品质量安全等方面的保证保险、责任保险等，还停留在小范围试点阶段。农业保险迫切需要准确把握农业农村现代化的发展主线、战略重点，积极预判和顺应未来趋势，找准切入点。这既是服务国家大战略的需要，也是农业保险自身提质增效、转型升级发展的需要。

（三）充分满足农户风险保障需求是农业保险高质量发展的着力点

一方面应重新认识农村农业面临的各类风险。从农业生产、农民生活面临的风险看，包括了气候、病虫害等引发的生产风险，因价格或生产资料波动引发的市场风险，因借贷产生的金融风险，因支持政策如粮食补贴转变引发的政策风险，因健康、家庭等因素引发的个人风险，因环境污染影响生产形成的生态风险。农业农村新业态、新形态的大量涌现可能引发更多新型风险，对风险管理能力提出了更高要求。另一方面要兼顾不同主体风险需求。构建现代农业经营体系是实现农业现代化的重要支撑，大力推动多种形式适度规模经营是现代农业经营体系的重要内容。据初步测算，近10年来我国农村土地流转面积的年均增速约为3%，但到2020年，经营规模在50亩以下的小农户仍将有2.2亿户左右，经营的耕地面积约占全国耕地总面积的80%。一方面当前农业生产收入占农户家庭收入的比重越来越小，小农户完全可以对农业损失通过自保方式进行承担，对风险不够敏感，同时保险机构承保大量小而散的农户成本极高；新型农业经营主体因投入高、种植结构单一、农户履约等因素造成风险类型更加多样、风险更加集中、风险分散能力更弱，亟须提高保障范围和程度。

因此，农业保险既要发挥风险补偿基本功能，又要拓宽服务边界实现多核驱动，还要从补贴结构、产品创新等方面兼顾新农主体和小农户不同的风险需求，这也是《指导意见》"多层次的农业保险体系"意指所在。《指导意见》赋予了农业保险更明确、更丰富的功能：农业保险作为分散农业生产经营风险的重要手段，对推进现代农业发展、促进乡村产业振兴、改进农村社会治理、保障农民收益等具有重要作用。提出三个方面的政策支持：一是"扩大农业保险覆盖面"、"提高农业保险服务水平"、"加大政策扶持力度"，中央财政重点支持粮食生产功能区、重要农产品保护区和深度贫困地区，对地方特色农产品中央实行以奖代补，强调了粮食安全、特色农产品供给、畜牧规模化、生态安全等重点领域，突出了保物化到保价格、保收入的改革方向。二是"拓宽农业保险服务领域"、"鼓励开展农业保险＋"，在涉农保险、防灾减灾、保险与信贷和期货协作等方面提出要求。三是提高小农户投保率，实现愿保尽保，对新农主体开发财政补贴基本险、商业险和附加险的产品以及一揽子保险产品。

（四）规范的运行机制是农业保险高质量发展的关键点

农业保险作为农业政策工具，既不适合完全行政安排，也不适合完全市场竞争，应合理划分政企边界、多方参与制衡。要有明晰的法治规则、严格的惩戒机制、清醒的自律意识。正因为规范运行的机制很难健全，长期以来农业保险运行还存在诸多痼疾：

一是政府与市场边界不清。我国 13 年的政策性农业保险暴露出来的突出问题之一是政府与市场的边界不清，有的政府及相关部门要么放任竞争，要么管的过宽，即"缺位"和"越位"并存。在缺位方面，农业保险领导小组的撤销，导致农业保险工作缺乏纵向到底的统一领导、管理和规范。在越位方面，政府要求的不合理赔付，在未经过专家论证、风险区划情况下要求降低费率等情况时有发生。

二是资源配置机制有待健全。分配农险市场资源的权力逐步向基层政府集中，呈现"分散决策"倾向，竞争存在一定失序。部分地方政府不划分承保区域，放任保险机构自由竞争，造成协保费用攀升、重复投保、超面积承保等问题。县级政府招投标过程存在对投标资格捆绑不合理的条件要求，招投标后行政干预造成废标，部分县区招标经营机构数量与资源比明显超高。过度的竞争导致运营成本极高，部分省份农业保险综合费用率一直居高不下。

三是违法违规问题仍需遏制。一些地方存在承保理赔档案不完整、不规范、虚增或虚构保险标的、垫付保费、承诺返还保费、高额协保费用投入、平均赔付、惜赔滥赔等恶性竞争等行为。

因此，这次《指导意见》一是在"基本原则"中对农业保险参与各方的参与原则和职能范围进行了明确：政府主要通过加大政策扶持力度，强化业务监管，规范市场秩序，为农业保险发展营造良好环境。发挥好保险机构在农业保险经营中的自主性和创造性，充分尊重农民和农业生产经营组织意愿，充分调动农业保险各参与方的积极性。二是专门提出明确政府与市场边界。地方各级政府不参与农业保险的具体经营。充分尊重保险机构经营自主权，基层政府部门和相关单位协助办理农业保险业务。中央、省级重新成立协同推进的农业保险工作领导小组，必将为农业保险的运行提供根本的组织保障。三是强化了监管要求。强调对未达到基本经营要求、存在重大违规行为和重大风险隐患的保险机构，坚决依法清退出农业保险市场。对承办机构落实惠民便民措施、注重发挥行业自律提出要求，并加强基层保险监管。四是加强招投标管理。要求制定全国统一的农业保险招投标办法，建立以服务能力为导向的保险机构招投标和对中标机构的动态考评制度。对招投标管理的政策要求也是首次提出的。

（五）完备的基础设施是农业保险高质量发展的有效支撑点

当前，农业保险行业在防灾减灾能力、内控合规体系建设、信息化水平、地块信息管理、承保理赔风险管理技术、示范性条款、费率厘定和风险区划、专家库建设、再保险风险分散等方面仍然存在薄弱环节。在风险分散机制、产品、技术方面还存在数据孤岛等情况，需要全行业的资源共享和整体性的供给，尤其是对新进入市场的公司而言，面临风控经验少、数据积累少、承保风险在某一地域过度集中等困难。在服务网络建设方面，存在辐射性的服务网点建设不全、农村协办队伍与保险机构黏性不高、服务能力和水平仍有欠缺等问题，还面临着由于市场区域变动频繁、混乱，承办机构对网点的长期投入存在顾虑、各机构同一区域重复建设网点浪费资源等情况。

《指导意见》在完善基础设施方面提出了构建农业生产风险地图、发布纯风险损失率、制定示范性条款、加强农业保险信息共享、完善基层服务体系、完善风险防范机制，尤其是大灾风险分散机制方面，要加快建立财政支持的多方参与、风险共担、多层分散的农业保险大灾风险分散机制，增加农业再保险供给，并明确划分中央和地方各自承担的责任与义务。

三、以目标为导向，推动农业保险提质增效、转型升级

《指导意见》明确了 2022 年和 2030 年的总体目标和任务。两个时间阶段的任务体现了一种递进关系：只有夯实了到 2022 年的发展基础，到 2030 的发展任务才能得以实现；只有提质增效、转型升级，才能推动我国农业保险达到国际先进水平，实现补贴有效率、产业有保障、农民得实惠、机构可持续的多赢格局。国际先进水平不仅是量的增加，更应是质的提升，其根本前提是有效的机制保障。纵观美加等发达国家农业保险历程，制度健全、机制流畅、产品设计合理、承保理赔精准、依赖精算技术、反欺诈到位等是其重要经验，借鉴发达国家可行做法，在《指导意见》指引下，未来建议从六个方面推动我国农业保险提质增效、转型升级发展。

（一）重视农业保险在农业支持政策体系中的地位

农业保险发达国家对农业保险的推动无不借助立法来施行，通过制定农业保险法，明确相关的政策扶持措施，推动农业与农业保险的发展。如美国于 1938 年颁布了《联邦农作物保险法》、日本于 1947 年颁布《农业灾害补偿法》、西班牙于 1978 年颁布了《农业保险法》、法国于 1900 年制定了《农业互助保险法》。实践证明，通过专门立法推动农业保险发展，是一条行之有效的符合国际惯例的重要措施。按照《指导意见》提出的"适应世贸组织规则、保护农民利益、支持农业发展"要求，建议我国加快农业保险的立法进程，确立农业保险作为主要的农业支持保护政策，研究在世贸规则下农业保险真正成为绿箱政策的有效途径。

（二）实行差别化保费补贴政策

从我国二元经营主体的现实情况看，小农户对风险不敏感，投保积极性不高，但从国家粮食安全及社会稳定角度来讲，提升小农户参保率，提高其种粮积极性又十分必要。因此，可以借鉴发达国家经验，建立适合我国国情的二元主体保费补贴体系，即由政府针对小农户提供全额保费补贴，保障出险频度低的大灾，针对新型农业经营主体提供基本物化成本补贴，保额提高部分所需保费由新农主体缴纳和政府差额补贴相结合，兼顾公平与效率。普惠性＋选择性农业保险体系，可以更加全面保障国家粮食安全，有利于实现小农户和现代农业发展有机衔接，有利于提升财政补贴效率，"提高小农户投保率"、"建立多层次的农业保险体系"。

（三）政府支持和市场化运作相结合

从农业保险的国际实践看，政府在农业保险制度中发挥着重要作用，是保险组织运行体系制度化的推动者，同时农业保险制度也离不开先进、成熟的市场化运作模式。如农业保险公司商业化运作，农业保险投保主体自愿参与，利用销售员、定损员完成承保理赔服务。《指导意见》清晰地划定了政府与市场的边界，未来需要农业保险工作小组的组织保障、市场准入退出的制度保障、规范并提高招投标统筹层次的机制保障、第三方损失核定精准承保理赔的技术保障，最终建立以服务能力为导向的市场配置资源机制，激发主体创新动力、降低不合理的经营成本、构建新型政商关系。

（四）以产品创新摆脱现有经营模式的两难困境

由于一些发达国家，例如加拿大，农场规模较大，他们的农业保险产品以基于个别农场的产量保险和收入保险为主。而从我国看，到 2020 年小农户所经营的耕地面积约占全国耕地总面积的 80％；到 2050 年，其所经营的耕地面积约占 50％，表明这种特殊国情将长期存在。在这种情况下，农业保险开办成本极高，承保收费难、定损到户难、业务精细操作难，甚至引发违规问题。为适应这种国情，需要加强产品创新，逐渐加快发展完全成本保险、收入保险，在适宜的地区稳步推广指数保险、区域产量保险等适合小农户的保险产品，有利于最小化传统农业保险面临的道德风险、逆选择等问题，提高承保理赔的效率，维护区域性、整体性的粮食安全。

（五）建立多层分散的风险分散机制

为了保证农业保险经营的可持续性，需要构建大灾风险分散机制，以便在更大范围分散风险、分摊损失，增强应对巨灾冲击的能力。各国普遍建立了基于公共财政支持的农业保险再保险制度与其他大灾风险分散机制，对于超出市场主体和再保险体系承受能力的农业大灾风险，由政府事先安排融资渠道。《指导意见》立足中国现状，设计了搭建风险分散机制和路径，大灾风险需以"财政支持、多层设计"的核心架构，可建立承办机构大灾风险基金、政府支持的再保险、省级巨灾基金、中央层面大灾基金兜底的分层结构，实现市场化与政策性结合的韧性巨灾分散机制，对真正的区域或者全国性巨灾，能举全国之力，统筹区域转移支付。

（六）以平台建设提升现代化水平

我国农业已经表现出一二三产业融合发展，自动化、智能化以及机械化相结合，规模化经营与工商资本进入农业等新的态势，未来农业生态圈将更加丰富。在此基础上，我国农业保险基础平台的建设，应依托统一的组织机构，举行业之力共建共享，打通保险数据与农业、气象、价格、畜牧、新农主体、信用、地块等数据的交互。开展产品设计、灾害预警、标的识别与监控、价格采集与触发、信用评估、资产核查、风险区划和费率厘定等工作。落实以地块、以农户个体产量为依据的保险单元形式，实现真正的精准承保精准理赔，制定示范条款、完善业务流程、防范道德风险逆选择等新技术，为农业保险的精细化、信息化、规范化、协同化提供支持。

四、以结果为导向，中原农险落实高质量发展要求的探索

中原农险作为专业性农业保险公司，自成立以来，始终秉承"尚德聚智、惠农利民"的企业使命，怀着敬畏和深情，坚持做优主业，做精专业。下一步，公司将以《指导意见》为行动纲领，着力落实各项任务要求，着力提高发展质量和水平，着力发挥功能作用，不断将农业保险这一国家惠农强农政策落到实处。

（一）坚守农业保险专业定位

我们深刻认识到做好"三农"工作不仅需要理论和实践，更需要凝结对农民群众的深厚感情，需要保持服务"三农"的初心和使命，需要坚持创新、协调、绿色、开放、共享的发展理念，扎根"三农"、一以贯之、久久为功，做一个优秀的农业保险经营者，实现业内典范、行业领先的战略目标；精耕细作、合规守正、专业敏行，不

断提升财政资金运营效率水平，降低资源浪费，做好风险预判、防范与化解；真保真赔，真正发挥农业保险的精准补偿、足额赔偿的功能，稳定农业生产和农民收入。

（二）担起保障国家粮食安全的使命

围绕小麦、水稻、玉米生产功能区和大豆、油菜籽等生产保护区，不断"提标、扩面、增品"。提升承办区域内主要粮食保险覆盖面，开展大宗作物收入保险试点，大力推广附加保额型保险产品，积极落地小麦、玉米制种保险。针对高标准良田重点建设区域，试点开展耕地地力指数保险，实现地力提升正向激励。开展农田水利设施保险、农田道路工程险、农田灌溉断电责任险等试点，提高保险对高标准良田基础设施的风险补偿和管护水平。开展农业技术推广产量保险，加大对良种、配方施肥等绿色农业技术的保险保障力度，提升科技兴农水平。加大在地块信息管理、费率分区和风险区划、重大病虫害预警、气象灾害信息等方面的建设力度，提高对高标准粮田的服务水平。

（三）助力推进农业供给侧结构性改革

围绕产业发展重点、财政支农重点，以国家农业示范区建设、田园综合体、农村产业融合发展试点、农业特色小镇建设为重要载体，推进特色农业保险产品保物化、保价格、保收入的升级换挡，防范特色农业灾害风险、市场风险、技术风险，稳定农户种植预期。积极推动建立地方优势农产品保险补贴名录，围绕地方重点发展的优势特色农业，积极联合银行、担保、农业投资等涉农金融机构，创新基于农企紧密利益联结机制的"保险＋融资＋农业服务"模式，建立覆盖联合体上中下游的全产业链保险服务体系。参与完善特色农产品价格采集和发布机制，助力重点地区建设具有全国影响力的价格中心和交易中心，提高特色产业集聚能力。

（四）发挥后扶贫时代保险功能

聚焦深度贫困地区和特殊贫困群体，助力解决"两不愁三保障"突出问题。按照"费率要低、责任要宽、保额要高"的原则，开发满足贫困地区、贫困人口保障需求的扶贫产品，针对临贫、易贫人员推广防止返贫型的保险产品。对贫困户及带贫主体实行降费特惠。优先向贫困县下延分支机构，实现保险网点乡镇全覆盖和服务行政村全覆盖。开展深度贫困地区农业互助保险试点。大力推广覆盖贫困户人身、财产、住房、教育、医疗等方面风险的一揽子保险服务，发挥兜底保障作用。配合地方政府探索开展建档立卡贫困人口的商业补充医疗保险，建立一站式优先结算模式。服务农村金融信用评价体系，积极打造政府＋银行＋保险＋担保的四位一体融资模式，降低贫困户利率负担。

（五）融入深化农村社会治理

开发针对新型农业经营主体的农作物高保障和收入保险、土地流转履约保证保险、贷款保证保险、农机保险、农业设备保险等一揽子保险体系，推进将农业保险知识纳入新型职业农民培训，服务集体经营性建设用地入市进程，依托农村产权交易中心，开展承包权、经营权两权抵押贷款保证保险，试点开展"土地托管＋保险＋农资＋融资""龙头企业＋农户＋订单＋保险＋融资"等闭环模式。依托基层农业技术推广站等组织，大力推进农业保险服务新网点建设，同时引导农资、资金、农业技术、土地托管、农村电商等各类要素向农村集聚，增强社会化服务组织的服务能力和水平。积极开展覆盖食品公共安全、公共文化娱乐安全、养老、社会治安等保险试点。积极服务国内农业企业境外农业投资。

（六）服务畜牧产业现代化之路

以助推畜牧产业发展壮大和规模化水平为目标，实现种植、养殖、屠宰、加工、流通、消费、保险、融资等全环节有效融合。通过活体抵押、保单质押等方式，提升金融保障水平。积极出台助力生猪复养一揽子保险金融方案，适度提高能繁母猪与育肥猪保障程度，推广能繁母猪生产水平保险，探索猪场死亡率保险。在病死畜禽理赔查勘、运输车辆实时监控、无害化处理方面与畜牧部门开展合作，积极开发适合政府和企业需求的环境责任险，助力粪污资源化利用。

（七）创新风险减量管理方式

争取将保险纳入地方防灾减灾规划，通过购置病虫害防治药物和器械、气象减损预警服务、专业化统防统治服务、联合"三农"信息服务平台推送生产、销售、气象信息等方式，积极配合政府部门开展防灾减灾工作，建立有效的风险识别、评估、监测、预警、预防激励机制，提高农户防灾减灾意识和抵御风险的能力。从产品端提高对投保主体防灾减灾费用的补偿力度，将保险灾后补偿功能转变为以降低标的风险为目标的正向激励。积极探索保险与农业物联网的协同防灾机制，为农业提供精准、前置的生产行为指导。

（八）提升科技赋能水平

推进保险与农业大数据中心、"互联网＋精准农业"示范园区的合作力度，将保险机制纳入农产品质量安全追溯体系、电商物流平台。针对各类种养殖动态数据、电商交易场景开发成本保险、农产品质量责任险、保证保险等保险产品。开展"智慧农机＋保险"试点，提高保险在农机作业调度、故障维修、精准测亩测产方面结合力度。围绕承保、理赔、风控，简化前台作业操作、优化中台业务处理系统、提升后台信息辅助决策能力，打造全流程科技化运营模式，实现流程电子化、作业移动化、风控精准化、决策智能化、农商协同化，提升核心竞争优势。

（九）以人为本打造专业化人才队伍

以凝聚文化理念、汇聚人才专长、集聚外部力量为目标，建设一支对"三农"工作用情用心用力的农业保险专业队伍。建立企业与高校的人才输送、实习基地的双向交流机制。建立灵活的团队组建、绩效考核、结果评估机制，提高团队自主组合、作战、协同能力。加快推进农业保险培训学院建设。推进农业专家库建设，充实粮食作物、特色作物、养殖业等方面的专业技术力量。培育忠诚度高、服务意识和水平强的新型协办人员队伍。

参考文献

[1] 屈冬玉. 以信息化加快推进小农现代化 [J]. 智慧中国，2019 (7).

[2] 乡村振兴战略规划（2018—2022 年）[OL]. 新华网，2018 - 09 - 26.

[3] 杨华柏. 加快农业保险立法进程 [J]. 中国金融，2012 (8).

[4] 李立松，付磊. 借鉴欧盟经验建立我国农业保险大灾风险分散机制 [J]. 上海保险，2015 (5).

[5] 庹国柱. 政府在农险中的作为需要进一步规范 [M]. 中国银行保险报，2019 - 10 - 25.

[6] 朱俊生. 农业保险经营模式的问题与改革建议 [J]. 重庆理工大学学报（社会科学），2017 (3).

五部门文件对农业保险体现了怎样的支持方向[*]

庹国柱

摘要： 新年伊始，央行、银保监会、证监会、财政部、农业农村部共同发出了《关于金融服务乡村振兴的指导意见》，其中对于农业保险问题，提出了一系列指导意见，主要包括农业保险要持续提高农业保险的保障水平，要科学确定农业保险保费补贴机制，探索开展地方特色农产品保险以奖代补政策试点，落实农业保险大灾风险准备金制度，逐步扩大农业大灾保险、完全成本保险和收入保险试点范围，引导保险机构到农村地区设立基层服务网点，要求农业保险要进一步与期货市场配合，逐步提高农村居民的现代金融意识和应用水平，建立农险机构服务乡村振兴考核评估制度等。本文对这些指导意见阐述了一些个人理解。

关键词： 金融；乡村振兴；农业保险；指导意见

新年伊始，中国人民银行、银保监会、证监会、财政部和农业农村部，联合发出《关于金融服务乡村振兴的指导意见》（以下简称《指导意见》），该意见在整体讨论金融支持乡村振兴宏观和微观问题的同时，专门对农业保险服务提出了一系列指导意见。认真学习领会这些指导意见，对于我们进一步加强农业保险制度建设，拓展农业保险的发展空间，改善农险服务，促进农业保险沿着可持续发展的道路快速前行，为乡村振兴做更多贡献，有重要意义。

关于做好农业保险服务的指导意见，除了与其他金融机构共同的问题外，专门有条文指导。这些金融服务的共性和个性问题，其实也都涉及到当前农业保险发展的许多重要方面。这些指导意见表明了中央政府对农业保险支持的方向和对农业保险发展的殷切期望。据笔者学习后的理解，主要有九个方面的理解：

一、农业保险要持续提高农业保险的保障水平

在"建立健全多渠道资金供给体系，拓宽乡村振兴融资来源"的项下，《指导意见》集中对农业保险当前的一些重要问题提出了要求。

为什么将农业保险问题放在"拓宽农村融资来源"这个命题之下呢？我的理解

---

[*] 本文发表于《中国保险报》2019年2月27日、3月5日。

作者简介：庹国柱，首都经济贸易大学保险系教授，农村保险研究所所长。

是，在金融体系中，农业保险有双重功能：第一个，也是主要的功能是为农业生产提供风险保障，这种风险保障越充分，农业保险的保障水平越高，农村信贷和其他融资活动风险才越小，才有更大的安全保障。也就是我们常说的，农业保险越发展对农户的增信作用越大。第二个，农业保险在提供保险保障的同时，因为有一定的保险基金积累，可以直接或者间接地为农户提供融资。虽然目前因农业保险的资金大部分期限较短，加之因为种种原因保费收集滞后，影响到基金的积累速度和数额，但是各家直保公司还是有可能为乡村振兴提供部分直接融资的。

无论是上面提到的第一个功能还是第二个功能，要能充分发挥作用，关键在于把农业保险做大，特别是提高农业保险的保障水平。

农业保险保障水平[①]的提高，主要是把农业保险的总金额做大，保险总金额就是风险保障的总金额。因此，需要做两方面的努力：一是提高承保面积（数量），一是提高单位保险产品的保险金额。前者决定着农业保险保障深度，后者决定着农业保险保障广度。根据张峭、王克等人的研究，我国的农业保险保障水平虽然比印度、菲律宾等国家要高一些，但是与日本、加拿大和美国的水平有较大差距。就种植业而言，2013 年，日本的保障水平是 17.24%，加拿大是 31.87%，美国是 52.97%，而我国只有 7.27%。用全部农业保险的保险金额来计算，稍高一些，2015 年是 18.58%，我们这几年的发展比较快，根据 2017 年的数据计算，我们的农业保险保障水平已经提高到 24.8% 的水平。即使如此，我国与加拿大、美国的农业保险保障水平还有很大差距。相比较而言，对于反映单位保险产品保险金额而言的保障深度来说，我国的农险保障水平与农险发达国家的差距要更大一些，2015 年，我国农业保险深度只有 13.73%，而美国则达到 59.79%，我国不及美国的四分之一。

只有农业保险保障水平提高了，农业保险整体的风险保障能力才能提高，农户和各种新型经营主体的信用水平才能真正提高，融资能力才能增强。同时，保险经营能力的提高，保险基金的规模扩大，也才可以增加乡村振兴的融资来源。

二、科学确定农业保险保费补贴机制

农业保险保费补贴机制问题一直是一个各方都十分关注的问题。主要是如何科学确定这个保费补贴，由谁来补，补给谁，补多少，也就是怎样补，才能更加合理和有效的问题。《指导意见》对这个问题，实际上提出了两个层次的问题：

---

① 参见《中国农业保险保障水平研究报告》（中国金融出版社 2017 年 8 月初版）对农业保险的保障水平的定义。农业保险保障水平＝保险金额/农业总产值，这个保障水平可以分解为两个指标，即农业保险保障深度和农业保险保障广度。农业保险保障深度＝农业保险单位保额/单位农产品产值。农业保险保障广度＝农业保险承保面积（数量）/单位农产品产值。

(一) 为何提出科学确定补贴机制的问题

之所以提出这个问题,我觉得,主要是因为在十多年的政策性农险实践中,这几方面都还依然存在不少值得探讨的问题。

谁来补?不同国家财政的补贴的层级模式是不一样的。有的国家是只有中央一级补,有的是由中央和省(州)两级补。在我国财政税收体制的实际背景下,为了鼓励和调动地方积极性,我们采用的是中央、省、市、县四级补的补贴层级模式。这几种补贴模式各有利弊。我国这种补贴层级模式的较大弊病在于,在那些财政不大宽裕的省份,难以实现"应保尽保",不少农户得不到或者不能充分得到这种普惠"阳光"。因为地方政府要根据自己的预算来确定补贴品种和补贴比例,特别是那些中央不提供补贴而对于本省来说又具有重要支柱性作用的农产品生产的保险,无法做到充分的财政支持。这对农户和市场都不无遗憾。当然,这方面我们已经有一些改变,例如,根据产粮大县的财政实际,不再让它们出钱补贴了。这些地方变成三级补贴了。

补给谁的问题似乎很简单,就是补贴给投保农户。但实际上并不简单。由于一些地方补贴资金运行方式和流程设计有缺陷,并没有完全到位。主要是两个方面:第一,补贴资金大多数情况下到位滞后,使经营企业不得不垫付资金运行和理赔,这就会使保险机构在一定程度上有资金的时间价值损失。在流动性不充足时,可能延误理赔时间。第二,补贴资金在很多地方是将四级补贴资金集中在县级财政,最后由县级财政与保险公司结算,因为县级政府的政策执行水平的限制或者其他原因,这个补贴资金可能会被县里截留、挪用,甚至贪污,形成不小金额的"应收保费",影响到保险合同的顺利执行,伤害被保险农户的利益。

补多少?是政府、公司和投保农户各方都关心的话题。很显然,补贴多大范围,补贴多大比例适度、科学,以及这个补贴如何更好地在各级政府财政之间分担,是需要持续研究的课题。站在政府立场上,主要是三个方面的问题:第一个方面是,补贴保险标的的种类和范围多大合适。第二个方面是,如何才能将费率定得科学合理,符合风险损失水平实际和合理利润水平。第三个方面是,在最大限度鼓励农户参保的前提下,补贴比例越低越好。我的理解,能把这三个方面做好了,做到家了,费率机制就是科学的合理的。现在的问题是,因为定价权主要在保险公司方面,政府目前还没有能力准确评判费率机制的科学性和合理性。同时对补贴比例的高低和在四级政府之间如何分担,也还缺乏客观依据,这是困扰政府的问题。当然,这也是一个需要长时间研究和动态解决的复杂问题。

(二) 当前在"费率机制"方面主要解决什么问题

在该《指导意见》中,在"科学确定""保费机制"问题项下,主要强调了两个当前需要解决的问题,即"鼓励有条件的地方政府结合财力加大财政补贴力度,拓宽财政补贴险种,合理确定农业经营主体承担的保费水平。"鼓励"有条件的"省、地、县，增加补贴的保险标的和险种。也就是希望那些财力比较充裕的地方，加大对农业保险的支持力度。我理解，目前中央财政给予补贴的农业保险标的目录不打算扩大。但是，为了鼓励和支持地方政府的积极性，将给予地方政府所开展的特色农业保险产品给予"以奖代补"的财力支持（下面专门评论这个政策）。

合理确定农业经营主体承担的保费水平的问题，主要是进一步研究投保人承担多大比例比较合理。这里实际涉及的也是三个问题：一是投保人承担多大比例合适（这一条与上面政府补贴多少最好的问题是一个相对应的问题）。二是各类投保农户是否应该负担相同比例的保险费。三是每一个险种是否保额水平上可以有不同档次的选择，农户对于不同的保额选择，也承担不同的保费负担比例。

现在的实际状况是，各类投保农户（"散户"和各类新型农业经营主体）的费率承担比例都是相同的，我们的保单设计，对于保险金额方面也基本上千篇一律，无论是新型经营主体还是"散户"都没有区别，没有投保人的任何选择权。从我们调查的情况看来，不同类型的农户对保险需求和投保动力是不同的，他们对保险费的负担能力也是不同的。那些农业经营大户，希望有保险金额更高的产品，他们也愿意支付较多份额和数额的保险费。

我们费率制度的设计，要能考虑到上述区别，给予投保人多种选择性，保费机制的合理性才能解决，在相同保费补贴总量的条件下，必然取得比现在更好的效果。

三、探索开展地方特色农产品保险以奖代补政策试点

《指导意见》中的这一条表明，"以奖代补"政策，2019 年开始终于要落地了。

如果我没记错的话，对于地方开发和推行的"地方特色农产品保险"实行鼓励的政策早在 2017 年的中央 1 号文件中就提出了，文件中说要"持续推进农业保险扩面、增品、提标，开发满足新型农业经营主体需求的保险产品，采取以奖代补方式支持地方开展特色农产品保险。"这项政策的意思很明白，在中央财政层面，主要支持关乎全国粮棉油糖和生猪、奶牛等大宗农牧产品的保险，地方政府可以根据本地的实际，开发对本地有重要意义的所谓"特色"农产品生产的保险。考虑到各地的积极性和财力，中央虽然不承诺给地方特色产品给一个固定的补贴比例，但是可以通过"以奖代补"的方式，给予适当补贴支持。但是两年过去了，"只听楼梯响，不见人下来"，一直没有"以奖代补"的具体实施政策，各地都非常关心和期待这项政策的落实。

这个《指导意见》给出了明确的回应，表明 2019 年会拿出具体办法"探索开展地方特色农产品保险以奖代补政策试点"，就笔者理解，虽然还不会全面实施，但是肯定会开始试点。在试点基础上才会产生全面实施的政策意见。当然，我们还不知道将在哪些地方和哪些特色保险产品上给予"奖励性"补贴，但对各省来说总是有盼头了。我们希望对各省比较重要的蔬菜、畜禽、农机、设施农业、渔业、农房保险都可以纳入"以奖代补"的盘子。

四、落实农业保险大灾风险准备金制度

对于建立农业保险大灾风险准备金制度的问题，中央一直高度重视，因为这是一个关于农业保险制度能不能可持续的重要制度性安排。据笔者的记忆，这个问题最早是在 2007 年的中央 1 号文件里提出来的，中央要求"完善农业巨灾风险转移分摊机制"，其后，又在 2008 年、2009 年、2010 年、2012 年、2013 年、2014 年、2016 等 7 年的中央 1 号文件里，7 次指示，要健全农业再保险体系，逐步建立中央财政支持下的农业大灾风险转移分散机制。

在中央政策指导意见的推动下，政府相关部门这些年做了一些落实工作，一步一步推动这个大灾风险分散制度的建设。2013 年年末，财政部出台了《农业保险大灾风险准备金管理办法》，要求和规范了公司级别的大灾风险准备金制度，在建立和完善由中央财政支持的农业保险大灾风险管理制度方面迈出了重要一步。两年之后，在前保监会的促成下，多家保险公司和再保险公司参与，组建了"农业再保险共同体"，对于较好解决农业保险的再保险不充分不稳定的问题走出了一条新路。这些实际步骤将中国农业保险的大灾风险管理制度建设推上一个新台阶。

《指导意见》提出，要"落实农业保险大灾风险准备金制度"，实际上是要在前几年建设大灾风险分散机制的基础上，采取新的更重要的步骤，也就是将"组建中国农业再保险公司，完善农业再保险体系"。

这是什么背景呢？在我国十多年的农业保险实践中，再保险问题日益显得突出。这是因为：一方面，农业保险经营近几年有较大波动，使不少国际再保险人退出了中国农业保险市场，再保险的经营主体和承保能力受到考验；另一方面，我们自己由再保险人和部分直保公司共同参与建立的商业性的"农业再保险共同体"，遇到了一些不大好解决的实际问题，运作两年，一直处于亏损状态，作为一个缺乏政策支持的商业性经营机构，面临着可不可以持续经营的困局。中央适时做出果断决策，准备组建由政府主导或者控股的中国农业再保险公司，期望通过政府的支持和良好的市场化运作，完善农业再保险体系，更好更稳定地支持农业保险。至于如何组建，这个农业再保险公司以何种机制以及如何运作，将会另做讨论。

当然，即使成立了专门的农业再保险公司，农业保险经营的大灾风险管理制度也还将需要进一步完善，可能还有要走一段路。比如，还需要确定，是不是建立省一级和国家一级的大灾风险准备金。如果建立，如何执行和操作，如果不建立（一级或者两级）准备金，又将如何设计再保险之后的融资通道等问题[①]。这将是后话。

[①] 这个问题实际上存在分歧意见，有的人认为没有必要进一步考虑再保险之后的超赔安排问题，提出了一些理由。这需要进一步做专门研究和讨论。

五、逐步扩大农业大灾保险、完全成本保险和收入保险试点范围

政策性农业保险走过了 12 个年头，2019 年进入第 13 个年头。迄今为止，我们的农业保险产品主要还是保险金额比较低的物化成本保险，还不能完全解决农林牧渔业的简单再生产的风险补偿问题，更谈不上为阔步走在农业现代化大道上的农业经营主体提供扩大再生产甚至部分利润的风险保障。鉴于农民和新型农业经营主体的旺盛需求，提高农业保险保障水平的呼声很高。这实际上是乡村振兴和农业现代化发展之必需。

因此，从 2017 年 5 月，财政部发出了《关于粮食主产省开展农业大灾保险试点的通知》，2018 年 8 月财政部、农业农村部和银保监会联合发出《关于开展三大粮食作物完全成本保险和收入保险试点工作的通知》，正式部署提高保险金额的工作，要使农业保险的保险保障水平能覆盖完全成本。

2019 年是真正投入试点的第一年，《指导意见》要求"逐步扩大农业大灾保险、完全成本保险和收入保险试点范围"，就是要在"增品、提标、扩面"方面加快步伐，不要让好好的强农惠农举措迟迟不能到位，落不到实处，尽快尽多地让农户得到风险保障的实惠。但愿从试点到全面推行之间的距离不要太长。

六、引导保险机构到农村地区设立基层服务网点

农业保险服务网点的建设的好赖快慢，事关农险服务是否到位，是否及时，是否能让投保农户满意的大问题。

要不要在农村地区设立基层服务网点的问题上，在保险界一直有激烈的争论。监管部门曾经起草一个文件，对经营农业保险的机构的条件做出要求。在征求意见时，遭到一些保险保险公司的反对。该文件要求，在任何一省开展农业保险业务，必须有一定数量的县级农业保险服务的分支机构，使农业保险的展业宣传、组织、定损和理赔等业务，有必要的人力物力保证。但是有的公司认为，在现在互联网时代，金融保险的信息化程度很高，电子商务在农村发展也很广泛，没有基层服务网点也一样能很好地为被保险人服务。没有必要一定要求在县级设立分支机构，限制某些金融服务创新做得较好的公司发展农业保险业务。

《指导意见》在这里所作要求或规定，强调"引导保险机构到农村地区设立基层服务网点，下沉服务重心，实现西藏自治区保险机构地市级全覆盖，其他省份保险机构县级全覆盖"，我觉得至少在当前是正确的，有较强的可操作性。

农业保险业务毕竟不同于城市业务，农业保险的投保人和保险标的都在农村，在广阔的农村空间上。远程操控虽然从理论上是可以在一定程度上做到的。但现有的技术水平条件下，对大部分公司来说，还不能像在互联网上出售退货险、航班延误险那

样简单。远程操控下进行农业保险的精准承保、精准理赔，尤其存在技术的、社会的和文化的障碍。同时，这个要求或者规定，也是针对目前存在的实际问题。在保险监管过程中，在承保、定损、理赔中发现的不少问题，都与一些地方基层服务机构不完善有关。而农户和当地政府对农险服务比较满意的地方，为农险服务的基层机构也比较健全、给力。文件特别提到的西藏，有其特殊性，那里的农业保险发展比较晚，服务网点建设滞后，从实际出发，当前只要求那里经营农业保险的公司在市一级有服务机构。

当然，在保险技术和其他领域的技术，例如，互联网和电子支付等新的金融手段，在农村广泛应用和普及之后，投保人都能如今天城市年轻人那样，自如运用互联网和移动支付手段，保险机构也可以使用电子支付手段，和其他卫星遥感等技术进行远程承保和理赔，到那个时候，是不是还一定要求在县级设立服务机构？我想，也许会放松或改变目前的这个要求或规定。

七、农业保险要进一步与期货市场相配合

"保险＋期货（期权）"近几年在各地的试验方兴未艾，取得了一定的成效，成为在农产品定价机制改革条件下，帮助农民规避农产品价格风险的良好工具和途径，受到保险界和证券界的关注和青睐。不少省份不少公司都积极寻求与期货公司合作，设计和申报试验项目。

"保险＋期货（期权）"虽然是保险界和期货界合作的创新产物，但实质上是期货（期权）买卖，保险只不过是以一个期货中介人的角色，并以"价格保险单"的形式组织农户做了一把农产品期货交易。虽然保险公司与农民签订的是价格保险合同，保险公司并不承担农产品的价格风险，最终赚到手的只是中介费。在美国、加拿大等发达国家，农场主一般是通过正式的期货交易中介商来进行农产品期货期权交易，所以保险公司一般不参与。

《指导意见》里，在"发挥期货市场价格发现和风险分散功能。加快推动农产品期货品种开发上市，创新推出大宗畜产品、经济作物等期货交易，丰富农产品期货品种"的项目下，对"保险＋期货（期权）"提出了指导意见。要求稳步扩大"保险＋期货"试点，探索"订单农业＋保险＋期货（权）"试点，探索建立"农业补贴、涉农信贷、农产品期货（权）和农业保险联动机制，形成金融支农综合体系。"

在这个农业补贴、农村信贷、农业保险、农产品期货"四位一体"的金融综合服务体系之中，需要将"农业补贴"问题多言几句。我理解，涉农信贷、农产品期货和农业保险，虽然可以从多方位为农业生产、加工、运销提供很好的服务，但不能完全取代农业补贴。因为按照市场运作的原则，对农业来说，这后"三位"都还会有不能覆盖和补偿的风险损失，就是说"三位"不能完全取代农业补贴。理解这一点，对保险人来说或者对政府来说都很重要（这个话题另作讨论）。

八、逐步提高农村居民的现代金融意识和应用水平

无论信贷、期货还是农业保险，都是现代金融体系的重要组成部分，这些现代经济活动的重要工具，并不是我国农民都很熟知和运用自如的，至少在很长时间里，农村居民应用现代金融保险手段技能的提升，都是信用、期货、保险的快速发展的必要条件之一。所以，《指导意见》强调要"大力推动移动支付等新兴支付方式的普及应用，鼓励和支持各类支付服务主体到农村地区开展业务，积极引导移动支付便民工程全面向乡村延伸，推广符合农村农业农民需要的移动支付等新型支付产品"，还要加快推进农村信用体系建设，推行守信联合激励和失信联合惩戒机制，不断提高农村地区各类经济主体的信用意识，优化农村金融生态环境。这也是农村金融服务的长远的基本建设。

我觉得，除了努力提升农民现代金融工具和手段（例如移动支付）的应用能力和水平之外，这里面特别需要强调的是，对投保农户诚信意识和风险意识的培养和教育，我们保险业需要与其他金融服务业一起，做很多扎扎实实的工作。因为，这是农村金融服务包括农业保险服务的基本建设之一。对农户来说，虽然一代一代都生活在各种自然和经济风险中，在缺乏信贷支持的环境下，从事生产和生活，但是要让他们学会利用信贷工具和现代风险管理工具，而且是乐意花费成本，讲求诚信地取得和利用这些资源和保障，那可不是一蹴而就的事情。无论信贷也好，保险也好，或者更加陌生的期货交易活动也好，都不仅仅是服务提供者一厢情愿或者一方努力就能做好的事。

九、建立农险机构服务乡村振兴考核评估制度

《指导意见》还对乡村振兴的农村金融保险服务提出了考核要求。指出要"建立金融机构服务乡村振兴考核评估制度，从定性指标和定量指标两大方面对金融机构进行评估，定期通报评估结果，并作为实施货币政策、金融市场业务准入、开展宏观审慎评估、差别化监管、财政支持等工作的重要参考依据。"对这一重要举措，我是非常赞成的。

在一些地方，农户和政府对当地的保险经营机构的服务质量很不满意。违法违规问题比较突出，侵犯投保农户利益的问题并不鲜见，必须对农业保险的服务建立一套切实可行考核评估制度，将普遍性的评估和临时性的监管检查结合起来，考察和监督各农险服务机构的服务水平和质量，实行奖优罚劣，把那些服务到位、受到各方认可和称赞的经营机构留在农险市场里，而把那些评估和监管考核不合格，累累吃"黄牌""红牌"的经营机构请出市场，才能杜绝"劣币驱逐良币"的现象，才能取得市场的效率，真正把金融保险服务乡村振兴的事业做好、做出实效。

限于个人认识水平，对《指导意见》的上述理解，不一定正确，不当之处请读者不吝赐教。

参考文献

[1] 中国人民银行，银保监会，证监会，财政部，农业农村部. 关于金融服务乡村振兴的指导意见 [Z]. 2019 年 1 月 29 日。

[2] 中国农业保险保障水平研究课题组. 中国农业保险保障水平研究报告 [M]. 中国金融出版社，2017。

[3] 财政部. 农业保险大灾风险准备金管理办法 [Z]. 2013.

[4] 财政部. 关于粮食主产省开展农业大灾保险试点的通知 [Z]. 2017.

[5] 财政部，农业农村部，银保监会. 关于开展三大粮食作物完全成本保险和收入保险试点工作的通知 [Z]. 2018.

对农业保险性质的再认识

——兼论回归经营农业保险的"初心"*

庹国柱

摘要： 我国大规模开展的农业保险到底是什么性质的农业保险，2012年《农业保险条例》颁布之后，有人说，《条例》所说的农业保险就是"有补贴的商业性保险"。学界和业界一直没有进行认真讨论。今天回头看看农险走过的脚印，我们才发现，按照"有补贴的商业性农业保险"运作，带来了一系列的有害结果。本文讨论了政策性农业保险与有补贴的商业性农业保险的主要区别，建议农业保险一定不能忘记国家建立政策性农业保险的"初心"。早日回归"初心"，农业保险才能实现高质量发展。

关键词： 政策性农业保险；有补贴的商业性农业保险；法规；制度

最近，从媒体和监管部门那里，不时听到和看到农业保险经营违法违规的案例和公布的罚单，令许多同仁和朋友不解。如今农业保险发展环境和政策这么好，全国都在全力以赴地参与扶贫攻坚，农业保险界活跃在支农、扶贫第一线，理应遵规守矩，尽心尽意为农业和农民提供更多的风险保障、为实施乡村振兴做更多贡献，但这些问题却和我们的这些目标有点背道而驰。

农险经营中发生这么多问题，原因很多。其中之一就是我们不少公司及其员工，并不真正了解我国建立的农业保险制度，特别是在这个制度下所做农业保险的性质。不知道千辛万苦建立的这个制度的"初心"是什么。因此，有必要对我国农业保险的性质进行再认识，免得不知或忘记"初心"，失去农险经营的方向。

一、曾经发生的关于农业保险性质的讨论

在我国财政开始补贴农业保险保费的时候，曾在学术界、业界和政府各有关部门发生过一场关于我国由政府支持的农业保险的性质的争论，有人认为，我们的农业保险由商业性保险公司经营，有实际困难，"保费高了（农民）买不起，保费低了（公司）赔不起"。政府为了调动农户投保的积极性和保险公司经营积极性，"政府给一点补贴，撬动保险市场"。这种保险就是商业性保险。但另一种意见认为，我们要建立

---

* 本文原载《中国保险报》2019年8月5日、8月12日。收入本书时有改动。

的是制度性的农业保险，要解决的是国家粮食安全和农民收入稳定的问题。政府补贴只是这个制度的一个部分，还需要一系列其他规则支撑。这种作为政府农业发展政策工具的农业保险是政策性保险。在这个制度中，政府的财政补贴只是其中一种支持政策。

这种争论的结果，虽然大多数人接受政策性农业保险的概念和认识，但是仍有一些人不同意使用"政策性农业保险"的说法，认为要把我们的政府只是给点补贴的农业保险叫政策性保险的话，第一，会给财政带来很大负担，会不会在发生较大灾害的时候，让政府接受无限责任，将政府财政拖进"无底洞"。第二，当时我国政策性银行正在进行改革，而且改革的效果并不好，这又来一个"政策性农业保险"，没准又让政府背上包袱。第三，没听说外国有什么政策性农业保险，我们还是不要搞这些新名词为好。针对这些问题，我曾经在中国保险报上发表了一篇长文，阐述了"政策性农业保险是一个科学的概念"（参见《中国保险报》2011年10月17日）。对政策性农业保险的概念及其制度含义、依据，做了讨论，并针对一些不同观点阐述了我的观点。很多学者和专家也都发表了不少意见，认为农业保险是分为商业性农业保险和政策性农业保险的，政府要通过财政补贴来实现自己农业发展目标的这种农业保险，已经不是商业性农业保险了。应该说，经过了这次讨论，大多数同仁认可政策性农业保险的概念，并且就把我国政府补贴的这种农业保险及其一整套制度叫"政策性农业保险"了。

二、《农业保险条例》的产生过程及其理论讨论

但是实际上，农业保险性质问题并没有完全解决，因为这个看似学术观点之争，进而引发了政策和法规之争。集中表现在2007年的《政策性农业保险条例》的起草和流产。这部集三个部门之力，广泛征求了学界和业界意见，十八易其稿的《政策性农业保险条例（草案）》，最终提交国务院法制办之后，就石沉大海了。该《政策性农业保险条例（草案）》被搁置，背后的原因虽多，但跟"政策性"三个字的关系极大。至少部分重要决策人（或部门）不同意"政策性农业保险"的概念和命题，也就不会同意这个《政策性农业保险条例》了。但是，政策性农业保险发展势头很猛，国家领导人越来越强调政策性农业保险对于实现我国农业现代化和城市化，对于保证国家粮食安全战略的重要性。除了在一些讲话中阐述之外，从2004年到2011年，发布的中共中央、国务院8个1号文件里，有7个都强调了"建立和完善政策性农业保险"的指导意见，有的中央1号文件中，还有大段比较具体的意见和要求。

在这种背景下，2011年末，国务院指示再次启动农业保险法规起草。2012年9月末提交国务院法制办，并在网上公开征求意见，11月就获得国务院通过，决定从2013年3月生效实施。不过，这个《条例》没有"政策性"的定语，叫做《农业保险条例》。而且，《农业保险条例（草案）》通篇没有"政策性"字样。但经温家宝总理签字公布出来的《农业保险条例》，很意外地增加了第三条第一款"国家支持发展

多种形式的农业保险，健全政策性农业保险制度。"这应该是与 7 个中央 1 号文件的呼应。当然，核心是将该文件的制度性意义提高了一个层次。该《条例》对于我国包括"政策性农业保险"在内的"多种形式的农业保险"（参见《农业保险条例》第三条）都做了全面的规划和安排，也提出了一系列的原则和政策。这个《条例》所说的"多种形式的农业保险"，就是政策性农业保险和商业性农业保险。但是，大部分内容是为政策性保险所做规范。

三、"政策性农业保险"和"有补贴的商业性保险"有根本区别

不过，如何理解和解读这个《条例》，特别是对于《条例》中所说的接受政府补贴的农业保险，却有不同的声音。有人撰文说这个条例说的不是政策性农业保险，而是"政府补贴的商业性农业保险"。尽管当时也有人批驳了这种观点，但一直没有人认真讨论"政策性农业保险"和"政府补贴的商业性保险"有没有区别，如果有区别，有什么区别。有的部门也一再强调，没有什么"政策性农业保险"，政府就是为商业性农业保险提供一点补贴而已。并且，对于有的省份设计本省的农业保险经营模式，政府参与农业保险经营的，也先后被叫停。有的人认为，经营农业保险，承担风险责任是商业性市场主体的事情，不能将农业保险的风险责任转移到政府身上。就是说，虽然《条例》第三条第一款说过"健全政策性农业保险制度"，但他们认为，并没有什么"政策性保险"，只有商业性保险，只不过政府为了"撬动这个市场"，给了一点补贴。大概这 7 年就是在这种不明性质的状态下做农业保险，或者在口头上叫"政策性农业保险"，实际上做的是"商业性农业保险"。

那么，应当如何理解我国通过《农业保险条例》所规范的"政府提供补贴的农业保险"是什么性质的保险呢？站在 2019 年这个时点上，结合《农业保险条例》，再来学习过去 16 年的 16 个中央 1 号文件，就会发现，我们现在建立的农业保险制度就是为乡村振兴战略和农业现代化提供风险保障的政策性农业保险制度，其"初心"非常明确。虽然选择市场主体为政策性农业保险服务，但绝不是为了支持商业保险的增长，更不是为这些企业提供新的利润增长点。那种认为"没有什么政策性农业保险"，"就是政府出点钱撬动保险市场"的观点和意思，并不你能代表政府的立法意图，更不符合 16 个中央 1 号文件的基本精神。因此，现在回过头再来讨论一下这种农业保险的性质依然很有必要。

回顾 7 年来理论研究和实践的结果，"政策性农业保险"和"有补贴的商业性保险"的区别至少表现在以下 9 个方面：

（1）政策性农业保险对于现代农业来说必须有。因为对于农业在一个具有战略重要性的国家，这是实现农业现代化和发展现代农业条件下，政府管理农业风险最有效的方式和工具之一。因为传统的非工程性农业风险管理方式和手段基本上失去应用价值（参见拙著《我国农业保险政策及其可能走向分析》，《保险研究》2019 年第 1

期）；有补贴的商业性农业保险可以有，可以没有，完全取决于商业保险公司的评估和决策。在国外，商业性农业保险虽然出现很早，但除了雹灾保险之外，对管理农业（特别是现代农业）风险有重要意义的多风险农作物保险只是在商业保险公司短暂试验之后都销声匿迹了。在我国，自 1982 年到 2004 年 23 年间，除了国有的中国人保和 1986 年建立的新疆兵团农牧业保险公司（只在兵团内）之外，没有保险公司选择做农业保险，即使 2007 年开始政府补贴农业保险的保险费，但大多数保险公司仍然处于观望态度，没有参与农业保险的愿望和积极性，有的地方政府甚至请都请不进来。

（2）政策性农业保险有其政策目标，那就是保障国家的粮食安全，增进农户收入的稳定性，提高本国农产品的国际竞争力，有效推进脱贫攻坚等。因此，即使农户缺乏有效需求，也要努力去做，不可能给经营主体很大的利润空间；而有补贴的商业性农业保险的主要目标，就是企业利润最大化，即使考虑国家的政策目标，也要首先服从企业的利润目标。因此，有钱赚就做，没钱赚就不做。公司可以将利润持续增长作为其业务的核心考核指标，可以用农业保险的利润补贴其他商业保险业务的亏损，实现商业业务之间的调剂和平衡。

（3）政策性农业保险需要专门的制度安排，专门的法律法规和其他监管规则。可以为了政策目标不允许自由竞争或者限制自由竞争，也不都要求经营机构完全实行自负盈亏，而由政府通过制度安排，通过完整的大灾风险分散制度，分散其经营中的超赔责任风险，为其经营提供"最后的风险保障"；有补贴的商业性农业保险不需要专门的制度安排，只需要服从规范商业保险的《保险法》的规则就可以了，完全是自由竞争，自由交易，自负盈亏，经营的大灾风险要自己扛，扛不了可以破产。

（4）政策性农业保险需要政府多层面的参与，在其保险业务中，事实上是保险人、投保人和政府三方参与，特别是在发展中国家，需要政府帮助保险机构进行组织和动员农户参加保险，而且政府很关注这个保险经营的结果，并根据这个结果适当地调整某些政策；而有补贴的商业性农业保险不需要政府的多层面参与，政府仅仅是"出点钱"撬动保险市场而已，所有业务需要自己干，经营后果与政府无关，政府也就不会特别关注。

（5）政策性农业保险是按照政府的农业发展计划实施的，中央政府和各省、自治区、直辖市都是根据国家和各地的计划安排来确定哪些种植、养殖或其他农业农村财产标的需要纳入全国或者本地政策支持的计划，才可能给予财政、税收等政策的支持。目前，我国中央财政支持的保险标的有 16 类 22 种。而有补贴的商业型保险，是根据商业性公司的目标开发的，虽然也可以争取政府的补贴，但不影响政府的宏观计划。

（6）政策性农业保险可以根据农业支持计划的要求，适应农户有效需求的实际补贴大部分甚至全部保险费。例如我国纳入中央财政补贴的保险险种，保险费补贴大到 80％甚至 90％。美国的 CAT 保险项目补贴 100％的保险费。而商业性农业保险即使政府给予补贴，也不可能补贴大部分甚至是全部保险费。

（7）政策性农业保险由政府根据政策需要进行风险选择和被保险人选择，给保险经营机构的余地较少。例如，开始几年，保险经营机构对于可能产生系统性风险的旱灾、病虫灾害等风险责任，都不承保。几个部委联合发文（见 2015 年中国保监会发的 25 号文件《中国保监会、财政部、农业部关于进一步完善中央财政保费补贴型农业保险产品条款拟订工作的通知》）大大扩展了保险的风险责任，限制了保险公司的逆选择，以维护农业保险被保险人的利益，也就保证了政策目标的实现。有补贴的商业性农业保险，根据商业保险公司自己的经营目标和对风险的评估，完全有权选择承保风险和投保人，可以不考虑政府的政策目标。

（8）政策性农业保险以政策为中心，以农业和农户为中心，目标函数是国家利益和农户利益的最大化，不会也不允许侵犯国家利益和被保险人的利益。而有补贴的商业性农业保险其目标函数是个人和公司利益最大化，所以就容易采取投机取巧，采用各种非法违规手段，套取财政补贴，不止一地出现所谓"三个没关系"（承保与农户没关系、理赔与灾害没关系、赔付与损失没关系）这种侵害国家利益，侵害投保农户利益的怪事。

（9）政策性农业保险需要按照政府设定的目标加以考核与评估，这种考核评估的依据也是围绕政府的农业发展目标和政策性农业保险的政策目标。通过评估，不断完善政策性农业保险的制度和政策，促进经营和管理的改进，使其更加符合政府的政策目标。而有补贴的商业性农业保险只要按照商业性保险经营的目标，特别是利润考核指标，虽然也可以强调企业的社会责任，但企业责任毕竟不可能是企业的主要目标。企业考核评估的绩效也要落在企业的利润和发展上，不会以社会效益为主要落脚点。

其实，政策性农业保险和商业性农业保险完全是性质不同的保险制度。所以，我国保险法诞生的第一天，就在第 158 条专门说："农业保险由法律、行政法规另行规定。"2015 年的最新版本 183 条仍然这样写。说明保险界非常清楚：政府支持的这种农业保险，是政策性农业保险，是为了实现政府的政策目标而建立的，需要一套专门的制度安排，包括专门的法律法规，跟《保险法》规范的商业保险不是一回事。商业性农业保险即使给点补贴，也完全可以根据商业逻辑在商业保险的法律法规体系之下运行。二者的目标完全不同，操作方式也不同。

四、按照"有补贴的商业性保险"做农业保险的不良后果

我们不少保险公司实际上是奔着"有补贴的商业性农业保险"来的，由于根本没有明白我们国家通过制定专门法规，建立起来的这套农业保险体系和制度的性质和目的，单纯从盈利性出发进行评估和决策，按照"有补贴的商业性保险"来经营农业保险，带来了一系列的恶果。其表现为：

——假承保。假农民之意，不经农民知情，由协保员、甚至公司代垫农户应交的

那部分保费，甚至与保险机构合谋，出具假保单，骗取各级财政补贴；虚构标的，承保的作物或者森林面积和养殖头数，超过实际播种面积、林地面积和养殖头数，实际上是虚假的保险合同。

——假理赔。因为有假保单，就会需要利益分享，保险机构就做假赔案，没有受灾也要造出赔案，没有死猪的竟然可以"造"出死猪赔案来，该少赔也必须多赔；真正保险标的受了大的灾害损失，又会千方百计拒赔、少赔。

——假费用。为了竞争需要，不惜寻租，加大手续费佣金等不正当开支，这些开支只好以各种"合法"名义"报销"出来，使经营费率用大大提升。

——追利润。以利润为导向，甚至将利润递增指标作为考核农险机构经营成果的主要指标，"迫"使经营机构为了利润，不惜铤而走险，弄虚作假，违规违法，不惜损害被保险农民利益的方式压低赔付率，或者拒不支付共保摊赔款项。最近媒体报道的还有，某地农户投了保交了费，发生了灾害损失后，大概是觉得赔付责任太大，竟然以政府补贴不到位为由，要求农户退保的案例。

而那些真正按照政策性农业保险来做的公司，处处考虑被保险农户的利益，考虑到政策目标，就很少有这些违规违法的行为，受到政府和农户的欢迎。

五、回归"初心"才能做好农业保险

政策性农业保险就是我国农业保险制度建立的初心，把"政策性农业保险"，当作"有补贴的商业性保险"来做，这实际上就是离开了"初心"。坚持后面这种观点和实践的人，或许是不懂，也可能是无心，但后果很严重。

目前，全国都在进行"不忘初心"的教育，联系我们农业保险的实际，做一些回顾和反思，深刻理解党和国家建立农业保险制度的"初心"，让那些不明白这个"初心"或者遗忘了"初心"的农险同仁、做农险的公司回归"初心"，理解我国农险制度的政策性质，这对我们认真理解和坚决贯彻中央最近通过的《关于加快农业保险高质量发展的指导意见》，有重要意义。

我曾在《农业保险发展中的几个要害问题》（见《中国保险报》2017年1月23日）一文中说过，政策性"农业保险在一个较长时期里应当有适当的合理的利润。这才会使保险公司能维持简单再生产和扩大再生产，持续给农户提供农业保险服务"。我在《不能简单考核农险业务利润指标》一文（参见《中国保险报》2019年1月6日）中还说过，政策性农业保险，虽然不是要各家保险公司当作慈善来做，"但做农险也的确需要一种情怀，一种为政府担责，为农业贡献，为农民分忧的情怀，对农业的风险保障有一种亲切的情感。"只有回归建立农险制度的"初心"，才可能有这种情怀，农业保险才可能做好，做长久，做出成效，才能实现建立这种政策性农业保险制度的政策目标。这不仅是一个理论问题，也是一个实践问题。

这个"初心"问题解决好了，辅之以监管，我们的农业保险才会旧貌换新颜。

政策性农业保险对粮食产出的激励效应

——一个理论分析框架*

张 伟 易 沛 徐 静 黄 颖

摘要：在"理性经济人"的假定条件下，基于生产者行为理论就农业保险财政补贴对粮食产出的激励效应进行了理论分析。研究表明，农业保险补贴可以通过两种途径影响粮食产出：一是通过提供较高保障的农业经营收入以鼓励农民加大农业生产投入，进而提高粮食作物的单位产出水平；二是通过对粮食作物和经济作物实施不同的保费补贴标准，引导农民改变不同农作物的种植面积进而扩大粮食作物的种植规模。就当前实施的农业保险补贴政策来说，由于绝大部分地区的保障水平都比较低，目前通过农业保险补贴来增加粮食产量的实际效应相当有限。如果政府想利用农业保险来增加粮食产出水平，可以通过适当提高粮食主产区农业保险的保障水平，为种粮大户构建政策性保险与商业保险相结合的农业保险模式，以及对粮食类作物和经济类作物保险采取差异化补贴政策来实现。

关键词：粮食安全；农业保险；补贴政策；激励效应

一、引言

在中国这样一个发展中的人口和农业大国，粮食安全问题历来是政府最为关注的"三农"议题。粮食安全关系到全体国民的基本生活乃至于整个社会的稳定，是关系国计民生的重大社会问题，虽然近几年来我国粮食产量整体上保持了稳定增长的态

---

* 基金项目：国家社科基金项目"政策性农业保险对粮食产出的激励效应及其补贴机制优化研究"（12BJY168）、国家自然科学基金项目"中国农业保险环境效应测度及补贴政策调控研究"（71203038）、广东省教育厅认定项目"农业保险与涉农信贷协同视角下家庭农场融资机制创新研究"（2017WQNCX112）。本文发表于《保险研究》2019年第一期。

作者简介：张伟，广东金融学院华南创新金融研究院副研究员，研究方向为农业保险；易沛，本文通讯作者，广东金融学院保险学院讲师，研究方向为保险理论；徐静，广东金融学院华南创新金融研究院助理研究员，研究方向为保险理论；黄颖，广东金融学院华南创新金融研究院助理研究员，研究方向为农业保险。

势，但粮食自给率却一直在逐渐下降，2017 年我国整体粮食自给率为 82.3％，谷物自给率为 95.55％，粮食进口总量再创历史新高①。从长远来看，影响中国粮食安全的各种不确定性因素仍然存在：一方面随着城市化进程的持续推进，大中城市的城区面积不断扩张，大量的城郊优质耕地都转变化为城市建设用地，对中国 18 亿亩耕地红线的冲击日益剧烈；另一方面，虽然 60 后和 70 后等中生代农民工目前已开始慢慢步入返乡潮，但 80 后和 90 后的新生代农民工绝大部分已经习惯了城市生活，极少有人愿意回到农村像自己的祖辈一样从事农业生产。农村常住人口逐渐老龄化、青壮年劳动力资源日益枯竭，这对于中国农业可持续发展和粮食安全而言都是一个严峻的挑战。

政策性农业保险作为当前政府惠农政策的重要组成部分，其主要的政策目标就是维护国家粮食安全、保障农民收入稳定增长（庹国柱、张峭，2018）。有关农业保险对粮食产出影响的研究最早可追溯到 20 世纪 80 年代。早期的理论研究均认为，农业保险会改变农民对农药、化肥等生产要素的投入决策（CH Nelson and ET Loehman，1987；RG Chambers，1989），进而会影响农作物产量。然而，在农业保险究竟会激励农民增加要素投入还是减少要素投入的问题上，现有研究却并未达成共识。一部分学者的研究支持农业保险会导致化肥、农药、农膜等要素投入减少的观点：BA Babcock and DA Hennessy（1994）、Smith Vincent H and Goodwin Barry K（1996）分别针对美国中西部玉米种植者和小麦种植者的实证分析发现，购买农业保险的农民相比没有购买农业保险的农民，其农药和化肥的使用量更少，这说明农业保险与化肥、农药等农用化学品投入之间形成了一种替代关系。另一部分学者则认为，农业保险会激励农民增加农药、化肥等要素的投入量：如 John K. Horowitz and Erik Lichtenberg（1993）同样研究了农业保险对美国中西部地区玉米种植者农药和化肥施量的影响，由于实际选择的研究区域不同，所得出的研究结论也与前人迥异。他们研究发现，购买了农业保险的玉米种植者相比没有购买农业保险的农户，每亩氮肥的施用量增加了 19％，农药的施用量增加了 21％。而 Zaura Fadhliani（2016）针对印度尼西亚水稻种植者的实证研究发现，农业保险对农户要素投入的影响与风险保障水平和政府提供的保费补贴有关，保费补贴比例的增长会导致农民减少农业生产的要素投入，当风险保障水平高于 40％且继续增加的时候，同样会诱使农户减少农业生产的要素投入。

还有学者认为，政府补贴下的农业保险会影响农民的土地利用决策，进而会影响农作物的种植面积。Yamauchi（1986）研究发现，第二次世界大战后日本的农作物保险计划在鼓励高风险地区水稻种植方面作用显著，自农作物保险计划在冻害严重的 Hokkaido 地区实施之后，水稻种植面积从 13.1 万公顷增加到 20.3 万公顷，整个日

---

① 2017 年粮食自给率降到 82.3％，三农政策必须深度调整〔OL〕. http：//www.sohu.com/a/198777818_217394.

本的水稻产量也从 1950 年代初的 940 万吨增长到 1960 年代末的 1 410 万吨。Orden（2001）利用美国部分农场的数据进行的研究也表明，农作物保险补贴对高风险地区的农产品产量有明显的激励作用，1998—2000 年部分地区农作物的产量最高增加了 4.1%。Jeffrey T. LaFrance et al（2001）构建了一个作物生产的随机局部均衡模型，从理论上探讨了农业保险对农户土地利用决策的影响，分析结果显示：如果收取的保费是精算公平的，农业保险对农民的土地利用决策没有影响；如果对农业保险提供保费补贴，农民将会有扩大土地生产边界的激励。不过，也有一些学者的研究表明农业保险对农民土地利用行为的影响极其微小：如 Barry K. Goodwin et al（2004）对美国大平原地区玉米和大豆生产者的实证研究发现，参与农作物保险虽然在某些情况下会导致耕地面积出现统计意义上的变化，但这种变化并不明显，即使是在统计结果最为显著的地区，在农业保险保费补贴增加 30% 的情况下，参保农民耕地面积的增加比例也只有 0.2%～1.1%；Ruiqing Miao et al（2016）采用了农场水平的数据就农业保险对农民土地利用的影响进行了实证模拟，得出了与 Barry K. Goodwin et al（2004）相近的结论。

国内学者对农业保险的研究前期主要偏向于宏观层面，以庹国柱为代表的学者对农业保险的制度设计（庹国柱、朱俊生，2014）、供需矛盾（冯文丽，2004；张跃华、庹国柱、符厚胜，2016）、保费补贴（何小伟、庹国柱，2015）、政策目标（庹国柱、张峭，2018）等问题进行了深入研究，并取得了富有成效的研究成果。而目前关于农业保险的微观研究、特别是有关农业保险对粮食产出影响的研究相对较少。理论研究方面，罗向明等（2011）从农民收入增长和粮食安全的视角，对完善农业保险的补贴政策进行了探讨；周坚等（2018）对粮食主产区和经济发达地区农业保险补贴政策进行了比较，发现地处经济欠发达地区的粮食主产区农业保险补贴力度显著低于经济发达地区，农业保险对粮食安全的保障功能在现阶段还难以得到有效发挥。实证研究层面，徐斌、孙蓉（2016）研究显示，现阶段农业保险虽然促进了农户农业收入的增加，但对其种粮积极性的提升并不理想。

农业保险是否能够促进粮食产出增长，究竟是什么因素制约了农业保险对粮食产出的提升效应？现有研究在此问题上并未形成共识性的研究结论。从本文作者前期在农村地区的实地调研来看，导致研究者对农业保险粮食增产效应所得结论大相径庭的主要原因，可能在于学者们所选择的研究区域本身的自然灾害风险等级存在较大差异，导致不同风险等级地区的农民从农业保险补贴中所获取的福利增量存在显著差距，最终导致农业保险对农户的农业生产行为产生了不同的激励效应。基于此，本文将将结合耕地的资源禀赋、自然灾害的发生概率，以及政策性农业保险的保障水平和保费补贴比例等一系列指标，分别从粮食作物的单位产出水平和种植面积这两个层面构建理论分析框架，在此基础上分析农业保险补贴政策对中国粮食产出的激励效应，同时也尝试解释现有研究在农业保险促进粮食增产问题上出现分歧的原因所在。

二、政策性农业保险对粮食作物单位产出水平的激励

粮食作物的单位产出水平取决于耕地资源禀赋、农药和农肥的投入以及作物良种的选择等，在给定耕地类型的情况下，采用优良的作物品种、适当增加农药和化肥的施用量能够显著增加粮食作物的单位产出水平，但这也会导致农业生产投入成本的增加。因此，农民在决定生产资料投入时必须考虑粮食作物预期的产出收益，以实现农业经营收益的最大化。理论上而言，农业保险有助于稳定粮食作物的预期收益水平，降低发生重大自然灾害时农民的经济损失，当政府提供保费补贴时更有助于提高农民的预期收益。然而，目前国外学者关于农业保险对农民生产资料投入影响的实证研究却并未得出一致的结论。针对这种争议性结果，本文作者根据自己在农村长期生活的经验以及近几年在农村的实地调研后认为，农业保险对农民生产资料投入的影响取决于多种因素：农业保险的保障水平、保费补贴比例、耕地的资源禀赋条件、自然灾害发生的概率等。上述因素中任何一项的差异都足以导致研究者得出不一样的研究结论。

为了分析各种因素对农业保险粮食增产效应的影响，本文做一个简单的假设：假定农民种植粮食作物的亩均成本为 x 元，耕地的资源禀赋为 h_i，每亩粮食作物的预期最大产量为 $q(x|h=h_0)$[①]，粮食的市场价格为 p_i（上一年度的价格为 p_0，本年度的价格为 p_1，以此类推）。再假定粮食作物发生损失率为 ξ（$0 \leqslant \xi \leqslant 1$）的自然灾害概率为 κ（$0 \leqslant \kappa \leqslant 1$）。在没有购买农业保险的情况下，给定某一块耕地（$h=h_0$），农民从事粮食作物耕种的预期净益 R 的表示式如下：

$$R=q(x|h=h_0)pi(1-\kappa)+q(x|h=h_0)p_i(1-\xi)\kappa-x \qquad (1)$$

（1）式中 κ 和 ξ 不能同时为 1，否则表示农民在耕地上种植农作物将无法获取任何收成，理性的农民必然会选择放弃在这类耕地上进行农业生产。在满足上述条件之后，给定任何一处耕地，农民种植粮食作物的净收益取决于本年度农产品的市场价格 p_1、灾害损失率 ξ、灾害发生的概率 κ、耕地的资源禀赋 h_i 和农产品的投入成本 x。农业生产的投入成本是一个数值可变的参数，因为农民在生产过程中可以通过采用更优良的种子、更先进的生产技术或施用更有效的农肥来增加产量，当然这样也会导致农业生产的投入成本 x 增加。

（1）式两边对投入成本 x 求导可得：

$$R'=q'(x|h=h_0)p_i(1-\xi\kappa)-1 \qquad (2)$$

令 $R'=q'(x|h=h_0)p_i(1-\xi\kappa)-1=0$ 可求得农民净收益最大化的成本投入条件，即满足：

---

① 粮食作物的产量与农民的投入成本和耕地的资源禀赋相关，投入越高、耕地质量越好，粮食作物的单位产出水平也就越高。

$$q'(x_0 \mid h=h_0)=\frac{1}{p_i(1-\xi\kappa)} \tag{3}$$

（3）式中 x_0 为农民净收益最大化时的最佳成本投入数量。农产品的当期价格 p_1 只有在农作物收获之后才能确定，在决定投入成本的农作物生产期农民一般以上一年度的市场价格 p_0 作为参照，因此在农民做成本投入决策时农产品的市场价格也可以视为一个定值。如此一来，能够影响农民成本投入决策的就只有耕地的资源禀赋 h、农作物的损失率为 ξ 以及自然灾害发生的概率 κ。然而，耕地资源禀赋本身就包含了该耕地的地理环境和气候信息，因此在某耕地上生产农作物的损失率以及自然灾害发生的概率都是耕地资源禀赋的一部分。因此，对于任何一个从事农业生产的农民来说，一旦他所拥有的耕地禀赋条件 h 确定了，那么 ξ 和 κ 便也确定了。由于农业生产投入所带来的农作物单位产量增长是有限的，在较高的产量水平，每一单位成本投入所带来的产量增长是逐渐减少的，可知 $q(x)$ 必然满足以下条件：即 $q'(x)>0$，$q''(x)<0$，并且由表达式（3）可知，ξ 和 κ 均是 $q'(x)$ 的增函数。结合（3）式易知，当耕地的资源禀赋较好，发生农业自然灾害的概率 κ 和预期损失比例 ξ 都较低时，满足农民净收益最大化的成本投入 x 数量也较高；反之，当耕地资源禀赋较差、土壤贫瘠、水热条件不好，发生自然灾害的概率和损失率都较高时，满足农民净收益最大化的成本投入 x 也较小。

假定每一个农民都是追求利润最大化的"理性经济人"，那么农民的最优决策是在等级较高的优质耕地上投入较多的生产资料以获取更高的单位产量，而在等级较差的贫瘠耕地上投入较少的成本以防止亏损。如图 1 所示，纵轴表示农作物的单位产量 q，横轴表示每亩农作物的投入成本 x，L_1 和 L_2 分别表示优质耕地的农业生产投入产出曲线和劣质耕地的农业生产投入产出曲线，x_1 和 x_2 分别为农民净收益最大化时的成本投入量，q_1 和 q_2 分别为农民净收益最大化时的

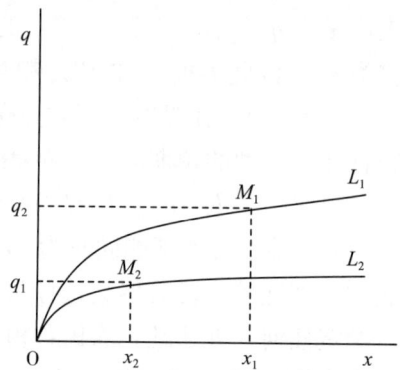

图 1　不同等级耕地农作物的投入产出

单位产量水平。对于那些水热条件较好、土壤肥沃、灌溉便利等具有明显资源禀赋优势的优质耕地来说，每单位农业生产成本投入能够获得更高的单位产出水平，而且农作物单位产量的上限值也更高，其净收益最大化的成本投入量 x_1 也较大，对应的单位产量水平 q_1 也较高；而对于禀赋条件较差，土壤贫瘠或不易灌溉的旱地以及地势低洼的易涝耕地等劣质耕地来说，由于自身的资源禀赋条件有限，单位农业生产成本投入所能够获得的预期农作物产出增量相对较少，而且农作物产量的上限值也相对较低，农民净收益最大化的成本投入量 x_2 也显著低于优质耕地，对应的单位产量水平 q_2 也较低。事实上在农业生产过程中，农民在优质耕地上所投入的成本基本上都已经达到或者接近达到了理论上的最佳水平。而对于那些劣质耕地，由于农作物的收成

不够稳定，大部分农民采取放任自流的方式，并不会投入太多的时间和生产资料，从而导致这类耕地的单位产出水平较低。

政策性农业保险提供的风险保障和政府提供的保费补贴有没有可能激励农民提高高风险耕地的单位产出水平呢？继续沿用前文的假设条件，另外再假定农业保险的保险费率为 δ，保障水平为 λ（$0<\lambda<1$），政府为农业保险提供的保费补贴比例为 π（$0<\pi<1$）。当农民购买政策性农业保险之后，他从事农业生产所获得的净收益将变为以下形式：

$$\bar{R}=\begin{cases} q(x|h=h_0)p(1-\kappa)+q(x|h=h_0)p_i(1-\xi)\kappa-x-q(x|h=h_0)p_i\delta(1-\pi) & \xi<1-\lambda \\ q(x|h=h_0)p_i\lambda-x-q(x|h=h_0)p_i\delta(1-\pi) & \xi\geq1-\lambda \end{cases}$$

(4)

（4）式中 $q(x|h=h_0)p_i\delta(1-\pi)$ 为农民自己承担的农业保险保费支出，它作为农民农业生产成本的一部分，（4）式的第一个表达式跟（1）式相比，只是多出了一个农业保险自付保费部分的支出项，这说明当农业自然灾害导致的损失率 ξ 较小（$\xi<1-\lambda$）时，农民从事农业生产的净收益与没有购买农业保险时相比基本上没有什么差别，此时是否购买农业保险并不会显著改变农民的农业生产决策。换言之，针对风险等级较低、资源禀赋条件较好的优质耕地，由于预期的产量损失较小，即使购买了农业保险也不会激励农民加大生产投入以提高农作物的单位产出水平。

接下来再看（4）中的第二个表达式 $q(x|h=h_0)p_i\lambda-x-q(x|h=h_0)p_i\delta(1-\pi)$，该表达式包含三个部分，除了农民自付的农业保险保费和农业生产投入成本之外，还有一项是由农业保险所保障的农业生产收入 $q(x|h=h_0)p_i\lambda$，它表示无论农业自然灾害导致的农作物损失率有多高（$\xi\geq1-\lambda$），购买了政策性农业保险的农民都能够通过保险补偿获得数量为 $q(x|h=h_0)p_i\lambda$ 的生产性收入。

我们将（4）式的第二个表达式单独列出来，即令：

$$\tilde{R}=q(x|h=h_0)p_i\lambda-x-q(x|h=h_0)p_i\delta(1-\pi) \quad \xi\geq1-\lambda$$

上式两边分别对农业生产投入 x 求导可得：

$$\tilde{R}'=q'(x|h=h_0)p_i\lambda-1-q'(x|h=h_0)p_i\delta(1-\pi)$$

令农民收益函数的一阶导数等于零（即 $\tilde{R}'=0$），经整理后可求得农民净收益最大化的农业生产投入成本必须满足的条件为：

$$q'(x|h=h_0)=\frac{1}{p_i[\lambda-\delta(1-\pi)]}$$

(5)

（5）式表明，在购买了农业保险之后，高风险耕地的成本投入最优水平已经与自然灾害发生率和损失率无关，在农产品价格给定的情况下，只与保险费率 δ、保障水平 λ 和政府为农业保险提供的保费补贴比例为 π 相关。由表达式（5）以函数 $q'(x|h=h_0)$ 的单调性可知，农业保险的保障水平 δ 和保费补贴比例 π 均是 $q'(x|h=h_0)$ 的增函数，而农业保险费率 δ 则是 $q'(x|h=h_0)$ 的减函数。

接下来再来比较购买农业保险之前和之后农民的最佳生产成本投入情况有何不

同。由于我们已经知道 $q'(x|h=h_0)$ 的函数特性，因此只需要比较（3）式和（5）式右边项的大小即可，（3）式右边项的表达式为 $\dfrac{1}{p_i(1-\xi\kappa)}$，（5）式右边项的表达式为 $\dfrac{1}{p_i[\lambda-\delta(1-\pi)]}$，令：

$$E=(1-\xi\kappa)-[\lambda-\delta(1-\pi)]\xi\geqslant 1-\lambda \qquad (6)$$

然后将 $\xi=1-\lambda$ 代入（6）式，经整理后可得：

$$\overline{E}=(1-\kappa)(1-\lambda)+\delta(1-\pi) \qquad (7)$$

由于自然灾害发生的概率满足 $0\leqslant\kappa\leqslant 1$，农业保险费率满足 $0<\delta<1$，农业保险的保障水平满足 $0<\lambda<1$，保费补贴比例也满足 $0<\pi<1$，再结合（7）中 $\overline{E}$ 的表达式可知 $\overline{E}>0$，进一步推算易知，在满足 $\xi\geqslant 1-\lambda$ 的条件下，必然有 $(1-\xi\kappa)>[\lambda-\delta(1-\pi)]$。由（3）式和（5）式可知，农民在购买农业保险之后，在高风险耕地上进行耕作净收益最大化时的成本投入大于没有购买农业保险时的情况。由于农作物的单位产出水平 $q(x)$ 是成本投入 x 的增函数，因此购买政策性农业保险之后，能够激励农民提高化肥、农药等成本投入进而提升高风险耕地粮食作物的单位产出水平。

需要注意的是，针对高风险耕地的农业保险保障水平并不是越高越好，当保障水平过高时，农民在高风险耕地上进行耕作都能够获得一份超预期的保险赔偿，无论农户是加大成本投入还是减少成本投入，他们所获得的保险赔偿都是相同的，因此追求利润最大化的理性农民将会减少农业生产的成本投入已实现收益的最大化，从而会诱发道德风险。因此，农业保险会提高农民对高风险耕地的成本投入，进而提升农作物的单位产出水平，上述结果的成立需要满足一定的前提条件，即农业保险的保障水平必须在适度的区间之内。保险的主要功能是平滑投保人的风险损失，而不是让投保人通过购买保险来获得额外收益，因此对于高风险等级的耕地来说，其最高的保障水平应当满足以下条件：农户在最高保障水平下耕作高风险耕地的无风险收益小于等于没有购买保险时农户的期望收益，如此方能有效避免道德风险的发生。即当 $\xi\geqslant 1-\lambda$ 时，必须满足以下不等式。

$$q(x|h=h_0)p_i\lambda-x-q(x|h=h_0)p_i\delta(1-\pi)\leqslant q(x|h=h_0)p_i(1-\kappa)+q(x|h=h_0)p_i(1-\xi)\kappa-x$$

上面不等式的左边为购买农业保险之后农户在高风险耕地从事农业生产的无风险收益，右边为没有购买保险情况下农户在高风险耕地从事农业生产的期望收益，上述不等式经整理后可得到保障水平 λ 的取值范围，即：

$$\lambda\leqslant 1-\zeta\kappa+\delta(1-\pi)$$

上式中，$\zeta\kappa$ 为高风险耕地种植农作物的预期损失率，$\delta(1-\pi)$ 为农业保险费率中扣除政府补贴后由农户自身承担的部分，由此我们可以得到，高风险耕地农业保险保障水平的上限值为 $\lambda=1-\zeta\kappa+\delta(1-\pi)$。本文的分析结果有助于理解学者们关于农业保险道德风险的争议，J Quiggin et al.（1993）和 John K. Horowitz and Erik Lichtenberg（1993）都对美国中西部地区玉米种植者在购买农业保险之后的化学品投入情况进行了研究，前者得出了农业保险会减少农用化学品投入的结论，而后者却得出了农业保险会增加农用化学品投入的相反结论。本文认为，造成研究者所得结论迥异的主要原因可能在于，不同学者所选择的研究区域其耕地风险等级存在显著差异。不同风险等级的耕地农业保险保障水平的适度区间也不同：风险等级越高的耕地，其适度保障水平的上限值越低。如果研究者选定的是风险等级较高的耕地，当政府补贴下的农业保险实际保障水平高于该类耕地适度保障水平的上限值时，在利润最大化的目标激励下，将诱使农民减少化肥、农药等农用化学品的投入，从而导致道德风险的发生；当研究者选定的区域是风险等级相对较低的耕地类型时，由于政府补贴下的农业保险实际保障水平尚未达到该类耕地适度保障水平的上限值，此时增加农业生产投入能够使农民获得更多的收益，因此在利益的驱动下农民会增加农药、化肥等生产资料投入以提升农作物的单位产量。虽然前述两位学者都是以美国中西部地区作为研究对象，而且所选地区的农业保险保障水平也是相同的，但如果他们所选择的具体研究区域在耕地风险等级上存在显著差异，最后得出完全相反的研究结论也是可以从理论上得到解释的[①]。

三、政策性农业保险对粮食作物种植规模的激励

除了单位产出水平，影响粮食总产量的另一个重要因素就是种植规模。中国人多地少的现实国情决定了广大农村地区绝大部分农户目前仍然采用传统的小农经济生产模式，这种生产模式的一个显著特点就是农民会采用多样化的种植方式来规避自然风险和市场风险，对一个典型的农户来说，他在自己有限的耕地上既种植粮食作物，同时也会种植经济作物。为分析的简便，本文假定农民只生产两种农作物，即粮食类作物 F 和经济类作物 E，两种农作物的市场价格分别为 p_F 和 p_E，单位产量水平分别为 $q(x_F)$ 和 $q(x_E)$，初始种植面积分别为 M_F 和 M_E，发生损失率为 ξ_F、ξ_E 的灾害其概率分别 κ_F 和 κ_E，农作物的亩均成本投入为 x_F 和 x_E，由上述假设可得出粮食作物和经济类作物的收益函数 R_F 和 R_E 表达式如下：

$$R_F = q(x_F)p_F M_F(1-\kappa_F) + q(x_F)p_F M_F(1-\xi_F)\kappa_F - x_F \qquad (8)$$

$$R_E = q(x_E)p_E M_E(1-\kappa_E) + q(x_E)p_E M_E(1-\xi_E)\kappa_E - x_E \qquad (9)$$

假定每个农民都是追求利润最大化的"理性经济人"，他们在做初始生产决策时已经实现了资本 x 的最优配置，此时我们需要分析的是农民利润最大化时粮食作物和经济作物种植面积的分配。根据生产者行为理论，在土地资源总量确定的情况下，

---

① 耕地的风险等级受多种因素的影响，即使是同一个村的耕地，由于地形地势不同、灌溉条件不同、日照时间长短不同，都可以划分为各种不同的风险等级，对于广大的美国中西部地区来说，两位学者所选定的研究区域耕地风险等级存在差异在某种程度上说是一种必须而非偶然。

· 63 ·

农民的最优土地利用决策必须满足以下条件：单位土地面积上所种植的农作物所获得的边际收益相等。由（8）式和（9）式分别对种植面积 M 求导可得：

$$R'_F=q(x_F)p_F(1-\xi_F\kappa_F) \tag{10}$$

$$R'_E=q(x_E)p_E(1-\xi_E\kappa_E) \tag{11}$$

由农民收益最大化的土地利用决策条件 $R'_F=R'_E$，可求得相应的替代条件为：

$$\frac{q(x_F)p_F}{q(x_E)p_E}=\frac{1-\xi_E\kappa_E}{1-\xi_F\kappa_F} \tag{12}$$

（12）式左边单位产量水平与市场价格的乘积 $q(x)p$ 表示粮食作物和经济作物的亩均收益，右边的表达式 $1-\xi_\kappa$ 代表的是农作物实际产量与预期最高产量的比值，其中 ξ_κ 表示由灾害因素导致的农作物预期损失率。因此，由（12）式可知农民收益最大化的土地利用决策满足如下条件：在每亩土地上种植粮食作物和经济类作物的产出收益之比是它们每亩实际保留产量比例的倒数。

如果政府部门只将粮食作物列为农业保险试点险种，经济类作物无法享受农业保险政策，且粮食作物的保险费率为 δ，保障水平为 λ（$0<\lambda<1$），政府为粮食类作物农业保险提供的保费补贴比例为 π（$0<\pi<1$），此时农民种植粮食作物的预收纯收益 $\bar{R}_F$ 的表达式如下：

$$\bar{R}_F=\begin{cases}q(x_F)p_FM_F(1-\kappa_F)+q(x_F)p_FM_F(1-\xi)\kappa_F-x_F-q(x_F)p_FM_F\delta(1-\pi) & \xi<1-\lambda \\ q(x_F)p_FM_F\lambda-x-q(x_F)p_FM_F\delta(1-\pi) & \xi\geqslant1-\lambda\end{cases} \tag{13}$$

上式中当 $\xi<1-\lambda$ 时的表达式是粮食作物实际发生的损失率较小，尚未触发保险赔偿时农民的收益函数，与没有购买农业保险时相比，此时农民多出了农业保险自付保险这一个支出项；当 $\xi\geqslant1-\lambda$ 时，说明粮食作物的实际灾害损失较大，触发了农业保险赔偿，此时农民的收益函数包括了三个部分：第一部分 $q(x_F)p_FM_F\lambda$ 是获得保险赔偿之后农民的粮食作物经营收益，后面两部分分别是农业生产的成本投入和农民自付保费支出项。我们将（13）式两边分别对粮食作物的种植面积 M_F 求导可得：

$$\bar{R}'_F=\begin{cases}q(x_F)p_F[\lambda-\xi_\kappa-(1-\pi)\delta] & \xi<1-\lambda \\ q(x_F)p_F[1-(1-\pi)\delta] & \xi\geqslant1-\lambda\end{cases} \tag{14}$$

在粮食作物的预期损失率 ξ 较小或者农业保险的保障水平 λ 较低（$\xi<1-\lambda$）时，由于农民的最佳土地利用决策必须满足每亩粮食作物和经济作物的边际收益相同，结合（11）式和（14）式可得此时必须满足的条件为：

$$\frac{q(x_F)p_F}{q(x_E)p_E}=\frac{1-\xi_E\kappa_E}{1-\xi_F\kappa_F-(1-\pi)\delta} \tag{15}$$

我们比较一下（15）式与（12）式的区别可以发现，两者唯一的差别在于（15）右边的分母多了一个负数项 $(1-\pi)\delta$，导致分母变小了，要保持等式的平衡条件就必须使 $q(x_F)p_F$ 项增加，在市场价格 p_F 不变的情况下，根据边际产量递减原理，只有减少粮食作物的种植面积才能实现。上述分析结果表明，当粮食作物的预期损失率

ξ 较小或者农业保险的保障水平 λ 较低（ξ<1−λ）时，购买农业保险之后农民的最优土地利用决策是减少粮食作物的种植面积，这说明当粮食作物的预期损失率 ξ 较小或者农业保险的保障水平 λ 较低（ξ<1−λ）时，对粮食作物和经济作物实施差异化的农业保险补贴政策并不能提高粮食作物的种植面积。

接下来进一步分析当农业保险的保障水平较高或者粮食作物的预期损失率较大（即 ξ≥1−λ）时，购买农业保险之后农户的土地利用决策。根据每亩粮食作物与经济作物边际收益相同的原则，易求得此时农民收益最大化的土地利用决策需满足的条件如下：

$$\frac{q(x_F)p_F}{q(x_E)p_E}=\frac{1-\xi_E\kappa_E}{\lambda-(1-\pi)\delta} \tag{16}$$

我们只需要比较 $1-\xi_F\kappa_F$ 与 $\lambda-(1-\pi)\delta$ 的大小便可以知道农民的最佳土地利用决策。令：

$$Y=(1-\xi_F\kappa_F)-[\lambda-(1-\pi)\delta]=0 \tag{17}$$

可求得 $\lambda=1-\xi_F\kappa_F+(1-\pi)\delta$，由（17）式可知，保障水平 λ 是 Y 的减函数，从而当农业保险的保障水平 $1-\xi_F\le\lambda\le1-\xi_F\kappa_F+(1-\pi)\delta$ 时，都满足 Y≥0，结合（12）式和（16）式可知，此时农民收益最大化的土地利用决策是减少粮食作物的种植面积或者保持原有的种植结构不变；当农业保险的保障水平 $\lambda>1-\xi_F\kappa_F+(1-\pi)\delta$ 时，都满足 Y<0，此时粮食类作物的边际收益将会因政府提供的农业保险保费补贴而增加，扩大粮食作物的种植面积，同时减少经济类作物的种植面积，能够增加农民的农业生产总收益。因此在满足此条件的农业保险保障水平下，农民会将原来用于种植经济类作物的土地转为种植粮食类作物，直到两类作物的边际收益重新回归平衡为止。

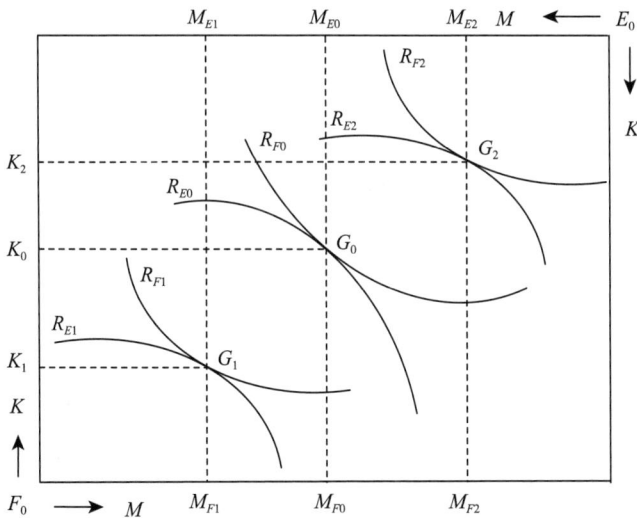

图 2　粮食作物 F 和经济作物 E 利润最大化的土地利用决策

如图 2 所示，农民所拥有的土地总量 $M=M_F+M_E$，M_F、M_E 分别表示投入到粮食作物和经济作物生产的土地要素；资本总量 $K=K_F+K_E$，K_F、K_E 分别表示投入到粮食作物和经济作物生产上的资本要素。R_F、R_E 分别表示粮食作物和经济作物的边际收益曲线。左下角以 F_0 为中心，横轴上箭头所指的方向表示粮食作物 F 的土地要素投入量，纵轴上箭头所指的方向表示粮食作物 F 的资本要素投入量；右上角以 E_0 为中心，横轴上箭头所指的方向表示经济作物 E 的土地要素投入量，纵轴上箭头所指的方向表示经济作物 E 的资本要素投入量。G_0 表示未开展政策性农业保险时农民粮食作物与经济作物的要素投入平衡点（满足粮食作物与经济作物的边际收益 $R_{F0}=R_{E0}$，满足利润最大化条件），此时农民粮食作物的土地投入要素为 M_{F0}，经济作物的土地投入要素为 M_{E0}；如果政府对粮食作物提供较高保障水平和保费补贴的政策性农业保险服务，将导致粮食作物的边际收益增加，如图 2 所示，粮食作物的边际收益曲线从 R_{F0} 上升到 R_{F2}，并与经济作物的收益曲线在 G_2 形成新的均衡点。G_2 即为实施农业保险政策之后，农民利润最大化的最佳要素投入决策。此时农民在粮食作物上投入的土地要素数量从 M_{F0} 增加到 M_{F2}，在经济作物上投入的土地要素数量从 M_{E0} 减少到 M_{E2}，并且满足 $M_{F2}-M_{F0}=M_{E0}-M_{E2}$。这说明较高保障水平和保费补贴的政策性农业保险导致了粮食作物和经济类作物的边际收益发生了改变，进而影响了农民的种植决策，基于利润最大化的考虑，农民会减少经济作物的种植规模，将空出来的土地用于种植粮食作物。本文分析的是只对粮食作物提供财政补贴的政策性农业保险服务，而将经济作物排除在外的假设。如果将两类农作物同时纳入政策性农业保险，但实施不同的保障水平和提供不同的保费补贴比例，其研究结论同样是成立的，只不过两种农作物的种植规模实现新均衡的条件不同罢了。上述理论分析表明，当政府对粮食作物和经济作物实施差异化的农业保险补贴政策时，在保障水平达到门槛值之后，将会诱使农民改变两类农作物的种植规模，进而影响粮食总产量。

四、基于粮食增产目标的农业保险补贴政策优化

政策性农业保险可以通过两种途径影响粮食产量：一是通过鼓励农民增加高风险耕地的农业生产投入成本以提高粮食作物的单位产量水平；二是通过对粮食作物实施比经济作物更高的农业保险保障水平和保费补贴，以诱导农民减少经济作物的耕种规模，同时增加粮食作物的种植规模。但上述两种政策效应的实现需要满足一系列前提条件：比如粮食作物所处的生长环境发生灾害损失的概率较高；政策性农业保险的风险保障水平、保费补贴比例都达到或超过足以改变农民种植决策的临界值水平；政府对粮食作物和经济类作物采取了不同的农业保险补贴政策，使粮食作物的种植收益显著高于经济类作物。因此，如果要充分发挥政策性农业保险对粮食产出的激励效应，建议从以下几个方面对现行补贴政策进一步优化。

（一）中央财政应进一步提高对粮食主产区农业保险的补贴力度

前文的理论分析表明，较高的保费补贴和保障水平才能激励农民增加粮食作物的

生产投入，进而提高粮食作物的单位产出水平。从当前全国范围内各省市出台的农业保险补贴政策来看，无论是东部经济发达地区还是中西部欠发达地区，目前中央和地方各级财政实际承担的农业保险保费补贴比例普遍在 70%～80%，已经达到了一个相对较高的水平。但包括粮食主产区在内的绝大部分地区农业保险的风险保障水平还处在相当低的水平。如表 1 所示，作为中国粮食生产大省的河南和黑龙江粮食作物保险的保障水平仍然较低，特别是近几年经济发展缓慢的黑龙江省，其玉米、小麦和水稻保险的每亩保障金额分别只有 114 元、125 元和 200 元，已经远远低于农作物生产的物化成本。同处北方地区的北京市，玉米、小麦和水稻保险在保费补贴比例同为 80% 的情况下，每亩保障金额分别为 600 元、700 元和 600 元，明显高于河南和黑龙江。而作为中国经济最发达城市的上海，辖区内主要粮食作物水稻保险的每亩保障金额更是高达 1 000 元每亩。

表 1   中国部分省市粮食类作物农业保险补贴比例和保障金额比较

单位：元

省份		类别	玉米	小麦	水稻	大豆
粮食主产省区	河南	保障金额	329	447	487	174
		保费补贴比例	80%	80%	80%	80%
	黑龙江	保障金额	145	125	200	120
		保费补贴比例	80%	80%	80%	80%
经济发达地区	上海	保障金额	1 000	400	1 000	—
		保费补贴比例	40%	60%	80%	—
	北京	保障金额	600	700	600	500
		保费补贴比例	80%	80%	80%	80%

注：以上数据来源于各地农业保险政策文件。

导致同各粮食作物在不同地区保障金额存在如此显著差距的最根本原因就在于地方财政的经济实力不同。像上海和北京这类经济发达地区，农业生产总值占 GDP 的比重已经下降到 1% 以内，地方财政有足够的能力支持农业发展，因此对农业保险的补贴力度也很大。而河南和黑龙江是传统的农业大省，整体经济发展水平相对较低，农业产值占 GDP 的比重相对较高，地方财政承担的保费补贴负担较重，无力为农业保险提供足够的资金支持。这种由经济发展差距导致的粮食类作物农业保险风险保障水平差距在短时间内难以消除，因此需要由中央财政发挥调节作用，通过对中西部粮食主产省区水稻、玉米、小麦等农作物保险提供更高的补贴力度来提高其风险保障水平。例如，可以对主要粮食类作物保险规定一个相对较高的基准保障金额，所有中西部省市农业保险设定的保障金额均不能低于基准金额，同时中央财政对粮食主产省区粮食类作物的保费补贴比例可以提高到 50% 以上，以减轻地方财政的保费补贴负担，激励地方政府提高农业保险的保障水平，达到促进粮食产出增长的政策目标。

（二）针对粮食作物和经济作物实施差异化的补贴政策

给定土地资源不变的情况下，农民选择用多少数量的土地来种植粮食类作物，取决于每一单位土地上种植粮食类作物和经济类作物的边际净收益。初始阶段，农民种植每一单位的粮食作物和经济作物的边际净收益是相等的，这符合利润最大化的种植决策条件。无论是提高粮食类作物的预期收益还是降低粮食类作物的生产成本，都会增加每一单位耕地上种植粮食类作物的净收益，而通过对粮食类作物和经济类作物实施差异化农业保险补贴可以实现这一目标。如果各级财政对粮食类作物提供比经济类作物更高的保费补贴或者更高的风险保障水平，都会导致种植粮食类作物的单位净收益大于经济类作物，从而激励追求利润最大化的农民将更多的土地用于种植粮食类作物。

目前我国实施的政策性农业保险制度对粮食作物和经济作物的财政补贴标准基本没有差别，虽然提到对省级财政给予产粮大县三大粮食作物农业保险保费补贴比例高于25%的部分，中央财政承担高出部分的50%。但由于产粮大县大部分位于中部和东北地区，这些地区省级及以下财政的实力有限，农业保险的风险保障水平很低，甚至很多地方都达不到农业生产的物化成本。而前文的理论分析显示，在较低的保障水平下即使提高粮食类作物保险的保费补贴比例，也难以诱导农民选择将种植经济作物的耕地用于种植粮食作物。因此，可以在保持较高保费补贴比例的情况下，进一步提高粮食类作物保险的保障水平，使粮食作物的预期生产收益明显高于经济类作物，以此来激励农民扩大粮食作物的种植面积。现阶段我国粮食需求总量稳步增长，而粮食供给的外部环境极其复杂：目前全球谷物年贸易量在3亿吨左右，只相当于我国粮食年产量的一半，其中大米的贸易量只占我国消费量的25%左右。在这种情况下如果国内粮食供给出现较大波动，将会对国际粮食市场的供需平衡造成重要影响。在我国粮食自给率逐年下降的现实背景下，适当提高粮食作物的农业保险财政补贴力度，对粮食类作物和经济类作物采取差异化补贴政策，有利于提高广大农民群众的种粮积极性，保障我国粮食安全。

（三）针对粮食种植大户试点政策性保险与商业保险相结合的农业保险模式

以家庭农场、种植大户为代表的新型农业经营主体是国家大力扶持的农业组织形式，与忙时务农、闲时务工的兼职农户相比，新型农业经营主体的家庭收入几乎全部来自于农业生产，收入来源的单一性导致他们成为抵御农业风险能力最差、最需要农业保险提供收入保障的群体（张伟等，2017）。对于专业从事农业生产的种粮大户来说，仅仅保农业生产过程中的基础成本并不能保证他们获得稳定的经营收益，目前政策性农业保险根据物化成本确定的保障水平已经无法满足他们的风险保障需求，有必要根据种粮大户等新型农业经营主体的风险特征提供更高保障水平的农业保险服务，以化解农户从事规模化粮食生产所面临的自然风险。

然而，由于各级政府的财政资金有限，作为一个发展中的传统农业大国，中央和地方各级财政也没有足够的实力为所有种粮大户提供高保障、高补贴的农业保险服务。在此情况下，引入商业化农业保险，将其与原来的政策性农业保险实现有机结合便成为一种可能的解决方案。具体来说，可以设计这样一种政策性农业保险与商业化农业保险相结合的机制：一方面，原来低保障、高补贴的政策性农业保险继续保留，只不过用于补偿发生小规模灾害时农户的经济损失；另一方面，引入完全由农户自己承担保费的商业化农业保险，当发生重大自然灾害，农户的实际损失金额超过政策性农业保险约定的最大保险金额之后，余下的部分再由商业化农业保险进行赔偿。假如某农户种植一亩水稻的收益为 1 000 元，政策性农业保险为其提供的保障金额为 400 元每亩，商业化农业保险为其提供的保障金额同为 400 元每亩，绝对免赔额为每亩 100 元，当发生 500 元以内的灾害损失时，完全由政策性农业保险进行补偿①。当灾害损失达到 900 元每亩时，扣除免赔额之后的实际赔偿金额为 800 元，其中由政策性农业保险承担 400 元的损失赔偿，剩下的 400 元损失由商业农业保险承担。

以往商业化农业保险难以发展起来的根本原因在于农业自然灾害的发生频率高，费率居高不下，导致农民失去购买意愿。然而需要注意的是，农作物发生小规模损失的频率虽然很高，但导致其大幅度减产甚至绝收的概率从全国范围内来说还是比较低的，如果商业化农业保险只承担重大自然灾害导致的农作物损失，将小规模的农作物损失交由政策性农业保险来承担，完全可以将农业保险的费率降到一个农户可以接受的合理水平。因此，这种通过将政策性农业保险与商业化农业保险相结合的制度设计，使其分别承担不同损失程度的灾害赔偿，不仅可以构建高保障水平的农业保险风险防范机制，满足种粮大户等规模化农业生产者的风险保障需求，同时也能够解决纯商业化模式下农业保险费率过高的痼疾，使广大种粮大户能够以较小的成本获得较高的经济保障。

参考文献

[1] 周坚，张伟，陈宇靖. 粮食主产区农业保险补贴效应评价与政策优化——基于粮食安全的视角 [J]. 农村经济，2018 (8).

[2] 庹国柱，张峭. 论我国农业保险的政策目标 [J]. 保险研究，2018 (7).

[3] 张伟，黄颖，易沛，李长春. 政策性农业保险的精准扶贫效应与扶贫机制设计 [J]. 保险研究，2017 (11).

[4] 张跃华，庹国柱，符厚胜. 市场失灵、政府干预与政策性农业保险理论——分歧与讨论 [J]. 保险研究，2016 (7).

[5] 徐斌，孙蓉. 粮食安全背景下农业保险对农户生产行为的影响效应——基于粮食主产区微观数据的实证研究 [J]. 财经科学，2016 (6).

① 500 元的灾害损失扣除 100 元的免赔额之后，实际赔偿金额只有 400 元，正好在政策性农业保险的保障金额之内。

［6］ 何小伟，庹国柱. 农业保险保费补贴责任分担机制的评价与优化——基于事权与支出责任相适应的视角［J］. 保险研究，2015（8）.

［7］ 郑军，朱甜甜. 经济效率和社会效率：农业保险财政补贴综合评价［J］. 金融经济学研究，2014（3）.

［8］ 庹国柱，朱俊生. 完善我国农业保险制度需要解决的几个重要问题［J］. 保险研究，2014（2）.

［9］ 罗向明，张伟，丁继锋. 收入调节、粮食安全与欠发达地区农业保险补贴安排［J］. 农业经济问题，2011（1）.

［10］ Carl H. Nelson and Edna T. Loehman. Further Toward a Theory of Agricultural Insurance［J］. American Journal of Agricultural Economics，1987，69（3）：523 - 531.

［11］ Robert G.，Chambers. Insurability and Moral Hazard in Agricultural Insurance Markets［J］. AmericanJournal of Agricultural Economics，1989，71（3）：604 - 616.

［12］ BA Babcock，DA Hennessy. Input Demand Under Yield and Revenue Insurance［J］. American Journal of Agricultural Economics，1996，78（2）：416 - 427.

［13］ Vincent H. Smith and Barry K. Goodwin. Crop Insurance，Moral Hazard，and Agricultural Chemical Use［J］. American Journal of Agricultural Economics，1996，78（2）：428 - 438.

［14］ John K.，Horowitz and Erik Lichtenberg. Insurance，Moral Hazard，and Chemical Use in Agriculture［J］. American Journal of Agricultural Economics，1993，75（4）：926 - 935.

［15］ Zaura Fadhliani. The Impact of Crop Insurance on Indonesian Rice Production［R］. Working Paper，2016.

［16］ Yamauchi Toyoji. Evolution of the Crop Insurance Program in Japan［M］. Hazell Peter，Crop Insurance for Agricultural Development：Issue and Experience，the Johns Hopkins University Press，1986.

［17］ Orden，D.. Should There Be a Federal Income Safety Net？ ［R］. Paper Presented at the Agricultural Outlook Forum，Washington，DC，February 22，2001.

［18］ JT LaFrance，JP Shimshack，SY Wu. The Environmental Impacts of Subsidized Crop Insurance［R］. Department of Agricultural & Resource Economics，UC Berkeley，Working Paper Series，2001.

［19］ Barry Goodwin，Monte L.，Vandeveer and John L.，Deal. An Empirical Analysis of Acreage Effects of Participation in the Federal Crop Insurance Program［J］. American Journal of Agricultural Economics，2004，86（4）：1058 - 1077.

［20］ Ruiqing Miao，David A. Hennessy，and Hongli Feng. The Effects of Crop Insurance Subsidies and Sodsaver on Land-Use Change［J］. Journal of Agricultural and Resource Economics，2016，41（2）：247 - 265.

［21］ John C.，Quiggin，Karaguannis，G.，Stanton，J. Crop Insurance and Crop Production：an Empirical Study of Moral Hazard and Adverse Selection［J］. Australian Journal of Agricultural Economics，1993，37（2）：95 - 113.

我国农业保险参保率的区域分化

——来自于种植结构与替代性收入渠道视角的解释[*]

张 卓 尹 航

摘要： 基于我国农业保险农户参保率存在典型的"区域分化"特征这一事实，本文在估算省际农险农户参保率的基础上，在宏观数据维度构建了农业保险农户参保决策方程，对农险农户参保率的区域异质性进行了解释。结论表明，中、西部地区较高的农险农户参保率，实际是种植结构中"粮油糖"作物占比较高、参保地政府隐性规制约束力度较强，以及替代性收入渠道匮乏共同作用的结果。而东部地区较低的农险农户参保率，一方面是源自非农性收入可获性高，降低了农险的风险补偿价值；另一方面是较弱的参保规制约束及农险产品所提供的风险保障无法对接农户风险需求，也使得农险缺乏对新型农业经营户的吸引力。最后，考虑到农险参保"区域分化"特征的存在将使得农险"扩面"目标的实现在不同地区存在完全不同的政策路径，最后给出了相关政策建议。

关键词： 农业保险；农户参保率；种植结构；替代性收入渠道

一、引言

由于被保险人的机会主义行动倾向及农业风险系统性特征降低了保险公司的农业保险经营意愿（Miranda 和 Glauber，1997），而农险参保费率高、保险补偿强度低又缺乏对农户参保的激励（庹国柱、王国军，2002），据此完全市场化的基于农户—保险公司双主体结构的农业保险制度设计难以实现化解农业风险、保障农户福利的政策目标。在这一理解下，基于农业保险的准公共品属性[①]，政府通过农险保费补贴来强化农业保险参保与经营激励，就成为世界大多数国家的普遍选择，并成为世界贸易组织规则的"绿箱政策"中最重要的非价格农业保护工具之一。自 2007 年我国明确了"政府引导、市场运作、自主自愿、协同推进"的农业保险发展思路并逐渐增强了农

---

* 本文发表于《保险研究》2019 年第 1 期。

作者简介：张卓，东北财经大学保险学博士研究生，锦州医科大学人文与管理学院讲师；尹航，金融学博士，现任职于中国人民银行大连市中心支行。

① 冯文丽（2004）认为，农业保险的准公共品属性源自农业保险的存在保证了农产品的产量稳定与较低价格，从而导致了整体社会成员的福利改善。

险保费政府补贴强度以来，我国农业保险也经历了一个从产品覆盖率到农户参保数量都迅速增加的过程。农险参保户数从 2007 年的 4 981 万户次迅速攀升到 2016 年的 2 亿户次，承保农作物从 2007 年的 2.3 亿亩增加到 2016 年的 17.2 亿亩。农业保险据此成为我国稳定重要农作物产出、保障农户福利与收入等"三农"战略目标得以实现的重要保障。

但从我国农险发展的区域性结构视角考察却能够发现，与区域经济发展格局的非均衡特征类似的是，我国农业保险农户参保率也呈现出典型的"区域分化"现象，并具体表现为农险农户参保率的中、西、东部梯次衰减特征。如图 1 所示，2007—2016 年期间区域农险农户参保率始终表现为中部最高、西部次之、东部最低[①]，且这种农户参保率的区域分化并未表现出收敛态势，考虑到直辖市的农业结构与农业经济形态相对特殊，若将我国四个直辖市单独合并为"城市经济体"，则城市经济体的农险农户参保率水平更远远低于东、中、西部地区，且在时序维度上的差异化特征更为明显[②]，实际上这种区域分化特征在杜伟岸等（2016）以区域农险政府补贴效率差异为对象和王韧等（2018）以区域保费收入差异为对象的分析中都得到证实。但同期从农险的覆盖产品类别、保费补贴强度及灾后农险赔付标准等方面看，经济发达地区与不发达地区的农业保险政府支持力度并不存在显著差异（张伟等，2014）[③]，为什么在相对统一的政府扶持策略下[④]，我国不同区域的农险农户参保率存在显著差异？是不同区域的农户间存在不同的农业经营风险平滑手段从而导致对农险的依赖度不同？还是非均衡的区域发展格局下农户收入结构的差异使得农险农户参保率出现离散？又或者是自然禀赋条件作用下的灾害发生概率差异冲击了农险参保的风险收益水平？厘清这一问题对进一步扩大农险覆盖率及实现农户福利保障无疑具有重要意义，也能够对实现"增品、扩容、提标"农险目标的具体政策路径提供启示。

考虑到现有文献对我国农险参保的地区分化特征尚未提供完整的解释，同时更深入地理解农险参保的地区异质性及其原因，有助于进一步从顶层设计的维度优化我国农业保险政策体系，缓解区域非均衡的经济发展格局下地区可支配财力差异与农险推广间的矛盾。本文在宏观数据层面构建了我国区域农险参保决策行为模型，并重点从区域种植结构、农户替代性收入的可得性及区域政府农险参保隐性约束强度等视角对

---

① 东、中、西部的区域分组详见后文样本数据说明，区域及省际参保率由作者估算得到，具体的计算方法为，依据公开性报道、《中国保险年鉴》获取每一年份各省份农险参保户次数据，再利用《中国统计年鉴》与《中国农业年鉴》的数据和农村人口与户均人口指标，计算各省份各年度农村户数，并使用农险参保户次/农村户数计算得到各省各年度农险参保率。再进行算术平均计算东、中、西部及城市经济体的区域农险参保率。

② 这种差异化特征主要体现在城市经济体的农险参保增速明显低于其他区域，因此参保率的差异存在放大的趋势。

③ 本文计算了各省份农险赔付标准及农险覆盖产品类别的省际离散及东、中、西部地区的区域离散度，省际与区域离散度仅为 0.11 与 0.07，远低于农户参保率的对应离散度。

④ 当然，我国农业保险政府补贴体系涉及中央政府与地方政府，在不同的地方政府可支配财政能力约束下，地方政府的农业保险补贴策略从险种和补贴强度看确实存在一定差异，罗向明（2011）、郑军、汪运娣（2017）将之概括为"发达地区高补贴、高保障，欠发达地区低补贴、低保障"，但如果这一结论是准确的，则这种东部地区高补贴与低参保、中西部地区低补贴与高参保，则更是难以理解与值得关注的。

农户农险参保率的"区域分化"特征提供解释，以期为未来我国农险政策的逐步优化提供启示。

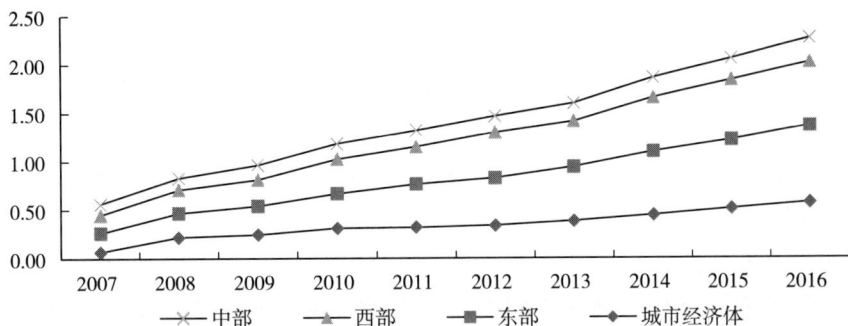

图1　2007—2016年各区域省份农险农户参保率比较[①][②]

本文的贡献主要体现在以下三点：一是在证实了我国农险农户参保率"区域分化"特征存在的同时，从种植结构、替代性收入的视角对此进行了解释，并给出了差异化的进一步提升农险农户参保率的政策路径。二是在我国地方政府"强干预"的区域管理能力与"规制策略"的行为习惯下[③]，注意到农险参保在政府积极推广下所形成的半强制性与隐性约束特征，进而将政府约束力度引入到农户参保决策方程中，分离出了其他相关变量对农户参保决策的净影响。三是基于种植结构与农户参保存在双向因果关系的理解，通过引入农户参保决策的滞后期变量作为工具变量构建动态面板模型，克服了内生解释变量所导致的参数估计非一致性问题。

二、文献回顾

该如何理解农险农户参保率所呈现出的"地区分化"特征？现有文献实际上已经提供了一些初步与侧面的解释。Serra et. al（2001）认为，随着财富的积累与收入的提高，农户风险规避意愿的减弱将降低农险参保概率，这意味着我国经济发达省份农户收入的相对较高将对农险参保形成"挤出效应"。此外，替代性收入渠道的存在及

----

　　①　由于我国官方年鉴中缺乏农业保险农户参保率的直接统计，因此本文在数据可得性基础上，逐一统计各省份各年份农险参保户次、农村人口及农村户均人口数，进而使用农险参保户次/农村人口/户均人口数计算农业保险农户参保率。

　　②　本文在计算各省份各年度农户参保率时使用的是乡村人口数，而非农业人口数，两者的区别在于乡村人口中包含乡村户籍的非劳动力人口，而农业人口则主要为劳动力人口。农业保险虽然本质上针对的是农业劳动力的农业经营活动，但我国农业保险的基本核算单位为户而非人，在统计时也仅统计参保户次而不统计参保人数，因此在核算参保率时，基于户而非人的核算口径才能够匹配农险参保户次数据，而在计算各省份农村家庭户数量时，由于家庭户一定是包括非劳动力人口的，因此使用乡村人口而非农业人口是更为合理的选择。

　　③　地方政府的"规制策略"行为习惯主要指我国地方政府表达意愿、诉求的习惯方式是通过设计政策、下发文件、给出指导方案等方式来进行告知。而这种借助于政府规制路径所传达的意愿最终将形成规制约束力，从而表现出强制性或半强制性特征。其典型特征是政府意愿与政府监管责任间的混淆（周黎安，2015）。

非农收入的增加在丰富了农户风险管理工具多样化的同时，也将与农险形成竞争关系从而降低农险参保意愿（Carriker et. al，1991；施红，2009），因为当农户存在非农业性收入时，通过农险参保实现灾后收入补偿就变得相对次要了。因此，对那些东部地区的农户而言，由于区域经济的相对发达与城市经济体的无缝覆盖，低人力资本门槛就业机会的增多使得其通过非农业性经营活动获取收入的时间与物质成本显著降低，使得农户具有了通过务工与经商进行收入风险管理的能力，这种收入结构的多元化与非农性收入占比的提高将严重压缩农业保险在风险平滑方面的作用，从而减弱对农险的依赖刚性。

Rejesus（2005）、刘蔚、孙蓉（2016）的研究证实，在农险产品覆盖不完全时，不同种植结构的农户参保意愿是不同的，只有当农险覆盖的产品种植比例较高时，参保意愿才相对强烈。对东部地区农户而言，较高的城镇化率与消费升级使得其种植结构中蔬菜、水果等经济类作物占比较高，而我国在经济类作物、养殖、畜牧等新型农业中或者缺乏针对性的农险产品（王国军、李京辉，2018），或者因为较低的风险保障强度（王秀芬等，2012）及直接物化成本的风险覆盖模式难以满足农户需求，进而降低了农户参保的积极性。

此外，考虑到我国地方政府在财政分权下具有发展农业保险的激励（熊志刚、安秀梅，2018）与"规制策略"的行为习惯，农险参保更多时候并非完全来自于农户个体自主决策，而是一种政府主导的、具有隐性政府约束力的集体选择行为，而由于市场化程度的差异，中西部地区的政府往往具有较强的规制约束力度与较低的规制阻力（王小鲁等，2016），代表了政府意愿的农险参保自然地将在中西部地区得到更为积极的响应[1]，更遑论目前农险参保已经开始逐步纳入到了乡镇一级政府官员绩效考核体系中[2]。

但是据此理解农业保险参保的"区域分化"也许是片面的与存在争议的。因为一个可以观察到的事实是，政策性农业保险依然遵循着"低保费、补成本、正收益"的特征，即使灾后农险赔付不足以有效缓解农户收入与福利衰减，但政府补贴下的农险参保依然是一个典型的理性策略（Mishra，1996），如果农险参保的正收益是可预期的，那么就难以解释为什么东部地区农户缺乏参保意愿。因为收入结构的多元化并不能够改变农险参保在政府高额保费补贴下的"微支多收"属性。此外，诸多研究证实教育程度显著地影响农险参保决策（Velandia, et. al，2009；聂荣、沈大娟，2017），因为教育程度的上升，往往意味着较强的风险分散化预期、对农险价值的正确评估和

---

[1]　当前我国农业保险在保险公司与参保农户的协商对接上，依然采取经营大户"一户一议"及经营散户"一村一议"模式，考虑到东部地区一村一镇内农业经营产品与经营模式离散度较大，而西部地区相同区域种植结构相对统一，在这种参保协商模式下，中东西部地区的参保规制约束力度差异将进一步放大。

[2]　农业保险纳入到我国地方政府绩效考核体系的相关政策文件自 2014 年后密集出台，如安徽省《政策性农业保险绩效评价办法》、嘉兴市《政策性农业保险试点工作目标考核办法》、巴彦淖尔市《关于开展 2017 年度农业保险绩效考评的通知》等。

更强烈的农险参保意愿。而我国东部地区的农村却显然有较高的平均受教育年限与人力资本积累水平（李海峥等，2018）。也因此，在一个更为完整的行为决策框架下，将具有典型差异的区域性因素植入到农户参保行为分析中，才能够更好地理解农户参保率"区域分化"特征出现的真正原因，从而加深对农险产品与农户需求间契合度的理解，为我国农险产品体系与政策体系的优化提供帮助。

三、模型设计、变量选择与样本说明

在我国农险农户参保率的影响因素模型构建上，本文参考 Velandia，et. al（2009）、Alireza（2013）的研究，基于宏观数据的可得性，设定我国省际农业保险参保行为决策面板模型为：

$$aip_{it} = \alpha_0 + \alpha_1 inc_{it} + \gamma_1 agc_{it} + \eta_1 govp_{it} + \sum \beta_j x_{jit} + \varepsilon_{it} \tag{1}$$

其中，aip_{it} 为省际农险农户参保率，inc_{it} 为农户是否存在替代性收入渠道的收入结构多元化代理变量，agc_{it} 为省际农业种植结构，$govp_{it}$ 为各省份政府农险补贴强度，而 x_{jit} 为其余与农户参保率相关的控制变量。

在具体的变量测度与选择上，省际农户参保率 aip_{it} 使用本文估算的各省份各年度农户参保率测算，农户替代性收入渠道存在性的代理变量 inc_{it} 使用各省份农村居民家庭人均工资性纯收入测度[①]，在种植结构 agc_{it} 的测度上，由于缺乏细分农产品统计数据，本文参考刘蔚、孙蓉（2016）的研究，使用各省年度粮油糖作物播种面积/年度耕地面积测算，其中粮油糖作物包括稻谷、玉米、小麦、高粱、大豆和油料、糖料作物。省际政府农险补贴强度 $govp_{it}$ 使用各省份中央与地方两级政府农业保险保费财政补贴总额占省份年度财政支出总额比重衡量。

在其他相关控制变量的选择上，参考彭可茂等（2012）、Alireza（2013）的研究，本文引入了农险参保缴费负担、农险灾后赔付标准、政府农险规制强度三个控制变量。引入农险参保缴费负担与农险灾后赔付标准是因为我国农业保险的自缴费比例及赔付水平取决于地方政府保费补贴强度、参保产品类别与灾害发生概率，因而表现出较大的地区差异。如缴费最高的省份安徽 2016 年农业保险个人缴费每亩达 51.29 元，而最低的宁夏则仅为 13.67 元/亩。在赔付标准上，2016 年陕西农产品平均赔付标准达 257.31 元/亩，而河南仅为 116.97 元/亩。而模型中引入政府农险规制强度则是注意到我国农业保险参保具有典型的"半强制性"规制特征，由于较多的省份将农险农户参保率纳入到政府工作绩效考核中，使得农险参保与"特色小镇"、"扶持产业"等政府扶持评选相挂钩，进而导致农险成为一种具有政府约束力的集体选择行为。在相关变量的测度上，农险参保缴费负担使用各省农业保险个人缴费总额/农业保险保费

[①] 在程名望等（2014）的研究中，测度农户收入结构使用了工资性收入与劳动性收入的区分口径，但这种区分无法反映农户收入结构对农业风险分散的影响，而是更多地体现在其抗风险能力的变化上。

收入衡量，农险灾后赔付标准则是使用人保、安华农保以及阳光互助保险三家最大的农业保险公司不同农产品类别的亩均赔付水平衡量，在政府农险规制强度的定量测度上，本文参考樊纲等（2003）的研究，使用 2007—2016 年各省份市场化指数来间接测算并具化为衡量规制强弱的虚拟变量。具体测算过程为，计算全部省份每一年度市场化指数均值，当对应省份该年度市场化指数超过均值，则政府农险规制强度赋值为1，代表该省份为农险参保强约束，反之当市场化指数低于均值时，政府农险规制强度赋值为 0，代表该省份为农险参保弱约束省份。

最后，本文引入农村人口教育程度来衡量文化与观念对农险参保的影响，并使用农村人口平均受教育年限衡量。同时本文还引入了城镇化率作为控制变量，原因是较高城镇化水平的省份农业种植结构往往呈现多元化特征，且城镇化水平较高导致城市近郊乡村数量的上升，此时非外出务工的农业人口非农就业概率明显增加，最终也会通过收入结构的变动反映在农险参保概率上。另外，城镇化推进所引致的消费升级对农业种植结构的优化也已为相关文献所证实（崔宇明等，2013），而"粮油糖"作物种植比重的下降与其他经济类作物种植比重的上升，在农险缺乏针对性产品的前提下，可能将弱化农户参保的热情。模型中具体的城镇化率变量使用城镇人口总量/各省总人口衡量。

文中所涉及变量的定义及相关测度方法详见表1。

表 1　模型变量测度方法

变量	测度方法
农户参保率	农业保险参保户次/农村总户数
农户替代性收入渠道存在性	农村家庭人均工资性纯收入
种植结构	粮油糖作物种植面积/总耕地面积
农险参保缴费负担	农业保险个人缴费总额/农业保险保费收入
农险政府补贴强度	政府农业保险保费补贴支出/财政支出总额
农险赔付标准	不同产品合计亩均赔付水平
政府农险规制强度	市场化指数是否超过该年度全部省份平均市场化指数（超过＝1，未超过＝0）
农村劳动力教育程度	农村人口平均受教育年限
城镇化率	城镇人口总量/各省总人口

表 2 给出了本文实证研究所涉及数值型变量的描述性统计。

表 2　数据描述性统计

变量	均值	标准差	中位数	最小值	最大值
农户参保率	0.614 8	0.065 2	0.425 1	0.301 2	0.785 6
农户替代性收入存在性	3 818.22	106.94	4 219.75	2 285.03	7 594.640 5
种植结构	0.296 1	0.011 2	0.310 9	0.114 5	0.678 4

（续）

变量	均值	标准差	中位数	最小值	最大值
农险参保缴费负担	0.241 5	0.000 9	0.292 1	0.190 8	0.310 6
政府农险保费补贴强度	0.056 4	0.001 3	0.055 6	0.013 4	0.076 1
农险赔付标准	95.346 7	7.920 3	109.273 4	71.339 2	135.384 5
农村劳动力教育程度	4.298 8	0.183 7	4.833 5	4.573 5	8.193 4
城镇化率	0.531 4	0.087 4	0.632 4	0.456 1	0.623 5

在省际样本的选择上，本文选取了我国不含港澳台的 31 个省份，其中西藏因数据缺失予以剔除，而北京、上海、天津、重庆因属于典型的城市经济体，其农业结构与一般省份间存在较大差异，因此本文将上述直辖市分离出东中西部省份群组，单独归并为城市经济体组，以考察城市经济特征下的农险参保规律性特征。最终的区域分组为：东部省份包括江苏、浙江、福建、广东、山东、安徽、海南、黑龙江、辽宁、吉林、河北，中部省份包括河南、湖北、湖南、江西、山西、内蒙古，而西部省份为陕西、宁夏、甘肃、四川、贵州、广西、云南、青海、新疆。城市经济体组为北京、上海、天津、重庆。

考虑到数据可得性上，本文样本期确定为 2008—2016 年。数据源自 2008—2017 年《中国统计年鉴》《中国农业年鉴》《中国保险年鉴》《中国农村住户调查年鉴》及《中国市场化指数：2017》。模型计算由 Stata12.0 软件完成。

四、农户参保率区域分化特征的一个解释

在进行方程（1）的参数估计时，一个明显的事实是，本文引入的解释变量省际农业种植结构与农户参保行为间存在双向因果关系，即模型存在典型的内生解释变量问题。这种内生性来自于，种植结构通过农险产品设计差异及赔付强度差异而影响农户参保意愿的同时，农业保险的存在也会通过影响农户农业生产行为而传导到农户种植结构上（刘蔚、孙蓉，2016）。其原因在于当政府的农险补贴较为集中于某一种农产品时，将形成一种政府同样有意愿对该农产品给予较强灾后补偿的微观预期，此时会激励农户出现政府导向下的决策冒险，从而增加该产品的农资投入（周稳海，2014）。考虑到工具变量的适用性原则，本文引入被解释变量 aip_{it} 的滞后期变量 aip_{it-1} 作为工具变量，由此模型变为动态面板模型，为保证参数估计结果的一致性，本文使用动态 GMM 方法完成参数估计。在具体的模型形式选择上，考虑到农业产品差异导致的技术异质性特征，本文构建固定效应的变截距模型来分离不可测变量导致的异质性影响。同时模型中引入了 AR（1）项以控制残差时序相关。最终的估计结果详见表 3。

为了进一步描述农户参保决策的区域分化特征，本文还将样本进行东、中、西部及城市经济体样本分组并分别估计，结果一并报告于表 3 中。

表3 农户参保决策的动态面板估计结果

解释变量	全样本估计	东部样本	中部样本	西部样本	城市经济体
农户替代性收入存在性	—	—	−0.011 5** (−3.09)	−0.042 2*** (−3.76)	—
种植结构	0.021 3*** (4.46)	0.007 9* (2.06)	0.015 3** (3.89)	0.010 6*** (4.12)	—
农险参保缴费负担	—	−0.005 3*** (−3.55)	—	—	—
政府农险保费补贴强度	0.002 9* (2.02)	0.011 2*** (4.73)	—	—	0.037 5*** (3.87)
农险赔付标准	—	0.000 5** (2.66)	—	—	0.000 9*** (3.92)
政府农险规制强度	—	—	0.023 1*** (4.35)	0.034 1*** (2.96)	—
农村劳动力教育程度	−0.021 4*** (−2.96)	−0.000 3*** (−4.47)	−0.002 8*** (−3.15)	0.004 6*** (5.02)	−0.003 7*** (−2.99)
城镇化率	−0.013 3** (−2.16)	—	−0.017 1*** (−2.54)	−0.022 2*** (−4.79)	—
农户参保率滞后一期	—	0.009 2*** (5.37)	—	0.007 3*** (3.55)	0.014 1** (2.12)

$R^2=0.456\ 7$；$F=91.365\ 5$；$Z=7.412\ 0$

注：①上表中 ***、**、* 分别表示在1％、5％和10％的水平上统计显著。②表中—代表对应解释变量不显著并在模型中予以剔除。③由于篇幅所限，固定效应的变截距参数估计结果并未给出。

根据表3中 IV＋DGMM 的动态面板参数估计结果①，我国农户农险参保的决策机制确实表现出典型的区域异质性，在不同群组样本中，农户替代性收入存在性、农险个人缴费负担以及政府保费补贴强度确实对参保意愿的影响存在显著差异。其中，以各省份农村人均省内汇入款项衡量的收入结构特征，即农户通过务工、经商等非农性渠道获取收入的能力，在中部与西部省份与农户参保率显著负相关，农户对农业经营收入的依赖刚性直接影响着农险农户参保率，Carriker et. al（1991）所提及的农户收入结构多元化对农险参保的挤出效应在本文得到了证实。我国持续近三十年的农村劳动力乡城迁移，特别是第二代农民工普遍持有的融入性迁移意愿，在优化与稳定了中西部地区农村家庭收入结构与增强农户抗农业风险能力的同时，确实在一定程度上

① 为了验证模型内生解释变量的存在性，本文还在不引入工具变量农户参保率滞后一期的情况下进行了静态面板估计，与 IV＋GMM 估计结果相较，种植结构对农户参保率的影响强度明显下降，且在中部样本与东部样本中均变得不显著。这进一步证实了农户参保决策模型中内生性问题的存在性，但由于篇幅所限，本文未将相关估计结果予以报告。

弱化了农险参保所提供的灾后收入补偿的吸引力。同时也从侧面说明，当前我国农业生产主体——农户实际上除了外出务工获取非农性收入外，缺乏有效的农业风险管理手段来稳定农业产出与农业收入。外出务工既是增收驱动下的主动选择，但同时也是靠天吃饭的被动决策。

同时根据表3，中西部地区政府农险保费补贴强度与农业保险的赔付标准对农户参保率并不存在显著影响。考虑到中西部地区农户在平滑农业风险时，实际上存在农险参保与外出务工获取替代性收入两种风险补偿手段的"非此即彼"的冲突性选择，这意味着中部与西部地区农户在决定是否参加农业保险时，实际缺乏对农险参保"正收益"特征的精准认识，故而表现出对农险补贴及赔付的弱敏感性，同时由于具有较高的风险偏好水平，中西部地区农户在农险参保决策上就表现出非理性的、缺乏预期风险意识与成本—收益衡量的盲目性决策特征。当然，

长期饱受诟病的我国农业保险中存在的较为繁琐的理赔程序、缺乏标准化的相对模糊的理赔标准及损失界定，也许同样在一定程度上弱化了农险的"正收益"属性，使得中西部地区农险实际上成为一种相对次要的、不得已的灾后补偿工具而被纳入到中西部地区农户风险决策中。

此外，以市场化指数衡量的政府规制强度对中西部地区农户农险农户参保率具有显著的促进作用。这种基于政府引导的具有隐性约束力的，以村、乡、镇为响应主体的集体性农险参保，确实成功的助推了我国农业保险在中西部地区向更广覆盖、更深层次的发展。这说明中西部地区较高的农户参保率实际是在较强的政府参保约束规制作用和替代性收入渠道相对匮乏两个因素共同作用下的结果，而政府通过加大保费补贴力度、增强灾后赔付标准来吸引农户参保实际是缺乏显性激励效应的。这为中西部省份在政府可支配财力有限与农险补贴资金筹措困难的约束下进一步扩大农险覆盖率提供了可能。但一个可以预见的事实是，随着改革向深水区拓展及政府职能转变的具体化，随着市场化程度的逐步提升，农险参保的政府约束力度将不断下降，农户的个体微观因素将取代政府规制成为决定参保的关键变量，同时随着低端劳动力市场从东部向中西部的转移，中西部地区农村劳动力外出务工的机会成本与就业可得性成本将迅速下降，外部规制约束力的减弱与农户收入结构的多元化趋势，在中西部地区非理性的参保决策模式下，也许将进一步降低农业保险参保的吸引力，农险"扩容"在中西部地区也许将变得愈加困难。

再将考察对象转移到东部省份样本，根据模型估计结果，中西部地区决定农险参保的关键变量，如农户获取替代性收入的能力、政府隐性规制强度在东部省份不再显著影响农户参保，此时决定农户参保的决策力量主要源自政府农险补贴强度与农险赔付标准。也就是说，东部地区农户参保决策是基于个人缴费支出水平、政府补贴强度以及基于灾害概率折算的预期风险补偿收入水平而进行的，从而表现为典型的"理性"决策特征。这种理性的出现可能源自于，较低的非农性收入获取成本、相对稳定的多元化的家庭收入结构，使得东部地区农户家庭，已经基本完成了家庭收入结构优

化，因而已经摆脱中西部地区农业风险管理"非此即彼"的冲突式选择困境，而是通过非农性收入的存在与稳定具备了基本的灾后福利维持能力，此时对农险参保的决策开始进入"是否值得"的风险补偿评估阶段，而非中西部地区"是否存在"的风险补偿选择。此时，基于保费—赔付的风险收益核算将成为东部地区农户参保的关键因素。因而政府保费补贴强度与灾后赔付标准就决定了农户参保的激励强度。这能够解释为何当前基于物料成本核算的"低保费、低赔付"的农险运营模式无法对东部地区农户形成有效的参保激励，也同时说明在较强的政府可支配财力支撑下，东部省份通过进一步加大政府补贴力度，进一步激励保险公司进行农险产品创新确实能够提升农户参保激励从而进一步扩大参保农户覆盖率。

还值得注意的是，无论是全样本还是东中西部分组样本估计，以"粮油糖"作物播种面积占比衡量的农产品种植结构对农户参保率的影响都得到证实，基于农业保险"保障粮食安全"的基本政策目标，现行的农业保险政策体系表现出对"粮油糖"作物等主要农产品的倾斜，其政府补贴强度及参保的政府隐性约束力度都明显更强，而对"粮油糖"作物之外的水果、蔬菜、杂粮、烟叶、药材等种植作物，作为补贴主体的省级政府受限于财力限制，难以提升农险保费补贴覆盖面。同时现有的农险产品精算依然遵循"直接物化成本核算"的基本模式，从而导致对水果、蔬菜、杂粮、烟叶、药材等经济类作物的定损标准偏低、成本覆盖不完全，形成了事实上的农险市场产品设计与农户需求的脱节，导致农户出现"想保的不得保、能保的不愿保"的参险意愿不足问题。最终导致"粮油糖"作物种植占比较高的省份，农户参保率也较高的种植结构决定参保意愿的现实。

再进一步分析以北京、上海、天津、重庆四个直辖市构成的城市经济体样本，从估计结果看，城市经济体农户参保率的决策机制与东部省份类似，农户参保的关键变量集中在政府保费补贴强度与灾后农险赔付标准的具体水平上。但与东部省份估计结果不同的是，农户保费负担与种植结构不再显著影响农险农户参保率。考虑到城市经济体周边农户"粮油糖"种植占比极低，更多的进行畜牧与渔业养殖，水果、蔬菜、林木种植，其新型农业经营行为存在农业投资大、农业风险相对复杂且分散化困难的特征，实际上天然地决定这些农户对风险平滑与农业保险具备更强烈的需求，但从图1可知，城市经济体农户参保率在 2007 年开始虽然维持在一个相对高位，但自 2011 年后农户参保率始终维持在 52% 左右，甚至出现微弱下滑，这种趋势与东中西部农户参保率变化完全不同。这进一步说明当前相对僵化的农业保险产品体系，由于缺乏对城市经济体中新型农业的针对性产品创新，特别是当前所存在的成本覆盖不完全、非灾性损失不计赔等农业保险产品特征，难以提供城市经济体农户所需要的风险保障，从而严重损害了相关农户的参保积极性。基于"完全生产成本"的成本核算模式的建立，"价格保险、收入保险、产值保险"等农险产品体系的丰富，以及综合性风险化解体系下农险保障强度的增加，才是提升市经济体农户农险参保、实现农业保险"扩面、增品、提标"的关键切入点。

最后，从相关控制变量对农户参保意愿的影响看，在所有样本组中农村人口受教育程度都显著影响农户参保率，但在西部地区教育程度与农险农户参保率表现为正相关，而在中、东部地区与城市经济体中，教育程度与农险农户参保率负相关，一个可能的解释是，教育水平的上升对农户参保的激励可能存在某种阈值效应，当未达到该阈值水平时，教育年限的增加，将强化农户对农险的风险补偿功能与我国农险"正收益"特征的理解，从而形成"参加农险是理性决策"的理解，这可以用以解释西部地区教育与参保意愿间的正相关，而中、东部地区与城市经济体由于较高的人均受教育年限，使得教育程度超过触发阈值，此时受教育年限的持续增加会导致人力资本竞争力的进一步增强，将大大增加农户通过务工、经商获取更高收入的可能。此外教育的增加使得经营者能够进一步拓展风险对冲渠道，如通过长期合同、预期合同锁定价格风险等，此时农险的风险补偿效应被进一步弱化，成为一种相对次要的、可有可无的选择性风险手段，使得教育对农险农户参保率产生了负向激励效应。城镇化率对农户参保意愿的影响仅仅在中西部样本中存在，这也是因为只有中西部地区替代性收入渠道的存在才显著影响农户参保。而更高的城镇化率总是意味着更多的工作机会、更低的迁移成本以及相对高的非农性收入稳定性（李富强、王立勇，2014）[①]。

五、结论与启示

本文在一个宏观数据维度下，通过构建包含区域异质性的农户农险参保决策方程，在有效控制模型内生性的基础上，实证检验了农户替代性收入渠道存在性、种植结构对农户农险参保率的影响，并将之用以解释我国农业保险农户参保率的区域分化特征。结论表明，种植结构、替代性收入渠道的存在以及不同区域农业保险的政府隐性规制力度的差异确实能够充分的解释我国东、中、西部地区的农户农险参保率异质性特征。

具体来说，中、西部地区农户较高的参保率，实际是种植结构中"粮油糖"作物占比较高、参保的政府隐性规制约束力度较强及替代性收入渠道匮乏共同作用的结果。但这种高农户参保率更多的属于一种"被动的""非理性"的选择。农险参保的"正收益"属性、较高的政府补贴强度并不能够对中西部地区农户形成参保激励。

而对东部地区及城市经济体周边农户而言，由于农户替代性收入可获性高，且具有较低的政府参保约束强度，同时种植结构中"粮油糖"作物占比较低，因此农户的

[①] 严格来说，城镇化对农户参保意愿的影响存在多种影响机制，不显著的结论可能是多种机制交互作用的结果。具体的影响路径主要包括两个：一是收入结构效应，即城镇化的加速使得农村劳动力获得非农收入的时间与地理成本显著降低，因而导致农户家庭收入结构的变动并降低参保意愿，二是城镇化通过影响农户的新知识获取能力以及高效率技术的采用，能够增强农户的风险管理意识与参保意愿。

参保激励主要来自于农险参保的风险收益水平，保费的高低、政府补贴比例、灾后赔付水平成为参保决策的关键变量。在这一理解下，我国"低保费、低赔付、低收益"的农险产品体系，由于无法对接农户的风险保障需求，从而导致了东部地区与城市经济体农户偏低的农险农户参保率。

将之纳入到我国农业保险"增品、扩容、提标"的政策目标框架中，中西部地区农户参保的"非理性"与东部地区农户的"理性"决策特征，实际上给出了不同的提升农险农户参保率的政策路径。更具体地说：

对中西部而言，加大政府补贴力度与赔付强度以提升农险参保激励的努力也许是低效的，同时城镇化的持续推进、产业向中西部转移的加剧，将会有效促进中西部地区农村劳动力非农性收入的上升，政府隐性规制约束力度的下降也是可预期的，中西部地区农户参保率也许将很难继续维持在高位。为了实现农业保险的"扩面"，未来中西部地区农险推进在继续依托于政府鼓励所形成的规制约束力同时，进一步简化农险赔付手续、推行规范化的定损标准与程序、强化农险参保的收益教育，将是突出农险的"正收益"特征，形成有效参保激励的现实策略。

而对东部地区与城市经济体而言，理性的参保决策模式实际上证实了我国现行的农业保险缺乏对新型农业经营户以及收入结构多元化农户家庭的吸引。在较强的政府可支配财力支撑下，加快基于"完全生产成本"核算的针对性农险产品体系的设计及政府在新型农业中的农险补贴强度以实现农险"提标"，能够显著增强农险参保的收益激励。同时，加快农险的"增品"实验，鼓励保险公司展开针对水果、蔬菜、禽类与海产品养殖以及牧、渔业的"价格保险、收入保险"创新，提升农险产品的风险保障力度，强化农险产品与农户经营需求的契合度，才是实现农业保险"扩面"的根本路径。

参考文献

[1] 程名望，史清华，Yanhong，J. 农户收入水平、结构及其影响因素——基于全国农村固定观察点微观数据的实证分析 [J]. 数量经济技术经济研究，2014（5）：3-19.

[2] 杜伟岸，杨天琦，陆晨辉. 政策性农业保险财补效率及区域差异研究——基于三阶段 DEA 模型 [J]. 武汉理工大学学报（社会科学版），2016（3）：381-387.

[3] 崔宇明，李玫，赵亚辉. 城镇化进程、农业结构调整与农业产业发展优先序——基于山东省面板数据的实证分析 [J]. 华东经济管理，2013（6）：13-20.

[4] 李海峥，贾娜，张晓蓓，Fraumeni，B.. 中国人力资本的区域分布及发展动态 [J]. 经济研究，2013（7）：49-62.

[5] 李富强，王立勇. 人力资本、农村劳动力迁移与城镇化模式——来自基于面板矫正型标准误的多期混合多项 Logit 模型的经验证据 [J]. 经济学动态，2014（10）：87-98.

[6] 樊纲，王小鲁，张立文. 中国各地区市场化相对进程报告 [J]. 经济研究，2003（3）：9-18.

[7] 冯文丽. 我国农业保险市场失灵与制度供给 [J]. 金融研究，2004（4）：124-129.

[8] 刘蔚，孙蓉. 农险财政补贴影响农户行为及种植结构的传导机制——基于保费补贴前后全国面板数

据比较分析 [J]. 保险研究，2016 (7)：11-22.

[9] 罗向明，张伟，丁继峰 . 地区补贴差异、农民决策分化与农业保险福利再分配 [J]. 保险研究，2011 (5)：13-22.

[10] 彭可茂，席利卿，彭开丽 . 农户水稻保险支付意愿影响因素的实证研究——基于广东 34 地 1 772 户农户的经验数据 [J]. 保险研究，2012 (4)：33-43.

[11] 聂荣，沈大娟 . 影响农民参保农业保险决策的因素分析 [J]. 西北农林科技大学学报（社会科学版），2017 (1)：106-115.

[12] 宋丽智，韩晓生，王研 . 我国农业保险发展影响因素研究——基于地区面板数据的实证分析 [J]. 宏观经济研究，2016 (11)：122-130.

[13] 施红 . 中国政策性农业保险优化风险配置的机理研究 [D]. 杭州：浙江大学，2009：13-14.

[14] 庹国柱，王国军 . 中国农业保险与农村社会保障制度研究 [M]. 北京：首都经贸大学出版社，2002：135-152.

[15] 王小鲁，樊纲 . 中国地区差距的变动趋势和影响因素 [J]. 经济研究，2004 (1)：33-44.

[16] 王小鲁，余静文，樊纲 . 中国市场化八年进程报告 [J]. 财经，2016 (11)：18-25.

[17] 王国军，李京徽 . 基于新型农业经营主体需求导向的农业保险供给侧改革研究 [J]. 农村金融研究，2018 (6)：21-26.

[18] 王秀芬，王春艳，李茂松 . 我国农业保险财政补贴机制存在的问题及相关建议 [J]. 农村经济，2012 (11)：60-64.

[19] 王韧，黄渊基，刘莹，潘攀 . 中国省域农业保险发展水平的时空格局及影响因素 [J]. 经济地理，2018 (6)：117-125.

[20] 熊志刚，安秀梅 . 财政分权、激励效应和农业保险发展 [J]. 保险研究，2018 (4).

[21] 周稳海，赵桂玲，尹成远 . 农业保险发展对农民收入影响的动态研究——基于面板系统 GMM 模型的实证检验 [J]. 保险研究，2014 (5)：22-33.

[22] 张伟，岑敏华，郭颂平 . 基于成本收益分配的中国农业保险补贴模式——利益相关者理论视角 [J]. 农村经济，2011 (11)：69-73.

[23] 张伟，罗向明，郭颂平 . 中国政策性农业保险发展的区域比较研究 [J]. 南方金融，2014 (8)：66-70.

[24] 郑军，汪运娣 . 我国农业保险差异性财政补贴：地区经济差距与财政支出公平 [J]. 农村经济，2017 (5)：84-90.

[25] Alireza, F. , Barry, N. Ellinger and Schnitkcy. Factors Influencing Farmers'Crop Insurance Decisions [J]. American Journal of Agricultural Economics, 2013 (86)：103-114.

[26] Carriker, G. L. , Williams, J. R. , Barnaby, G. A. , Black, J. R. Yield and Income Risk Reduction under Alternative Crop Insurance and Disaster Assistance Designs [J]. Western Journal of Agricultural Economics, 1991, 16 (2)：238-250.

[27] Miranda, M. J. , Glauber, J. W. Systemic Risk, Reinsurance, and the Failure of Crop Insurance Markets [J]. American Journal of Agricultural Economics, 1997, 79 (1)：206-215.

[28] Mishra, P. K. Agricultural risk, insurance and income：a study of the impact and design of India's comprehensive crop insurance scheme [J]. CABI, 1996 (13).

[29] Rejesus, R. M. , Escalante, C. L. , Lovell, A. C. Share Tenancy, Ownership Structure, and Prevented Planting Claims in Crop Insurance [J]. American Journal of Agricultural Econ-omics, 2005, 87 (1)：180-193.

[30] Serra，T.，Goodwin，B. K. Featherstone，A. M. Modeling Changes in the U. S. Demand For Crop Insurance During the 1990s [J]. Agricultural Finance Reviews，2003，63（2）：109 - 125.

[31] Velandia，M.，Rejesus，R. M. Knight，T. O.，Sherrick，B. J. Factors affecting farmers' utilization of agricultural risk management tools：the case of crop insurance，forward contracting，and spreading sales.［J］. Journal of Agricultural & Applied Economics，2009，41（1）：107 - 123.

农业保险保障水平的影响因素及提升策略[*]

王 克 何小伟 肖宇谷 张 峭

摘要： 保障水平不足一直是中国农业保险的短板。随着中国农产品价格形成机制和收储制度改革的深入，各界对农业保险作用的期许不断加大。在此背景下，如何提高农业保险保障水平成为亟待解决的重大课题。本文从辨析农业保险保障水平的概念入手，利用合约设计理论和蒙特卡罗模拟技术，从理论和实证两个方面对如何提升中国农业保险保障水平进行分析和论证。研究发现：提升农业保险保障水平不能仅关注提高农业保险保额或扩充保险责任，而应从农业保险合约设计的角度来考量；保额并不是影响农业保险保障水平的唯一因素，在中国农业保险现有方案下，保额的提高并不必然带来农业保险保障水平的提升，相对免赔率和分阶段赔付系数是影响中国农业保险保障水平的重要因素，它们比保额的影响更显著；取消或调整分阶段赔付规定是现阶段提升农业保险保障水平的有效方式。本文研究结论对于提升中国农业保险保障水平以及今后完善农业保险合约设计都具有指导意义。

关键词： 农业保险；保障水平；合约设计；保额

一、引言

自 2007 年中央财政提供保费补贴算起，中国农业保险已走过了十余年的历程。其间，中国农业保险快速发展，取得了令人瞩目的成绩。2015 年，中国农业保险提供的风险保障额度为当年农业总产值的 18.6%，种植业保险的承保面积占全国农作物总播种面积的 56.4%，这一水平在世界范围来看处于中上等，远超其他发展中国家（中国农业保险保障水平研究课题组，2017）。但与这一成绩形成鲜明对比的是，中国农业保险保障水平一直较低，农业保险保额在农业亩产值的 22% 左右（周县华等，2012）。虽然根据财政部的相关规定，农业保险保额原则上要覆盖农业生产投入的物化成本，但随着农业生产成本的上涨，近年来农业保险保额实际上已低于物化成

---

* 本文研究得到国家自然科学基金项目"农业保险的财政补贴政策对农户参保的激励效应测度及最优补贴水平研究：以种植业保险为例"（项目编号：71573041）、国家自然科学基金项目"生猪价格保险对农户养殖行为的影响及其市场价格稳定功能研究"（项目编号：71603262）、中国农业科学院农业信息研究所基本业务费项目（项目编号：JBYW－AII－2017－03）以及国家留学基金委的资助。本文原载《中国农村经济》，2018 年 7 期。

作者简介：王克，中国农业科学院农业信息研究所研究员；何小伟，对外经济贸易大学保险学院副教授；肖宇谷，中国人民大学统计学副教授；张峭，中国农业科学院农业信息研究所研究员。

本，全国平均低 35％左右（赵长保、李伟毅，2014）。正因如此，有学者认为，农户对农业保险的真实需求并不高（叶明华等，2014），农业保险"不解渴、不顶用"（黄延信、李伟毅，2013）。当前，中国正处于完善农业支持保护政策、深化农产品价格形成机制和收储制度改革的关键时期，党中央、国务院对农业保险这一市场化风险管理工具作用的期许加大。2015 年中央 1 号文件明确提出将农业保险作为新时期支持农业发展的重要手段。随后多个政策文件均提出要不断提高农业保险的风险保障水平。在此背景下，研究如何提升中国农业保险保障水平显然具有极为重要的理论和现实意义。

当前，各界普遍认为中国农业保险保障水平低（周县华等，2012；赵长保、李伟毅，2014；黄延信、李伟毅，2013），应尽快提升中国农业保险保障水平。有学者主张通过提高单位面积保额来提升农业保险保障水平（黄延信、李伟毅，2013；吴焰，2015），也有学者建议通过扩展保险责任、开发收入保险产品来提升农业保险保障水平（王保玲等，2017；龙文军等，2017）。但是，提高保额一定能够提升农业保险保障水平吗？收入保险的保障水平一定比成本保险高吗？提高中国农业保险保障水平还有没有其他可行方式？学界对此的研究还不够深入，尤其是缺乏建立在经济学理论基础之上的严谨的分析论证。有鉴于此，本文拟从辨析农业保险保障水平的概念入手，利用合约设计理论和蒙特卡罗模拟技术，从理论和实证两个方面对如何提升中国农业保险保障水平进行分析论证。

二、农业保险保障水平的概念界定

虽然学界和业界都认为有必要提高农业保险保障水平，但是，对于如何界定和量化农业保险保障水平还存在争议，同时也存在一些概念上的混淆，因此，在进行正式分析之前，有必要对农业保险保障水平的概念及其与不同保险产品（如成本保险、价格保险、收入保险[①]）之间的关系进行界定和辨析。Goodwin and Mahul（2004）认为，农作物保险的保障水平就是保额，即被保险人可能获得的最大保险赔付。一些学者对这一观点进行了拓展，认为保障水平实际上是多风险作物保险（MPCI）的保障产量水平[②]，主要由农户参保时选择的保障比例 λ 决定（于洋、王尔大，2011；余洋，2013）。中国农业保险保障水平研究课题组（2017）认为，农业保险保障水平是分层

[①] 成本保险是中国主要的农业保险产品，价格保险和收入保险是目前学界讨论较多的两款保险产品。成本保险承保气象灾害造成的农产品实际产量低于保障产量的风险，并以农产品生产投入的物化成本为依据确定保额；价格保险承保市场价格下跌导致农产品实际收入低于保障收入的风险；收入保险承保农产品产量降低，或市场价格下降，或两者同时发生导致农产品实际收入低于保障收入的风险。

[②] 在美国，MPCI 保险的单位面积保额等于作物出售单价（P）、农场投保时选择的保障比例（λ）和预期作物产量（$\hat{Y}$）的乘积，可能的保险赔付额 $Ind = P \times \mathrm{Max}\ (\lambda \hat{Y} - y,\ 0)$。由于 P 是投保之前预先确定的，$\hat{Y}$ 通常为当地或投保农场过去 5 年作物产量的平均值，所以，农业保险保障水平的高低完全取决于该农场投保时选择的保障比例 λ。

面的，在宏观层面体现为农业保险为该国（地区）农业产业发展提供了多大程度的风险保障，可以用农业保险总额与农业总产值的比值来衡量；在微观层面又可以分为保障广度和保障深度两个方面，前者体现为农业保险为多少农作物或畜产品提供了风险保障，可以用农业保险承保面积（或承保头数）占农作物总播种面积（或牲畜总养殖头数）的比例来衡量；后者体现为农业保险在单位农业产值中提供了多大程度的风险保障，可以用保险标的的单位保额与单位产值之比来衡量。

可以看出，上述研究都将农业保险保障水平界定为保额或保额与保险标的产值的比值。这种概念界定的优点是方便直观，具有很好的借鉴意义和参考价值。其不足是过于强调保额，忽略了其他保险要素（如保险费、保险责任和免赔规定等）的影响。举例来说，假定有保险合同 A 和保险合同 B，其保额相同（均为 800 元/亩），但合同 A 的相对免赔率为 10％，而合同 B 的相对免赔率为 20％，显然合同 A 对被保险人提供的风险保障要大于合同 B。但是，如果仅按照保额来衡量，则合同 A 与合同 B 的保障水平是相同的。可见，已有研究对农业保险保障水平的概念界定和衡量指标反映的是农业保险的名义保障水平，而非被保险人（通常是农户）从农业保险中获得的实际保障水平。由于农业保险具有很强的公共政策属性，政府和农户最为关心的恰恰是农业保险的实际保障水平。因此，本文认为，农业保险保障水平不是农业保险能为农户提供的名义风险保障程度，而是它为农户提供的实际风险保障程度。鉴于农业保险对农户的实际赔付或实际风险保障存在年际波动，不易直接衡量，对其进行简单平均化处理又会忽略农户大多为风险厌恶者这一事实，本文采用福利经济学中的福利效用概念，利用农户购买保险后福利效用的变动程度来衡量农业保险保障水平[①]。

需要指出的是，现阶段中国主流的农业保险产品是成本保险，其保额较低且主要承保生产风险，市场风险并不在其保障范围之内，但随着农产品价格形成机制改革的不断深入，玉米、棉花等农产品的市场风险越来越大。在这种情况下，众多专家学者将中国农业保险保障水平低下的原因归咎于偏低的保额以及相对有限的保障责任。除了呼吁提高农业保险保额外，专家学者们也对农业保险产品创新投入了极大的热情[②]，有学者呼吁大力发展收入保险并将之打造为新时期中国农业保险的主打产品（龙文军等，2017；庹国柱、朱俊生，2016），也有学者呼吁通过创新农业保险产品提升农业保险保障水平（中国农业保险保障水平研究课题组，2017；王保玲等，2017）。收入保险的确代表着世界农业保险的发展趋势，从长期来看，也应该成为中国农业保险的主流保险产品。但是，受目前保险公司服务能力及各级政府财政补贴能力的限制，中国在短期内尚不具备在全国大面积推广收入保险的条件，因此，在创新保险产品的同时也不应忽视对成本保险的升级。此外，当前学界和业界在论证通过收入保险

---

① 从这点来说，本文认为，农业保险的实际保障水平就是农户视角下的农业保险保障效果，两者在本文中视为同义词。

② 据当时的中国保监会统计，2015 年中国试点农产品价格保险或收入保险的省份已超过 20 个。数据来源：http：//bxjg. circ. gov. cn/web/site0/tab5207/info4014358. htm。

创新提高农业保险保障水平时存在一些逻辑上的缺陷，认为"保收入"的收入保险一定比"保成本"的成本保险保障水平高。这种逻辑缺陷产生的主要原因是对概念的混淆。本文认为，创新农业保险产品可能会但不必然导致农业保险保障水平的提升。成本保险、价格保险和收入保险分别承保农户在生产经营中面临的生产风险、市场风险和收入风险，三者的区别主要在于农业保险的承保责任，而非保障水平。成本保险的保障水平不一定低，收入保险的保障水平不一定高（张峭，2017）。举例来说，如果成本保险的保额等于农作物亩产值的80%，而收入保险的保额等于农作物正常产量的50%乘以商品出售价格的55%，则收入保险的名义保障水平仅为27.5%，低于成本保险的保障水平。因此，不考虑农业保险的具体合约设计，简单地认为收入保险的保障水平一定会高于成本保险的保障水平，这显然是值得商榷的。

三、农业保险保障水平的影响因素

由于成本保险是目前中国主流的农业保险产品，因此，本节的分析以成本保险为例。按照中国农产品成本保险的现行条款，农户可能得到的单位面积保险赔付额（Ind）为：

$$Ind = IV \times Max\left[\frac{(1-d) \times \hat{y} - y}{\hat{y}}, 0\right] \times I_{(x \geq f)} \times f(p) \tag{1}$$

（1）式中，IV 为农业保险单位面积保额，d 为绝对免赔率[①]，$\hat{y}$ 和 y 分别为农作物保障产量和实际产量，x 为农作物实际损失率，f 为相对免赔率，$f(p)$ 为根据自然灾害发生时间对保额进行调整的函数[②]，即分阶段赔付系数（其取值如表1所示）。$I_{(x \geq f)}$ 为指示函数，其取值为：

$$I_{(x \geq f)} = \begin{cases} 1, & \text{if } x \geq f \\ 0, & \text{otherwise} \end{cases} \tag{2}$$

表1　中国农业保险单位面积保额（以河北省玉米种植保险为例）

灾害发生时农作物所处生长期	出险当期每亩保额（元）	$f(p)$
出苗期—拔节期（含）	160	0.40
拔节期—灌浆期（含）	280	0.70
灌浆期—成熟期	400	1.00

按照保险精算原理，实现精算平衡的保费应该等于农业保险赔付额的期望值。令

[①] 2015年中国保监会、农业部、财政部联合下发的《关于进一步完善中央财政保费补贴型农业保险产品条款拟订工作的通知》明确要求取消农业保险绝对免赔，因此，中国现有农业保险条款中实际上是没有绝对免赔的，即 $d=0$。但为了模型一般性起见，本文将 d 纳入（1）式。

[②] 实际工作中保险公司通常会根据农业灾害发生时农作物所处的生产期对保额进行相应调整，不同地区不同作物品种保险的相应参数可能有所不同，但基本和表1的例子相似。

$L=\mathrm{Max}\left[\dfrac{(1-d)\times\hat{y}-y}{\hat{y}},\ 0\right]$，则按照均值保费厘定原则，投保人购买农业保险需缴纳的保费（$Prem$）为：

$$Prem=(1+a)\times E(Ind)=(1+a)\times E[IV\times L\times I_{(x\geqslant f)}\times f(p)] \qquad (3)$$

（3）式中，a 为农业保险经营管理费附加，$E(\cdot)$ 为期望算子。假定农户初始收入为 W_0，农作物实际产量为 y，农作物出售单价为 P，则购买农业保险前其收入为 $\pi=W_0+P\times y$，购买农业保险后其收入为 $\pi'=W_0+P\times y+Ind-Prem$。假定农户效用可以用均值方差效用函数 U 来表示，则参保前后该农户的效用变动值（即农业保险保障水平）为：

$$\begin{aligned}\Delta U &=U[W_0+P\times y+Ind-(1+a)E(Ind)]-U(W_0+P\times y)\\ &=E[W_0+P\times y+Ind-(1+a)E(Ind)]-E(W_0+P\times y)-\\ &\quad \frac{\theta}{2}\{Var[W_0+P\times y+Ind-(1+a)E(Ind)]-Var(W_0+P\times y)\}\\ &=-a\times E[IV\times L\times I_{(x\geqslant f)}\times f(p)]-\frac{\theta}{2}\times Var[IV\times L\times I_{(x\geqslant f)}\times f(p)]-\\ &\quad \theta\times Cov[P\times y,IV\times L\times I_{(x\geqslant f)}\times f(p)] \qquad (4)\end{aligned}$$

（4）式中，θ 为农户风险厌恶系数。可以看出，除了农业生产风险、农户风险厌恶系数（θ）以及农业保险经营管理费附加（a）外，农业保险合约中的保额（IV）、绝对免赔率（d）、相对免赔率（f）、分阶段赔付系数 $f(p)$ 等要素也直接影响农业保险保障水平。如果假定农业保险经营管理费附加恒定，扣除生产风险、农户风险态度等不可控因素，上述保险要素就是对农业保险保障水平产生影响的全部因素，且这些因素对农业保险保障水平的影响并不是独立的，而是相互促进或相互抵消的。综上，本文认为，提升农业保险保障水平应该从优化农业保险合约设计的角度来思考，提高保额只是其中一种手段。

四、合约设计对农业保险保障水平的影响

对（4）式中农业保险保障水平各影响因素直接求导涉及农作物生产风险分布假设等问题，解析解的求解过程十分复杂，因此，本文采用蒙特卡罗数值模拟技术对农业保险合约设计的影响进行模拟分析，以便更加直观地观察各因素对农业保险保障水平影响的大小。其基本步骤是：①选择一种典型农作物保险，根据该农作物历年产量情况拟定其生产风险分布，并给定农户风险厌恶程度的参考值，作为基准场景；②根据现有保险条款计算农业保险对农户的风险保障程度，作为对照的基准；③保持其他设定和要素不变，依次改变农业保险合约中的保额、相对免赔率和分阶段赔付系数，对新农业保险合约的保障水平进行测算，并与基准场景进行比较；④随机模拟 10 000次，重复上述步骤②和③，得到最终的结果；⑤修改场景设定中的参数值，重复步骤②③④，以检验结果的稳健性。

（一）场景设定

玉米是中国三大主粮作物之一，是全国各地都有种植的典型农作物，黄淮海地区是中国主要的夏玉米生产区，故本节以黄淮海地区玉米种植保险为例进行分析。在黄淮海地区，一个典型的玉米种植保险合同为：亩保额 400 元，保险费率 5%，相对免赔率 20%，分阶段赔付系数如表 1 所示，假定该保险合同中亩保障产量为前三年亩产平均值，根据该地区河北省 1949—2015 年玉米单产数据，拟合出河北省玉米单产可能服从 Weibull（405.64，5.62）分布，该省 2013—2015 年玉米单产平均值约为 360 千克/亩。根据前人的研究，假定农户效用函数为幂效用函数，常相对风险厌恶系数（CRRA）取值为 2（王克等，2014）。该地区玉米生长中的最大风险是干旱（杨平等，2015），干旱最容易发生的时期为玉米拔节期—乳熟期，在出苗期—拔节期、拔节期—灌浆期、灌浆期—成熟期发生的概率大约分别为 10%、80%、10%（贾慧聪等，2011）。

（二）农业保险合约条款变化的影响效果

1. 保额对农业保险保障水平的影响效果

图 1 展示了保额变化对农业保险保障水平的影响，可以看出：在保持保险合约中其他要素不变的情况下，提高农业保险保额反而会降低农业保险保障水平。这一结果看似不合常理，却有其逻辑必然性。从（1）式可以看出，基于中国现有农业保险合同条款，农户获得赔付的概率完全取决于 d（绝对免赔率）和 f（相对免赔率），其与保额是相互独立的，图 1 所示的结果也验证了这一论断。在实施精算费率的情况下，不同保额所对应的农业保险费率完全相同，这也说明现有农业保险合约设计下农

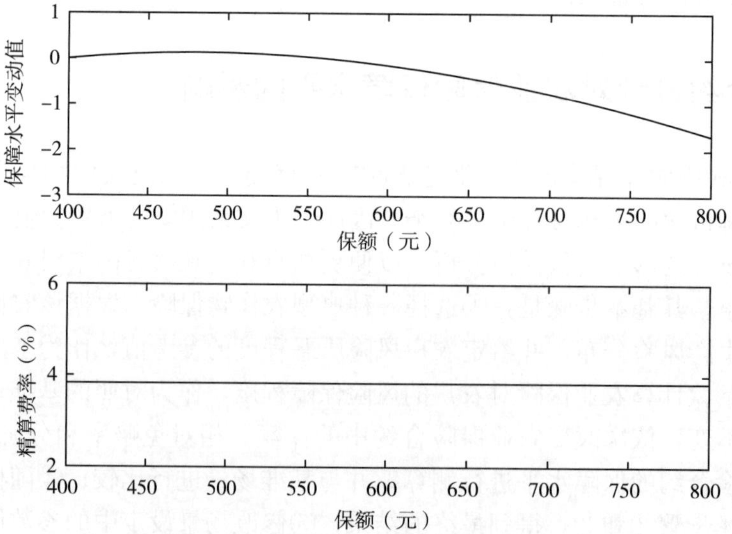

图 1 保额变化对农业保险保障水平的影响

户获得保险赔付的概率与保额无关。换言之，在现有农业保险合约设计下，提高农业保险保额并不会改变农户获得保险赔付的概率，而只会在农户能够获得保险赔付时增加赔偿的额度，但是，由于农户缴纳的保费一定会相应增加，因此，对于风险厌恶型农户来说，提升农业保险保额有可能会降低其福利效用①。举例来说，假定农户追求效用最大化，其初始收入为0，仅种植一种作物，该作物正常收获后可获得的收入为600元，该作物生长面临两种情况：①不发生损失，发生概率50%；②作物减产10%，发生概率50%。假定农业保险无任何免赔规定，则在亩保额分别为400元和500元的两个保险合同之间，农户会选择前者（表2）。

表2 不同保额下农户的福利效用：一个简化的例子

亩保额（元）	保险费率（%）	保险赔付				农户净支出（元）	农户效用
		不发生损失时的赔付金额（元）	不发生损失的概率（%）	农作物减产10%时的赔付金额（元）	农作物减产10%的概率（%）		
400	5	0	50	40	50	0	400
500	5	0	50	50	50	0	287.5

注：该例子中的效用函数为均值方差效用函数 $U(w)=E(w)-0.5\times\theta\times\sigma^2(w)$，农户风险厌恶系数 $\theta=1$。

2. 相对免赔率对农业保险保障水平的影响

相对免赔率也是影响农业保险保障水平的因素之一，降低相对免赔率的影响效果如图2所示。可以看出，和理论预期一致，在其他要素保持不变的情况下，降低相对

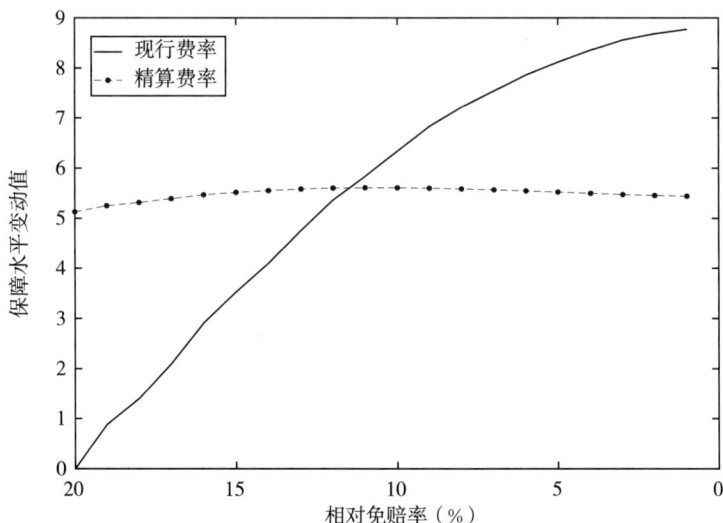

图2 相对免赔率变化对农业保险保障水平的影响

① 提高保额能否提升农业保险保障水平取决于农业保险合约初始参数的设置以及当地风险环境。理论上说，如果当地总体风险较大，农户获赔概率很高，则提高保额肯定会提升农业保险保障水平；反之，如果当地总体风险较小，农业保险的出险概率不高，则提高保额就很有可能不会提升农业保险保障水平。

免赔率会明显提升农业保险保障水平，将相对免赔率水平从 20％降为 10％ 会使农业保险保障水平（农户效用）提升近 7 个单位。但与保额不同的是，相对免赔率的变化也会影响农户获得保险赔付的概率及农业保险的费率水平，因此，本文也对实施精算费率情况下相对免赔率变动的效果进行了模拟。可以看出，如果实施精算费率，则相对免赔率对农业保险保障水平的影响大为减弱。

3. 分阶段赔付对农业保险保障水平的影响

采用分阶段赔付的办法，依据农作物受损时所处的生长阶段对农业保险保额进行调整，是中国农业保险合约中非常特殊的一个规定。根据前文理论分析，分阶段赔付对农业保险保障水平也会产生影响。分阶段赔付对农业保险保障水平影响的数值模拟结果如图 3 所示①。可以看出，在其他要素保持不变的情况下，提高农业保险分阶段赔付系数会明显提升农业保险保障水平，取消分阶段赔付会使农业保险保障水平提升近 9 个单位。当然，如果保险公司能够获得充分的信息来厘定精算费率，理论上讲，分阶段赔付系数的变化也会对农业保险费率产生影响，进而影响农业保险的最终保障水平。图 3 也对精算费率情景下分阶段赔付的影响进行了展示。可以看出，如果保险公司在定价时就掌握了灾害发生的规律及其对农作物生长的影响程度等信息，农业保险保障水平在有无分阶段赔付的情况下差异并不大。但是，在现实操作中，保险公司很难获得这些信息。在笔者对保险公司的调研中，许多公司也表示实际操作中很难严格按照分阶段赔付条款的规定进行赔付。

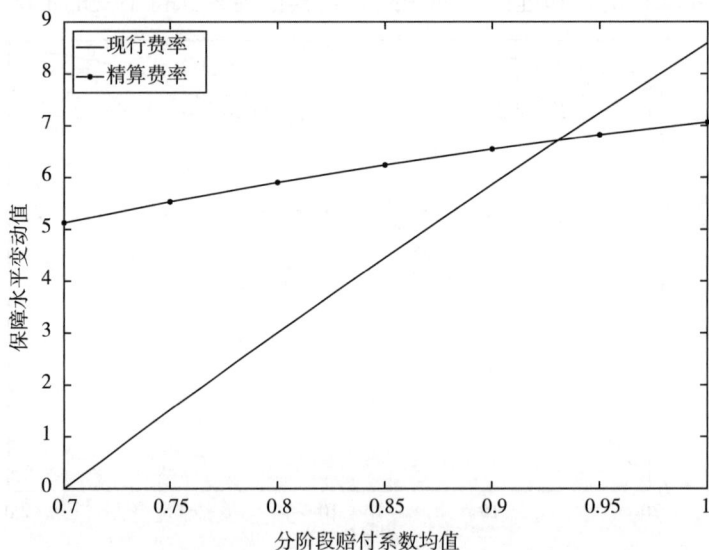

图 3　分阶段赔付系数变化对农业保险保障水平的影响

---

① 由于自然灾害的发生时间具有随机性，本文在模拟分阶段赔付对农业保险保障水平的影响效果时，采用了分阶段赔付系数的期望值。图 3 中玉米种植保险分阶段赔付系数的基准水平为：10％×0.4＋80％×0.7＋10％×1＝0.7。

（三）稳健性检验

在本文的场景设定中，农作物单产概率分布和农作物生产风险大小是可能对模拟结果产生影响的两个指标。在对河北省玉米单产概率分布进行拟合时，本文发现，除了 Weibull 分布外，河北省玉米单产序列还可能服从 Burr（389.8，10.32，5.14）分布，因此，本节假设河北省玉米单产序列服从 Burr 分布，据此再进行数值模拟，以检验单产概率分布函数的选择对模拟结果的影响。此外，在前文的分析中笔者提出，农户获得农业保险赔付的概率较小可能是造成农业保险保额提升而保障水平反而下降的重要原因。根据前文给定的河北省玉米单产概率分布模型，可以计算出玉米种植保险的保障产量为 360 千克/亩时，农户有 40% 的概率获得农业保险赔付。本部分通过调整保障产量这个参数来假定两种风险场景，即高风险环境（保障产量为 390 千克/亩，农户获得赔付的概率为 55%）和低风险环境（保障产量为 330 千克/亩，农户获得赔付的概率为 27%），以此检验风险环境对农业保险保障水平的影响。

对比图 4 和图 1 至图 3 可以看出，相对于农作物单产服从 Weibull 分布的假设，在农作物单产服从 Burr 分布的情况下，农业保险合约中保额、相对免赔率和分阶段赔付系数的变化对农业保险保障水平的影响在数值上要更大一些，但两者的趋势相同。由此可以判断，农作物单产概率分布函数的选择对最终结论不造成影响。

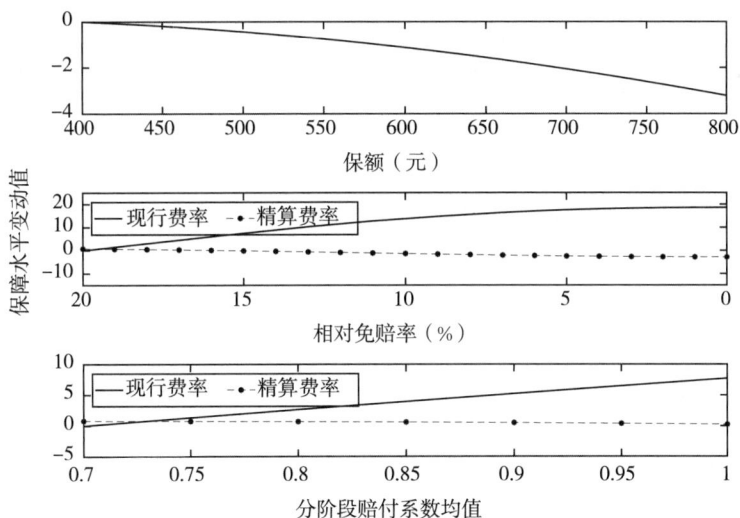

图 4　Burr 分布假定下农业保险合约条款变化对农业保险保障水平的影响

图 5 和图 6 分别是低风险环境和高风险环境下农业保险合约条款变化对农业保险保障水平影响的模拟结果。可以看出，同理论预期一致，在低风险环境下，农户获得保险赔付的概率不高，却被收取了过高的保费，所以，提高保额反而会降低农业保险的效果；反之，在高风险环境下，农户获得保险赔付的概率较高，缴纳的保费却不足，此时提高保额会提高农业保险保障水平。

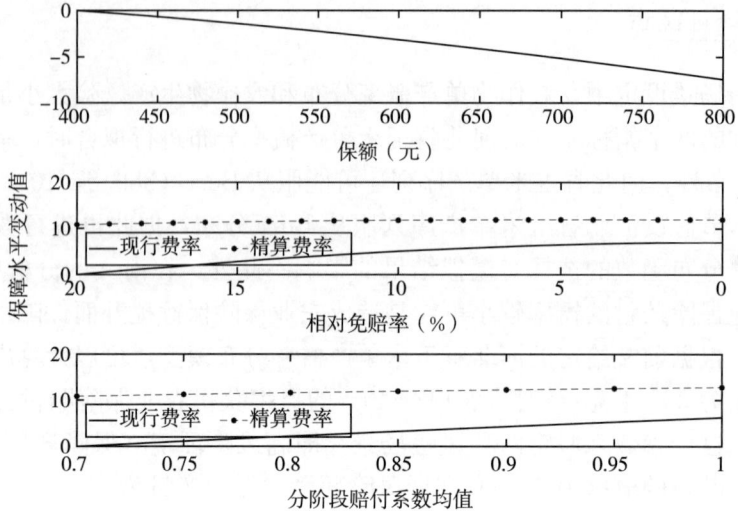

图 5　低风险环境下农业保险合约条款变化对保障水平的影响

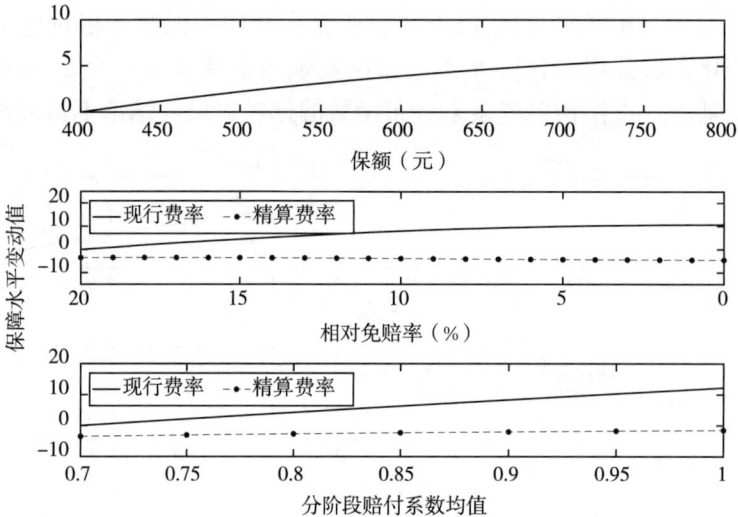

图 6　高风险环境下农业保险合约条款变化对保障水平的影响

五、结论和讨论

本文对事关中国农业保险发展的重要课题——如何提升农业保险保障水平展开了研究。首先界定了农业保险保障水平的概念，辨析了保险产品类型与保障水平之间的关系，然后从保险合约设计的视角出发深入分析了影响农业保险保障水平的因素，最后利用蒙特卡罗数值模拟技术对农业保险合约变化的效果进行了模拟。本文得出如下结论：

首先，提升农业保险保障水平不能只关注提高农业保险保额或扩充保险责任，而应该从农业保险合约设计的角度出发进行整体考量。有学者认为，保额低、仅承保生产风险是造成中国现阶段农业保险保障水平较低的主要原因，因而应将农业保险从"保成本"的成本保险升级到"保收入"的收入保险，以此来提高农业保险保障水平。而本文研究发现，成本保险和收入保险的区别在于承保责任，而非保障水平，农业保险的保障水平取决于保险产品的合约设计，收入保险的保障水平不一定高，成本保险的保障水平不一定低。

其次，保额只是影响农业保险保障水平的因素之一。当前，通过提高农业保险保额来提升农业保险保障水平在一定程度上成为政府部门、学界和业界的共识。而本文研究发现，依据中国现有农业保险合约，保额和农户是否能够获得农业保险赔付是相互独立的两个变量，提高保额能否提升农业保险保障水平与农户所在地区的初始风险环境有关。如果农户所在地区为高风险环境，农户获赔概率高，则提高保额会提升农业保险保障水平；反之，如果农户所在地区为中低风险环境，农户获赔概率不高，则提高保额反而会降低农业保险保障水平。

第三，相对免赔率和分阶段赔付是影响中国农业保险保障水平的重要因素，且相对于保额，这两个因素不仅影响农业保险赔付额度，而且影响农户获赔的概率，因而对农业保险保障水平的影响更为明显。对比图 1 至图 5 中的结果可以得出，要将农业保险保障水平提升 5 个单位，需要相对免赔率降低 35%，或分阶段赔付系数提高 20%，但实现同等目标需要将保额提高至少 55%。

第四，提升农业保险保障水平应从完善农业保险合约设计入手，取消或调整分阶段赔付规定是现阶段提升农业保险保障水平的有效手段。排除不可控因素之后，农业保险合约中的保额、相对免赔率和分阶段赔付系数就是影响农业保险保障水平的全部因素，而这些因素是相互关联的。例如，若农户获赔概率高，则提高保额会提升农业保险保障水平，而农户获赔概率的高低除了受生产风险大小的影响之外，还取决于免赔规定。分阶段赔付规定可操作性不强，在实践中难以严格执行，而且不能激励农民在作物早期受灾后积极补种，有悖于保障国家粮食安全的目标，因此应取消该规定，或参照美国农业保险中的"补种安排（re-planting）"条款①对其进行调整。

需要说明的是，保险产品创新是目前中国农业保险界的一个热门话题，专家学者们希望通过开发收入保险产品大幅提高农业保险保障水平，实现中国农业保险产品的升级换代。然而，在全国范围内推广收入保险产品的做法也受到保险公司现有服务能力及各级政府财政补贴能力的制约，在短期内恐怕无法实现。因此，在创新农业保险

---

① 在美国，"补种安排"条款的目的是鼓励农场在灾后恢复再生产。在美国农业部风险管理局颁布的《农业保险核灾定损通用手册》（Loss Adjustment Manual Standards Handbook）以及具体作物保险的核灾定损手册（如 Corn Loss Adjustment Standards Handbook）中都明确规定，在最早可播种日期之后种植的农作物在生长期间如发生严重灾害导致农作物受损严重，保险公司评估后认为可以补种的，农户必须补种。此时保险公司按照保障产量的 20% 或基于给定单产水平（8 蒲式耳/英亩）计算的保障产量之中较小者进行赔付，赔付金额在总保额中扣除，保单依然有效，农场复种的农作物仍受农业保险的保护（Risk Management Agency，2017）。

产品的同时，也不能忽略对现有主流成本保险的升级。本文从合约设计的角度对如何提高农业保险保障水平进行了研究，明确提出并论证了农业保险合约设计在影响农业保险保障水平方面的重要作用，但是，这些结论是基于河北省玉米种植保险情况得出的，是否具有普遍性还需进一步论证。

参考文献

[1] 黄延信，李伟毅. 加快制度创新　推进农业保险可持续发展［J］. 农业经济问题，2013（2）.

[2] 贾慧聪，王静爱，潘东华，曹春香. 基于 EPIC 模型的黄淮海夏玉米旱灾风险评价［J］. 地理学报，2011（5）.

[3] 龙文军，张杰，李瑞奕. 农业保险从"保成本"到"保收入"——基于吉林敦化市大豆收入保险的调查［J］. 农村工作通讯，2017（14）.

[4] 庹国柱，朱俊生. 论收入保险对完善农产品价格形成机制改革的重要性［J］. 保险研究，2016（6）.

[5] 王保玲，孙健，江崇光. 我国引入农业收入保险的经济效应研究［J］. 保险研究，2017（3）.

[6] 王克，张峭，Shingo Kimura. 我国种植业保险的实施效果：基于 5 省份 574 个农户数据的模拟分析［J］. 保险研究，2014（11）.

[7] 吴焰. 关于以保险机制激活农村金融服务链　服务推进农业现代化的提案［OL］. http：//finance. people. com. cn/insurance/n/2015/0303/c59941 - 26629372. html.

[8] 杨平，等. 黄淮海地区夏玉米干旱风险评估与区划［J］. 中国生态农业学报，2015（1）.

[9] 叶明华，汪荣明，吴苹. 风险认知、保险意识与农户的风险承担能力——基于苏、皖、川 3 省 1 554 户农户的问卷调查［J］. 中国农村观察，2014（6）.

[10] 余洋. 基于保障水平的农业保险保费补贴差异化政策研究——美国的经验与中国的选择［J］. 农业经济问题，2013（10）.

[11] 于洋，王尔大. 多保障水平下农户的农业保险支付意愿——基于辽宁省盘山县水稻保险的实证分析［J］. 中国农村观察，2011（5）.

[12] 张峭. 中国农作物收入保险创新发展［Z］. 中国农业保险论坛（CAIF）首期论坛论文，北京：2017 - 06 - 22.

[13] 赵长保，李伟毅. 美国农业保险政策新动向及其启示［J］. 农业经济问题，2014（6）.

[14] 中国农业保险保障水平研究课题组. 中国农业保险保障水平研究报告［M］. 北京：中国金融出版社，2017.

[15] 周县华，等. 中国和美国种植业保险产品的比较研究［J］. 保险研究，2012（7）.

[16] Goodwin, B. K. , and O. Mahul. Risk Modeling Concepts Relating to the Design and Rating of Agricultural Insurance Contract［M］. Washington, D. C：World Bank Publications，2004.

[17] Risk Management Agency. Loss Adjustment Manual（LAM）Standards Handbook（FCIC - 25010）［OL］. https：//www. rma. usda. gov/handbooks/25000/2017/17 _ 25010. pdf.

农作物保险对产出的影响：
理论框架、研究现状与展望[*]

左　斐　许樟勇

摘要：农作物保险是保障国家粮食安全的重要政策工具。学术研究领域对农作物保险影响作物产出的相关探讨由来已久，在不少问题上存有争论，而关于这一主题，近年来的总结性研究并不多见。本文基于 1980—2019 年国内外相关文献检索的结果，提炼出农作物保险作用于产出的基本理论框架，提出保险通过"长期机制"和"短期机制"的共同作用对农作物产出带来影响。据此框架，论文从农作物保险对生产行为、对农业生产者收益和对产量三个方面对国内外研究做了系统的梳理，并总结了实证研究的方法，最后立足国内对今后这一主题的研究进行了展望。

关键词：农作物保险；农业产出；生产要素投入；产出稳定性；收益稳定性

一、引言

自 20 世纪 80 年代初恢复以来，我国农业保险经历了近 40 年的发展。在农业保险制度形成、推进和改革中，始终贯彻追求国家效用最大化的终极目标，其中的重要命题就是国家粮食安全。在当前和今后相当长的时期内，无论是在人口、资源和经济发展等带来的各种挑战下维持农产品产出的稳定增长，还是持续推进供给侧的结构性调整，基于立足国内的国家农业和粮食安全战略，作为农业保险制度主体的农作物保险均是被寄予厚望的政策工具。

21 世纪以来，以政策性农业保险为主体的多种形式农业保险规模与覆盖面不断扩大，产品、经营模式和监管不断改革创新，国内学术研究领域对此进行了长期跟踪，在广泛的主题上形成了系列研究。这其中，也不乏农作物保险对产出影响及相关问题的理论和经验分析，但迄今为止，还少有对此问题的专门总结。相对而言，国外该领域的研究开始得更早，20 世纪 80 年代，便开始讨论农作物保险是否会改变农户的生产动机，进而影响产出。但总体而言，农作物保险之于产出作用的直接讨论并不

---

* 基金项目：本文系国家社科基金项目"我国粮食安全的保险保障机制与政策研究"（14CJY074）；陕西省社科基金项目"金融支农体系结构与农业保险的角色研究"（13D054）的阶段性研究成果。本文原载《保险研究》2019 年第 6 期。

作者简介：左斐，经济学博士，西北大学经济管理学院教师；许樟勇，西北大学经济管理学院教授。

是主流，而是大部分集中于与产出密切相关的其他问题，包括保险对农业生产行为，以及对农业生产者收益和福利作用的探索，在这些方面，形成了相比国内研究更加深入和具体的研究成果，但自 2001 年以后，国外相关主题的研究中再没有发现全面和有影响力的综述。因此，本文旨在对此问题的国内外研究（尤其是最新进展）进行全面的梳理和归纳，以期把握该主题学术探索的逻辑结构与现状，为相关领域的研究和实践提供借鉴。

考虑到论文研究主题的两类关键词（保险和产出）在中外文研究中的惯用表达，前期文献的检索收集中，外文文献是在 Web of Science 数据库中，以主题词为"crop insurance""agricultural insurance""agriculture insurance""insurance"；"output""yield""input""land""technology""return""volatility""risk"进行高级检索；中文文献的检索是在中国期刊网中，以"农业保险"，"农作物保险"，"保险"；"收益"，"收入"，"产量"，"产出"，"投入"，"生产行为"为主题词进行高级检索（两类检索词之间为"与"的关系，同类检索词之间为"或"的关系），然后对检索结果的摘要进行逐一筛选确认，并结合筛选出的论文的参考文献，最终确认以农作物保险对产出影响相关问题为主要研究主题（或主题之一）的外文文献 48 篇，中文文献 45 篇（文献发表期间为 1980—2019 年）。

本文接下来首先根据文献检索的结果，给出农作物保险对产出研究的总体理论框架，接着根据此框架，分别从农作物保险对生产行为、对收益和对产量这三个方面，对国内外研究进行系统梳理，并对实证研究中使用的方法进行总结，最后从服务于国内农业保险实践的立场对相关研究进行展望。

二、农作物保险对产出作用研究的总体框架

世界范围内农作物保险的实践表明，由于有效需求不足带来的市场失灵，在几乎所有的国家，公共部门都不同程度地介入保险的经营，从而使得农作物保险带有一定程度的政策性（Hazell，1986），这种政策性也不可避免地影响到了制度效应的评价导向。以代表性的美国农作物保险计划（Federal Crop Insurance Program）[①] 为例，根据 2014 年美国《农场法》（Farm Bill）的定位，农作物保险具有多元政策目标：维持美国粮食安全、确保美国民众廉价粮食供应、帮助美国农民收入平稳增长和确保美国农产品全球竞争力（庹国柱，2018）。但由于自然资源，生产技术和经营模式等方面的优势，美国本土的粮食供应并未受到过威胁，因此，农作物保险实际是以保障农业经营主体的利益为面向国内的主要目标。事实上，于 1989 年开始全面推行的美国

[①] 在本文综述的外文文献中，针对美国农作物保险计划的研究有 22 篇，占据接近一半的比例。另据黄英君和刘敏（2016）的统计，有关农业保险的研究无论是整体发文量还是研究机构数，美国都具有绝对领先的研究实力，研究的对象就是美国的农作物保险计划。

农作物保险计划是美国农业风险管理政策体系的重要组成部分[1]，这一政策体系建立的初衷就在于帮助美国的农业生产者抵御农业风险的影响，建立农户收入安全网。农作物保险制度下很多生产者投保也主要是为了享受保费补贴，以及获取其他相关的福利，如信贷支持和灾害救助等（Collins 和 Glauber，2002 等）。基于这样的政策目标，农作物保险对农业生产主体收益（稳定性）和福利的影响是有关农作物保险研究的重要方面（全部综述文献中有 12 篇）。从另一角度讲，保险是一种提供"未来收入一致性"服务的机制，稳定收益是保险制度的应有之义（Kraft，1996）。因此农作物保险对收益的影响就是对这一基本理论的验证。

在对福利的考察中，一些在传统消费者剩余分析框架下的分析认为，如果农作物保险带来农产品产量增加，会与由此导致的市场价格降低而遭受的损失相抵消，保险及补贴的政策意义就会大打折扣，降低保险作为收入安全网中补贴的效率（Babcock 和 Hart，2000；Collins 和 Glauber，2002），尽管一些研究对此进行了反驳（Mishra，1996 等），但这也进一步说明，产出绝对水平的增加并不一定是美国农作物保险合意的目标，从而也不是政策评价研究的导向。不过，有不少研究关注到了保险对农作物产出稳定性的影响（全部文献中有 10 篇）。

除此之外，由于纳税人对政策非故意后果（unintended consequence）的关注（Walters 等，2012），有关环境效应的评价也成为一个重要方面。相关研究将农作物保险影响生态环境的作用总结为两方面：一是通过影响既定作物生产的化学要素施用，也称为集约性边际作用（intensive margin）；二是通过影响作物的种植结构，如扩大种植面积、调整作物种类，也称为扩展性边际作用（extensive margin）（Wu，1999；Meredith 等，2001），可看做对土地投入的影响。上述两种效应，包括对生产技术采用和生产方式选择的研究，都可以归结为保险对生产行为的影响（全部文献中有 23 篇），背后的机制主要是道德风险（Quiggin，Karagiannis 和 Stanton，1993，Ramswami，1993），表现为因参保导致管理怠慢，或减少投入，或更加一般的由风险规避向风险中性甚至偏好行为的转变。

不论是对收益及其分布，化学要素，还是对土地投入或生产技术采用的影响，都必将在短期或长期内带来对产出及其分布的影响。因此，从影响产出的角度总结，国外研究主要是从保险对生产行为和收益的影响两方面展开的。Ramswami（1993）将农作物保险制度的供给反应效果分解为风险降低效应和道德风险效应，其中风险降低效应体现为保险影响收益波动的程度，而道德风险效应即为保险影响生产行为的机制。本文进一步将这一框架概括为"长期效应"和"短期效应"：[2] 即使农业经营主

---

① 这个体系还包括农业商品计划（Farm Commodity Programs）和农业灾害救助计划（Agricultural Disaster Assistance）。

② 国内研究中，谢家智等（2009）和张跃华（2006）等还提到保险公司基于改善经营状况的目的，会采取各种预防措施，减少灾害损失，提高单产水平，即保险的防灾防损功能有利于产出的稳定与提升，但现实中这一效应还比较微弱，故本文在基本框架中未包括这一机制。

体生产行为不发生任何变化，保险机制分散风险的天然作用也将带来经营主体收益的稳定（包括政策性保险情境下补贴带来的对收益的提升），而经营主体收益及其分布的改善（包括收益改善的预期）将有助于在后续种植周期内稳定或提升各种生产要素投入，采用效率更高的生产技术或生产方式，从而带来长期内产出的稳定甚至增加，此为"长期效应"，亦即农作物保险保障农业再生产，促进农业可持续发展的积极作用，这也是大多数理论和经验研究的共识；同时，主要由于道德风险的影响，保险将可能改变农业经营主体的激励和生产行为，包括各种要素投入和生产技术、生产方式的选择，从而带来产出的变化，这往往在短期内就能显现出来，即为"短期效应"。到目前为止，已有研究对这种机制下产出及其分布的具体变化还存有争议。总体上，"长期效应"和"短期效应"共同影响农作物产出的机制可由图1直观描述。

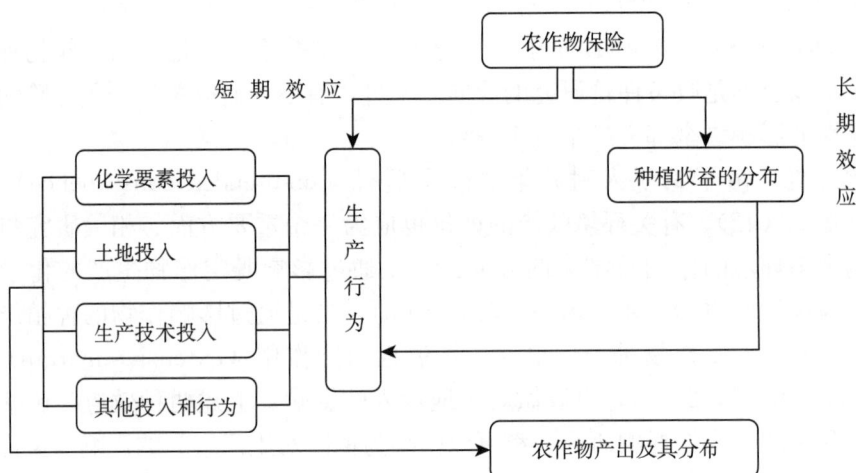

图 1　农作物保险对产出作用的理论框架

我国到目前为止还未明确界定农业保险的政策目标，但根据对《农业保险条例》等一系列相关法规的解读，农业保险的政策目标至少包括保障农业可持续发展，维护国家粮食安全；促进农业现代化进程，保障农户收入稳定增长等（庹国柱等，2018）。因此，立足于服务实践的目的，国内研究从主题内容上对农业保险之于生产行为、收益和产量的影响均有涉及，总体上亦是按照图1所描绘的框架展开。很多研究都提到了农业保险通过提高农户的抗风险能力，稳定农户收入，从而影响农户生产行为和种植结构的作用（李军，1996；庹国柱，2003；冯文丽和董经纬，2007；谢家智等，2009；罗向明和张伟，2011；费友海，2012；张祖荣，2012；刘蔚和孙蓉，2016等）；其他一些研究关注到了道德风险影响下，农户投保后要素投入或种植结构发生变化的机制（张跃华等，2006；钟甫宁和宁满秀，2006；西爱琴等，2015），另有多个研究直接对保险之于产量的影响进行了检验（聂荣等，2013；王向楠，2011；聂文广和黄琦，2015等）。在本文综述的中文文献中，以保险对产量、收益、要素投入、

土地投入，劳动力投入、生产技术和生产行为的影响为主要探讨主题的分别有 18 篇，
23 篇，3 篇，6 篇，2 篇和 6 篇（少数文献有两个或两个以上的研究主题）。

与国外研究对象的显著差异是，国内多数研究虽然意指研究对象为农作物保
险，但由于表达上的习惯，以及非种植作物保险总体占比较小的事实，绝大多数研
究并没有区分险种和具体保障的作物品种，而是归为"农业保险"（使用这一表达
的在国内文献中有 42 篇），为了避免这种表达上的不一致带来的理解偏误，本文以
下区分国内外研究分别进行总结，其中国内总结部分还是沿用国内的惯用表达，即
"农业保险"。

三、国外研究

农作物保险对生产行为影响研究的理论框架是，在给定农户的自身特征（土地和
其他生产要素特征，风险态度等），外生变量（自然风险、产出和投入的价格，技术
约束，以及各种私人和公共层面的风险管理制度）下，基于农业生产函数，在期望效
用或利润最大化的目标下，决定生产行为，从而产生产出、收益分布的结果。迄今为
止，农作物保险对生产行为，尤其是对化学要素施用的影响研究存在不同的观点，而
农作物保险对收益和产量稳定性的正面影响得到了比较一致的肯定。国外研究从总体
上呈现出来的显著特点是，同一主题内的探讨（尤其是对于美国农作物保险的研究）
形成了良好的传承和学术争论的氛围。

（一）农作物保险对生产行为的影响

1. 农作物保险对化学要素投入

国外农作物保险对化学要素投入的研究经历了长期争论的过程，因此本文按照时
间线进行总结。传统观点是农户投保后，由于道德风险的影响，会减少生产投入，增
加理赔预期。但 Ahsan 和 Kurian（1982）的研究提出保险对要素投入影响的道德风
险效应并非那么简单，其影响方向还取决于要素的风险属性，即是降低风险的（降低
产量的方差），还是增加风险的（增加产量的方差）。他们在一个单一投入产出的模型
下考察了这一问题，结果表明，完全保障（full coverage）的农作物保险将促使农户
的风险态度发生转变，增加风险增加性投入要素的施用，而减少风险降低性投入要素
的施用。类似地，Chambers（1989）的研究也表明，追求预期收益最大化的农户购
买农业保险后施用风险降低性要素的动机较小，而施用风险增加性要素的动机更强。
Quiggin（1992）的理论分析进一步对此作了解释：在有保险的条件下，风险增加性
意味着投入要素的边际报酬要大于或等于无保险条件下的边际报酬，因此对这种要素
的投入将会增加。

许多实证研究针对以上假设进行了验证，却得出相互矛盾的结论，也由此引发了
对不同投入要素风险属性的争论。Quiggin，Karagiannis 和 Stanton（1993）以美国

中西部玉米及大豆农户为样本的研究发现，农作物保险制度下，农民投入的化肥及杀虫剂会趋于下降，因此认为这两种要素更加接近风险降低性的投入要素。Horowitz 和 Lichtenberg（1994）假设保险决策是在要素投入决策之前做出（即保险购买影响化学要素施用，反之则无影响），利用 1987 年美国玉米带（Corn Belt）农场数据，发现购买保险的农户每英亩氮和杀虫剂分别多施了 19% 和 21%，除草剂和杀虫剂的施用面积也分别增加了 7% 和 63%。由此认为，化肥、农药是强风险增加型投入要素。

Smith 和 Goodwin（1996）不认同 Horowitz 和 Lichtenberg 的观点。他们认为即使要素投入增加带来产出方差增加，但也可能同时增加预期产量。产出方差增加提高了赔偿的可能性，但平均产出增加亦同时降低了获赔可能性，因此保险对要素投入的影响方向并不确定。此外，实际中也有很多农作物品种投保决定往往是到最后时限做出，而在此之前要素投入已经决定，两个决定应被看作互有影响。验证了联立性的基础上，研究基于 1990 年和 1991 年堪萨斯州小麦种植农户调查数据的检验发现，购买保险的农民使用了更少的化学要素（没有区分化肥和农药）。

Babcock 和 Hennessy（1996）认为 Horowitz 和 Lichtenberg 的农作物保险会增加化学物质使用的结论是由于农户风险规避，以及化学要素增加了低产量可能性的先验假设带来的。他们利用 1986—1991 年艾奥瓦州四个农场的数据，验证得出化肥施用量的增加反而显著减少了低产量可能性；针对风险规避假设，他们使用 CARA（固定的绝对风险规避）效用函数，模拟了不同风险规避程度，保障范围，收益和价格关联程度下的最佳施肥率，结果总体显示，保险保障程度的增加导致化肥施用量的降低。

1996 年之后，美国开始大面积地实施农作物收益保险（Glauber 和 Collins，2002），Nimon 和 Mishra（2005）是这之后首个以收益保险为对象的研究。他们区分化肥和农药支出，使用递归模型，以 17 个州的冬小麦种植农场数据为样本的估计发现，农作物收益保险购买导致化肥支出减少，而农药支出没有明显变化。

总结农作物保险对化学要素投入影响的研究，可以看出：首先，国外研究主要围绕农作物保险制度下，要素投入的变化方向，以及由此对化学要素属性的讨论。因此可以推测，在国外的研究范式下，化学要素对产出的影响，也主要是之于产出稳定性。其次，形成差异性结论的原因，理论方面源于对生产者效用函数的形式的假设，风险态度及风险规避类型的假设（增加、减少或不变），以及所使用投入的风险特征、投入之间的相互作用等，经验分析方面源于不同地区自然环境引发的生产要素投入对产量分布的不同作用（影响农户对保险理赔的期望值），比如 Horowitz 和 Lichtenberg（1994）就提出，他们的研究结论只限于样本所在的美国谷物主产区的干旱地带。因此总体上可以说，农作物保险对生产要素使用的影响很大程度上是一个针对具体情况的实证问题。

2. 农作物保险对土地投入

这方面的探讨，区别于对化学要素投入影响的长期争议，绝大多数研究都支持保险会增加被保作物种植面积（即土地投入）的结论。① 较早的 Freund（1956）理论模型的观点是，作物保险将改变农作物的收益分布，降低收益的方差，因为产量乃至收益降低的情况被保险补偿了，因此更多的土地将被用来种植被保作物，这是农户行为由风险规避向风险中性的转变，Turvey（1992）也持类似观点。

Williams（1988）讨论了风险中性及不同程度的风险规避假设下，美国大平原地区代表性农场在最有效的种植选择，证明因为农作物保险对高粱低产量的风险降低得比小麦更加明显，因此农作物保险带来从以小麦为主的休耕制，向以小麦和高粱为主的休耕制转变，初步验证了 Freund（1956）的观点。Griffin（1996）使用县级层面数据，比较了保费补贴率较高和较低的两段时期多种农业风险管理政府项目对种植面积的影响。发现农作物保险对种植面积的影响都是正向显著，并且高补贴率的时期效应更加明显。Wu（1999）利用农场层面的数据和联立方程模型的估计显示，拥有农作物保险的农场（不论其规模大小）更不可能种植干草，以及将土地用来放牧。

这一时期的研究中，Keeton，Skees 和 Long（1999）是较具影响力的一个。研究使用美国 285 个作物报告地区（Crop Reporting Districts）6 种主要作物的数据，同样比较了与 Griffin（1996）相同的两段时期总耕地利用变化。估计得出每增加 1 个百分点的农作物保险参与率，就会增加 150 万英亩②的耕地。由于自 1980 年到研究进行期间，美国农作物保险的参与率增加了大约 30%，因此，作者估计农作物保险导致 4 500 万英亩的额外土地得到利用，包括 3 000 万英亩本来在政府耕地储备计划中的土地。

这一研究的结论引起了广泛的关注和讨论，但同期其他多个研究并没有发现如此显著的效应。Glauber（1999）对美国北达科他州小麦保险的统计结果显示，与没有保险的情况相比，种植面积增加了约 40.47 万公顷。Young 等（1999）以 1994—1998 年美国 7 个农业地区种植的 8 种作物数据为样本的估计发现，补贴短期内导致了总体上 60 万英亩土地的增加（增幅仅 0.2%）。Goodwin 和 Vandeveer（2000）使用 1983—1993 年美国玉米带县级层面数据的实证发现，玉米和大豆种植面积对保险参与的弹性分别仅为 0.043 和 0.029，保费减少 50% 将会使种植面积仅增加 2%~3%。

美国在 1994 年《联邦作物保险改革法案》至 2000 年《农业风险保护法》后，大幅增加受补贴农作物保险标的范围和保费补贴。③ Miao 等（2016）是针对增加这一变

---

① 有关农作物保险影响土地投入的研究也有极少的负面观点，如 Gardner 和 Kramer（1986）针对美国的研究发现，因为没有农作物保险的地区往往是那些产量波动性更高的地方，而在这些地方，救灾援助计划鼓励了额外的作物生产。因此在这些在没有保险的县，种植面积反倒扩张得更多，这体现了其他政府风险管理计划对农作物保险效应的影响。

② 英亩为非法定计量单位，1 英亩≈0.404 68 公顷，下同。

③ 美国 2014 年的农作物保险保费达到 100 亿美元，其中，来自美国联邦政府的补贴有 62 亿美元（Risk Management Agency，2015）。

化情况下的代表性研究。研究以 1987—2006 年美国草原坑洼地区 17 个县的农场产量数据为样本的实证发现，从一个"事后"的视角看，如果不存在保费补贴，样本期间 2.6 万～15.79 万英亩的土地就不会从草原转为农地，此外，作物价格是影响农作物保险土地使用效应的重要变量，持类似观点的还包括 Müller 等（2017）。

3. 农作物保险对生产技术、其他投入和生产方式

舒尔茨（1999）指出，在农户抗风险能力很低时，规避风险的传统生产技术是理性选择，而保险有助于打破因未来收益不确定性带来的贫困陷阱，促进对高收益高风险生产技术的选择（Mosley 和 Verschoor，2005），这也是农户风险规避行为向风险中性行为的转变。这方面有一系列运用随机试验方法的研究成果，如 Mobarak 和 Rosenzweig（2012）对印度农民进行的实验发现，有保险的农民更有可能种植对技术要求更高的高风险作物。Karlan 等（2012）在加纳的试验中，向小规模农户提供现金补助、降雨保险补助或兼而有之，发现降雨保险相对于现金补助更有助于增加技术上的投资。Cole 等（2013b）针对印度小型农业企业的随机田间试验中，实验组获得降雨保险政策，对照组获得固定的现金支付，结果发现，提供保险显著提高了预期收益更高，但对降水量变化更为敏感的经济作物的产量。Vroege 等（2019）总结了欧洲和北美地区的 12 个指数保险项目，认为它们总体上提高了保险的风险降低能力，促进了生产部门对新技术的采用。但也有 Brick 和 Visser（2015）针对南非小规模农户的实验发现，保险的存在并没有使得占绝大多数的风险规避农户更愿意采用新技术，作者认为原因在于投保者对试验中指数保险的基差风险（Basis Risk）的认知，担心出现损失得不到补偿的情况，从而影响了对保险的选择。

（二）农作物保险对农业经营主体收益的影响

国外绝大多数农作物保险对收益影响的研究，是针对收益的稳定性展开，一般的做法是区分不同种类的保险进行分析或对比。其中，较早期的研究多针对产量保险，如 Yamauchi（1986）发现日本的产量保险在灾害严重的年份稳定了农民的收入，尤其是对产量不稳定地区的农户作用更显著。Wang 等（1998）分析了在同时有农产品期权和期货的环境中个体产量保险和地区产量保险对农业经营主体收益的影响，发现结果与保险保障程度，保险费率大小以及个体农场和地区产量关联度密切相关。

20 世纪 90 年代中后期以后，由于收益保险和与产量、收益等相结合的各类指数保险的兴起，研究对象也扩展到了这类新型险别。比如，Zeuli 和 Skees（2001）利用美国肯塔基州一个规模较大的蔬菜种植合作社 26 年的历史数据，构建了一个区域产量指数保险模型，发现这个保险使得农作物收益的波动降低了 39%。Gray 等（2004）基于印第安纳州玉米和大豆种植农场的数据，在有多个政府农业计划的框架内探讨了作物收益保险对土地收益分布的影响。结果表明，单独而言，农作物收益保险降低了土地收益的均值和方差，同时提高了正的偏度，合并考虑时，所有政府项目①总体上极大地提高了规避风险的生产者土地收益，但其他项目的存在，也一定程度上影响到了农作物降低收益波动的价值。Zant（2007）以印度胡椒种植者的面板数据为样本，模拟了价格指数和产量指数保险以及保障程度和费率情形下种植者收益的波动，发现可负担的指数保险将收益波动降低到原始水平的 68% 左右。Claas-sen 等（2011）讨论了美国 2008 农业法案中"Sodsaver"条款（为限制天然草地向农地的转换，规定这类农田不享受农作物保险）的效应，发现这一条款降低草地向农田转换的作用有限，且使作物预期净收益减少幅度达 20%，同时使收益的标准差增幅达 6%，侧面说明了农作物保险降低收益波动的作用。

也有研究着重比较不同种类保险在降低收益波动性方面的差异。如 Vedenov 等（2008）比较美国 2004 年和 2008 年农业法案政策下不同保险农业生产主体收益波动程度，发现几种收益保险在降低收益波动性方面均优于产量保险，尤其对于风险规避度较高的农场和收益—价格相关性较高的地区。同时也发现，与 Gray 等（2004）的结论类似，收益保险与政府的反周期性收益保障计划（RCCP）及个体产量保险（APH）的组合会更进一步增强风险降低能力。

国外研究也承认农作物保险可能对收益绝对水平的正向作用，认为这主要源于保费补贴使得保险成为向农业部门进行转移支付的重要工具。Goodwin（2001）的测算显示，1988—1999 年，农民平均支付 1 美元的保费，就可以收到 1.88 美元的赔偿。但总体上，关于这一主题的探讨只占极小的比例。代表性的如 Gine（2008）发现印度南部农户购买创新型降雨指数保险能够增加农户收入。Kath 等（2018）利用澳洲北部生产者 80 年的气候和产量数据的研究发现，在雨量过剩的年份，公平保费的保险可使农民平均收益增加 269.85 澳元/公顷。

（三）农作物保险对产量的影响

农作物保险对产量影响方面的研究中，被提及最多的是 Orden（2001），这个研究发现在 1998—2000 年间，对产出提高的程度在 0.28%～4.1%。但除此之外，大多数研究探讨的都是不同农作物保险对产出波动性的作用，并且总体上都持正面观点。这方面早期有三个代表性研究 Miranda（1991），Smith 等（1994）和 Barnett 等（2005）。Miranda（1991）以 1974—1988 年肯塔基州西部 102 个大豆农场为样本的研究结果显示，农场可以自主选择最优保障程度的地区产量保险在降低产量波动程度方面要优于传统的基于农场产量损失的多重风险农作物保险（MPCI），但 MPCI 要优于完全保障程度的地区产量保险，此外，农场产量与地区产量的相关程度越高，选择地区产量保险对农场越有利。

在 Miranda（1991）模型基础上，Smith 等（1994）进一步设计了一种更贴合实

---

① 包括销售贷款项目（MLP），农业市场转移法（MATA），市场损失援助支付（MLA）和农作物收益保险（CRC）。

际的"接近自主选择保障程度的"（almost ideal）的地区产量保险，以 1981—1990 年蒙大拿州 123 家旱地小麦种植农场为样本，发现这种保险对产量波动降低的程度几乎与完全自主选择保障程度的地区产量保险相当。Barnett 等（2005）使用更大范围的样本，基于相比之前研究更符合实际的保险赔付函数和保障程度设定，结果依旧显示，在几乎所有的州，地区产量保险比 MPCI 的产量波动性的降低程度要高，且在个体农场和区域产量相关度较大的州效果更好。以上三个研究的基本共识是，虽然因为基差风险等问题受到质疑，但总体上区域产量保险在降低产量波动性方面优于传统的 MPCI。

后来的研究中，比较具有代表性的是一些针对发展中国家的分析。如 Breustedt 等（2008）利用哈萨克斯坦 1980—2002 年的数据比较了气象指数保险、区域产量保险和小麦农场产量保险。结果显示，区域产量保险降低产出波动的作用优于气象指数保险和农场产量保险。Shaik（2013）将产量的变动分为系统性波动和随机性波动，并基于印度 16 个小麦和稻谷种植州的地区层面数据比较了印度历史上不同农作物保险计划时期作物产出波动的变化。Hong Shi 和 Zhihui Jiang（2016）设计了一种基于以我国水稻生产的综合气象指数保险模型，也得出了保险明显降低了产出波动程度的结论。

四、国内研究

相比国外研究，国内研究中关注农作物保险对生产行为影响的研究比重较小，在保险影响生产者收益和产出的分析中，绝大多数研究主要探究的还是对收益和产出绝对水平的影响，即相比国外研究更多关注农作物保险的"稳定器"功能，国内研究对保险的"助推器"功能更感兴趣。

（一）农业保险对生产行为的影响

1. 农业保险对化学要素投入

这一主题的研究具有代表性的有张跃华（2006），以及钟甫宁和宁满秀（2006）。钟甫宁和宁满秀（2006）采用类似与 Smith 和 Goodwin（1996）的联立方程组，以新疆玛纳斯河流域棉花保险为样本进行检验发现，购买农业保险的农户将施用较少的农药，以及较多的化肥与农膜，意味着在当时的成本保险条款下，农户通过增加化肥、农膜施用以增加产量波动来获取保险理赔的动机较小，道德风险并不显著。张跃华等（2006）对上海市宝山区的考察发现，在水稻保险和粮食直补双重政策下，18.2% 和 9.1% 的农民分别增加了化肥与农药的投入，但两种投入的增加也是为保持地力的常规需要，以及生产资料涨价造成货币投入增加。

2. 农业保险对土地投入

国内研究中，直接探讨保险对土地投入影响的研究并不很多。方伶俐和李文芳（2008）局部均衡理论模型分析的结论是：不考虑道德风险的情况下，完全分开均衡精算公平农业保险不会对土地使用或其他任何生产决定造成影响，而在较现实的混同均衡精算公平农业保险制度下，农户将会把无保险时闲置的土地投入生产。但实证分析中，张跃华等（2006）对上海市水稻保险的调研发现，受低保障程度的影响，参保后仅有 2.3% 的农民增加了粮食种植面积，针对农业保险相关工作人员的调查也没有发现农业保险对当地投保作物有增加种植面积或单产的影响。徐斌和孙蓉（2015）的理论分析认为农业保险会增加被保作物的土地投入。他们基于全国八大粮食主产区微观调查数据的验证发现，参保之后耕地面积变化较显著，但参保对于提高种粮意愿作用不大，同样，作者认为这源于保障程度的欠缺。

3. 农业保险对对生产技术、其他投入和生产方式选择

陈锡文 2004 年的著作《中国政府支农资金使用与管理体制改革研究》中提到，20 世纪 90 年代，新疆和田地区充分利用农业保险，顺利地完成了将从东北引进的水稻旱育稀植技术以及优质玉米品种两项农业科技活动在当地的推广，当年就取得了丰收。高涛（2007）认为农业保险有利于农业生产增加科技、资金等其他生产要素的投入。冯文丽和董经纬（2007）认为保险可以将农业专业化生产的风险转嫁出去，降低农业投资者的风险预期，使原本不可能进行的投资在保险保障下得以实现，能在一定程度上提高农业产业化程度。经验分析中，张跃华（2003）等基于上海农户调查的研究结果表明，农业保险会引起农户采用更先进的生产方式，但农户生产方式的改变还是取决于农产品特性和保障程度，相比粮食作物，种植经济作物情况下的变化更加显著。徐龙军（2014）模拟无保险条件下以及在 65% 和 75% 两种不同保障水平的收益保险情景下烟草种植农户兼业决策均衡时的风险、收益和资源配置，结果显示，农业保险促使更多劳动力等生产要素投入农业生产，尤其是针对高风险、高收益的品种，同时费率更低，保障水平更高的农业保险对农户资源配置影响更大。

综合国内农业保险对生产行为影响的研究，可以得到的认识是：保障水平和补贴率两个变量在农业保险效应的实现中有不可忽视的重要作用。国外对农业保险作用于生产行为研究的前提假设是产量或收入高保障的产品，而发展中国家的情况差别显著。尤其对于粮食作物，在保障程度较低的情况下，加上农业风险较小、商品化程度较低，收益较少，农业保险影响生产决策的程度非常有限，这一点对农业保险险种的创新发展有重要的借鉴意义。

（二）农业保险对生产主体收益的影响

国内政策性农业保险的试点与中央财政补贴始于 2006—2007 年，因此这一时期成为政策效应研究的一个分水岭。高杰（2008）考察了 2005 年之前我国农业保险和农民收入的关系，没有发现保险对收入的保障作用。而在 2007 年之后的研究中，多数学者都支持农业保险稳定和提高农民收入的结论。

1. 农业保险对收益的绝对水平

严格来说，保险在一般意义上并不具有提升收益的作用，而更多体现在对收益的稳定。但在政策性农业保险情境下，来自于财政的保费补贴具有转移支付功能，确实可以提高农民的可支配收入（罗向明和张伟，2011），而这一点对中国具有现实的政策意义。针对这一主题的实证中，绝大多数研究使用保费收入和农民收入时序或面板数据进行分析，多数支持有正向影响的结论。如黄英君（2011）发现农民人均纯收入、保费收入和保费支出这三个变量之间存在协整关系，采用类似方法得到正面结论的还有孙朋（2011），和侯茂章和李思贤（2017）。周稳海等（2014）区分了灾前和灾后效应，利用 2008—2012 年省际面板数据进行分析，发现灾后效应对农民收入的正向影响相比灾前更加显著，李勇斌（2018）使用 2007—2015 年数据的研究进一步表明，农业保险灾前灾后对农民收入影响的门槛效应的差异。彭澧丽等（2014）通过聚类分析得出农民收入和农业保险在长期变动上存在明显的一致性。张小东和孙蓉（2015）采用类似方法，以 2007—2012 年全国六个区域的面板数据为样本的实证发现，大部分省份农业保险对农民第一产业经营收入都有正向促进作用，但较早获财政补贴及地方政府重点扶持农业保险的省份表现出的贡献度更大。卢飞等（2017）的理论和实证分析表明，农业保险通过引导农户生产行为推动产业发展，也是农户增收的重要途径，但该效应会出现随时间出现变缓的趋势，同时地区差异明显，相对于东部、中部，农业保险对西部地区农民增收的贡献度更高。

一些较新的研究关注到了我国农业现代化发展中的新现象，结合农村生产经营主体类型的多样化，和农业生产者收益来源的多样性等进行了更加具体的分析。如陈晓安（2013）以 2007—2010 年数据为样本的分析发现，人均农险保费对农民人均纯收入贡献为负，但对农民的人均经营性纯收入和工资性纯收入具有正向的影响。张伟等（2018）研究发现农民工人和兼业农户在现有农业保险补贴政策下分别有 93.96% 和 75.84% 的收入得到保障，而专业农户只有 57.72% 的收入得到保障，再次显示出低保障水平的农业保险难以满足专业农民风险管理需求的弊端。李琴英等（2018）的实证发现，农业保险主要通过促进农村居民家庭经营纯收入和家庭转移性收入的增长来带动农村居民家庭总收入水平的提高，尽管对不同地区收入影响的强度存在差异。

政策性农业保险提升收益的作用在我国的现实情境下也提示了保险在国家扶贫战略中潜在的重要作用，近年来一些研究也关注到了这一点。朱蕊和江生忠（2019）关注政策性农业保险的扶贫效应，利用 2010—2016 年全国各省的面板数据进行门限模型分析，发现农业保险和农险财政补贴扶贫效果均存在门限特征，农业保险扶贫效果受制于经济发展水平。廖朴等（2019）对比了信贷、保险、"信贷＋保险"三类金融产品的扶贫效果，发现单独信贷产品扶贫无效，保险能够帮助阈值以上人群摆脱潜在贫困，但对深度贫困无效，"信贷＋保险"能解决一定程度的深度贫困问题，比单独信贷或单独保险的扶贫效果更好。

2. 农业保险对收益的稳定性

邢鹂和黄昆（2007）利用 1978—2000 年全国分省农业生产和价格数据，考察了 6 种不同的政策性农业保险承保和补贴方案对农民收入和政府财政支出的影响，结果表明，随着保障水平的提高，务农收入会趋于上升和稳定，但低的保障水平和补贴不足以刺激农户购买保险，同时，保障水平对农户的吸引力高于补贴率。周县华（2009）利用吉林省 8 个地级市 494 户农民的产量、农业保险和历史上巨灾救济信息，比较了农业保险产品和巨灾救济方案在降低农民收益波动风险方面的效果。结果表明，尽管基于个体损失的农业保险设计复杂，还可能遭受道德风险和逆向选择问题，但是它比基于地区产量损失的农业保险或巨灾救助手段更能减少农民收益波动。

另有一些研究着重探讨了农业保险通过影响收益稳定性而作用于农户生产行为的机制。如刘蔚和孙蓉（2016）利用 31 个省的粮食作物面板数据的检验发现，农户参保后农业收入分布预期发生改变，对生产行为产生影响，又反过来引发种植结构调整，从低保险项目向高保险项目转移，表明了农业保险在供给侧结构性调整中的潜在作用。宗国富等（2014）利用吉林省 616 户参保农户数据的检验表明，农业保险满足了大部分农户的收入风险分散预期，从而对农户的经营行为有固化作用。

（三）农业保险对产量的影响

国内关于农业保险对农作物产量直接影响的研究以实证分析为主，多数采用地区总量时间序列或面板数据，采用协整关系检验，因果关系检验等方法，考察农业保险保费与产出水平之间的因果关系。聂荣等（2013）基于辽宁微观调查数据的研究发现，参保农户对比不参保农户，人力投入的风险弹性系数差异不大，但土地和农资的产出弹性系数比较大，从而参保对产量有正面的影响。王向楠（2011）利用 2005—2009 年 307 个地级单位面板数据的检验发现，农业保险的发展在总体上显著促进了中国农业产出的增加，尤其在农业生产风险更大的地区作用更强。其他的研究中，绝大部分研究结论支持总体上农业保险带动了产出的增加，如余龙（2016）利用 2002—2012 年 29 个省级面板数据，农业保险对农业产出具有正向影响，但东部地区农业保险产出效应要大于中部和西部地区。与此结论不同的是，在同样分地区的讨论中，聂文广和黄琦（2015）使用 2004—2012 年 31 个省（市）面板数据的检验表明，东部和西部地区这一作用比中部地区更加显著，非粮食主产区相对于粮食主产区更加显著。李亚琦等（2016）利用 1985—2014 年时序数据的实证发现，农业保险保费与农业产出、农业保险赔款与农业产出存在长期稳定的协整关系，且农险保费对农业产出有很弱的正影响。但胡二军（2012）和蔡超等（2014）针对苏州地区和河北省的实证分析显示，农业保险与总产量的水平和波动性之间没有关联。总体来看，国内有关农业保险对产量的探讨较多关注保费和产出总量之间的数量关系，对其微观作用机理的阐释还有待进一步深入。

五、实证研究的方法与数据

Soule、Nimon 和 Mullarkey（2001）的综述认为，农作物保险之于要素使用的影响很大程度上是一个针对具体情况的实证问题，这也同样适用于保险对于产出的影响这一更大的命题。随着实践的快速发展，国内外研究也愈加重视实证分析，概括起来，在实证分析中主要采用的方法有三种：计量经济学回归、规划与模拟，以及随机受控试验。

（一）计量回归方法

国内外在保险对要素投入和土地使用的研究中，多数采用了这种方法，一般做法是基于生产函数，在期望效用（利润）最大化的框架内推导得出计量模型（一元、多元递归或联立方程），利用模型引入数据进行分析、预测。经本文统计，外文文献中做了定量的实证分析的论文总计 40 篇，其中有 18 篇使用了计量回归方法，中文的 27 篇实证文献中有 23 篇使用计量方法；模型的估计中，国外研究相比国内更多地考虑了内生性的来源、影响并采用工具变量，差分、断点回归和联立方程模型等予以应对，国内的实证分析使用最多的是协整和因果关系检验，一些使用面板数据的分析中较多使用了各种 GMM 估计方法。

（二）规划方法

规划方法较多地用在国内外对农作物保险影响产量或收益稳定性的讨论中，外文的实证文献中有 16 篇使用了这种方法，中文文献中仅 2 篇使用。使用规划方法探讨这一主题的一般思路是，根据样本或样本地区的平均水平构造一个"代表性农场"（representative farm），给出决策变量的目标函数（通常是利润最大化，效用最大化或产量或收益波动最小化）和相应的约束条件（资源禀赋等），根据价格和产量的历史分布给出大量模拟值（至少上千个），考察农业经营主体在效用最大化的框架下会如何进行保险的选择，以及不同保险险种、保障程度和费率与主体经营结果（收益、利润、产量）等的关系。很多个针对指数保险的模拟研究中也用到了各种回归方法用以构建指数，如广义加性回归模型和分位数回归等。总体上，运用这一类方法实证研究的不同结果取决于目标函数的不同，对产量和价格的分布假设不同，对风险厌恶类型和程度的假设不同，以及使用的模拟方法不同。规划方法总体上对数据的要求较高，一般要求区域总量数据和微观主体数据都要具备，这对国内研究是不小的挑战。

（三）随机受控实验方法

迄今为止，使用这种方法的多是针对保险条件下农户生产技术的选择问题，外文文献中有 4 篇使用了这一方法。一般的做法是，选取有代表性的一定数量农户，将其分为实验组和对照组，通过给予不同的现金补助和保险等福利，观察保险的存在和种类是否会影响这些农户在传统和更先进但风险更大的耕作技术上的选择。这种方法目前来看主要针对大规模历史数据较为缺乏的发展中国家，如上述的印度、南非和加纳等。因为实地深入到农户决策层面，这种方法有助于还原农户的决策过程，是非常值得借鉴的方法。但总体来说，受控实验的难度还是比较大，试验中如何控制除保险等政府项目之外其他可能影响生产行为变化的因素，如技术的变化和并不影响所有主体的相对价格等的变化，是不小的挑战。国内已有一些针对农作物保险其他主题的研究采用了这一方法，代表性的如蔡洪滨等（2009）用实验方法考察参保对能繁母猪养殖数量的影响，Jing Cai 和 Changcheng Song（2011）探讨信息和经验对保险投保率的影响，张跃华（2018）分析了农业保险对养猪户抗生素使用行为的影响，但目前在有关农作物保险影响产出相关问题的讨论中尚未见到这一方法的应用。

数据方面呈现出的特点是，不同研究主题和方法对数据的要求均越来越高。国外2000年之前的研究多采用区域总量数据，但当时的多个代表性研究，如 Soule、Nimon 和 Mullarkey（2001）的综述也都提到了农场层面数据更能反映微观主体在各种约束下最大化其自身效用的选择过程，具有更优良的性质，此后的大量研究采用了微观层面的数据，包括农场层面的横截面甚至面板数据。本文综述的外文文献中有34篇使用了微观层面数据，包括了反映农户生产经营的多种变量，甚至还有农户参与农作物保险及保险合同的大样本数据，如 Walters 等（2012）。国内对保险之于产出、收益的大多数研究使用区域层面的总量数据（有21篇），一般为保费和农民收入、产量的时序或面板数据，仅有7篇使用微观层面数据，并且均是微观主体的横截面数据。

六、总结与研究展望

本文根据国内外文献的检索，给出农作物保险影响产出的总体理论框架，提出农作物保险通过"长期效应"和"短期效应"的共同作用影响农作物产出。据此理论框架，论文从农作物保险对生产行为、收益和产量三个方面对中外文文献进行了总结。基于总结得到的基本认识是：第一，从研究对象看，国外研究明确区分产量、收益保险，或者与产量、收益等相结合的各类指数保险，国内研究中较多的没有区分具体的研究对象和险种，目前形成的主要研究，尤其是实证研究事实上还是针对占大多数的成本保险；第二，从研究方法看，理论和实证并重，但越来越重视实证分析和微观主体数据的应用，主要的实证方法包括计量回归、规划与模拟以及随机受控试验方法，国内研究相比国外研究方法比较单一；第三，从研究结论看，一方面，现有研究对农作物保险对农业生产经营者行为的影响还存有争议，但绝大多数研究的结论都支持农作物保险稳定和提升收益和产出的作用，显示出农作物保险在保障农业再生产，粮食安全，促进供给侧结构性调整，以及在国家扶贫战略中的重要作用。

我国农业保险制度改革发展的历史进程和不同于其他国家的发展道路，为有关农业保险的研究提供了丰富的土壤，也亟须学术研究对实践发展中的各种问题贡献力量。在对国内外农作物保险影响产出的研究进行全面分析和把握的基础上，立足于服务我国农业保险发展改革和农业现代化的进程，本文认为未来关于这一主题的研究可在以下方面进一步拓展深入：

第一，农作物保险影响产出不可避免地经历多个环节，因而是一个间接的过程。现有研究在理论分析中关注农作物保险对生产行为和收益的影响较多，而生产行为和收益分布的改变究竟如何作用于产出及其分布的变化，还有待理论上的进一步发展以构建更加完整和具体的框架，以及结合中国的实际，通过调查研究和大样本的数据分析在微观层面上进行检验。对现存争论较多的问题，如农作物保险对生产经营者行为的影响以及进一步对产出的影响，包括农作物保险对农作物产出和价格的影响程度，更需要立足于中国自然风险、经济环境，农作物保险的制度特征等进行具体分析。

第二，现有研究讨论农作物保险之于产出总量影响的较多，而现阶段在国内很多地区，部分农作物品种结构性不平衡的矛盾表现得更为突出，通过保险助力供给侧结构性调整，已经被写入了国家粮食行业发展规划，在近年的中央 1 号文件中也而有所体现，但目前学术研究对此问题的探讨，尤其是高质量的微观层面的分析还比较少见。合理的结构是粮食安全内涵的重要组成部分，探讨保险如何能够通过收入和生产行为的变化，服务于结构性调整的大方向，是非常值得深入研究的主题。当然，农作物保险对农作物种植结构调整的影响还缺乏更多的实践，有没有影响和有多大影响还需要在更多实践基础上加以研究。

第三，现有研究的结论大多针对的是成本保险，根据上文的总结，成本保险对产出和收益的积极影响非常有限。近年来国内很多地区已开始试验包括价格保险、收益保险在内的各类高保障险种，针对这类保险的相关研究也在跟进，但由于总体上规模尚小，学术研究目前也主要针对这类新兴产品的定价等问题展开，还少有探讨其实际效果。尤其是对于产量和收益的影响。随着实践的发展，这方面的研究是未来的一个重要方向。

第四，不论国内国外，农作物保险都是农业风险管理体系的重要组成部分。从上文总结的国外研究也可以看到，在有其他政府农业风险管理工具或政策的"真实"环境中考察农作物保险的效应，和单独被考虑时的结论会有不同。这对我们是重要的启示。参考国外研究，探讨在有多个政策工具的体系中农作物保险的作用和角色，能使学术研究更加贴近现实，得出的结论也更具借鉴意义。除此之外，近些年我国农业保险本身的经营模式也在不断创新，涌现出互助保险、政府与保险公司"联办共保"，以及保险＋信贷、保险＋期货，保险＋互联网金融等模式，这都可作为未来研究中影响结果的情况纳入考虑。

第五，国内现有研究相比国外研究方法较为单一，未来可以开展更多的规划、模拟研究和实验研究。在计量方法的应用中，应更全面地考虑模型的内生性问题，寻找合适的工具变量，尽可能地使用面板数据和相应的规避、缓解内生性影响的估计方法，避免计量分析仅反映了数据本身，而非实际中经济变量间的关系，提升模型的解释力；规划与模拟方法的应用中，一些技术性的问题还有待进一步解决，如目标函数的选择，约束条件是否贴近实际，价格和产量分布的假设形式以及模拟方法的选择等；随机试验方法能够克服既有大样本微观数据缺乏的问题，是未来这一领域研究值得推崇的方法，但最需要重点关注如何能够控制除保险之外其他影响生产者行为的因素以及处理不同群体的异质性带来的影响。

第六，作为研究的保障，高质量的微观层面数据不可或缺。国外（以美国为代表）由于市场相对完善，农业生产单位的规模比我国占主导地位的小农户要大得多，统计资料的收集、存储、管理的机制更为健全，可以更容易、更准确地进行微观分析，还原农户个体特征和决策过程。数据问题目前对中国来说是不小的约束，个别研究团队以己之力的不定期调研只能得到不连贯的小样本数据，这也是更多深入的微观研究无法开展的重要原因之一。国内目前还缺乏对农户层面农作物保险相关信息的数据库资源，长期的跟踪关注就更少，如果能够建立类似社保领域的 CHARLS，CFPS 等的数据库，必将对这农险领域的研究的纵深发展大有裨益。

参考文献

[1] 蔡超，孙倩. 河北省农业保险促进农业产出的实证分析 [J]. 特区经济，2014 (2)：141－143.

[2] 陈锡文. 中国政府支农资金使用与管理体制改革研究 [M]. 太原：山西经济出版社，2004.

[3] 陈晓安. 财政补贴后的农业保险对农民增收的效果 [J]. 金融理论探索，2013 (4)：75－80.

[4] 方伶俐，李文芳. 农业保险制度对土地利用效应的经济学分析 [J]. 生态经济，2008 (4)：30－32.

[5] 费友海. 中国农业保险制度演化研究 [M]. 成都：西南财大出版社，2012.

[6] 冯文丽，董经纬. 农业保险功效研究 [J]. 浙江金融，2007 (5)：38－38.

[7] 高杰. 农业保险对于农民收入的影响及其政策涵义 [J]. 财政与发展，2008 (7)：48－51.

[8] 高涛. 我国的农业保险效应分析及对策研究 [J]. 农业经济问题，2007 (s1)：135－139.

[9] 侯茂章，李思贤. 湖南省农业保险对农民收入影响实证研究 [J]. 中南林业大学学报 (社科版)，2017 (5).

[10] 黄英君. 影响中国农业保险发展效应的实证分析 [J]. 华南农业大学学报 (社会科学版)，2011，10 (3)：31－38.

[11] 黄英君. 中国农业保险发展的历史演进：政府职责与制度变迁的视角 [J]. 经济社会体制比较，2011 (6)：174－181.

[12] 李军. 农业保险的性质、立法原则及发展思路 [J]. 中国农村经济，1996 (1)：55－59.

[13] 李琴英，崔怡，陈力朋. 政策性农业保险对农村居民收入的影响——基于 2006—2015 年省级面板数据的实证分析 [J]. 郑州大学学报 (社科版)，2018 (5).

[14] 李勇斌. 农业保险对农民收入影响的动态研究——基于系统 GMM 及门槛效应检验 [J]. 浙江金融，2018，470 (4)：54－61.

[15] 廖朴，吕刘，贺晔平. 信贷、保险、"信贷＋保险"的扶贫效果比较研究 [J]. 保险研究，2019 (2).

[16] 卢飞，张建清，刘明辉. 政策性农业保险的农民增收效应研究 [J]. 保险研究，2017 (12)：67－78.

[17] 罗向明，张伟，丁继锋. 收入调节、粮食安全与欠发达地区农业保险补贴安排 [J]. 农业经济问题，2011 (1)：18－23.

[18] 聂荣，闫宇光，王新兰. 政策性农业保险福利绩效研究——基于辽宁省微观数据的证据 [J]. 农业技术经济，2013 (4)：69－76.

[19] 聂文广，黄琦．农业保险与粮食产量增长关系研究——来自 31 个省、市、自治区面板数据的实证分析 [J]．湖北农业科学，2015 (16)：4077—4082.

[20] 彭澧丽，龙方．我国政策性农业保险水平对粮农收入的影响分析——以湖南省为例 [J]．农村经济，2014 (1)：69-72.

[21] 孙朋，陈盛伟．山东省农业保险与农民收入关系的实证分析 [J]．山东农业大学学报 (社会科学版)，2011 (3)：82-87.

[22] 庹国柱，李慧．完善我国农业保险制度的一些思考 [J]．中国保险，2019 (2).

[23] 庹国柱，李军．我国农业保险试验的成就、矛盾及出路 [J]．金融研究，2003 (9)：88-98.

[24] 王向楠．农业贷款、农业保险对农业产出的影响——来自 2004—2009 年中国地级单位的证据 [J]．中国农村经济，2011 (10)：44-51.

[25] 谢家智等．中国农业保险发展研究 [M]．北京：科学出版社，2009.

[26] 徐斌，孙蓉．粮食安全背景下农业保险对农户生产行为的影响效应——基于粮食主产区微观数据的实证研究 [J]．财经科学，2016 (6)：97-111.

[27] 徐龙军．农业保险对农户兼业决策的影响研究——以烟草保险为例 [D]．杭州：浙江理工大学，2014：51-52.

[28] 余新平，熊皛白，熊德平．中国农村金融发展与农民收入增长 [J]．中国农村经济，2010 (6)：77-86.

[29] 张伟，黄颖，李长春，陈宇靖．收入分化、需求演变与农业保险供给侧改革 [J]．农业经济问题，2018 (11).

[30] 张伟，易沛，徐静，黄颖．政策性农业保险对粮食产出的激励效应 [J]．保险研究，2019 (1).

[31] 张小东，孙蓉．农业保险对农民收入影响的区域差异分析——基于面板数据聚类分析 [J]．保险研究，2015 (6)：62-71.

[32] 张跃华，顾海英．上海农业保险状况分析与对策探讨 [J]．上海农村经济，2003 (11)：19-21.

[33] 张跃华，史清华，顾海英．农业保险对农民、国家的福利影响及实证研究——来自上海农业保险的证据 [J]．制度经济学研究，2006 (2)：1-23.

[34] 张祖荣．农业保险功用解构：由农户与政府边界 [J]．改革，2012 (5)：132-137.

[35] 钟甫宁，宁满秀，邢鹂．农业保险与农用化学品施用关系研究——对新疆玛纳斯河流域农户的经验分析 [J]．经济学，2007，6 (1)：291-308.

[36] 周稳海，赵桂玲，尹成远．农业保险发展对农民收入影响的动态研究——基于面板系统 GMM 模型的实证检验 [J]．保险研究，2014 (5)：21-30.

[37] 朱蕊，江生忠．我国政策性农业保险的扶贫效果分析 [J]．保险研究，2019 (2).

[38] 祝仲坤，陶建平．农业保险对农户收入的影响机理及经验研究 [J]．农村经济，2015 (2)：67-71.

[39] 宗国富，周文杰．农业保险对农户生产行为影响研究 [J]．保险研究，2014 (4)：23-30.

[40] Ahsan S M, Kurian N J. Toward a Theory of Agricultural Insurance [J]. American Journal of Agricultural Economics, 1982, 64 (3)：520-529.

[41] Babcock B A, Hennessy D A. Input Demand under Yield and Revenue Insurance [J]. American Journal of Agricultural Economics, 1996, 78 (2)：416-427.

[42] Barnett B J, Black J R, Hu Y, et al. Is Area Yield Insurance Competitive with Farm Yield Insurance? [J]. Journal of Agricultural & Resource Economics, 2005, 30 (2)：285-301.

[43] Chambers R G. Insurability and Moral Hazard in Agricultural Insurance Markets [J]. American

Journal of Agricultural Economics，1989，71（3）：604－616.

［44］ Cole，S.，Giné，X.，Vickery，J. How Does Risk Management Influence Production Decisions? ［R］. Evidence from a Field Experiment. World Bank Policy Research Working Paper，no. 6546. 2013.

［45］ Fadhliani Z，Luckstead J，Wailes E J. The impacts of multi-peril Crop insurance on Indonesian rice farmers and production ［J］. Agricultural Economics，2018，50（1）.

［46］ Glauber J W，Collins K J. Risk Management and the Role of the Federal Government ［C］// A Comprehensive Assessment of the Role of Risk in U. S. Agriculture. 2002.

［47］ Glauber，J. W.. Declaration in the U. S. District Court for the District of North Dakota，Southeastern Division ［R］. Paul Wiley，et al. Daniel Gliekraan. No. A3－99－32. May18，1999.

［48］ Goodwin，B. K. and M. Vandeveer. An Empirical Analysis of Acreage Distortions and Participation in the Federal Crop Insurance Program ［R］. Presented at the Workshop on Crop Insurance，Land Use，and the Environment，Economic Research Service，Washington，D. C.，September 20－21，2000.

［49］ Gray A W，Boehlje M D，Slinsky G S P. How U. S. Farm Programs and Crop Revenue Insurance Affect Returns to Farm Land ［J］. Review of Agricultural Economics，2004，26（2）：238－253.

［50］ Griffin，P. W. Investigating the Conflict in Agricultural Policy between the Federal Crop Insurance and Disaster Assistance Programs，and the Conservation Reserve Program ［R］. Unpublished dissertation，University of Kentucky，1996.

［51］ Gunnar Breustedt，Raushan Bokusheva，Olaf Heidelbach. Evaluating the Potential of Index Insurance Schemes to Reduce Crop Yield Risk in an Arid Region ［J］. Journal of Agricultural Economics，2008，59（2）.

［52］ H. Holly Wang，Steven D. Hanson，Robert J. Myers and J. Roy Black The Effects of Crop Yield Insurance Designs on Farmer Participation and Welfare ［J］. American Journal of Agricultural Economics，1998，80（4）：806－820.

［53］ Hart C E，Babcock B A. Counter-Cyclical Agricultural Program Payments：Is It Time to Look at Revenue? ［M］. Center for Agricultural & Rural Development Publications，2000.

［54］ Hong Shi，Zhihui Jiang. The efficiency of composite weather index insurance in hedging rice yield risk：evidence from China ［J］. Agricultural Economics，2016，47（3）.

［55］ Horowitz J K，Lichtenberg E. Crop Insurance and Agricultural Chemical Use ［M］. Economics of Agricultural Crop Insurance：Theory and Evidence. 1994.

［56］ Karlan，D.，Osei，R.，Osei-Akoto，I.，Udry，C.. Agricultural decisions after relaxing credit and risk constraints ［R］. National Bureau of Economic Research，Cambridge（NBER Working Paper Series，Working Paper18463），2012.

［57］ Kath，Jarrod，et al. Index insurance benefits agricultural producers exposed to excessive rainfall risk. Weather and Climate Extremes ［R］. 2018.

［58］ Keeton，K.，J. Skees，and J. Long. The Potential Influence of Risk Management Programs on Cropping Decisions ［R］. Selected paper presented at the annual meeting of the Amer. Agri. Econ. Assn，August 8－11，Nahville，TN，1999.

［59］ Kerri，Visser，Martine. Risk preferences，technology adoption and insurance uptake：A framed experiment ［J］. Journal of Economic Behavior & Organization，2015（118）：383－396.

［60］ Miao R，Hennessy D A，Feng H. effects of crop insurance subsidies and sodsaver on land use change ［J］. Journal of Agricultural & Resource Economics，2012 (41).

［61］ Miranda，M. J. Area Yield Insurance Reconsidered ［J］. Amer. J. Agr. Econ. 1991 (73)：233 - 242.

［62］ Mishra A K，Nimon R W，El-Osta H S. Is moral hazard good for the environment? Revenue insurance and chemical input use ［J］. Journal of Environmental Management，2005，74 (1)：11 - 20.

［63］ Mosley，P.，Verschoor，A.. Risk attitudes and the vicious circle of poverty. Eur. J. of Dev. Res，2005，17 (1)，59 - 88.

［64］ Müller，Birgit，Johnson L，Kreuer D. Maladaptive outcomes of climate insurance in agriculture ［J］. Global Environmental Change，2017 (46)：23 - 33.

［65］ Nelson C H，Loehman E T. Further toward a Theory of Agricultural Insurance ［J］. American Journal of Agricultural Economics，1987，69 (3)：523 - 531.

［66］ Quiggin J C，Karagiannis G，Stanton J. crop insurance and crop production：an empirical study of moral hazard and adverse selection ［J］. Australian Journal of Agricultural Economics，1993，37 (2)：935 - 949.

［67］ Quiggin J. Some observations on insurance，bankruptcy and input demand ［J］. Journal of Economic Behavior & Organization，1992，18 (1)：101 - 110.

［68］ Roger C，Cooper J C，Fernando C. Crop Insurance，Disaster Payments，and Land Use Change：The Effect of Sodsaver on Incentives for Grassland Conversion ［J］. Journal of Agricultural & Applied Economics，2011，43 (2)：195 - 211.

［69］ Shaik S. Did Crop Insurance Programmes Change the Systematic Yield Risk? ［J］. Indian Journal of Agricultural Economics，2015 (68).

［70］ Smith V H，Goodwin B K. Crop Insurance，Moral Hazard，and Agricultural Chemical Use ［J］. American Journal of Agricultural Economics，1996，78 (2)：428 - 438.

［71］ Vedenov D V，Power G J. Risk-Reducing Effectiveness of Revenue versus Yield Insurance in the Presence of Government Payments ［J］. Journal of Agricultural & Applied Economics，2008，40 (2)：443 - 459.

［72］ Willemijn Vroege，Tobias Dalhaus，Robert Finger. Index insurances for grasslands-A review for Europe and North-America ［J］. Agricultural Systems，168 (2019)：101 - 111.

［73］ Williams J R. A Stochastic Dominance Analysis of Tillage and Crop Insurance Practices in a Semiarid Region ［J］. American Journal of Agricultural Economics，1988，70 (1)：112 - 120.

［74］ X. Gine. R Townsend. Patterns of rainfall insurance participation in rural India ［R］. The World Bank Economic Review，2008.

［75］ Xu J F，Liao P. Crop Insurance，Premium Subsidy and Agricultural Output ［J］. Journal of IntegrativeAgriculture，2014，13 (11)：2537 - 2545.

［76］ Yamauchi T. Evolution of crop insurance program in Japan ［A］. Hazell Peter. Crop Insurance for Agricultural Development：Issues and Experience. Baltimore MD：Johns Hopkins University Press，1986.

［77］ Zant W. Hot Stuff：Index Insurance for Indian Smallholder Pepper Growers ［J］. World Development，2008，36 (9)：1585 - 1606.

［78］ Zeuli K，Skees J R. Managing yield risk through a cooperative ［C］. American Agricultural Economics Association 2001 Annual Meeting，2001.

我国农业保险风险保障：现状、问题和建议[*]

张 峭 王 克 李 越 王月琴

摘要： 正确认识并客观评价过去十二年我国农业保险的发展成就和存在的问题，对于完善新时期农业保险政策、助推农业保险高质量发展具有重要的意义。本文从农业保险的核心功能——风险保障视角出发，从水平、效率和贡献三方面构建了既相对独立又具有内在逻辑性，能够科学评价农业保险风险保障程度的 9 个指标体系，并以数据为基础对中国农业保险发展状况进行了较为全面深入的分析和"诊断"。本文研究结论对于推动农业保险高质量发展，明确下一步农业保险政策优化调整的方向和路径具有重要的参考价值。

关键词： 中国；农业保险；风险保障；保障水平

农业保险作为分散转移农业风险、稳定农民收入的一种有效手段，已成为全球各国普遍采用的农业支持政策和金融支农工具。早在 2008 年全球就有 100 多个国家推行或试点了农业保险（Mahul、Stutley，2010）。在我国，随着农业供给侧结构性改革以及农产品价格形成机制改革的深入推进，农业保险在农业支持保护体系中的地位愈发重要，受到了党和政府的高度关注，2019 年 5 月 29 日中央深改委第八次会议审议通过了《关于加快农业保险高质量发展的指导意见》。然而，尽管 2007 以来我国农业保险快速发展，成就显著，稳压器防火墙作用凸显，但仍面临着承保理赔不尽规范、保障水平较低，对农民和农业产业的风险保障作用不充分等许多问题，总体看我国农业保险仍处于粗放发展阶段。在这种情况下，如何认知和评价我国农业保险在过去十二年的发展成绩和存在的问题直接关系到未来农业保险政策的完善和农业保险高质量发展的路径和方向。因此，迫切需要对我国农业保险过去十二年的发展成就进行客观全面系统的分析和评价。

目前，尽管国内关于农业保险的研究不少，但全面系统研究和评价我国农业保险

---

* 本文原载《保险研究》2019 年第 10 期。

作者简介：张峭，中国农科院农业风险研究中心主任，研究员；王克，中国农科院农业风险研究中心研究员；李越，中国农科院农业风险研究中心副研究员；王月琴，中国农科院农业风险研究中心助理研究员。

发展的报告并不多见。风险保障是农业保险的核心功能，是衡量农业保险功效的主要标准，是农业保险政策效果的集中体现，是反映农业保险"三农"服务能力、现代农业发展护航能力和参与国家农业农村治理能力的核心指标（中国农业保险保障水平研究报告，2017）。因此，从风险保障的视角对中国农业保险发展情况进行全面深入系统的分析和定期"诊断"极为必要，这有助于从全局角度认识和理解我国农业保险保障的现状、特点、问题与差距，提出针对性建议，明确下一步我国农业保险政策优化调整的方向和路径，助推农业保险高质量发展。

一、农业保险保障评价的理论框架和方法

风险保障是农业保险的核心功能，因此准确客观度量农业保险风险保障具有重要的价值。相比于保险界常用的两个指标——保险深度和保险密度，保障水平能够更加准确的农业保险的风险保障程度（中国农业保险保障水平研究课题组，2017）。然而，要全面反映农业保险风险保障程度，仅有保障水平这一指标并不足够，这是因为要实现特定的农业保险风险保障程度是需要成本的。另外，保障水平这一概念更多的是强调保险金额的作用，而保额是在绝收情况下被保险农户可能获得的最大赔付额，该术语忽略了保费投入和赔付金额等其他保险要素的影响（王克、何小伟，2018），也没有反映出非大灾情况下农业保险对被保险农户的真实保障程度。因此，本文认为研究农业保险保障需要从农业产业发展视角，以风险保障为研究主线，从农业保险保障水平、保障效率和保障贡献三个方面来分析和评价农业保险发展。

（一）农业保险的保障水平

农业保险核心功能是对农业产业和农业生产经营者的风险保障，所以，研究农业保险保障首先需要分析农业产出与农业保险保障间的关系，衡量农业保险对农业风险的保障范围和程度，反映农业保险保障这一核心功能发挥的大小。相比于保险业常用的两个指标——保险深度和保险密度，农业保险保障水平是从农业视角而不是从保险业视角来分析和评价农业保险发展，是农业保险风险保障程度更好的衡量标准。农业保险保障水平用农业保险金额与农业产值的比值来衡量，农业保险保障水平越高说明农业保险为农业产业或农业生产者提供的风险保障程度越大。为更深入研究影响农业保险保障水平相关因素，将农业保险保障水平指标进一步分解为两个具体分析指标——农业保险保障广度和农业保险保障深度。农业保险保障广度是从保险保障范围或覆盖面的角度反映农业保险保障程度的一个指标，用农业保险承保规模占农业种养规模的比例来计量；农业保险保障深度是从已承保的农业保险标的角度反映农业保险所能提供风险保障程度的指标，用承保标的单位保险金额与其单位产值的比例来计量。

$$保障水平 = \frac{保额}{产值}$$

$$= \frac{单位保额 \times 承保数量}{单位产值 \times 种养规模} = \frac{单位保额}{单位产值} \times \frac{承保数量}{种养规模}$$

$$= 保障深度 \times 保障广度$$

（二）农业保险的保障杠杆

农业保险保障水平主要着眼于农业产出与农业保险间的关系，强调农业保险能够提供的农业产出保障，而要获得保险对农业的保障，农业行业需要投入一定的保险保费，付出相应的成本代价。所以，农业保险保障研究还需要进一步分析农业保险金额与农业保费投入间的关系，衡量农业获得一定水平的风险保障需要多少保费投入或者在一定保费投入条件下可以获得多大风险保障，即农业保险保障的投入产出效能。相比其他风险管理工具和政策支持措施，农业保险保障杠杆能够更好反映农业保险保障的投入产出效能和风险保障的倍增效应。农业保险保障杠杆用农业保险保障金额与农业保险保费的比值来计量，保障杠杆倍数越大，说明获得同等水平的风险保障付出的成本越小，或者投入相同保费获得风险保障水平越高，反之亦然。由于农业保险属于政策性保险，政府为农民购买保险提供了保费补贴，为了更深入分析影响保险保障倍增效应的因素，也为了更好地了解政府财政资金的使用效率，将农业保险保障杠杆指标进一步分解为两个具体分析指标：补贴比例和政府杠杆。补贴比例是衡量政府对农业保险补贴力度的指标，用补贴金额除以总保费来计量。政府杠杆是衡量保险机制对政府保费补贴资金放大作用的指标，用农业保险总保额和政府保费补贴额的比值来计量，政府杠杆越高，说明政府单位保费补贴可获得的风险保障金额越大，也即财政补贴资金的效率越高。

$$保障杠杆 = \frac{保额}{保费} = \frac{保额}{政府补贴} \times \frac{政府补贴}{保费} = 政府杠杆 \times 补贴比例$$

（三）农业保险的保障赔付

农业保险的风险保障功能最终要通过保险损失补偿来实现，购买保险获得风险保障主要体现在灾害发生时能够获得保险的损失赔偿，从而降低投保人和被保险人灾害损失程度并尽快恢复生产，这也是农民购买农业保险的目的。因此，农业保险保障研究更需要分析农业保险保费投入与农业保险损失赔偿间关系，反映一定时期的农业保费投入最终能够获得多少保险赔偿，体现农业保险对农业保障的贡献大小。农业保险保障赔付用农业保险简单赔付率来计量，即农业保险赔付额占农业保险保费的比例，简单赔付率越高说明农业保险对灾害损失的补偿作用越大。为了更有效分析农业保险赔付率的影响因素和农业保险赔付模式，又将农业保险简单赔付率进一步分解为两个指标：受益率和单位保费赔付额。受益率即索赔概率，代表了获得保险赔偿数量占被保险标的数量的比例，也就是说农户已投保的农业标的中有多少数量或比例的标的受损并获得赔偿。一般情况下，受益率不会超过 100%，受益率越高，说明灾害的影响范围越广，保险简单赔付率会越高。单位保费赔付额反映了受损保险标的平均单位保费投入所获得的赔付额，用获得赔偿农户单位（面积或头）赔偿额与单位（面积或头）保费的比值来计量，单位保费赔付额越高则保险简单赔付率也会越高。

$$保险赔付率 = \frac{保险赔款}{保费收入}$$

$$= \frac{单位赔付额 \times 获赔数量}{单位保费 \times 承保数量} = \frac{单位赔付额}{单位保费} \times \frac{获赔数量}{承保数量}$$

$$= 单位保费赔付额 \times 受益率$$

当然，由于农业保险合同是一种射幸合同，保险简单赔付率指标、受益率和单位保费赔付额这三个指标也受到当年灾损范围和程度的影响，而灾害风险是或有随机事件，不同年份灾损大小不同很正常，用一年的数据来说明保险赔付对农业损失补偿的贡献会有偏差，因此本文选择对一段时间内农业保险的保障指标（水平、杠杆和赔付）进行分析。然而这样处理会损失许多历史时序信息。为满足研究分析的需要同时尽量保留历史数据信息，本文将过去十二年我国农业保险发展分为三个阶段，2013 年农业保险条例出台之前的 2008—2012 年为第一个阶段[1]，可视为我国农业保险的试点阶段，2013 年之后的 5 年（即 2013—2017 年）为第二个阶段，可视为我国农业保险的快速发展阶段，2018 年后为第三个阶段，反映最新年份我国农业保险保障的现状。通过三个阶段特别是前两个阶段农业保险保障的对比分析非常有价值，对赔付率、受益率和单位保费赔付额的组合变化分析，结合三个指标间应有的逻辑关系，能够揭示出农业保险的赔付模式和特点，验证农业保险赔付的真实性和可靠性。

二、中国农业保险保障现状与特点

（一）数据来源及处理

本文主要用到了两种数据资源——农业保险数据和农业农村经济数据，数据为年度数据，起始年限 2008—2018 年。其中，农业保险相关数据，如无特殊说明，均来自于中国银行保险监督委员会（以下简称"中国银保监会"）；而农业农村经济数据则是由课题组根据研究工作的需要，从国家统计局、农业部、国家发展改革委等相关部门发布的统计年鉴以及其他公开资料中获得。各指标测算方法及数据来源如表 1 所示。

---

[1] 本文可获得的最早数据年限为 2008 年，故将 2008—2012 视为第一个阶段。

表 1 农业保险保障水平相关指标及数据来源

数据类型	数据指标	尺度	数据年限	来源
农业保险类	保险金额	全国、省级、品种	2008—2018	中国银保监会
	承保数量	全国、省级、品种		中国银保监会
	承保户次	全国、省级、品种		中国银保监会
	受益户次（已决）	全国、省级、品种		中国银保监会
	保费补贴	全国、省级、品种		中国银保监会
	签单保费	全国、省级、公司		中国银保监会
	已决赔付金额	全国、省级、公司		中国银保监会
农业经济类	农业产值（包括农、林、牧、渔分项产值）	全国、省级		农业农村部；国家统计局
	牛、羊、猪、家禽产值	全国、省级		畜牧业统计年鉴
	单位产值（亩/头/只/羽）	全国、省级、品种		国家发改委
	播种面积	全国、省级、品种		农业农村部；国家统计局
	出栏量/存栏量	全国、省级、品种		国家统计局；农业农村部
	单位成本（亩/头/只/羽）	全国、省级、品种		国家发改委

备注：①奶牛存栏量来于《中国奶业年鉴》；②2018年主要畜产品出栏量和存栏量数据来于农业农村部畜牧业司，2018年各省种植业数据来于各省统计公告，2018年成本收益数据等其他尚未公布的数据用替代法处理，假定2018年数据和2017年数据相同。

需要说明的是，由于本文所用数据来自不同的政府部门，数据统计的口径和样本范围有所不同，故为保障不同数据之间的匹配，本文对原始数据进行了必要的处理。主要改动有如下三个方面：①西藏自治区农业保险数据的统计口径和其他地区不尽一致，一些涉农保险业务也计入农业保险统计之中，使西藏农业保险统计和其余省份不具有可比性，故本文未计算西藏自治区的农业保险保障水平、杠杆和赔付，且对全国农业保险保障的计算中也剔除了西藏自治区数据。②国家发改委调查并发布的《全国农产品成本收益资料汇编》，调查品种包括粮食类7种、油料类2种、经济作物类10种、食品类8种、畜产品类5种、林产品类5种，每种具体产品调查的省份从2个省份到30个省份不等。因此，为了保证能够计算得到各省农产品保障深度，我们对各省成本收益数据进行了补充。如某省某种产品的成本收益数据未统计，则采用该省所在地区①的相邻省份加权平均计算而得，如所在地区省份都没有该作物成本收益统计，则用全国平均值进行替代。③农业保险承保的畜产品数量为某一时间段（一般为一年）内可保标的数量，其中大部分保险标的可能在该时段内出栏，但也有部分为未出栏状态，和农业统计中畜产品出栏量和存栏量的统计口径均不完全对应，为此本文在计算保障广度时采用存货法计算一段时间内可保标的数量，即可保标的数量＝年末存栏－年初存栏＋当年出栏。

---

① 根据各省省行政区划代码，将全国各省分为6个大区。

（二）农业保险保障水平现状与特点

农业保险保障水平是衡量农业保险对农业产业整体保障程度的指标，经过十余年的发展，农业保险对农业产业保障作用不断提升，在助推我国现代农业发展、保障国家粮食安全和稳定农民收入方面发挥了越来越重要的"防火墙"和"安全网"作用。

1. 从产业发展层面看，全国农业保险保障水平持续增长，种、养两业保险保障水平均呈上升态势，农业保险对农业产业的保障能力进一步增强

我国农业保险[①]（包括种植业保险、畜牧业保险和林业保险）保障水平从 2008 年的 3.59% 增长到 2018 年的 23.21%，再创历史新高，11 年提高了 6 倍有余，年均复合增长率 18.49%。种植业、畜牧业保险保障水平均呈上升态势，分别从 2008 年的 3.83%、3.40% 提升到 2018 年的 11.98%、12.88%，年均复合增长率分别为10.92%、12.87%（图 1）。

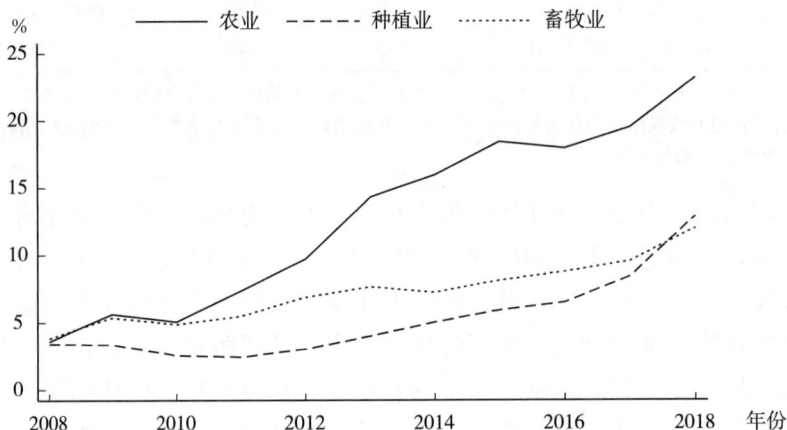

图 1　全国历年农业保险保障水平

2. 从产业结构层面看，我国农业保险保障水平呈现"种植业优先发展、畜牧业逐步跟进"趋势，畜牧业保险保障水平正进入快速增长时期，2018 年畜牧业保险保障水平首次超越种植业，打破了维持十年之久的"种强养弱"的保障水平产业格局

种植业保险保障水平自起步阶段就略高于畜牧业，2012 年之前种植业保险保障水平增速更高，导致产业间保险保障水平差距加大，2008—2012 年，种植业保险保障水平从 3.83% 提升至 6.86%，五年增长了近 80%，年均复合增长率 12.23%；同期畜牧业保险保障水平则持续下降，从 3.40% 下降到 3.02%，降幅达 11.17%。2012 年畜牧业保险保障水平止跌回升，开启了加速发展之路，2013 年起畜牧业保险保障水平增速均高于种植业，种、养两业保险保障水平逐渐缩小，2018 年畜牧业保险保

---

① 本文中农业保险包括种植业保险、畜牧业保险和林业保险。

障水平首次超越种植业。虽然从总体上看畜牧业保险保障水平超过了种植业，但主要畜产品保险保障水平与主要农作物保险保障水平仍有一定差距。例如，畜牧业中保险保障水平最高的奶牛、生猪两品种，2018 年保障水平分别为 22.98％、15.76％，仅与种植业中甘蔗（26.43％）、甜菜（19.54％）、油菜籽（17.16％）等作物相当，与棉花（50.57％）、小麦（30.73％）等作物仍有差距（图 2）。

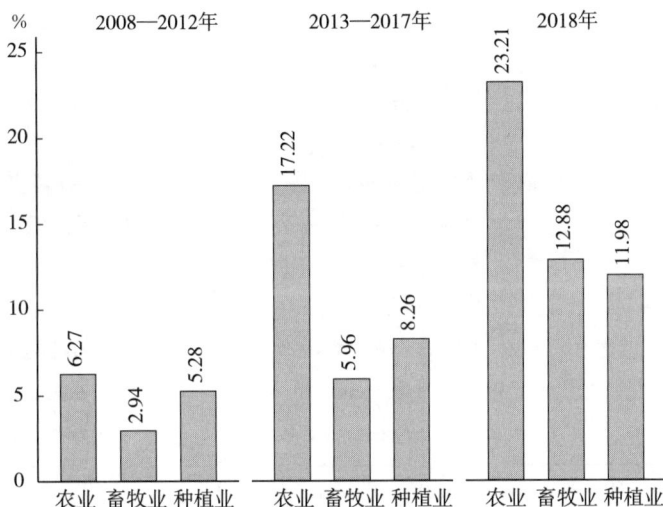

图 2　三个阶段全国农业保险保障水平

3. 从保障水平的影响因素看，现阶段种植业保险保障水平以保障广度为驱动，畜牧业保险保障水平以保障深度为驱动

总体来看，种植业保险保障广度迅猛提升，是支撑种植业保险保障水平不断攀升的主要因素。目前，种植业中除大豆、油料作物保障广度不足 50％，玉米保障广度在 60％水平，其他作物保险保障广度均超过 70％，但保障深度及增速相对保障广度而言略显滞后，多数产品保险保障深度处于 30％～45％区间内。畜牧业保障广度略显不足，主要畜产品间保险保障水平差异较大、保险覆盖的畜产品品种较为有限，在一定程度上限制了畜牧业保险保障水平的进一步提升。2018 年保费规模占比较大的生猪、奶牛保障水平较高，达到 15.76％和 22.98％，而保费规模占比较小的肉羊、肉牛保障水平则相对较低，只有 2.27％、0.72％。从保障水平影响因素分析，畜牧业各主要品种保险保障深度基本在 30％～40％，与多数种植业品种相当；奶牛保险保障广度接近 60％，但畜产品中保障广度最低的肉羊，2018 年保障广度仅为 1.17％（图 3）。

4. 从主要农产品的保障水平看，关系国计民生的主要农产品已得到较好保障，"扩面、提标"成效初显

总体看，农业保险对粮、棉、油、糖、生猪、奶牛等重要农产品的保险保障程度相对较好，2018 年上述品类保险保障水平均高于种、养两业平均保险保障水平。其

保障水平　　保障广度　　保障深度

2008—2012年

品种	保障水平	保障广度	保障深度
棉花	17	47	36
油菜籽	13	32	39
水稻	12	25	49
小麦	12	34	35
玉米	10	35	30
大豆	9.8	33	30
奶牛	3.3	10	32
甜菜	2.4	11	14
甘蔗	1.9	11	19
生猪	1.6	4.3	36
花生	0.48	2.8	19
肉羊	0.14	0.4	37
肉牛	0.009	0.033	43

2013—2017年

品种	保障水平	保障广度	保障深度
棉花	36	61	59
小麦	22	56	38
玉米	20	58	34
水稻	19	68	28
甜菜	19	64	29
油菜籽	16	47	34
大豆	16	41	38
甘蔗	10	47	25
奶牛	8.1	28	29
生猪	6.9	23	30
花生	2.7	11	23
肉羊	1	2.7	38
肉牛	0.066	0.13	46

2018年

品种	保障水平	保障广度	保障深度
棉花	51	74	68
小麦	31	71	43
玉米	27	60	45
水稻	27	76	35
甜菜	26	88	30
奶牛	23	59	39
大豆	21	49	43
甘蔗	20	78	25
油菜籽	17	50	34
生猪	16	47	34
花生	8.8	29	30
肉羊	2.3	5.5	42
肉牛	0.72	1.2	61

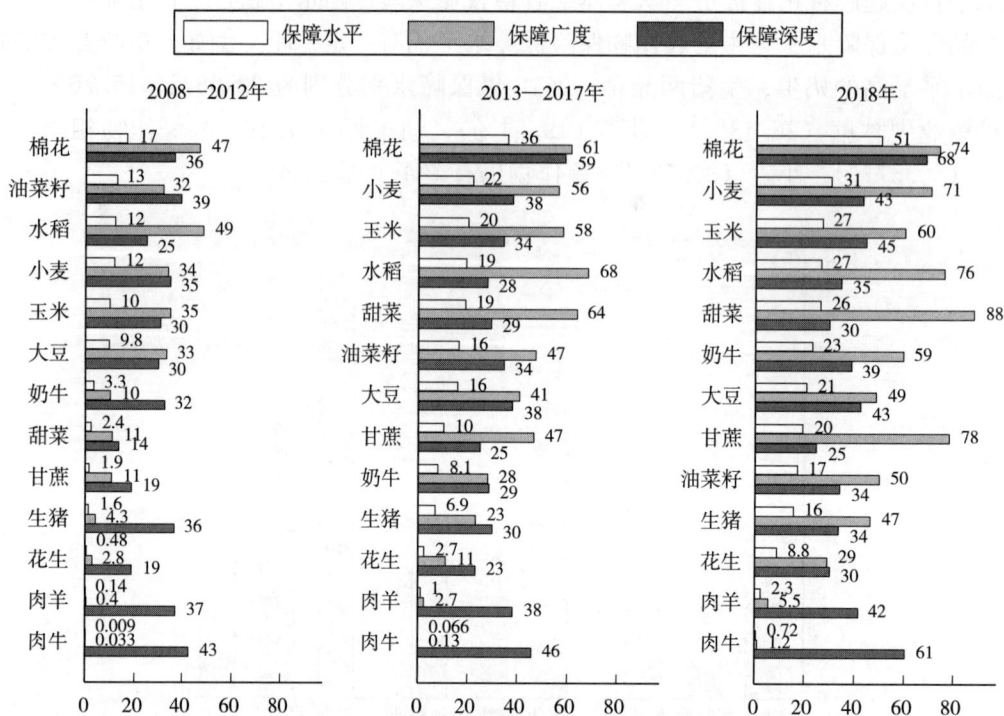

图 3　全国主要农产品保险保障水平、广度和深度

中，粮食作物保险保障水平 27.37%（小麦：30.73%，玉米：26.91%，水稻：26.53%，大豆：20.85%），棉花 50.57%，油料作物 13.18%（油菜籽：17.15%，花生：8.81%），糖料作物 20.54%（甜菜：26.34%，甘蔗：19.53%），奶牛22.96%，生猪 15.76%。从保障广度看，主要农产品特别是种植业主要农作物保险保障广度达到较高水平，保险覆盖面基本都达到相应作物播种面积的 60% 甚至 70%以上，达到国家划定的"两区"面积 80% 以上。以三大主粮作物为例，2018 年，水稻保险承保面积 3.45 亿亩，占全国水稻播种面积的 76.26%，与划定的 3.4 亿亩水稻生产功能区面积基本相当；小麦保险承保面积 2.58 亿亩，覆盖了全国小麦播种面积的 70.93%，相当于 3.2 亿亩小麦生产功能区面积 80.62%；玉米保险承保面积 3.81亿亩，覆盖了全国玉米播种面积的 57.68%，相当于 4.5 亿亩玉米生产功能区面积84.66%。从保障深度看，种、养两业主要品种保险保障深度相差不大，单位保额已经能较好地覆盖相应作物生产的物化成本，对生产成本、全成本的覆盖程度也在不断提升，农业保险"提标"成效初显。不过总体来看，相较于不断上升的单位产值和全成本，主要农产品所能提供的保险保障程度仍然不足，多数产品对全成本和产值的保障程度处于 30%～40% 的水平。例如，2018 年，三大主粮作物保险亩均保额已能够覆盖亩均物化成本的 90% 以上，但保障深度基本维持在 40% 左右（其中，小麦：43.33%，玉米：44.57%，水稻：34.78%）；花生、油菜籽等油料作物亩均保额达到

亩均物化成本的 95% 以上，但保障深度基本在 30% 的水平（其中，花生：30.24%，油菜籽：34.37%）（表2）。

表 2 2018 我国主要农产品保险保障水平

单位：%

		保障水平	保障广度	保障深度
粮食作物	小麦	30.73	70.93	43.33
	水稻	26.53	76.26	34.78
	玉米	26.91	60.38	44.57
	大豆	20.85	48.90	42.63
纤维作物	棉花	50.57	73.97	68.37
油料作物	油菜籽	17.16	49.92	34.37
	花生	8.81	29.15	30.24
糖料作物	甘蔗	19.53	78.37	24.93
	甜菜	26.34	88.26	29.85
大牲畜	奶牛	22.98	59.49	38.63
	肉牛	0.72	1.19	60.66
小牲畜	生猪	15.76	46.60	33.81
	肉羊	2.27	5.47	41.57

（三）保障杠杆现状与特点

农业保险保障杠杆是反映农业保险投入产出效能和风险保障倍增效应的指标。通过农业保险内在的杠杆机制，参保农户以较少的保费支出可获得较高的农业风险保障，政府保险补贴资金也实现了"四两拨千斤"的保障效果。

1. 农业保险保障杠杆效应进一步凸显，单位保费所能获得的风险保障金额呈上升态势

2008—2018 年，农业保险保障杠杆从 19.21 倍提升到 46.59 倍，也即单位保费可获得的风险保障从不足 20 元提高到近 47 元，农业保险保障杠杆效应明显。分产业看[①]，种、养两业保险保障杠杆均呈上升态势，其中，畜牧业保险保障杠杆较种植业更高，2008—2018 年种植业、畜牧业保障杠杆均值分别为 20.60 倍、17.30 倍；而种植业保险保障杠杆增速较畜牧业更快，2008—2018 年种、养两业保险保障杠杆年均复合增长率分别为 3.01%、1.01%。2018 年种、养两业保险保障杠杆基本维持在 21 倍左右，即单位保费可获得风险保障金额约为 21 元（图 4）。

---

① 由于森林保险费率较低、保障杠杆较高，近年来农业保险保障杠杆的大幅提升与森林保险份额的快速增长密切相关。

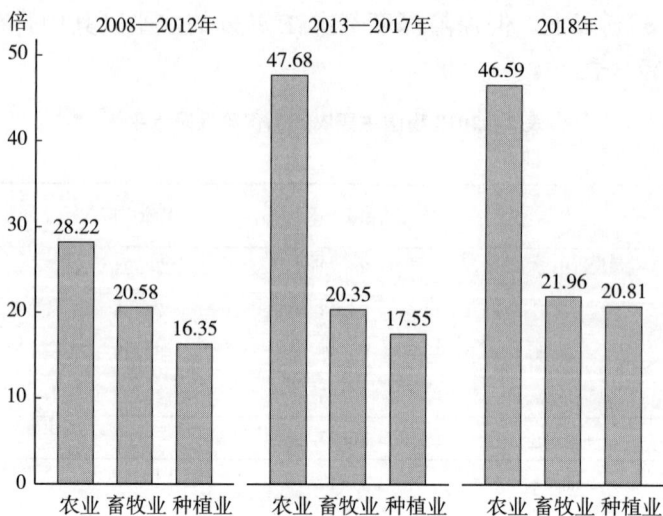

图 4　全国农业保险保障杠杆

2. 从财政补贴看，农业保险保费补贴比例稳中略升，基本稳定在 77% 水平，且产业间保费补贴比例相差不大，产品间保费补贴比例存在一定差距

各级财政通过保费补贴对农业保险发展和农户参保给予支持，2008—2018 年政府对参保农户每 1 元保费给予的保费补贴从 3.69 元最高提升到 4.77 元，平均政府保费补贴比例约为 77.04%；其中，产业间财政补贴差别不大，种植业、畜牧业保费补贴比例分别为 76.26% 和 77.68%。从具体品种看，主要农产品补贴比例略有侧重，粮食作物、油料作物、生猪、奶牛等品种保费补贴比例略高，能达到 78% 左右；大豆、棉花、糖料作物、肉牛、肉羊等品种政府补贴比例略低，基本在 70%～75% 的水平（图 5）。

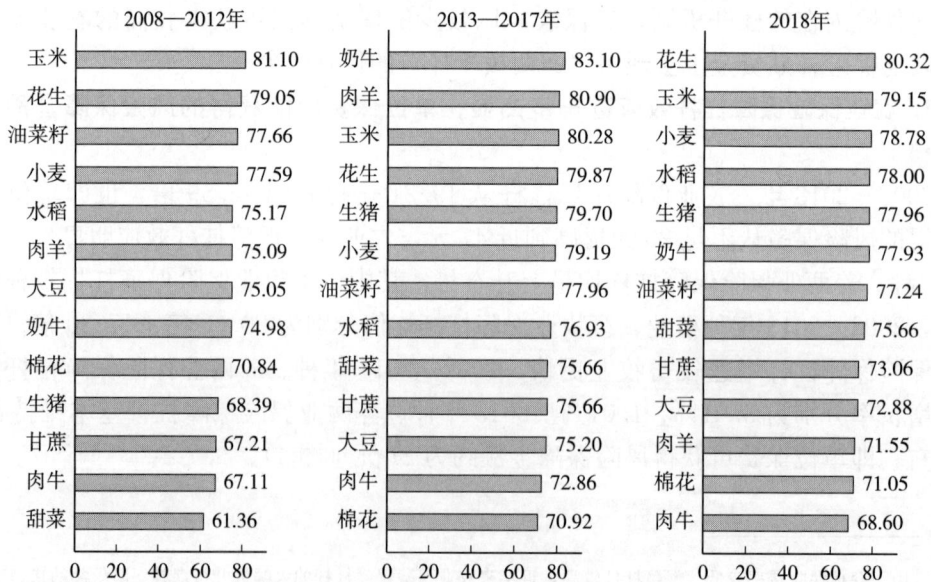

图 5　全国主要农产品保险补贴比率（%）

3. 政府杠杆效应明显提升，财政支农资金效果进一步放大

借助保险机制的杠杆效应，政府保费补贴资金效果得以放大，2008—2018 年各级财政历年累计投入保费补贴 2 475.59 亿元，为广大农户购买到 15.37 万亿元的农业风险保障，保费补贴资金放大效果达到 62 倍。其中，种植业保险政府杠杆从 20 倍提升到 23 倍，畜牧业保险政府杠杆从 27 倍提升到约 30 倍，也就是说 2018 年，对种植业、畜牧业的单位保费补贴分别可以获得 23 元和 30 元的风险保障，在一定程度上弥补了财政救灾资金的不足，提高了财政资金的使用效率，也充分体现了农业保险"四两拨千斤"的倍增作用（图 6）。

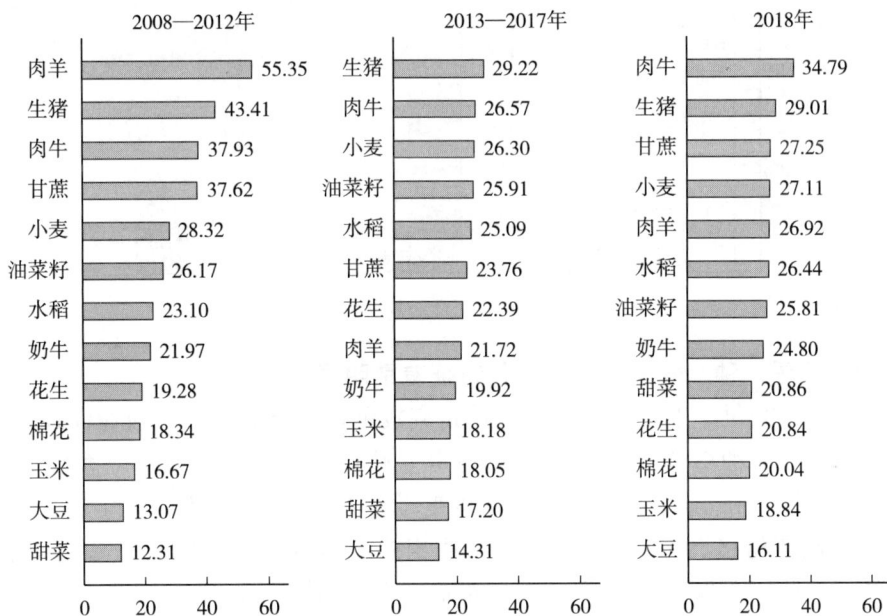

2008—2012年		2013—2017年		2018年	
肉羊	55.35	生猪	29.22	肉牛	34.79
生猪	43.41	肉牛	26.57	生猪	29.01
肉牛	37.93	小麦	26.30	甘蔗	27.25
甘蔗	37.62	油菜籽	25.91	小麦	27.11
小麦	28.32	水稻	25.09	肉羊	26.92
油菜籽	26.17	甘蔗	23.76	水稻	26.44
水稻	23.10	花生	22.39	油菜籽	25.81
奶牛	21.97	肉羊	21.72	奶牛	24.80
花生	19.28	奶牛	19.92	甜菜	20.86
棉花	18.34	玉米	18.18	花生	20.84
玉米	16.67	棉花	18.05	棉花	20.04
大豆	13.07	甜菜	17.20	玉米	18.84
甜菜	12.31	大豆	14.31	大豆	16.11

图 6 全国主要农产品保险政府杠杆（%）

（四）保障赔付现状与特点

保障赔付反映的是一段时间内或某一时点上农业保险对降低农业产业或农业生产者风险损失的实际贡献，近年来农业保险赔付率的演变，切实体现了农业保险在防灾减损、恢复生产中的实效。

1. 农业保险赔付率总体呈升高趋势，保险支持"三农"力度加大

从阶段性赔付均值看，全国农业保险赔付率上升趋势明显，2008—2012 年、2013—2017 年农业保险简单赔付率①分别为 54.49%、63.56%，农业保险保障功能日趋显现。2018 年属于风险偏高年份，农业保险简单赔付率 73.49%，高于往年

---

① 本报告中，如无特别说明，某一时段的农业保险平均赔付率均采用加权平均的方法进行计算，以保额为权重。

水平。农业保险赔付率的上升，一方面与各阶段农业风险状况有关，另一方面也反映了农业保险赔付力度的加大，是农业保险对农业生产损失补偿的切实体现（图 7）。

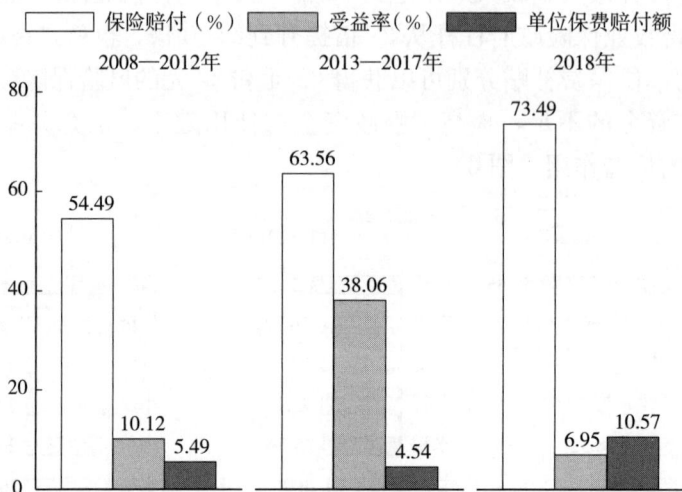

图 7　全国农业保险简单赔付率

2. 分产业看，种、养两业保险赔付特征差别明显

（1）在总体赔付率上，畜牧业保险赔付率较种植业更高，且畜牧业保险赔付率年度间波动更大，而种植业保险赔付率呈稳定上升趋势。2008—2018 年畜牧业保险平均赔付率比种植业高 10 个百分点。从年度变动上看，畜牧业保险赔付率最低年份约为 55%，最高年份接近 120%，最大最小值相差 2 倍有余，保险赔付率波动范围广、年度差异大；种植业保险赔付率最低、最高年份分别为 42.67%、75.11%，波动范围较小，且总体呈稳定上升趋势。

（2）在赔付模式上，种植业保险赔付属于"高受益率、低赔付额"模式，畜牧业则与之相反，属于"低受益率、高赔付额"类型。2008—2012 年间，种植业保险平均受益率约为 23.23%，而相应的单位保费赔付额仅为 2.29 元；2013—2017 年间种植业保险平均受益率约为 16.08%，而相应的单位保费赔付额为 4.56 元。2018 年种植业保险赔付模式依然延续了前述特征，受益率和单位保费赔付额分别为 15.77%、4.45 元。与种植业相反，畜牧业保险在 2008—2012 年、2013—2017 年和 2018 年的平均受益率分别为 2.33%、6.63%、7.24%，同时期单位保费赔付额则分别为 32.75 元、13.29 元、10.57 元。

（3）在指标变动趋势上，种植业保险赔付受益率趋于下降、单位保费赔付额趋于上升，畜牧业则与之相反。不过，即使畜牧业保险单位保费赔付额逐步降低，仍明显高于同期种植业单位保费赔付水平（图 8）。

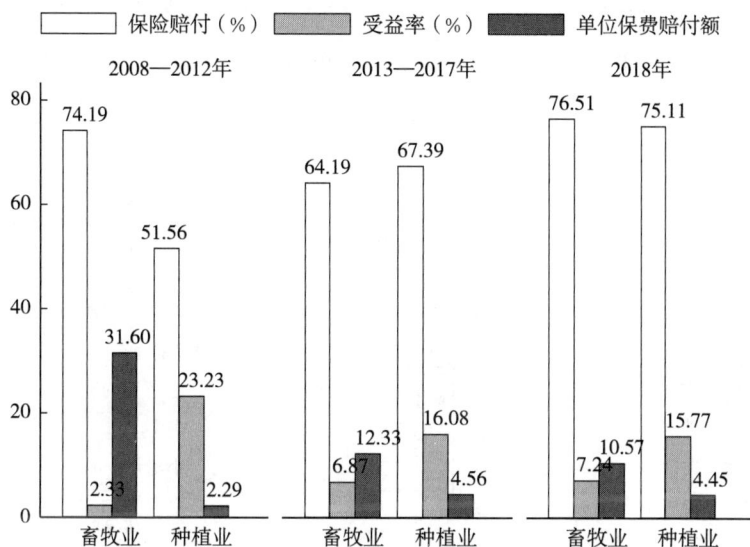

图 8　全国种植业保险和畜牧业保险赔付情况

3. 从主要农产品保险赔付情况看，种植业主要品种间赔付率分化明显，而畜牧业主要品种间赔付率则逐渐趋同

（1）从赔付率总体情况看，多数农作物保险赔付率集中在 50％～65％区间内，三大主粮作物保险赔付相对较低，小麦、水稻保险近十年（2009—2018 年）平均赔付率分别为 54.44％和 54.13％，在赔付率最低的三类产品中占据两席；大豆、甜菜保险赔付则相对较高，近十年平均赔付率分别为 103.06％和 93.25％，特别是大豆近三年来（2016—2018 年）保险赔付率始终在 120％以上，最高年份甚至超过 160％。

（2）从赔付率变动趋势看，种植业主要作物赔付率呈分化态势，主要畜产品保险赔付率变动趋势不一，但品种间赔付率差距日益缩小。早期主要作物除甜菜外，多数作物保险赔付率集中在 43％～63％区间内，而到后期，不仅甜菜、大豆保险赔付率超过 100％，其他作物保险赔付率分布在 43％～73％区间内；早期主要畜产品平均赔付率从 55％～90％不同，后逐步缩小，主要集中在 61％～75％区间内。

（3）从赔付率两个分析指标看，种植业主要作物品种均属于"受益率高、单位赔付额低"类型，多数作物（小麦、大豆、棉花、花生、甜菜）受益率出现较明显的下降，畜产品均属于"受益率低、单位赔付额高"类型，其中大牲畜保险受益率呈下降趋势，而小牲畜保险受益率有所上升，除奶牛外其他品种单位保费赔付额均有不同程度下降（图 9）。

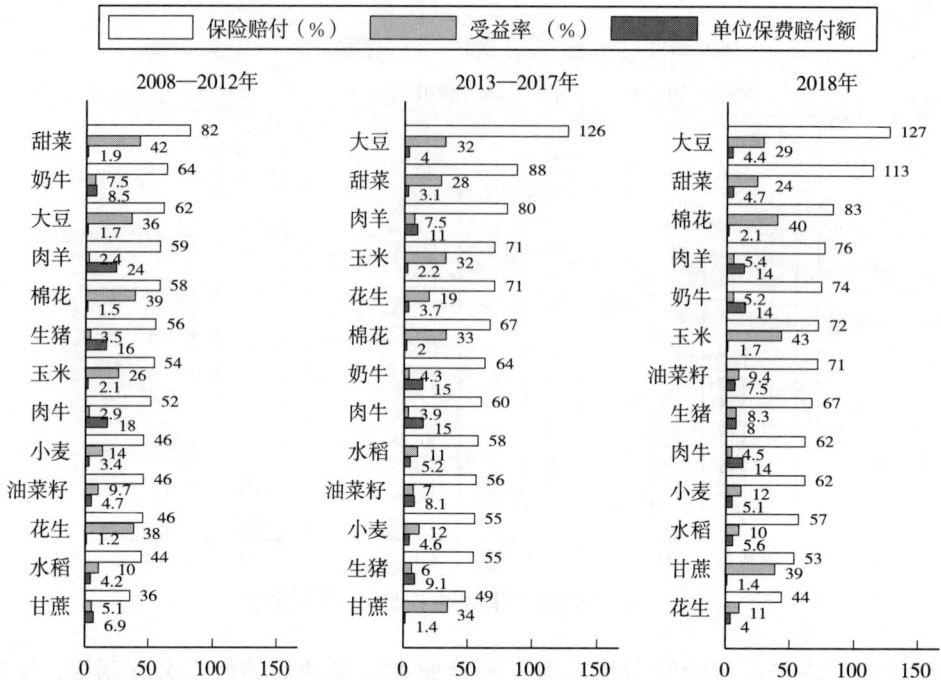

图 9　全国主要农产品保险赔付情况分解

三、中国农业保险保障存在的主要问题

研究发现，尽管 2018 年我国农业保险保障取得了新的进展，但仍然存在五个方面的突出问题。

（一）保障不充分，品少面窄标准低

1. 中央财政补贴的大宗农产品保险保障水平及保障广度较高，但保障深度不足

2018 年我国粮、棉、糖、生猪、奶牛保险保障水平大都超过了 20％，除生猪外其余产品保障广度（覆盖率）都超过了 50％，棉花、小麦、水稻和甘蔗保险覆盖率甚至超过了 70％，但与此同时，这些重要农产品保险的保障深度大都在 30％～45％之间，对标美国（2018 年美国玉米保险、棉花保险、大豆保险、小麦保险的保障深度都在 80％以上，棉花保险甚至高达 91％），差距非常明显。

2. 农业保险承保品种少，很多地方特色产品没有纳入保险保障范围

2018 年我国农业保险承保品种 272 种，尽管覆盖了农林牧渔的各个方面，但相比于我国 743 种农产品①而言，占比仅在 37％左右。许多地方政府和农业生产者也反

---

①　根据农业农村部农业行业标准《农产品分类》（NY/T 3177—2018），种植业采用四级类，共 688 种；畜牧业采用三级类，24 种；水产品采取四级类，31 种。

映，很多特色农产品，特别是扶贫脱贫产业涉及的许多地方特色农产品保险还未纳入中央财政保费补贴范围，即便省级财政提供了保费补贴，发展规模也有限，因此，优先将脱贫攻坚相关的地方特色农产品纳入中央财政补贴范畴，进一步推动农业保险"增品"显得尤为迫切。

3. 许多农业保险产品还处于零星试点阶段，保险规模和覆盖面不够

近年来，我国各地不断加大农业保险产品创新力度，葡萄、猕猴桃、鸡蛋、苹果、大枣、小龙虾、中草药等许多特色农产品保险不断涌现，但是这些保险产品大都停留在局部地区试点阶段，保险规模和覆盖面不足。在我国农业保险 270 多种保险产品中，非大宗农产品保险品种有 250 多种占 94%，但保费收入只占到了 2018 年农业保险总保费收入的 20% 左右，可见每个保险产品的承保规模非常有限，如我国肉牛保险在 2018 年的保险覆盖率仅为 1.19%。

（二）保障不平衡，品种和区域差异大

1. 产业产品间农业保险保障水平不平衡

现阶段，我国农业保险在产品间呈现出明显的不平衡，16 种中央补贴的保险产品占到了保费总收入的 80%，保障水平远远高于其他非大宗农产品保险。2018 年我国主要农产品都获得了较好的风险保障，有中央财政保费补贴的保险产品保障水平较高，粮食、棉花、糖料、生猪和奶牛保险保障水平分别为 25.04%、50.57%、17.03%、15.76% 和 22.98%，但花生保险保障水平仅为 8.81%，肉羊、肉牛等更为小众品种的保险保障水平仅为 2.27% 和 0.72%，肉牛保险保障广度甚至不足 2%。

2. 区域间农业保险保障水平不平衡

北京与上海两个直辖市农业保险保障水平遥遥领先于其他省份，是全国平均水平的 4～5 倍。2018 年我国农业小省、中等省份和农业大省①的农业保险保障水平分别为 32.58%、26.88% 和 23.80%，"农业大省保障小省"的问题依然存在。各省农业、种植业和养殖业保险保障水平最高与最低省份的差距都超过了 30 倍，玉米保障水平最高省份（北京）为 80.89%、最低省份（河南）为 1.13%，小麦最高省份（北京）为 56.69%、最低省份（贵州）为 0.62%，水稻最高省份（上海）为 67.93%、最低省份（云南）为 6.87%，生猪最高省份（北京）为 56.96%，最低省份（安徽）为 1.29%。

（三）补贴机制固化，激励导向性不足

1. 农业保险补贴方式单一

根据世界银行的调查，目前世界各国政府对农业保险的支持有保费补贴、经营管

---

① 农业大省、中等省份和农业小省的计算依据是，根据 2016—2018 年各省市自治区第一产业增加值占该省国内生产总值 GDP 的比例进行排序，三组各取 10 个省份。农业小省第一产业产值占 GDP 的比例在 7.2% 以下，农业大省为第一产业增加值在 GDP 中的比例在 9.79% 及以上的省份。

理费补贴、再保险补贴、培训教育补贴和产品开发补贴等五种形式。美国和加拿大对农业保险的支持采取了上述五种形式，日本和印度主要是保费补贴、经营管理费补贴和再保险补贴三种方式，菲律宾采取了保费补贴和再保险补贴两种支持方式，而我国政府对农业保险的支持只采用了保费补贴一种方式。根据银保监会的数据，2012年以来保费补贴占政府农业保险总补贴额的比例一直在99.8%左右。

2. 农业保险保费补贴缺乏弹性

保费补贴是政府提高农业保险相关主体积极性，利用政府资金撬动社会资本，引导资源使用方向的一种有效的方式和经济手段。但过去十年，我国农业保险保费补贴比率一直在78%左右，产业间品种间差别不大。2018年尽管主要农产品保险的保障水平差异明显，但高保障的大灾保险、完全成本保险和传统的物化成本保险基本采取相同的保费补贴比例，都在81%左右；分省份看，保费补贴比率缺乏弹性的问题同样存在，如2018年各省生猪保险保费补贴比率大都在75%左右，62%的省份玉米保险保费补贴比率在75%左右。

3. 农业保险补贴导向性反应滞后

党的十九大报告和乡村振兴战略规划明确提出要实施质量兴农、绿色兴农战略，强调农业生产要从增产向提质导向转变，可以说，未来我国农业农村发展不再单纯强调大宗农产品数量的增长，会更加强调农产品品质的提升和农业农村生态和环境的改善。但目前，我国农业保险保费补贴并未突出这一政策导向，按照"中央保大宗、地方保特色"的原则，当前我国农业保险各级财政保费补贴资金主要用于大宗农产品保险的保费补贴，2018年中央财政补贴的16种农产品保险保费补贴资金占到了各级政府保费补贴总量的83%，而对于如草原等有利于生态环境保护的保险产品补贴不多，甚至没有。

（四）定价不科学，逆选择问题凸显

科学厘定农业保险费率，使保险价格和其承保的风险相匹配，既是确保农业保险健康持续发展的重要举措，也是营造农业保险市场良好环境和激发市场主体活力的必然要求。然而，我国农业保险费率厘定还较为粗放，各省依然采用"一省一费"的简单做法。绝大部分省份的费率水平较为一致，许多地理位置、自然条件相差巨大的省份保险费率相同，未能体现出各省风险的差异。如贵州和江苏两省2018年油菜籽保险费率均为4%，但过去十年这两个省的简单赔付率分别为101%和14%。农业保险费率定价不科学不合理的问题必须尽快加以解决，否则不仅制约农业保险公司的持续发展能力，也会诱发逆选择，成为阻碍农业保险保障水平提升新的因素。如，湖北省玉米保险、生猪保险和肉羊保险中赔付率均处于全国前列，保险公司在该省开展业务的风险极大，影响了保险公司承保的积极性，这也可能是湖北省农业保险保障水平很低、处于全国倒数位置的一个重要原因。

（五）理赔不尽规范，协议理赔问题突出

该问题从两方面得到反映：一是在我国农业保险赔付率走高的同时赔付率波动幅度变小。2008—2017年分段分析，第一个五年（2008—2012年）我国农业保险平均赔付率为54%，赔付率变异系数为1.7，第二个五年赔付率增加至64%，但赔付率变异系数降低为0.22。具体品种保险的赔付情况也呈现出赔付率波动幅度降低的趋势，除大豆、棉花和水稻保险外，在2013—2017年各品种保险赔付率的波动幅度较第一个五年明显降低，畜产品保险降幅最为明显，生猪保险赔付率变异系数从2.3下降到0.12，奶牛从13降低为1.3。我们认为，由于农业保险赔付率走高，说明过去十年农业保险承保风险不断加大，按理说，在风险加大的情况下农业保险赔付率的年度间差异不应该减少。我国农业保险赔付率波动幅度变小，很有可能是实践中农业保险赔付在有灾年份少赔一点、无灾年份也赔一点造成的。与国外相比也能说明这一点，2008—2018年，美国农作物保险的简单平均赔付率变异系数为0.41，加拿大曼尼托巴省为0.56，日本为0.54，印度为0.61，土耳其为0.28，菲律宾为0.31，分别是中国的2.44倍、3.37倍、3.24倍、3.65倍、1.67倍和1.86倍。也有学者利用中国民政部农作物绝收面积数据测算指出，我国农业保险赔付波动过低，可能只是真实赔付波动的1/3。二是部分种植业产品和畜牧业保险赔付在受益率上升的同时单位保费赔付额降低。尽管农业保险受益率或单位保费赔付额的高低本身无所谓好坏，其数值取决于保险产品设计和灾害风险的大小，但过去十年，无论是在2015年取消农业保险绝对免赔之前还是之后，都有许多省份农业保险赔付受益率和单位保费赔付额为负相关关系。我们认为，按照保险基本原理，如果农业保险赔付的受益率很高，说明当年造成农业损失的灾害风险波及范围很广，可能给更多农户或多个地区农民同时造成严重的损失，即保险受益率和单位保费赔付额之间可能存在正相关或者不相关，但两者不可能为负相关关系。但从全国层面看，过去十年我国玉米保险、甘蔗保险、生猪保险和奶牛保险都存在这种受益率和单位保费赔付额呈负相关关系的异常现象，分省看存在这种异常现象的省份不在少数，如60%左右的省份在玉米保险和生猪保险赔付中受益率和单位保费赔付金额存在负相关。因此，这种数据上表现出的反常情况，不能排除我国农业保险运营中协议理赔或人为干预保险理赔的可能性。

四、中国农业保险高质量发展的建议

习近平总书记在中央经济工作会议等场合多次强调"农业保险一定要搞好"，2019年中央1号文件明确要求"按照扩面增品提标的要求，完善农业保险政策"。为推动我国农业保险高质量发展，使农业保险在乡村振兴战略中发挥更大的作用，着力解决上述五个方面的问题，提出如下建议。

（一）更新农业保险发展理念，适应新的形势要求

适应我国经济进入高质量发展的新时代和国内外复杂形势变化对农业农村改革发展提出的新要求，面对"双灯限行、两板挤压"的农业农村发展严峻形势，农业保险要与时俱进，更新理念，将习近平总书记关于三农工作的重要论述作为根本遵循，以服务乡村振兴战略、满足现代农业发展需要和提高农业国际竞争力为出发点和落脚点，研究制定农业保险新时期发展原则。借鉴国际农业补贴制度发展趋向和适应世贸组织规则，改革农业直接补贴为间接补贴，有效运用农业保险这一市场化的风险管理工具，更好发挥农业保险保障的杠杆作用和倍增效应，加大对农业保险的财政补贴力度，完善农业支持保护政策。在确保粮食安全和主要农产品有效供给的基础上，要拓宽中央财政农业保险补贴范围，将有助于提高农民收入和有利于绿色发展的特色农产品纳入中央财政补贴范围，因地制宜发展多样性地方特色农业。面对深刻变化的农业农村形势和复杂风险环境，转变农业风险管理单一方式，协调农户、市场和政府等各类主体，整合各种风险管理工具，从全产业链的角度综合管理各类风险，开展"保险＋期货""保险＋担保＋信贷"等农业综合风险管理机制的探索。

（二）加强顶层设计和系统规划，提供组织与制度保障

加强组织保障是有序规范推进农业保险发展的必要条件，但过去十多年中央层面一直没有明确的农业保险领导协调专门机构，相关部委多从自己部门管理的角度制定政策和规则，致使我国农业保险发展缺乏总体规划和协调，这也是各界反映最为突出的问题之一。为此，应尽快建立中央农业保险领导协调的专门机构，对事关农业保险发展的重大理论、政策和制度问题统一组织研究，加强农业保险顶层设计，加强国务院相关部委以及中央与地方之间的沟通协调，编制我国农业保险中长期发展规划；同时完善农业保险组织管理和制度体系，合理界定政府和市场、中央和地方政府的责权利和行为边界，研究制定《农业保险法》，加强农业保险监管，禁止违法违规，用制度建设推动农业保险高质量发展。

（三）坚持"增品扩面提标"方向，明确新时期发展重点

"按照扩面增品提标的要求，完善农业保险政策"是中央1号文件对农业保险发展确定的原则和要求，也是提高农业保险保障水平的有效途径，农业保险必须坚持这一发展方向。发展适度规模经营是农业现代化重要途径，脱贫攻坚是当前党和政府的中心任务。农业生产经营规模越大面临风险越高，生产经营主体风险保障程度要求越高、需求越强烈，习近平总书记也多次强调"新型农民搞规模种养业，风险也加大了，农业保险一定要搞好，财政要支持农民参加保险"；贫困地区多以特色农产品生产为主，而地方特色农产品保险保障水平明显偏低，加大对特色农产品保险的支持力度也有利于贫困地区脱贫和预防返贫。所以我们建议：一是以服务新型经营主体为重

点，扩大大灾保险、完全成本保险和收入保险试点范围，提高农业保险保障标准和水平；二是加大特色农产品保险的中央财政支持力度，推动地方特别是贫困地区特色农业保险扩面和增品。之所以强调中央财政支持特色农业保险，是因为我国农业保险保费实行中央和地方共同补贴的办法，中央财政对大宗农产品的保费补贴是建立在地方财政已有保费补贴的基础上，许多地方尤其是县级政府要足额完成中央财政补贴目录内16种保险产品的相应补贴任务都很困难，更无力补贴特色农产品保险，这样严重影响了地方特色农产品保险发展。中央财政支持可采取两种方式：一是采取"以奖代补"的方式加大对地方特色保险的支持，二是可加大中央财政对现有大宗农产品保险的保费补贴比例，让地方政府腾出财力来补特色保险产品。

（四）完善财政补贴制度，加大激励引导作用

加大农业保险财政支持力度是政府完善支持保护政策的重点取向，要更好发挥农业保险财政补贴的政策功效，一方面要完善财政补贴制度，研究不同产业和不同类型生产经营主体的保障需求，构建普惠性和高保障相结合的农业保险产品体系，并实行差异化保费补贴政策，提供更具弹性的保费补贴方式，根据风险保障水平高低确定政府保费补贴比例大小，保障水平越高保费补贴比例越低。这样既为贫困户和小农户提供高额补贴的普惠性农业保险产品，又为农业新型经营主体提供保障程度更高的保险产品，既满足市场多样化的产品需求，又减轻政府的财政补贴压力。同时要改革完善农业保险补贴结构，从单一保费补贴向"三项补贴"（保费补贴、经营费用补贴和再保险补贴）转变，充分发挥多元化补贴的激励导向作用，增大农业保险补贴的政策空间。另一方面要更加突出中央财政保费补贴的绿色导向、生态导向和质量导向，建立以粮食安全保障率、生态环境贡献度为主要标准的新型中央财政农业保险补贴机制，引导农业保险更好服务于乡村振兴战略。

（五）开展风险评估和费率区划，夯实农险发展基础

许多国家农业保险发展的实践已经证明，农业风险区划和科学厘定保险费率是确保农业保险健康持续发展的基础，是一项"牵一发而动全身"的重要基础性工作。如果费率不科学不合理，会引发农业保险市场各主体的逆选择和道德风险，损害农业保险的持续发展。另外，如果不进行风险分区和费率精算工作，政府部门也对农业保险经营主体的承保利润是否合理"心里没底"，加大了人为干预"保险经营"的可能性。因此，建议由中央主管部门牵头，协调农业、气象、林业、保监和国土部门提供数据支撑，同时成立由高校科研单位、保险行业和基层农技服务站等组成的工作组，制定全国农业保险风险分区和费率厘定的标准和实施方案，利用大数据技术开展基于多源数据相互支撑和相互验证的农业风险评估、区划和保险费率厘定工作，用科学定价来降低农业保险操作中的逆选择和道德风险问题，提高农业保险保障水平。

(六)加快科技推广应用,提高服务和监管水平

在农险业务运营上,鼓励各保险主体利用大数据、物联网、区块链、3S+5G 等现代信息技术手段开展农业保险承保理赔业务,提高农业保险服务效率和服务质量;在农险市场监管上,搭建全国农业保险大数据平台,统筹管理涉及农业保险的所有相关信息,开展保险数据和农情灾情数据的对接与共享,实现农业保险业务实时监测和全方位监管。另外,借鉴美国农业保险反欺诈的经验,与科研单位合作组建中国农业保险反欺诈研究中心,利用科技手段和海量数据来监测识别农业保险可疑保单,给农险监管配上尖刀利器;推广北京市农业保险承保全流程电子化的经验,在承保公示环节通过短信验证和电子链接的方式,将农业保险承保信息发送到被保险人手机终端,使被保险农户即便出外打工也能够对保单信息进行校验,既保证了农民的知情权,降低了保险公司的营运成本,又发挥了广大农户的监督作用。利用现代科技手段,提高农业保险监管的及时性和有效性。

参考文献

[1] 中国农业保险保障水平研究课题组. 中国农业保险保障水平研究报告 [M]. 北京:中国金融出版社,2017.

[2] 王克,等. 农业保险保障水平的影响因素及提升策略 [J]. 中国农村经济,2018 (7):34-45.

[3] 庹国柱,张峭. 论我国农业保险的政策目标 [J]. 保险研究,2018 (7):7-15.

[4] 庹国柱,韩志花. 农险经营中值得重视的几个问题——一个农险赔案引发的思考 [J]. 中国保险,2019 (7):31-36.

[5] 郝演苏. 期待确立"保额"在评价体系中的位置 [N]. 金融时报,2015-11-04.

[6] Mahul,O. and C. J. Stutley. Government Support to Agricultural Insurance:Challenges and Options for Developing Countries [R]. Washington D. C,The World Bank,2010.

农业大灾保险试点评估与建议 [*]

国务院发展研究中心金融研究所

摘要：农业大灾保险试点取得了较为显著的成效。一是保险金额提升较为明显，部分地区保险责任有所拓展，保障程度提高较为显著；二是与同期非大灾保险相比，大灾保险赔付率提高较为显著，赔付水平提升较为明显，受灾农户得到了更高的赔偿，获得感有所提升；三是调动了适度规模经营主体投保的积极性；四是调动了地方政府开展大灾保险的积极性；五是财政支持作用进一步显现。但农业大灾保险试点在运行过程中尚存在一些突出问题：参保范围的确定标准有待完善；财政补贴的差异化不够；市场准入退出机制不完善；风险与保险费率不匹配，造成逆向选择和交叉补贴；大灾保险内涵有待拓展，经营模式创新有待加强。建议在扩大试点范围的同时，要着力优化和完善政策和制度设计：确定参保范围标准要兼顾各县之间农户经营规模的差异，建立适度规模经营农户标准的动态调整机制；提升保费补贴的差异化程度，明确取消县级补贴；完善市场准入机制和退出机制，实现农业保险市场的适度竞争；组织研究风险区划，进行费率分区，实现风险与费率的匹配；丰富大灾保险内涵，创新经营模式，推动我国农业保险实现高质量发展。

关键词：大灾保险；经营模式创新；高质量发展

一、农业大灾保险试点背景和内容

为贯彻落实 2017 年《政府工作报告》和国务院常务会议要求，创新农业救灾机制，助力现代农业发展和农民增收，财政部牵头会同农业农村部、银保监会组织开展了农业大灾保险试点。

———————————

[*] 本文为财政部预算评审中心委托国务院发展研究中心金融研究所课题的部分研究成果。感谢财政部预算评审中心、财政部金融司、农业农村部计划财务司、银保监会财产保险部、农业大灾保险主要经办机构和部分行业专家对研究的大力支持。感谢吉林省财政厅、银保监局、农业农村厅、农业保险领导小组及九台区、公主岭财政局、河南省财政厅、银保监局、农业农村厅及永城市、固始县财政局、吉林和河南经办机构代表、农村新型经营主体代表对调研的支持。

作者简介：课题负责人为张丽平（国务院发展研究中心金融研究所副所长、研究员），课题组成员包括：田辉（国务院发展研究中心金融研究所保险研究室主任、研究员），薄岩（国务院发展研究中心金融研究所办公室副主任、助理研究员），高蕊（国务院发展研究中心金融研究所实习生、中国社会科学院研究生院博士研究生），课题协调人和报告执笔人为朱俊生（国务院发展研究中心金融研究所保险研究室副主任、教授、博士生导师）。

（一）试点背景

李克强总理在 2017 年《政府工作报告》中明确提出，在 13 个粮食主产省选择部分县市，对适度规模经营农户实施大灾保险，调整部分财政救灾资金予以支持，提高保险理赔标准，完善农业再保险体系，以持续稳健的农业保险助力现代农业发展。2017 年 4 月 26 日，国务院第 170 次常务会议审议通过了实施大灾保险试点的汇报，并对试点进行总体部署。2017 年 5 月，财政部会同农业农村部和银保监会研究制定了《13 个粮食主产省农业大灾保险试点工作方案》，并印发了《关于开展粮食主产省大灾保险试点的通知》（财金〔2017〕43 号）。为了配合做好试点工作，农业农村部印发了《农业部办公厅关于做好粮食主产省农业大灾保险试点工作有关事宜的通知》（农办财〔2017〕38 号），要求试点省农业部门发挥行业部门作用和优势，协助选择试点县，合理确定适度规模经营农户标准，积极参与保险产品方案制定，配合做好政策宣传。

（二）试点内容

1. 政策目标

在 13 个粮食主产省开展农业大灾保险试点，是为了深入推进农业供给侧结构性改革，推动农业保险"扩面、提标、增品"，加大对适度规模经营农户的农业保险支持力度，提供多元化产品供给，提高保险保障水平和赔付金额，进一步增强适度规模经营农户防范和应对大灾风险的能力，促进现代农业发展和农民增收，更好地维护国家粮食生产安全。

2. 试点期限和保险标的

为总结试点经验，尽快形成可推广、可复制的农业大灾保险模式，试点期限暂定为 2017 年和 2018 年，试点保险标的首先选择关系国计民生和粮食安全的水稻、小麦、玉米三大粮食作物。

3. 试点地区

农业大灾保险试点选择在河北、内蒙古、辽宁、吉林、黑龙江、江苏、安徽、江西、山东、河南、湖北、湖南、四川 13 个粮食主产省的 200 个产粮大县开展。其中，粮食产量位居全国前三的黑龙江、河南、山东各选择 20 个试点县，其余省份各选择 14 个试点县。试点县名单由各省份自行确定，原则上应具备较好的农业保险工作基础、生产经营以适度规模经营农户为主、具有较强的代表性。

4. 参保范围

适度规模经营农户的具体标准，由各省份根据中共中央办公厅、国务院办公厅《关于引导农村土地经营权有序流转发展农业适度规模经营的意见》（中办发〔2014〕61 号）有关精神，结合当地实际情况予以确定，原则上适度规模经营农户的经营规模应为当地户均承包地面积的 10～15 倍。

5. 保障水平

在试点地区将试点县的农业保险基本保障金额按规定覆盖直接物化成本的基础上，开发面向适度规模经营农户的专属农业大灾保险产品，保障水平覆盖"直接物化成本＋地租"，提高保险赔付金额，增强适度规模经营农户应对农业大灾风险的能力。保险标的在生长期内所发生的直接物化成本和地租，按照最近一期价格等相关主管部门发布或认可的数据执行。

6. 补贴标准

在农户自缴保费比例总体不变的基础上，以取消县级财政保费补贴为目标，进一步提高中央财政保费补贴比例。对试点县面向全体农户的、保险金额覆盖直接物化成本部分的基础农业保险保费，在省级财政至少补贴 25％ 的基础上，中央财政对中西部地区补贴 47.5％、对东部地区补贴 45％；对试点县面向适度规模经营农户的、保险金额覆盖地租成本部分的专属农业保险保费，中央财政对中西部地区补贴 47.5％、对东部地区补贴 45％。

二、农业大灾保险试点总体成效较为显著

在中央财政支持下，农业大灾保险试点取得了较为显著的成效。

（一）保障程度明显提高

1. 保险金额大幅提升

在试点前，三大粮食作物平均保额为 426 元/亩，占平均物化成本 437 元/亩[①]的 97％，占全部生产成本 1 094 元/亩的 39％，远不能满足农民特别是适度规模经营农户的风险保障需求。农业大灾保险为广大农户特别是适度规模经营主体提供了更加多元化的产品供给，保障水平覆盖"直接物化成本＋地租"，大大提高了保险金额。试点县水稻、玉米、小麦三大粮食作物亩均保额 800 元左右，保障程度提升了 88％，是物化成本的 1.83 倍，约为完全成本的 73％。

其中，水稻大灾保险每亩保险金额为 613.3 元（吉林）～1 520 元（河北），平均每亩保险金额为 900 元左右，相较于普通农户物化成本保险增幅为 103％（表 1）；小麦大灾保险每亩保险金额为 450 元（湖北）～1 000 元（河北、江苏），平均每亩保险金额为 700 元左右，相较于普通农户物化成本保险增幅为 52％（表 2）；玉米大灾保险每亩保险金额为 413.3 元（吉林）～1 000 元（江苏），平均每亩保险金额为 700 元左右，相较于普通农户物化成本保险增幅为 80％（表 3）。保险金额的大幅提高有效增强了适度规模经营农户遭遇大灾后恢复生产的能力。

[①] 三大粮食作物承保数据来源于国家发展改革委员会发布的《全国农产品成本收益资料汇编 2018》。

表 1   试点地区水稻大灾保险的保险金额

单位：元

试点地区	每亩保险金额	每亩物化成本	每亩地租
河北	1 520	620	900
内蒙古	1 000	500	500
辽宁	940	590	350
吉林	613.33	346.67	266.67
黑龙江	940	466.98	469.04
江苏	1 100	400	700
安徽	800	406	394
江西	700	400	300
山东	1 100	650	450
河南	673	487	186
湖北	700	459	300
湖南	800	—	—
四川	700	400	300

资料来源：财政部金融司；评估组调研资料。

表 2   试点地区小麦大灾保险的保险金额

单位：元

试点地区	每亩保险金额	每亩物化成本	每亩地租
河北	1 000	500	500
内蒙古	900/600	500/200	400
辽宁	590	240	350
吉林	—	—	—
黑龙江	520	223.17	293.57
江苏	1 000	—	—
安徽	650	367	283
江西	—	—	—
山东	900	466.96	450
河南	745	447	298
湖北	450	333	150
湖南	—	—	—
四川	600	300	300

资料来源：财政部金融司；评估组调研资料。

注：内蒙古的对应数据列式方式为水地/旱地，"每亩保险金额"的列式 900/600 表示水地为 900 元/亩，旱地为 600 元/亩。"每亩物化成本"与之类似。

表 3　试点地区玉米大灾保险的保险金额

单位：元

试点地区	每亩保险金额	每亩物化成本	每亩地租
河北	700	400	300
内蒙古	900/700	500/400	400/300
辽宁	720	370	350
吉林	413.33	280	133.33
黑龙江	670	321.23	344.17
江苏	1 000	—	—
安徽	550	282	268
江西	—	—	—
山东	850	406.65	450
河南	—	—	—
湖北	—	—	—
湖南	—	—	—
四川	700	400	300

资料来源：财政部金融司；评估组调研资料。

注：内蒙古的对应数据列式方式为水地/旱地，"每亩保险金额"的列式 900/700 表示水地为 900 元/亩，旱地为 600 元/亩。"每亩物化成本"与之类似。

2. 部分地区保险责任有所拓展

内蒙古、江苏、山东、湖北、江西等省份分别增加了高温热害、低温冻害、干热风等保障责任，江西还增加了蓄洪损失。

(二)赔付水平明显提升

1. 与同期非大灾保险相比，大灾保险赔付率显著提高

2018 年试点县农业保险简单赔付率约为 83%，超出全国农业保险平均简单赔付率近 9 个百分点。部分试点地区出现超赔，内蒙古小麦、安徽小麦和山东玉米保险赔付率分别达到 151.32%、115.41% 和 119.66%。部分试点省的数据显示，与非大灾保险业务相比，大灾保险试点业务赔付率提高幅度为 50%～100%。其中，河南省 2017 年度秋季播种的小麦大灾保险赔付率为 79%，较同期非大灾保险提高了 30 个百分点。黑龙江 2017 年和 2018 年水稻大灾保险赔付率分别为 96% 和 115%，分别较同期非大灾保险赔付率提高了 45 和 63 个百分点。安徽 2017 年秋季播种的小麦大灾保险赔付率为 134%，较同期非大灾保险提高了 75 个百分点；2018 年夏季播种的玉米大灾保险赔付率为 205%，较同期非大灾保险提高了 80 个百分点。

2. 受灾农户得到了更高的赔偿，参保后的获得感显著提升

例如，某保险公司在吉林省的经营数据显示，在相同损失程度下，农业大灾保险比成本保险的赔款大幅提高，其中玉米保险亩均赔款提高了 47%，水稻保险亩均赔款提高了 67%。2018 年，吉林省农安县三盛玉乡四道岗村 5 户新型经营主体自缴保费 3.29 万元，参保玉米 193 公顷，因灾获得赔款 31.4 万元，赔款金额为自缴保费的 9.5 倍；永安乡永安村一农户，自缴保费 0.77 万元，参保玉米 45.2 公顷，因灾获得赔款 19.62 万元，赔款金额为自缴保费的 25 倍。

(三) 调动了适度规模经营主体投保积极性

由于保障水平显著提高，农业保险对适度规模经营主体的吸引力明显增强。试点县三大粮食作物保险覆盖面达到 80% 以上，较全国平均水平高出 15 个百分点。适度规模经营主体投保面积占试点县总投保面积的比重由 2016 年的 17% 提高到 2018 年的 25%，部分地区适度规模经营主体承保覆盖面超过 90%。2017—2018 年，人保财险在 13 个粮食主产省共 153 个县开展大灾保险试点，占全部试点县的 77%，其提供的数据显示，参保的适度规模经营农户数量从 2017 年的 20 186 户次提高至 2018 年的 68 043 户次。

另外，大灾保险试点将家庭农场、专业大户、农民合作社等适度规模经营主体作为重点扶持对象，有助于引导农业生产向规模化、集约化发展，提升适度规模经营水平。数据显示，部分试点地区户均投保面积明显增加。比如，湖北省试点县户均投保面积由 2016 年的 9.97 亩增加到 2018 年的 15.75 亩，增长 58%。

(四) 调动了地方政府开展大灾保险的积极性

在中央财政提高保费补贴比例的支持下，大部分省份取消了市、县级财政补贴，部分省份虽未取消但也大幅下调了市、县级财政补贴比例（表 4）。200 个试点县县级财政补贴比例由 2016 年的 6% 下降至 2018 年的不到 3%，县级财政补贴压力明显降低。比如吉林、内蒙古全部取消了大灾试点地区的市、县两级财政补贴比例，辽宁市、县财政补贴比例由试点前的 15% 降低至 5%。取消试点地区市、县财政保费补贴，在很大程度上解决了产粮大县财政配套能力不足的问题，增强了地方政府开展农业大灾保险的意愿。

表 4　试点地区各级财政补贴与农户自缴比例

单位：%

试点地区	财政补贴比例				农户自缴
	中央财政	省级财政	市级财政	县级财政	
河北	47.5	32.5	0	0	20
内蒙古	47.5	32.5	0	0	20
辽宁	45	30	5		20
吉林	47.5	25	0	0	27.5
黑龙江	47.5	25		7.5	20

（续）

试点地区	财政补贴比例				农户自缴
	中央财政	省级财政	市级财政	县级财政	
江苏	45	25	0	0	30
安徽	47.5	30/25	2.5	7.5	20
江西	47.5	25	0	7.5	20
山东	45	30	5	0	20
河南	47.5	32.5/30	0/2.5	0	20
湖北	47.5	30	0	0	22.5
湖南	47.5	32.5	0	0	20
四川	47.5	27.5	0	0	25

资料来源：财政部金融司。

注：①江苏的对应数据列式方式为2017年/2018年。②安徽省对皖北三市和十县中的7个试点县省财政补贴比例为30%，其他地区为25%。③河南省级财政、市级财政数据列式方式为财政直管县/非财政直管县。

（五）财政支持作用进一步显现

2017—2018年，中央财政共承担大灾保险试点保费补贴33.74亿元，占比46.34%；地方财政承担保费补贴23.94亿元，占比32.88%；农户自缴保费15.13亿元，占比20.78%（表5）。其中，2018年中央财政承担保费补贴18.93亿元，带动实现保费收入40.60亿元，较2016年增加12.32亿元，增长44.56%。在财政的有力支持下，大灾保险提供风险保障3 400多亿元，中央财政补贴资金放大约180倍。

表5　农业大灾保险试点保费补贴构成情况表

单位：万元

		2016年	比重	2017年	比重	2018年	比重	合计	比重
中央		118 118	41.76%	148 028	45.98%	189 342	46.63%	337 369	46.34%
地方		103 442	36.57%	106 889	33.20%	132 464	32.62%	239 353	32.88%
	其中：省级	82 014	29.00%	92 742	28.81%	115 292	28.40%	208 034	28.58%
	市级	5 365	1.90%	4 781	1.48%	4 990	1.23%	9 771	1.34%
	县级	16 064	5.68%	9 367	2.91%	12 181	3.00%	21 548	2.96%
农户		61 265	21.66%	67 045	20.82%	84 217	20.74%	151 262	20.78%
合计		282 825	100.00%	321 962	100.00%	406 023	100.00%	727 985	100.00%

资料来源：财政部金融司。

三、农业大灾保险试点存在的主要问题

农业大灾保险试点在取得显著成效的同时，在政策设计、组织实施等方面还有进

一步完善的空间。

（一）政策的受益面有限，试点范围亟须拓宽

截至 2018 年底，农业大灾保险试点区域仅为 13 个粮食主产省的 200 个产粮大县，试点县数量仅占试点省份产粮大县总数量的 20%～25%，大量具有类似风险保障需求的产粮大县尚未纳入试点范围，政策的受益面有限。

（二）参保范围易受地方财政补贴压力的影响，难以适应农户经营规模的巨大差异

总体来看，各试点省份结合当地实际情况确定适度规模经营农户的具体标准（表6）。河北、辽宁、湖南等 3 省标准为 100 亩以上；安徽、山东、河南、江苏、江西等 5 省标准为 50 亩以上；吉林省为 300 以上；湖北、黑龙江、内蒙古等 3 省没有制定统一标准，由试点县确定；四川针对不同地区（是否位于成都平原）种粮大户、合作社等不同类型的适度规模经营主体制定了不同标准，从 30～500 亩不等。各省份参保范围的确定标准较为充分地体现了促进农业适度规模经营的政策导向，但尚存在两个问题：

一是个别省份受制于地方财政补贴的压力，将适度规模经营户的标准定得较高，降低了农业大灾保险的覆盖面。

二是大多数省份统一确定各试点县的适度规模经营户的标准，难以适应各地农户承包面积的较大差异。

表6 适度规模经营农户的界定标准

单位：亩

试点地区	适度规模经营农户农地面积下限
河北	100
内蒙古	在试点旗县范围内，适度规模经营主体单一标的种植面积不低于当地户均承包耕地面积的 10～15 倍，且地块支付地租的可以投保，盟市可以根据自身情况适当提高面积要求。
辽宁	100
吉林	300
黑龙江	150～700 亩
江苏	50
安徽	50
江西	50
山东	50
河南	50
湖北	种植面积需高于当地户均耕地面积（以 2016 年湖北农村统计年鉴为准）的 10 倍（含）以上，投保时须提供真实有效的土地来源合同或证明
湖南	100
四川	30～500 亩

资料来源：各省农业大灾保险试点方案；评估组调研资料。

（三）保险金额仍偏低，保险合约的缺陷影响了保障水平提升

一是大灾保险的保险金额虽然提高较为显著，但仍不足以有效覆盖实际生产成本。在实践中，各省确定保险金额时通常综合考虑平均物化成本、地租与地方财力等因素。一方面，由于不同试点县物化成本和地租存在较大的差异，为了减少道德风险，试点省份大都取中等偏下的水平，作为确定保险金额的基础；另一方面，保险金额越高，地方需要配套的保费补贴越多，为了减缓地方财政保费补贴压力，部分试点省份倾向于控制保险金额水平。这些因素使得各省份确定的保险金额仍然偏低。与三大粮食作物平均 1 094 元/亩投入相比，目前大灾保险保障程度仍不足以完全覆盖全部生产成本。有些省份大灾保险的保额仅占全部生产成本的一半左右，如河南水稻每亩保额 673 元、湖北小麦每亩保额 450 元、辽宁小麦每亩保额 590 元、安徽玉米每亩保额 550 元，保额与全部投入成本的差距较大，还需进一步提高。

二是分阶段赔付的方法影响了保障水平提升。大灾保险采用分阶段赔付的办法，即依据农作物受损时所处的生长阶段对农业保险保额进行调整。在现有农业保险合约下，保额的提高并不必然带来农业保险保障水平的提升。[1]

三是保险条款中不允许设置绝对免赔，[2] 降低了大灾保险对于较大灾害损失的赔付水平。不允许设置绝对免赔，降低了获赔门槛，使得大灾保险的赔付呈现"高获赔概率、低保险赔付"的特征，既不利于发挥保险转嫁发生概率小、损失程度较大的风险的效率优势，也难以满足规模经营主体对"低获赔概率、高保险赔付"的保障需求。

（四）财政补贴的差异化不够，不合理的保费补贴拨付机制带来应收保费风险

一是中央财政补贴的差异化仍然不够充分。这造成部分省份地方财政保费补贴资金配套压力较大，从而难以有效提高保险金额、扩大承保规模以及取消县级财政补贴。例如，黑龙江省一方面耕地面积大，玉米、小麦、水稻三大作物耕地面积 1.8 亿亩，地方配套保费补贴压力大；另一方面，黑龙江地方财政困难，2017 年财政自给率仅为 27%，支出主要依靠转移支付。全省 76 个市县有 64 个享受省均衡性转移支付，28 个国家和省级贫困县中有 27 个是产粮大县。受财力的约束，黑龙江三大作物大灾保险的保险金额相对较低，并维持了较高的县级财政补贴比例（7.5%），在很大程度上影响了农户参保和地方政府扩面的积极性，从而不利于政策的有效落地。

---

① 依据我国现有农业保险合约，保额和农户是否能够获得农业保险赔付是相互独立的两个变量，提高保额能否提升农业保险保障水平与农户所在地区的初始风险环境有关。如果农户所在地区为高风险环境，农户获赔概率高，则提高保额会提升农业保险保障水平；反之，如果农户所在地区为中低风险环境，农户获赔概率不高，而农户缴纳的保费相应增加，就很有可能不会提升农业保险保障水平。

② 2015 年，原中国保监会、农业部、财政部联合下发《关于进一步完善中央财政保费补贴型农业保险产品条款拟订工作的通知》，明确要求取消农业保险绝对免赔。

二是保费补贴拨付机制不合理，出现大量的应收保费。为满足事权财权匹配原则，中央和省的财政补贴要拨付到县，再由县财政拨付到公司。由于各县财政状况不同，一些财政紧张县长期不拨付资金，有的长达几年，导致保险经办机构应收保费快速增加。2018 年底，某市场主体应收保费达 4.57 亿元，占总保费收入的 18%，其中存续 1 年以上的应收保费高达 1.54 亿元。大量的应收保费不仅大幅减少公司可运用资金与现金流，影响公司经营，而且有可能会积累成地方政府债务风险。另外，补贴时间普遍滞后于保险责任承担期间，造成保险公司提前垫付赔款，大量占用企业资金。

（五）市场准入机制不明确，招标不规范造成竞争失序，退出机制不完善

一是市场准入机制不明确。2015 年，根据《国务院关于取消和调整一批行政审批项目等事项的决定》的要求，农业保险业务经营资格行政审批事项被取消。此后，农业保险市场适度的准入机制一直没有有效建立起来，不利于维护公平有序的市场秩序。

二是招标不规范造成了寻租和不正当竞争。各试点地区主要通过招标的方式确定大灾保险的经办主体。通过招标，新的主体不断进入，有利于促进竞争和增强市场活力，但招标规则存在缺陷，造成了寻租和不正当竞争。首先，招标的层次过低。一些试点地区在县一级招标，农业保险市场准入掌握在县级政府层面，缺乏有效约束。其次，招标的条件与对经办主体的选择标准不太客观。对大灾保险经办机构的能力研究不足，没有形成统一的基础标准，使得招标易受人为操作、主观偏好和自由裁量权的影响。再次，对经办大灾保险的主体数量缺乏必要的限制。某试点省已实现招投标的县区，经营主体不超过 2 家仅占全部县区的 21%，3 家以上的近 80%，而经营主体 5 家以上的占比达 46%。有的县招 6、7 家经办机构，造成农业保险经营主体过多，既诱发各种恶性竞争，又造成市场主体重复投入，带来资源浪费。最后，经办期限偏短。一些试点地区每年招标，造成经办主体缺乏稳定的预期，诱发短期行为，使得经办主体不愿意长期投入，不利于提升对参保农户的服务水平。

三是没有建立硬性的市场退出机制。一些地区对于违法违规机构初步建立了退出惩戒机制，但近年来却没有任何一家公司被查处退出市场，没有很好发挥市场约束作用，部分地区甚至出现了劣币驱逐良币的现象，造成市场无序竞争，市场运行成本高企，承办机构行为短期化严重，最终导致财政资金的浪费。

（六）保险费率与风险不匹配，造成逆向选择和交叉补贴

一是大灾保险试点业务风险与保险费率不匹配。大部分省份采用了与成本保险产品相同的费率，部分试点地区针对适度规模经营农户专属大灾保险产品适当下调了保险费率。其中，山东将玉米和水稻分别由 4.29% 和 4.62% 下调至 4.24% 和 4.55%，四川将水稻、玉米和小麦分别由 4.5%、3.4% 下调至 4%、3%，黑龙江将水稻、小

麦、玉米费率分别下调至 4.79％、7.69％和 7.46％（表7）。而适度规模经营主体具有种植面积相对集中、不宜分散风险、防灾减损的成本高等特点，其风险与小农户存在相当的差异，这使得费率与风险不尽匹配，不利于大灾保险的可持续发展。

二是试点省内统一费率与县域风险不匹配。13 个粮食主产省中，除了内蒙古和辽宁外，大灾保险试点对于本省内的同一作物基本采用了相同费率（表7），不适应各试点省 14～20 个试点县在种植条件和自然风险等方面存在的明显差异，造成农户的逆向选择以及各试点县之间的交叉补贴。

表7 试点地区保险费率

单位：％

试点地区	水稻		小麦		玉米	
	2016	2017/2018	2016	2017/2018	2016	2017/2018
河北	5	5	4	4	6	6
内蒙古	—	4	—	6（水地）/8（旱地）	—	6（水地）/8（旱地）
辽宁	8	8	10/11	10/11	10/11	10/11
吉林	—	8	—	—	—	10
黑龙江	5.32～6.82	4.79	8.18～8.33	7.69	7.81～9.68	7.46
江苏	4	4	4	4	4	4
安徽	6	6	4.5	4.5	6	6
江西	6	5	—	—	—	—
山东	4.62	4.55	4	4	4.29	4.24
河南	6/6.5	6	6/6.5	6	—	—
湖北	7	6	—	6	—	—
湖南	5	5	—	—	—	—
四川	4.5/4	4.5/4	3.4/3	（3.4/3）/（2.72/2.4）	4.5/4	4.5/4

资料来源：财政部金融司；评估组调研资料。

注：①辽宁小麦、玉米保险费率 10％/11％ 是按地区划分的，保费 10％ 的地区包括沈阳、鞍山、抚顺、本溪、丹东、营口、辽阳、盘锦；保费 11％ 的地区包括锦州、铁岭、阜新、朝阳、葫芦岛。②四川小麦 2017、2018 年保险费率不同，分别为 3.4％/3％、2.72％/2.4％。

（七）超赔风险分散方式较为有限，多层次大灾风险分散机制有待完善

规模经营主体经营品种单一、风险集中度高，在理赔时博弈和议价能力更强，造成部分地区的大灾保险试点业务比非大灾保险业务的赔付率大幅提高。目前市场主体主要通过保险机构计提大灾准备金、商业再保险等方式分散超赔风险，难以有效应对大灾风险，亟须完善多层次大灾风险分散机制。

（八）大灾保险内涵有待拓展，经营模式创新有待加强

从试点地区的实践看，大灾保险与成本保险的区别主要体现为保险金额提高，内

涵有待拓展。同时，大灾保险的经营模式与成本保险类似，创新不足。

一是没有体现出大灾保障的真正意义。大灾保险在理赔模式上与成本保险雷同，仍然是有灾就赔的无门槛式赔付，大量的赔款支付给低成数的灾害损失，没有充分地体现出保大灾的真正意义。

二是业务流程复杂，成本高昂。和成本保险类似，大灾保险业务流程复杂，承保理赔过程多达 50 多个环节。而由于参保标准的限制，大灾保险的投保手续比成本保险更为繁琐。经办主体需事先筛选，分别按大户、小户进行两次填表收费，有的地方则需要按照大灾和成本保险分别出单。同时，适度规模经营主体投保大灾保险，一些省份还要求额外提供经农经部门备案的土地流转合同、权属证明材料及小麦直补两级证明等资料。这使得大灾保险操作手续繁琐，不仅在一定程度上影响了农户投保的积极性，而且使保险公司耗费大量人力物力，并容易滋生违规操作问题。

三是承保与理赔仍然主要依靠政府的行政推动。由于对地方政府相关部门的行政权力约束不够以及保险公司自身内控不足，造成一些地方虚假承保、虚假理赔和虚假费用等违规问题突出。

四、完善农业大灾保险试点的政策建议

为期两年的农业大灾保险试点，较好地满足了适度规模经营主体的风险保障需求，有效提升了农业保险的吸引力和农户获得感。建议扩大试点范围，并进一步优化相关政策，推动农业保险创新和高质量发展。

（一）扩大试点范围，尽快实现产粮大县的全面覆盖

为提升农业保险保障能力，使农业大灾保险政策惠及更多的产粮大县，应扩大大灾保险试点范围，尽快实现产粮大县的全覆盖。

（二）坚持承保适度规模经营主体，完善参保范围的界定标准

一是继续坚持承保适度规模经营主体，体现农业大灾保险促进农村规模化经营的政策导向。同时，对小农户加强政策解释，避免同一区域同一险种因保费及灾后赔偿标准的不一致而产生纠纷与矛盾。

二是合理确定适度规模经营农户标准。坚持"适度规模经营农户的经营规模应为当地户均承包地面积的 10～15 倍"的原则，落实时兼顾各县之间农户经营规模的差异，由试点县先结合当地实际提出适度规模经营户的具体标准，再由省财政厅会同农业农村厅核准。同时，要建立适度规模经营农户标准的动态调整机制。在实践中，如果种植面积达不到参保范围标准的农户普遍有较高的投保意愿，可以适当降低参保范围的标准，满足其风险保障需求。

（三）提高保险金额，完善保险合约，提升保障水平

一是继续提高农业大灾保险的保险金额。要使保险金额逐步达到"物化成本＋地租"的水平，提高保障程度，进一步增强农户抵御风险的能力。为此，在同一个省份的不同试点县，保险金额的确定要有差异化，充分反映各地不同的物化成本与地租水平，并随着成本和地租的增长建立保险金额的动态调整机制。

二是取消或提高分阶段赔付系数。在其他因素保持不变的情况下，取消或提高农业保险分阶段赔付系数会明显提升农业保险保障水平。同时，分阶段赔付规定可操作性不强，在实践中难以严格执行，而且不能有效激励农户在农作物早期受灾后积极补种，有悖于保障国家粮食安全的目标。因此应取消分阶段赔付规定，或参照美国农业保险中的"补种安排（re-planting）"条款对其进行调整。[①]

三是允许设置绝对免赔。设置绝对免赔，有助于大灾保险从目前的"高获赔概率、低保险赔付"模式向"低获赔概率、高保险赔付"模式转变，使得规模经营主体在遭受概率较低、但损失程度较大的风险时能够获得较高水平的赔偿。

（四）提升保费补贴的差异化程度，明确取消县级补贴，优化补贴拨付机制

一是实施更大力度的差异化补贴政策。中央财政的补贴比例要充分考虑各地经济和社会发展水平的差异，加大对耕地面积大、粮食产量多、粮食商品化率高、地方财政困难省份的补贴力度。可以按照农业生产、财政状况等多种因素制定科学客观的公式，进行差异化补贴，对粮食大省和财政小省适当增加农业保险保费补贴的转移支付，缓解其财政配套压力，激发农业大省发展农业保险的积极性。

二是明确取消县级财政保费补贴。增强产粮大县大灾保险推广积极性，扩大大灾保险覆盖面，促进现代农业发展和农民增收。

三是优化保费补贴拨付机制。为了遏制应收保费的快速增长及其带来的巨大风险，要提高财政补贴资金的配套效率，探索将中央和省级财政补贴直接补贴经办机构，或对保费补贴专户实行动态监控，支出必须经过财政厅、财专办审核同意。

（五）完善市场准入机制，完善招标规则，探索共保机制，完善市场退出机制

一是完善市场准入机制。要构建财务指标体系，作为市场准入的基本条件。在这方面，美国农业保险经营主体的市场准入经验值得借鉴。在美国，有意愿经营农险的

---

① 在美国，"补种安排"条款的目的是鼓励农场在灾后恢复再生产。在美国农业部风险管理局颁布的《农业保险核灾定损通用手册》（Loss Adjustment Manual Standards Handbook）以及具体作物保险的核灾定损手册（如 Corn Loss Adjustment Standards Handbook）中都明确规定，在最早可播种日期之后种植的农作物在生长期间如发生严重灾害导致农作物受损严重，保险公司评估后认为可以补种的，农户必须补种；此时保险公司按照保障产量的 20％或基于给定单产水平（8 蒲式耳/英亩）计算的保障产量之中较小者进行赔付，赔付金额在总保额中扣除，保单依然有效，农场复种的农作物仍受农业保险的保护。

公司需要获得风险管理局的批准，与其签订标准再保险合同，被授权提供联邦农作物保险服务，这样的公司被称为 AIPs（Approved Insurance Providers）。AIPs 必须满足 10 余项财务标准与 A. M. Best 保险评级。RMA 在每个再保险年度都会更新各州批准经营农业保险的公司（AIPs）名单。各州的 AIPs 的数量一般是不同的，保险公司在各州经营都需要获得批准。在 2020 年再保险年度，一共有 14 家 AIPs 经营联邦农作物保险，11 家 AIPs 经营联邦畜牧业价格保险。

二是完善招标规则，实现农业保险市场的适度竞争。首先，要提高招标层次。大灾保险试点的经办权可以由省级统一招标。由试点省份在白名单中选择确定试点经办机构。其次，规范经办机构选择标准。农业保险管理部门要加强对大灾保险经办机构能力的评估和研究，充分考虑保险机构大灾保险服务供给能力、操作合规性、专业管理水平、创新服务能力、承保理赔能力等绩效指标，形成统一的基础标准，避免招标中的人为操作。再次，适当限制县级经办主体的数量。根据试点地区种植面积的大小，合理确定经办机构的数量。原则上，可以将每个县的经办机构限定在 2 家以内，促进经办主体建设服务网络，提高服务质量。最后，稳定市场主体经营期限。经办期限至少不低于 3～5 年，试点期间，如无特殊原因，不更换经办机构，以稳定市场主体的经营预期，促进经办机构加强基础投入，降低市场运行成本。

三是探索建立多家经营主体共保机制。主承保公司负责搭建大灾保险服务平台，统一制定承保理赔服务标准，安排分保等相关事项，其他公司按照区域提供同等保险服务。同时，在共保体内部引入竞争机制，根据公司经营大灾保险的效率与质量动态调整市场份额。

四是完善市场退出机制。建立和完善对农险经办机构的绩效评价、服务评估、群众评议、违规惩戒等机制，限制违法违规机构开展农险业务，减少服务水平低的机构的经营区域，通过经办权和市场份额的调整，促进经办机构依法经营、提升服务水平。

（六）研究风险区划和费率分区，实现风险与费率的匹配

一是根据适度规模经营主体的生产风险特点，动态调整大灾保险费率。规模化与专业化生产经营使得新型农业经营主体的种植品种较为单一，风险集中度高于传统小农户，大灾保险的费率要与适度规模经营主体的风险相匹配。

二是组织研究风险区划，进行费率分区。各试点省要根据不同试点县风险程度的不同，实行差异化费率，避免逆选择与交叉补贴。

（七）以设立中国农业再保险公司为契机，完善多层次大灾风险分散机制

一是督促保险机构落实农业保险大灾风险准备金制度，及时足额计提大灾风险准备金，增强应对农业大灾风险能力。

二是完善市场化再保险安排。充分利用再保险风险保障及大灾风险管理功能，有

效转移大灾风险，平滑市场主体年际间的经营波动。

三是以设立中国农业再保险公司为契机，完善农业保险再保险体系，提高再保险能力，建立财政支持的农业保险巨灾风险分散机制。

（八）推动大灾保险保障模式转型，构建"基本保障＋附加保障"的多元化农业保险体系

一是推动大灾保险转型为真正保障重大灾害损失的产量保险模式。在目前提高保险金额的基础上，探索实施高起赔、高保额、保大灾的产量保险保障模式，以产量损失作为赔付依据，将其与低保额、低保障、撒胡椒面式的传统成本保险区别开来，使大灾保险真正成为参保农民应对巨灾风险的有效工具。

二是将转型后的大灾保险拓展为针对所有农户的普惠性农业保险。由政府全额补贴保费，提供最基本的风险保障。对普惠性农业保险全额补贴，不仅可以降低承保环节的成本，而且有助于遏制虚假承保、虚假理赔等违法违规行为。

三是以普惠性的大灾保险为基础，构建"基本保障＋附加保障"的多元化农业保险体系。整合成本保险、大灾保险、完全成本保险、收入保险，构建"基本保障＋附加保障"的多元化农业保险体系。在政府全额补贴保费、提供基本保障的大灾保险基础上，农户可以根据需要通过额外缴费购买部分补贴保费、提供更高保障程度的保险产品，满足农户、特别是规模经营主体的多元化需求，兼顾公平与效率。财政则可以对不同保障水平的产品设置不同的补贴比例，保障水平越高，补贴比例则相应越低，以体现市场化导向和公共财政的均等性。

四是鼓励发展指数保险。推动农业保险产品创新，鼓励发展区域产量保险、气象指数保险等指数形态的保险产品，有效降低农业保险在承保、定损以及赔付环节的成本，降低人为干预空间和违规操作风险，保证财政补贴资金安全。

风险管理 VS 收入支持：
我国政策性农业保险的政策目标选择*

刘亚洲　钟甫宁

摘要：近年来农业保险在我国逐渐推广，取得了一些成效；但与此同时有调查发现农业保险的有效需求较低，大多数农民是为了获得政府补贴而购买保险，这与我国农业保险的政策目标（风险管理）相背离。本文通过分析全国 10 个省份小规模农户农业保险获赔的情况，发现我国政策性农业保险在现实中确实不能较好地发挥风险管理功能。农业保险功能发挥与政策目标定位的不匹配会影响到政策实施效果，因此有必要对现有政策目标进行调整完善。从我国小规模农户对农业保险的实际需求以及我国农业发展的迫切问题出发，需要将农业保险的政策目标调整为收入支持；在符合 WTO 相关规定的前提下，我国可以采取合理的方式借助农业保险名义来补贴农业生产。

关键词：农业保险；政策目标；风险管理；收入支持；小规模农户

一、引言

在世界范围内中国是遭受农业自然灾害频次和损失程度最为严重的国家之一，近年来每年大约有 20％左右的农作物会受灾[①]，灾害给农户带来的直接和间接损失十分巨大，威胁着农业的可持续发展和农民收入水平的提高，因此在我国需要采取一定措施来对农业风险进行管理。在众多农业风险管理措施中农业保险近些年来在我国逐渐推广，国内外的相关研究认为农业保险是比较有效的风险管理工具（中国赴美农业保险考察团，2002；Cole，Stein，Tobacman，2014），因此我国一直在不断探索合理的农业保险制度，自 2004 年开始我国积极探索建立政策性农业保险制度[②]，国家在政策层面予以鼓励支持，从 2004—2018 年每年发布的中共中央国务院 1 号文件都对农业保险发展做出具体指导意见。在初期（2004—2006 年）虽然政府部门指导并采取

* 本文原载《农业经济问题》2019 年第 4 期。项目来源：国家自然科学基金（71361140370、71373264）、国家社会科学基金（14ZDA038、17BJY062）的资助。钟甫宁为本文通讯作者。

作者简介：刘亚洲，上海大学经济学院博士；钟甫宁，南京农业大学经济管理学院教授。

① 2007—2016 年《中国农村统计年鉴》。

② 本文主要探讨政策性农业保险，2004 年之前在我国实行的商业性农业保险不在本文探讨范围；同时本文所涉及的农业保险主要是政策性的种植业保险。

措施鼓励发展政策农业保险，但在没有政府财政支持的情况下[①]，农业保险发展徘徊不前（陈文辉，2013），供给不足、需求有限的市场失灵现象依然存在。很多研究认为市场失灵是由于农业保险市场供给和需求双重正外部性（冯文丽，2004；陈璐，2004；Ward，Zurbruegg，2000），在没有政府补贴保费的情况下农业保险市场很难形成（庹国柱，李军，2003；关伟，郑适，马进，2005；Miranda，Glauber，1997；Coble，Barnett，2012）。针对这一现实问题我国中央财政从2007年开始逐步对政策性农业保险保费进行补贴，从2007年至2015年中央财政共拨付保费补贴资金780多亿元，年均增长27%。目前在我国农业保险保费补贴的品种达到15个，2016年财政部出台相关规定对中西部、东部的保费补贴逐步提高至47.5%、42.5%[②]，再加上各地方政府（市、县）的财政补贴，农户实际只需要承担20%左右的保费，最终只要缴纳大约5元/亩。随着财政对保费的补贴增加，农业保险市场逐渐发展，农业保险经营主体日益增多（庹国柱，2017），市场的供给问题逐渐得以解决；在需求方面虽然农户参保数量也在增加，但是从实际以及相关调查中发现小规模经营农户出于风险管理需求来自愿投保比重依然不高，说明农业保险真实的有效需求不足[③]。

理论上，国家给予的保费补贴化解了农业保险市场上的主要矛盾，在保费如此优惠的条件下，农户的参与意愿应该相对较高。那为什么农户在面临农业风险的情况下依然不愿意参加农业保险呢？从中国保险学会的相关调查中发现农户未购买农业保险主要原因是农业保险的保障程度不高，赔款太低购买保险的意义不大；而购买农业保险的农户大多也认为农业保险不能弥补损失。另外，在参与农业保险的农户中只有7.14%是出于"了解到农业保险是补偿损失的有效方法"的原因而购买的保险，购买原因除了村集体宣传动员外农户主要是因为国家提供保费补贴。可以看出农户自愿购买农业保险主要是为了获得国家保费补贴而并非出于风险管理的考虑。从以上现象看出虽然在国家大量补贴下，农业保险市场逐渐形成，但是农业保险似乎没有将农业风险很好转移（只转移了部分物化成本的风险，但随着土地成本和劳动力成本上升，只转移部分物化成本风险对于转移农业整体生产风险略显不足），农业保险风险管理功能实现效果不尽如人意（钟甫宁，2016），这种低保费、低保障的农业保险不能满足农户的需求[④]。

虽然实行农业保险政策最基本和本质的政策目标应该是进行风险管理，但从西方

[①] 虽然在2004年中央1号文件曾对农业保险补贴提出过指导，但是保费补贴是由谁来补、补多少、怎么补却不是很明确，因此补贴政策较难落实。

[②] 资料来源：《关于加大对产粮大县三大粮食作物农业保险支持力度的通知》，中华人民共和国财政部网站. http://jrs.mof.gov.cn/zhengwuxinxi/zhengcejiedu/201601/t20160107_1645771.html.

[③] 中国保险学会发布的《中国农业保险市场需求调查报告》。从调查中发现很多小规模经营的农户参与农业保险是为了获得国家的保费补贴或者是在村集体统一进行投保在村干部动员下购买。另外需要强调的是本文研究的主要是小规模经营的农户，并非大规模农户。

[④] 目前我国农业保险的保障范围主要是种植的物化成本，不能满足农户对于种植"全成本"（全成本包括在种植过程中产生的物化成本、土地租赁成本以及劳动力成本等成本）保障的要求。

发达国家的一些实际做法来看，其实它们并没有将农业保险的政策目标定位为风险管理，而是在 WTO 农业协定相关规定允许的情况下[①]，通过风险管理的名义来实施农业收入支持的目的，这些国家对农业保险的大量财政补贴实质就是在对本国农业进行扶持。目前我国实行的农业保险政策目标定位仍然停留在风险管理的阶段，那么就目前我国农业发展状况，是仍然保持农业保险政策定位为风险管理目标，还是需要对现有农业保险制度进一步完善，效仿西方一些发达国家将其政策目标逐渐转换为收入支持来支持农业发展呢？本文就此问题展开讨论。

二、农业保险的政策目标选择及研究思路

在介绍农业保险政策目标选择之前，需要对政策性农业保险所具有的政策目标进行了解；而政策目标又与农业保险所具备的基本功能相关，因此下文将在了解农业保险基本功能以及与政策目标之间关系的基础上，再对农业保险的政策目标选择方法进行阐述。依据农业保险政策目标的选择方法，之后介绍本文的研究思路。

(一) 农业保险功能与政策目标的关系

从理论上来看，农业保险属于财产保险的一种类型，保险的基本功能是分散风险，因此农业保险在理论上需要发挥的功能是风险管理（黄英君，2009）。在我国农业保险是一种政策性保险，需要政府在政策、资金方面给予大力支持，将一部分财政收入转移到农业当中，增加农户家庭收入以提高其农业生产的积极性，确保我国农业稳定发展（张囯囯，郭洪渊，2013），因而其另外还需要肩负着收入支持的功能。农业保险的政策目标是依据农业保险具有的基本功能来选定的，那么农业保险的政策目标就有两个目标供选择，即风险管理目标和收入支持目标。

农业保险功能与政策目标选择之间存在一定的关系。首先，农业保险的基本功能是相关政策目标选择扶持的对象，也就是说政策目标是依据农业保险的基本功能来选定的，选择其中一个或者几个功能作为政策目标进行扶持；其次，政策目标的选择可以促进农业保险某些功能的实现，理论上当农业保险政策选择了某一个功能来进行扶持时，就会制定相应方案来对这个功能进行资金补贴，最终使该功能得以加强。

在现实中农业保险的功能实现与政策目标选择之间可能存在两种情形：第一种情形是两者相一致，比如农业保险的风险管理功能在现实中起到很大作用，此时的农业政策目标也是风险管理，最终农业保险政策选定的目标功能在相关政策的扶持下得到了很好的实现。第二种情形就是农业保险的功能实现与政策目标选择之间出现了不匹配，也就是农业保险的政策目标主要针对的某一功能在实践中发挥的作用有限，这时

---

① 在 WTO 农业协议中将农业保险归在"绿箱政策"范围内，而"绿箱政策"主要是指那些没有贸易扭曲作用或者贸易扭曲作用非常小的国内支持措施，在 WTO 农业协定中没有限制。

就需要考虑改变政策的目标或者停止政策支持以减少对财政资金的浪费。对于出现农业保险的功能实现与政策目标选择出现不匹配的原因主要可以分为两方面：一方面是农业保险某一功能从理论上来看发挥的作用本来就较小，但政策将这一功能选择为目标进行扶持，实践证明政策实施的效果也较差；另一方面是虽然理论上农业保险某一功能可以发挥的作用应该较大，但是政策没将这一功能作为主要的目标进行扶持，这样也会导致农业保险的功能实现与政策目标选择出现不匹配。

（二）农业保险的政策目标选择过程

上文已经对农业保险的功能与政策目标关系做了分析，在此基础上需要进一步探讨的是如何来选择合适的农业保险政策目标。整体来看，在政策目标选择时需要考虑以下两方面因素：①功能实现因素；②政策实现因素。具体地，农业保险选定的目标应该是从农业保险所具备的几个功能中选定，而选定功能的第一个条件就是在农业保险的实施过程中该种功能可以很好得到发挥作用，否则即使有政策支持其实行效果也较差；第二个条件是全国大部分的农户要对政策选定的目标功能有实际需求，而对没有需求的功能进行扶持实质上是对社会资源的一种浪费；另外，选定的政策目标还应该是政府采取一定政策措施手段能够实现的，即实施难度较小。通过以上两个实现条件的筛选，最终选择出合适的政策目标，使农业保险功能得以充分发挥，达到完善农业保险制度的目的（图1）。

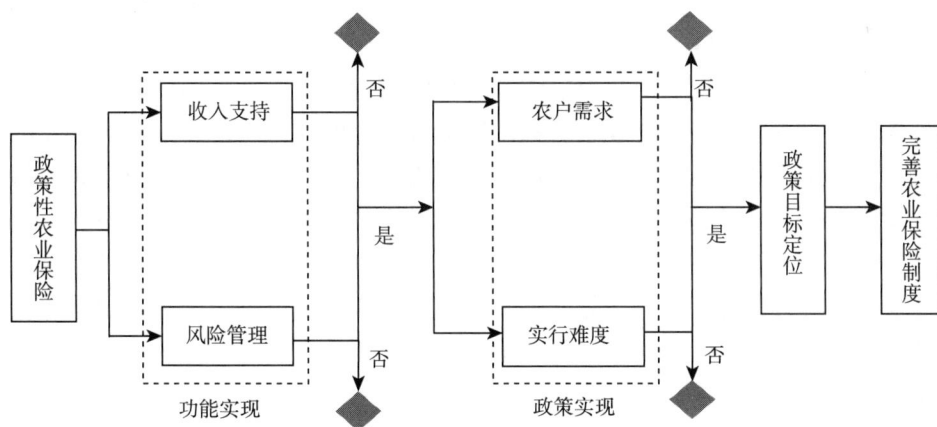

图1　农业保险政策目标选择过程

（三）研究思路

在引言中已经提到我国农业保险政策在运行过程中出现了问题，说明农业保险的政策目标定位可能与农业保险功能的实现之间出现了不匹配。目前我国农业保险政策目标定位为风险管理功能，那么在我国实践当中农业保险发挥风险管理功能的效果如何？这需要结合我国目前农业保险在实行过程中的实际赔偿情况进行分析。农业保险是否能实现风险管理的功能需要从"数量"和"质量"两个方面内容进行考察。在"数量"方面需要考察农业保险赔偿的户数情况，即农业保险赔偿的覆盖率，具体来说就是获得保险赔偿的农户数占参与农业保险总户数的比重，这一比重越高则意味着农户可以通过农业保险分散农业生产中风险的可能性越大，这样农业保险在风险管理中发挥的作用越大。在"质量"方面需要考察获得赔偿的农户所获得的赔偿金数额，获得的赔偿金是否可以起到分散风险的效果。本文采用赔偿金在农户家庭种植业经营净收入的比重和赔偿金在家庭全年净收入的比重来衡量农业保险风险管理功能实现情况[①]。通常情况下都将农户作为一个生产单位进行分析，在我国农户进行风险管理时通常的做法就是进行多元化种植来分散风险，即使农户参加农业保险来分散一部分风险，但通常还是会进行多种经营，当一种作物受到损失时农户可以通过其他种植收入来弥补，从而可以进行再生产。因此可以通过计算农业保险赔偿金占农业经营净收入的比重来看农业保险所起到的风险管理的作用，如果农户获得的赔偿金占农户农业经营净收入的比重越大，那么农业保险所起到的风险管理作用越大，反之则起的作用就越小。除此之外随着我国农村人口流动，很多农户除了传统农业生产外还会进行兼业或者外出务工，家庭收入不断多元化，当农业生产受灾减产后农户也可以通过其他非农收入来弥补损失，那么通过计算农业保险赔偿金占家庭全年净收入比重来评价农业保险在整个家庭经营、工作中所起到的风险管理作用，同样这一比重越大农业保险所起到的风险管理作用就越大。

如果考察农业保险风险管理功能实现效果较好，那么还需要从政策实现的两个方面（农户需求和实行难度）来考察在其实施的过程中会出现何种问题。但是如果农业保险的风险管理功能实现效果较差，继续将风险管理作为农业保险的政策目标予以实施，将会造成效率损失，使得政策目标难以实现。这时应该考虑转换农业保险的政策目标，为了保证政策目标实现的可能性，首先需要了解目前我国农民对于农业保险的现实需求是什么，如果是收入支持，那接下来就需要考虑农业保险的政策目标是否应该像西方一些发达国家将其转变为收入支持。当农业保险政策目标转变为收入支持时，还需要确保的是收入支持功能能够有效发挥作用，采取一定措施来促进政策目标的实现。最终还需要考虑将农业保险政策目标定位为收入支持后，政府实行政策的难度，难度较小则可以完成政策目标的转换，否则收入支持的政策目标依然不可行。下面将按照以上研究思路来进行对农业保险的政策目标进行分析和讨论。

三、我国农业保险风险管理功能实现状况

目前我国实行的农业保险是一种政策性保险，其主要政策目的是降低农业风险给农业生产带来的影响，希望发挥保险的风险管理功能。而现实当中农业保险是否很好

---

① 农户更希望的是对种植"全成本"的风险管理，并非较低保障水平的物化成本保障。

地发挥了风险管理功能呢，这需要通过现实的统计数据来说明。本文采用农业部农村固定观察点 2009—2011 年农户参与农业保险以及农业保险赔偿的相关数据①。由于本文主要研究种植业保险，因此首先对样本进行筛选，主要选取了家庭经营主业为种植业的农户。在数据统计中家庭净收入主要包含种植业经营净收入、非农经营净收入、工资性收入，其中种植业经营净收入等于种植业总收入减去种植业经营费用②，非农经营净收入等于经营收入减去经营费用。同时需要说明的是由于在部分省份中农户参加农业保险以及农户获得赔偿金额相关数据的缺失，使得相关统计不能包含全国所有省市，只是对部分代表省份及全国进行统计研究。

按照上文研究思路，首先对目前我国参与农业保险农户的获赔情况进行了解。本文共统计了 2009—2011 年全国以及 10 个省份参加农业保险农户获得赔偿的情况，如表 1 所示。

表 1 2009—2011 年参保农户获得赔偿的情况

地区	获得赔偿农户占参保农户数比重（%）	获得赔偿农户占农户总数比重（%）
全国	23.83	1.93
河北	23.26	1.22
内蒙古	39.13	11.01
辽宁	56.77	5.98
吉林	35.42	10.21
江苏	6.92	1.72
安徽	17.32	4.65
山东	13.33	0.66
河南	10.74	0.63
湖北	42.03	2.45
四川	14.89	3.22

资料来源：根据农业部全国农村固定观察点相关数据整理计算得到。

从全国层面来看在样本中从 2009—2011 年参加农业保险的农户数一共有 3 723 户，获得保险赔偿的农户数有 887 户，获得赔偿的农户占参保农户数的比重为 23.83%，意味着有 1/4 的农户在参与农业保险在受灾后可以获得赔偿。这一比重可以说明农业保险在风险管理功能实现方面确实起到了一定的积极作用，说明我国自发展政策性农业保险以来在防范农业生产风险方面取得了一定的成效。虽然从全国层面

① 由于数据获取原因，使得农业保险赔偿的相关数据相对滞后，但是通过笔者近期相关调研发现农民受灾后所获得的赔偿金依然很少。保险赔偿少的主要原因在与目前农业保险保障的只是种植当中的物化成本，但随着劳动力价格、土地租金价格的提升，物化成本在总成本中的比重逐渐降低，现行农业保险现有风险管理的作用逐渐削弱。

② 农业经营费用主要包括：种子种苗费、农家肥折价、化肥费用、农膜费用、农药费用、水电及灌溉费用、畜力费、机械作业费用、固定资产折旧及修理费、小农具购置费、土地租赁费用、雇工费用、其他费用等。

看获得赔偿的农户占参保农户数的比重不算很低，但是与此同时也有一些省市获得赔偿农户数只占参保农户数不到 10%，说明一些省份的农业保险对于作物灾害的保障作用相对较小。另外通过统计出来的获得赔偿农户占农户总数比重不论是全国还是各个省份都比较低，而从刘亚洲（2017）相关研究发现全国以及各省市农作物发生减产的概率并不低，那说明大部分农户没有通过农业保险将农业风险分散掉。综上农业保险在全国范围内可以在一定程度上发挥农业保险的风险管理功能保障了农业生产，但在一部分省市中农业保险风险管理的作用较小。考察"数量"不能完全说明现行农业保险在风险管理方面的功能已实现，需要进一步从"质量"层面来考察农业保险是否可以真正起到了风险管理作用。

农业保险实现风险管理功能比较重要的是受灾后获得赔偿的金额，这部分赔偿金是否可以弥补农户相应损失进行再生产。上文在评价方法中已经介绍在"质量"方面评价农业保险实现风险管理功能主要采用获得保险赔偿金额占家庭种植业经营净收入比重、获得保险赔偿总金额占家庭全年净收入比重两个指标，如表 2 所示。首先从全国层面来看平均每户获得保险赔偿金额为 233.73 元，如果将东三省样本去掉的话每户获得的赔偿金额只有 146.74 元，这两个金额占相应家庭种植业经营净收入的比重分别只有 2.42%、2.36%，意味着这部分赔偿金对于分散种植业生产风险作用较小，只能弥补一部分物化成本，更谈不上对农业生产经营中的土地租赁成本、劳动力成本的补偿（而现实中这两部分成本在总成本中所占比重越来越大），因此农业保险对于农业生产经营的风险管理作用甚微。进一步来看这部分赔偿金占家庭全年净收入比重仅仅只有 0.4% 左右（不含东三省为 0.43%，含东三省为 0.4%），赔偿金对于农户家庭总收入来说微乎其微，对于整个家庭生产经营基本上起不到风险管理作用。再看全国一些省市的情况，在统计出来的省市中辽宁省和吉林省的农户平均获得保险赔偿金额是最多的，分别达到 340.66 元、329.18 元，这与两个省份农户的户均耕地面积大相关，即在受灾后减产数量较多相应赔偿就会增多。但进一步从两个省份获得保险赔偿金额占家庭种植业经营净收入比重和赔偿金额占家庭全年净收入比重来看，与其他省市差异不大；这两个比重在其他省市都比较低，确实说明农业保险在各省市农业生产中起到的风险管理作用较小。基于以上分析，全国整体情况与分省情况都反映出农业保险在风险管理方面发挥的作用相对有限。

表 2　2009—2011 年获得赔偿的农户所获赔偿金占其农业经营净收入、家庭净收入比重

省份	获赔户平均每户获得保险赔偿金额（元）	获赔家庭的全年种植业经营净收入（元）	获赔家庭的全年净收入（元）	获赔金额占家庭种植业经营净收入比重（%）	获赔金额占家庭全年净收入比重（%）
全国	233.73	9 644.44	54 002.76	2.42	0.43
全国（不含东三省）	146.74	6 217.13	36 250.02	2.36	0.40
河北	148.97	8 796.47	34 316.57	1.69	0.43
内蒙古	168.61	4 218.25	20 467.69	4.00	0.82

（续）

省份	获赔户平均每户获得保险赔偿金额（元）	获赔家庭的全年种植业经营净收入（元）	获赔家庭的全年净收入（元）	获赔金额占家庭种植业经营净收入比重（%）	获赔金额占家庭全年净收入比重（%）
辽宁	340.66	9 939.52	42 884.30	3.43	0.79
吉林	329.18	15 018.55	90 482.23	2.19	0.36
江苏	105.76	4 751.64	32 178.30	2.23	0.33
安徽	102.76	7 517.43	38 897.62	1.37	0.26
山东	66.00	4 772.96	54 611.34	1.38	0.12
河南	92.94	3 043.50	29 004.94	3.05	0.32
湖北	50.88	4 067.55	23 868.57	1.25	0.21
四川	57.08	5 166.79	29 362.87	1.10	0.19

资料来源：根据农业部全国农村固定观察点相关数据整理计算得到。

因此结合"数量"和"质量"两方面，农业保险虽然在一定程度上可以保障到农户，在受灾减产后可以得到农业保险赔偿，但是由于其赔偿的金额过少使得农业保险不能较好的发挥其风险管理功能。这导致了大部分小规模农户对于这类只保障物化成本的农业保险的有效需求较低。而在实践中有很多农户尤其是大规模经营的农户对于包含土地租赁成本和劳动力成本的农业保险需求较大，面对这一现状我国从2017年开始在一些地区开始试点推行"大灾保险"以提高保障水平来满足农户的需求。

四、农业保险现实需求及政策目标实现难度

（一）农民对农业保险现实需求

虽然随着农业现代化的发展近些年来国内开始不断出现大规模经营的新型农业经营主体，但是由于我国农村地区"人多地少"禀赋使得我国农业生产仍然以小规模经营为主，因此我们重点分析小规模农户的农业保险需求。为了更好地理解农户如何进行风险管理策略选择，首先要对我国小规模农户的生产特点以及农业生产风险特点进行了解。在种植面积方面我国大部分农户其经营耕地面积往往不足10亩[①]，种植面积较小；从种植结构来看小规模农户由于种植面积小，灵活性比较强，种植结构可以单一化也可以多样化；目前随着我国经济的发展非农就业机会越来越多，农户出现兼业化和非农化的趋势，通常参与非农就业的都是小规模农户，因此小规模农户收入除了农业收入还有非农收入，其来源较为多元化。受到灾害后小规模农户由于种植面积小，总损失量也相对较小，恢复生产所用资金也相对较少。

基于小规模农户生产特点下面将利用成本收益理论来分析小规模农户在多样化种

[①] 即使是农户年均经营面积也只有10.64亩。资料来源：根据农业部农业经济研究中心全国农村固定观察点相关数据统计得到。

植、多元化收入分散风险方式和农业保险分散风险方式的选择。农户在选择多样化种植时防止风险的显性成本基本为零（当然可能会存在一定的机会成本），而发生风险时的收益是受到灾害后未受灾作物的收益 $s \cdot W$（s 表示发生灾害的概率，W 表示未受灾作物的收益）。农户在选择多元化收入防止风险的显性成本同样基本为零，而发生风险时的收益是受到灾害后非农收入 $s \cdot r \cdot E$（s 表示发生灾害的概率，r 表示非农收入在家庭收入总比重，E 表示家庭总收入），如果农户采用多样化种植和多元化收入来防止风险的话，总收益为 $s \cdot r \cdot E + s \cdot W$。如果农户参加农业保险的成本是交纳的保费 P，收益则是受灾作物获得的赔偿 $s \cdot C$（s 表示发生灾害的概率，C 表示受损作物获得的赔偿），采用农业保险来防止风险的总收益为 $s \cdot C - P$。对比一下农户采用传统的多样化种植、多元化收入分散风险方式和农业保险分散风险方式的差异 $(s \cdot r \cdot E + s \cdot W) - (s \cdot C - P)$，化解得到 $s(r \cdot E + W - C) + P$。如果非农收入和未受灾农作物获得的收入之和（$r \cdot E + W$）大于受损作物获得的赔偿金，则采用传统分散风险的方式较好。从我国目前实际情况来看小规模农户获得的农业保险赔偿 C 非常少，仅仅是农作物的物化成本，而非农收入往往成为家庭总收入的重要组成部分。因此对于小规模农户在通常情况下 $s(r \cdot E + W - C) + P > 0$，选择传统的分散风险方式要优于农业保险，利用农业保险作为分散风险工具的小农户相对较少（Smith，2016），小规模农户对农业保险风险管理作用的需求较弱[①]。

除此，由于小规模农户生产经营方式使其在市场中的竞争力较弱，在面临生产成本上升的情况下很多小规模农户很难经营下去，农户对于国家的收入支持需求较大。另外，我国"人多地少"的资源禀赋决定了农业小规模经营的模式将在我国长期存在，我国农业的发展以及粮食安全在很大程度上要依靠小农的发展。尤其是在国际市场上我国农产品贸易面临许多的挑战，再加之农业本属于"弱质产业"，如果不对农业尤其是小规模经营的农户进行相应的补贴，农户的农业生产将很难维持；但是由于WTO 的相关规则限制，一些支持农业生产的补贴政策实施无法实行。而农业保险在WTO 农业协定的规则中属于"绿箱政策"，同时农业保险的实施具备财政补贴的灵活性和隐蔽性，成为补贴农业的一项有效的措施[②]（庹国柱、李军，2005）。综上，一方面小规模农户对农业保险风险管理作用需求较小；另一方面不论是从农户自身还是国家整体对农业保险发挥收入支持功能的需求较为紧迫。因此我国农业保险的政策目标选择收入支持是符合实际需要的。

（二）政策目标实现难度

将农业保险政策目标从风险管理转变为收入支持，政府需要做的工作是寻找一种

---

① 现代化农业发展中大规模农户对于农业保险风险管理需求不在此处讨论范围内。

② 从欧美发达国家的做法来看，它们实际逐渐或者已经将农业保险当作支持农业发展的一种手段，在符合WTO相关规定的情况下，借助风险管理的名义来发挥农业保险收入支持的作用（Du，Feng，Hennessy，2016）。

合理的可以通过农业保险来补贴农民的办法。这种转变对于政府的要求不高，政府在不增加财政支出的情况下，可以通过改变政策目标调整补贴方式，就可以达到更好支持农业发展的目标，因此政策目标实现难度并不大。

另外还需要说明的是，由于需要削弱农业保险风险管理作用（发挥风险管理作用就要增加实地勘测定损环节，农业保险运营成本会增加，进而减少了对农民补贴数量），因此可能需要在某种程度上绕开保险公司，采用其他方式借助农业保险的名义补贴农户，这其中会使相关农业保险公司利益受损。但实施农业保险的初衷并不是扶持农业保险公司发展，而是稳定农业生产，因此这种转变是更加符合实施农业保险目的的。

五、结论与讨论

本文利用农业部全国农村固定观察点农户农业保险获得赔偿的相关数据，对我国农业保险在风险管理方面的作用进行分析。通过对政策性农业保险对农户赔偿情况的统计，分别从赔偿的"数量"和"质量"两个方面考察，研究发现我国目前实施的农业保险从"数量"角度来看在风险管理功能实现方面确实起到了一定的积极作用，但是由于赔偿金额太少，其在农业净收入或家庭净收入中所占比重太低，使得农业保险在某种程度上不能很好地发挥风险管理的功能。这样农业保险的功能实现与设定的政策目标出现不匹配，会影响到政策实施的效果。而目前我国相关机构也注意到这些问题，开始在一些地区试行大灾保险，逐渐提高保障水平，促进风险管理的功能实现。另外，研究还发现小规模农户对农业保险风险管理作用需求较小，但是对于农业收入支持的需求较大，加之WTO对我国政府农业补贴的限制等因素，综合考虑将农业保险的政策目标转换为收入支持更符合现实需求，政府实施的难度也较小，同时也可以减少在实施农业保险时的财政资金漏出，更有利于收入支持功能的发挥，实现政策目标与政策实施之间的匹配。

如果将农业保险政策目标定位于收入支持，那么，完善农业保险制度的方向就是最大限度减少经营和监管成本，而不在于覆盖和赔偿的准确性，不需要保险公司对风险进行测度赔偿（可减少运营管理费用）；需要尽量减少财政补贴到农民之间的环节，减少资金漏出，最大限度发挥财政支持资金的收入支持功能。近年来气象指数保险在我国逐渐兴起，气象指数保险凭借其独特的理赔方式具有运营成本低的特点，因此可以借鉴气象指数保险的理赔方式来对现有农业保险进行改进，让收入支持功能更好地发挥作用。具体改进可以参照我国住房公积金政策或智利失业保险储蓄账户制度（张占力，2012），为每一位农户在银行设立一个单独的具有农业保险功能的账户，农户缴纳的保费以及政府保险补贴全部存入该账户（当遇到大灾时政府救济款项也可直接打入该账户），理赔方式可以借鉴气象指数保险，只有当确认需要赔偿时该账户才被激活，农户可以取出相应资金来弥补损失进行再生产。这样只依据气象指数进行理赔，节省了大量的运营成本，增加了赔偿金额（钟甫宁，2016）。这一方案可以作为基础性的农业保险制度，目的在于进行收入支持，主要针对的是小规模农户，大规模农户也可以参与。由于这一做法是具有普惠性有利于农户的，因此农户参与的积极性会很高。

本文所讨论的农业保险的参与对象主要是小规模农户，而对于大规模农户来说，由于他们种植的作物品种相对单一，同时专业化程度高使得收入来源也较为单一，不能同小规模农户那样进行风险分散，需要寻找其他分散风险的方式，而农业保险可以发挥风险管理功能来满足大规模农户风险转移的需求。另外，现实中保险赔偿金对大规模农户的重要性要大于小规模农户，因而农业保险在风险管理方面的作用也是大规模农户大于小规模农户。总体来看，大规模的农户对于农业保险分散风险的需求会较大，对于这类农户农业保险的政策目标需要定位为风险管理，下一步改进完善的途径就是在重新测算保险费率基础上（逐渐向全成本保障发展）来提高农业风险管理水平，增加相应的赔偿标准，正如我国在很多地区开始试点实行的"大灾保险"，逐渐增加多种保障水平的保险产品供农户选择，促进农业保险风险管理目标的实现。

综上，目前我国实行的政策性种植业保险保障水平低、保险产品单一，既不能满足小规模农户对与农业收入支持的需求，也不能满足大规模经营农户转移风险的要求。因此需要有针对性地探索创新我国农业保险制度，综合上文中提到的以收入支持为目标的农业保险创新思路和以风险管理为目标的改进思路，本文建议构建出能够实现灾前和灾后相配合、收入支持与风险管理相协调、大小规模农户有侧重的种植业保险体系，如图 2 所示。

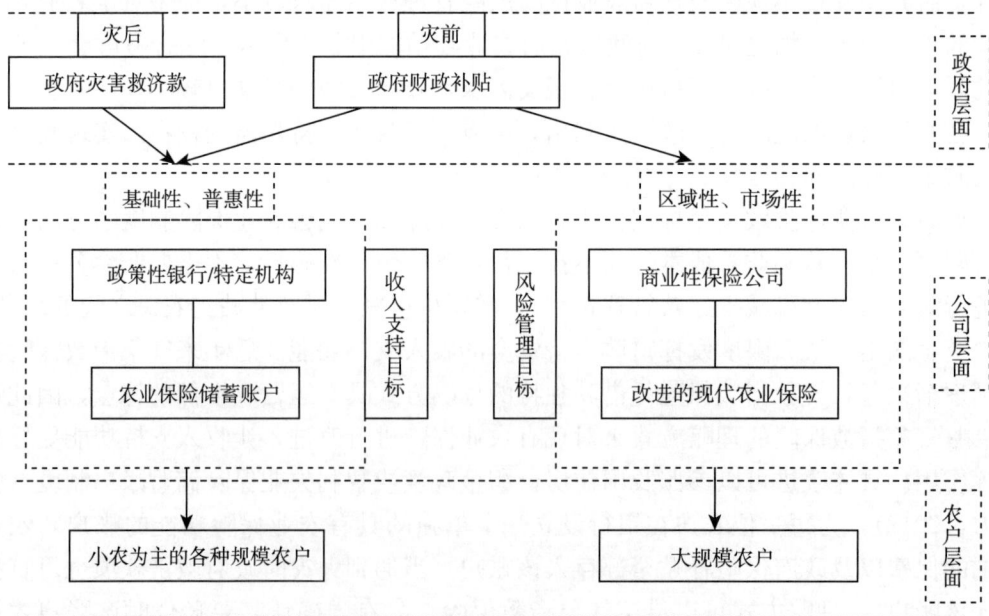

图 2 中国种植业保险体系构建

参考文献

[1] Coble K H，Barnett B J. Why Do We Subsidize Crop Insurance？［J］. American Journal of Agricultural Economics，2012，95（2）：498－504.

[2] Cole S，Stein D，Tobacman J. Dynamics of Demand for Index Insurance：Evidence from a Long-run Field Experiment［J］. The American Economic Review，2014，104（5）：284－290.

[3] Du X，Feng H，Hennessy D A. Rationality of Choices in Subsidized Crop Insurance Markets［J］. American Journal of Agricultural Economics，2016，99（3）：732－756.

[4] Miranda M J，Glauber J W. Systemic Risk，Reinsurance，and the Failure of Crop Insurance Markets ［J］. American Journal of Agricultural Economics，1997，79（1）：206－215.

[5] Smith V H. Producer Insurance and Risk Management Options for Smallholder Farmers［J］. The World Bank Research Observer，2016，31（2）：271－289.

[6] Ward D，Zurbruegg R. Does Insurance Promote Economic Growth？Evidence from OECD Countries ［J］. Journal of Risk and Insurance，2000，67（4）：489－506.

[7] 陈璐. 我国农业保险业务萎缩的经济学分析［J］. 农业经济问题，2004（11）：32－35.

[8] 陈文辉. 完善农业保险制度的几点思考［N］. 人民日报，2013－12－23.

[9] 冯文丽. 我国农业保险市场失灵与制度供给［J］. 金融研究，2004（4）：124－129.

[10] 关伟，郑适，马进. 论农业保险的政府支持、产品及制度创新［J］. 管理世界，2005（6）：155－166.

[11] 刘亚洲. 气象指数在农业保险中的应用：目标与成本角度的分析［D］. 南京：南京农业大学，2017.

[12] 庹国柱，李军. 我国农业保险实验的成就、矛盾与出路［J］. 金融研究，2003（9）：69－78.

[13] 庹国柱，李军. 农业保险［M］. 北京：中国人民大学出版社，2005.

[14] 庹国柱. 论农业保险市场的有限竞争［J］. 保险研究，2017（2）：11－16.

[15] 张占力. 失业保险新发展：拉美失业保险储蓄账户制度［J］. 中国社会保障，2012（2）：36－38.

[16] 中国赴美农业保险考察团. 美国农业保险考察报告［J］. 中国农村经济，2002（1）：68－77.

[17] 钟甫宁. 从供给侧推动农业保险创新［N］. 人民日报，2016－6－24.

我国森林保险保费补贴政策执行效果、主要问题与建议 *

秦　涛　田治威　潘焕学

摘要：中央财政森林保险保费补贴试点以来，我国森林保险覆盖范围不断扩大，但由于现行保费补贴政策仍存在一定缺陷，导致森林保险产品难以满足实际需求，农户的参保积极性不高；森林保险经营成本与收益不匹配，造成保险机构供给意愿不强；森林保险参与主体的权责划分不清，导致基层政府部门工作动力不足。应通过科学设计森林保险产品、创新森林保险运营模式和参保引导机制及实行差异化补贴标准等措施，来增强森林保险保费补贴政策的执行效果。

关键词：森林保险；保费补贴；补贴标准；发展困境

林业生产经营的高风险决定了森林保险的高保费率，但由于林农收入水平较低，无法按照商业性保险的要求付足保费，林农对森林保险的有效需求不足。为提高林农保费支付能力，2009 年我国开始在福建、江西和湖南三省启动中央财政森林保险保费补贴试点工作，2010 年新增浙江、辽宁和云南 3 个省，2011 年又新增广东、四川、广西 3 个省区，2012 年试点范围逐步扩大到 17 个省区市。截至 2015 年，保费补贴范围已覆盖全国 24 个省区市、4 个计划单列市和 3 个森工企业，共计 31 个省级单位。从目前保费补贴政策实施情况看，由于政府的过强干预使森林保险产品设计缺乏科学评估和保险精算，未能根据林地实际价值和风险特性来进行保费定价，致使保险产品的价格偏离其真实的市场价格，导致保险公司经营成本与收益不匹配，而且保费补贴方式和标准也不尽合理，对地方政府和投保主体的激励作用有待提升，影响了森林保险的可持续发展。

---

　　* 本文是中央高校基本科研业务费专项资金项目"森林保险运行机制与保费补贴政策优化研究"（编号：2015ZCQ-JG-01）、国家自然科学基金青年项目"基于风险区划的中国森林火灾险费率厘定研究"（编号：71403022）、教育部人文社会科学基金项目"我国森林保险政策实施效果评价与优化对策研究"（编号：14YJC790022）和教育部人文社会科学基金项目"基于费率厘定和保障水平差异化的森林保险补贴政策优化研究"（编号：15YJC790022）的阶段性成果。本文原载《经济纵横》2017 年第 1 期。

　　作者简介：秦涛，北京林业大学经济管理学院副教授；田治威，北京林业大学经济管理学院教授、博士生导师；潘焕学，北京林业大学经济管理学院教授、博士生导师。

一、我国森林保险保费补贴的实施情况

目前，我国中央财政森林保险保费补贴政策属于"协保模式"，① 主要是对林农和林业企业等投保主体提供森林保险保费补贴。[1]保费补贴分为中央、省级、地市级、县（市、区）四级。中央财政对公益林和商品林保险的保费补贴比例分别为50％和30％，省级财政的补贴比例为25％～50％，除中央与省级财政外，市、县两级财政也提供一定比例的保费补贴（5％～25％），农户自担部分为0～40％。我国中央财政森林保险保费补贴政策实施以来，森林保险责任范围不断扩大，保险产品不断丰富，森林保险的投保面积和覆盖率明显提高，增强了农户抗风险的能力，森林保险的保障作用得以显现。

2011年以来，我国森林保险投保面积不断扩大，截至2015年，森林保险总投保面积达21.74亿亩，参保面积覆盖全国森林面积的69.68％。其中，公益林参保面积为16.44亿亩，占公益林总面积的94.1％，占总参保面积的75.6％；商品林参保面积5.30亿亩，占商品林面积的38.6％，占总参保面积的24.37％，比公益林保险比重低56个百分点（图1）。

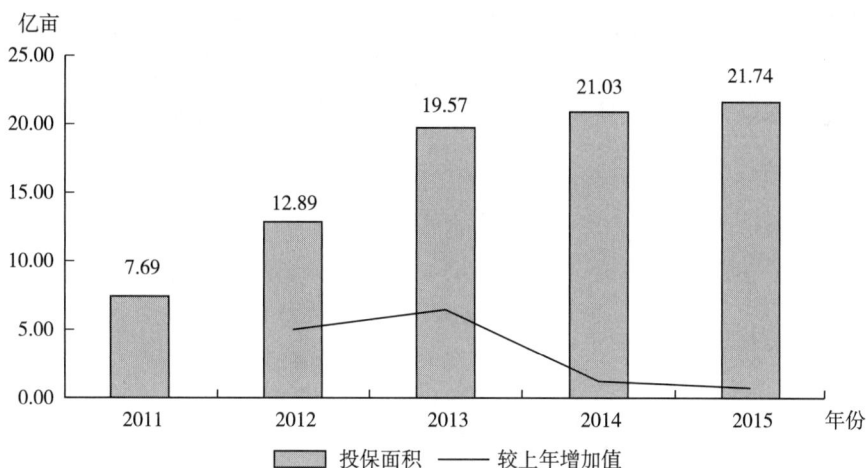

图1 2011—2015年森林保险参保面积及变化

2011年以来，财政补贴与保费规模保持同步增长，财政补贴占保费比例保持在90％左右（图2）。2015年，森林保险保费总收入为29.17亿元，各级财政的保费补贴金额达26.09亿元，财政补贴占总保费的89.45％，中央、省、市县和林业生产经营主体的保费承担比例依次为46：31：13：10。其中，公益林保险的保费收入为

---

① "协保模式"即由政府提供统一制度框架，在林业管理部门的大力配合下，由商业保险公司开展政府规定的森林保险业务，政府为购买森林保险的投保人给予一定比例的保费补贴，该模式的主要特点是"政府引导，市场运作"。

21.46 亿元，占总保费的 73.67%；各级财政对公益林保险的保费补贴为 20.55 亿元，占公益林保险保费收入的 95.77%，北京、江西、河南、广西、海南等省（市）的公益林保险保费由中央和省（市）级财政全额承担。

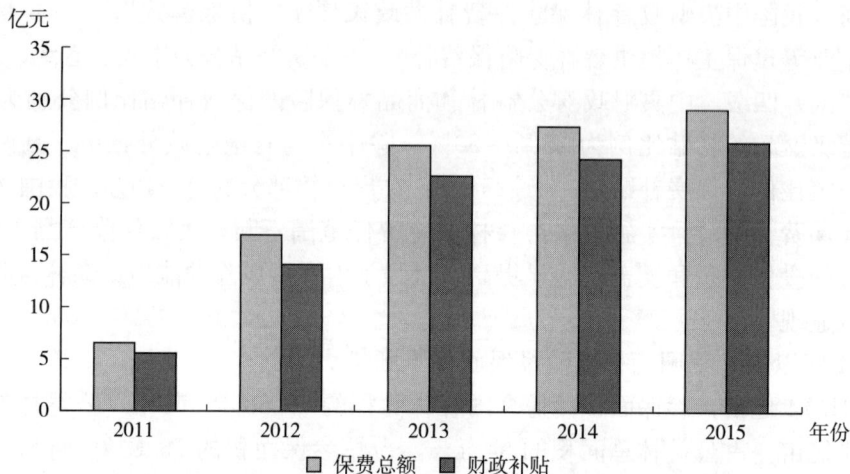

图 2　2011—2015 年森林保险保费与财政补贴规模

2012 年以来，森林保险的赔付率逐年上升（图 3）。2015 年，全国森林保险完成灾害理赔 13 533 起，理赔面积 4 723.83 万亩，总赔付金额为 9.75 亿元，全国平均简单赔付率为 33.42%。在全国总体森林灾害情况没有大的波动的前提下，赔付率逐年上升体现森林保险理赔制度体系逐渐完善，森林保险的保障功能日趋显现。

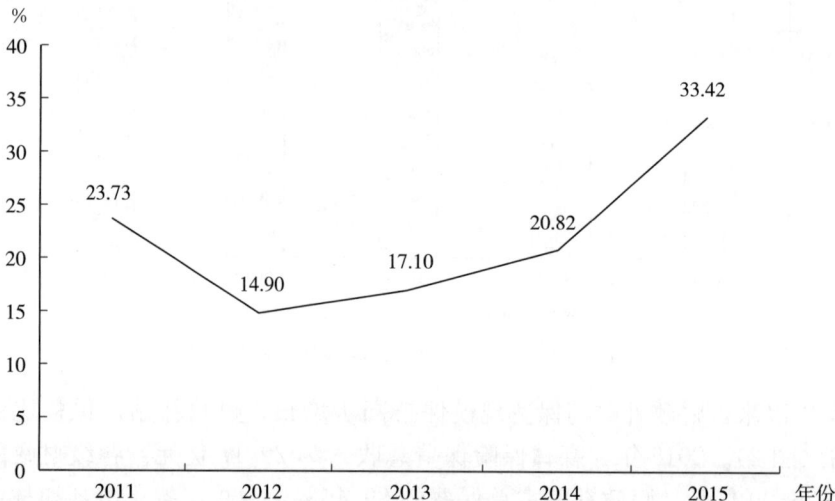

图 3　2011—2015 年森林保险简单赔付率变化情况

二、森林保险保费补贴政策执行中面临的主要问题

虽然保费补贴政策提高了农户参保率，扩大了森林保险的参保面积，但在政策执

行过程中仍面临一些问题，影响了森林保险的可持续发展。

（一）保险产品与实际需求不匹配，农户参保意愿不强

由于农户缺乏基本的自然灾害保险知识，风险意识较差，未能充分认识森林保险的重要性及林业收入不是家庭主要收入来源，农户对林业收入的依赖程度较低，所以大多数林农认为森林灾害所造成的损失对其家庭影响较小，农户规避风险的需求及购买森林保险的意愿不强。实际上，相对于小户林农，大户林农的投保意愿比较强烈，但真正有保险需求的大户林农却因为现有的森林保险产品不能满足自身避险需要，投保意愿不强烈。由于现行政策要求按照"低保费、低保额、保成本"的原则来设计保险产品，保险金额主要根据林业生产物化成本的一定比例确定，大量人力成本和其他成本得不到补偿，平均每亩 400～800 元的保险金额根本无法满足农户风险管理的需要。因此，农户的实际投保意愿并不强烈。森林保险产品种类单一、保障水平偏低及保险条款设置不合理等因素是导致农户参保率不高的主要原因。[2][3]

（二）经营成本与保险收益不匹配，保险公司供给乏力

我国林业经营以小规模、分散化为主，森林保险投保人和保险标的数量大、分布广，给保险公司开展业务增加了难度，使经营成本过高：展业成本高；林业生产点多面广线长、经营分散，保费收取困难；由于林地状况、树种、林龄等情况复杂，火灾、病虫害等险种需要大量的专业技术人员对灾害损失进行评估、查勘与定损，增加了定损和理赔费用与难度。[4]总之，由于森林保险复杂的经营技术和较高的经营成本，严重影响了保险公司开展此项业务的积极性。目前保险公司愿意开展森林保险业务是因为公益林保险采取统保模式，试点初期部分省份的商品林保险也基本采取统保模式，而且基层林业部门承担了大量承保、定损及理赔工作和经费支出，这样极大降低了保险公司的经营成本，但如果由于林业部门缺乏经费支持而被迫停止参与森林保险的相关工作，必然会造成保险公司的经营成本升高，从而使其丧失经营森林保险的积极性。因此，需要通过森林保险运营模式创新来解决保费收入和实际经营成本不匹配问题。

（三）地方政府的补贴资金难配套，基层部门动力不足

目前，我国森林保险财政补贴实行的是中央、省、市、县四级财政联动的"倒补贴"机制，即在农户保费缴纳后，省级和县市财政完成保费补贴，中央财政才按照规定给予相应的保费补贴。因此，森林保险的参保面积越大，地方政府需要配套的财政资金就越多。森林面积较大、财政实力较弱的省份虽然有较强的森林保险需求，但由于财政资金有限，省级财政因难以提供补贴配套资金而无法参与森林保险。2015 年，黑龙江、西藏和新疆三个省区就是由于森林面积大、地方财力负担过重，尚未纳入补

贴范围。经济欠发达、森林资源丰富的县域，如果地方财力有限，根本无力开展森林保险工作。而且基层林业部门还需要配合保险公司完成森林保险承保理赔等工作，但开展这些工作并没有相应的工作经费保障和协办费用补贴，基层林业部门也缺乏推动森林保险工作的动力。

三、森林保险保费补贴政策的不足

我国森林保险保费补贴政策执行中面临上述问题，主要原因在于补贴政策设计中政府职能超越了引导鼓励的范围，行政干预影响了市场机制的发挥；森林保险各参与主体利益与目标不一致，难以实现协同推进的效果；保险产品设计违背市场运作原则，无法满足农户的实际需求；保费补贴标准不够科学，财政补贴对农户参保的激励作用有待提升。

（一）政府职责定位超越了引导鼓励的范围

根据我国森林保险有关政策文件[①]的要求，各级政府应按照"政府引导、市场运作"的原则，通过保费补贴等政策引导和鼓励林农和林业企业自愿投保，而不是主导保险业务或干预保险公司的正常经营。然而，在各地森林保险试点方案设计与实际操作过程中，政府不仅对森林保险给予财政支持和业务指导，还参与保险责任、保险金额、保费率和承保理赔办法等森林保险核心条款的制定。各地不同程度地存在通过行政手段干预森林保险市场的情况，比较普遍的是干预森林保险的保额和费率厘定。政府部门作为森林保险市场的引导者，应按照市场化运作的原则，有关保险责任、保险金额和保费率等核心条款应由保险公司遵循市场机制和保险规律进行确定。

（二）保险运行模式未实现协同推进

保费补贴政策涉及的参与主体主要包括中央和地方政府、保险公司和林农，实际上，各方主体参与森林保险的目标和职责并不相同，如果保费补贴政策不能很好地兼顾各方利益诉求，将会导致各参与主体目标和利益不一致，从而影响保费补贴政策协同推进效果。

1. 中央政府与地方政府目标不一致

中央政府出于维护国家生态安全和促进林业产业发展的考虑，对推动森林保险有较高的积极性。而目前保费补贴结构增加了市县级财政的支出压力，特别是经济欠发

---

① 我国森林保险相关政策文件主要包括：《财政部关于中央财政森林保险保费补贴试点工作有关事项的通知》（财金〔2009〕25号）和《财政部、国家林业局、保监会关于做好森林保险试点工作有关事项的通知》（财金〔2009〕165号）。

达、森林资源丰富的地区，由于地方财政比较困难，严重影响其推动森林保险保费补贴政策工作的积极性。因此，在现行补贴制度下，如果县级政府财力不足，就会直接影响中央和省级财政的补贴，最终导致保费补贴政策难以有效实施。

2. 林业部门与保险公司实际角色定位有偏差，导致林业部门由原本占主导地位的管理者变成保险公司的"打工者"

根据相关规定要求，保险公司作为森林保险经营主体，应承担宣传展业、产品开发和定价、查勘定损理赔、风险分散、从业队伍建设等各项基础工作；林业部门依托林业有害生物防治和森林防火组织体系，协助保险公司做好森林灾害风险评估，以及灾害发生后查勘、定损、理赔等工作。但在森林保险开展过程中，由于将参保面积与地方政绩挂钩，基层林业部门被迫为保险公司开展工作，几乎承担森林保险的宣传、保费收取、出险定损和理赔等大量基础工作，但却没有相应的工作经费保障。

3. 省级保险公司与市县基层保险公司绩效评价指标不一致

保险公司总公司及省级分公司对森林保险业务不单独考核，加之公益林保险基本上采取统保模式，省级保险公司可直接向林业部门或财政部门收取保费，节省了相关经营费用。因此，开展森林保险业务的积极性很高。然而对基层保险公司来说，在"基层混险展业"的业务模式和"效益优先"的业绩考评体系下，业务人员不愿意开展保费低、利润少的森林保险业务。

（三）保险产品设计未完全遵循市场运作原则

设计符合市场需求的森林保险产品，需要经过科学和定量的风险评估，并根据当地灾害特点、林木平均损失情况、地区风险水平、参保对象意愿等确定保险责任范围、保险金额和费率水平等要素。然而，现行的森林保险产品设计并没有遵循上述原则。

1. 森林保险品种单一，保险责任设计不明晰

由于森林品种繁多，不同类型的树种价值难以确定，对森林保险标的和保险责任要求也就不同。但从各省森林保险实施方案看，现有的森林保险产品主要是针对商品林、公益林开展森林火灾险和综合险，其他单一灾害责任的险种开展不足，并没有区分林种、树种、林龄以及保险责任等进行差异化设计。实际上，保险责任的设计应根据各地具体的灾害状况，涵盖本地区发生较为频繁和易造成较大损失的灾害风险，建立多风险、多灾因的保险保障体系。但目前我国森林保险的保险责任划分不够明晰，无法针对不同地区的灾害发生特点设计具有差异性的保险产品，使那些对某单一责任险具有强烈需求的林农无法得到满足。

2. 保障金额设置不合理，保障水平不能满足农户避险需要

按照财产保险的原理，保障水平应根据保险标的实际价值来确定。美国、加拿大、瑞典、芬兰、澳大利亚、日本等国家均按照"保价值"的原则来确定森林保险的保险金额。而我国森林保险以保障林农灾后恢复造林为主要目标，以"保成本"的原则来确定保险金额，每亩 500～800 元的保险金额远低于林木实际价值，甚至不及再植成本。实际上，一般林地条件下每亩的造林和抚育综合经营成本至少在 1 000 元以上。在目前的森林保险条款中，保险金额明显低于造林的基本物化成本，林农的利益根本无法得到保障，严重影响了其投保积极性。实地调查也发现：大部分林农希望不断提高保险金额，逐步达到保林木价值的水平。

3. 保险定价机制不完善，保费率厘定不科学

保费率关系到林农对森林保险的有效需求，也关系到政府保费补贴的支出程度，是确保森林保险经营稳定的重要前提。如果保费率偏高，超出林农交纳保费的能力，就会影响林农的参保积极性；如果保费率偏低，保险公司就会失去供给动力。由于不同区域的气候条件、森林的分布及其遭受的灾害有较大差异，因此森林保险费率应由保险公司根据不同地区的保险标的特征、保险责任、森林灾害损失情况等多种因素进行科学厘定。美国、瑞典、芬兰、日本等国家均将全国森林划分为多个林区，实行级差费率。[5]虽然中国财政部门下发的文件中明确规定"保险费率应综合保险责任、林木多年平均损失情况、地区风险水平等多种因素科学厘定。"但实际上全国基本执行统一的保费率水平，费率厘定仅体现了公益林和商品林的差异，未能充分体现树种、林龄、区域灾害发生状况和风险水平的不同。

4. 投保的激励政策不健全

目前，我国森林保险基本上采取"分年投保，一年一签"的投保方式，但由于按照统一费率计算，对连续几年投保而没有遭受灾害的林农并没有相应费率优惠，仍按原有的固定费率计算保额，林农普遍认为保费白交了，没有继续投保的积极性。保险公司应考虑对采取防灾减灾应对措施有力，以及灾害发生次数较少的林农实行费率优惠政策。

（四）保费补贴的激励作用有待进一步提升

保费补贴政策应充分结合不同地区的经济发展水平、林业生产状况、地方财政能力和林农收入水平等因素，制定科学合理的补贴标准。2015 年，我国各级财政的保费补贴金额已达 26.09 亿元，财政补贴占总保费的 89.45％，其中公益林保险保费补贴占总保费的 95.77％，北京、江西、河南、广西、海南等省（市）公益林保险保费补贴比例达 100％（表 1），依靠提高补贴比例增加补贴规模从而进一步提高林农参保率的空间已经十分有限。按照"保费补贴规模＝保费×补贴比例＝保险金额×费率×补贴比例"，保障水平和费率既直接决定补贴规模的基础，又会通过补贴比例对补贴规模产生间接影响。根据公式，如果保险金额水平较低，仅依靠提高保费补贴比例难以显著提高农户实际获得的补贴额度，也就无法达到增强农户支付能力和参保意愿的政策目标。[6]因此，合理的保障水平和保费率是补贴政策能否奏效的关键，而科学的费率厘定应体现区域间的风险水平差异。

表1 2015年全国主要省份（区、市）森林保险保费补贴比例

单位：%

地区	公益林			商品林		
	中央财政补贴比例	地方财政补贴比例	合计	中央财政补贴比例	地方财政补贴比例	合计
北京市	50	50	100	—	—	—
河北省	50	40	90	30	50	80
内蒙古自治区	50	50	100	30	40	70
辽宁省	50	45	95	30	45	75
吉林省	50	40	90	30	45	75
浙江省	50	45	95	30	45	75
安徽省	50	50	100	30	50	80
福建省	50	40	90	30	45	75
江西省	50	50	100	30	30	60
河南省	50	50	100	30	40	70
湖北省	50	50	100	30	30	60
湖南省	50	45	95	30	40	70
广东省	50	50	100	30	40	70
广西壮族自治区	50	50	100	30	50	80
海南省	50	50	100	30	35	65
重庆市	50	50	100	30	40	70
四川省	50	40	90	30	45	75
贵州省	50	50	100	30	50	80
云南省	50	50	100	30	55	85
陕西省	50	40	90	—	—	—
甘肃省	50	45	95	30	40	70
青海	50	45	95	—	—	—

四、相关建议

为促进森林保险持续健康发展，必须解决如下问题：一是森林保险产品如何设计才能满足林农避险需要，激发林农的参保意愿；二是森林保险运行模式如何创新才能有效降低运作成本，提高保险公司供给意愿；三是补贴方式和补贴标准如何确定，才能充分发挥财政补贴的激励作用，促进各方主体积极参与，形成协同推进的运行机制。

（一）根据投保主体实际需求，科学设计保险产品

目前，我国森林保险标的主要分为商品林和公益林两大类，险种以火灾险和综合险为主。保险标的划分过于简单，并没有对不同林种进行区分，无法体现不同类型林

种的价值和特征。从保险责任看，虽然综合险考虑了林农对各种灾害的综合避险需求，但不能满足林农对本地区特有灾害的保险需求。应结合不同地区林农的实际避险需求和森林灾害特点，尝试设计以火灾险或病虫害险为主险，其他灾害险为附加险的险种。为满足不同林业经营主体的需求，按照不同树种、树龄设计保险金额，并逐步由"保成本"向"保价值"转变。为反映林业生产经营、灾害影响、生态效益的长周期性特征，应将投保期限由 1 年期延长到多年期，推出多期限的保险品种。此外，还应对不同地区、不同风险程度的森林实行差别费率，逐步建立科学的保费厘定机制。

（二）创新森林保险经营模式，健全参保引导机制

公益林以实施政策性保险为主，采取区域统保统赔的参保理赔方式。鉴于公益林的特殊属性，保费主要由中央和省级财政按一定比例分摊，逐步降低市县级财政补贴比例，并取消林农的缴费要求。发生损失后，允许保险公司直接将赔款支付给基层林业部门，并由林业部门统一组织安排恢复造林，以确保赔款专项用于公益林的再植重建。[7]商品林实行政策性基本险和商业保险并举，推行"统保＋自愿"的参保模式。根据我国林业经济发展水平，前期主要以实行低保额的政策性初始成本保险（基本险）为主，可考虑对各地区风险较高、灾害发生较频繁、造成损失较大的险种作为基本险，在政府的引导下实行统保，这样既帮助林农抵御森林灾害风险，防止林农因灾致贫、因灾返贫，又解决了林农和地方财政经济承受能力问题，将政府灾后补助资金前移为灾前保险费补贴；在森林保险产品成熟以后，逐步试行"保价值"的商业性森林保险，主要采取林农和林业企业自愿投保的方式。

（三）优化保险运行管理机制，建立成本分担机制

为有效降低保险公司经营森林保险的相关成本及费用，建议充分利用现有的林业工作站、林业经济合作组织等基层力量，使其成为保险公司基层分支机构与广大林农间的纽带和桥梁。一方面，通过基层组织对森林保险的宣传，提高林农对森林保险的认识和参保积极性；另一方面，依托基层组织的网络优势和信息优势，可减少信息不对称，有效控制投保主体的道德风险，降低保险公司的经营费用和管理成本。为激发地方林业管理部门和基层组织参与森林保险的积极性，建议对基层林业部门和工作人员开展森林保险的承保、查勘、定损等工作给予一定的工作经费补贴，并明确工作经费提取办法，以及使用范围和支出标准。

（四）实行差异化的补贴标准，提高资金使用效率

鉴于林业分布的区域差异性特点，保费补贴标准和比例应根据不同区域林农的收入水平、受灾特点、地方财政实力等因素进行合理调整，促进各地区森林保险均衡发展。[8]一是基于商品林的生态价值属性，建议中央财政逐步提高对商品林保险的保费补贴比例。二是加大对重点国有林区、中西部经济落后地区、林业大省（市县）中央

财政保费补贴的支持力度。三是降低或取消县级财政补贴责任份额。因为许多偏远山区、森林资源丰富地区的地方财政十分有限，配套财政补贴较为困难。四是调整保费补贴差异化顺序。考虑到各地财政支付能力有限，导致中央补贴不能及时到位，建议在中央财政差异化补贴基础上，省级和市县级政府再予以补贴，保证贫困地区森林保险保费补贴资金能够及时到位。

参考文献

[1] 张长达，高岚. 我国政策性森林保险的制度探讨——基于福建、江西、湖南森林保险工作的实证研究 [J]. 农村经济，2011（5）：83-86.

[2] 万千，秦涛，潘焕学. 农户参加政策性森林保险的影响因素分析——基于福建农户问卷调查的实证研究 [J]. 东南学术，2012（3）：62-74.

[3] 秦涛，田治威，刘婉琳，邓晶. 农户森林保险需求的影响因素分析 [J]. 中国农村经济，2013（7）：36-46.

[4] 王珺，冷慧卿. 中央财政森林保险保费补贴六省试点调研报告 [J]. 保险研究，2011（2）：48-56.

[5] 吴希熙，刘颖. 森林保险市场供求失衡的经济学分析 [J]. 林业经济问题，2008（5）：440-443.

[6] 李彧挥，王会超，陈诚等. 政策性森林保险补贴效率分析——基于湖南、福建、江西三省调研数据实证研究 [J]. 经济问题探索，2012（7）：17-22.

[7] 秦涛，吴今，邓晶，等. 我国森林保险保费构成机制与财政补贴方式选择 [J]. 东南学术，2016（4）：101-110.

[8] 王华丽，陈建成. 政府支持与我国森林保险发展的经济学分析 [J]. 经济问题，2009（10）：105-108.

农业保险保费补贴的央地责任分担：
基于区域公平的视角*

何小伟　庹国柱　谢远涛

摘要： 农业保险保费补贴是我国政策性农业保险发展的重要推动力。通过测度各省省级财政的补贴负担率和中央财政补贴对各省农业保障的支持力度，我们发现一些农业大省承担着更大的补贴压力，而中央财政在转移支付的差异化对待上有所不足，结果产生了补贴的区域不公平问题。从性质上看，农业保险保费补贴是由中央和地方财政共同承担的一项事权，因此其支出责任也应该由双方共同承担。结合各省的最新数据，本文基于因素法测算了各省对中央财政转移支付的需求得分以及中央财政对各省转移支付的分配权重，对优化中央和地方财政补贴责任的划分提出了若干建议。

关键词： 农业保险；保费补贴；事权；责任分担；区域公平

一、引言

保费补贴是我国政策性农业保险制度的核心，也是驱动我国农业保险业务发展的"动力之源"。自 2007 年政策性农业保险制度创建之初，财政部就明确将农业保险保费补贴作为中央和地方财政的共同事权，采取了"中央和地方财政共同补贴大头、农户支付小头"的保费分担模式。2016 年底，财政部出台了《中央财政农业保险保费补贴管理办法》，进一步强化了这种分担模式，并对中央和地方财政的补贴责任进行了明确的划分。比如，对于地方自愿开展的种植业保险业务，其保险费在省级财政至少补贴 25％ 的基础上，中央财政对中西部地区补贴 40％，对东部地区补贴 35％，对中央单位（如新疆生产建设兵团、中央直属垦区）补贴 65％；而对于地方自愿开展的养殖业保险业务，其保险费在省级财政至少补贴 30％ 的基础上，中央财政对中西部地区补贴 50％、对东部地区补贴 40％，对中央单位补贴 80％。

不难看出，在我国现行政策性农业保险的保费补贴框架下，虽然中央和地方财政共同承担着农业保险的保费补贴责任，但是从省际横向比较的视角来看，无论是各省省级财政所承担的先行补贴责任，还是中央财政按各省所在区域所进行的专项转移支

* 本文原载《保险研究》2019 年第 4 期。

作者简介：何小伟，对外经贸大学保险学院副教授；庹国柱，首都经济贸易大学金融学院教授；谢远涛，对外经济贸易大学保险学院副教授。

付，都存在着明显的平均化倾向，在差异化方面的考虑有所不足。考虑到我国的辽阔地域以及各省在农业生产、农业环境、财政经济等方面的多样性，无论是统一划定各省财政的最低补贴比例，还是以各省所在的区域来确定中央财政的转移支付比例，都显得有些粗放，未能充分考虑各省的实际。在我国各级财政逐年加大农业保险保费补贴力度的背景下，这种缺乏差异化的补贴政策可能会拉大各省农业保险的发展差距，甚至挫伤部分省份发展农业保险的积极性，对各省农业保险的协调和均衡发展产生不利影响。

从目前来看，不少研究已经注意到我国农业保险保费补贴的区域不公平问题。比如郭颂平等（2011）、罗向明等（2011）、郑军和汪运娣（2017）指出中央财政应该加大对经济欠发达地区的农业保险补贴、提高中央财政的补贴责任，王韧（2011）指出我国应该结合各地的经济发达程度、产业结构等因素对不同地区采取差别补贴，何小伟和庹国柱（2014）、何小伟等（2017）则从事权和支出责任相适应的视角对我国农业保险保费补贴责任分担机制进行了评价。这些研究对于我们理解农业保险财政补贴责任分担机制的重要性以及明确今后的改进方向无疑有着积极的意义。但遗憾的是，对于如何划分中央财政和省级财政的补贴责任，现有研究还缺乏具体而深入的分析，所提出的对策建议也比较笼统，缺乏足够的针对性和可操作性，而这些也正是本文尝试拓展的方向。

基于上述背景，本文首先测度了现行农业保险补贴政策的区域公平性，指出农业保险补贴政策"因省而异"的必要性，进而探讨了农业保险保费补贴的事权特征及央地责任划分依据，在此基础上运用因素分配法分析了影响"各省财政先行补贴比例"以及"中央财政对各省转移支付比例"的重要因素，然后利用最新数据测算了各省对中央财政转移支付需求的相对排名以及中央财政对各省转移支付的分配权重，以期为优化农业保险保费补贴的央地责任划分提供决策依据。

与已有的研究相比，本文的特色主要表现在：第一，本文从横向比较的视角构建了多个指标测度了现行补贴政策的区域公平性，论证了同时调整省级财政和中央财政补贴责任的必要性；第二，本文总结了农业保险保费补贴的事权特征，指出农业保险保费补贴是中央和地方政府的共同事权，进而提出运用财政因素分配法来划分中央和地方财政在农业保险保费补贴中的责任；第三，本文运用因素法提出了确定省级财政补贴责任的参考指标，并具体测算了中央财政对各省农业保险转移支付的分配权重，为优化中央和地方财政的补贴责任给出了具体的、可操作的建议。

二、现行农业保险补贴政策的区域公平性测度

如前所述，在我国现行的农业保险保费补贴政策下，无论是各省财政所承担的先行补贴比例，还是中央财政对各省的转移支付比例，都是按照所在区域（东部或者中西部）统一划定的。然而，这两项比例的确定，却没有充分考虑各省的财政承担能力

差异及其对中央财政转移支付的需求差异，结果在一定程度上影响了财政资源的配置效率。为了刻画现行补贴政策对各省区域公平所产生的影响，我们以种植业和养殖业为主要考察对象，构建了"各省种植险补贴负担率""各省养殖险补贴负担率""中央财政对各省种植业的风险保障程度""中央财政对各省养殖业的风险保障程度"这四项基本指标，并结合 2016 年我国各省的实际数据进行了测度。

（一）测度指标的含义

1. 各省种植业保险补贴负担率

根据 2017 年 1 月 1 日开始实施的《中央财政农业保险保险费补贴管理办法》，种植业品种是中央和地方财政补贴的主要对象，具体包括玉米、水稻、小麦、棉花、马铃薯、油料作物、糖料作物七个类别，种类最多，体量也最大。我们用"各省种植业保险补贴负担率"来衡量各省财政因种植业保险保费补贴而产生的财政支出压力，其数值等于一省省级财政所应当承担的种植业保险保费补贴额度占该省一般公共预算支出的比重。该指标的数值越高，说明一省省级财政承担的补贴压力越大。

2. 各省养殖业保险补贴负担率

养殖业同样是中央和地方财政补贴的重要对象，地位仅次于种植业，具体险种标的包括能繁母猪、奶牛、育肥猪。我们用"各省养殖业保险补贴负担率"来衡量各省财政因养殖业保险保费补贴而产生的财政支出压力，其数值等于一省省级财政所应当承担的养殖业保险保费补贴额度占该省一般公共预算支出的比重。同样，该指标的数值越高，说明一省省级财政承担的补贴压力越大。

3. 中央财政对各省种植业的风险保障程度

中央财政转移支付是中央财政在地方财政完成先行补贴之后所设置的专项激励性补贴。对地方政府而言，中央财政的转移支付有助于进一步降低本地区农户的参保成本，增强本地区农业保险的发展动力。为了刻画中央财政转移支付对各省种植业所发挥的风险保障作用，我们构建了"中央财政对各省种植业的风险保障程度"这一指标，其数值等于一省从中央财政所获得的种植业保险转移支付与该省种植业产值的比重。该指标数值越高，则说明中央财政对该省种植业生产的风险保障支持程度越高。

4. 中央财政对各省养殖业的风险保障程度

同理，为了刻画中央财政转移支付对各省养殖业所发挥的风险保障作用，我们构建了"中央财政对各省养殖业的风险保障程度"这一指标，其数值等于一省从中央财政所获得的养殖业保险转移支付与该省畜牧业产值的比重。该指标数值越高，则说明中央财政对该省养殖业生产的风险保障支持程度越高。

（二）测度假设

为了避免各省因保费补贴预算和实际执行不一致所导致的偏差，以及各省因补贴参数差异所导致的统计口径差异，本文将参照《中央财政农业保险保险费补贴管理办法》所规定的补贴品种和补贴比例，对覆盖率、保险金额等参数进行统一的假设，从而近似估测中央和各省财政"应当"承担的农业保险保费补贴数额，并以此作为测度的参考依据。具体来说，为了确保测度结果的可比性，本文假设如下：

第一，对于中央财政补贴的险种标的，各省均实现了保险全覆盖，也即投保率达到了100％。由于数据可获得性方面的原因，我们重点考察7类种植业品种（玉米、水稻、小麦、棉花、马铃薯、油料作物、糖料作物）和3类养殖业品种（能繁母猪、奶牛、育肥猪）的保险补贴情况，事实上，这些品种也是各省保费补贴的主要对象，是各省保费补贴的主要组成部分。至于森林、藏区品种、天然橡胶等标的，本文没有纳入统计。

第二，对于中央财政补贴的险种标的，各省财政均按照《中央财政农业保险保险费补贴管理办法》进行补贴，也即"地方先行补贴、中央再行补贴"，并且各省均按照中央财政的最低要求进行配套补贴，也即没有进行超额补贴，而中央财政也根据各省所处的区域（东部或中西部）提供相应补贴[①]，没有超额或不足补贴。

第三，各省农业保险的保险方案保持一致，在保险金额、保险费率、保险条款等方面相同，暂不考虑各省设置保额和费率的实际差异。为了测算的方便，我们假定粮食作物和棉花的保额为600元/亩，费率为4％；油料、糖料作物的保额为400元/亩，费率为4％；能繁母猪和育肥猪的保额500元/头，费率为5％；奶牛的保额5 000元/头，费率为6％。

本文测度的数据主要来源于《中国统计年鉴2017》《中国农业年鉴2017》等官方数据库。

（三）测度结果及分析

1. 指标测度结果

（1）各省种植业保险补贴负担率。从表1我们看出，按照现行的农业保险财政补贴政策，各省省级财政的补贴负担率存在明显的区域不公平现象。其中，黑龙江省的财政补贴负担率最高，远超过了其他任何省份。我们还可以看到，种植险补贴负担率在全国平均水平以上的省份，绝大部分都处于中西部地区，而东部省份的补贴负担率基本都在全国平均水平以下，反映出"粮食安全贡献越大、补贴责任却越重"的尴尬现状。我们还发现，虽然一些省份同处于东部地区（如河北和浙江）或中西部地区（如黑龙江和陕西），但是它们的财政补贴负担率却差异悬殊，这也凸显了现行的平均补贴政策存在着缺陷。

---

① 本文所指的东部省份包括北京、天津、河北、辽宁、上海、江苏、浙江、福建、山东、广东、海南等11个省市。

表 1　各省种植业保险补贴负担率

单位：%

省份	区域	补贴负担率	省份	区域	补贴负担率	省份	区域	补贴负担率
黑龙江	中西部	0.25	湖南	中西部	0.08	江苏	东部	0.05
河南	中西部	0.14	四川	中西部	0.08	海南	东部	0.03
吉林	中西部	0.13	江西	中西部	0.08	福建	东部	0.03
内蒙古	中西部	0.13	湖北	中西部	0.08	青海	中西部	0.02
安徽	中西部	0.12	广西	中西部	0.08	广东	东部	0.02
河北	东部	0.10	贵州	中西部	0.07	浙江	东部	0.02
新疆	中西部	0.10	陕西	中西部	0.07	西藏	中西部	0.01
云南	中西部	0.09	辽宁	东部	0.07	天津	东部	0.01
山西	中西部	0.09	全国平均		0.07	上海	东部	0.00
山东	东部	0.09	宁夏	中西部	0.06	北京	东部	0.00
甘肃	中西部	0.09	重庆	中西部	0.06			

注：本文没有将新疆生产建设兵团、中央直属垦区、中国储备粮管理总公司等中央单位纳入考虑范围。下同。

（2）各省养殖业保险补贴负担率。表 2 反映了各省养殖业保险补贴的负担率。可以看到，中西部省份的养殖险补贴负担率普遍高于东部身份。其中，黑龙江省仍然以最高的补贴负担率排在首位，反映出黑龙江作为我国农业大省的重要地位和对政府财政补贴的巨大需求。在东部省份中，除了河北、山东和辽宁，其他省份的养殖险补贴负担率都在全国平均水平以下。我们同样注意到，东部省份之间（如山东和广东）以及中西部省份之间（如河南和甘肃）存在着较大的差距。

表 2　各省养殖险补贴负担率

单位：%

省份	区域	补贴负担率	省份	区域	补贴负担率	省份	区域	补贴负担率
黑龙江	中西部	0.07	湖北	中西部	0.05	山西	中西部	0.03
河南	中西部	0.07	辽宁	东部	0.05	甘肃	中西部	0.02
湖南	中西部	0.07	安徽	中西部	0.04	江苏	东部	0.02
河北	东部	0.07	吉林	中西部	0.04	西藏	中西部	0.02
四川	中西部	0.07	重庆	中西部	0.04	青海	中西部	0.02
内蒙古	中西部	0.06	全国平均		0.04	广东	东部	0.02
广西	中西部	0.06	贵州	中西部	0.03	浙江	东部	0.01
新疆	中西部	0.06	福建	东部	0.03	天津	东部	0.01
山东	东部	0.05	宁夏	中西部	0.03	北京	东部	0.00
云南	中西部	0.05	海南	东部	0.03	上海	东部	0.00
江西	中西部	0.05	陕西	中西部	0.03			

（3）中央财政对各省种植业的风险保障程度。表 3 反映了中央财政对各省种植业的风险保障程度。可以看到，中西部省份的排名普遍比东部省份靠前，而东部省份的

水平都低于全国平均水平，辽宁、山东等 10 个东部省份位居最后 10 名，这表明中央财政对中西部省份种植业的风险保障有明显的倾斜。然而，在东部地区内部（如海南和浙江）以及中西部地区的内部（如湖南和山西），省份之间的差异仍然不小，表明中央财政转移支付的区域公平性有待增强。

表 3　中央财政对各省种植业的风险保障程度

单位：%

省份	区域	风险保障程度	省份	区域	风险保障程度	省份	区域	风险保障程度
内蒙古	中西部	0.66	甘肃	中西部	0.34	辽宁	东部	0.23
吉林	中西部	0.61	重庆	中西部	0.31	山东	东部	0.23
黑龙江	中西部	0.60	全国平均		0.31	江苏	东部	0.20
西藏	中西部	0.55	新疆	中西部	0.29	天津	东部	0.19
山西	中西部	0.50	四川	中西部	0.28	上海	东部	0.12
安徽	中西部	0.47	湖北	中西部	0.28	广东	东部	0.12
江西	中西部	0.42	贵州	中西部	0.27	浙江	东部	0.11
宁夏	中西部	0.38	湖南	中西部	0.26	福建	东部	0.09
云南	中西部	0.36	河北	东部	0.25	北京	东部	0.08
河南	中西部	0.36	广西	中西部	0.23	海南	东部	0.07
青海	中西部	0.35	陕西	中西部	0.23			

（4）中央财政对各省养殖业的风险保障程度。表 4 反映了中央财政对各省养殖业的风险保障程度。可以看出，中西部省份的整体排名比东部省份更为靠前，反映出中央财政对中西部省份养殖业的风险保障同样有所倾斜。但是，在东部省份内部（如天津和辽宁）以及中西部省份内部（新疆和吉林），差异仍然较大，也即中央财政补贴的区域不公平现象同样存在。

表 4　中央财政对各省养殖业的风险保障程度

单位：%

省份	区域	风险保障程度	省份	区域	风险保障程度	省份	区域	风险保障程度
新疆	中西部	0.58	上海	东部	0.38	贵州	中西部	0.29
西藏	中西部	0.52	四川	中西部	0.35	浙江	东部	0.28
江西	中西部	0.51	河南	中西部	0.35	黑龙江	中西部	0.28
宁夏	中西部	0.49	北京	东部	0.35	安徽	中西部	0.28
湖南	中西部	0.43	青海	中西部	0.34	福建	东部	0.26
甘肃	中西部	0.43	全国平均		0.34	山东	东部	0.25
重庆	中西部	0.41	广西	中西部	0.33	江苏	东部	0.23
天津	东部	0.39	湖北	中西部	0.31	海南	东部	0.20
云南	中西部	0.39	陕西	中西部	0.30	吉林	中西部	0.19
内蒙古	中西部	0.39	河北	东部	0.30	辽宁	东部	0.19
山西	中西部	0.39	广东	东部	0.29			

2. 测度结果分析

综合上述四个指标的测算结果，我们可以发现，现行农业保险补贴政策根据各省所处区域（东部或中、西部）来划分中央和地方财政补贴责任，虽然在一定程度上考虑了区域差异，但依然存在比较明显的区域不公平的问题。具体来说：一方面，从省级财政的补贴责任来看，一些农业大省、财政弱省有着较高的补贴负担率，而一些经济强省却有着较低的补贴负担率，这种情形显然不利于调动农业大省开展农业保险的积极性；另一方面，从中央财政的专项转移支付来看，由于在分配机制上未能结合各省的实际做到"因省而异"，结果导致中央财政对各省种植业和养殖业的风险保障支持差异较大，未能充分发挥中央财政调节地区差距、实现农业保险与经济协调发展的作用。在这种背景下，要实现农业保险在全国范围内的均衡与协调发展，我们就需要科学、合理地划分中央财政和地方财政在农业保险保费补贴中的责任，适时调整现行农业保险的保费补贴政策。

三、农业保险保费补贴中的事权特征及央地责任划分依据

（一）农业保险保费补贴的事权特征

在我国现行的行政管理框架下，农业保险的事权可以从两个视角来理解：一是不同政府部门之间的事权划分，如财政部、农业农村部、银保监会等部门对我国政策性农业保险的推动和发展承担着不同的职责；二是不同层级政府之间的事权划分，如中央和地方政府对农业保险保费补贴承担着不同的职责。本文所考察的是后者。

我国政府对农业保险保费补贴的事权产生于 2007 年，2013 年开始实施的《农业保险条例》规定了政府对农业保险的支持和保险费补贴及原则，2016 年财政部依据《农业保险条例》对此前的农业保险保费补贴办法进行了进一步的细化和规范，颁布了《中央财政农业保险保险费补贴管理办法》。回顾近年来我国财政支农的历史我们可以发现，农业保险保费补贴是新形势下我国中央政府为更好地支持农业发展所主动新增的一项事权，是财政支农手段的突破与创新。

具体来说，现行农业保险保费补贴事权具有如下特征：

第一，农业保险保费补贴是中央和地方政府的共同事权。在现行补贴制度下，中央财政提供保费补贴的标的为关系国计民生和粮食、生态安全的主要大宗农产品，以及根据党中央、国务院有关文件精神确定的其他农产品。然而，中央财政并没有承担全部的保费补贴事权，而是在承担主要补贴责任的同时，对省级政府的次要补贴责任也提出了明确的要求。值得一提的是，2007 年以来，中央政府对农业保险保费补贴的标的从 5 种增加到目前的 10 余种，中央政府的补贴比例有所增加，对农业保险的风险保障支持责任和相应风险保障水平也在提升。

第二，中央政府是全国农业保险保费补贴事权的设计者和主导者。无论是 2007 年出台的《中央财政农业保险保费补贴试点管理办法》，还是 2016 年出台的《中央财

政农业保险保险费补贴管理办法》，都是由中央政府起草和发布的，在补贴政策、补贴方案、预算管理、监督管理等方面也都充分体现了中央政府的意图。地方政府同时扮演着双重角色：一方面，对于中央财政补贴的农产品，地方政府是保费补贴事权的参与者；另一方面，对于具有本地特色的农产品，地方政府则是保费补贴事权的设计者。

第三，中央政府的事权履行以各省省级政府的事权履行为前提。在现行农业保险保费补贴政策下，对于中央财政提供保费补贴的标的，只有当各省省级财政自愿按照要求对农业保险保费进行最低比例的补贴之后，中央政府才会承担它所对应的事权责任。反之，如果省级财政不愿或者未能按照要求进行先行补贴，那么，中央政府将不会充分履行它所对应的事权责任。

（二）央地对农业保险保费补贴责任划分的依据

既然农业保险保费补贴是中央和地方政府的共同事权，因此其责任也应该在科学划分的基础上由双方共同承担。从近年来我国财政体制的改革趋势来看，因素法得到了得到了越来越多的运用，特别是在中央财政对地方财政转移支付的分配中。比如，2015 年我国财政部所出台的《中央对地方专项转移支付管理办法》明确指出，对于共担类专项转移支付项目，中央向省级分配资金时，应当以因素法为主进行分配，但涉及国家重大工程、跨地区跨流域的投资项目以及外部性强的重点项目除外。

这里所谓的因素法，也即选取自然、经济、社会、绩效等不易受到人为控制的、能反映下级政府财政能力或（和）支出需求的客观性因素，并赋予相应的权重或标准，进而确定政府间转移支付的分配数额。相比于有着较大自由裁量空间的主观分配法，一个设计良好的因素法分析框架不仅具有客观、公正、透明、稳定、均等化等优点，而且还可以起到避免过度支出以及适度的税收激励作用（岳希明等，2014）。近年来，很多学者也都尝试利用因素法来分析基本公共服务领域的政府间责任划分问题（曾红颖，2012；李亚青等，2018）。基于此，本文将尝试运用因素法对我国农业保险保费补贴的央地责任划分进行优化。在运用因素法进行测算之前，我们首先需要明确影响上述责任划分的重要因素。

1. 影响各省省级财政补贴责任的重要因素

各省财政补贴是各省政府为支持农业保险的健康发展而提供的保费补贴，是各省政府在辖区范围内开展财政支农的义务和手段。结合现阶段我国农业保险补贴政策的目标，我们认为，各省级财政应该承担的保费补贴责任应该与各省农业生产规模和各省财力水平这两个重点因素相适应，做到"因省而异"。

（1）农业生产规模。在现行补贴政策下，各省财政所提供的保费补贴是各省农业保险保费的一定比例，而各省的农业保险保费又是根据农业生产规模（如种植业的面积、养殖业的数量）和每单位保险标的的保险费相乘计算得来的，因此，农业生产规模是影响各省农业保险保费规模以及保费补贴额度的决定性因素之一。需要指出的是，目前财政部并不是对所有农产品都提供保费补贴，而只是对 10 余种关系国计民生和粮食、生态安全的主要大宗农产品的保险费进行补贴。这也意味着，在中央财政目前所划定的 10 余种补贴标的范围之内[①]，如果一省有着较大的农业生产规模，那么其农业保险的保费基数就比较大，各省财政应当补贴的额度就比较高。

（2）财力水平。财力水平是各省农业保险保费补贴的基础和源泉，也应该是影响各省农业保险保费补贴政策实施的决定性因素。一省财力水平对农业保险补贴政策的影响主要表现在如下两方面：首先，如果一省的财力水平越高，那么它就有能力为本辖区的所有农产品生产提供中央财政所要求的先行保险费补贴，甚至实现农业保险全覆盖的目标，从而可以获得更多中央财政的相应转移支付；其次，当一省有着较高的财力水平时，它可以为辖区内的农业保险业务提供更高的保障水平（或保险金额），从而更好地发挥农业保险的功效，保证农业再生产的可持续，也增强农户的获得感。

2. 影响中央财政对各省农业保险转移支付分配的重要因素

粮食和大宗农产品的稳定生产直接关系着国家的粮食安全和农产品市场稳定，有着很强的外部性，中央财政理应在农业保险保费补贴中发挥中流砥柱的作用。然而，由于各省的情况存在差异，中央财政对各省的转移支付应该有所差异。我们认为，影响中央财政对各省转移支付的重要因素，除了各省的农业生产规模和财力水平，还包括各省的农业产量。

（1）各省农业生产规模。各省农业生产规模对中央财政补贴和省级财政补贴有相同方向的影响，这里我们不再赘述。

（2）各省财力水平。各省财力水平对中央财政转移支付有着逆向影响。对于那些财力有限、农业保险补贴压力较大的省份，特别是那些为全国提供粮食等农产品较多的省份，中央财政有必要通过农业保险对其给予更多的转移支付；反之，对于那些财力较强、农业保险补贴压力较小的省份，也包括主要农产品调入省份，中央财政可以适当减少转移支付的规模。

（3）各省农产品产量。农业产量是对各省农业生产的效率的衡量。表面上看，各省农业产量似乎与农业保险保费补贴没有直接关系，然而，考虑到农业保险保费补贴在本质上是各级政府的财政支农手段，其终极目的是为农业生产提供风险保障，提高国家的粮食安全和农业生态安全，因此，中央财政在关注各省农业生产规模的同时，有必要结合各省的农产品产量来分配财政支农资金，"把好钢用在刀刃上"。这也意味着，对于那些大宗粮、棉、油、糖、林木、生猪、奶牛等农产品产量较高的省份，中央财政就应该在保费补贴的转移支付上给予更多的倾斜。

---

① 2018 年 8 月，中央财政将三大粮食作物制种纳入了中央财政农业保险保险费补贴目录。

四、因素法在农业保险保费补贴央地责任划分中的运用

（一）因素法在各省省级财政补贴责任划分中的运用

现行农业保险保费补贴政策在确定各省省级财政的补贴责任时，虽然考虑了各省农业生产规模的因素，但是却没有充分考虑各省财力的因素，结果导致了一些财力困难但却是全国农产品生产基地的省份难以落实，产生了区域不公平现象。因此，在确定各省省级财政补贴责任时，我们可以考虑将本文第二部分所提出的各省补贴负担率作为参考指标。其中，各省财政补贴负担率，也即一省省级财政所应当承担的保费补贴额度占该省一般公共预算支出的比重，它同时包含着一省农业生产规模和财力水平两方面的信息，是一个简单、有效同时也更为全面的参考指标。对各省而言，如果按照相同的财政补贴负担率对农业保险提供保费补贴，可以实现各省财政补贴比例的差异化，有效避免区域之间的不公平现象。

（二）因素法在中央财政对各省转移支付分配中的运用

对中央财政而言，各省的农业生产规模、财力水平、农产品产量都影响着其对各省农业保险保费补贴的分配。那么，如何确定这三个因素的影响权重呢？从财政部门的习惯做法来看（孙开，1996；胡洪曙，2016），上级财政部门通常会根据政策目标自主设定各因素的影响权重，或者借助回归分析的方法来评估每种因素对财政支出的影响程度，然后对各地区的得分求和排序。本文将借鉴因素法的基本分析框架，先对这三个因素进行进一步的分解，然后对细分指标赋予相应权重，最后求出各省的得分指数。

1. 细分指标体系

为了综合评价各省的农业生产规模、财力水平、农业产量这三个因素对中央转移支付的影响，我们构建了一套可测量、可比较的指标体系。结合我国农业保险保费补贴政策的实际，我们在各省农业生产规模、财力水平、农产品产量这三个一级指标的基础上，分解出 22 个二级指标（表5），然后以此作为评估中央对各省农业保险转移支付的分配依据。

这一分配指标体系的构建具有如下特点：

第一，以中央财政合理分配对各省农业保险的转移支付为中心。该指标体系综合考察了各省农业生产规模、财力水平、农产品产量等因素的共同影响。

第二，同时包含正向指标和逆向指标。指标体系中财力水平项下有 2 个逆向指标，分别为一般公共预算收入和人均财政收入，也即一省在这两项指标上的得分与中央财政对该省的转移支付负相关。其余的指标则均为正向指标，其得分与中央财政的转移支付正相关。

第三，围绕着中央财政所补贴的险种标的进行分析和测算，对各省地方特色的农

产品不予考虑。

表5 中央财政对各省转移支付分配的指标体系

一级指标	二级指标
各省农业生产规模	粮食作物播种面积
	油料播种面积
	棉花播种面积
	糖料播种面积
	肉猪饲养数量
	奶牛饲养数量
	公益林面积
	商品林面积
	藏区品种数量
	天然橡胶种植面积
各省财力水平	一般公共预算收入
	人均财政收入
各省农产品产量	粮食产量
	油料产量
	棉花产量
	糖料产量
	猪肉产量
	牛奶产量
	公益林产量
	商品林产量
	藏区品种产量
	天然橡胶产量

注：由于数据可得性方面的原因，我们在测算时没有考虑森林、藏区品种、天然橡胶等补贴品种。

2. 数据处理方法

（1）数据离差标准化处理。在测算之前，我们对各个指标进行标准化处理，也即将各指标标准化、规范化，消除量纲的影响。标准化的处理增强了不同指标的可比性，也在一定程度上消除了异常值的影响。

对于正向指标，标准化处理的公式为：

$$z_{ij} = \frac{x_{ij} - \min\{x_{ij}\}}{\max\{x_{ij}\} - \min\{x_{ij}\}}$$

式中，x_{ij} 表示第 i 个一级指标下第 j 个二级指标的变量取值，z_{ij} 为对应指标得分；$\min\{\cdot\}$ 表示极小值函数，$\max\{\cdot\}$ 表示极大值函数。

对于逆向指标，标准化处理的公式为：

$$z_{ij} = \frac{\max\{x_{ij}\} - x_{ij}}{\max\{x_{ij}\} - \min\{x_{ij}\}}$$

式中，z_{ij} 表示标准化值，x_{ij} 表示指标值，$\min\{x_{ij}\}$ 表示最小值，$\max\{x_{ij}\}$ 表示最大值。

（2）指标权重的确定。对于一级指标的权重 w_i，本文采用了德尔菲法进行确定，也即通过匿名的方式多次征求 10 位专家的个人看法，然后集中得到了一致意见。最终，我们将农业生产规模、财力水平、农产品产量这三个一级指标的权重确定为 0.4、0.4 和 0.2。

对于二级指标的权重 w_{ij}，本文结合我国的农业政策进行了差异化处理。由于粮食安全对我国具有极端重要的意义，本文赋予了"各省粮食作物播种面积""各省粮食产量"这两个二级指标更高的权重。具体来说，在"各省农业生产规模"和"各省农产品产量"这两个一级指标项下，"各省粮食作物播种面积"和"各省粮食产量"的权重分别是其他二级指标权重的 2 倍，而其他二级指标的权重相等。

各省的需求得分为：

$$s = \sum_i \sum_j z_{ij} \cdot w_{ij} \cdot 100$$

各省的需求得分除以所有省市的总得分，即为各省的分配权重：

$$\mathrm{prop} = \frac{s}{\sum s}$$

3. 测算结果

按照前述的转移支付分配指标体系，并结合 2016 年我国各省在农业生产、财政经济等方面的数据，我们测算了 31 个省市区对中央财政农业保险转移支付的需求得分，并在此基础上测算了中央财政对各省转移支付的分配权重（表 6）。

表6　各省对中央财政农业保险转移支付的需求得分及分配权重

排名	省份	需求得分	分配权重（%）	排名	省份	需求得分	分配权重（%）	排名	省份	需求得分	分配权重（%）
1	河南	70.35	5.10	12	湖北	51.69	3.75	23	重庆	39.2	2.84
2	黑龙江	65.74	4.77	13	吉林	47.57	3.45	24	福建	37.13	2.69
3	河北	59.38	4.31	14	江西	46.92	3.40	25	海南	36.25	2.63
4	四川	58.7	4.26	15	贵州	45.7	3.32	26	江苏	34.31	2.49
5	湖南	56.92	4.13	16	辽宁	45.04	3.27	27	浙江	29.57	2.14
6	内蒙古	55.85	4.05	17	甘肃	45.01	3.27	28	广东	26.08	1.89
7	山东	55.78	4.05	18	陕西	44.91	3.26	29	天津	24.66	1.79
8	广西	55.72	4.04	19	山西	43.02	3.12	30	北京	13.91	1.01
9	新疆	55.42	4.02	20	宁夏	40.7	2.95	31	上海	7.84	0.57
10	安徽	53.2	3.86	21	青海	40.69	2.95				
11	云南	51.91	3.77	22	西藏	39.41	2.86				

注：本表的测算仅考虑了种植业和养殖业的险种标的，而没有考虑森林、藏区品种、天然橡胶等险种标的，因此青海、西藏、海南等省的结果会受到一定影响。

表 6 的结果表明，各省对中央财政农业保险转移支付的需求得分并不相同。其中，河南、黑龙江、河北、四川、湖南等农业大省的需求得分比较高，反映出这些省份的农业保险应该从中央财政获得更多的转移支付；而浙江、广东、天津、北京、上海等省市的需求得分比较低，反映出这些省份应该从中央财政获得相对较低的转移支付。需要指出的是，东部省份之间的需求得分差异明显，如山东省的需求得分高居第七，明显高于其他东部省份；中西部省份之间的需求得分同样有着较大的差异，像河南、黑龙江、河北、四川等省的需求得分高出宁夏、重庆等地很多。

我们根据各省的需求得分计算出中央财政对各省农业保险转移支付的分配权重。也即在给定中央财政专项转移支付总规模的前提下，各省可从中分配的相应比例。其中，河南的分配权重达到了 5.10%，黑龙江和河北则分别为 4.77% 和 4.31%，而北京和上海的分配权重分别为 1.01% 和 0.57%。显然，表 6 的测算结果再一次表明现行以区域（东部或中西部）为依据来划定央地补贴比例的做法亟待调整，而其中的分配权重可以作为优化中央和地方补贴责任的参考依据。

4. 扩展分析

通过前面的分析我们可以看到，部分省份在转移支付的需求得分和分配权重上比较接近，存在着趋同性。因此，为了反映出各省之间的这种特征，我们尝试从统计学的角度对各省进行了分组处理，也即将需求得分比较接近的省份分成一组。按照"组内差异最小化，组间差异极大化"的原则，我们将全国 31 各省市分成了四组。其中，第一组包括河南、黑龙江、河北、四川、湖南、内蒙古、山东、广西、新疆；第二组包括安徽、云南、湖北、吉林、江西、贵州、辽宁、甘肃；第三组包括陕西、山西、宁夏、青海、西藏、重庆、福建、海南；第四组江苏、浙江、广东、天津、北京、上海。对于中央财政来说，对于处于同一组的省份，可以考虑采取相似的保费补贴政策。

五、结论与建议

尽管近年来我国各级财政对农业保险保费的补贴规模在不断增长，然而，现行补贴政策按照各省所在区域（东部或中西部）来统一划定补贴比例，存在着事实上的平均补贴倾向，在一定程度上导致了区域之间补贴不公平性的现象。通过测度各省省级财政的补贴负担率和中央财政对各省农业风险保障的支持力度，我们发现一些农业大省、财政弱省承担着更高的补贴压力，而中央财政也未能通过差异化的转移支付来调节各省农业保险的发展差距。由于农业保险保费补贴是由中央和地方财政共同承担的一项事权，因此其支出责任也应该由双方共同承担。在双方补贴责任的具体划分上，我们可以利用因素分配法进行确定。立足于各省的最新数据，本文测算了各省对中央财政转移支付的需求得分，并进一步测算了中央财政对各省转移支付的分配权重，并尝试对各省进行了分组，初步提供了一个在中央财政总的保费"盘子里"由中央财政进行差异化保费补贴的依据。

根据上述研究结论，本文对调整农业保险保费补贴的央地责任划分、提升我国农业保险财政补贴的地区公平性提出如下政策建议：

第一，从理念层面来看，中央财政应调整现行以各省所在区域（东部或中西部）为依据来统一划定补贴比例的做法，避免平均化的补贴倾向，改为根据各省农业生产规模、财政实力、农业产量等因素，利用因素法科学划分中央和地方财政的补贴责任，做到"因省而异"。

第二，从具体操作层面来看，对于各省省级财政所承担的补贴责任，我们应特别关注各省的农业保险补贴负担率，避免出现"农业贡献越大、补贴负担越重"的负向激励；而对于中央财政对各省的转移支付权重，我们可以考虑通过因素法进行测算和确定，从而调节各省农业保险的发展差距，实现区域间的协调发展。需要进一步指出的是，对于应该选取哪些客观因素以及各因素该赋予多大权重等问题，中央财政应该结合自身的需求进行取舍和调整。我们还认为，中央财政甚至可以选择一种更简单的操作方式，那就是在确定总的目标补贴比例以及各省省级补贴比例之后，将中间的差额作为中央财政的补贴责任。

第三，正视并解决中央财政资金拨付中的突出问题。建议改革中央财政转移支付的拨付方式，将现行的"倒联动式"改为"预算制"直接拨付，也即在区别各省央地补贴比例和水平的条件下，由各省前一年第四季度上报预算，而中央财政则根据预算直接拨付到省，再由省财政直接向保险公司拨付补贴（不再经过市、县财政）。与此同时，如果市、县财政补贴不到位，可考虑给予惩罚措施，如次年从其他财政经费中扣除等。

参考文献

[1] 郭颂平，张伟，罗向明. 地区经济差距、财政公平与中国政策性农业保险补贴模式选择 [J]. 学术研究，2011（6）：84-89，160.

[2] 何小伟，庹国柱. 农业保险保费补贴责任分担机制的评价与优化——基于事权与支出责任相适应的视角 [J]. 保险研究，2015（8）：80-87.

[3] 何小伟，王克，余洋. 农业保险精准补贴研究 [J]. 价格理论与实践，2017（7）：125-129.

[4] 胡洪曙. 促进基本公共服务均等化的中央财政转移支付机制优化研究 [M]. 北京：经济科学出版社，2016.

[5] 李亚青，蔡启凡. 基本医疗保险财政补贴的政府间责任分摊研究 [J]. 财经科学，2018（2）：99-112.

[6] 罗向明，张伟，丁继锋. 地区补贴差异、农民决策分化与农业保险福利再分配 [J]. 保险研究，2011（5）：11-17.

[7] 孙开. 论政府间转移支付中的因素法问题 [J]. 财政研究，1996（3）：37-40，50.

[8] 王韧. 我国农业保险差异补贴政策研究——基于各省、直辖市、自治区的聚类分析 [J]. 农村经

济，2011 (5)：87 - 90.

[9] 岳希明，蔡萌. 现代财政制度中的转移支付改革方向 [J]. 中国人民大学学报，2014，28 (5)：20 - 26.

[10] 郑军，汪运娣. 我国农业保险差异性财政补贴：地区经济差距与财政支出公平 [J]. 农村经济，2017 (5)：84 - 90.

[11] 曾红颖. 我国基本公共服务均等化标准体系及转移支付效果评价 [J]. 经济研究，2012，47 (6)：20 - 32，45.

地方政府支持与农户参与
特色农产品保险决策行为响应研究

——以陕西省苹果保险为例*

张　珩　程名望　罗添元　朱珍贵

摘要： 目前中国实行的农业保险主要是政策性农业保险，地方政府在推行和实施保险工作中起到非常重要的作用，这有别于普通商业保险，因此在农业保险实施中研究政府支持对农户农业保险决策行为的影响是十分必要的。本文以苹果保险为例，基于陕西省2个苹果主产县707户农户微观调查数据，采用 Probit 和 Poisson Hurdle 模型，分析了地方政府支持对农户参与特色农产品保险决策行为响应的影响。研究发现，政府支持对农户参与苹果保险的意愿、行为和次数均有显著的正向影响。在地方政府支持的两个维度变量中，地方政策补贴仅对农户参与苹果保险的意愿有显著的正向影响；基层宣传对农户参与苹果保险的意愿、行为和次数均有显著的正向影响。进一步基于农户分化视角的分析发现，地方政府支持是影响不同种植规模农户参与苹果保险的意愿、行为和次数的一个非常显著性因素。构建和培育完善的农业保险供给市场，规范和改革农业保险政策扶持体系，加强农业保险教育、特别是要增强农户对农业保险的吸引力和信任度，是当前中国农业保险市场持续面临的重要课题。

关键词： 政府支持；特色农产品保险；农户行为响应

一、引言

改革开放以来，伴随着中国经济的逐步转型，农户人均纯收入以年均 18.60% 的

---

* 基金项目：本文系教育部哲学社会科学研究重大课题攻关项目"推进农民工市民化的理论与政策研究"（15JZD026），国家自然科学基金项目"社会网络与培训服务对地方特色农产品保险需求的影响研究——以陕西、甘肃苹果保险为例"（71503203）和"法人治理、产权改革对农村信用社双重绩效的影响：机理研究与实证检验"（71903151）和 2019 年国家级大学生创新创业训练计划项目"政府作为对农户参与苹果保险决策行为研究"（201910705025）的阶段性成果。本文原载《保险研究》2019 年第 11 期。

作者简介：张珩，管理学博士，同济大学经济与管理学院工商管理博士后，西安石油大学经济管理学院讲师；程名望（通讯作者），应用经济学博士后，同济大学经济与管理学院教授、博士生导师；罗添元，经济学博士，西北农林科技大学经济管理学院讲师；朱珍贵，西安石油大学经济管理学院金融专业本科生。

速率持续增长，为农村发展创造了举世瞩目的经济奇迹[①]。一些学者注意到，在这场伟大的变革中，地方政府作为制度的强有力执行者，为当地经济的发展起着巨大的推动作用（Lin、苏剑，2012）。作为经济改革中的一个产物，农业保险是市场经济体制下国家扶持农业发展的通行做法，带有明显的准公共产品特性（李军，1996），其有效推行必然离不开地方政府的支持。但是，在推进农业保险工作过程中，地方政府起着何种作用，国内还鲜有学者深入研究。一些研究表明，政府支持对农户参与农业保险的决策行为具有重要驱动作用。适度的保费补贴等政策不仅能快速打开农业保险市场，还对激励农户参与农业保险是直接且有效的（罗帅民等，1998）。但是，如果单纯地通过这种制度性诱导来强制提高农户对农业保险的接受度和认可度（孙香玉、钟甫宁，2009），不仅会加大地方政府的财政赤字，也遏制了农户本身对农业保险的潜在性需求（王新军、赵红，2014）。因此，农业保险往往在一定时期的快速增长后，便会逐渐进入了"停滞时期"（冯文丽、苏晓鹏，2014）。作为一项惠农政策，如果政府能够加大支持力度、消除农户戒备心理，同时利用保险原理来化解果业风险、增强农户分散和转移自然灾害所造成风险和损失，也许能有效激励农户参与农业保险的积极性。另外，在中国农业保险工作推进过程中，中央政府对农业保险的财政保费补贴主要涉及了种植业、养殖业、林业等在内的 16 种大宗农产品，品种很少[②]。为持续推动特色农产品保险的推广，中央政府采取以奖代补的方式，刺激、鼓励地方政府发展特色农产品保险业务。截至 2017 年末，地方政府探索支持的特色农产品保险的财政保费补贴品种已高达 200 多种，累计保费收入 81.2 亿元[③]。由此可见，地方政府已成为农业保险体系中的重要力量，特色农产品保险的开展离不开地方政府的支持。因此，从地方政府支持视角深入探讨政府支持是否能有效带动农户参与特色农产品保险的积极性是十分有必要的。

目前，针对农户参与农业保险决策行为影响因素的研究成果较为丰富。由于对农业保险的不信任，户主可能不愿意购买农业保险（于洋、王尔大，2011）。随着年龄增长，经历受灾次数越多的户主，风险防范意识较强，参与农业保险的概率越高（林乐芬、陈燕，2017）。户主文化程度越高的户主对参与农业保险与否会做出准确的决策（聂荣、沈大娟，2017）。人力资源越充足的农户家庭，参与农业保险越强烈（张跃华等，2007）。种植面积越大的农户家庭，往往为了减少受灾损失而更愿意参与农业保险（Sherrick，2004）。资产富裕的农户家庭，参与农业保险的概率就越大

---

① 根据《中国统计年鉴 2017》中 1978—2015 年农村居民人均纯收入绝对数计算所得。

② 目前，中央财政保费补贴主要涉及的品种具体包括：①种植业：指玉米、水稻、小麦、棉花、马铃薯、油料作物、糖料作物；②养殖业：指能繁母猪、奶牛、育肥猪；③森林：指已基本完成林权制度改革、产权明晰、生产和管理正常的公益林和商品林；④其他品种：指青稞、牦牛、藏系羊、天然橡胶以及财政部根据中央政府确定的其他品种。

③ 例如，地方政府探索支持的特色农产品保险的财政保费补贴品种有：陕西省的苹果保险，四川省的花椒保险，广西壮族自治区的柑橘保险，湖北省的小龙虾养殖保险，上海市的露地种植绿叶蔬菜气象指数保险等。

（Shaik，2005）。社会网络的风险分担、收入增长等功能是决定农户参加农业保险的内在动因（Fafchamps and Guberrt，2007；Heaney and Israel，2008）。对农业保险越了解的农户，多次参与农业保险的概率就越大（叶明华、汪荣明，2014）。认为农业保险不能促进家庭收入增长的农户，参与农业保险的积极性往往不高（马洁等，2012）。遭受经济损失较大和对农业保险产品评价较高的农户，多次参与农业保险的概率就越大（Molua，2011；秦涛等 2013）。

上述文献更多地从户主特征、家庭特征、受灾情况、对农业保险产品评价等方面分析了对农户参与农业保险的潜在意愿与行为，而专门分析政府支持对农户参与农业保险的研究甚少。少数学者从政府作为视角分析了地方政府支持对农户参与农业保险决策行为的影响。例如，孙蓉、何海霞（2015）采用二元 Logistic 模型对中国 8 省（区）1 025 户农户样本的研究发现，地方政府可以显著促进农户参与农业保险的意愿。然而，由于不同类型的农业保险是不同质的（庹国柱、朱俊生，2007），但上述研究却没有针对某一种农业保险（如苹果保险、能繁母猪保险等）做具体分析。与此同时，上述研究更多地侧重于分析地方政府支持对农户参与农业保险的意愿的影响，而未细化地方政府支持指标，也未探析地方政府支持对农户参与农业保险行为和次数的影响。

理论上来讲，地方政府支持是指为了减少经济转型条件下因市场制度不完善所造成的不利影响而提供的各种政府支持，通过替代或补充市场以激励农户参与特色农产品保险。一般来讲，地方政府支持主要包括政策补贴和基层宣传。其中，政策补贴是地方政府按照一定比例对参与特色农产品保险的农户给予一定数额的保费补贴，而基层宣传是地方政府通过采取集中生产培训、宣传资料、村庄广播板报等方式对农户进行保险教育、普及和宣传。事实上，作为一种具有明显地方特色的农业保险，地方政府支持对苹果保险的开展，不仅可以发挥通过风险保障和补偿功能来带动苹果特色产业的发展，也让苹果产业所带来的经济收入成为当地农户脱贫致富的经济增长点。鉴于此背景，本文以苹果保险为例，通过分析陕西省 707 户微观农户调查数据，旨在解决三个问题：第一，从政策扶持、基层宣传两个维度来度量政府作为，为探讨农户参与特色农产品保险决策行为的外部动力问题提供一个经验证据。第二，本文采运用 Probit 和 Poisson Hurdle 模型，将农户参与苹果保险的意愿、行为和次数同时纳入决策行为响应的分析框架中，深入探讨其影响机理，以解决样本选择偏误问题。第三，基于农户分化视角，采用 Oaxaca-Blinder 分解模型比较不同种植规模之间政府支持对农户参与特色农产品保险决策行为响应影响的差异，并寻找其产生差异的根源。

二、理论分析

与一般商业性保险不同，农业保险的需求是双向的，不仅地方政府需要一种更好的途径或渠道来降低各种不确定性风险（如自然灾害风险、市场风险）给农户带来的经济损失，而且保险公司也需要帮助地方政府设计风险评估和理赔机制来管理风险基金。小农经济理论认为，农户的风险感知会直接影响其对农业保险的决策响应。但是，由于单个农户获取保险相关信息的能力有限，因此其是否参与农业保险受到政府支持程度的影响很大。在理性小农理论下，风险厌恶型农户在面对既定的保险费率时，会根据自己预期的经济损失程度来决定是否投保和投保比例。为了鼓励农户参与农业保险，地方政府通过加大补贴力度或基层村社组织宣传来提高农户参与农业保险的积极性。鉴于此，有必要从理论上分析政府支持影响农户参与农业保险决策响应的作用机制。与以往研究不同，本文借鉴 Liu（2012）的研究，创新性地从经济预期损失和政府支持双重视角下分析影响农户参与农业保险决策响应的作用机制。

（一）农户参与农业保险决策响应的基础理论模型

假定农户 i 在面对农业保险时，有两种选择：一是不参与农业保险，此时农户无需缴纳保费，在遭受自然灾害后（灾害发生造成经济损失的概率为 p，$p\in(0,1)$），可能受到的经济损失记为 $\bar{l}$。二是参与农业保险，此时若农户将其所拥有的标的物全部投保，则需要支付的保费为 π，x 为农户所选择投保的标的物比例（$x\in[0,1]$）[①]。那么遭受自然灾害后，农户获得保险公司赔偿金额为 $\bar{l}x$。假定农户初始财富水平为 w，效用函数用 $u(\cdot)$ 来表示，且 $u(\cdot)$ 满足 $u_x(\cdot)>0$，$u_{xx}(\cdot)<0$，$u_{x\bar{l}}(\cdot)<0$，$u_{\pi\pi}(\cdot)<0$。在既有财富水平和不完全风险保障条件下，农户期望的最大化效用函数为：

$$MaxEU=(1-p)\cdot u(w-\pi x)+p\cdot u(w-\pi x-\bar{l}+\bar{l}x) \qquad (1)$$

式（1）代表的是，农户根据预期发生自然灾害造成损失的严重程度来决策是否参与农业保险的理论模型。可以看出，农户预期的自然灾害所造成的经济损失会影响农户是否参与农业保险（x 是否为 0）和投保比例（$0<x<1$）[②]。由于农户能自由决定投保数量和风险保障能力，因此在期望效用最大化条件下，农户最优投保比例 x 满足：

$$w.r.tx\frac{u_x(w-x\pi)}{u_x[w-x\pi-\bar{l}(1-x)]}=\frac{p}{1-p} \qquad (2)$$

式（2）代表的是，在最优投保比例和农户可以完全得到风险保障的条件下，自留风险损失的效用函数与完全得到风险保障时风险损失的效用函数之比等于发生自然灾害的概率与未发生自然灾害的概率之比。

---

① 当 $x=0$ 时表示农户不投保，当 $x=1$ 时表示农户完全投保。当 $0<x<1$ 则表示农户投保部分标的物或部分风险。

② Borch（1960）证明了最优的合同是带有免赔额的合同，所以在非强制投保条件下，农户会选择合适的风险自留。

（二）经济损失预期下农户参与农业保险决策响应的理论分析

由于自然灾害具有很大的偶发性，农户很难事先获得全面、准确的风险信息，导致其在预期发生自然灾害造成经济损失时将受到周围诸多因素的影响。而在这些影响因素中，地方政府支持（例如基层宣传、生产培训等）都会影响农户预期发生自然灾害造成经济损失严重程度的准确性。因此，有必要分析在最优保险决策条件下，预期经济损失与农户参与农业保险决策之间的关系。

假定农户期望效用最大化，根据农户参与农业保险的最优保险决策，假定在一定的投保覆盖率下，最优的投保比例为 x^*。根据式（2）可以发现，发生自然灾害的概率会影响农户对农业保险最优决策，进而影响农户的最优投保比例。因此，在最优的投保比例条件下，将农户的最优决策与经济损失预期的隐函数记为 $F(x, \bar{l})$，此时 $F(x, \bar{l})$ 可以表示为：

$$F(x, \bar{l}) = -(1-p)\pi u_x(w-x\pi) + p\pi u_x[w-x\pi-\bar{l}(1-x)] \qquad (3)$$

由于 $u(\cdot)$ 连续且一阶和二阶导数均存在，根据隐函数定理，对式（3） x^* 关于 $\bar{l}$ 等于零时的方程求一阶导数，最终化简后可以得到：

$$\frac{dx^*}{d\bar{l}} = -\frac{F_{\bar{l}}(x, \bar{l})}{F_{xx}(x, \bar{l})} = -\frac{-(1-x^*)p\pi u_{x\bar{l}}[w-x^*\pi-\bar{l}(1-x^*)]}{(1-p)\pi^2 u_{xx}(w-x^*\pi) + p\pi^2 u_{xx}[w-x^*\pi-\bar{l}(1-x^*)]} \qquad (4)$$

由于 $u_{xx}(\cdot)<0$，$0<p<1$，$\pi>0$，因此式（4）中分母大于0；由于 $u_{x\bar{l}}(\cdot)<0$，$0 \leqslant x^*<1$[①]，因此式（4）中分子大于0，所以 $dx^*/d\bar{l}>0$。

上述分析发现，农户预期的遭受自然灾害所带来的经济损失的严重程度会影响农户的最优投保比例。当农户预期遭受自然灾害所带来的经济损失的严重程度增大时，农户会增加最优投保比例；而当预期遭受自然灾害所带来的经济损失的严重程度减少时，农户会减少最优投保比例。理论上来讲，当在政府不支持、保险公司实行公平保费的情况下，农户为实现自身投保的期望效用最大化，一般会选择全额投保。但是，由于保险责任履行是以实际事故发生为前提，因此在无法获得全面的风险信息情况下，农户经常会低估自然灾害所造成的经济损失。因此，若政府不积极支持的话，即使保险公司实行公平保费，农户投保的概率也不会太高。基于以上分析，本文提出假说1：

H1：政府支持能有效提高农户参与农业保险的意愿和行为。

（三）政府支持下农户参与农业保险决策响应的理论分析

由于农业具有天然弱质性，导致农业保险损失频率和损失程度较高，要实现农业

---

① 由于投保标的物的有限性，当 $x^*=1$ 时，$\bar{l}$ 的增大不会继续提高其最优投保比例，但会影响其投保的次数，在本文的实证中将会考虑此种情况。

保险业务的财务平衡，保险公司就要制定较高的保险费率。但是，由于农户收入水平有限，难以完全负担全额保费，此时就需要中央和地方财政给予农户一定补贴，缓解农业保险市场的供需矛盾，使保费达到保险公司和农户都能接受的水平。从目前的作用机理来看，地方政府对农业保险的保费补贴不仅可以通过减少农户支付保费的投入来改善其收入状况，而且在嵌入基层行政体系中的农业保险推广活动也可以增强农户对农业保险的信心，提高农户对政策性农业保险决策响应的积极性。因此，将农户参与政策性农业保险的投保比例与保费之间的隐函数设定为 $G(x, \pi)$，此时 $G(x, \bar{l})$ 可以表示为：

$$G(x, \pi) = \pi\left[-(1-p)u_x(w-x\pi) + pu_x(w-x\pi-\bar{l}(1-x))\right] \quad (5)$$

由于 $u(\cdot)$ 连续且一阶和二阶导数均存在，根据隐函数定理，对式（5）x^* 关于 π 等于零时的方程求一阶导数，最终化简后可以得到：

$$\frac{dx^*}{d\pi} = -\frac{F_{x\pi}(x, \pi)}{F_{xx}(x, \pi)} = -\frac{\left[(1-p)x^*u_{x\pi}(w-x^*\pi) + p(\bar{l}-x^*)u_{x\pi}(w-x^*\pi-\bar{l}(1-x^*))\right]}{(1-p)\pi^2 u_{xx}(w-x^*\pi) + p\pi^2 u_{xx}\left[w-x^*\pi-\bar{l}(1-x^*)\right]}$$

$$(6)$$

在均衡条件下，$-(1-p)u_{x\pi}(w-x^*\pi) + pu_{x\pi}\left[w-x^*\pi-\bar{l}(1-x^*)\right] = 0$，所以式（6）可化简为：

$$\frac{dx^*}{d\pi} = -\frac{\left[(1-p)x^*u_{x\pi}(w-x^*\pi) + p(\bar{l}-x^*)u_{x\pi}(w-x^*\pi-\bar{l}(1-x^*))\right]}{(1-p)\pi^2 u_{xx}(w-x^*\pi) + p\pi^2 u_{xx}\left[w-x^*\pi-\bar{l}(1-x^*)\right]}$$

$$(7)$$

由于 $u_{x\pi}(\cdot) < 0$，$\bar{l}-x^* > 0$，$p > 0$，因此式（7）中分母小于 0，所以 $dx^*/d\pi < 0$。

从以上分析可以看出，在政府支持下，保费费率或交易成本的下降会提高农户最优投保比例和投保次数；而保费费率或交易成本的上升会促使农户降低最优投保比例或投保次数。

基于以上分析，本文提出假说 2：

H2a：政府支持中的政府补贴能提高农户参与农业保险的意愿和行为。

H2b：政府支持中的基层宣传不仅能有效提高农户参与农业保险的意愿，也可以通过扩散效应提高农户参与农业保险的行为和次数。

三、数据来源、变量说明与模型构建

（一）数据来源与样本描述

1. 数据来源与代表性

本文研究所使用的数据来自于 2017 年 7 月在陕西省延安市洛川县和黄陵县开展的"苹果保险开展情况"调查。此次调查在当地乡（镇）政府的全力配合下进行的，调查地点选取洛川县的交口河、土基和槐柏以及黄陵县的隆坊、田庄和阿党共计 6 个乡镇。为保证样本的代表性，调查采取分层抽样和随机抽样相结合的方式。首先，在每个乡镇中按照不低于村庄数量的 30％ 比例随机抽取 4～9 个村；其次，根据各村常住人口规模，在每个村中按照不低于常住人口规模的 30％ 比例随机抽取既不是党员又不是村干部的普通农户。此次调查收回了 780 份农户调查问卷，问卷内容包括农户家庭基本情况、贷款经历与评价、苹果保险参与经历与评价、保险政策与知识了解情况等。经过筛选，本文最终获得了 707 个有效观察样本。

由于调查区域的农业化程度较高，所有调查农户均以种植苹果为主，其农业收入占家庭总收入的比重相对较高，且陕西省洛川县和黄陵县均是全国苹果生产基地县，其"洛川苹果"的经济效应和品牌效应有效带动了地方苹果产业的发展，已初步形成了具有代表性和典型性"洛川模式"。其次，2007 年因具有"一县一业"的产业优势，洛川县被陕西省政府作为全省试点地区开始实行苹果保险。洛川县以省政府和市政府出台的相关文件为指导，协同当地保险公司健全和完善苹果保险所涉及的宣传、承保、查勘、定损、理赔和防灾防损等方面的规范性制度和技术指导，市级政府成立了专门性的工作小组，自上而下地推动并监督苹果保险试点工作，引导农业保险试点工作规范、有效进行。为了降低当地农户的投保成本和经济负担，陕西省各级财政部门对苹果保险给予 50％ 的财政资金补贴，其中，陕西省政府的财政补贴为 45％，延安市政府的财政补贴为 3.5％，洛川县政府的财政补贴为 1.5％。因此，以苹果保险为例，不仅能全面分析政府支持对农户农业保险决策行为的影响，也能很好地估计出不同家庭特征下政府支持对农户农业保险决策行为影响的差异。

2. 样本描述

受访样本农户中户主为男性的农户占样本总数的 83.59％；户主年龄在 30 岁及以下的农户占样本总数的 35.08％；户主文化程度为初中的农户占样本总数的 59.26％；家庭总收入为 5 万～15 万元的农户占样本总数的 59.41％；家庭劳动力数占家庭人口数的比重为 50％～75％（含）的农户占样本总数的 43.14％；发生过土地流转的农户仅占样本总数的 5.23％①。愿意参与苹果保险的农户占样本总数的 74.96％，说明农户对苹果保险的认可度和接受度较高；在愿意参与苹果保险的样本农户中，57.17％ 的农户参与过苹果保险；在参与过苹果保险的样本农户中，65.35％ 的农户参与过 2 次及以上的苹果保险，说明农户对苹果保险的响应较为积极。样本特征的描述如表 1 所示。

---

① 样本地区农地流转发生率较低的原因可能是：绝大多数农户只将有书面土地流转合同的情况视为"土地流转"，对由他人代耕代种或口头承诺的流转土地的情况未计入"土地流转"。

表 1　样本农户及家庭基本特征

分类		样本数（个）	比例（%）	分类		样本数（个）	比例（%）
户主年龄	30 岁及以下	248	35.08	户主性别	男	591	83.59
	31~39 岁	80	11.32		女	116	16.41
	40~49 岁	201	28.43	户主务农状况	完全务农	635	89.82
	50~59 岁	100	14.14		农忙时务农	48	6.79
	60 岁及以上	78	11.03		完全不务农	24	3.39
户主文化程度	小学及以下	159	22.49	发生过土地流转	否	670	94.77
	初中	419	59.26		是	37	5.23
	高中	97	13.72	家庭种植规模	8 亩及以下	324	45.83
	大专及以上	31	4.38		8~16 亩	294	41.58
2016 年家庭总收入	5 万元及以下	196	27.72		16 亩以上	89	12.59
	5 万~15 万元	420	59.41	参与苹果保险意愿	不愿意	177	25.04
	15 万元以上	91	12.87		愿意	530	74.96
家庭劳动力数占家庭人口数的比重	25%~50%（含）	33	4.67	参与苹果保险行为	参与过	303	57.17
	50%~75%（含）	305	43.14		未参与过	227	42.83
	75%~100%（含）	185	26.17	参与苹果保险次数	参与 1 次（含）	105	34.65
	25%~50%（含）	184	26.02		参与 2 次以上	198	65.35

注：在参与苹果保险行为变量中，参与过苹果保险的样本比例和未参与过苹果保险的样本比例是在农户愿意参与苹果保险的样本数量基础上计算所得；在参与苹果保险次数变量中，参与过 1 次的样本比例和参与过 2 次以上的样本比例是在农户参与过苹果保险的样本数量基础上计算所得。

（二）变量说明（表 2）

（1）被解释变量。为全面考察政府支持对农户参与苹果保险决策响应的影响，本文用农户对苹果保险的参与意愿、参与行为和参与次数 3 个被解释变量表示农户参与苹果保险决策响应。

（2）核心解释变量。本文研究中的核心解释变量为政府支持。考虑到样本农户的理解能力，本文在调查过程中将抽象的政府支持概念转变为简单易懂的问题（表 3）。对于政府支持变量相关指标权重的确定，本文首先采用 Cov-AHP 方法确定各个问题的权重（张珩等，2017），进而计算得出政策补贴和基层宣传两个指标的得分，然后再次采用 Cov-AHP 方法确定这两个指标的权重，进而得出政府支持的最终得分。

（3）控制变量和识别变量。本文首先选取户主性别、户主年龄和户主文化程度作为反映农户户主特征，选取家庭劳动力数占家庭人口数的比重、种植规模、收入水平和社会网络反映农户家庭特征。其次，加入了是否参加过苹果生产培训、对苹果保险的了解程度和自然灾害是否造成了经济损失等变量。再次，为了区别是否为苹果保险试点地区，也加入了是否位于洛川县这个变量。最后，本文还选取村社组织村民投保的强度和保险公司与村社干部的来往程度反映农户对苹果保险决策响应的识别变量。

表 2　变量的含义与描述性统计结果

变量名称	变量释义	均值	标准差
被解释变量			
农户参与苹果保险的意愿	愿意=1，不愿意=0	0.75	0.43
农户参与苹果保险的行为	2013—2017年农户是否参与了苹果保险：是=1；否=0	0.58	0.49
农户参与苹果保险的次数	2013—2017年农户参与苹果保险的总次数	1.31	1.49
核心解释变量			
政府支持	采用Cov-AHP方法对5个政府支持指标进行计算所得	0.63	0.19
控制变量			
户主性别	男=1；女=0	0.84	0.37
户主年龄（以"30岁及以下"为参照组）	31～39岁：是=1；否=0	0.23	0.42
	40～49岁：是=1；否=0	0.42	0.49
	50～59岁及以上：是=1；否=0	0.21	0.41
	60岁及以上：是=1；否=0	0.07	0.25
户主文化程度（以"小学及以下"为参照组）	初中：是=1；否=0	0.59	0.49
	高中：是=1；否=0	0.14	0.34
	大专及以上：是=1；否=0	0.04	0.20
家庭种植规模（以"8亩及以下"为参照组）	8～16亩：是=1；否=0	0.25	0.44
	16亩以上：是=1；否=0	0.51	0.50
家庭收入水平（以"5万元及以下"为参照组）	5万～15万元：是=1；否=0	0.05	0.21
	15万元以上：是=1；否=0	0.69	0.46
家庭社会网络	采用主成分分析方法计算得出的社会网络总因子得分	0.02	0.82
是否参加过苹果生产培训	是=1；否=0	0.50	0.50
对苹果保险的了解程度	了解=1；不了解=0	0.12	0.33
自然灾害是否造成了经济损失	是=1；否=0	0.82	0.38
是否位于洛川县	是=1；否=0	0.50	0.50
识别变量			
村社组织组织村民投保的强度	非常小=1，较小=2，一般=3，较大=4，非常大=5	2.34	0.99
保险公司与村社干部的来往程度	很少=1，较少=2，一般=3，较多=4，很多=5	3.11	1.47

注：对于社会网络的测度，本文通过询问农户与保险公司业务员、保险公司经理、县级干部、乡级干部、村级干部、本村村民、外村村民等7方面人员的联系情况，并按照其联系频繁程度从低到高，依次赋值为1～3，其中，1代表"没有联系"，2代表"联系一般"，3代表"经常联系"。在此基础上，首先采用最大方差方法对这7个家庭社会资本指标进行主成分分析，因子载荷得分从高到低依次得到"政府网络"、"银行网络"和"亲邻网络"等3个公共因子；其次，利用7个社会网络指标的成分矩阵计算得出标准化后的3个公共因子的得分；最后，根据3个公共因子的得分和方差贡献率，采用回归方法进行平均加权计算，进而得出社会网络总因子变量的得分。

表 3　政府支持评价指标体系的构建与描述性统计结果

一级指标	二级指标	均值	标准差
政策补贴	您是否享受过当地政府发放的苹果保险的保费补贴？是＝1，否＝0	0.20	0.40
	您觉得当地政府对贵村苹果保险的保障力度如何？较小＝0，有一定保障＝1，较大＝2	0.26	0.56
基层宣传	您从当地村社组织获取苹果保险知识的程度：从未＝1，偶尔＝2，一般＝3，经常＝4，总是＝5	2.71	1.33
	您从当地村社组织获取苹果保险购买与赔付事情的程度如何？从未＝1，偶尔＝2，一般＝3，经常＝4，总是＝5	1.74	1.05
	您觉得当地村社组织开展苹果保险及相关知识宣传程度如何？从不＝1，偶尔＝2，一般＝3，经常＝4，总是＝5	3.17	1.27

四、计量模型与实证分析

（一）模型构建与说明

1. 模型构建

基于以上分析可知，当农户有参与苹果保险意愿时，才能观测到农户是否参与了苹果保险，故样本数据可能存在选择偏误问题。农户参与苹果保险包括是否参与过苹果保险和参与苹果保险次数两个阶段。目前，关于农户参与问题划分为参与行为和参与次数两个阶段的研究中，学者们通常采用 Poisson Hurdle 模型来进行分析（如李韬、罗剑朝，2015）。但是，这种做法并未分析有更多农户参与市场的意愿，即没有较好地考虑到样本选择偏误的问题，导致在具体分析中，大量数据被排除在模型之外。Burke et al.（2015）关注了这个问题，并将 Probit 模型与 Double Hurdle 模型进行了组合。鉴于此，本文借鉴已有研究，将 Probit 模型与 Poisson Hurdle 模型进行组合，首先，构建如下样本选择模型：

$$Y_{1i}^* = X_{1i}\alpha + \varepsilon_{1i}$$
$$Y_{1i}\begin{cases} 1, & \text{当 } Y_{1i}^* > 0 \\ 0, & \text{当 } Y_{1i}^* \leqslant 0 \end{cases} \quad (8)$$
$$Y_{2i}^* = X_{2i}\beta + \varepsilon_{2i}$$
$$Y_{2i}\begin{cases} 1, & \text{当 } Y_{2i}^* > 0 \\ 0, & \text{当 } Y_{2i}^* \leqslant 0 \end{cases} \quad (9)$$

（8）式为选择方程，（9）式为结果方程，其样本选择机制为：当且仅当 $Y_{i1}=1$ 时，Y_{2i} 才能被观测到。（8）式和（9）式中，Y_{1i} 代表农户参与苹果保险的意愿，Y_{2i} 代表农户参与苹果保险的行为，Y_{1i}^* 和 Y_{2i}^* 为对应的潜变量；i 代表第 i 个观测样本；X_{1i} 代表影响农户参与苹果保险意愿的一组自变量，由户主特征、家庭特征、保险认知、受灾情况、产品评价等组成，α 为对应的待估参数；X_{2i} 代表影响农户参与苹果保险行为的一组自变量，β 为对应的待估参数；ε_{1i}、ε_{2i} 分别为（8）式和（9）式的残差项，二者均服从标准正态分布，其相关系数为 ρ，即 $cor(\varepsilon_{1i}, \varepsilon_{2i})=\rho$。

根据（8）式、（9）式以及样本选择机制，可建立如下对应的无条件概率模型：

$$Prob[yiyuan_{1i}=1|X_{1i}]=\Phi(X_{1i}\alpha) \tag{10}$$

$$Prob[xingwei=1, yiyuan_{1i}=1|X_{2i}, X_{1i}]=\Phi(X_{1i}\alpha)\Phi(X_{2i}\beta) \tag{11}$$

（10）式为农户愿意参与苹果保险的概率模型；（11）式为农户参与过苹果保险且愿意参与苹果保险的概率模型；$\Phi(\cdot)$ 表示标准正态分布的累计函数。

其次，农户参与苹果保险的次数可以表示为如下模型：

$$Y_{3i}^{*}=\lambda X_{3i}+\varepsilon_{3i}$$

$$Y_{3i}=\begin{cases}Y_{3i}^{*}, & \text{当 } Y_{2i}^{*}>0 \\ 0, & \text{当 } Y_{2i}^{*}\leqslant 0\end{cases} \tag{12}$$

$$E(Y_{3i}|Y_{3i}>0, X_{3i})=\lambda X_{3i}+\sigma_3\gamma(\lambda X_{3i}/\sigma_3)$$

（12）式中，Y_{3i} 代表农户参与苹果保险的次数，Y_{3i}^{*} 为对应的潜变量；$E(\cdot)$ 代表条件期望；X_{3i} 代表影响农户参与苹果保险次数的一组自变量，λ 为对应的待估参数；ε_{3i} 为残差项，服从截断正态分布；$\gamma(\cdot)$ 等于 $\varphi(\cdot)/\Phi(\cdot)$，其中，$\varphi(\cdot)$ 代表标准正态分布的概率密度函数；σ_3 代表截断正态分布的标准差。

最后，整合以上所有式子，可以得到第 i 个观测样本模型的似然函数：

$f(Y_{1i}, Y_{2i}, Y_{3i}|\alpha, \beta, \lambda, \sigma_3)$

$$=[1-\Phi(X_{1i}\alpha)]^{1(Y_{1i}=0)}\left[\Phi(X_{1i}\alpha)\left\{\begin{array}{l}\left[\Phi(X_{2i}\beta)\dfrac{\varphi(Y_{3i}-\lambda X_{3i})}{\sigma_3}\right]^{1(Y_{3i}-1)} \\ {[1-\Phi(X_{2i}\beta)]^{1(Y_{2i}=0)}}\end{array}\right\}\right]^{1(Y_{1i}-1)} \tag{13}$$

（13）式中，$1(\cdot)$ 为示性函数，如果括号里表达式为正，取值为 1；反之，取值为 0。其他符号如前所述。

2. 对模型的进一步说明

首先，本文采用了方差膨胀因子（VIF）检验了变量之间的多重共线性。从检验结果来看，VIF 值为 1.02～3.79，远小于 10，说明选取的变量之间不存在明显的多重共线性问题。在解释变量中，政府支持与农户参与苹果保险的行为和次数显著正相关，说明政府支持程度越大，农户参与苹果保险行为和次数越积极。从政府支持的两个维度来看，政策补贴与农户参与苹果保险意愿显著正相关，基层宣传与农户参与苹果保险的行为和次数显著正相关。第二，在分析过程中，本文采用稳健类型的标准误进行了估计，以消除由于样本个体差异可能存在相似性而产生的异方差问题。

（二）模型结果与分析

本文实证分析顺序为：首先，采用 Probit 模型探究政府支持和政府支持的两个维度变量对农户参与苹果保险意愿的影响；然后，采用 Poisson Hurdle 模型探究政府支持和政府支持的两个维度变量对农户参与苹果保险行为和次数的影响。具体估计结果详见表 4。

表 4 政府支持对农户参与苹果保险决策响应影响的估计结果

变　量	Probit 模型		Poisson Hurdle 模型			
	第一阶段：参与意愿		第二阶段：参与行为		第三阶段：参与次数	
	方程（1）	方程（2）	方程（3）	方程（4）	方程（5）	方程（6）
核心解释变量						
政府作为	0.373 2**	—	1.009 5**	—	0.535 1**	—
	(0.223 3)	—	(0.427 9)	—	(0.213 7)	—
政策补贴	—	0.434 5**	—	−0.164 2	—	−0.055 1
	—	(0.188 0)	—	(0.154 3)	—	(0.131 4)
基层宣传	—	0.027 1**	—	0.728 9***	—	0.383 7***
	—	(0.013 8)	—	(0.170 0)	—	(0.080 3)
控制变量						
户主性别	0.498 7***	0.499 0***	0.029 0	−0.064 4	−0.029 4	−0.014 8
	(0.131 7)	(0.131 7)	(0.210 6)	(0.213 2)	(0.109 3)	(0.107 8)
31～39 岁	−0.014 9	−0.039 6	0.026 9	0.030 6	−0.280 9	−0.297 6
	(0.156 4)	(0.155 2)	(0.179 5)	(0.179 5)	(0.285 5)	(0.291 4)
40～49 岁	−0.094 5	−0.087 0	0.145 0	0.144 1	0.193 0	0.180 9
	(0.098 2)	(0.097 0)	(0.135 9)	(0.136 1)	(0.204 0)	(0.206 9)
50～59 岁	−0.257 2**	−0.270 4**	0.272 8	0.245 7	0.379 0*	0.352 6
	(0.139 3)	(0.140 2)	(0.218 6)	(0.222 2)	(0.196 1)	(0.245 3)
60 岁及以上	−1.276 5***	−1.340 7***	−0.106 3	−0.145 6	0.270 0	0.231 7
	(0.315 4)	(0.321 4)	(0.356 3)	(0.351 8)	(0.296 1)	(0.276 9)
初中	−0.073 9	−0.081 7	−0.197 8	−0.194 4	−0.027 5	−0.031 3
	(0.243 4)	(0.243 3)	(0.123 6)	(0.122 8)	(0.171 9)	(0.170 9)
高中	0.287 2	0.285 6	−0.081 2	−0.070 2	−0.379 9*	−0.376 0*
	(0.242 5)	(0.243 2)	(0.143 7)	(0.144 5)	(0.207 2)	(0.212 3)
大专及以上	−0.695 3**	−0.703 5***	0.032 0	0.376 0	−0.241 3*	−0.239 2*
	(0.170 3)	(0.173 0)	(0.030 0)	(0.312 3)	(0.138 7)	(0.138 9)
8～16 亩	0.670 1***	0.574 5***	0.356 3**	0.348 3**	0.138 6	0.141 7
	(0.173 4)	(0.173 4)	(0.164 4)	(0.178 6)	(0.144 1)	(0.140 5)
16 亩以上	0.658 1***	0.657 2***	0.049 7	0.017 2	0.198 1	0.190 4
	(0.137 1)	(0.138 5)	(0.156 0)	(0.156 7)	(0.123 2)	(0.121 4)
5 万～15 万元	0.122 9	0.155 0	0.114 7	0.041 3	0.041 2	0.089 8
	(0.353 3)	(0.358 5)	(0.262 7)	(0.268 8)	(0.238 8)	(0.240 2)

（续）

变 量	Probit 模型		Poisson Hurdle 模型			
	第一阶段：参与意愿		第二阶段：参与行为		第三阶段：参与次数	
	方程（1）	方程（2）	方程（3）	方程（4）	方程（5）	方程（6）
15 万元以上	0.438 9***	0.448 9***	0.023 5	0.005 5	0.080 4	0.102 0
	(0.134 7)	(0.135 3)	(0.128 2)	(0.130 2)	(0.108 4)	(0.104 5)
家庭社会网络	0.334 1***	0.255 8**	0.276 7***	0.228 3***	0.081 8	0.080 8
	(0.102 0)	(0.106 8)	(0.044 5)	(0.046 6)	(0.069 3)	(0.072 8)
是否参加过生产培训	−0.013 9	−0.012 9	0.083 5	0.128 7	0.268 8**	0.270 3**
	(0.088 7)	(0.086 6)	(0.183 9)	(0.186 6)	(0.119 4)	(0.119 3)
对苹果保险了解程度	0.310 3***	0.304 2***	0.371 0**	0.315 9*	0.226 4***	0.246 6***
	(0.113 3)	(0.113 3)	(0.170 8)	(0.175 0)	(0.084 8)	(0.083 9)
自然灾害是否造成了经济损失	0.032 3**	0.031 2**	0.097 5***	0.103 0***	0.060 2***	0.062 0***
	(0.014 9)	(0.015 1)	(0.022 1)	(0.022 8)	(0.013 9)	(0.013 6)
是否位于洛川	0.216 3*	0.221 9	−0.278 6	−0.320 8	0.024 2	0.000 1
	(0.125 8)	(0.144 1)	(0.192 5)	(0.196 5)	(0.098 5)	(0.096 6)
识别变量						
村社组织组织村民投保的强度	—	—	0.097 5***	0.103 0***	0.060 2***	0.062 0***
	—	—	(0.022 1)	(0.022 8)	(0.013 9)	(0.013 6)
保险公司与村社干部的关系	—	—	0.413 1**	0.420 4**	0.013 3	0.017 5
	—	—	(0.182 8)	(0.185 5)	(0.019 8)	(0.019 7)
常数项	−0.274 3	−0.099 7	−1.344 2***	−1.658 5***	−1.397 3***	−1.640 6***
	(0.428 8)	(0.437 6)	(0.464 6)	(0.486 3)	(0.401 7)	(0.414 8)
LR 卡方检验值	44.60***	44.58***	—	—	—	—
Wald 卡方检验值	—	—	111.57***	145.89***	111.57***	145.89***
对数似然检验值	−373.70*	−373.61*	−1 101.77*	−1 088.19*	−1 101.78*	−1 088.19*
样本量	707		530		530	

注：*、**、*** 分别表示在 10%、5%、1%的水平上显著；括号内为稳健标准误。

表 4 结果显示，Probit 模型结果中的 LR 卡方检验值和 Poisson Hurdle 模型结果中的 Wald 卡方检验值均在 1%的水平上通过了检验，说明模型的整体拟合度较好。为检验模型是否存在样本选择偏误问题，本文将 Probit 模型中计算得出的反逆米尔比值（Inverse Mill Ratio，简记 IMR）代入 Poisson Hurdle 模型中，可以得到 IMR 变量的系数为 0.105 8，p 值为 0.571，应当拒绝 $\bar{p}=0$ 的原假设，说明样本不需要纠正。

1. 政府支持对农户参与苹果保险决策响应的影响分析

表 4 中方程 1、方程 3 和方程 5 的结果显示，政府支持对农户参与苹果保险的意愿、行为和次数在 5%的水平上有显著的正向影响，系数为正表明愿意参与苹果保险的农户认为政府支持程度越高，参与苹果保险的意愿越强烈，行为概率越大，参与次数也越多。这表明政府支持能有效推动农户参与苹果保险，这一结果验证了假说 1。

可能的原因是在信息不完全了解情况下，地方政府会通过其威信来激励农户参与苹果保险，并且这种"政策性激励"不仅会消除农户本身对苹果保险的戒备心理，还会刺激农户对苹果保险的潜在需求。

从表 4 中政府支持两个维度变量对农户参与苹果保险决策行为影响的结果来看（详见方程 2、方程 4 和方程 6），①政策补贴。政策补贴仅对农户参与苹果保险的意愿有显著的正向影响，而对参与苹果保险的行为和次数并不显著，其系数为负表明即使是政策补贴的力度很大，虽然农户愿意参与苹果保险，但其积极响应的行为和次数却较低。这一结果并没有完全验证假说 2a。可能的原因有三个：一是，大多数农户的收入水平较低、保费支付能力不足，在一定程度上削弱了其对苹果保险的实际响应，加之这些农户本身对保险缺乏应有的认识或对保险机构不信任，即使是在最大限度的保费补贴制度下，他们也不愿意支付险费用。二是，由于保险理赔的保障水平普遍较低，没有完全达到农户的心理预期，因此即使是扩大政策补贴的情况下也不会增加农户对苹果保险的实际需求。三是，苹果保险本身的产品设计与农户生产环节中面临的农业风险不匹配。在调查中，笔者发现，一部分参与过苹果保险的农户认为，苹果保险的合同期限不能完全覆盖所有生产环节，保单理赔的期限是从果树展叶开花开始到果实采收离枝结束，而果树展叶开花之前并不在理赔期限范围内[①]。以上分析表明，政策补贴虽然能显著提高农户响应苹果保险的主观意愿，但不能有效提高农户的实际参与行为，说明农户参与苹果保险的主观意愿和实际参与行为之间存在"背离"现象。②基层宣传。基层宣传对农户参与苹果保险的意愿、行为和次数至少在 5％的水平上有显著的正向影响。即基层宣传力度越大，农户越愿意参与苹果保险，其响应参与的行为和次数也越高。这一点比较符合中国农村的实情，也验证了假说 2b。基层宣传作为苹果保险政策推广的主要措施之一，其目的就是要提高农户对苹果保险的认同度和参与积极性，消除农户对苹果保险的顾虑和戒备心理，从而促进苹果保险产品的可持续发展。

2. 控制变量对农户参与苹果保险决策响应的影响分析

由表 4 可知，户主性别为男性的农户对其参与苹果保险的意愿有显著的正向影响。可能的原因是，男性是绝大多数农村家庭的经济支柱，对是否参与苹果保险具有更强的话语权。处于 50 岁以上年龄段的户主对其参与苹果保险的意愿有显著的负向影响，而处于 31～49 岁年龄段的户主对其参与苹果保险的次数有不显著的正向影响。即随着年龄的增长，农户参与苹果保险的意愿就越低，但参与苹果保险的次数却越多。可能的原因是，年轻的户主接受新鲜事物的能力较强，其支付保费的意愿也较强，而年长的户主经历的自然灾害相对较多，参与苹果保险的次数自然也就较多，但出于保守心理，他们不愿意花费额外的费用支付保费。文化程度为高中和大专及以上的户主对其参与苹果保险的次数有显著的负向影响，而仅有大专及以上的户主对其参

---

① 从调查的样本农户可知，果树展叶开花之前可能发生冰灾的概率很大。

与苹果保险的意愿有显著的负向影响。其原因是，文化程度较高的农户不仅接受农业保险知识的能力越强，也对是否参与苹果保险做出更准确的判断。

相较于 8 亩以下的农户而言，家庭种植规模在 8～16 亩的农户对其参与苹果保险的意愿和行为具有显著的正向影响，并且 16 亩以上的农户其参与苹果保险的意愿更强烈。可能原因是，家庭种植规模反映了农户生产规模和未来潜在收益。为了最大限度地减少自然灾害造成的生产规模和经济损失，种植规模越大的农户其决策响应就强烈。相较于家庭收入水平在 5 万元以下的农户，15 万元以上的农户对其参与苹果保险的意愿具有显著的正向影响。这一点比较符合中国的实际，通常收入水平越高、资产较为富裕的农户家庭，其资金约束能力较弱，参与苹果保险的意愿就越强烈。家庭社会网络对农户参与苹果保险的意愿和行为均具有显著的正向影响。即家庭社会网络水平越高的农户，其参与苹果保险的意愿就越强烈，行为概率就越大。可能的原因是，社会网络水平较高的农户可利用的资源就越多，获取苹果保险信息就越多，这在一定程度上能刺激农户参与苹果保险的积极性。是否参加过生产培训对农户参与苹果保险的次数具有显著的正向影响。即参加过苹果生产培训的农户，其参与苹果保险的次数就越高。其原因是，苹果生产培训不仅是开展苹果保险宣传工作的有效途径，也是提高农户风险防范意识的主要渠道，有利于提高农户参与苹果保险的主观意愿性。苹果保险的了解程度对农户参与苹果保险的意愿、行为和次数均具有显著的正向影响。其原因是，农户对苹果保险了解的越多，参与苹果保险的意愿性也越高，办理保险业务时与保险公司沟通越顺畅，持续参与苹果保险的概率就越高。自然灾害是否造成了经济损失对农户参与苹果保险的意愿、行为和次数均有显著的正向影响。这说明只要经历过自然灾害并且带来了经济损失，农户就越愿意参与苹果保险。是否位于洛川仅对农户参与苹果保险的意愿具有显著的正向影响，这说明农户参与苹果保险的意愿存在显著的县域差异，不能忽视。

3. 识别变量对农户参与苹果保险决策响应的影响分析

由表 4 可知，村社组织村民投保的强度在 4 个实证分析方程中均在 1% 的水平上通过显著性检验，系数为正表明村社组织村民投保的强度越大，农户参与苹果保险的行为概率和次数就越大。保险公司与村社干部的关系在 5% 的水平上对农户参与苹果保险的行为通过了显著性检验，但对农户参与苹果保险的次数没有通过显著性检验，系数为正说明保险公司与村社干部的关系越密切，农户参与苹果保险的行为概率就越大，但这种影响效应仅是短暂的，不具有持续性。这一结果与农业保险往往快速增长后会逐渐进入"停滞时期"的现象相一致。

（三）政府支持对农户参与苹果保险决策行为影响差异的比较

随着全国农业产业化和农业适度规模经营的不断发展，农户群体分化逐渐加剧，从而导致了不同土地种植规模的农户参与苹果保险的决策响应可能会存在一定异质性。为厘清其存在差异的可能性原因，本文采用 Oaxaca-Blinder 分解模型，借鉴 Jann

（2008）的二部法进行两两比较，分析了造成差异的具体原因[①]。从表 5 中的分解结果显示，在种植规模为 8～16 亩（对照组）和种植规模为 8 亩及以下的两组样本中，政府支持对农户参与苹果保险的意愿存在显著的正向差异，即政府支持对种植规模为 8 亩及以下的样本农户参与苹果保险的意愿的影响更为明显，这主要是由不可解释部分（即其他因素）引起的。在种植规模为 8～16 亩（对照组）和种植规模为 16 亩以上的两组样本中，政府支持对农户参与苹果保险的行为和次数均存在显著正向差异，即政府支持对种植规模为 16 亩以上的样本农户参与苹果保险的行为和次数影响更为明显，这是由不可解释部分（即其他因素）引起的。在种植规模为 16 亩以上（对照组）和种植规模为 8 亩及以下的两组样本中，政府支持对农户参与苹果保险的次数存在显著正向差异，即政府支持对种植规模为 8 亩以下的样本农户参与苹果保险的行为和次数的影响更为明显，这也是由不可解释部分（即其他因素）引起的。以上结果来看，随着农户家庭种植规模的变化，政府支持是造成不同种植规模间农户参与苹果保险的意愿、行为和次数的一个重要的显著性因素。

表 5　不同种植规模下政府支持对农户参与苹果保险决策响应影响差异的分解结果

变量		分组比较 1：8～16 亩（对照组）对 8 亩及以下		分组比较 2：8～16 亩（对照组）对 16 亩以上		分组比较 3：16 亩以上（对照组）对 8 亩及以下	
		可解释部分	不可解释部分	可解释部分	不可解释部分	可解释部分	不可解释部分
参与意愿	政府支持	0.000 3	0.343 9*	−0.000 3	−0.073 1	0.000 1	0.270 7
		(0.001 8)	(0.195 2)	(0.001 6)	(0.129 7)	(0.002 1)	(0.179 2)
	总体	0.014 1	−0.223 0***	0.001 3	−0.032 3	−0.003 7	−0.236 3***
		(0.022 3)	(0.049 4)	(0.021 0)	(0.036 5)	(0.015 5)	(0.042 6)
	差异	−0.209 0***		−0.031 1		−0.240 0***	
		(0.050 9)		(0.037 8)		(0.044 9)	
参与行为	政府支持	0.006 2	−0.245 5	−0.005 6	0.336 9**	0.000 1	0.091 9
		(0.010 7)	(0.215 2)	(0.009 7)	(0.167 9)	(0.001 1)	(0.194 1)
	总体	−0.026 1	0.098 5*	0.036 8	−0.102 3**	0.011 5	−0.004 6
		(0.022 7)	(0.055 7)	(0.024 8)	(0.047 0)	(0.013 5)	(0.047 0)
	差异	0.072 4		−0.065 5		0.006 9	
		(0.055 4)		(0.046 6)		(0.047 6)	
参与次数	政府支持	0.032 0	−0.978 0	−0.029 0	2.033 2***	−0.000 1	1.058 3*
		(0.054 7)	(0.652 3)	(0.049 3)	(0.500 2)	(0.001 1)	(0.585 0)
	总体	−0.053 6	0.137 5	0.098 9	−0.166 2	−0.001 6	0.018 3
		(0.079 3)	(0.167 3)	(0.082 6)	(0.144 8)	(0.043 8)	(0.144 8)
	差异	0.084 0		−0.067 3		0.016 7	
		(0.170 7)		(0.142 3)		(0.144 0)	

注：*、**、*** 分别表示在 10%、5%、1% 的水平上显著；括号上边的数字为系数，括号内的数字为稳健标准误。

---

① 限于篇幅原因，本文未列出设定的 Oaxaca-Blinder 分解模型，若读者感兴趣，可向作者索取。

（四）内生性和稳健性检验

在探讨政府支持对农户参与苹果保险决策行为响应时，本文可能没有考虑到政府支持的内生性问题①。针对此问题，参照张燕媛等（2017）的做法，本文在问卷中设计了"若您原来不是很愿意购买苹果保险，是否会因村干部上门宣传动员而购买？"来替代上述政府支持变量，其中1代表"是"，0代表"否"。重新估计的结果表明，替换后的政府支持变量的显著性水平虽然改变了，但系数符号并没有发生变化，即替换后的政府支持变量对农户参与保险的意愿有负向影响，而对农户参与苹果保险的行为和次数有正向影响。这一结果说明在农户不愿意参与苹果保险的情况下，如果村干部上门宣传动员其购买，也会提高农户参与苹果保险的行为概率和次数。这一点不仅符合中国农村的实际情况，也与王新军、赵红（2014）的研究结论相一致。这表明该做法能解决部分内生性问题。另外，为了验证模型的稳健性，本文比较了不同县域之间政府支持对农户参与苹果保险决策行为影响的差异。从检验结果来看，政府支持对洛川县农户参与苹果保险的意愿、行为和次数均有显著的正向影响，而对黄陵县农户参与苹果保险的行为和次数均有显著的正向影响。这一结果与上文实证分析结果基本一致，说明结论的稳健性较好。

五、结论与启示

本文基于陕西省2个苹果主产县707户农户微观调查数据，从政策补贴和基层工作两个维度作为衡量政府支持的指标，研究了政府支持影响农户参与苹果保险决策行为的作用机理。研究发现：第一，农户愿意参与苹果保险的意愿较强，而愿意参与苹果保险的农户中，57.17%的农户参与过苹果保险；在参与过苹果保险的农户中，有65.35%的农户参与了2次及以上的苹果保险。第二，政府支持对农户参与苹果保险的意愿、行为和次数均有显著的正向影响，在政府支持两个维度中，政策补贴仅对农户参与苹果保险的意愿有显著的正向影响，但对参与苹果保险的行为和次数没有显著的影响，而基层宣传对农户参与苹果保险的意愿、行为和次数均有显著的正向影响。第三，不同种植规模之间，政府支持显著影响农户参与苹果保险的决策响应的差异，说明政府支持是造成其存在显著差异的一个重要因素。

苹果保险是一项系统性工作，政府的积极支持必定能提高地方保险公司和农户参与苹果保险的积极性，可见，政府支持的研究具有深刻的经济和社会含义。基于以上研究可得出如下启示：首先，地方政府应认识到自身开展苹果保险工作的重要性，要充分考虑农户自身禀赋和当地农业经济发展特点等因素，合理调整和优化苹果保险的政府补贴模式，引导农业生产者积极参与苹果保险，形成地方政府支持苹果保险的政

---

① 限于篇幅原因，本文未列出内生性检验和稳健性检验的结果，若读者感兴趣，可向作者索取。

策激励机制，以此充分发挥地域产业特色和农户的主观能动性。其次，应基于苹果产业的特色和优势，充分调动基层村干部力量，持续加大对苹果保险的宣传力度，特别是对于那些没有参与苹果保险意愿的农户，地方政府应鼓励他们积极参与苹果保险，消除其对苹果保险的戒备心理，刺激农户本身对苹果保险的潜在性需求，打破被动承保局面，提高农户的知晓率和满意度，巩固政策宣传效果。最后，鉴于不同种植规模之间农户参与苹果保险的决策响应存在显著差异，一方面要选出一批基础好、能力强、支持"三农"发展的保险公司，将苹果保险业务推向市场，全面推动业务开展；另一方面，要加快创新苹果保险并扩大覆盖范围，同时根据不同农户的特征细分保险市场，制定不同保障水平的苹果保险和差异化的保险费率，促进苹果保险产品的可持续发展。

参考文献

[1] 冯文丽，苏晓鹏．构建我国多元化农业巨灾风险承担体系 [J]．保险研究，2014 (5)：31-37.

[2] 李军．农业保险的性质、立法原则及发展思路 [J]．中国农村经济，1996 (1)：55-59＋41.

[3] 李韬，罗剑朝．农户土地承包经营权抵押贷款的行为响应——基于 Poisson Hurdle 模型的微观经验考察 [J]．管理世界，2015 (7)：54-70.

[4] 林乐芬，陈燕．农户对政策性农业保险理赔评价及影响因素分析——以江苏省养殖业为例 [J]．南京农业大学学报（社会科学版），2017，17 (3)：143-154，160.

[5] 罗帅民，郭永利，王效绩．塞浦路斯的农业保险 [J]．保险研究，1998 (4)：46-48.

[6] 马洁，付雪，杨汭华．如何将农作物保险的潜在需求转变为有效需求——基于吉林省农户的调查分析 [J]．调研世界，2012 (12)：38-42.

[7] 聂荣，沈大娟．影响农户参保农业保险决策的因素分析 [J]．西北农林科技大学学报（社会科学版），2017，17 (1)：106-115.

[8] 秦涛，田治威，刘婉琳，邓晶．农户森林保险需求的影响因素分析 [J]．中国农村经济，2013 (7)：36-46.

[9] 孙蓉，何海霞．政府作为、保户参保意愿与保险需求研究——基于问卷调查数据的分析 [J]．软科学，2015，29 (11)：39-44.

[10] 孙香玉，钟甫宁．福利损失、收入分配与强制保险——不同农业保险参与方式的实证研究 [J]．管理世界，2009 (5)：80-88＋96.

[11] 庹国柱，朱俊生．试论政策性农业保险的财政税收政策 [J]．经济与管理研究，2007 (5)：47-50.

[12] 王新军，赵红．基于机制设计理论的中国农业保险改革与发展 [J]．理论学刊，2014 (6)：50-56.

[13] 叶明华，汪荣明，吴苹．风险认知、保险意识与农户的风险承担能力——基于苏、皖、川 3 省 1 554 户农户的问卷调查 [J]．中国农村观察，2014 (6)：37-48＋95.

[14] 于洋，王尔大．多保障水平下农户的农业保险支付意愿——基于辽宁省盘山县水稻保险的实证分析 [J]．中国农村观察，2011 (5)：55-68，96-97.

[15] 张珩，罗剑朝，郝一帆．农村普惠金融发展水平及影响因素分析——基于陕西省 107 家农村信用社全机构数据的经验考察 [J]．中国农村经济，2017 (1)：2-15＋93.

［16］张燕媛，展进涛，陈超．专业化、认知度对养殖户生猪价格指数保险需求的影响［J］．中国农村经济，2017 (2)：70-83.

［17］张跃华，史清华，顾海英．农业保险需求问题的一个理论研究及实证分析［J］．数量经济技术经济研究，2007 (4)：65-75，102.

［18］Lin, Justin Yifu, 苏剑．新结构经济学：反思经济发展与政策的理论框架［M］．北京：北京大学出版社，2012.

［19］Liu, S. T.. Making Hard Decisions, An Introduction to Decision Analysis ［J］. Technometrics, 2012, 34 (3)：365-366.

［20］Burke, W. J., Myers, R. J., & Jayne, T. S.. A Triple-hurdle Model of Production and Market Participation in Kenya's Dairy Market ［J］. American Journal of Agricultural Economics, 2015, 97 (4), 1227-1246.

［21］Clemen, R., T. Making Hard Decisions: An Introduction to Decision Analysis ［M］. 2nd ed. Duxbury Press, 1996.

　　Fafchamps, Marcel, Gubert. F. The Formation of Risk Sharing Networks ［J］. Journal of Development Economics, 2007, 83 (2)：326-350.

［22］Heaney, C. A., Israel B. A.. Social Networks and Social Support ［J］. Health Education & Behavior, 2008, 3 (2)：189-210.

［23］Jann B. Multinomial Goodness-of-fit: Large Sample Tests With Survey Design Correction and Exact Tests for Small Samples ［J］. Stata Journal, 2008, 8 (2)：147-169.

［24］Molua, E. L. Farm Income, Gender Differentials and Climate Risk in Cameroon: Typology of Male and Female Adaptation Options Across Agroecologies ［J］. Sustainability Science, 2011, 6 (1)：21-35.

［25］Shaik, S., Coble, K., Knight, T. Revenue Crop Insurance Demand ［J］. Selected paper presented at AAEA Annual Meetings, Rhode Island, 2005 (6)：24-27.

［26］Sherrick, B. J., Barry, P. J., Ellinger, P. N., Schnitkey, G. D.. Factors Influencing Farmers' Crop Insurance Decisions ［J］. American Journal of Agricultural Economics, 2004, 86 (1)：103-114.

市场建设

我国农业保险运营模式的创新研究

李志刚

摘要：运营模式是推动农业保险高质量发展的制度基础。现阶段经营模式已无法满足农业保险高质量发展的需要。本文通过阐述农业保险运营过程产生的主要问题及原因解析，并结合国外运营模式的典型经验，从政策目标、组织形式、经营方式、产品创新、巨灾风险分散机制等方面设计了农业保险运营的新模式。与传统模式相比，新运营模式在发挥政府的实质性引导作用，制定市场进入退出机制，创新农业保险产品形态，优化二元主体的补贴结构，建立大灾风险分散机制，统筹搭建农业保险服务的全信息平台等方面进行了全新表述。新运营模式通过建立多方利益共享的农业保险生态圈，以推动我国农业保险转型升级与高质量发展。

关键词：农业保险；运营模式；高质量发展

一、引言

农业保险是我国农业发展政策的重要组成部分（庹国柱、张峭，2018）。在实施乡村振兴战略背景下，农业保险已经成为支持农业高质量发展的主要工具之一。据统计，2019 年我国农业保险保费规模已经达到 672 亿元。自 2007 年以来，农险保费规模年均复合增长率高达 23.8%。农业保险服务农户达到 1.8 亿户次，农作物承保品种达到 270 余种，2008—2018 年农业保险支付赔款达 2 200 多亿元，为农业生产提供风险保障，对受灾地区的生产重建和受灾农户的利益补偿发挥了重要作用。在乡村振兴的国家战略下，以"扩面、增品、提标"为方向的农业保险高质量发展，有利于维护国家粮食安全与重要农产品供给，有利于促进农业发展与稳定农户收入，有利于提高我国农产品的国际竞争力。2019 年《关于加快农业保险高质量发展的指导意见》（以下简称《指导意见》），首次明确了农业保险的政策性属性，拓展了农业保险的内涵和外延，强调了提质增效、转型升级的要求，规划了 2020 年和 2030 年的发展任务，为我国今后农业保险发展提供了行动指南。该文件明确指出，当前农业保险与服

作者简介：李志刚，中原农业保险股份有限公司总经理助理。

务"三农"的实际需求仍存在较大差距。现阶段，农业保险的主要矛盾是农业保险供给体系和产品质量不能满足农业现代化发展需求的结构性矛盾（姜华，2019），暴露出的问题也越来越多。根据《指导意见》规划，如何实现农业保险的转型升级，如何落实农业保险的高质量发展，是今后十年必须要完成的重要任务，也引发了社会各界的高度关注（庹国柱，2019）。因此，深入分析当前农业保险各种问题的根源，尽快破解农业保险提质增效的运营机制障碍，是当前农业保险必须要解决的重要课题。

农业保险实务存在着"虚假承保、虚假理赔、虚假费用"等运营模式问题，已经严重制约了农业保险的高质量发展。一些文献从市场模式、制度创新、产品优化、费率分区等多角度给出对策建议，然而由于并未涉及农业保险运营模式本身，因此无法从根本上解决农业保险现存的各种问题。实际上，运营模式是推动农业保险高质量发展的制度基础。叶朝辉（2018）指出通过改革农业保险的组织形式才能提高农业保险的经营效率。牛浩和陈胜伟（2019）指出农业保险"弱竞争"的市场模式有利于农业保险的健康发展，并指出农业保险的"准公共品"特征和自然垄断特性决定了其需要满足弱竞争的市场模式。这些文献在一定程度上涉及到农业保险的运营模式问题。只有通过农业保险运营模式创新，才能从根本上解决农业保险发展过程中面临的各种问题。有关农业保险运营模式创新也成为当前研究的热点问题。《指导意见》指出要进一步优化农业保险运行机制，并从明晰政府与市场边界、完善大灾风险分散机制、清理规范农业保险市场、鼓励探索开展"农业保险＋"等四个方面进行了规划指导，指明了农业保险运营模式的改革方向。基于此，通过深入分析当前农业保险运营模式中暴露的主要问题，结合国外农业保险运营模式的典型经验，从发挥政府的实质性引导作用，制定市场进入退出机制，创新设计高质量的产品形态，动态优化二元主体的补贴结构，建立大灾风险分散机制，统筹搭建农业保险服务的全信息平台等角度出发，全面设计农业保险运营的新模式。

二、农业保险运营模式存在问题及分析

（一）当前农业保险运营模式存在的主要问题

由于农业保险经营模式不健全、不完善，对农业保险发展产生了不利影响。接下来，我们将从政府、农户、保险公司、财政补贴效率等四个角度，指出当前存在的主要问题：

1. 农险赔付率"平且低"，政府不满意

我国农业保险赔付率偏低且波动较小，无法体现出农业生产本质的高波动特征。图1给出了近年来中国和美国农业保险赔付率的对比。相比而言，美国农业保险赔付率波动更多，平均赔付率水平甚至高出中国近12个百分点。中国农业保险对农业生产的风险补偿功能发挥不明显，在农业灾害治理体系中没有发挥应有的作用，导致财

政补贴投入效能低下，无法发挥农业生产风险转移的主要功能，对于农户分散生产经营风险的作用也不大。

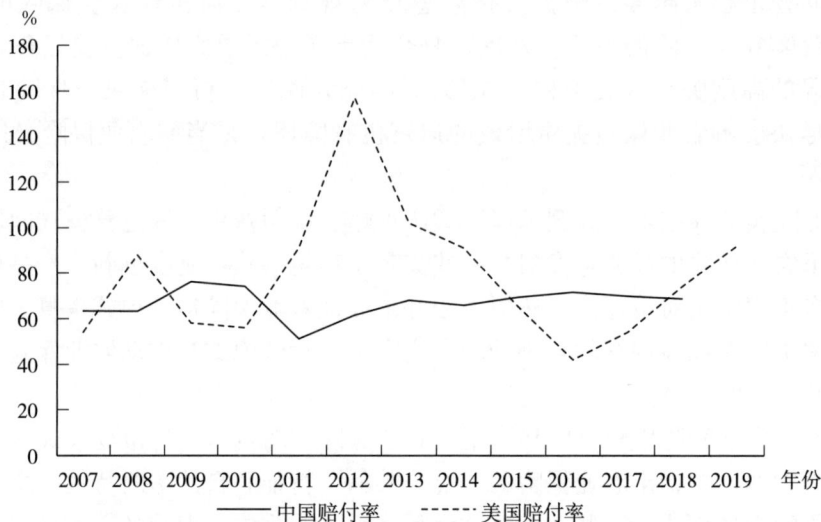

图1　2007—2019年度中国和美国农业保险赔付率的对比状况

2. 农险理赔标准低，投保农户不满意且投保意识不强

以三种主粮作物为例，假设每亩保险金额400元，费率6%，每亩保费24元。考虑每亩赔付率为60%的情况下，每亩理赔金额不足15元。对于广大农户而言，弥补农业生产风险损失可谓是"杯水车薪"。

我国农业自然灾害频次多、损失重。东部沿海及粮食主产省份更为严重，自然灾害高危险区集中在内蒙古、河北、河南、安徽、湖北、湖南和广东等省区。据统计，在2010—2017年，由于自然灾害导致我国一个主要粮食省份农业经济损失金额高达595亿元，平均每年经济损失额为74亿元。与此同时是，该期间该省份农业保险赔款额约64亿元，平均每年损失补偿不足8亿元。从农险赔款支出占农业生产损失比例看，八年平均占比仅为10.7%。从农业保险对农业灾害的损失补偿情况看，发挥的效果并不理想。农户对农业保险赔付状况并不满意，农业保险并未成为弥补农户生产风险损失的主要手段。

进一步研究发现，当前我国救灾机制中，仍以政府救济为主，市场化手段为辅，运用保险手段进行社会管理、防灾减灾的意识、机制尚未健全；当前农业生产占农户家庭收入的比重越来越小，农户尤其是小农户完全可以对农业损失通过自保方式进行承担，对风险不够敏感，加之产品保障水平不高，农户兴趣不大；政府在农业保险推进过程中并未发挥应有的作用，农户对农业保险的知晓度低下。

3. 农险经营违规风险高、理赔查勘费用高，保险公司不满意

部分地区存在农民自缴保费部分"返还承诺"的违规现象；农险承保最小单元出险时，保费收入甚至都无法抵付理赔查勘费用支出，使得农业保险合规经营异常困难，保险公司也很无奈。更为严重的是，现阶段农业保险承保单元与理赔单元分离，农业保险产品价格存在一定程度的扭曲，存在着"虚假承保、虚假理赔和虚假费用"等问题，也使得保险公司面临着"双违规"风险（周县华，2012）。这一现象的出现，本质上是我国农户以小规模分散经营为主的生产单元与传统农业保险产品风险单位不一致矛盾的具体体现。

譬如，以我国某农业大省为例，该省人均耕地面积 1.28 亩，户均土地不足 4 亩，每户总保费不足 100 元。保险公司不仅要面对千家万户进行宣传、填表、收费等一系列流程，特别是近几年外出务工较多，农村"空心化"严重，导致农业保险运营特别是收费环节成本十分高昂。据调查统计发现，在同等业务量的条件下，农户自缴县展业费用约 2.5% 左右，而采用统保方式展业的费用率仅为 0.7% 左右，前者是后者的 3.5 倍以上。同时，针对农户出险状况组织专家团队、公司理赔人员以及地方基层工作人员等进行查勘定损，相关理赔费用甚至超过对应的缴纳保费额。此外，在作为推进农业保险的"合作者"或者"业务代理者"的县乡村层面，基层政府部门的公关成本不断抬升。不少地方的"协保员"的佣金要价日益提高甚至达 15% 以上。另外，投保农户在受灾以后谎报灾情、虚报或者夸大灾害损失、串换标的，以骗取农业保险赔款的现象并不鲜见。

4. 农险经营综合费用率高，降低了财政补贴效率

2019 年农业保险保费规模 672 亿元，各级政府财政补贴资金占保费规模的比重平均超过 70%，其中中央财政补贴资金占比接近 40%。图 2 给出了我国种植业保险费率走势状况。但从各年度种植业保险费用率来看，我国种植业保险平均费用率常年维持在 20% 左右。图 3 给出了各年度我国中央财政补贴金额。从 2007 至 2019 年中央财政补贴资金超过 1 500 亿元。大量的公共财政资金转化为农险经营的综合费用，无法体现农业保险的公益性属性，也降低了财政补贴效率。

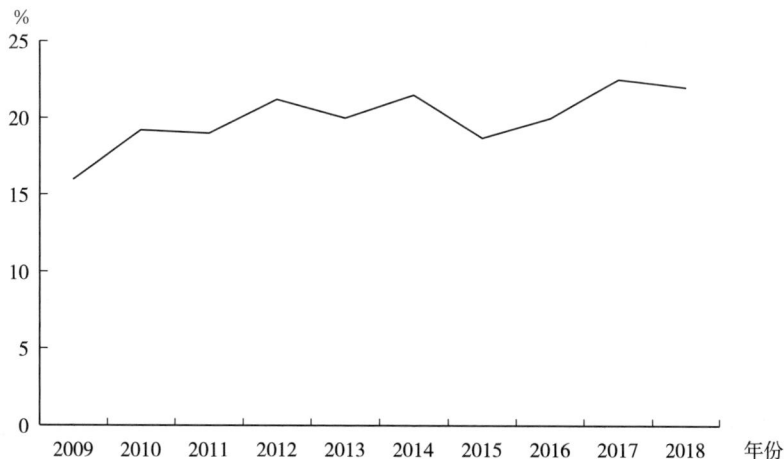

图 2　各年度我国种植业保险的平均费用率

亿元

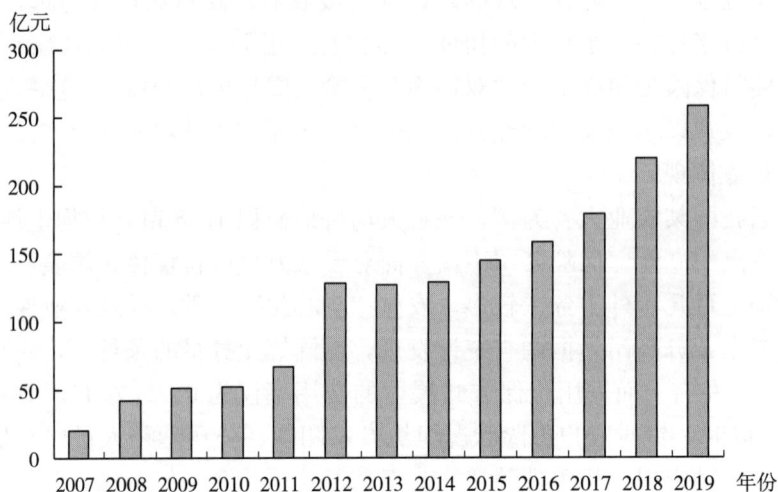

图3   各年度我国中央财政补贴资金规模

数据来源：部分年份数据是根据农业保险规模推算而得。

(二) 问题产生的原因分析

上述问题的深层次原因重点在农业保险制度和机制上，具体表现在以下五个方面：

1. 当前农险经营模式中政府引导性作用还未充分发挥

在现阶段农业保险模式中，政府引导作用更多地体现在不断加大财政补贴资金，在农业保险具体承保、理赔、降损乃至经营方式、巨灾分散机制等方面发挥的作用还十分有限，仍未建立统一有效的农业保险运行机制。

国务院《农业保险条例》只确立了农险基本制度和主要原则，把确定具体经营模式的权力赋予了省级政府。《条例》第五条明确规定：县级以上地方人民政府统一领导、组织、协调本行政区域的农业保险工作，建立健全推进农业保险发展的工作机制。县级以上地方人民政府有关部门按照本级人民政府规定的职责，负责本行政区域农业保险推进、管理的相关工作。但以省级为主体的农业保险领导机制仍不健全，未制订统一的农业保险政策框架，导致农业保险工作的统一管理和规范不足。省、市、县三级政府对农业保险的管理较为松散，地方政府或者引导不够，或者管得过多，缺位、越位、错位情况不同程度地存在。保险机构市场竞争混乱，部分地方政府片面追求市场化竞争机制；农险经营准入制度和退出机制不明确，随着保险监管部门对农险市场准入由审批制改为备案制后，农险事中事后监管机制不明确，如何"管住后端"缺乏必要的制度支持；缺乏协调推进工作机制，职能部门之间信息共享机制不完善；细化的配套措施不健全，如农险招投标、工作经费管理、大灾准备金制度等有待完善。

2. 农险经营模式中产品设计存在缺陷

政策性农业保险的保障标准一般按照"低保障、广覆盖"的原则确定，主要承保农作物的物化成本。在政策实施初始阶段，考虑到地方政府财政的实际负担，这一原则对农业保险初期的快速发展发挥了重要作用。但随着我国农户投保意识增强、风险管理需求提高等，现行农业保险模式中产品设计已经无法满足现阶段农业生产风险管理的需要。

此外，农业保险未实现风险分区和费率区划。农业保险是在广阔空间进行的，同一保险标的的风险大小在不同区域是不同的，不仅同一个县、乡，就是同一个村庄，土壤、气候、地形、地貌都会有很大差异。同样的作物在不同空间、不同时点上面临的风险大小显著不同。不同区县之间存在较大的风险差异，所对应的风险保费也应不同。同时，我国农业保险平均费率水平偏低且在持续走低。图4给出了中国和美国农业保险平均费率水平的对比状况。2007—2019年，美国农业保险平均费率水平平均维持在10%左右。尽管近些年略有下降，但始终高于9%以上。相比而言，中国农业保险的平均费率总体水平低，且在持续走低。美国农业生产机械化程度高，应该说抵御自然灾害风险的能力相对更强，但其农业保险产品费率仍然高于中国。这表明当前阶段我国农业保险费率是偏低的，这也是影响我国农业保险产品创新和高质量发展的主要障碍之一。

实际上，我国各省份所有区县同一作物保险费率相等。全省同一费率的局面不改变，将会影响低风险地区政府和农民的参保积极性，影响农业保险可持续健康发展。基于风险等级进行风险区划和费率分区具有十分重要的意义。

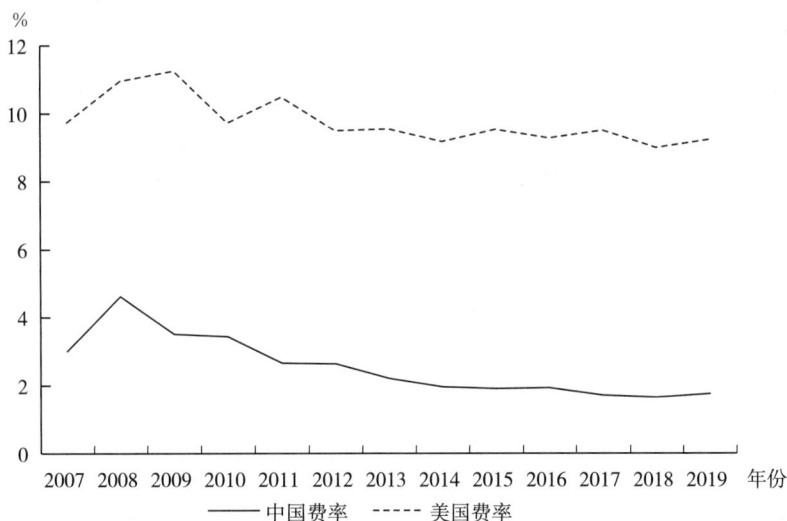

图4　各年度中国和美国农业保险平均费率水平

3. 农险经营模式中市场化程度"太高"

坚持"市场运作"，引入更多经营主体，直观上看应该十分"正确"。实际上，对于农业保险这样的政策性产品并不完全适用。图5给出了2016年我国部分省份及计划单列市经营农业保险的主体数量。作为农业大省的山东和河南，采用"偏市场化"

的农险经营方式,使得农业保险经营主体分别达到 18 家、14 家。农业保险市场任由多主体过度竞争,极大提高了农业经营费用,但在出险理赔方面并没有明显改进,降低了财政补贴效率(庹国柱,2017;陈盛伟、牛浩,2017)。

当前,我国主要省份针对农业保险承保采取两种市场竞争形式:一是以县级政府为主导,通过招投标方式分配农业保险市场份额的形式;二是放任市场竞争。这两种分配方式带来的直接结果就是市场竞争加剧。据调查,某些地区经营主体不超过 2 家的区县仅占全部数量仅为 21%,3 家以上的近 80%,而经营主体 5 家以上的占比达 46%。

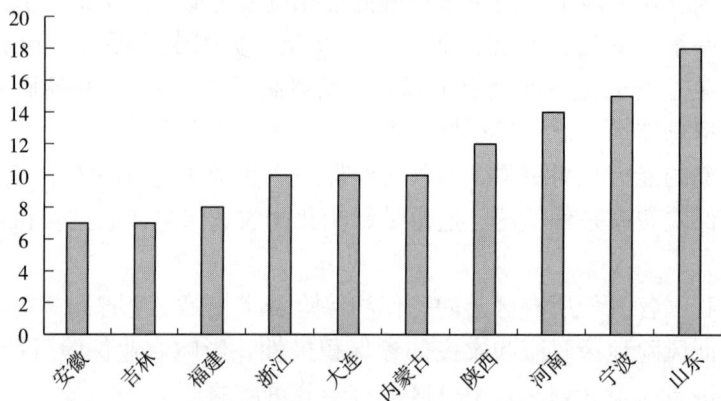

图 5   2016 年我国部分省份及计划单列市经营农业保险的主体数量(个)

4. 巨灾风险分散机制尚未建立

农业保险面临风险具有系统性、偶发性、极端破坏性,一旦遭遇巨灾,很可能将多年的积累一朝全部赔付进去,极有必要建立巨灾风险准备金,以丰补歉。在美国,农业保险赔付率的波动幅度同样非常大,如 2003—2011 年赔付率均未超过 85%,但 2012 年当年赔付率却超过 160%(如图 1 所示)。

在我国某些省份已经开始建立大灾准备金制度,如内蒙古从 2012 年起开始从当年农险保费中提取 5% 作为大灾准备金,至 2016 年积累规模达 6.79 亿元,但该地区 2016 年、2017 年连续两年遭遇旱灾,全区简单赔付率达 140%,不仅将当年的保费资金全部赔空,且 6.79 亿元的大灾准备金也因赔付而全部清零。我国大部分省份至今尚未建立省级统筹的巨灾风险准备金,一旦发生大灾风险,将面临农险不可持续经营的风险。

5. 农险经营模式中新科技无法推广,防灾减损功能无法发挥

近些年来,卫星遥感灾情监测、农作物损失预测等也在部分地区初步应用,但并未大范围展开推广。农业保险运用新科技进行防灾减损的案例微乎其微。实际上,农业保险防灾减损是其发挥农业救灾的重要体现。由于农业救灾体系的公共属性特征,市场手段无法尽其所能,必须借助政府之手。

此外,我国各级政府对农业保险的认识程度不高,对农业保险的功能作用如保障粮食安全、稳定农户收入、增强农产品国际竞争力、助力脱贫攻坚和供给侧结构性改革方面认识不足，在农业保险推进过程中，政府功能发挥不充分。总体来看，由于农业保险发展模式尚不完善，导致我国大部分省份农业保险的目标规划、协调推进、考核竞争机制、巨灾分散机制等缺失。因此，有必要充分考虑农业保险的发展环境，科学确定农业保险保费补贴机制，不断调整和优化农业保险的经营方式，建立适合我国现代化农业发展要求与新型农业主体风险分散需求的制度模式和经营模式，以推进我国农业保险高质量发展。

三、国外农业保险经营模式的典型经验

我们分别选取2家代表性发达国家（美国、西班牙）和2家代表性发展中国家（巴西、印度），从发展历程、运行机制和模式及经营效果评价三个角度对其进行分析。

（一）美国农业保险经营模式

1. 政策支持方面

1938年《联邦农作物保险法》实施，美国开始经营农作物保险，并于当前成立了联邦农作物保险公司，由政府单独经营。自此到1980年，农户自愿投保，政府财政补贴，但该时期农业保险经营效率很低；自1980年以后，政府开始允许私营公司经营农业保险，联邦农作物保险公司提供再保险支持。1994—2000年，美国先后颁布了《农作物保险改革法案》《联邦农业完善与改革法案》《农业风险保障法》等一系列农险改革法案，包括取消原有的大灾救助计划、提高农业保险补贴和保障范围、成立农险风险管理局，同时让联邦农作物保险公司退出直保业务等，强化了农险的巨灾风险管控，重构美国农产品安全网。2018年美国通过的《2018年农业提升法案》，取消了农业直接补贴项目和继续扩大农作物保险项目的覆盖范围及补贴额度，农业保险进入了新一轮的改革调整期。

2. 运行机制和模式

美国农业保险经营模式相对成熟，农业保险坚持"政府主导、商业运营、服务配套"的经营模式。美国农业部风险管理局与联邦农作物保险公司负责农险的全面监督与管理，提供再保险支持，开发统一模式新险种，发布保险价格等。由联邦农作物保险公司批准后，私营农险公司经营直保业务，并可以获得政府补贴。目前美国共有18家私营公司经营农险业务。此外，私营农业保险公司不能对投保农户实施差别对待，也没有权利调整费率水平，但可以提供差别化的服务。

联邦农作物保险公司代替政府提供给私营公司经营成本和管理费补贴，提供投保农户保费补贴。私营保险公司承担可控风险，并通过再保险将大部分风险转移到联邦农作物保险公司。联邦农作物保险公司与私营直接保险公司通过利润分享与损失分摊

的再保险机制，承担农业保险的主要风险并提供封顶赔付。在遭遇大灾事故时，联邦农作物保险公司可以启动应急借款机制，向商品信贷公司借款或发行巨灾债券，而美国财政部通过注资等方式弥补联邦农作物保险公司产生的赤字。

3. 经营效果评价

农作物保险发展紧随美国农业法案改革步伐。美国农业保险基本出现了三个高速发展期，分别是 1989 年、1995 年和 2011 年以来。1989 年美国全面铺开产量保险试点；1994 年美国农业部要求农民在购买农业保险前提下才能获得自然灾害救助，导致第二年农业保险需求量规模猛增；2011 年，开展变革收入保护保险，农业保险总保费规模首次突破 100 亿美元；2017—2019 年，美国农业保险年均保费保持在 100 亿美元左右。总体上看，联邦农业保险计划取代农业商品计划，顺应了 WTO 关于农业补贴的规定，减少直接补贴、合理安排间接补贴，使得美国农业保险步入健康发展轨道。

（二）西班牙农业保险经营模式

1. 政策支持方面

1978 年西班牙颁布实施《农业复合保险法》，自此开始农业保险业务。西班牙作为欧洲的农业大国，自该项制度颁布以来，农业保险得到了较快发展。尽管西班牙农业保险业务开展时间不长，经过近 40 年的发展已经逐渐形成了一套较为高效的农业大灾风险管理制度。

2. 运行机制和模式

农业保险集团公司负责农业保险经营与管理工作，该集团由西班牙境内经营农险的私营保险公司组成，类似于农业保险共保体组织形式，负责制定农险价格、再保险服务、农险信息数据库维护并参与管理农险业务、农业保险补贴等工作。该集团由 35 家保险公司参股组成，具体包括 28 家民营保险公司，6 家相互制保险公司和 1 家国有保险赔偿集团。私营农险公司自愿入股，并根据参股比例承担风险责任和利润。此外，参与农业保险经营的机构还有：国家农业保险局、农业保险集团公司、保险与养老基金监管总局和保险赔偿集团。西班牙农业保险是投保人自愿投保，投保人可以是农户个体，也可以是集体。其中，集体投保的主体是依法成立的农牧民联合机构或协会。尽管西班牙农业保险投保采取自愿原则，但某地区农户超过一半以上人数同意集体方式参保，也可以实行强制保险。

3. 经营效果评价

西班牙农业保险发展状况良好，不仅具有丰富的险种形式，也具备健全的管理机构。同时，政府引导作用得到了充分发挥，推动了保险公司的健康发展。农业保险开展 40 年来，西班牙未曾有任何一家私营保险公司因理赔困难出现财务不良状况，这也进一步表明"政府引导、市场运行"的农业保险运营模式是可行的。

（三）巴西农业保险经营模式

1. 政策支持方面

巴西政府高度重视农业保险，将农业保险纳入国家宪法。1954 年巴西成立国家农业保险公司（CNSA）和农业保险稳定基金（SAI），分别负责农业保险的直保工作，由此开展农业保险业务。此外，农险产品设计由巴西再保险公司（IRB）完成。1966 年巴西颁布《保险法》解散了国家农业保险公司，转由巴西再保险公司管理农业保险业务。2003 年，为了减轻农户保费负担，巴西政府设立由农业部管理的保费补贴计划，旨在为农业生产者提供保费补贴，大部分险种保费补贴在 35%～45%之间，主粮作物险种补贴范围在 60%～70%之间。

2. 运行机制和模式

巴西采用公私混合的农业保险管理模式，将市场私营与政府部门进行有效结合。具体而言，巴西政府出资组建国有农业保险公司作为主要承保主体，其他私营保险公司参与承保，并将农业保险与其他信贷金融政策绑定，形成了自愿与强制相结合的投保方式。保费补贴由巴西农业部授权的私营保险公司负责发放。补贴比例依据作物种类、地区以及生产者规模而定。大多数农作物的保费补贴比例为 40%，对于大豆、水稻、玉米、小麦等主要作物或者小规模种植者，保费补贴比例上升至 60%～70%。此外，巴西农业保险建立了较为健全的大灾风险分散机制。其中，农业保险稳定基金提供再保险支持。该基金的补偿范围涵盖：作物歉收、雹灾、作物病害、干旱以及洪灾所造成的损失，当经营主体的净损失率达到 100%～150%或超过 250%时，该基金将为其提供赔付。

3. 经营效果评价

巴西农业保险的发展并非一蹴而就，至今农业保险渗透率仍远低于拉美地区。总结原因包括两个方面：一是在农业保险立法和制定农业保险体制方案时，缺乏可操作性。譬如，巴西 1964 年颁布的《土地法》规定所有的金融服务机构都应经营农业保险业务，但并未落实。二是国有农业保险公司管理效率低，曾经出现国有农业保险公司因管理问题被关闭或被迫私有化的情况。这也为我们提供了一些启示，农业保险应该坚持政府引导而不是政府主导，应充分发挥市场机制的功能。

（四）印度农业保险经营模式

1. 政策支持方面

1972 年印度政府推出地区产量指数形式的农业保险，并进行财政补贴。1985 年政府主导下筹建印度总保险公司，并在 14 个邦和 2 个联邦属地实行全面农作物保险计划，将农业保险与农业信贷联动，采用强制性保险的方式推广农业保险。1999 年印度取代全面农作物保险计划改为推行全新的国家农业保险计划，实施"低费率、广覆盖、政府补贴"的农作物保险制度，与我国试点农业保险制度类似，向农户提供农作物保险。2002 年政府组建了印度农业保险有限公司取代印度总保险公司，专门经营国家农作物保险计划下的产量指数保险，而经过改制后的印度总保险公司只承担再保险业务。

2. 运行机制和模式

印度农业保险有限公司，作为唯一的国有保险公司，经营国内大部分的农作物保险业务，并负责实施具体的农业保险计划、农业再保险业务等。保费补贴由联邦政府以及邦政府按比例负担，大部分险种实施强制性保险；其他金融机构参与其中，如银行等则配合各种保险的销售以及投资。一些私人商业保险公司只被允许开展小部分的新型农业保险业务。印度总保险公司根据一定的比例对印度农业保险有限公司某些风险较大的业务提供分保，以分散其过大的风险。

3. 经营效果评价

2017 年印度农险市场总保费为 38.4 亿美元。其中，农作物保险已成为继车险和健康险之后的第三大非寿险险种，也使得印度也成为继美国和中国之后的全球第三大农险市场。但是，印度农险的参保率和覆盖面并不高，很多农户游离在保险保障范围之外。据统计，印度年均仅有 1 200 多万参保农户和 1 900 多万公顷参保土地，农户参保率不足 2%，参保土地覆盖面不足 12%。此外，高额的财政补贴也让政府承受着巨大的压力。

（五）四国经营模式启示与新模式基本框架

通过上述四个国家经营模式来看，农业保险的健康发展离不开政府的政策支持，基本都是使用"市场＋政府"这种组合模式来进行管理，采用农业保险巨灾风险分散机制，甚至通过"农业信贷关联"的方式半强制推行农业保险，这为我们带来了重要启示。根据《指导意见》有关优化农业保险运行机制的要求，我们要不断地优化政府与市场的边界，坚持"政府引导、市场运作、自主自愿、协同推进"运行组织原则，推动农业保险的健康发展；要坚持效率与公平的合理尺度，避免农业保险市场领域的过度竞争，也要避免农业保险市场形成区域垄断；要建立大灾风险分散机制，充分发挥 WTO 绿箱政策优势；要根据我国农业二元主体的现实特征，既要满足新型农业经营主体的风险需求，也要保障小型农户抵御自然灾害的基本利益；要统筹信息资源共享，新型科技转化应用，全面提升农业保险服务的科技化水平，在新的发展中解决农业保险实务存在"虚假承保、虚假理赔、虚假费用"的问题。

《指导意见》明确指出，2022 年三大主粮作物农业保险覆盖率要达到 70% 以上，收入保险将成为农业保险的主要险种，保险深度达到 1%，保险密度达到 500 元/人，使收入保险成为我国农业保险的重要险种。结合四国农业保险运行机制的经验，我们必须要进一步完善农业保险运营模式，基本建成功能完善、运行规范、基础完备，与农业农村现代化发展阶段相适应、与农户风险保障需求相契合，中央与地方分工明确、责任清晰的多层次农业保险体系，并将其视为农业保险运营新模式的基本框架。

具体而言，功能完善指的是农业保险要从化解农业生产自然风险的基本功能，逐步过渡到保障农户生产的收入稳定，并成为农村社会治理的重要政策工具。运行规范指的是充分考虑到农业保险必须坚持"弱竞争"运营模式，原农业保险采用"试点"形式开展，取得了初步成绩，但后续发展中农业保险经营主体越来越大，最终在很多地区形成了"过度竞争"的基本格局，造成了更多政策性资源的低效运转，必须扭转这一局势，再次回归到"弱竞争"模式上来。当然，"弱竞争"模式既不同于自由竞争，也不同于政策垄断，而是两者兼顾的适度竞争格局。基础完备指的是人、财、物、产品、服务、信息等农业保险全生产要素的基本完善。与农业农村现代化发展相适应，指的是包括产业体系、经营体系和生产体系相适应的产品新形态，要满足当前规模化生产、土地流转、订单农业风险转移的新需求。与农户风险保障需求相契合，在当前及今后一段时间农村地区将形成"新的二元结构"，即规模化经营主体与传统小农户并存的格局，而农业保险产品创新必须契合农村"二元主体"的保障需求。中央与地方分工明确、责任清晰，进一步明确中央与地方的事权与责任关系，形成良性互动、相互补充的新格局，实现政府引导与契约管理相结合，共同推进农业保险新发展的基本形态。

四、农业保险运营新模式设计

《指导意见》指明农业保险具有政策性属性，这是由农业保险的准公共产品属性决定的。因此，农业保险运营与发展必须坚持政府引导统筹全局，坚持市场运作提升效率，坚持自主自愿满足多元需求，坚持协同推进发挥外部效应。庹国柱和张峭（2018）指出，作为政策性保险，农业保险发展必须设定清晰的政策目标。其中，"推动农业经济可持续发展，维护国家粮食安全，保障农户收入稳定增长，增强农产品的国际竞争力，助力脱贫攻坚战略等"是农业保险发展的政策目标。在《指导意见》与具体政策目标的指引下，我们应抓住乡村振兴战略的发展机遇期，立足深化农业供给侧结构性改革，按照"政府有效组织、市场合理运作、着眼公平合理、实现效率提升"原则，推动农业保险转型升级与高质量发展。接下来，根据《指导意见》对优化农业保险运行机制的具体规划，我们将从厘定政府与市场边界、建立大灾风险分散机制、创新农业保险经营方式、打造"农业保险＋"农业生态圈等四个角度进行运营模式的全新设计，以盘活农村金融、转移农业风险、保障农户收入，推动乡村振兴。

（一）农业保险运营新模式的政策目标

《指导意见》明确指出，2030年农业保险进一步提质增效、转型升级，总体发展基本达到国际先进水平，实现产业有保障、农民得实惠、机构可持续、补贴有效率的多赢格局，全力打造农业保险可持续的运营模式。

在新运营模式的政策目标中，产业有保障指的是，构建多层次的保险保障体系，借鉴美国农业安全网基本框架，形成农业灾害救助、农业保险保障与农业支出计划相互补充的保障体系，为产业发展提供全方位、多层次的保障需求；农民得实惠指的是，为将超过120多种的农产品纳入政策性保障范围，形成以产量保险与收入保险为主的产品形态，基于市场价格形成机制化解农产品价格风险，切实做到农户生产风险损失可以得到补偿，实现农民收入平稳；机构可持续指的是，一方面推动保险公司合规经营，另一方面建立健全巨灾风险保障机制，让保险机构实现可持续发展；补贴有效率指的是，构建满足多种需求的动态补贴体系，实现巨灾风险政策全兜底、中等风险保险可转移、低等风险自主可化解的基本目标，实现财政补贴资金的高效率运转。通过分解《指导意见》给出的中长期政策目标，让我们深刻认识到农业保险运营变革的重要性，这也为我们进一步变革农业保险运营模式提供了方向指导。

（二）农业保险运营新模式设计

以构建政策保障体系和市场准入机制为有效政府引导，以商业性保险公司经营为市场运作，以二元农业主体各自风险需求为自主自愿，以统筹各职能部门为协调推进的新模式框架，既充分发挥农业保险在风险管理中的本职作用，构建农业风险安全网，又高度重视农业保险在防灾降损中的功能作用，构建防灾预警新体系，打造政府支持下的农业保险循环生态圈模式。模式设计的关键环节在于成立农业保险领导小组，充分发挥政府引导的实质性作用。

当前，农业保险在国家农业支持保护制度和防灾救灾体系中的作用并没有充分发挥，中央财政补贴资金目标仍有待进一步细化，农业保险作为农村治理的主要手段仍需要进一步强化，农业保险的监管与管理仍需要进一步规范，因此，必须充分发挥政府实质性引导作用，建立一元化的农业保险领导机构，统筹农业保险发展规划和运营。具体而言，要尽快恢复农业保险领导小组管理体制，形成中央与地方两级领导小组。其中，中央领导小组统筹全国农业保险发展、制定经营主体基本标准、预算财政补贴资金、划分政策性保障范围等。省、市、县三级政府成立地方农业保险领导小组（以下简称"省级领导小组"），应根据本地农业生产实际，因地制宜，形成具有地方特色的农业保险经营模式，涉及地方财政、农业、林业、畜牧、银保监、气象等多部门的共同参与。省级领导小组具体工作内容可以细分为以下六个方面：

（1）建立市场准入退出机制。结合本地区农业生产经营的具体特点，省级领导小组负责建立市场准入退出机制和动态监管机制。准入机制高门槛高条件，农险经营主体数量不唯一但又有所控制，实现高效市场运营。通过实施动态监管，严格执行本地区农业保险经营的市场进入退出机制，这样既可以保证农险经营主体市场运作的效率性，又可以避免过度竞争造成的综合费用率过高的问题。譬如，由省级领导小组选取2～3家保险公司承办省内农业保险业务，实现"弱竞争"模式下的市场化运作。

（2）建立巨灾风险分散机制。新模式下，建立全国性质的农业再保险机构。由于我国农业生产存在较大的区域差异性，多种风险的同质性不高，可以建立全国范围内的风险分散机制，实现农业保险再保险的"半强制"机制，这样既可以避免在低风险年份政策性补贴资金过度转变为企业盈余，又可以实现高风险年份保险主体的可持续经营，还可以做到"真保真赔"，为政府解忧、为百姓谋利。更为重要的是，再保险行为符合WTO绿箱规制，可以充分发挥绿箱政策优势。同时，再保险资金，一方面可以通过资产管理实现保值增值，另一方面还可以作为农业科技投入、应用转化、防灾降损相关生产活动的投资基金，充分发挥财政资金的外部效应。

（3）创新农业保险产品设计。新模式中以区域产量保险为主要产品。主要优势有四个方面：一是区域产量保险与投保区域的整体风险挂钩，可以保障区域性粮食生产安全；二是解决了传统产品承保风险单元与理赔单元不一致问题，改变传统成本保险实质性是不足额产量保险的扭曲形态，可以降低农业保险产品费率水平，减少小规模生产农户的费用支出，减轻粮食大县的财政负担；三是由于农户能否得到赔偿决定于区域性小麦产量是否减产，消除了过去农户缴纳保费期望得到赔款返还而虚假报案的心理，也可以降低农户减灾降损中可能存在的道德风险问题；四是区域产量保险产品有利于农业新科技技术的推广与应用，解决传统承保中保险公司"无力"确定保险的"尴尬"，通过新科技应用，可以精准定位投保农户的具体地块位置和初步估算个体损失程度，极大地提高了承保理赔效率，有助于降低农险经营的费用率，提高财政补贴效率。

（4）确立动态补贴结构。新模式的保费补贴机制核心是"保基本全部补贴、保增量动态补贴"，建立适合我国国情的二元主体保费补贴体系，即由政府针对小农户提供全额保费补贴，针对新型农业经营主体提供基本物化成本补贴，保额提高部分所需保费由新型农业经营主体缴纳和政府差额补贴相结合。

（5）统筹农业保险资源整合。省级农业保险工作领导小组建立"农业保险管理信息平台"，实现与各政府部门现有平台的联动、集成和信息共享，逐步集成农业生产、农户信息、气象灾害、农险经营、农险服务机构队伍等基础信息，实现数据汇总、结果生成、实时管理、信息共享、自助查询、动态监测、风险预警等多种功能。凭借农业新科技，搭建服务平台，发挥政府在公共产品资源配置的功能，协助农业保险公司提前做好农业生产的防灾减损工作；推行承保理赔全流程在线平台开发，信息共享，降低运营成本，为保险公司农险运营提供技术保障。

（6）构建"农业保险＋"农村金融服务生态圈。在实施乡村振兴战略背景下，推进农业保险与信贷、担保、期货（权）等金融工具联动，建立健全农村金融信用体系，盘活农村金融。通过构建农业保险生态圈，降低农业生产的风险损失，使得银行等金融机构对于农业生产"敢贷、愿贷、抢贷"，真正激活农村金融，解决新型农业经营主体在规模生产、土地租赁、订单农业中资金需求和风险分散需求，进一步提升农业生产抵御风险的能力，形成良性互动的金融服务生态圈。通过"农业保险＋信贷"，增强农村信贷需求，解决"贷款难、贷款贵"等问题。探索"信贷＋农业保险＋农业发展基金＋担保"模式，建立农业生产的征信体系，提升"农业保险＋信贷"运作层次。开展农业保险保单抵押贷款，促进农业一二三产业融合发展。

图 6 给出了多方利益共享的农业生态圈。构建良性发展的农业保险新模式生态圈，要充分发挥政府的引导作用，要科学划分政府与市场的边界，要合理制定市场进入退出机制，要创新设计高质量的产品形态，要动态优化二元主体的补贴结构，要及时建立大灾风险分散机制和筹建全国统一的农业再保险机构，要统筹搭建农业保险服务的全信息平台。既要充分发挥农业保险在风险管理中的本职作用，构建农业风险安全网；又要高度重视农业保险在防灾降损中的功能作用，构建防灾害预警新体系，打造农业保险运营的新模式。

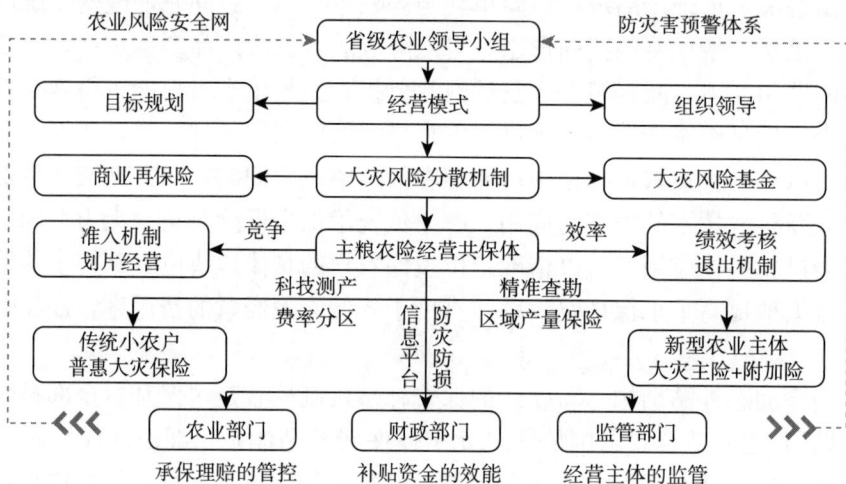

图 6　多方利益共享的农业生态圈

（三）新模式归纳及新旧模式差异对比

总体来看，农业保险新模式与原模式相比，从组织形式、产业保障、财政补贴、巨灾风险、主体受益等五个方面存在明显差异，如表 1 所示。

表 1　新模式与原模式运行差异对比

比较内容	新模式	原模式
组织形式	成立农业保险领导小组，充分发挥政府引导的实质性作用。中央领导小组统筹全国农业保险发展，制定农业保险发展的中长期规划；省级领导小组，根据本地区特点，制定市场准入退出机制和动态监管制定，形成农业保险的"弱竞争"模式	中央各部门无法"有效互动"；省际内市县各自招标，农业保险市场过度竞争
产业保障	加大产品创新、推动区域产量保险、收入保险；扩大农作物覆盖面、提高主粮作物覆盖率；推出契合新型经营主体的风险管理需求的新产品等	传统"低保障"的成本保险；农作物覆盖范围有限
财政补贴	保基本全部补贴、保增量动态补贴，优化财政补贴结构；通过"弱竞争"模式降低农险经营费用率，提高财政补贴效率	财政补贴结构单一

（续）

比较内容	新模式	原模式
巨灾风险	建立全国范围的再保险机构，实施直保机构的"半强制"再保险模式；真正做到"丰年储备、灾年真赔"，发挥财政资金效率性和经济外部性	无强制性的巨灾风险分散机制，再保险行为商业化运作，随机性强、不稳定性高
主体受益	保险机构可持续、新型经营主体有保障、小规模农户得实惠	地方政府、保险公司、投保农户均不满意

通过农业保险新模式，我们试图破解农业保险实务中存在的一系列重要问题。与传统模式对比，存在以下优势：

（1）解决产业生产有保障的问题。传统成本保险，实质上是一种不足额的产量保险，由于保障程度低，投保农户感知度不强，投保意识也不高。同时，传统产品无法满足新型经营主体的风险需求。在农业保险新运营模式下，我们要加大产品创新力度，推出区域产量保险、收入保险等新险种，通过"保基本全部补贴、保增量动态补贴"方式，解决传统模式中小农户投保不积极的问题，提高农业保险覆盖面，扩大农作物覆盖面，提高主粮作物覆盖率。

（2）解决财政补贴资金的使用效率和机构可持续问题。通过"保基本全部补贴、保增量动态补贴"新产品补贴形态，优化财政补贴结构；通过"弱竞争"模式降低农险经营费用率，提高财政补贴效率；通过再保险机制，"节流"丰年时期财政资金"过度"转为企业可支配利润。保险公司实现可能"薄利"模式，充分发挥再保险资金功能作用，保证财政补贴资金的支农力度。这样既可以避免小灾不赔付、大灾赔不起的问题，又可以解决以往将财政补贴转变为经营机构利润的问题，实现财政补贴的有效性和效率性。同时，可以提高再保险资金运作管理效率，发挥资金推动农业科技应用的外部性。

（3）解决产品风险区划、费率分区等产品创新不足问题。新模式下，农业保险市场相关制度与政策建立，保证了农业保险机构间的竞争力，降低了市场过度竞争造成的资源消耗。通过农业保险产品创新，解决了相对免赔造成的风险费率不匹配问题，优化政府财政结构，提高各地区参保积极性和公平性，从供给侧提高农业保险的服务质量，提高投保农户的满意度，让农户得到真正实惠。

（4）解决农业信贷贵和难、农业保险与其他金融机构协助问题。新模式下，构建了"农业保险+"农村金融服务生态圈，农业保险与信贷、担保、期货（权）等金融工具联动，建立健全农村金融信用体系，可以有效解决农村信贷难和贵的问题，促进农业一二三产业融合发展，真正盘活农村金融，推动农业经济健康发展，确保乡村振兴战略落实落地。

（5）解决政府协调不畅、监管没有准则的问题。新模式下，政府引导作用得到实质性发挥，有效把握政府与市场的边界，制定市场准入和退出机制，使得监管有法可依，促使农险主体合规经营。

（6）解决科技运用、防灾防损外溢性缺失的问题。新模式下，领导小组通过资源整合，夯实全信息服务平台的"基础建设"，可以在承保、理赔、灾害预警等各个环节降低保险公司费用的重复投入，减少公共资源损耗，为农业保险新模式提供强力支持。

五、主要结论

运营模式是推动农业保险高质量发展的制度基础。当前我国农业保险经营模式不健全、不完善，使得农业保险经营风险与实际损失不一致、保险产品保证程度偏低、农险经营违规风险大、综合运营费用高等对政府、农户、保险公司和财政补贴效率均产生了一定程度的不利影响。现阶段经营模式已无法满足农业保险高质量发展的需要。

本文通过美国、西班牙、巴西和印度等四个国家经营模式总结分析，指出我国农业保险必须坚持"政府引导、市场运作、自主自愿、协同推进"运行组织原则，要不断地优化政府与市场的边界，通过建立健全制度机制保障农业保险的健康发展；要坚持效率与公平的合理尺度，避免农业保险市场领域的过度竞争，也要避免农业保险市场形成区域垄断；要认清我国农业二元主体的现实特征，既要满足新型农业经营主体的风险需求，也要保障小型农户抵御自然灾害的基本利益；要统筹信息资源共享，新型科技转化应用，全面提升农业保险服务的科技化水平，在新的发展中解决农业保险实务存在"承保贵、查勘难、理赔虚、体验差"的问题。

在"坚持政府引导统筹全局，坚持市场运作提升效率，坚持自主自愿满足多元需求，坚持协同推进发挥外部效应"的工作原则下，本文从政策目标、模式设计、差异比较、新模式作用等角度全面论述了我国农业保险新模式的主要内容。新运营模式的关键在于要充分发挥政府的实质性引导作用，要合理制定市场进入退出机制，要创新设计高质量的产品形态，要动态优化二元主体的补贴结构，要建立大灾风险分散机制，要统筹搭建农业保险服务的全信息平台等。与现有运营模式相比，农业保险新模式从政策保障、组织形式、经营方式、产品创新、巨灾风险分散机制等方面进行了创新，有利于建立多方利益共享的农业保险生态圈，有利于充分发挥政府引导的实质性作用，有利于推动我国农业保险转型升级与高质量发展。

参考文献

[1] 陈盛伟，牛浩. 市场竞争下农业保险发展速度的实证分析——基于山东省 16 地市的面板数据 [J]. 农业经济问题，2017，38（5）：46-54，111.
[2] 姜华. 新时期、新定位、新目标下的农业保险高质量发展研究 [J]. 保险研究，2019（12）：10-17.

[3] 牛浩，陈盛伟 . "弱竞争"的市场模式提升了农业保险发展速度吗？[J]. 保险研究，2019（8）：
　　52 - 69.

[4] 庹国柱 . 论农业保险市场的有限竞争 [J]. 保险研究，2017（2）：11 - 16.

[5] 庹国柱，韩志花 . 农险经营中值得重视的几个问题——一个农险赔案引发的思考 [J]. 中国保险，
　　2019（7）：31 - 36.

[6] 庹国柱，张峭 . 论我国农业保险的政策目标 [J]. 保险研究，2018（7）：9 - 17.

[7] 叶朝晖 . 关于完善我国农业保险制度的思考 [J]. 金融研究，2018（12）：178 - 192.

[8] 周县华，范庆泉，周明，李志刚 . 中国和美国种植业保险产品的比较研究 [J]. 保险研究，2012
　　（7）：50 - 58.

"一家独大"的市场模式
提升农业保险发展速度了吗?

——来自合成控制方法的新证据*

牛　浩　　陈盛伟

摘要: 自政策性农业保险开展以来,市场模式逐渐成为影响各地区农业保险发展的关键因素,但遗憾的是相关研究集中在"多家竞争"的市场模式上。本文基于全国 31 个省市区 2001—2017 年的面板数据,利用合成控制法测度了另一类较为独特的"一家独大"市场模式对农业保险发展速度的影响效果。结论表明:"一家独大"的安徽模式在保费收入、保险密度、保险深度上均显著提升了农业保险的发展速度,年均速度提升水平分别达到 154.66%、244.94%、156.21%,但 2010 年后的速度优势开始放缓,整体的速度优势呈现左偏的"倒 V"形状;其他 4 个"一家独大"地区因为农业保险资源禀赋的欠缺使得结果并不显著。基于上述结论,从如何形成、效仿和稳固"一家独大"市场模式提出三个方面的政策建议。

关键词: 农业保险;市场模式;增长速度;合成控制法

一、引言

农业保险是稳定农业生产的核心金融工具,具有保障农业稳定发展、维护国家粮食安全、保障农户收入稳定、提高社会经济福利、助力脱贫攻坚与乡村振兴等重要的社会功能(冯文丽,2004;庹国柱,2018;黄薇,2019)。我国于 2007 年开始建立"政府引导、政策支持、市场运作、农民自愿"的政策性农业保险体系,自此农业保险有了长足发展。因为有别于纯商业保险,政策框架下的农业保险发展格外得到关注,2008 年开始我国保费收入规模便跃居为全球第二,仅次于美国,2018 年保费收入 572.65 亿元,11 年间平均增长速度为 24.41%,发展速度在世界范围内绝无仅有。但是,目前我国农业保险的业务发展程度仍然较低,保障水平仅为美国的 1/8、加拿大的 1/5 左右(中国农业保险保障水平研究课题组,2017)。这说明现阶段农业

---

* 基金项目:本文是教育部人文社科基金青年项目(18YJC630126)、国家自然科学基金面上项目(71773067)、国家自然科学基金青年项目(71803103)、山东省社会科学规划青年项目(18DGLJ06)的阶段性成果。

作者简介:牛浩,山东农业大学经济管理学院(商学院)讲师、博士;陈盛伟,山东农业大学经济管理学院(商学院)院长、教授。

保险在实现快速发展的同时仍具有巨大的提升空间，于是 2016—2019 年的中央 1号文件以及《2018—2022 乡村振兴战略规划》开始连续提及农业保险的提标、扩面、增品，这些都将体现在农业保险全面发展与速度提升上。但是 2012 年以来，不同市场模式产生的市场竞争问题开始成为影响农业保险提升发展的关键因素（庹国柱，2017）。

我国农业保险的开展以各省市区（下文统称"各地区"）为一个独立空间单元，各地区保险公司经营数量和市场竞争程度是区分市场模式①差异的核心指标。在 2007年政策性农业保险开展之前，各地区只有 1～2 家农险公司，市场竞争较弱。政策性农业保险开展之后，多个地区的农险市场空间被迅速打开，伴随着多家公司开始进入，市场竞争不断加强。如 2018 年河南、山东等地区有 8～9 家具备一定规模的农险公司。但是也有地区仍保持着较弱的市场竞争，如安徽、上海等地区只有 1 家具备一定规模的农险公司②。不同的市场模式下的竞争强弱会通过业务空间范围、市场竞争成本等因素提升或抑制农业保险发展速度，尤其是过度的市场竞争造成的市场乱象已经成为当前农业保险发展的重大议题（庹国柱，2017；陈盛伟、牛浩，2017）。

专家学者对农业保险市场模式、竞争强度与发展速度的关系进行了一定研究并取得了较丰硕结论，但遗憾的是研究都集中在"多家竞争"的市场模式上，而忽略了另一类较为独特的"一家独大"③型市场模式。这类市场模式的竞争环境相对较弱，其一方面可以通过降低竞争成本来规范农业保险经营，通过专注业务拓展和产品创新来实现农业保险的提标、扩面、增品④；另一方面也可能会因为没有足够的人力物力、风险分散机制而抑制农业保险的发展。那么相比"多家竞争"的市场模式，测度"一家独大"的市场模式是否可以提升农业保险的发展速度，具有重要的研究价值和典型对照价值。

基于上述背景，本文以"一家独大"型市场模式为研究对象，测度该模式对农业保险发展速度的影响效果。主要的创新和贡献为：第一，在该类研究上，突破了"多家竞争"的研究范围，以另一类较为独特的"一家独大"模式为研究对象，补充了市场模式对农业保险发展速度影响的研究框架。第二，在计量方法选择上，利用合成控制法合成虚拟研究对象，然后与真实对象进行对比，解决了其他绩效评价方法不能应

① 全国来看，多数地区的常规思路是商业自由竞争的市场模式，政府允许符合条件的公司进入，使得市场上公司数量逐步增多。但是，个别地区在政策性农业保险开展之初就定义了自己独有的模式，如安徽和上海政府补贴推动的专业农业保险公司模式便是最典型代表，这一模式使其他保险公司的进入壁垒相对较大，于是安徽和上海便形成了与本研究相关的"一家独大"市场模式。此外还有浙江联合共保模式、江苏联办共保模式、新疆兵团模式，但是这几类模式都没有形成本研究界定的"一家独大"模式。

② 数据来源：《中国保险年鉴》（2018 年）地方版，根据各地方的每家保险公司农业保险数据整理与计算得出。

③ 本研究界定的"一家独大"模式，是指一个地区的农险市场中，占据一定比例（10％）业务规模的保险公司只有一家，市场上可能会存在其他保险公司，但是它们的市场份额很小，市场竞争强度非常弱的一类市场模式。

④ 笔者通过在保险公司顾问期间，以及相关的实地调研发现：市场竞争较弱地区的保险公司更加专注于如何挖掘市场来实现业务再增长；而市场竞争激烈地区的多数保险公司需要将精力放在如何维持现有市场份额的稳定上。

对的地区整体数据的单一性问题，提高了计算结果的精确度。第三，从保费收入、保险深度、保险密度 3 类指标出发，多角度评估了"一家独大"模式对农业保险发展速度提升效果和提升特征，并结合当前全国农业保险市场现状，就如何形成、效仿和稳固"一家独大"模式提出三个方面的政策建议。

二、文献回顾及研究点提出

(一)"多家经营"模式下的竞争强弱显著影响农业保险发展速度

在政策性农业保险开展初期，涉入的公司数量较少，市场竞争较弱（于洋、王尔大，2009）。但是因为政策性农业保险的制度优势，使其市场保费规模得以快速发展（朱俊生，2009），伴随着多个公司开始进入并抢占市场，市场竞争不断加强（祝仲坤等，2016）。当市场竞争达到一定强度，农业保险公司再进行规模的扩大时成本开始上升，比如交易成本、管理成本、巨灾风险成本等。而诸多成本的上升导致保险公司的利润空间逐步变小，紧接着会发生两种可能：第一，保险公司还处于可获利位置，农业保险发展速度并不会减缓，农业保险市场将形成适当的竞争。第二，业务利润空间被逐步压缩，保险公司开始感受到压力，甚至会产生不规范竞争并带来负面影响（冯文丽、庹国柱，2013）。而实际业务中，某些地区市场竞争的加强已经开始导致农业保险发展速度和效率的降低（陈盛伟、牛浩，2017）。

(二)农业保险发展受地区农业、经济特征因素影响

在农业生产特征方面，地区的保险标的资源禀赋越高，代表着保险市场空间越大，会促进农业保险规模的发展（冯文丽、庹国柱，2013；陈盛伟、牛浩，2017），此外，地区的受灾情况越严重，代表着保险公司承保的风险越大，逆向选择也可能更加严重，会在一定程度上抑制农业保险规模的发展（祝仲坤等，2016）；在经济特征方面，农业产业结构比重越高，代表着地区经济发展水平越差，会对农业保险规模的扩展产生负向影响（祝仲坤等，2016），也就是说地方经济水平越好，保险市场的发展规模往往越大（曹吉云、唐毅鸿，2012）；但是，一个地区的农业收入水平越高，代表着农民有更多的资本投资农业保险，或者可能更倾向于降低农业生产经营风险，从而也可能促进农业保险发展（黄琦等，2017）。此外，以"政府引导"作为重要开展原则的农业保险，地方财政支农水平越高，会越促进农业保险的规模发展（陈盛伟、牛浩，2017），但是也可能会因为直补力度的"挤出效应"，抑制农业保险发展规模（黄琦等，2017）。

(三)国外发展较好的农业保险市场多为"少家经营"的模式

国外农业保险的市场具有多样化特征。发展较快、规模较大的国家大都控制农险公司经营数量，如美国从 1 000 多家财产保险公司中选择信誉良好的 15 家经营农险

业务，但每个州不超过 2 家；加拿大规定每个省只有一个公司经营农业保险业务；印度也实行了与加拿大相似的这类公共经营垄断模式；法国则是通过中央互助机构将各保险公司合并成农业互助保险总公司统筹经营，（Smithand Glauber，2012；Word bank，2012；陈珏，2016；庹国柱，2017；王克，2019）。当然，也有些国家放开了市场竞争，如阿根廷有 30 多家农险公司，各公司业务占比相对均匀，存在几个较大份额的公司（王克，2019）；土耳其在 40 多家保险公司中有 9 家从事农业保险业务（Ucakand Berk，2009；Abdul，2012），巴西、智利、法国、意大利、德国等国家也实行了这种较低管制的竞争模式，均有多家公司经营农业保险业务（Vávrová，2005，庹国柱，2017）。从保险公司经营主体数量与农业保险发展速度的关系来看，发展较快、规模较大的美国、加拿大、印度等国家的农业保险公司数量与发展速度呈现负相关关系，避免过度竞争是这些国家农险制度安排的考虑（Olivier et al，2013；Emiliaand Florin，2013；Coleand Xiong，2017；Arupand Arman，2017；庹国柱，2017）。

（四）文献述评及本研究出发点

总结已有研究可知：农业保险经营主体数量的不同会对应不同的市场竞争强弱特征，进而分别对农业保险的发展产生促进或抑制作用；各地区会存在最佳的竞争环境来适宜农业保险的发展；农业保险的发展速度还会受到诸如农业特征等其他因素影响；国外发展较好的农业保险市场多为"少家经营"的模式。

遗憾的是，国内关于农业保险市场模式对发展速度影响的研究集中在"多家竞争"市场模式上，且评估指标限于单一的保费收入上，尚未关注到"一家独大"这类市场模式。那么相比"多家竞争"市场模式带来的竞争难题，"一家独大"的市场模式是否可以多角度提升农业保险的发展速度？速度的提升效果如何？提升后的速度是否稳定？速度的提升是否还需要适宜的客观条件？本文将从这一视角出发，通过测度"一家独大"模式下的农业保险发展速度来解答上述几个问题。完善农业保险市场模式对发展速度影响的实证研究框架。

三、研究方法——合成控制法

（一）基本思路

本文基于 Abadie and Gardeazabal（2003）提出的合成控制法，研究"一家独大"模式对农业保险发展速度的提升效果。为便于思路的描述，我们以"一家独大"代表地区安徽模式[①]为例进行说明。首先，在安徽模式形成（2008 年）前，根据各地区

---

① 2008 年安徽成立国元农业保险股份有限公司之后，业务占比一直稳定在 95% 左右，市场竞争指数年平均值为 0.82，安徽农业保险市场呈现出一种近似垄断的"一家独大"市场模式。

影响农业保险发展水平的变量与安徽的相似程度分别赋予它们适当权重，合成一个虚拟安徽，使虚拟安徽与真实安徽的各方面特征尽可能一致。然后，在安徽模式形成（2008 年）后，执行同一比重来合成虚拟安徽，并通过真实安徽与虚拟安徽的差异对比来测度安徽模式的速度提升效果。因为安徽模式形成后只在真实安徽进行，虚拟安徽则是其他相似地区权重加权的结果，而这些地区都是"多家经营"的市场模式。所以我们通过比较安徽模式形成后真实安徽与虚拟安徽之间的农业保险发展速度的差异，就可得出安徽模式是否提升了农业保险的发展速度。这一方法具有 PSM 等评价方法的思想，又可以解决诸多评价方法针对宏观整体数据单一的难题。

（二）合成对象构建

该方法构建的核心是利用安徽模式形成（2008 年）前的其他各地区，根据影响它们农业保险发展水平的变量与安徽的相似程度分别赋予不同权重，合成出一个虚拟安徽，并分别按照这一权重将各地区的农业保险发展指标（AI_i^{Be}）加权合成虚拟安徽的农业保险发展指标（AI_{ah}^{Be}），公式表示为：

$$AI_{ah}^{Be} = \sum_{i=2001}^{2007} \omega_i AI_i^{Be} = \sum_{i=2001}^{2007} \left[\omega_i(\delta_t + \theta_t z_i + \lambda_t \mu_i + \varepsilon_i) \right] \tag{1}$$

式（1）中，δ_t 是影响所有省、直辖市农业保险规模的时间固定效应；z_i 表示一组不受农业保险发展速度影响的控制变量，θ_t 是未知参数向量，λ_t 是一个无法观测到的公共因子向量，μ_i 为不可观测的各省、直辖市的固定效应，ε_i 是不能观测到的短期冲击，均值为 0。2008 年之前的虚拟安徽与 2008 年之前的真实安徽的各方面特征越一致，模型的构建越理想。

（三）结果计算

安徽国元农业保险公司（以下简称"国元农险"）2008 年成立，安徽模式形成，用 AI_{ah} 表示真实安徽的农业保险发展指标。用 AI_{ah}^{Af} 表示 2008 年之后虚拟安徽的农业保险发展指标，虚拟安徽在 2008 年之后的每年（T）仍然按照之前权重执行。则 2008 年之后虚拟安徽的农业保险发展指标公式为：

$$AI_{ah}^{Af} = \sum_{i=2008}^{n2017} \omega_i AI_i^{Af} = \delta_t + \sum_{i=2008}^{n2017} \omega_i \theta_t z_i + \lambda_t \sum_{i=2008}^{2017} \omega_i \mu_i + \sum_{i=2008}^{n2017} \omega_i \varepsilon_i \tag{2}$$

因为真实安徽每年的农业保险发展指标数据（AI_{ah}）都是可以直接观测的，进而可以通过如下公式来进行处理效应（$\hat{\alpha}_{ah}$）的无偏估计：

$$\hat{\alpha}_{ah} = AI_{ah} - AI_{ah}^{Af} = AI_{ah} - \sum_{i=1}^{n} \omega_i AI_i^{Af} \tag{3}$$

$\hat{\alpha}_{ah}$ 就是真实安徽与虚拟安徽的农业保险发展指标的差异，即对安徽模式实施与否两种情况下农业保险发展指标差异的模拟。

(四)安慰剂检验

如果方法上述步骤可以证明安徽模式提高了农业保险发展速度,还需要借用 Abadie 等(2010)提出的"安慰剂检验"验证在一定置信水平上,发展速度指标的增长是由于该模式的实施而非其他因素引起的。具体做法就是假设没有实施"一家独大"模式的省份也实施了该模式,并逐一对每个地区进行合成控制分析,分别得到每个地区发展指标真实值与该地区合成值的差,并将每个地区的发展指标差与安徽进行对比。如果安徽的差值明显高于其他各个地区,则通过安慰剂检验。但是对每个地区的合成控制分析,在政策节点之前不能具有较大的均方误差(RMSPE[①]),一般选择检验对象 20 倍均方误差作为筛选条件。

四、数据选取、变量说明及研究对象

(一)数据选取

选取全国 31 个省市区 2001—2017 年的农业保险及其他相关变量的面板数据。包括农业保险保费收入、农业保险深度和农业保险密度 3 个被解释指标[②],以及保险公司数量、市场竞争指数、农林水事务支出、农作物总播种面积、地方财政一般预算收入、农村人口、受灾面积、农林牧渔总产值、所处地域(东部、中部、西部)9 个解释变量。数据来源于中国统计年鉴、中国保险年鉴、各省、直辖市统计年鉴,南开农险中心农险年度报告,通过对各数据来源的整理统计得到最终数据。

(二)变量说明及研究对象

结合整体的研究思路,首先,对全国各地区农业保险的保费收入、保险密度、保险深度 3 个被解释指标作描述统计,并说明本文要测度的被解释指标的内涵;然后通过公司数量、市场份额、市场竞争强度 3 个核心解释变量界定市场模式的划分标准,筛选研究的对象。

1. 被解释指标(AI)

(1)农业保险保费收入($AIinc$)。农业保险保费收入可评估各地区农业保险的整体发展速度。自 2007 年政策性农业保险开展以来,全国多地区的农业保险保费收入实现快速增长,十年间多个地区保费收入实现几十倍甚至上百倍的增长。但是因前期

---

① RMSPE(root mean square prediction error)——平均预测标准差,是反映地区与合成该地区虚拟估计量的平均差异程度的指标,安慰剂检验中,每一个地区都存在一个 RMSPE 值,其定义是真实地区和合成虚拟该地区的被解释指标的差值平方和的均值。公式表示为 $RMSPE = \frac{1}{T}\left[\sum_{i=2001}^{2007} AI_{ah}^{Be} - \sum_{i=2001}^{2007} \omega_i AI_i^{Be}\right]$。

② 农业保险深度公式为:农业保险深度=农业保险保费收入/农林牧渔总产值;农业保险密度公式为:农业保险密度=农村人口/农业保险保费收入。

基础及后期发展速度的不同，各地区的保费收入增长速度和发展水平存在较大差异，保费收入增长速度较快的西藏、辽宁等地区年平均增长速度达到 70％左右，而保费收入增长速度较慢的吉林、湖南等地区年平均增长速度则低于 20％。此外，保费收入发展水平的高低差距接近 12 倍。各地区农业保险保费收入及增长速度见图1。

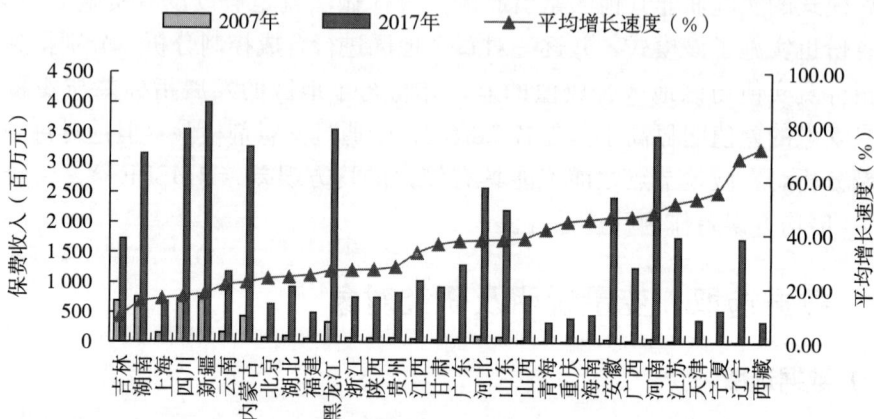

图1　各地区农业保险的保费收入与 2007—2017 年平均增长速度

（2）农业保险深度（AIden）和农业保险密度（AIdep）。农业保险深度和农业保险密度可评估各地区农业保险的业务发展程度。自 2007 年政策性农业保险开展以来，全国多地区的农业保险深度和农业保险密度实现快速增长。但因各地区前期基础及后期发展速度的不同，地区间两类指标的增长速度和发展水平存在差异。保险深度增长最快的地区是西藏，其年平均增长速度达到 58.68％，保险密度增长最快的地区是辽宁，其年平均增长速度达到 71.87％。两类指标增长速度最慢的地区均为吉林，其年平均增长速度分别只有 5.14％、10.53％。此外，两类指标的发展水平的高低差距分别达 18 倍、9.4 倍。各地区农业保险深度与保险密度及增长速度见图2、图3。

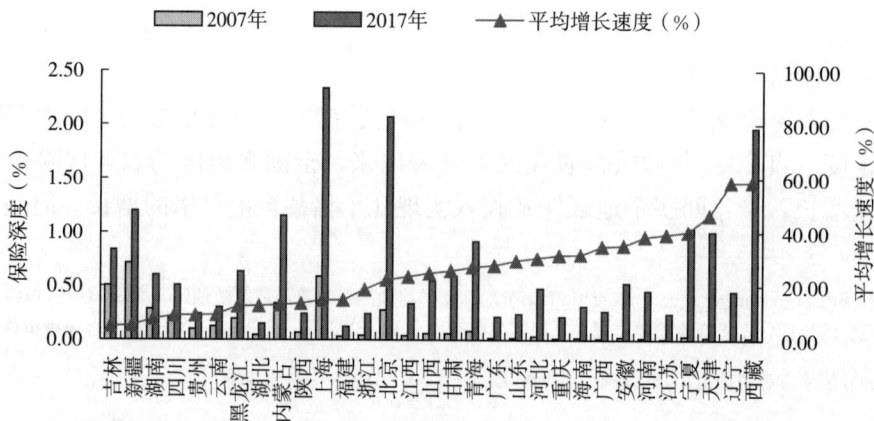

图2　全国各地区农业保险的保险深度与 2007—2017 年平均增长速度

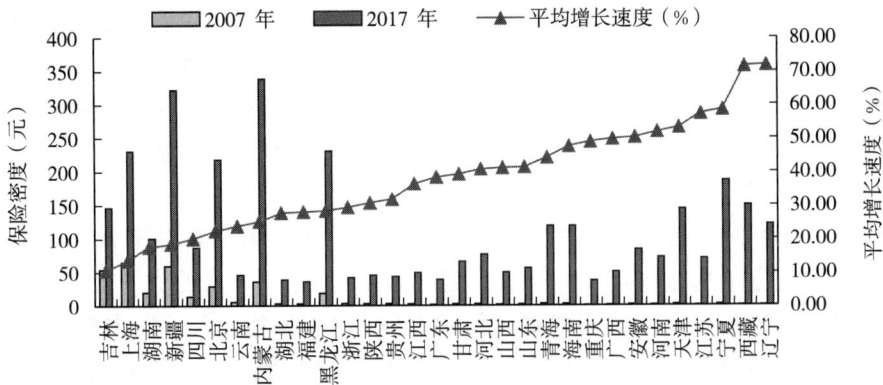

图 3   全国各地区农业保险的保险密度与 2007—2017 年平均增长速度

（3）被解释指标特征。通过总结全国各地区农业保险保费收入、农业保险深度、农业保险密度 3 类指标的发展水平和增长速度发现：第一，各地区 3 类指标的发展水平的排名中，保费收入排名与保险深度、保险密度排名有差异，差异的原因在于一些农业大省如四川、河南的保费总收入排名靠前，但是因农业人口多和农业产值大致使保险深度和保险密度排名后移，一些经济发达地区如上海、北京的保费总收入排名靠后，但是因农业人口少和农业产值小致使保险深度和密度排名前移。第二，地区某一指标的发展水平较高并不代表着增长速度较快，这还取决于政策性农业保险开展之初的基期水平及实施之后的发展速度情况。第三，各地区 3 类指标的发展速度的排名较一致，这是因为各指标的发展速度均限定为最近 10 年内的区间变动情况，并且各指标的提升存在同步特征。各地区 2017 年 3 类指标的发展水平与增长速度排名见表 1。

表 1   2017 年各地区 3 类指标的发展水平与增长速度排名

排名	保费收入		保险深度		保险密度	
	发展水平	增长速度	发展水平	增长速度	发展水平	增长速度
1	新疆	西藏	上海	西藏	内蒙古	辽宁
2	四川	辽宁	北京	辽宁	新疆	西藏
3	黑龙江	宁夏	西藏	天津	黑龙江	宁夏
4	河南	天津	新疆	宁夏	上海	江苏
5	内蒙古	江苏	内蒙古	江苏	北京	天津
⋮	⋮	⋮	⋮	⋮	⋮	⋮
—5	海南	新疆	山东	贵州	浙江	四川
—4	重庆	四川	广东	四川	广东	新疆
—3	天津	上海	重庆	湖南	湖北	湖南
—2	西藏	湖南	湖北	新疆	重庆	上海
—1	青海	吉林	福建	吉林	福建	吉林

（4）被解释指标内涵。通过分析各地区农业保险的保费收入、保险深度和保险密度可以看出，本文接下来要重点研究的"一家独大"地区安徽并不是保费收入增长最

快的地区，也不是保险深度和密度最优的地区。因此需要特别说明，本文要研究的农业保险发展速度并不是各发展指标体现在数据表面上的增长速度，而是将研究点聚焦于市场模式的作用上，即研究假如具有相似的保险资源禀赋，采用"一家独大"的模式相比"多家竞争"的模式是否可以显著提升农业保险的发展速度。

2. 核心解释变量（MM）

市场模式（MM）是核心解释变量。本文用各地区市场份额占比10％以上的公司数量，结合市场竞争指数（HHI）[①] 来界定农业保险的"一家独大"和"多家竞争"两种市场模式。第一，保险公司数量与份额方面，"一家独大"地区占据10％市场份额以上的保险公司只有1家，占据1％市场份额以上的保险公司也只有1～2家；而"多家竞争"地区的两类保险公司数量分别在2～4家和3～9家之间。第二，在市场竞争方面，"一家独大"地区的市场竞争环境相对较弱，"多家竞争"地区的市场竞争环境则相对较强，结合数据特征，将HHI＝0.8作为两类市场模式的划分界限。结果显示全国农业保险市场模式为"一家独大"的地区共有5个，分别是西藏、青海、上海、安徽、宁夏，其余地区均为"多家竞争"模式。2017年各地区农险保险公司数量、市场份额与竞争指数见图4。

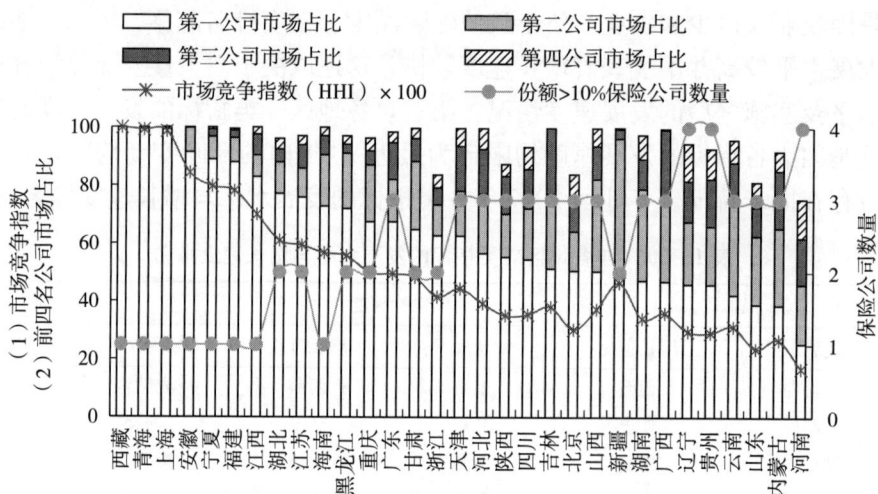

图4　2017年全国各地区农险保险公司数量、市场份额与竞争指数

3. 研究对象的筛选

各"一家独大"地区和全国各省其他解释变量的描述统计如表2所示。我们发现，除安徽之外，其他4个"一家独大"地区的农业保险资源禀赋非常低，它们的播种面积、农林牧渔总产值等基本变量值远低于全国各省平均水平。西藏、上海、青海、宁夏的农作物总播种面积在全国的排名分别－2、－3、－5、－7名；农林牧渔

---

① 赫芬达尔-赫希曼指数（HHI）：一种测量产业集中度的综合指数，指一个行业中各市场竞争主体所占行业总收入或总资产百分比的平方和。HHI指数越小，表示该行业市场的竞争程度越高，反之则反。

总产值在全国的排名分别为 -1、-2、-5、-7 名。过低的农业保险资源禀赋会抑制农业保险的发展速度，因此它们的速度提升效果可能并不显著。

表 2 "一家独大"地区的变量均值描述统计

地区	农林水事务支出（亿元）	农作物总播种面积（千公顷）	地方财政一般预算收入（亿元）	农村人口（万人）	受灾面积（千公顷）	农林牧渔总产值（亿元）	所处地域
安徽	352.55	8 964.28	1 201.22	3 607.99	1 616.08	2 825.23	中部
上海	176.54	389.13	2 976.40	231.78	26.69	276.27	东部
西藏	122.68	240.61	59.38	216.37	30.19	101.57	西部
青海	114.87	525.59	121.17	314.04	197.66	192.47	西部
宁夏	108.73	1 189.28	175.39	332.10	389.06	280.10	西部
各省平均	311.72	5 133.61	1 360.14	2 192.97	1 185.14	2 153.31	—

而安徽这一"一家独大"地区则具有重要研究价值：一方面，其农业保险资源禀赋排名靠前，且与多个地区相似；另一方面，不论是农业保费收入、保险深度还是保险密度，与安徽排名相近的地区，均是"多家竞争"的市场模式。就安徽所处的农业环境、保险环境来说，常规思路是实施与其相似地区一致的市场模式，但却形成了"一家独大"的市场模式，因此，研究安徽模式下的农业保险的发展速度具有典型对照价值。

基于上述总结，本研究将选择安徽这一"一家独大"地区的农业保险发展速度进行重点分析，但从研究结构的完整性出发，在文末会用相同的方法步骤分析另外 4 个"一家独大"地区，并做简要的补充研究说明。

五、实证结果分析

(一)"虚拟安徽"的合成结果

利用合成控制法，根据各合成地区[①]在 2008 年之前与安徽的保险环境（农业保险公司数量、市场竞争指数）、农业环境（农林水事务支出、农作物总播种面积、地方财政预算、农村人口、农业受灾面积、所处地区）的相似程度，分别赋予适当权重构建三个模型，合成农业保险保费收入（$AIinc$）、农业保险密度（$AIden$）、农业保险深度（$AIdep$）3 个被解释指标下的"虚拟安徽"：

$$\begin{cases} AIinc_{ah}^{Be} = \sum \omega_i AIinc_i^{Be} = \sum \omega_i(\delta_t + \theta_t z_i + \lambda_t \mu_i + \varepsilon_i) \\ AIden_{ah}^{Be} = \sum \omega_i AIden_i^{Be} = \sum \omega_i(\delta_t + \theta_t z_i + \lambda_t \mu_i + \varepsilon_i) \\ AIdep_{ah}^{Be} = \sum \omega_i AIdep_i^{Be} = \sum \omega_i(\delta_t + \theta_t z_i + \lambda_t \mu_i + \varepsilon_i) \end{cases} \quad (4)$$

公式（4）各指标同第三部分理论方法模型中的解释一致。结果共有 7 个地区被纳入，权重赋值结果如表 3 所示。需要说明的是，被选中的 7 个地区均为"多家竞

---

① 合成地区的选择剔除其他"一家独大"模式地区，以及浙江联合共保模式、江苏联办共保模式、新疆兵团模式三类特殊模式地区，只在限定在统一的商业市场竞争模式中进行地区选择。

争"的市场模式。

表 3 "虚拟安徽"选中地区的权重分配

合成地区	序号	权重分配		
		模型 1 因变量：$AIinc_{cih}^{Bc}$	模型 2 因变量：$AIden_{cih}^{Bc}$	模型 3 因变量：$AIdep_{cih}^{Bc}$
山西	4	0.16	0.002	—
黑龙江	8	—	—	0.054
江西	14	0.525	0.081	—
河南	16	0.277	0.462	0.492
广西	20	0.035	—	—
重庆	22	—	0.269	0.453
贵州	24	0.002	0.222	—

虚拟安徽与真实安徽达到完全一致是不现实的，但需要二者在现有条件下实现最大可能的一致。表 4 为被选中地区合成"虚拟安徽"的各变量效果：虚拟安徽与真实安徽吻合度在 90% 以上的变量占 60%，吻合度在 80% 以上的指标占 95%，只有两个变量的吻合度低于 80%，但均为 78%，整体来看合成效果比较理想。

表 4 "虚拟安徽"选中地区的各变量合成效果

解释变量	单位	真实安徽	虚拟安徽的合成效果		
			模型 1 因变量：$AIinc_{cih}^{Bc}$	模型 2 因变量：$AIden_{cih}^{Bc}$	模型 3 因变量：$AIdep_{cih}^{Bc}$
市场竞争指数	—	1	0.95	0.94	0.92
农林水事务支出	亿元	82.31	86.33	83.15	82.48
农作物总播种面积	千公顷	8 981.73	7 377.71	8 202.05	8 829.14
地方财政一般预算收入	亿元	313.36	316.16	327.10	362.47
农村人口	万人	4 154.41	3 761.94	4 156.00	4 142.79
受灾面积	千公顷	2 107.81	1 693.06	1 755.35	2 084.45
中部	—	1	0.96	0.78	0.999
东部	—	0	0.04	0	0
西部	—	0	0.02	0.22	0

（二）真实安徽与"虚拟安徽"的发展速度对比

图 5（a）、图 6（a）、图 7（a）分别为真实安徽与虚拟安徽 2001—2017 年的保费收入、保险密度和保险深度的对比走势。2008 年之后，真实安徽与虚拟安徽的 3 个被解释变量开始迅速出现差异并拉大差距。由于二者的各方面特征已经非常近似，只是 2008 年之后，真实安徽因国元农险成立形成了"一家独大"模式，虚拟安徽则是多个地区加权合成的"多家竞争"模式。因此，我们可以初步得出结论：一家独大的安徽模式在保费收入、保险密度、保险深度上，均提升了农业保险的发展速度。为了更直观观测安徽模式的速度优势，图 5（b）、图 6（b）、图 7（b）展示了真实安徽与

虚拟安徽的各被解释变量的差值，可以看出，它们在 2008 年之前的差异非常小，在 2008 年安徽模式形成后，差异开始迅速加大。

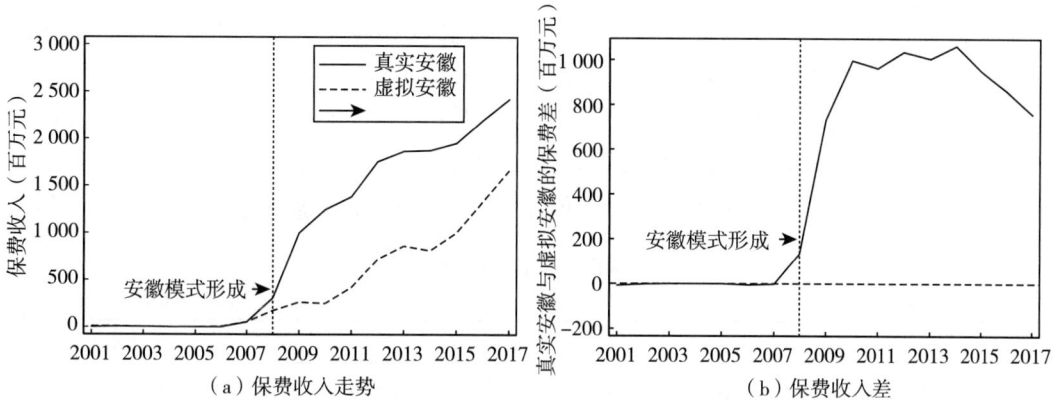

图 5　真实安徽与虚拟安徽的保费收入走势及保费收入差

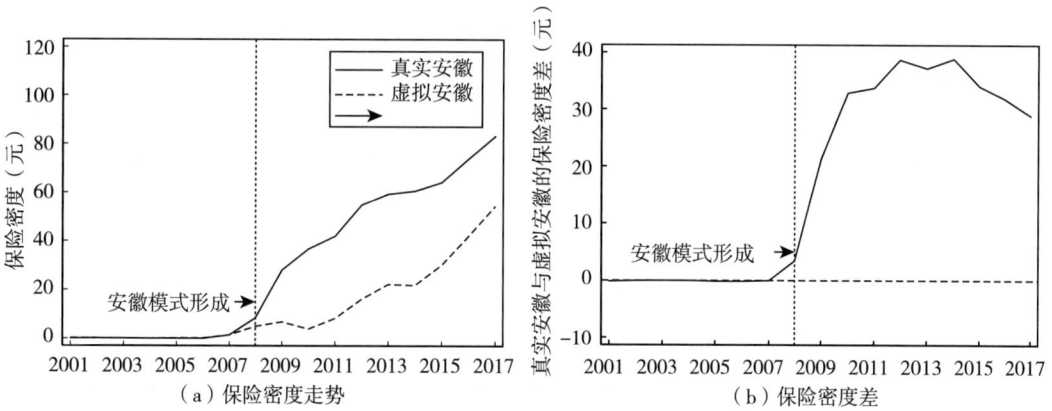

图 6　真实安徽与虚拟安徽的保险密度走势及保险密度差

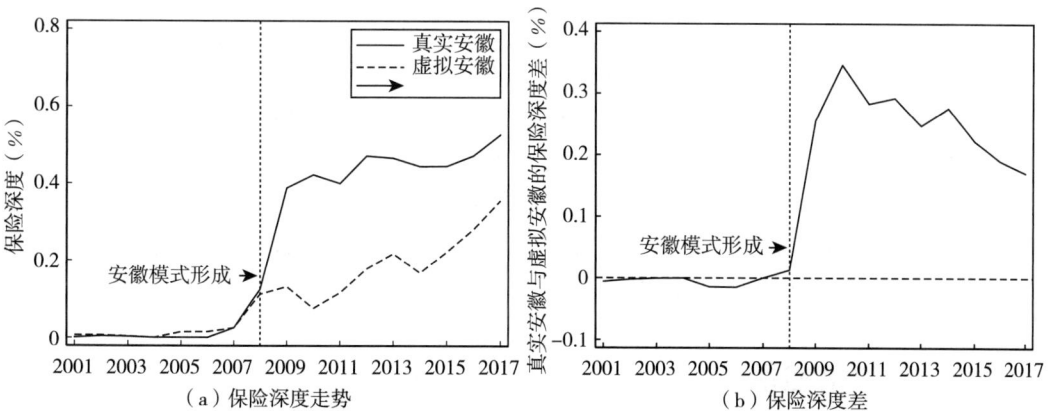

图 7　真实安徽与虚拟安徽的保险深度走势及保险深度差

（三）安徽模式的速度提升结果

1. 速度提升效果非常显著

各模型计算得出，安徽模式作用下的农业保险保费收入、保险密度、保险深度的速度提升百分比如表 5 所示：年平均速度提升百分比分别达到 154.66％、244.94％、156.21％。2010 年的速度提升水平达到最高值，分别为 392.86％、838.48％、456.74％。因此在安徽模式作用下，各被解释变量的速度提升效果非常显著，而且各被解释变量的速度提升走势比较一致，但是保险密度的速度提升效果更加明显一些。

表 5　真实安徽保费收入的速度提升效果

单位：百万元，元，%

时间	真实安徽			虚拟安徽			速度提升水平		
	模型 1 $AIinc$	模型 2 $AIden$	模型 3 $AIdep$	模型 1 $AIinc_{ah}^{N}$	模型 2 $AIden_{ah}^{N}$	模型 3 $AIdep_{ah}^{N}$	模型 1 $\hat{a}inc_{ah}$	模型 2 $\hat{a}den_{ah}$	模型 3 $\hat{a}dep_{ah}$
2008	307.76	8.43	0.13	180.01	4.99	0.11	70.97	68.86	11.56
2009	997.52	28.10	0.39	279.87	6.83	0.13	256.42	311.33	193.91
2010	1 247.33	36.74	0.42	253.08	3.91	0.08	392.86	838.48	456.74
2011	1 383.15	41.99	0.40	418.42	8.30	0.12	230.56	405.92	242.86
2012	1 755.87	54.80	0.47	727.49	16.18	0.18	141.36	238.81	163.83
2013	1 866.21	59.36	0.47	873.66	22.24	0.22	113.61	166.93	113.57
2014	1 874.99	60.62	0.44	790.77	21.83	0.17	137.11	177.63	164.18
2015	1 951.94	64.19	0.44	1 000.69	30.19	0.22	95.06	112.58	99.92
2016	2 196.46	73.83	0.47	1 346.26	41.99	0.28	63.15	75.82	67.62
2017	2 421.22	83.23	0.53	1 664.21	54.38	0.36	45.49	53.05	47.93

2. 速度提升水平并非稳定

表 5 还表现出另外一个特征：2010 年之后，各被解释指标的增长速度开始放缓，2017 年的速度优势分别降低至 45.49％、53.05％、47.93％，已经远低于历年平均水平。整体来看，各被解释指标的速度提升走势均呈现先升后降的左偏"倒 V"形状，也就是说安徽农业保险的速度优势并非长期稳定。随着农业保险的不断升级发展，一家独大的模式可能会在风险分散、人力物力等方面出现压力。目前安徽国元农险公司的员工在 1 500 人左右，其人均业务量远远大于其他省份的同业务公司，且在风险转移、经营管理机制等方面并没有大型财产保险公司成熟。因此，下一步可能需要加固这一模式才稳定其较快的增长速度。

六、安慰剂检验

如果安慰剂检验的均方误差（RMSPE）越大，该政策模式实施之后的处理效应也会越大，则表明合成控制法的效果越差，那么该"安慰剂效应"就不可信。为了避免 RMSPE 过大，筛选小于 20 倍安徽 RMSPE 的模型结果进行安慰剂检验。结果模型 1（被解释变量：$AIinc$）将 7 个省份剔除（内蒙古、吉林、黑龙江、湖南、四川、云南、新疆），模型 2（被解释变量：$AIden$）将 13 个省份剔除（河北、山西、江苏、福建、山东、河南、海南、重庆、贵州、西藏、陕西、甘肃、青海、宁夏），模型 3（被解释变量：$AIdep$）将 10 个省份剔除（河北、福建、山东、河南、广东、广西、海南、贵州、陕西、甘肃）。以模型 1 为例的安慰剂检验结果如图 8 所示，安徽的保费收入合成控制的差值明显高于全国其他地区，检验结果在 99% 水平上拒绝原假设。模型 2 和模型 3 的检验结果与模型 1 一致，即可证明"一家独大"的市场模式确实提升了安徽农业保险的发展速度。

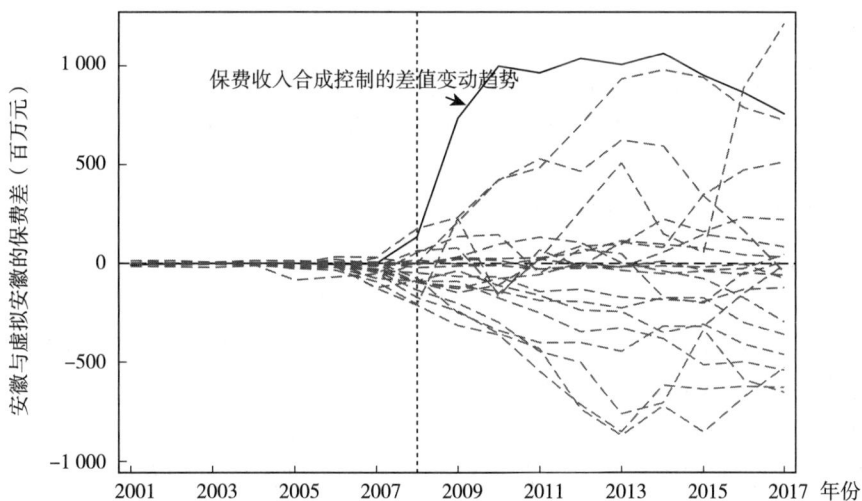

图 8 20 倍 RMSPE 下安徽与其他省份的处理效应分布

七、补充研究

国内还有其他 4 个"一家独大"模式的地区，分别是西藏、青海、上海、宁夏。本研究用同样的方法以上海为例的保费收入指标的安慰剂检验如图 9 所示，西藏、青海、宁夏的安慰剂检验结果同上海一致，结果发现它们的各被解释指标均没有显著的速度优势[①]。这就说明，并非所有的"一家独大"模式都可以实现农业保险的快速增长，这类模式的实施需要一系列保险资源禀赋条件为基础，如农业环境、农业收入、农户特征、种植特征，还有政府政策力度、公司经营能力等诸多不同维度的因素。前面第四部分的变量说明中，已经看到这 4 个"一家独大"地区的保险资源禀赋非常欠缺，这就说明这些"一家独大"地区并没有刺激速度提升的基础条件和内在动力，因

---

① 因为表格较多（共 4×3＝12 个），且篇幅有限，感兴趣的读者可向作者索取相关表格和研究数据。

此对它们的研究结果也不具备普适性和说服力。

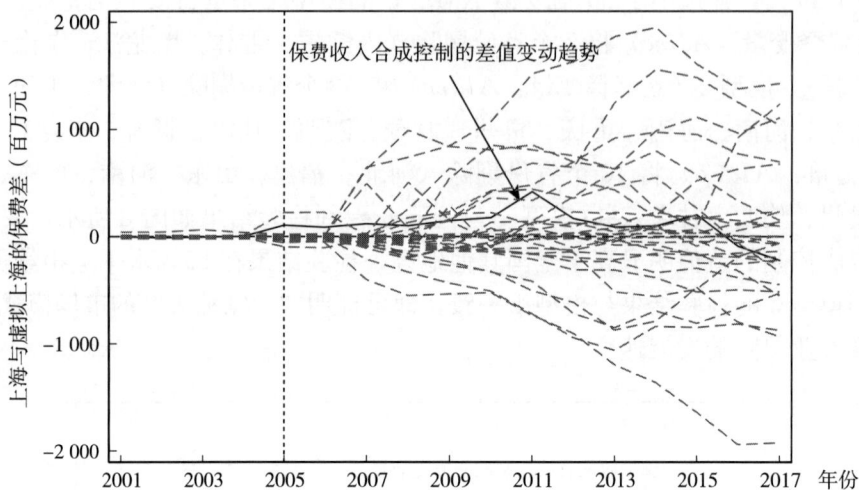

图 9　20 倍 RMSPE 下上海与其他省份的处理效应分布

八、结论、启示与政策建议

（一）研究结论

本文基于全国 31 个省市区 2001—2017 年农业保险及相关变量的面板数据，以"一家独大"型市场模式为研究对象，利用合成控制法评估了该模式对农业保险发展速度的提升效果。主要得出了如下结论：一家独大的安徽模式在农业保险保费收入这一总量指标以及农业保险深度和保险密度两个业务程度指标上的发展速度均得到均显著提升，3 类指标的年均速度提升水平分别达到 154.66％、244.94％、156.21％。但 2010 年后各被解释指标的速度优势开始放缓，且统一呈现左偏的"倒 V"状，说明这一模式的速度优势并非长期稳定。另外，其他 4 个"一家独大"地区因为过低的保险资源禀赋并没有显著提升发展速度，但对它们的研究结果不具备普适性和说服力。

（二）研究启示

农业保险的"一家独大"模式竞争环境较弱，相比"多家竞争"模式即具备突出优势，也可能会暴露固有问题，那么在各因素综合作用下是促进明显还是抑制更多，是由农业保险市场所处阶段的需求特征决定的。实证结果显示安徽农业保险发展速度优势在国元农险成立的前几年迅速展现，但也可以看出其速度优势放缓。在安慰剂检验中，恰巧市场竞争指数最高的河南有后来居上的趋势。因此下一步，农业保险配备何种市场模式，结合哪类地区特征以及所处哪一发展阶段，才会更加促进发展，仍然是需要继续跟踪讨论的重大议题。实际上，各类模式都有自己的利和弊，没有十全十美，也没有绝对的好与坏，但不可否认的是，现阶段的安徽模式是高效的，是值得农业保险资源禀赋相似地区借鉴的。

(三) 政策建议

根据得出的核心结论，结合当前各地区的市场模式，提出如下政策建议：

第一，可实施市级或县级的"一家独大"模式。目前全国的"一家独大"模式地区较少，再对各地区保险公司进行"裁员"相对困难，但是可以考虑缩小空间范围，在市级或县级范围通过前期业务权重来划区经营形成小范围的"一家独大"模式，并结合各保险公司在区域间的相对优势权衡区域划分，进而通过降低竞争成本、专注业务发展来提升农业保险发展速度。但是需要给予各保险公司对划定地区适当的经营期限，如可以为一个风险周期，这样可以通过业务充分开展后的绩效评估与问题总结进行市场的再分配。

第二，可开展"联合共保"模式。这类模式可以理解为效仿型的"一家独大"模式，开展思路是对于那些难以形成"一家独大"模式的省、市，可由一两家公司牵头成立"联合共保"模式，允许多家公司参与，牵头公司负责业务操作，参与公司占据一定比例业务份额并承担赔偿，但必须服从分配固定份额来遵循"规定操作"。这类"联合共保"模式既可以防止恶性竞争，又可以发挥各公司特长解决"一家独大"模式的缺陷，具备良好的机制效应，但需要鼓励参与公司积极研发和试点创新产品。值得一提的是这类模式在浙江、海南地区早有开展，但现阶段再开展"联合共保"模式，需要解决好如何根据前期业务情况分配市场份额的问题。

第三，要稳固"一家独大"模式的发展黄金期。对于现有的"一家独大"模式的优势不稳定风险，可通过加大财政、技术、人力物力支持力度等来弥补这一模式的缺陷，可通过构建大灾风险的政企共担机制来筑牢公司的偿付能力，可通过给予充分的政策空间来鼓励产品的提标、扩面、赠品及创新，可通过配套奖励来提升业务拓展的积极性，多措并举稳固"一家独大"模式发展的黄金期。

除上述三个核心方面之外，仍需要通过加强监管、限制无序竞争等常规措施，促进农业保险的规范和高效发展。

参考文献

[1] 曹吉云，唐毅鸿. 市场结构优化对我国产险市场规模的影响——基于地区面板数据的实证研究 [J]. 保险研究，2012 (3)：33-38.

[2] 陈珏. 法国、印度、日本农业保险体系探析及启示 [J]. 世界农业，2016 (7)：188-191.

[3] 陈盛伟，牛浩. 市场竞争下农业保险发展速度的实证分析——基于山东省16地市的面板数据 [J]. 农业经济问题，2017 (5)：46-54.

[4] 冯文丽. 我国农业保险市场失灵与制度供给 [J]. 金融研究，2004 (4)：124-129.

[5] 冯文丽，庹国柱. 我国农业保险市场经营主体数量控制 [J]. 金融纵横，2013 (9)：71-74.

[6] 费友海. 我国农业保险发展困境的深层根源——基于福利经济学角度的分析 [J]. 金融研究，2005 (3)：133-144.

[7] 黄琦、陶建平、张红梅. 农业保险市场结构、空间依赖性与农业保险条件收敛研究 [J]. 中国管理科学, 2017, 25 (5): 25-32.

[8] 黄薇. 保险政策与中国式减贫: 经验、困局与路径优化 [J]. 管理世界, 2019 (1): 135-150.

[9] 姜岩, 褚保金, 交易成本视角下的农业保险研究——以江苏省为例 [J]. 农业经济问题, 2010 (6): 91-96.

[10] 庹国柱, 朱俊生. 关于我国农业保险制度建设几个重要问题的探讨 [J]. 中国农村经济, 2005 (6): 46-52.

[11] 庹国柱. 我国农业保险的发展成就、障碍与前景 [J]. 保险研究, 2012 (12): 21-29.

[12] 王克. 加拿大农业支持政策和农业保险: 发展和启示 [J]. 世界农业, 2019 (3): 56-62+116.

[13] 王德宝, 王国军. 我国农业保险的发展成就、存在问题及对策建议 [J]. 上海保险, 2014 (6): 78-84.

[14] 于洋, 王尔大. 政策性补贴对中国农业保险市场影响的协整分析 [J]. 中国农村经济, 2009 (3): 20-27.

[15] 中国农业保险保障水平研究课题组. 中国农业保险保障水平研究报告 [M]. 北京: 中国金融出版社, 2017.

[16] 周延礼. 我国农业保险的成绩、问题及未来发展 [J]. 保险研究, 2012 (5): 3-9.

[17] 朱俊生, 中国农业保险制度模式运行评价——基于公私合作的理论视角 [J]. 中国农村经济, 2009 (3): 14-19.

[18] 祝仲坤, 陈传波, 冷晨昕. 市场结构如何影响了农业保险规模——基于 2007—2013 年的省际面板数据 [J]. 保险研究, 2016 (2): 120-127.

[19] Abadie, A., and J. Gardeazabal. The Economic Costs of Conflict: A Case Study of the Basque Country [J]. The American Economic Review, 2003, 93 (1): 113-132.

[20] Abadie, A., A. Diamond, and J. Hainmueller. Comparative Politics and the Synthetic Control Method [J]. Journal of the American statistical Association, 2010, 105 (409): 493-505.

[21] Abdul, R. I. Agricultural Insurance Schemes for The Development of Rural Economy [R]. Working Paper, 2012.

[22] Arup, C., and O. Arman. Agricultural Insurance [M]. ADB Briefs, 2017.

[23] Cole, S. A., and W. T. Xiong. Agricultural Insurance and Economic Development [J]. Annual Review of Economics, 2017 (9): 235-262.

[24] Guimarães, M. F., and J. M. Nogueira. The North American Experience with Agricultural Insurance: Lessons for Brazil? [J]. Revista De Economia E Sociologia Rural, 2009 (1): 27-58.

[25] Olivier, M., C. Daniel, M. Barry, and A. Fatou. Promoting Access to Agricultural Insurance in Developing Countries [M]. Word Bank: Agricultural Insurance Development Program (AIDP) strategy paper, 2013—2015, 2015.

[26] Smith, V. H., and J. W. Glauber. Agricultural Insurance in Developed Countries: Where Have We Been and Where Are We Going? [J]. Applied Economic Perspectives and Policy, 2012, 34 (3): 363-390.

[27] Vávrová, E. The Czech agricultural insurance market and a prediction of its development in the context of the European Union [J]. Agricultural Economics, 2005, 51 (11): 531-538.

河北省政策性农业保险经营主体市场准入与动态考评制度研究[*]

冯文丽　靳海增　冯建凯　武根启　岳　静

摘要： 党中央国务院高度重视农业保险发展，将农业保险列为实施乡村振兴战略的"农业支持保护手段"。河北省政策性农业保险试点工作经过12年的高速发展，在助力乡村振兴战略、推动地方经济发展、分散农户生产风险等方面发挥了重要作用。但是，随着现代农业的发展，农业保险也迫切需要转型升级，步入高质量发展阶段，农业保险经营主体的选择显得尤为重要。笔者在对河北省政策性农业保险经营主体充分调研和全面沟通的基础上，系统研究了河北省政策性农业保险经营主体市场准入和动态考评制度，以期遴选实力雄厚、经验丰富、网络齐全、服务优良的保险公司提供农业保险承保理赔服务，规范农业保险市场秩序，营造低成本的营商环境，促进农业保险高质量发展，助推乡村振兴等国家重大战略的实施。

关键词： 农业保险；市场准入；动态考评；高质量发展

引　言

近年来，农业保险在脱贫攻坚、乡村振兴等国家战略实施中的重要作用逐渐被中央政府所重视。2018年，中共中央、国务院印发的《关于实施乡村振兴战略的意见》和《乡村振兴战略规划（2018—2022年）》把农业保险列入"农业支持保护制度"，明确了农业保险的制度属性，提升了农业保险的政策地位，并对农业保险的发展提出了具体要求。2019年5月，中央全面深化改革委员会第八次会议审议通过的《关于加快农业保险高质量发展的指导意见》提出，农业保险对推进现代农业保险发展、促进乡村产业振兴、改进农村社会治理、保障农民收益等具有重要作用，要按照"政府引导、市场运作、自主自愿、协同推进"的原则，扩大覆盖面，提高保障水平，拓宽服务领域，优化运行机制，完善大灾风险分散机制，加强基础设施建设，规范市场秩序，推动农业保险高质量发展。自2007年中央财政试点保费补贴工作以来，河北省农业保险有了长足发展，但与农业保险面临的新形势和高质量发展的新要求相比还存在很大差距，尤其是在市场经营管理和提升保险公司服务水平上还有一些亟待解决的

---

* 本文原载《农村金融研究》2019年第12期。
作者简介：作者系河北省财政厅课题组。

问题。为了更好地发挥政府在农业保险中的引导作用，促进农业保险高质量发展，课题组坚持问题导向，在对河北省政策性农业保险经营主体进行充分调研和全面沟通的基础上，系统研究了河北省政策性农业保险经营主体市场准入和动态考评制度，设计了政策性农业保险经办机构招投标指标体系和动态考评办法，为河北省政策性农业保险管理工作提供切合实际的政策建议，以期真正遴选出实力雄厚、经验丰富、网络齐全、服务优良的保险公司，营造规范有序的市场竞争和经营环境，提供优质的农业保险服务。

一、建立河北省政策性农业保险经营主体市场准入及动态考评制度的必要性

（一）越来越多的保险机构要求进入农业保险市场

在农业保险试点初期，由于市场前景不明朗，经济效益不明显，大多数保险公司持观望态度，参与的积极性不高。2007 年，河北省开始试点政策性农业保险，由人保财险和中华联合财险承办。近年来，随着农业保险越来越受到国家重视，财政补贴的力度越来越大，许多保险公司都把农业保险作为公司发展的重大战略，纷纷要求进入农业保险市场。2015 年，太平洋财险和国寿财险获准在河北省经营政策性农业保险；2017 年，燕赵财险和安华农险又获准在河北省经营政策性农业保险。从 2017 年起，河北省政策性农业保险的经营主体达到 6 家，即：人保财险、中华联合财险、国寿财险、太平洋财险、燕赵财险和安华农险。河北省政策性农业保险经营主体的数量变化如图 1 所示。

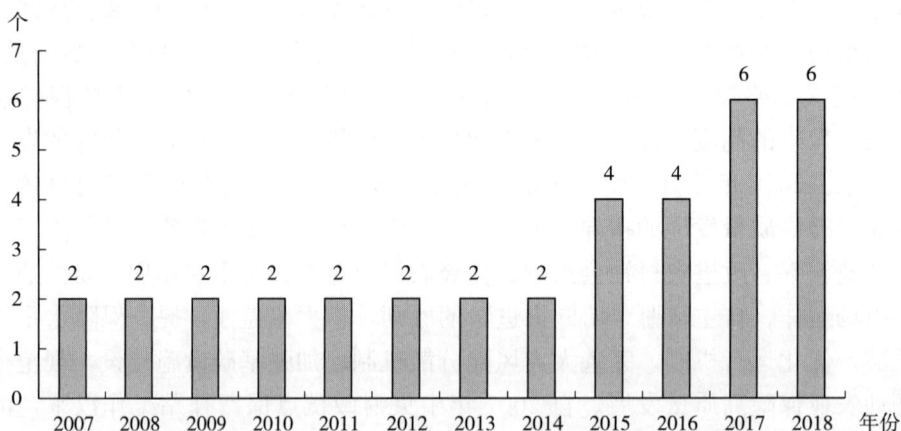

图 1　2007—2018 年河北省政策性农业保险经营主体数量

数据来源：课题组整理。

截至 2018 年末，6 家经营主体在河北省农业保险市场的份额分别为：中国人保财险 53%，中华保险 20%，太平洋产险 17%，中国人寿财险 8%，燕赵财险 2%，安

华农险虽有一定保费收入，但占比较小，忽略不计（图 2）。从图 2 可以看出，2018 年河北省农业保险市场份额主要集中在中国人保财险、中华保险、太平洋产险和中国人寿财险这 4 家公司，市场份额占比高达 98％。除了这 6 家经营主体以外，还有一些保险公司正在积极申请进入政策性农业保险市场。到底让哪家公司进入、怎么进入、依据是什么、如何退出等，这都是各级政府面临的普遍问题。

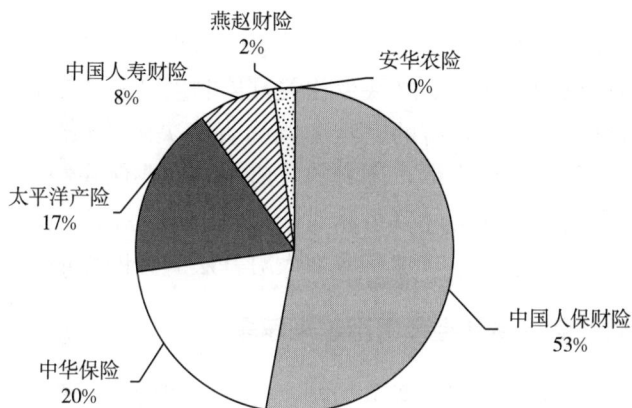

图 2　2018 年河北省农业保险市场份额

数据来源：河北省保险行业协会。

（二）农业保险市场竞争日益激烈

2007—2014 年，河北省只有两家主体经营政策性农业保险，即中国人保财险和中华保险。这两家主体的市场份额一直比较稳定，中国人保财险大约占 80％左右，中华保险占 20％左右。随着 2015 年太平洋产险和中国人寿财险进入市场、2017 年燕赵财险和安华农险进入市场后，市场份额发生了较大变化。如图 3 所示，从 2015—

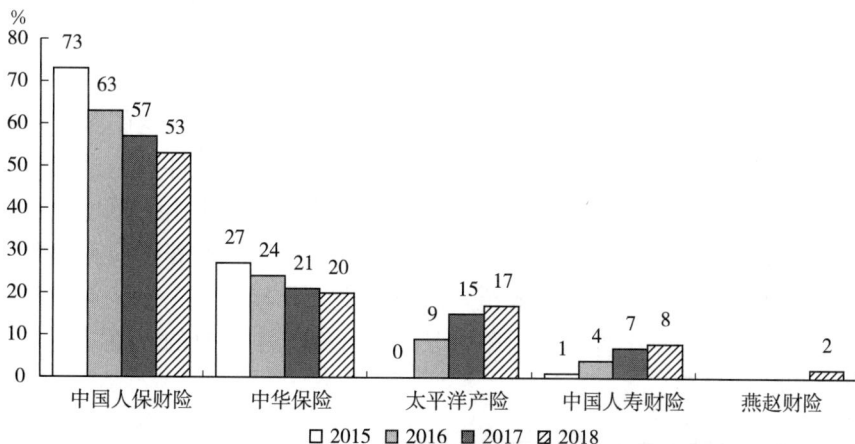

图 3　2015—2018 年河北省政策性农业保险经营主体的市场份额变化

数据来源：河北省银保监局和河北省保险行业协会。

2018 年，中国人保财险的市场份额由 73％下降为 53％，下降了 20 个百分点；中华保险的市场份额由 27％下降为 20％，下降了 7 个百分点；太平洋产险市场份额上升了 17 个百分点；中国人寿财险的市场份额上升了 8 个百分点；燕赵财险上升了 2 个百分点。

（三）基层政府对农业保险市场过度干预

政策性农业保险业务的开展离不开基层政府的组织和引导。由于一些地方基层政府没有厘清政府与市场的界限，加之缺少相关具体制度办法，在农业保险市场准入和经营活动中存在过度干预现象，有的完全由领导直接决定政策性农业保险经办主体，有的不受约束地随意更换经营主体，还有的政府参与农业保险经营，影响了农业保险市场的正常竞争，导致农业保险经营主体对未来市场缺乏稳定预期，工作重心没有放在研发新产品和提高服务水平上，也不敢加大对基层服务网点的投入。

（四）农业保险经营主体的经营费用越来越高

随着农业保险经营主体增多，竞争加剧，各家公司的经营费用逐渐攀升。经营费用攀升主要源自三个方面：一是"公关成本"，由于基层政府对农业保险市场准入的自由裁量权过大，农业保险经营主体较多，要想获得某地区的农险市场份额，就必须进行"公关竞争"，公关力度大的公司能获得更多的市场份额，"公关成本"竞相攀升；二是工作经费，多家农业保险经办机构在同一个县和县以下地区竞争，也会出现几家机构共同争抢同一个"协保渠道"的问题，不断推高了工作经费水平；三是招标费用，有些地区组织的农业保险招投标活动，向经营主体收取不合理的招标费用。总之，无论是攀升的"公关成本"、被推高的工作经费，还是不合理的招标费用，最终都抬高了农业保险的经营成本。目前，河北省一些经营主体的农业保险综合费用率已经达到 30％。

（五）农业保险市场违规经营时有发生

在近年的农业保险绩效评价和相关检查中，我们发现经办机构的服务水平有待进一步提升规范，部分县（市）保险经办机构未能严格按政策文件规定进行展业，如承保资料不完整，承保理赔档案存在错记、漏记和涂改现象；先出保单再收保费，无序竞争、重复承保；未按规定对承保标的进行实质性查验，导致养殖险和主要种植险承保数量核实困难；工作经费发放不规范，随意列支工作经费，工作经费比例超过农户自缴保费比例；部分理赔案件结案时限过长，存在理赔不及时的现象，甚至存在发生灾害未立案理赔的问题，等等。

（六）农业保险赔付率低于全国平均水平

受自然灾害的影响，农业保险每年的赔付是随机的，不能简单地用赔付率来衡量农业保险的经营好坏。但如果一个省份农业保险简单赔付率多年低于全国水平，或许保险公司存在惜赔、少赔、不赔的现象。如图 4 所示，2007—2018 年河北省农业保险简单赔付率平均为 48.78％。全国为 64.11％。这 12 年中，除了 2009 年和 2015 年外，其他年份河北省农业保险简单赔付率都低于全国。12 年间河北省农业保险简单赔付率平均值比全国低 15.33 个百分点。

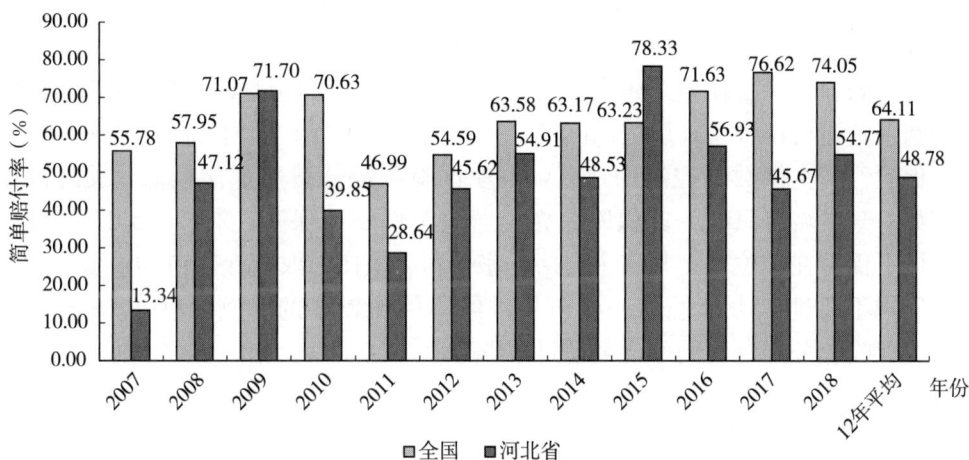

图 4　2007—2018 年河北省农业保险简单赔付率

数据来源：中国银保监会。

二、建立河北省政策性农业保险经营主体市场准入及动态考评制度的依据

（一）理论依据

国内很多学者都反对农业保险自由竞争，主张适度竞争。张乐春、张红松（2011）提出，农业保险具有较强的公共利益取向，最终要实现的是国家利益，不具有竞争性，竞争会损害国家和农民利益，有悖大数法则，造成国有资源浪费；冯文丽、庹国柱（2013）认为，我国农业保险市场全面放开会有很多弊端，建议控制农业保险经营主体的数量；庹国柱（2017）提出，农业保险市场有不同于一般财产和人身保险市场的特点，其价格形成机制比较特殊。我国农业保险市场是一个不完全市场，只能进行有限竞争。过度竞争甚至恶性竞争，既损害国家利益也损害投保农户的利益。

（二）实践依据

国际上有很多控制农业保险经营主体数量的经验。除中国以外的几个农业保险发展较好的国家，都没有对农业保险采取自由竞争模式。美国的农业保险由联邦农作物保险公司委托商业性保险公司经营，2018 年大约 1 000 多家财险公司中被批准经营联邦农作物保险的公司只有 14 家；加拿大的农业保险由各省的国有农作物保险公司独家垄断经营，加拿大独家垄断经营的农业保险并没有出现我们所想象的高成本、低效率现象，50 多年来的经营费用率一直很低，没有超过 10%，但农户的参与率却超过了 90%，这在全世界是最有效的，也是被广泛认同的；日本从 1947 年颁布《农业灾害补偿法》之后，农业保险一直是地域性农业保险合作社一统天下，不追求利润，从来没有其他市场主体进入农业保险领域；印度从 2002 年开始，农业保险由政府支持的国家保险公司（Agricultural Insurance Company of India Ltd，AICI）统一经营，目前印度的农业保险规模越来越大，已经成为全球第三，印度发展的区域产量保险和天气指数保险进展都很快，引起国际社会广泛关注。另外，国内实践经验表明，凡是有农业保险经营主体数量控制的地区，农业保险的经营费用都比较低，反之则比较高。例如，某大城市只有一家保险公司经营政策性农业保险，2007—2015 年经营费用率大体上保持在个位数；某省主要由一家公司"坐庄"农业保险市场，多年的经营费用率平均不超过 15%。但在一些市场供给主体比较多的（例如有 5、6 家）的省份，农业保险业务经营费用率已经超过 30%。

（三）法律及政策依据

河北省政策性农业保险市场准入及动态考评制度设计的依据主要有《政府采购法》《中华人民共和国政府采购法实施条例》《农业保险条例》《中央财政农业保险保险费补贴管理办法》和《河北省农林业保险保费补贴资金专项管理办法》等法规和规章。例如，根据《农业保险条例》第 17 条关于保险机构经营农业保险业务应当具备的条件构建招投标指标体系框架；根据《中华人民共和国政府采购法实施条例》第 20 条规定，注意规避招投标评标指标体系中的差别待遇或者歧视待遇，力求对所有投标者做到公平公正。《中央财政农业保险保险费补贴管理办法》（财金〔2016〕123 号）规定："省级财政部门或相关负责部门应当通过招标等方式确定符合条件的经办机构，提高保险服务水平与质量"。

三、建立河北省政策性农业保险经营主体市场准入及动态考评制度的目标

（一）规范农业保险市场秩序

（1）遴选优秀保险公司规范经营政策性农业保险。设计科学合理的招投标指标体系，严格遵循公开、公平、公正和优胜劣汰原则，通过评价农业保险经营主体的服务能力、公司实力、经营效果、风险控制、合规经营和服务承诺等指标，真正把经营实力雄厚、农险经验丰富、服务网络健全、经营效果较好、高新技术应用面广、创新产品多、坚持合规经营、风险控制良好的保险机构遴选出来，由其经营政策性农业保险业务，以促进农业保险业务的规范运营和高质量发展。

（2）引导和鼓励保险公司提高服务水平。招投标期限设计为三年，使保险公司对未来经营期限形成稳定预期：只要服务好、合规经营、创新发展、承保理赔数据准确、政府和农户满意，就会取得下一个周期的经营资格，鼓励保险公司集中精力提高农业保险服务水平，积极进行农业保险产品创新、技术创新和模式创新。

（3）及时清退违规经营、考核不合格的公司。在三年经营期限内，每年都对各县的农业保险经办机构进行动态考评，当年及时清退违规经营、考核不合格的经办机构，由合规经营、考核合格的经办机构递补或重新招标。如果当年经营主体的县级经办机构考核不合格达到一定比例，视为该经营主体在河北省经营政策性农业保险整体不合格，退出河北省市场，由河北省政策性农业保险工作领导小组重新遴选公司递补。只有严格执行退出机制，才会形成健康有序的市场秩序。

（二）创造低成本的营商环境

省级制定统一的农业保险经办主体招投标指标体系和动态考评制度，约束基层政府的权力边界，规范保险公司竞争行为，创造低成本的农业保险营商环境。例如，鉴于违规支付工作经费、替农民垫交保费套取财政补贴等行为，最终都要通过经营费用来实现，因此在招投标指标体系和动态考评指标体系中都设计了"费用控制"指标，对农业保险经办机构的综合费用率进行横向对比，综合费用率最低的公司在招投标和动态考评中得分最高。利用这个指标给农业保险经营主体的管理层发出信号，引导其利用综合费用率指标考核基层公司，这在一定程度上可以有效遏制各家公司的"公关竞争"行为，为整个农业保险行业营造低成本的营商环境。

（三）促进农业保险高质量发展

通过合理设计招投标指标和动态考评办法，真正把"实力雄厚、网络健全、经验丰富、服务较好、合规经营、肯赔快赔、创新发展"的农业保险经营主体遴选出来，使其具有稳定的经营预期，安心进行服务网点建设、产品创新、技术创新和模式创新等活动，引导整个农业保险行业步入"注重保障水平和服务能力提升"的良性发展轨道，促进农业保险的高质量发展。

（四）助推国家重大战略实施

政策性农业保险，是国家为了实现特定时期农业产业发展目标而采取的政策手段。《乡村振兴战略规划（2018—2022年）》把农业保险列入"农业支持保护政策体系"，并提出"提高风险保障水平"的发展目标。因此，动态考评指标体系中对"农业保险保障水平"赋分较高，引导各家经营主体积极通过"扩面、增品、提标"，不断提高农业保险的保障水平，支持新型农业经营主体发展，为农业现代化提供风险保障，助力粮食安全、脱贫攻坚和乡村振兴等国家重大战略的实施。

四、建立河北省政策性农业保险经营主体市场准入及动态考评制度的原则

课题组所设计的河北省政策性农业保险经营主体市场准入及动态考评制度如果落地实施，会涉及各个农业保险经营主体的切身利益及很多方面的关系。因此，在进行制度设计时，课题组多次、广泛征求意见，严格遵循"公开、公平、公正、优胜劣汰"的原则。

（一）公开原则

课题组在进行制度设计时，首先收集省内外其他地区的农业保险市场准入制度和招投标评审指标体系，在充分借鉴其他地区先进经验的基础上，设计出《河北省政策性农业保险经办机构招投标评审指标体系》和《河北省政策性农业保险经办机构动态考评制度》初稿，先后向 6 家农业保险经营主体书面征求意见、分别座谈、集体座谈，就每一个评价指标进行充分研讨。

（二）公平原则

课题组在设计指标体系时，严格遵守《中华人民共和国政府采购法实施条例》第 20 条规定，根据 6 家经营主体的共同特征设计指标并赋值，不因任何主体的个体情况调整指标或赋值，以杜绝出现差别待遇或歧视待遇指标。例如，有的保险公司提出要对公司的所在地、所有制形式、专业性公司性质、"世界 500 强企业"品牌和特殊奖项等因素加分，课题组没有采纳，因为这些因素不是 6 家公司的共有特征，也不是经营农业保险的必要条件，如果设置这些指标并特别加分，将出现《中华人民共和国政府采购法实施条例》第 20 条中所禁止的"限定或者指定特定的专利、商标、品牌或者供应商""非法限定供应商的所有制形式、组织形式或者所在地"等情形，容易出现差别待遇或歧视待遇指标。

（三）公正原则

农业保险经办机构招投标评审指标体系和动态考评制度设计的站位和价值取向是"促进农业保险高质量发展""保障国家重大战略实施"，不会偏向任何一家经营主体的利益得失。

（四）优胜劣汰原则

课题组在设计招投标评审指标体系时注重遴选"实力雄厚、网络健全、经验丰富、服务较好、合规经营、肯赔快赔、创新发展"的优秀经办主体；在每年的动态考评中，对考评优秀的经办主体在下一期招投标活动中给予奖励加分，对违规经营和考评不及格

的公司，则实行惩罚措施，最严重的情形为整体退出河北省政策性农业保险市场。

五、建立河北省政策性农业保险市场准入及动态考评制度的总体思路

课题组根据"农业保险市场应适度竞争"的理论依据、其他国家和我国部分地区控制农业保险经营主体效果较好的实践依据、《农业保险条例》和《中华人民共和国政府采购法实施条例》等法律及政策依据，提出河北省政策性农业保险市场准入的总体思路为"省级准入，县级确定、动态考评"。

（一）"省级准入"的原则为"总量控制，优胜劣汰，有序递补"

"省级准入"是指由省财政厅牵头的政策性农业保险工作领导小组根据河北省实际情况，遴选能够在河北省经营政策性农业保险业务的经营主体。"总量控制"是指河北省农业保险工作领导小组根据实际需要和市场竞争状态，将河北省政策性农业保险经营主体的总量控制在 6 家。"优胜劣汰"是指在县级农业保险经办机构的年度考核中，如果某个经营主体不合格的县级经办机构数量占比达到一定比例，视为该经营主体在河北省经营政策性农业保险整体不合格，需要退出市场。"有序递补"是指在不合格经营主体退出河北省政策性农业保险市场后，由河北省政策性农业保险工作领导小组经过一定程序和规则遴选有意愿进入市场的经营主体递补。设立"总量控制，优胜劣汰，有序递补"的"省级准入"原则的理由有：①无论是从理论分析角度来看，还是从农业保险发达国家及我国其他地区的实践经验来看，政策性农业保险经营难度大，涉及农户利益和国家战略，并非任何财产保险公司都适合经营，因此对政策性农业保险保持适度竞争是明智之举，由于农业保险具有政策性属性及存在政府保费补贴，竞争乱象的社会影响将更为恶劣；②6 家主体已经基本能够满足河北省农业保险市场的需求，这 6 家主体中既有大型国有保险公司，也有地方法人保险公司，既有综合性的财产保险公司，也有专业性的农险公司，经营主体数量充足，经营实力雄厚，农业保险经验丰富，所有制形式多样，能够保证河北省农业保险市场应有的竞争活力；③目前这 6 家主体的竞争已经非常激烈，一些公司因竞争导致的综合费用率已经达到 30%，再增加经营主体数量会进一步推高竞争成本和经营成本；④经营主体较多的省份已有前车之鉴。例如，某省目前有 13 家政策性农业保险经营主体，竞争过于激烈，对农业保险的可持续健康发展造成了不利影响。

（二）县级政府通过招投标制度确定具体的农业保险经办机构

1. 招标主体

由各县财政局代表政府组织农业保险经办主体招投标活动。理由：①目前河北省农业保险的牵头部门是河北省财政厅，由各县财政局组织农业保险招投标活动比较统

一，便于管理，提高效率；②农业保险经营活动主要在县域，县财政局对具体县情和各个经办机构的服务水平比较了解，由其确定经办机构更加符合实际情况。

2. 投标主体

投标人是指在河北省具有政策性农业保险经营资格的 6 家经营主体的县级分支机构，需要满足下列四个条件，否则不具备投标资格：①符合《农业保险条例》和保险监管部门规定的农业保险业务经营条件；②在所招标县域具有分支机构；③具有经保险监管部门审批或备案的保险产品；④前三年在经营活动中没有重大违法记录。

3. 准入家数

各县财政局根据上述农业保险经办机构的投标资格条件，从 6 家经营主体中遴选 2～3 家经办该县的政策性农业保险。理由：①可以避免独家垄断经营产生的缺乏竞争和创新活力；②保证在某个经办机构出现重大违规被退出市场时有其他经办机构迅速递补；③可以有效避免经办机构超过 4 家及以上的过度竞争或恶性竞争。

4. 招标周期

县级层面农业保险经办机构的招标周期设为 3 年，如果没有考核不合格或重大违规等行为，即可继续经办政策性农业保险业务，地方政府不得随意变更。这样经办机构具有比较稳定的经营预期，有积极性加大投入，建立健全基层服务体系，切实提升农业保险服务水平。

（三）各县采用全省统一的评审指标体系组织招投标活动

1. 招投标评审指标体系

为保证各县财政局在农业保险招投标活动中做到公平公正，统一使用河北省财政厅制定的农业保险经办主体招投标评标指标体系。根据《农业保险条例》和《中华人民共和国政府采购法实施条例》等法规规定，设计了六大类指标体系：服务能力（40分）；公司实力（10分）；经营效果（25分）；风险控制（10分）；合规经营（10分）；服务承诺（5分）（表1）。

表 1　河北省政策性农业保险经办机构招投标指标体系

评审项目	评审指标	标准分值	评分标准	评审材料提供
服务能力（40分）	服务网络	6	投标人乡镇（村级）服务机构和网络建设情况横向比较，最优者得6分，依次递减1分，没有不得分	投标人提供佐证材料
	机构设置	4	投标人单独设立农业保险管理职能部门或管理岗位得4分，没有不得分	投标人提供佐证材料
	专业人员	6	投标人农业保险业务专职人员数量横向对比：第一名得6分，依次递减1分	根据市级或县级医保/社保中心开具的参保证明确定工作人员数量
	承办经验	5	根据投标人所属省级公司政策性农业保险开办年限横向对比：第一名得5分，依次递减1分	由投标人提供佐证材料

（续）

评审项目	评审指标	标准分值	评分标准	评审材料提供
服务能力（40分）	险种创新	8	投标人所属省级公司上年度每开办1个总保费规模突破10万元的地方特色险种或创新险种得0.5分，最高得8分	由投标人提供地方特色农险保险单
	科技水平	8	投标人使用卫星遥感、无人机和物联网等新技术提高承保理赔服务质量情况横向对比，最优者得8分，依次递减1分，没有不得分	由投标人提供佐证材料
公司实力（10分）	偿付能力	10	综合偿付能力充足率（专业性农险公司综合偿付能力充足率×1.5后评分，依据保监发〔2013〕26号）大于≥200％得10分，每降10％扣2分，低于150％不得分	投标人提供经审计的最近一次偿付能力报告
经营效果（25分）	赔偿比率	8	根据投标人所属省级公司近三年农业保险简单赔付率平均值横向对比，最高者得8分，依次递减1分	由河北省银保监局提供
	赔偿时效	9	投标人所属省级公司上年度农业保险件数结案率（3分）、金额结案率（3分）和理赔周期（3分）横向对比，最快者得满分，依次递减0.5分	由河北省银保监局提供
	费用控制	8	投标人所属省级公司上年度农业保险综合费用率横向对比，最低者得8分，依次递减1分	由河北省银保监局提供
风险控制（10分）	内控制度	3	投标人所属省、总公司的农业保险内控制度（包括但不限于承保、理赔、财务、客户回访、公示、签字等）完善程度横向对比，最优者得3分，依次递减0.5分，没有不得分	由投标人提供佐证材料
	再保险	3	投标人所属省、总公司有农业保险再保险安排的得3分，没有不得分	由投标人提供佐证材料
	大灾准备金	2	投标人所属省级机构按规定提取大灾风险准备金得2分，否则不得分	由投标人提供佐证材料
	大灾应急预案	2	投标人所属省级机构有农业保险大灾应急预案得2分，否则不得分	由投标人提供佐证材料
合规经营（10分）	监管要求	4	投标人执行"五公开、三到户"监管要求到位得4分，否则0分。区域内没有开展政策性农险业务得2分	由投标人提供佐证材料
	行政处罚	3	上一年投标人的农业保险业务没有被政府部门或保险监管机构处罚得3分，处罚一次扣1分，扣完为止；区域内没有开展政策性农险业务得1分	由行业监管部门提供证明
	负面事件	3	负面事件指因农业保险服务存在严重问题而导致媒体负面报道或出现重大事件。投标人上年度没有负面事件得3分，有一次扣1分，扣完为止。区域内没有开展政策性农险业务得1分	由投标人提供佐证材料
服务承诺（5分）	服务承诺	5	投标人同意中标后采取的承保理赔服务承诺措施，根据其优劣程度赋分，第一名得5分，依次递减1分	由投标人提供佐证材料

2. 招投标重要指标解释

（1）赔偿比率。赔偿比率用来说明保险人"赔了多少"，用投标人所属省级公司近三年农业保险简单赔付率（农业保险赔款支出/农业保险保费收入）平均值进行横向对比，最高者得满分，依次递减。课题组设计这个指标，主要根据河北省农业保险简单赔付率在全国排名倒数、12年简单赔付率平均值远低于全国水平、赔偿水平不高的现实情况，希望通过这个指标能够引导保险公司根据保险合同客观赔付，不能惜赔、少赔或不赔。

（2）赔偿时效。赔偿时效用来说明保险人"赔的速度"，用投标人所属省级公司上年度件数结案率、金额结案率和理赔周期横向对比，最快者得满分，依次递减。课题组希望通过这个指标引导保险公司提高理赔速度。

（3）费用控制。费用控制指标用来说明保险人"花费多少"，用投标人所属省级公司上年度农业保险综合费用率横向对比，最低者得满分，依次递减。设置该指标的理由主要是为了引导各个经办机构降低"公关成本"，为整个农业保险行业创造低成本的营商环境。

（四）对评分较低的两家经营主体设置三年培育期

表1的招投标评审指标体系，比较科学、客观、注重效率，的确能够遴选出"实力雄厚、网络健全、经验丰富、服务较好、合规经营、肯赔快赔、创新发展"的公司经营政策性农险业务，长期来看有利于规范农业保险业务经营，规范农业保险市场秩序。但短期来看，如果完全按照该指标体系进行政策性农业保险市场准入，有两家刚进入河北省农险市场的经营主体，因在河北省经营农业保险的历史较短、机构和专业人员较少，评分肯定处于后两名，在招投标活动中几乎拿不到业务。如果让这两家经营主体现在就退出河北省政策性农险市场，对这两家主体不太公平，不利于河北省农业保险市场的稳定，也容易造成社会资源的浪费。因此，课题组建议，在县级经办机构招投标活动中，可以考虑给这两家经营主体设置三年培育期，即在第一个招标周期，在这两家主体有分支机构的县，适当分配部分乡镇政策性农险业务，让其有进一步发展的机会，待三年培育期满，再正常参与招投标活动。通过设置三年培育期这种方式，对招标活动进行修正，兼顾先进与后进、效率与公平、发展与稳定。

（五）每年由县财政局对农业保险经办机构进行年度动态考评

在三年招标周期内，每年由各县（市、区）财政局牵头组织对本地政策性农业保险经办机构上一年度的工作进行考评。

1. 年度动态考评指标体系

如表2所示，年度动态考评指标体系由五大类指标构成：业务经营指标（40分），业务创新指标（20分），风控合规指标（10分），服务满意指标（20分），工作推进指标（10分）。

表 2　政策性农业保险经办机构考评表

公司名称（盖章）：_____年___月___日

考评指标	二级指标	分值	评分标准	得分
业务经营（40分）	农业保险保障水平	10	县级经办机构负责区域考评年度（或前三季度）政策性农业保险保障水平（政策性农业保险总金额/农林牧渔业总产值）横向对比，第一名得10分，依次递减3分	
	赔偿比例	10	县级经办机构上年度农业保险简单赔付率横向对比，最高者得10分，依次递减3分	
	赔偿时效	10	县级经办机构上年度农业保险件数案率（3分）、金额结案率（3分）和理赔周期（4分）横向对比，最快者得满分，依次递减1分	
	费用控制	10	县级经办机构上年度农业保险综合费用率横向对比，最低者得10分，依次递减3分	
业务创新（20分）	新险种开发	7	上年度每新申报成功并开办一个县级地方特色农产品保险品种或创新险种得1分，最高得7分	
	新技术应用	7	采用卫星遥感、物联网、手机软件、无人机等新技术提高承保理赔精确度和服务水平效果显著的，酌情得分，最高得7分	
	新领域拓展	6	积极创新探索"农业保险＋"，拓展农业保险服务广度和深度效果显著的，酌情加分，最高得6分	
风控合规（10分）	机构设置及内控	3	设有独立的农业保险工作部门或岗位（1分）；农业保险实行单独核算（1分）；农业保险业务规章制度健全（1分）	
	承保理赔合规性	7	以保监、财政、审计等部门的行政处罚和新闻报道为准，没有任何处罚和负面报道，得7分。出现行政处罚一次扣3分，出现负面报道一次扣1分	
服务满意（20分）	政府满意度测评	10	由县农业保险工作领导小组代表政府对农业保险经办公司的服务满意度进行评价打分，满意度90%（含）以上得10分，每下降10%扣2分，扣完为止	
	农户满意度测评	10	财政部门组织参保农户进行农业保险满意度评价，满意度90%（含）以上得10分，每下降10%扣2分，扣完为止	
工作推进（10分）	服务网络建设	3	乡镇级服务站覆盖率达80%（含）以上得3分，60%～80%（不含）得2分，60%以下得1分，乡镇没有服务站点不得分	
	农业保险宣传	3	承保公司制定年度农业保险宣传计划并实施有效宣传，酌情得分，最高得2分	
	落实服务承诺	4	对招标文件中的服务承诺采取有效措施落实，酌情得分，最高得4分	

2. 年度动态考评重要指标解释

（1）农业保险保障水平。县级经办机构负责区域当年（或前三季度）政策性农业保险保障水平（政策性农业保险金额/农林牧渔业总产值）横向对比，第一名得最高分，依次递减。这个指标对地方政府和财政部门而言很有意义，说明财政部门花费多少保费补贴，为所在区域的农业总产值购买了多少保险保障。比如，某区域该指标为20％，说明财政部门花费保费补贴给该区域的农业总产值买了20％的风险保障，还有80％的农业产值处于"风险裸露"状态。县级经办机构可以通过"扩面、增品、提标"来提高该指标，这就鼓励保险公司积极进行产品创新，多研发当地的特色农险产品，提高农业保险的覆盖率和单位保额，提高农业保险的保障水平，促进当地农业保险的高质量发展。

（2）政府满意度测评。农业保险的最大需求者其实是政府。因此，需要由各县政策性农业保险工作领导小组代表政府对经办机构的服务满意度进行评价打分。

（3）农户满意度测评。由县财政局组织参保农户进行农业保险满意度评价，以了解经办机构的赔偿水平、赔偿速度和宣传工作等。

（六）省财政厅对县财政局的招投标及动态考评活动进行抽查监督

有人建议，应由省财政厅组织各县的农业保险招投标和动态考评活动，理由是防止基层机构滥用权力。鉴于河北省有172个县、每个县有2~3个经办主体、全省至少有300多个县级农业保险经办机构的实际情况，全部由省财政厅组织县级经办机构的招投标和动态考评活动，人员有限，不好操作，也无法实施。另外，农业保险活动主要在县域，县财政局对当地县情和农业保险经办机构的服务水平都比较了解，因此由县财政局组织招投标和动态考评比较符合实际情况。由省财政厅对各县财政局的农业保险经办机构招投标和动态考评活动进行随机抽查，可起到一定的监督作用。

注释：在县级经办机构招投标活动中使用省级机构数据，一是因为省级机构的数据比较好获取，二是想通过使用省级数据引导省级机构加强对全部市、县级机构相关指标的考核和管理，以提高整体水平。

农险扶贫

为产业扶贫系上安全带

——甘肃省农业保险发展调研报告*

袁纯清　何予平　毛利恒
龙文军　董　明　申相磊

2019 年 7 月 9—13 日，中央农村工作领导小组原副组长袁纯清与中央农办、中国银保监会、农业农村部等部门有关同志，赴甘肃省开展了农业保险问题专题调研，甘肃省政府有关部门、天水市委、陇南市委负责同志参与了调研。调研组先后赴天水市麦积区、陇南市西和县等地的 4 个乡镇、3 个农民专业合作社开展了实地调研，查看了承保的种植作物和养殖品种，充分听取了有关部门、农业保险企业、农民专业合作社负责人、农民代表、农村金融服务室工作人员等对农业保险工作的看法。在省、市、县层面召开了 3 个由农业农村、财政、银保监、金融办等部门参加的座谈会，并与甘肃省政府主要领导进行了交流。调研组还查阅了开展农业保险工作的文件和档案资料，对甘肃省农业保险工作有了比较深入的调查了解，有关情况如下。

一、甘肃省农业保险发展基本情况和主要做法

甘肃省委、省政府近年来不断加大农业保险工作力度，并将其作为脱贫攻坚的重要抓手，为农业发展注入了强大的动力，加快了脱贫攻坚的进程。甘肃省农业保险 2017 年保费收入为 9.24 亿元，同比增长 9.48%，2018 年保费收入为 11.53 亿元，同比增长 24.8%，2019 年上半年保费收入为 11.92 亿元，同比增长 62.84%，2019 年全年计划保费收入 16.67 亿元，同比增长 44.6%；农业保险赔付方面，2017 年赔付额为 6.81 亿元，2018 年赔付额为 7.69 亿元，2019 年上半年赔付额为 4.95 亿元，2017 年以来，农业保险全年简单赔付率均达到 65% 以上。甘肃农业保

---

* 本文原载《农民日报》2019 年。

　作者简介：袁纯清，中央农村工作领导小组原副组长；何予平，中央农办秘书局副局长；毛利恒，中国银保监会财险部农险处处长；龙文军，农业农村部农研中心研究员；董明，农业农村部计划财务司金融保险处副处长；申相磊，中央农办秘书局干部。

险最突出的特点是重点向贫困村、贫困户倾斜。甘肃省 2018 年底建档立卡贫困户 111 万人，2019 年参加农业保险的贫困农户约 100 多万人，95％以上的贫困户参加了农业保险。

（一）加强顶层设计，高位强力推进农业保险工作

甘肃省省委省政府高度重视农业保险，省政府常务会议多次研究农业保险工作，于 2018 年印发了《甘肃省 2018—2020 年农业保险助推脱贫攻坚实施方案》。为了保证农业保险规范发展，省上专门制定了农业保险相关配套制度办法，出台了《甘肃省农业保险（2018—2020 年）农产品价格采集和发布工作实施办法》《甘肃省扶贫资金入股分红和土地流转履约保证保险实施方案》《甘肃省农业保险保险费补贴管理办法》《关于规范农业保险工作费用管理的通知》《关于推进全省农村金融综合服务室建设运行的实施意见》等政策文件。为了推进省委省政府确定的有关农业保险工作决策部署，省政府于 2019 年初召开了全省农业保险视频工作会议布置相关工作，2019 年 5月，省政府又组织召开了农业保险现场推进会，以现场的方式进一步推动相关工作，省相关部门负责人和各市州、县的市长、县长参加会议。

（二）突出脱贫攻坚，以三个全覆盖为主要着力点

甘肃省把农业保险的着重点放在脱贫攻坚上，明确要求农业保险要实现对"所有贫困户、贫困户所有产业、自然灾害和市场价格波动双重风险""三个全覆盖"。提出了"成本垫底、收益托底、六大产业全覆盖"和"三年兜底、五年平衡，区分特点、精设品种，普惠与特惠兼顾，贫困户一户不落"的总体要求，围绕牛、羊、菜、果、薯、药等特色产业发展，以保障贫困户收入稳定为目标，并制订了具体实施方案，甘肃省根据贫困户发展产业的特点分级发展农业保险品种，即在已经开办的 10 个中央财政补贴品种和苹果、中药材 2 个省级财政补贴品种的基础上，进一步扩大农业保险的保险品种和承保规模，新增开办肉牛、肉羊、高原夏菜、设施蔬菜、育肥猪和鸡 6个省级财政补贴品种，并以"以奖代补"的方式支持市县结合本地产业开办"一县一（多）品"特色保险品种，同时还针对贫困户设计开发了甘肃省种养产业综合保险，把扶贫特色产业都纳入到农业保险保费补贴的财政盘子中来。甘肃省于 2019 年初确立了全省计划实施的 80 个保险品种，其品种数额在全国处在前列。甘肃省农业保险对中央补贴险种、省级补贴险种及一县一（多）品特色品种三级险种以及扶贫特色产业实行全覆盖，对于自然风险大的险种保成本，市场风险大的险种保价格，真正实现了"三个全覆盖"。

（三）明确各级责任，形成中央省市（县）共同推进路径

从省到市、县，各级干部有章有序推进农业保险工作。一是省级层面建立了农业保险工作联席会议制度。由甘肃省农业农村厅牵头组织，省财政厅、发改委、扶贫

办、林草局、地方金融监管局、甘肃银保监局、商务厅、统计局、气象局、国家统计局甘肃调查总队等部门为成员单位，按照各自职责做好保费资金筹集、农产品价格采集和发布、贫困户识别和参保、保险行业监管等工作，有力地保障了工作的落实。二是把县级作为实施主体。各市县成立了农业保险工作领导小组。在组织实施上，省级将农业保险"承办机构选择权"连同"计划任务"、"保费补贴资金"全部下放到县一级，省级只对保险公司承办资格、计划任务落实、补贴资金使用做出原则性要求，县里负责统筹推进和实施落地工作。在基层推进工作的过程中，充分发挥镇村干部和驻村工作队的作用。东乡县通过乡镇干部作宣讲，确保农业保险户户知晓，家家参与农业保险。全县 5.1 万农户农业保险政策知晓率达到 95% 以上。三是三级财政分担保费补贴。对于中央及省级财政补贴品种，则由中央财政及省级财政负担较高比例的保费补贴份额，对于由县一级主导的特色农业产业保险保费补贴，主要由县级政府财政来承担，省政府视业务推进情况予以一定奖励。2019 年，西和县开展一县一（多）品农业保险，无中央财政补贴，省级财政补贴 214 万元，占 18.36%；县级财政补贴 751 万元，占 64.44%；农民自缴 200 万元，占 17.2%。在县级财政较为困难的情况下，仍能担负如此高比例的保费补贴，是难能可贵的。四是加强考核监督。以考核奖惩为着力点，每月由联乡县级干部对农业保险落实情况（农险政策宣传、标的核查、入户签单承保等）开展巡回式、点穴式督查，把农业保险与帮联单位、帮扶干部考核直接挂钩。各级按照县级自评、市州考评、省级抽查的方式，加强对农业保险保费补贴资金使用情况的考核工作，定期公开通报。

（四）多方筹集资金，解决保费补贴来源不足问题

甘肃是贫困大省，财政穷省，中央财政转移支付占比超过 80%，如宕昌县级财政的保障率只有 3%~5%，东乡县只有 1.8%。据计划，甘肃从 2018—2020 年需要共安排 38.8 亿元保费补贴资金全面开展农业保险工作，由于财政自给率低，省、市、县的农业保险保费财政补贴负担相当重。例如麦积区是省定深度贫困区（县），财政收入总量小、支出需求大，属典型的"吃饭财政"。仅 2019 年，区财政投入农业保险的补贴资金 2 143 万元，占各级财政保费补贴的 45.5%，尤其是在 9 类"一县一品"农业保险品种财政保费补贴中，区级财政承担贫困户保费的 75%、非贫困户 65%。为了顺利推进农业保险工作，地方党委政府主要领导提高站位，解放思想，按照供给侧结构性改革的要求，调整资金使用格局，压缩非必要开支，对涉农产业发展资金和扶贫专项资金等进行整合，积极筹集农业保险保费补贴资金。例如西和县 2019 年需要农业保险保费补贴资金 604.8 万元，这些全部要从县级财政的产业发展基金中解决，仅这一项支出就占全县预算总支出的 57.3%。

（五）提高保障标准，使得农业保险既解忧又解渴

为了让农业保险解忧又解渴，甘肃省大幅度提高保险保障标准，主要体现在两个

方面。一是普遍提高了保额的标准。中央补贴品种方面，将马铃薯、玉米、青稞、棉花、冬小麦 5 个品种的保额从平均 400 元上调为 520 元，奶牛保额从 5 000 元上调为 8 000～10 000 元。对于部分牵涉农民增收稳收的地方特色品种，亦实现了保额的大幅度提高，如苹果保额从 2 000 元上调为 4 000 元，根据对甘肃省苹果种植成本的调研情况，上调后的保额基本上已达到了完全成本保障水平，能够保证果农获得较高的收益，这为特色扶贫产品实施完全成本保险提供了范式。二是为了减轻政府与农户的保费负担，普遍开展了保费降费。其中中央补贴型险种保险费率平均下降 1～2 个百分点；地方特色险种，如苹果，2018 年保险费率为 6%，2019 年保险费率下降到 4.5%，按照一年保险金额 4 000 元/亩来计算，原来每亩需缴纳保费 240 元，降费后每亩保费为 180 元，每亩将少缴纳 60 元保费。从某种意义上讲，这无疑帮助农民实现了增收。

（六）创新承保方式，建立简便易行农险服务体系

甘肃省积极创新农险承保模式，一是实行以户为单位出具保单，以"一户一保、一户一单、一户一赔"的方式，为贫困户提供一揽子、菜单式的风险保障，使保险简便易行。如天祝县就按照不同乡镇的种养情况，划分区块确定保险公司开办保险工作，为农户创造了便利条件，最大限度实现了"一户一保单"模式和参保农户"最多跑一次"的便民目标。每个参保农户所有种养业投保工作全部集中在 1 家保险公司办理，方便农户投保、定损和理赔。二是探索把合作社作为投保主体。合作社作为投保组织者，代表社员统一与保险公司进行对接，帮助完成宣传动员、政策宣导、签订保单、勘损理赔等农业保险操作的具体工作，合作社统一完成参保以后，把明细投保内容明确到每一位社员，不仅解决了农民不熟悉保险操作的问题，也大大提高了保险实施的效率，提高投保及理赔等工作的便捷性和准确性。

（七）建农金服务室，打通金融服务的最后一公里

针对农村金融服务分散、保险公司等金融机构的最末端组织机构与农户存在"断线"等问题，甘肃省按照"一村一室、集中统一、综合服务"的原则，建立起 1 049 个乡镇农村金融综合服务站、15 788 个农村金融综合服务室，配置工作人员 4.75 万人，同时建立执行乡村干部、银行保险机构业务员、公益岗位农金员共同参与的运营机制，为农业保险"投保到户、定损到户、理赔到户"提供了"最后一公里"的服务支撑。村支书或村委会主任就是农村金融服务室的主任，真正把农村金融的责任和任务压到有组织的人手里，来保障种养产业综合保险的顺利实施。比如：天水市麦积区整合资源，强化保障，建立起政府主导、金融保险机构参与的联合共建机制，区财政每村配套 2 000 元建设启动资金，在 17 个乡镇、379 个行政村成立农金室（站），聘用 1 623 名农业保险协保员，强化人员培训，推进标准化建设，规范运行，为农户及企业参保、理赔，打通了农业保险服务农户的路径。

二、几点看法和建议

(一)领导高度重视是推进农业保险发展的"不二法门"

甘肃是传统的农业大省,但不是农业保险大省,2012年甘肃省农业保险总体保障水平(农业保险承保风险总额占农业总产值的比例)仅为10.4%,在全国排名靠后。近几年,甘肃省农业保险进入高速发展快车道,2018年农业保险保障水平已达到36%,排名全国第六。2014—2018年,甘肃省种植业保险承保规模由1 525.2万亩增长到2 432.6万亩,养殖业承保规模由556万头(只)增长到1 444.1万头(只),农业保险保额由326.3亿元增长到593亿元,人均保险金额由1.47万元增长到3.37万元,分别增长59.5%,159.7%,81.7%,129.3%。且通过分析五年间各项指标增长发现,2017—2018年的增长贡献最大,甘肃农业保险真正实现了超常规发展。其原因在于甘肃省委、省政府的高度重视与强力主导,以及省、市、县、乡各级负责人切实将农业保险作为农业发展和脱贫攻坚的重要工作来推动。我们认为,农业保险是政府的一项农业支持保护政策,具有代行政府公益性服务职能,因此农业保险的发展本身也需要政府的力量来推动。所以,在发展农业保险的问题上,甘肃省委省政府提高政治站位,真正将农业保险作为一项"准公共产品",从打赢脱贫攻坚战、推动乡村振兴的高度出发,来发挥其风险保障的作用,并推动其实现了快速发展,正是印证了这一观点。

(二)甘肃利用农业保险助推脱贫攻坚具有前瞻性值得推广

产业脱贫是贫困地区脱贫的一个主要支撑。但贫困地区发展特色产业面临较大的挑战。首先是特色产业面临更大的自然风险,特色产业所涉及的农产品,其种植技术及自然适应性等方面尚不成熟,所隐含的自然风险大于常规品种。其次是特色产业需应对巨大的市场风险,特色产业中的新品种从进入市场到被市场接受需要一个过程,加之其价格的不稳定性,使特色产业隐含着更多的市场风险。在这种情况下,如何将特色产业做成真正的脱贫产业,成为贫困户产业脱贫的重要支撑,就需要政府更多的支持。西和县县委书记曹勇说:"农业保险大大减少了各级政府的决策风险,有了农业保险,县政府和相关部门就敢在脱贫攻坚中积极推进各类农业产业的发展。"在财力有限的情况下,直补政策在保障特色产业发展上具有很大的局限性,唯有利用保险所具有的风险防范、倍数效应、杠杆作用、市场工具等多种功能,将农业直补改为间接补贴来配置财政资源,政府把加大对农业保险的财政补贴作为政策的主要选择,更能防范农业风险、稳定农业生产、保障农民基本收益。农业保险对于助推脱贫攻坚,尤其是对于脱贫之后继续稳定生产具有现实意义。甘肃省先行先试,将农业保险作为助推脱贫攻坚的主要抓手,具有前瞻性,从实际的效果来看是显著的,为其他地区提供了有益的参考。

（三）要加大对贫困地区特色农产品保险的奖补力度

通过发展特色产业来脱贫已经成为很多地方的重要选择，从某种意义上讲，特色产业兴，则农业兴，农民脱贫就有保障。在脱贫攻坚的前期，扶贫资金投放的重点是支持创新发展产业，而到现阶段，扶贫资金更多应该用于稳定发展产业，使特色产业真正成为保障农民增收的主渠道。农业保险在为特色产业缓释风险，提高财政资金使用效率方面具有独特的优势与成熟的实践经验，为此建议适当调整扶贫资金的支出方向，将资金更多用于脱贫特色产业的保险费补贴。针对不同地区产业发展实际，将地方优势特色农产品纳入中央和省级补贴品种，扶持壮大地方特色产业。目前财政部下发的《关于开展中央财政对地方优势特色农产品保险奖补试点的通知》，明确试点省区自主确定的拟纳入中央财政奖补范围的优势特色农产品不超过两种，这对贫困地区来说显然是不够的，因为贫困地区的财政普遍困难，建议中央给予贫困地区更大的倾斜支持。为助推地方特色产业发展，巩固脱贫效果，应至少将深度贫困地区的"一县一业""一村一品"等主导性品种纳入中央财政的奖补范围。

（四）扶贫资金不宜把农业保险保费补贴列入"负面清单"

调研过程中，大家反映很强烈的一个问题是，财政部门将农业保险保费补贴纳入了扶贫资金的"负面清单"。《财政部 国务院扶贫办关于做好 2019 年度贫困县涉农资金统筹整合试点工作的通知》指出"纳入 2019 年度贫困县涉农资金统筹整合使用方案的资金，不得安排用于'负面清单'事项"，这其中就包括"购买各类保险"。为此，调研中的多位省及县领导都因"怕踩了红线"而缩手缩脚，不敢将扶贫资金用于农业保险保费补贴。产业兴旺是乡村振兴的基础性工作，产业脱贫是脱贫攻坚的主要抓手。我们认为，凡是有利于产业发展的扶贫项目，都不应该列入"负面清单"。过多的限制将会对扶贫资金在支持产业发展、助力脱贫攻坚中效用的发挥形成制约。中央将农业保险列入"农业支持保护制度"，说明用于农业保险的保费补贴资金与一般意义上的保险费并不能完全等同，建议财政和扶贫部门进一步审视农业保险保费补贴在脱贫攻坚和产业发展中的作用，明确将扶贫特色产业的农业保险保费补贴从财政扶贫资金整合使用"负面清单"中剔除，赋予县级财政更大的自主权。

（五）推进村级农金室建设具有普遍意义和推广价值

设立农金室是甘肃省推出的一项提升农村基层金融综合服务水平、确保金融支持政策精准落地的惠民措施。从支持农业保险工作开展的情况来看，实施效果明显，在打通承保到户最后一公里方面为其他地区提供了成功的范例，具有进一步推广的价值。各地应以甘肃为范式，加快村级农金室建设步伐，推动村级农金室挂牌；配齐配强村级农金员，积极协调各农险机构与村级农金室签订代办协议，加强促进农业保险承保到户的工作力量，为"一户一保"政策的顺利实施提供支撑；组织开展业务培训工作，督促各县市区加快推动乡镇金融服务站建设，完善经费管理办法；加快人员配备，尽快开展业务，确保农金室健康有序工作；进一步整合并拓展相关涉农金融功能，下沉保险公司与银行等机构的金融服务功能，以农金室为载体，为农民提供便捷快速的金融服务。

（六）全面加强农业保险队伍建设

调研中发现基层农险服务建设中面临两个较为突出的问题：一是从事农险的专职人员少。以调研所到的麦积区为例，人保麦积支公司正式员工48人，其中从事农险工作35人。全县有近21万亩耕地（不含森林）和大量牛、羊、猪等的承保和理赔任务，靠这些人远远不够。为此，该公司外聘了379人参与到农业保险工作中去。尽管如此，仍然不可能做到精准服务，甚至蕴含着较大的业务操作合规风险。二是基层农险人员业务不熟练。缺乏农险相关的专业知识，专业服务不到位。我们认为，要全面加强农业保险队伍建设，首先是加强专业专职人员力量配备；其次要加强培训工作，全面提高基层农险队伍的职业化水平，把对农险人员的专业培训作为保险机构的专项内容，同时也应列为地方基层干部的培训内容。通过培训，让基层农险工作人员不仅成为保险专家，而且要成为农业专家，成为农村金融的全科医生。

我国政策性农业保险扶贫效果的实证分析 *

朱 蕊 江生忠

摘要： 为了实现 2020 年全面建成小康社会的目标，中共中央、国务院印发《中国农村扶贫开发纲要（2011—2020 年）》，提出以集中连片特困地区为主战场，着力缩小发展差距，促进全体人民共享改革发展成果。保险本质上具有扶危济困的互助属性，其风险保障与经济补偿功能天然契合贫困地区农业生产者的需求。农业保险能够有效地分散和化解农业生产经营中的风险，改善贫困农户的生产生活条件。为应对我国农村地区的贫困问题，应充分利用农业保险这一风险管理工具。本文结合我国现行的贫困标准，以农村居民人均收入为主要因素构建 FGT 贫困指数，为了检验财政补贴前后农业保险扶贫的效果，本文利用 2010—2016 年全国各省的面板数据进行门限模型分析。实证显示，农险保费和农险财政补贴扶贫效果存在门限特征，说明农业保险扶贫效果受制于经济发展水平。基于此，建议根据不同地区的经济水平采取差异化财政补贴政策，集中更多的财政资金去支持农业产业为支柱，经济发展落后，地方财力不足的贫困地区。

关键词： 农业保险扶贫；农业保险财政补贴；FGT 贫困指数；面板门限模型

一、引言

改革开放以来，我国大力推进扶贫开发，农村贫困人口大幅减少，收入水平稳步提高，农村居民的生存和温饱问题基本解决。2015 年中国共产党中央和国务院发布了《关于打赢脱贫攻坚战的决定》，提出"到 2020 年实现现行标准下农村贫困人口全部脱贫"。以现行人均纯收入 2 300 元/年的标准计算，截至 2018 年 3 月，中国农村地区仍有 3 000 万左右贫困人口。特别是一些边、老、少、穷的深度贫困地区，基础条件薄弱、发展严重滞后，脱贫难度更大。保险业在脱贫攻坚中具有独特优势，2016 年 5 月中国银保监会与国务院扶贫办发布《关于做好保险业扶贫攻坚工作的意见》，充分发挥保险业体制机制优势，履行扶贫开发社会责任。2016 年

---

* 本文系 2018 年国家社科基金项目《我国农业保险制度优化与发展研究》（项目号：18BJY254）的阶段性成果。本文发表于《保险研究》2019 年第 2 期。

作者简介：朱蕊，南开大学金融学院博士研究生；江生忠，南开大学金融学院教授、博士生导师。

中央 1 号文件指出"将农业保险打造成为我国实现精准扶贫的重要手段"。目前，我国农业保险保费规模已跃居全球第二，但从农业保险承保覆盖面、保障程度等方面仍不能满足我国农业多样化的风险保障需求，农业保险发展需要进一步"提标、扩面、增品"。

农业保险保费的财政补贴，是支持农业保险体系建设的重要措施。目前，享有中央财政提供的农业保险保费补贴的，大多是关系国计民生的大宗农产品险种。据统计，2017 年中央财政投入农业保险保费补贴资金 179.04 亿元，全国农业保险保费收入 477.7 亿元，向 2.13 亿家庭提供了 28 万亿元的风险保障。财政补贴效应扩大 156倍。但对于贫困地区发展区域特色农业产业，以及深度贫困地区发展农业保险与涉农保险等补贴力度与范围仍有待提高。2018 年 3 月中国银保监会印发《关于保险业支持深度贫困地区脱贫攻坚的意见》，提出对建档立卡的贫困户投保农业保险的保费在已降费 20% 的基础上，再降低 10%～30%，进一步加强财政补贴对深度贫困区县发展农业保险的财政支持力度。

二、文献综述

通过对国内外学者关于农业保险扶贫的效果等问题的相关研究进行搜集和整理，本文将从农业保险扶贫的现有研究成果进行综述。

贫困地区通常存在信用体系不健全、法制观念不强、货币市场和资本市场欠发达等风险因素。诺贝尔经济学奖获得者阿马蒂亚·森指出贫困的真正含义是贫困人口创造收入能力和机会的贫困（Amartya Sen，2001）。贫困人口的脆弱性是制约人口脱贫的重要因素，灾害风险的发生会导致物质资产和人力资产的经济损失（Townsend，1994），并进一步影响贫困人口医疗卫生、教育水平、人口红利等，使其陷入贫困陷阱（Thomasetal，2004）。保险作为一种成熟的风险管理工具，能够提高贫困人口抵抗风险的能力，改善贫困地区金融环境（廖新年，2012）。同时，针对贫困人口不同的保险保障需求和经济能力，保险能够更加灵活地调整产品设计（Churchill，2006），以满足扶贫工作的精准性和时效性。

农业属于弱质性产业，面临各种灾害和市场风险的威胁，农业保险作为市场经济条件下支持和保护农业发展的重要工具（张忠明，2005）。回顾世界各国的农业保险发展历程，我们可以看到，排除掉政府参与时农业保险的市场化运作，并不能达到良好成效。从福利经济学角度，农业保险属于准公共物品，纯粹依靠市场化的运作方式会导致市场失灵。引入政府参与对于纠正市场失灵具有积极作用（庹国柱，2011）。对农业保险进行财政补贴能够为参保农户的农业生产提供风险保障，对比公共补贴水平来说，农民更加关注其自缴费用的利得（卢飞、张建清、刘明辉，2017）。邵全权、柏龙飞、张孟娇（2017）实证了农业保险补贴对于农民的终身效用的提高大于农业保险。实践研究发现，1995—2005 年间，随着联邦农作物保险保费补贴金额的上涨，显著降低了自然灾害对参保农户造成巨大损失的概率，保证农业再生产的顺利进行（Rui、Jack、Dmitry、Vedenov、Barry，2007）。

农业保险财政补贴实际上是一种政府转移支付的手段，会影响国民收入在不同区域、不同部门、不同群体之间的再分配。财政补贴将国民收入的一部分转移给参保农户，不仅可以缩小贫富差距，而且可以促进农村经济的健康发展，从而提高整个社会的经济福利水平（Innes，2003）。农业保险财政补贴能够挖掘社会潜在经济福利，有助于将农户的潜在需求转化为有效需求，使社会的经济福利水平得到进一步增强（冯文丽，2004）。也有反对者认为，农业保险财政补贴会造成农产品产量的大幅提高，从而使农产品价格下降，这有利于农产品消费者的效用提高，但减少了农户的福利水平（Siamwall，1986），即"谷贱伤农"。因此，农业保险财政补贴要保持一个适度的水平，才能更有效地提高社会的福利水平（郑军、朱甜甜，2004）。

保险扶贫实际上是基于保险本质所发挥的特殊功能和作用。经济学上通常把保险作为"奢侈品"，即消费者具有一定收入并有一定声誉，为了财务平衡才会购买保险。尽管农业保险具有扶贫作用，但由于贫困人口支付能力的限制，完全商业化的农业保险产品往往超出贫困地区农业生产者的消费能力。因此，在主要攻克深度贫困地区的扶贫攻坚工作后半程，农业保险财政补贴政策的灵活调整就显得尤为重要。通过调整农业保险财政补贴的规模、结构、与方向，引导并鼓励农业保险经营机构积极开发推广更加适合农村土壤的农业保险产品。同时，应注重农业保险与农村经济和金融各项环节的融合共进，以产业扶贫为基础，撬动农村信用体系建设、改善农村融资环境。针对不同地区农村贫困人口的实际需求打造农业生产、人身健康、社会保障、金融支持为一体的保险扶贫解决方案。

三、农业保险扶贫的理论分析

（一）理论基础

贫困的核心在于贫困人口能力的缺失，即缺乏创造收入和获取资源的能力。分析目前我国深度贫困地区的地域特征可知，这类地区的经济体系在面临风险冲击时存在脆弱性。由于生存环境和生活条件恶劣，贫困户面临更严重的疾病、死亡等风险，其经济水平也更容易受到自然风险等外部风险的冲击，从而陷入更严重的贫困状态。

扶贫是指政府对贫困者初始资源禀赋不足的状况进行干预，通过提供扶贫资源，弥补初次分配的不公，并使社会总财富进行合理的再分配。消除贫困、改善民生，逐步实现共同富裕，是社会主义的本质要求。目前我国进入脱贫攻坚工作的后期，需要重点攻克深度贫困地区脱贫任务。而真正解决这些地区的贫困问题需要着力解决贫困人口收入低下和资源短缺的问题，在探索扶贫工作的路径上，也将"发展生产脱贫一批"这一造血手段放在首要位置去抓。

对于农村扶贫工作而言，农业生产经营的发展和改革均面临着风险事故和资金压力等方面的问题。保险的保障功能主要体现在基础的补偿和给付功能方面，保险能够保障被保险人的收入曲线平稳、生产生活正常进行。在解决农村贫困问题的过程中，农业保险的保障功能能够有效改善农业生产者的收入水平，提高农民抗风险能力，逐步改善贫困农户的生产生活条件。本文拟以农村居民收入作为主要因素生成贫困指数，以衡量农业保险保费规模与农险财政补贴扶贫的效果。

（二）路径分析

1. 农业保险保障功能扶贫

农业生产作为农村的重要经济支柱，围绕农业产业的发展，能够多方位带动农村地区基础设施、社会环境、经济产业等方面的发展。农业保险能够在农业生产因为风险事故出现损失时向农户及时补偿其生产资料和成本的损失，受灾农户可以利用农业保险提供的赔偿金重新投入生产生活，从而缓解和减轻灾害损失导致的不利影响。由于农业生产具有季节性和周期性的特点，贫困农户又缺乏储蓄和财富积累，一旦发生灾害损失，农民很可能会在相当长的时期内失去生活来源和生产资本，继而陷入更加严重的贫困状态。因此，农业保险的赔偿金就成为投保农民在灾后解决基本生活、恢复再生产的最重要的资金来源之一。一方面，赔偿金能够弥补投保农户的灾害损失，在一定程度上保证其当期收入水平；另一方面，赔偿金能够用于恢复因灾害事故导致中断的农业再生产活动，间接地保障其下一期的收入水平。

2. 农业保险带动其他扶贫措施的发展

同时，由于导致初始资源禀赋不足和初次分配不均匀的因素具有差异性，加之贫困者分布的区域和各自的状况千差万别。农业保险作为帮助贫困农村发展生产，增加收入，改善生活的核心手段，还能够和其他政策工具、金融工具搭配使用，以应对农村地区贫困问题的复杂性、多样性。在运用农业保险扶贫的过程中，应厘清不同贫困家庭致贫的关键性因素，因地、因户、因人制宜的帮扶措施，提高扶贫的效率。

（1）提供增信担保。对于贫困地区来讲，由于缺乏资本投入农业生产和再生产，贫困农户的经济状况往往会陷入恶性循环。农业信贷是农民获取生产资本的一个重要来源，但是一方面，贫困农户大多没有足够的存款、房产或其他可作为贷款抵押物的财产；另一方面，农业生产经营的高风险和不确定性也使得农户具有较高的信用违约风险，这些因素均使得贫困农户获取贷款的过程变得十分艰难。

投保农业保险能够将农户尚未获得的不确定收入转化为相对具有稳定性的收入，实际上可以成为农户具有还款能力的依据，可以在一定程度上起到贷款抵押物的作用，间接地增加农户的信用水平。通过增加其信用水平，贫困农户在转移自身风险的同时，降低了融资难度，能够以更低的成本获取资金，用于农业生产和再生产，从而改善自身收入水平，摆脱贫困问题的束缚。

（2）改善农业基础设施。农业基础设施是指包括水利、交通、气象、地质等多个方面在内的，对农业生产起到基础性作用的设施。由于农业基础设施建设受到需求规模庞大、收益相对较低、投资周期长等因素的约束，商业资金往往不会选择该领域的项目作为投资对象，这也导致了农村贫困地区的基础设施建设陷入停滞，脱贫目标难以实现。

农业基础设施建设是提高农业生产力，保障农业生产健康稳定发展的重中之重。农业保险公司能够通过收入保费聚集资金，并通过各种途经转化为资本投入农村市场，承保农业保险的公司更有意愿，且有能力为改善农业基础设施投入资金和技术支持，以提高贫困地区的农业生产力，同时改善贫困地区农业保险的经营风险。

（3）促进技术发展，转变生产方式。农业生产技术的提高有助于降低生产成本、提高农民收入水平，但农业生产技术从研发到投入生产的每一个环节都需要大量的资金支持和技术支持。农业保险公司能够应用在农业领域的专业优势和知识储备，更有效地试点和推广先进农业生产技术，并将目前广泛用于农险承保理赔关节的大数据、云计算、地理遥感等技术应用于指导农业生产中去。从更深层次保障农业生产发展，提高农村脱贫效率。

同时，农业保险能够引导农业生产向集约化、规模化方向发展。通过费率优惠政策等措施，农业保险可以鼓励农业合作社、农业专业大户、农业企业等新型农村经营主体吸纳并帮助贫困农户、小农户，发展多种形式的农业规模经营，促进农业产业结构调整升级、推动农业现代化发展。

就目前农业保险扶贫工作的开展情况来看，扶贫模式逐渐趋同，产品开发能力和服务能力都有进一步提升的空间，并未做到因地制宜地调整和创新，尤其需要重视农业保险扶贫工作的精准性、实效性和可持续性。我国现行农业保险财政补贴水平仍然较低、补贴范围仍然欠缺。中央财政拨付财政补贴的同时要求地方政府配套进行补贴的机制，一定程度上加重了贫困地区的地方财政压力。本文将结合我国现行的贫困标准，以农村居民人均收入为主要因素构建 FGT 贫困指数，测算不同经济发展水平下各地区农业保险财政补贴前后扶贫的效果差异。通过比较，可以看出欠发达地区发展农业保险和进行农业保险补贴起到的扶贫效果更加显著。本文建议根据不同地区的经济水平差异适当调整财政补贴政策，以期进一步提高农业保险扶贫的效果和农业保险财政补贴的使用效率，并通过理论分析与实证研究探索为农业保险扶贫的方式选择提出更有效的建议。

四、农业保险扶贫效果的门限模型设定

为了检验我国农业保险扶贫的效果，本文利用 2010—2016 年全国各省的面板数据进行实证研究。文中相关数据取自《中国保险统计年鉴》《中国农村统计年鉴》《中

国统计年鉴》以及国家财政部网站、国家农业部网站、国家统计局网站、相关省（市、自治区）统计局网站等。由于京津沪渝四个直辖市的多条数据资料不完整，以及西藏没有完善的官方统计数据，因此从模型中加以剔除，最终选取了全国 26 个省进行农险扶贫效果的测算。其他各省指标的个别数据缺失采用插值法补齐。

（一）数据样本选择

1. 被解释变量

贫困指数，本文的贫困指数借鉴 Foster、Greer、Thorbecke（1984 年）提出的 FGT 贫困指数来表示。对这一指数内的 α 取不同值时能够得到不同含义的贫困指数，具体表示为：

$$P_\alpha = \int_0^z \left[\frac{(z-x)}{z}\right]^\alpha f(x)\mathrm{d}x \quad \alpha \geqslant 0$$

式中，z 表示贫困线，本文以国务院扶贫办发布的中国贫困标准为参考；x 表示农村居民人均可支配收入，参考了《中国农村统计年鉴》获得省级数据；α 表示对贫困的厌恶系数，对于贫困的厌恶程度随着 α 值的上升而增强，本文中 α 取值为 0。当 $\alpha=0$ 时，$P_0 = \int_0^z f(x)\mathrm{d}x$，$P_0$ 能够表示贫困人口的数量范围，即贫困发生率指标，指贫困人口占总人口的比重。

$f(x)$ 表示收入分布的密度函数。本文用对数正态分布曲线表示收入分布的密度函数，一些研究表明对数收入分布曲线能够较好地反映我国人均收入水平的实际情况。如徐建国（2000 年）以中国 4 800 户家庭作为分析对象的研究验证了人均收入的分布在 5% 的显著水平下服从对数正态分布曲线（收入分布和耐用消费品的增长方式）。对数正态分布函数如下：

$$y(x) = \frac{1}{\sqrt{2\pi}\sigma x} e^{-\frac{1}{2\sigma^2}(\log x - \mu)^2}$$

式中，μ 表示收入中位数的对数值；σ 为方差，表示离散程度，即收入差距的参数。

本文选择农村居民人均可支配收入与农村基尼系数对收入分布的密度函数进行推导。因为对数正态分布曲线有两个重要特性（Aitchison、Brown，1957）：第一，收入的算数平均数可以表示为：$\varphi = e^{(\mu+\frac{\sigma^2}{2})}$，也就是说，平均收入 φ 决定了 μ 和 σ 两个参数。第二，表示收入差距的基尼系数 G 可以表示为：$G = 2F\left(\frac{\sigma}{\sqrt{2}}0,1\right)$，也就是说，基尼系数 G 由 σ 一个参数决定。这里 $F\left(\frac{\sigma}{\sqrt{2}}0,1\right)$ 表示标准正态分布曲线的概率密度累积到 $\frac{\sigma}{\sqrt{2}}$ 时候的值。这两个性质说明，可以通过确定的平均收入水平和基尼系数，得到一个确定的对数正态分布曲线。

2010—2016 年国家贫困线和基尼系数见表 1。

表 1   2010—2016 年度国家贫困线和基尼系数

年份	贫困线（z）	基尼系数（G）
2010	2 300	0.481
2011	2 536	0.477
2012	2 625	0.474
2013	2 736	0.473
2014	2 800	0.496
2015	2 855	0.462
2016	3 000	0.465

数据来源：国家扶贫办官网。

2. 解释变量

本文对农业保险保费收入与保费补贴的扶贫效果进行分析，因此解释变量为农业保险保费收入（bf）、农业保险财政补贴（bt）。在分析农业保险保费收入的扶贫效果时，农业保险保费收入即为解释变量；当分析政府提供农业保险保费补贴的情况时，我们将农民自担保费，即农业保险保费收入扣除农业保险保费补贴后的部分作为模型的解释变量进行分析。

3. 控制变量

参考陈光金（2008）对全国 26 个省 260 个乡镇的 7 061 个住户样本的百分比等距随机抽样（pps）调查，以及江生忠，贾士彬，江时鲲（2015）对我国政策性农业保险补贴效率影响因素的分析，将本文控制标量设置如下：

（1）农业受灾面积（$szmj$）：该指标用各地区受灾面积与种植面积的比来表示，分析灾害对农村扶贫效果的影响。

（2）农村医疗水平（y_l）：该指标用各地区农村每千人农村人口拥有乡村医生和卫生人员的数量来表示，分析医疗水平对农村扶贫效果的影响。

（3）农村投资（$nctz$）：该指标用农村固定资产投资实际到位资金与农村第一产业增加值的比值来表示，分析投资水平对农村扶贫效果的影响。

（4）农民受教育水平（$jiaoyu$）：该指标用农村农户每年文教支出表示，反映教育水平对农村扶贫效果的影响。

（5）农村就业水平（$jiuye$）：该指标用农村就业人数占农村人口数量的比重来表示，反映就业水平对农村扶贫效果的影响。

（6）农业人均 GDP（gdp）：该指标用各地区第一产业人均增加值来表示，分析农业经济发展水平对农村扶贫效果的影响。

（7）财政支农（$cznn$）：该指标用各地区财政农林水事物支出在地方一般财政预算支出中的占比表示，反映财政支持力度对农村扶贫效果的影响。

变量描述性统计分析见表2。

表2　变量描述性统计分析

变量	观测数	均值	标准差	最小值	最大值
贫困指数	182	0.219 960	0.100 158	0.029 469	0.507 837
农险保费	182	0.561 893	0.455 362	0.014 722	2.250 054
农险财政补贴	182	0.437 481	0.364 340	0.008 111	1.713 375
农业受灾面积	182	0.189 196	0.123 753	0.000 201	0.616 210
农村医疗水平	182	1.510 275	0.471 032	0.61	3.21
农村投资	182	0.200 857	0.084 466	0.065 275	0.449 188
农民受教育水平	182	810.469 7	275.226 3	301.269 1	1 610.8
农村就业水平	182	0.542 161 2	0.038 149	0.433 335	0.627 679 9
农业人均GDP	182	9 347.769	3 769.628	2 713.982	23 948.23
财政支农	182	0.120 092	0.022 298	0.053 208	0.189 663

（二）模型设计与分析思路

门限回归模型是由 Hansen（1999年）提出的，首次介绍了具有个体效应的面板门限模型的计量分析方法。该方法以残差平方和最小化为条件确定门限值，并检验门限值的显著性。本文的核心解释变量设定为农业保险保费收入（bf）与农业保险保费补贴（bt）。门限变量设定为第一产业人均GDP（gdp）。模型设定如下所示：

$$pkzs_{it} = \alpha_0 + \alpha_{11} bf_{it}/(bf - bfbt)_{it} I(gdp \leqslant r_1) +$$
$$\alpha_{12} bf_{it}/(bf - bfbt)_{it} I(r_1 < gdp \leqslant r_2) + \cdots +$$
$$\alpha_{1k} bf_{it}/(bf - bfbt)_{it} I(r_k < gdp) + \alpha_2 szmj_{it} + \alpha_3 yl_{it} + \alpha_4 ncjr_{it} +$$
$$\alpha_5 jiaoyu_{it} + \alpha_6 jiuye_{it} + \alpha_7 gdp_{it} + \alpha_8 czzn_{it}$$

式中，$I(\cdot)$ 表示示性函数，r 表示待估计的门限值，α_{1i} 为不同门限值下的待估计参数。

具体思路是：将农业人均GDP作为门限变量，通过搜索到的门限值将回归模型分为多个区间，每个区间内应用不同的回归方程。根据门限划分的区间将影响农村贫困指数的其他变量进行分类，回归后比较不同区间系数的变化，以此估计农业保险扶贫效果的门限值，并对门限值进行显著性检验。

五、农业保险扶贫的实证分析

（一）门限模型实证检验

根据 Hansen（1999年）的门限模型，用 F 统计量来检验门限特征是否显著，用

bootstrap 方法估计 P 值。门限效应估计结果如表 3 所示。

表 3　门限效应估计

类型	门限值假设	F 统计量	10%临界值	5%临界值	1%临界值	门限值	置信区间
保费	单门限	20.59**	18.994 1	22.452 2	28.297 9	4 210.607 9	(3 845.09, 4 698.01)
	双门限	13.53*	15.829 2	19.356 8	25.992 2	13 769.771 5	(12 982.02, 13 856.95)
	三门限	15.43	35.522 4	43.149 9	53.799 1		
保费补贴	单门限	21.32***	20.246 1	23.407 5	28.700 2	10 556.115 2	(10 156.86, 10 602.05)
	双门限	15.38**	15.578 6	17.825	23.050 1	14 839.131 8	(13 937.53, 14 929.03)
	三门限	11.82	23.477 4	27.681 4	35.714 7		

注：*、**、***分别表示在 10%、5%和 1%的水平上显著。

表 3 检验结果表明，农业保险保费与财政补贴都存在两个门限。其中农险保费在 10%的显著性水平下通过显著性检验；财政补贴在 5%的显著性水平下通过显著性检验。因此，我们选择两个门限效应模型进行建模。

图 1、图 2 为两个模型的门限特征的似然比趋势图，该图能够更加形象地反映农业保险扶贫的门限值估计过程。农业保险保费的两个门限取值 4 210.61 和 13 769.77，两个门限分别在 90%和 95%的置信水平下是显著的；农业保险财政补贴的两个门限取值为 10 556.12 和 14 839.13，分别在 95%和 99%的置信水平下是显著的。

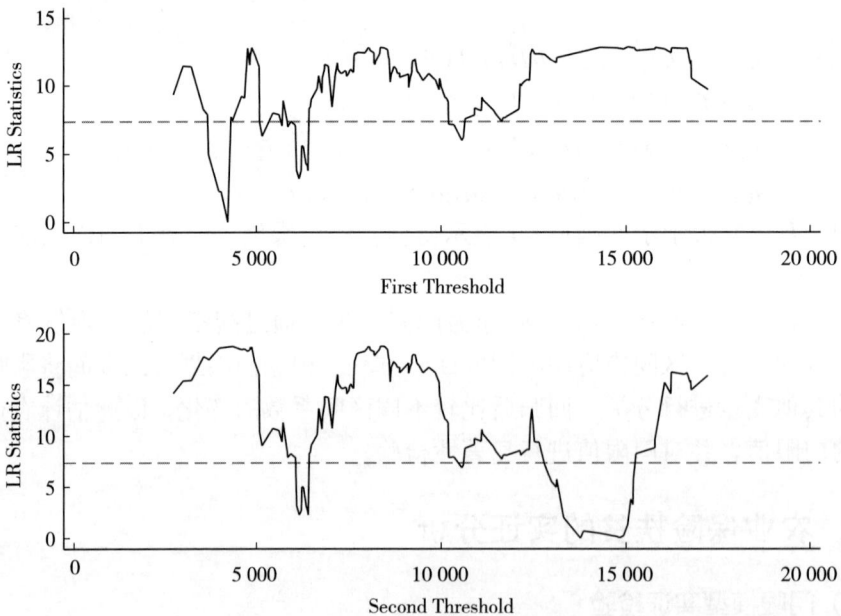

图 1　农业保险保费门限似然比函数图

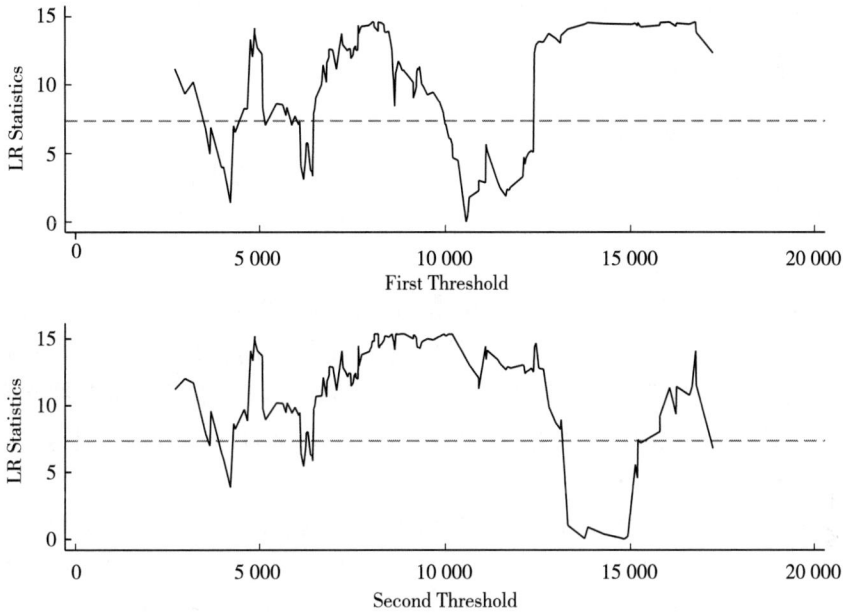

图 2　农业保险财政补贴门限似然比函数图

根据表 4 的估计结果，农业保险保费与财政补贴扶贫的效果都存在两个显著的门限特征。即，根据经济发展程度不同，保险扶贫效果在 3 个区间内趋势有所不同，面板门限回归结果如表 3 所示。

表 4　面板门限（PTR）回归结果及分析

农险保费		农险财政补贴	
bf＜4 210.61	0.001 168 15	（bf－bt）＜10 556.12	−0.639 536 3***
4 210.61＜bf＜13 769.77	−0.112 381 9***	10 556.12＜（bf－bt）＜14 839.13	−0.498 480 2***
bf＞13 769.77	−0.068 386 6***	14 839.13＜（bf－bt）	−0.263 428 5**
gdp	−0.000 017 1***	gdp	−0.000 020 5***
yl	−0.007 009 5	yl	−0.015 822 5
szmj	0.046 263 8**	szmj	0.027 573
ncjr	0.000 637 3	ncjr	−0.000 988 6
jiaoyu	0.000 759	jiaoyu	−0.000 070 2***
jiuye	0.100 877 2	jiuye	0.154 546 8
czzn	−0.202 885 4	czzn	−0.396 668 6
_cons	0.470 180 7	_cons	0.518 392 4

注：*、**、***分别表示在 10%、5%、1%的水平上显著。

从表 4 中可以看出，当人均 GDP 处在不同的水平，农险保费和农险财政补贴扶贫的影响并非简单的线性关系，而是存在门限特征，这说明农业保险扶贫的效果受制于经济发展水平。在不同的经济发展水平下，农业保险的扶贫效果是不一样的。

（二）实证结果分析

1. 农业保险保费扶贫的效果分析

在第一个门限值之下，即（人均 GDP<4 210.61），保费的系数为 0.001 168 15，在 10% 显著性水平下没有通过显著性检验。说明当人均 GDP 处于低位时，缴纳农业保险保费并不利于缓解贫困，但这一不利影响并不显著；人均 GDP 跨过第一个门限后（4 210.61，13 769.77），农业保险保费的系数为 −0.112 381 9，在 1% 显著性水平下通过显著性检验，说明保费投入对扶贫起到显著正向作用；人均 GDP 跨过第二个门限之后（>13 769.77），保费的系数为 −0.068 386 6，在 1% 显著性水平下通过显著性检验，说明农业保险保费支出仍然对扶贫起减速的正向作用，但这一扶贫效果随着人均 GDP 的增长变得微弱。

以上分析说明，当地区经济发展水平较差时，农业保险保费规模的增长将进一步加大贫困农民的经济负担，并不能起到扶贫的效果。这是因为对于经济能力较低的家庭，农业保险保费支出会显著改变家庭收入增长率，影响家庭的财富积累，使贫困户难以一跃跳出贫困陷阱。同时，对于经济发达地区来讲，农业产业对于区域经济水平的影响相对较小。拥有较高财富积累的农业生产者在发生风险损失后生产活动不会受到严重冲击，农业保险保费增长扶贫的影响虽为正向，但效果仍然较弱。

2. 农业保险财政补贴扶贫的效果分析

首先说明，为消除检验分析的异质性，本文将农业保险财政补贴转换为农民自担保费进行数据处理。在第一个门限值之下（人均 GDP<10 556.12），保费补贴的系数为 −0.639 536 3，在 1% 显著性水平下通过显著性检验，说明农业保险财政补贴对扶贫起到显著正向作用；人均 GDP 跨过第一个门限后（10 556.12，14 839.13），保费的系数为 −0.498 480 2，在 1% 显著性水平下通过显著性检验，说明农业保险财政补贴对扶贫起到显著正向作用，但扶贫效果有所下降；在人均 GDP 跨过第二个门限之后（>14 839.13），保费的系数为 −0.263 428 5，在 1% 显著性水平下通过显著性检验，此时保费补贴仍然对脱贫起到显著正向作用，但扶贫效果进一步下降。

以上分析说明，对农业保险的保费进行财政补贴之后，降低了农业保险保费支出给贫困农户带来的经济压力，对农户生产和消费函数进行有效调节。同时可以提高农户对农业保险的需求和农业保险经营机构的展业积极性，具有非常显著扶贫的正向作用。但随着人均 GDP 的增长，农业保险保费支出对农户收支结构影响式微，农业保险财政补贴扶贫的效果也逐渐降低。

3. 其他影响因素扶贫的效果分析

贫困的直接表现就是收入水平低，难以满足基本的生活需求。贫困者由于收入有限，其消费支出仅限于维持基本日常生活，如食品、服装和一些必需生活用品的支出，在教育和医疗等方面的支出能力不足，且可获得的教育、医疗等资源也不足。贫困者面对风险的脆弱性也使其生存状态面临更强的不确定性。贫困者由于收入低，仅能维持或不足以维持自身的基本生存，因此对风险的容忍度低。

同时，贫困人口生产资本的缺乏也是导致贫困的另一个重要原因。贫困者在依赖自身进行劳动获取收入时，为了提高劳动生产率，难免会遇到资金不足的问题，如需要更新农机农具，引入新的耕种技术等，这些费用都增加了农户的负担，使其面临生产资金不足的局面。

实证分析表明，农业人均 GDP、农村医疗水平、农村投资、农民受教育水平、农村就业率的系数都为负，说明该 5 类因素的改善都有扶贫的效果；农村受灾面积的系数为正，说明该项控制变量的增加会加重农村贫困。

六、我国政策性农业保险扶贫的建议

农业保险是农村风险管理体系的重要组成部分，能够有效地分散和化解农业生产经营中的风险。随着近 10 年以来的快速发展，农业保险已经广泛融入到农业生产的各个环节中去。在扶贫工作中，应利用和发挥好农业保险的作用，为贫困户的生产经营提供基本保障，构筑一道贫困人口致贫返贫的经济屏障。

（一）探索农险区域性差异化补贴制度设计

通过实证分析，显见政府对农业保险进行财政补贴，特别是对于经济水平发展较为落后的贫困地区进行农业保险保费补贴，可以显著地提高农业保险扶贫的效果。一些典型贫困县经济现状告诉我们：农业大县，往往都是财政小县。通过实证结果分析，人均 GDP<4 210.61 的区间内，由于该地区经济发展水平较低，农业保险保费支出加大农民的经济负担，并不能够起到扶贫的作用，而农业保险财政补贴之后，扶贫效果非常显著。人均 GDP 在（4 216.61，14 839.13）区间内时，农业保险财政补贴非常显著地提高了农业保险的扶贫效果。人均 GDP>14 839.13 的区间时，单纯的农业保险保费扶贫作用已经非常微弱，而农业保险财政补贴的扶贫效果仍然较为显著。

由此可以看到，在现行的农业保险财政补贴政策支持下，经济发展程度不同的区域农业保险保费与财政补贴的扶贫效果具有较大差别。贫困地区的农业保险财政补贴能够撬动更大的扶贫动能，起到更好的扶贫效果。因此，我们或许可以考虑，对不同经济发展水平的地区实行差异化的农险财政补贴政策，对地方政府有能力、商业机构有动力发展农业保险的发达区域降低农业保险财政补贴比例，集中更多的财政资金去支持农业产业为支柱，经济水平发展较为落后，地方财政资金不足的贫困地区。

（二）取消贫困地区农险财政补贴配套制度制约

我国现行农业保险保费补贴制度，通过中央、省、县财政三级配套进行，在脱贫工作实际工作过程中，地方财政压力往往成为地方政府大力支持农业保险发展的重要制约因素之一。对于最后两年脱贫攻坚工作，我们在集中力量攻坚克难的过程中，农业保险保费补贴能够起到重要的带动与调节作用。

基于深度贫困地区经济条件薄弱、地方政府财政压力大等情况，地方财政多难以对当地农业保险保费进行财政配套补贴。中央财政可以针对深度贫困区县实行直接补贴，取消其地方政府配套补贴的限制，加大对深贫地区发展地方特色农作物保险和特色养殖保险的财政支持力度，并进一步扩大建档立卡贫困户农业生产投保农险的保费补贴比例，争取实现全额补贴，支持构建为贫困户提供最基本风险保障的特惠性农业保险体系。

（三）鼓励贫困地区发展地方特色农业保险产品

中央财政补贴的农业保险品种多为关系国计民生的大宗农产品，地方特色农险产品至今没有纳入中央财政补贴保费的支持体系中。特色农业生产具有品类多、收益高、风险大等特征，目前我国地方特色农业保险覆盖面积小，是一个普遍存在的现实性问题，一些地方特色农业保险产品仅能得到县级财政的保费补贴支持。

基于深度贫困地区特殊的自然环境、落后的基础设施，多不具备发展大宗农业产品的条件。但往往一些贫困地区依靠其独特自然禀赋，更适合于发展地方特色农业。因此，农业保险经营机构应积极开展扶贫特色农业保险产品，重点发展"肉蛋奶禽，茶菌果蔬"等特色农业保险产品。中央财政应着力支持贫困地区的地方特色农业保险产品发展，针对地方特色农险产品实行以奖代补政策支持。特别是地方政府应着力支持贫困地区发展特色农业保险，加大财政补贴力度，并进一步扩大农房、农业设施、农机具等涉农保险的保障范围和财政支持力度，助力贫困地区特色农业产业的发展。

（四）提高农业保险产品创新能力和保障水平

我国贫困地区的农业仍是传统的家庭分散式农业生产经营模式为主，农户依靠经验从事农业生产活动，无科学的管理手段和规划。农业保险投保主体零散、规模小、知识水平低，为保险机构承保农业保险带来很大的工作难度。鼓励农险经营机构开发和推广指数保险产品，能够有效改善小农经营条件下农业保险的经营困境。为此，建议将指数保险直接纳入中央财政补贴的范围，以促进产品创新，提高农业保险的供给效率。

目前我国农业保险虽然覆盖面广，但保障程度仍然较低。目前，政府补贴型农业保险仅保障农业生产过程中某个节点发生损失时的物化成本，远不能满足农民恢复生产和保障生活的需求。贫困地区往往是旱涝、冻害、台风、地质灾害等自然灾害频发的地区。如果产生大面积自然灾害，仅仅依靠贫困地区薄弱的经济基础，很可能造成大规模的因灾致贫、返贫。同时，贫困地区交通运输不便、农业生产者市场经验不足，更容易受到市场经济波动的影响。因此需要进一步发展农产品目标价格保险、成本保险、收入保险等，将地租、价格波动等因素都会考虑进来，提高农业保险的保障水平。

参考文献

[1] 郑伟，贾若，景鹏，刘子宁 . 保险扶贫项目的评估框架及应用——基于两个调研案例的分析 [J]. 保险研究，2018（8）：13－20.

[2] 江生忠，邵全权，贾士彬，史良育 . 农业保险财政补贴理论及经验研究 [M]. 天津：南开大学出版社，2017：50－68.

[3] 卢飞，张建清，刘明辉 . 政策性农业保险的农民增收效应研究 [J]. 保险研究，2017（12）：67－78.

[4] 邵全权，柏龙飞，张孟娇 . 农业保险对农户消费和效用的影响——兼论农业保险对反贫困的意义 [J]. 保险研究，2017（10）：65－78.

[5] 江生忠，贾士彬，江时鲲 . 我国农业保险保费补贴效率及其影响因素分析——基于 2010—2013 年省际面板数据 [J]. 保险研究，2015（12）：67－77.

[6] 邓坤 . 金融扶贫惠农效率评估——以秦巴山区巴中市为例 [J]. 农村经济，2015（5）：86－91.

[7] 曹斯蔚 . 扩大农业保险保障范围助力广西精准扶贫 [J]. 时代金融，2017（5）：83－85.

[8] 叶明华，汪荣明 . 收入结构、融资约束与农户的农业保险偏好——基于安徽省粮食种植户的调查 [J]. 中国人口科学，2016（6）：107－117，128.

[9] 张伟，罗向明，郭颂平 . 民族地区农业保险补贴政策评价与补贴模式优化——基于反贫困视角 [J]. 中央财经大学学报，2014（8）：31－38.

[10] 郑军，朱甜甜 . 经济效率和社会效率：农业保险财政补贴综合评价 [J]. 金融经济学研究，2014（3）：88－97.

[11] 庹国柱 . 论政策性农业保险监管的特点和需求 [J]. 中国保险，2013（9）：20－24.

[12] 杜鹏 . 农户农业保险需求的影响因素研究——基于湖北省五县市 342 户农户的调查 [J]. 农业经济问题，2011（11）：78－83，112.

[13] 庹国柱 . 略论农业保险的财政补贴 [J]. 经济与管理研究，2011（4）：80－85.

[14] 韩林芝，邓强 . 我国农村贫困主要影响因子的灰色关联分析 [J]. 中国人口·资源与环境，2009，19（4）：88－94.

[15] 陈光金 . 当前我国若干重大社会结构变化与结构性矛盾 [J]. 中国特色社会主义研究，2008（1）：109.

[16] 郭宏宝，仇伟杰 . 财政投资对农村脱贫效应的边际递减趋势及对策 [J]. 当代经济科学，2005（5）：53－57，110.

[17] 冯文丽 . 我国农业保险市场失灵与制度供给 [J]. 金融研究，2004（4）：124－129.

[18] 徐建国 . 收入分布与耐用消费品的增长模式 [J]. 北京大学中国经济研究中心学刊，2000（3）.

[19] Matthieu Delpierre, Bertrand Verheyden, Stéphanie Weynants. Is informal risk - sharing less effective for the poor? Risk externalities and moral hazard in mutual insurance [J]. Journal of Development Economics, 2016（118）: 282 - 297.

[20] Goodwin, B. K. , Smith, V. H. What harm is done by subsidizing crop insurance? [J]. American Journal of Agricultural Economics, 2013, 95（2）: 489 - 497.

[21] Chang H H, Mishra A K. Chemical Usage in Production Agriculture: Do Crop Insurance and off -

Farm Work Play a Part? [J]. Journal of Environmental Management, 2012, 105 (3), 76 - 82.

[22] Ashford R. Eliminating the Underlying Cause of Poverty as a Means to Global Economic Recovery [J]. Social Science Electronic Publishing, 2010.

[23] Claudio A. Agostini, Philip H. Brown, Diana Paola Góngora. Public Finance, Governance, and Cash Transfers in Alleviating Poverty and Inequality in Chile [J]. Public Budgeting & Finance, 2010, 30 (2): 1 - 23.

[24] Rui Zhang, Jack E. Houston, Dmitry V. , Vedenov, Barry J. Barnett. Hedging Downside Risk To Farm Income With Futures And Options: Effects Of Government Payment Programs And Federal Crop Insurance Plans [R]. American Agricultural Economics Association Annual Meeting, Portland, OR, 2007.

[25] Churchill C F. Protecting The Poor: A Microinsurance Compendium [M]. International Labour Organization, 2006.

[26] Thomas C D, Cameron A, Green R E, et al. Extinction Risk from Climate Change [J]. Nature, 2004, 427 (6970): 145 - 148.

[27] Innes R. Crop Insurance in a Political Economy [J]. American Journal of Agricultural Economics, 2003, 85 (2): 318 - 335.

[28] Mishra P. K. Agriculture Risk, Insurance and Income: A Study of the Impact and Design of India's Comprehen? sive Crop Insurance Scheme [M]. Avebury: Aldershot Avebury, 1996.

精准施策　定向帮扶
发挥专业化公司保险扶贫新动能
——安华农业保险公司扶贫工作的几点探索

赵　乐

脱贫攻坚，精准是关键。安华农业保险公司作为专业化农险公司，多年来认真贯彻落实中共中央、国务院关于精准扶贫的战略部署，按照中国银保监会的扶贫工作安排，结合公司自身业务特点积极探索精准扶贫的方式方法，深入研究扶持谁、怎么扶等问题，结合帮扶对象精准施策、对症下药、靶向治疗，扶贫工作取得显著成效。

一、基本情况

目前，安华在内蒙古、吉林、辽宁、黑龙江、大连、北京、河北、山东、青岛、四川、广东等 11 个省（区）、市开办农业保险业务，业务覆盖 341 县（市、区），涉及种植业、养殖业和林业三大险类、共 209 个险种。自 2005 年公司成立以来，安华农业保险公司大力开办农业保险，累计实现农业保险总保障额度 4 587.83 亿元，参保农户 4 180 余万户次，累计支付赔款 150.17 亿元，农业保险受益农户达 2 561 万余户次。2015 年党中央、国务院实施精准扶贫战略以来，安华农业保险公司积极参与精准扶贫工作，制定并落实了一系列扶贫攻坚新举措。2018 年有数字统计以来，安华在吉林、内蒙古、辽宁、山东、四川等 5 省（区）、19 个地市、27 县（市、区、旗）参与精准扶贫工作，三年累计投入扶贫资金近 3 000 万元；开发保险扶贫产品共计 36 个，其中专属扶贫保险产品 12 个，为 45.51 万户次建档立卡贫困户提供风险保障 19.09 亿元，为 30.1 万户次建档立卡贫困户支付赔款 1.05 亿元。

二、工作措施

为确保扶贫工作的精准定向，安华农业保险公司始终坚持项目安排精准、扶持对象精准、帮扶措施精准、脱贫保障精准等"四个精准"，摸索出一条独具安华特色的精准扶贫之路。

作者简介：赵乐，安华农业保险股份有限公司农业保险总监。

（一）坚持项目安排精准——实现扶贫工作因地施策

我国地域辽阔，区域间资源特色、地形地貌、气候条件、产业集成等存在较大差异，因此造成各贫困地区致贫的原因也各不相同。在精准扶贫攻坚战实施过程中，安华从各地脱贫实际所需出发，坚持因地施策，充分发挥各级公司的积极性，采取项目制的方式，由各省级分公司根据本区域贫困地区脱贫所需提出立项申请，提交总公司审核批复后实施。项目制扶贫帮扶办法的实施，既保障了扶贫项目的精准靶向性，通过前期的充分论证审核又规避了盲目上马的有限扶贫资源浪费。自 2018 年以来安华农业保险公司经过立项审核，全辖各级机构通过压缩办公费用等方式，筹措 892.82 万元专项扶贫资金，在内蒙古自治区、吉林省、辽宁省、山东省、四川省精准投放 28 个扶贫项目，用于贫困地区公共服务、基础设施、村屯治理、农田水利、产业扶持、助学扶智、灾害救助、生产保障等方面的精准扶贫。其中 2019 年在内蒙古自治区兴安盟、乌兰察布、呼和浩特投入扶贫资金 108.66 万元，帮扶机井、节水灌溉设施、太阳能、贫困户保费减免等项目；在吉林省白山、白城、辽源、四平、通化、吉林等地区的贫困乡村投入 93.52 万元，用于定点帮扶木耳栽培、有机果蔬种植、生态农业建设、提升村屯治理等扶贫项目；在辽宁省铁岭市、葫芦岛市投入扶贫资金 23.3 万元，专项用于贫困学生助学、灾害救助、贫困村建设等扶贫项目；在山东省菏泽市投入 17 万元，用于巨野县万丰镇农田灌溉沟渠建设和东明县社会扶贫捐赠。安华农业保险公司在精准扶贫工作中的真心帮扶、倾情投入的义举得到各级政府、广大农民和社会各界的认可赞许和一致好评，内蒙古乌兰察布中心支公司总经理温东海因在扶贫工作中的突出表现，被中国保险行业协会评选为"保险扶贫好事迹"先锋版先进个人。

（二）坚持扶持对象精准——务实开展结对帮扶

开展结对帮扶活动是落实党和国家精准扶贫战略，提高帮扶资源利用效率，拉动贫困地区经济恢复发展的有效组织形式。结对帮扶绝不是单纯的送钱送物，要想从根本上产生实效，必须在帮扶模式上求突破，在扶持对象上锁定目标，在增强造血功能上做文章。按照银保监会《关于在内蒙古自治区乌兰察布市察右中旗、察右后旗开展结对帮扶的工作方案》的要求和察右中旗、察右后旗结对帮扶动员会议的安排部署，安华农业保险公司定点帮扶库伦苏木的扶贫攻坚工作。在结对帮扶工作中，安华并没有沿袭给钱即是扶贫的简单的帮扶方式，而是将结对帮扶作为一项事业来精细谋划。公司专门成立了由董事长牵头的扶贫工作领导小组，专设的扶贫办指定一名部门领导和一名处级干部具体负责结对帮扶工作，驻点研究解决帮扶对象、帮扶措施、帮扶项目等具体问题，自 2018 年公司开展结对帮扶以来，以从根本上解决贫困人口生产生活问题为着眼点，投入帮扶资金 270.37 万元，仅 2019 年就在民生、消费和支持产业发展等方面开展了 8 个帮扶项目。一是开展设施投入，筑牢脱贫基础。库伦苏木是传统牧区，大部分为半荒漠化草原和草甸草原，雨雪天气交通不便，严重影响了牧民的生产生活。为彻底改变库伦苏木基础设施薄弱的问题，公司投资 42.3 万元为库伦苏木捐赠装载机、自卸车各一辆，既解决了恶劣天气下牧民出行难、道路救援难的问题，又可增加集体经济收入，一举两得。同时为改善贫困牧民生活条件，公司投资 5.4 万元购置净水机 360 台，投资 4.6 万元帮助贫困村建设了文明超市，为贫困家庭捐赠 1.68 万元用于改善生活条件。二是实施增智扶贫，落实儿童关爱成长计划。扶贫先扶智，要想从根本上改变贫困地区的落后面貌，首先要解决贫困儿童的因贫失学的问题。结合"中国保险行业 7.8 扶贫公益基金"项目，公司动员全辖员工、客户及员工亲友踊跃捐款 24 万元，为察右中旗库伦苏木和巴音镇近 200 名学生送去了温暖和爱心。三是实施保险扶贫，筑牢脱贫产业保护屏障。为防止库伦苏木广大牧民因灾致贫、因灾返贫，公司免费为当地牧民提供了保障额度 600 万元的肉羊天气指数保险，共免除保费 45 万元。

（三）坚持帮扶措施精准——全员踊跃参与消费扶贫

帮助发展扶贫产业、改善贫困地区生产生活条件，只是扶贫攻坚走完的第一步，造血式扶贫解决了脱贫无路的问题，但还存在着外来新型产业的市场适应性问题，如何化解嫁接产业的"排异反应"，使扶贫产业真正落地生根、发挥脱贫功效，是扶贫攻坚的一项长期工程。2019 年，由于交通不便、销路不畅、产业集中度高等问题的影响，贫困地区内蒙古察右中旗的扶贫产业胡萝卜、南瓜虽喜获丰收，但销售价格一路下滑，甚至几分钱一斤的极端低价仍无人问津。得知贫困地区农产品滞销的讯息后，安华公司和广大员工积极行动起来，通过主动购买、宣传促销、广开渠道等手段，帮助贫困地区销售农产品，自发掀起一场轰轰烈烈的消费扶贫保卫战，采取切实可行的措施帮助解决贫困地区农产品价低伤农的问题。一方面，公司投入资金 56 万元，租用 14 个恒温库贮存农户滞销的胡萝卜，待价格提高后再进行销售，以减少贫困地区农民损失；另一方面，号召全辖机构和员工踊跃购买察右中旗农产品，全辖累计购买胡萝卜 2 000 件、销售金额 45 756 元，南瓜 938 件、销售金额 14 070 元，总计实现内购 6 万余元。公司还积极联系销售渠道，帮助销售农产品。通过内购和外销，累计帮助察右中旗销售胡萝卜 49.5 吨，南瓜 7.9 吨，累计销售金额 33.5 万元。避免了农户弃收、胡萝卜及南瓜冻在地里的情况发生，尽最大努力减少了贫困地区农民的损失。同时，为疏通贫困地区农产品销售渠道、长期稳定的解决卖难问题，公司还积极落实销售扶贫政策，投入 30 万元建设了农畜产品销售平台——安华臻品，平台实现了贫困地区农副产品在线展示、网上交易、物流跟踪、在线支付、产品追溯的一站式聚合，展示销售贫困地区的地方特色产品、生鲜食品、加工食品、农资农具等。

（四）坚持脱贫保障精准——有针对性实施保险扶贫

扶贫工作的重点是广大农村贫困人口彻底脱贫致富，难点在于保障脱贫成果的长期性和稳定性。为保护得之不易的脱贫成果，保障广大"摘帽"贫困户不因灾致贫、因灾返贫，安华农业保险公司发挥自身专业优势，根据各地脱贫产业发展实际和风险保障需求，潜心研发了内蒙古地方财政特色农产品价格指数保险、肉羊天气指数保险、河北省红枣价格保险等 36 款扶贫类保险产品，为 45.51 万户次建档立卡贫困户提供风险保障 19.09 亿元，并给予参保贫困户减免保费、理赔绿色通道等多项优惠措施，深受广大农村贫困户的欢迎，为助力精准扶贫、保护脱贫成果的稳定性发挥了积极的作用。在内蒙古精准扶贫调研中发现，肉羊养殖投入成本低、繁殖增群快，是贫困牧民快速脱贫的支柱产业，但在产业发展过程中牧民深受雪灾和旱灾的影响，肉羊养殖损失很大、扶贫产业发展受到严重制约。为解决这一脱贫路上的羁绊，公司经过多次深入调研，在充分听取贫困牧民意见的基础上，研发了肉羊天气指数保险扶贫专属产品。该产品根据业务所在地国家级气象站（点）提供的实时监测数据，触发所设定的灾害指数时，视为保险责任发生，根据降水量、政府气象及畜牧相关部门对灾害情况进行评估，并按照评估结果进行赔偿。同时，为带动农村贫困人口的转型就业，安华农业保险公司在农网建设中积极吸纳贫困户，对新加入农网的贫困人员开展保险技能培训，带动其尽快成长为合格的农村保险营销员和基层农业保险服务人员，在增加贫困户非农收入的同时，以"扶志"的方式增强其社会荣誉感和自身存在感，开拓贫困户发展视野，增强了贫困户脱贫致富的信心和意愿。

三、经验启示

（一）找准特色，是贫困地区求变的发展引擎

四川省"三州三区"是国家级重点贫困地区，也是打赢精准扶贫攻坚战的关键所在，在深度贫困地区如何发挥保险扶贫助力方面，安华农业保险公司进行了深入思考和探索实践，在四川分公司建设之初，首先在凉山州铺设机构，潜心研究保险扶贫的方法路径。凉山彝族自治州地处大凉山腹地，彝族同胞祖祖辈辈"靠山吃山"，花椒、核桃等林果产业是当地的主要产业，也是彝族同胞赖以脱贫致富的重要手段。大凉山地势复杂、土地瘠薄、灾害频发，林果产业完全靠天吃饭，由于收获成果不稳定，一直处于半野生发展状态。如何保障花椒、核桃的稳定产出，助力这一独具地方特色的林果业发展为脱贫致富的支柱产业，安华农业保险公司与凉山州林业局开展了深入的调查研究，制定了以保险撑起林果产业保护伞、坚定彝民产业发展信心、拉动林果业精细化发展的保险扶贫策略，与凉山州林业局共同开发了核桃、花椒扶贫保险条款，并率先在盐源县开展试点，由试点乡镇投入 20% 扶贫补贴，累计承保核桃 6 448.6 亩、花椒 1 309.5 亩，总保障额度 710.34 万元，629 户贫困农民得到保险保障。

（二）倾情投入，是助力精准扶贫的内生动力

为在精准扶贫战略中贡献安华的力量，积极履行专业化农险公司的社会责任，安

华各级公司动脑筋、想办法，全力压缩办公经费用以投入精准扶贫事业。2017年以来，安华各级公司通过专项捐助、结对帮扶、减免贫困户保费等形式，累计投入扶贫资金近3 000万元。在保险扶贫方面，2018年以来安华累计开发扶贫保险产品36款、占新开发农险产品283款的14%。仅2019年就为贫困户累计减免保费521.76万元，其中为吉林省建档立卡贫困户减免农业保险自交保费354.97万元，为山东省贫困户减免230.12万元，为内蒙古7个深度贫困旗县建档立卡贫困户减免种植业保险保费99万元，为结对帮扶单位库伦苏木减免肉羊天气指数保险保费44.67万元。

（三）多方联动，是构建扶贫合力的重要举措

尽管安华农业保险公司不是国企，但作为承接党和国家惠农政策落实的专业性农险公司，有责任、有义务参与脱贫攻坚战略。为在精准扶贫工作中做好加法，放大自身扶贫能力，安华广泛寻找"志同道合"的扶贫合作伙伴，共同投身精准扶贫事业。在结对帮扶工作中，安华与保险同业公司共同投入内蒙古乌兰察布市察右中旗、察右后旗的扶贫包保，并同中保协携手与库伦苏木结成帮扶对子，增强了公司的帮扶效能。在保险扶贫项目落实上，安华并没有单打独斗，在精心设计保险条款、减免贫困户自交保费的同时，全力协调各级财政和有关扶贫部门，为贫困户争取保费补贴，进一步减轻或免除贫困户保费负担。在扶贫保险产品推广上，与各级政府和代办部门全力合作，加快了扶贫项目的落地实施。安华与吉林省梨树县扶贫办签署扶贫协议，开办了扶贫财产一切险、营业中断、团体意外伤害保险等业务，为贫困户提供风险保障1.256亿元，协调梨树县各级政府为贫困户提供全部保费115.82万元。精准扶贫是一项社会化系统工程，安华既是参与者也是组织者，通过多方联动、携手发力，化解了扶贫开发自身能力有限的问题。

2020年是脱贫攻坚的决胜之年，安华作为一家专业农险公司，将继续弘扬中华民族扶贫济困、助人为乐的传统美德，在以往精准扶贫工作的基础上，继续聚焦三农发展，践行社会责任，锐意开拓独具安华特色的精准扶贫之路，全力谱写好脱贫攻坚的收官之作。

农业保险公司的道德风险研究[*]

柴智慧　赵元凤

摘要： 在过往十余年我国农业保险跨越式发展中，保险公司的道德风险问题也日益凸显。本文通过微观案例界定保险公司道德风险的内涵与类别，基于博弈视角分析其产生机理。结果发现：在政府和保险公司的委托代理关系中，由于二者的目标诉求不同，如若政府对保险公司的农业保险业务不能给予有效监管，则保险公司不遵守经营规范所得收益要大于其遵守经营规范所得收益，从而导致保险公司出现违规经营业务的道德风险问题；相关政府部门可以通过完善监管政策、整合监管资源、优化协办机制、加大监管力度、设置差异化保险合约等措施来减少农业保险市场中保险公司的道德风险。

关键词： 农业保险；保险公司；道德风险

一、引言

农业保险是现代农业发展的一个大方向、大趋势和大政策（袁纯清，2018）。根据世界银行 2008 年的调查，目前全球约有 104 个国家或地区在开展农业保险 (Mahul、Stutley，2010)。我国自 2004 年开始新一轮农业保险试点，中共中央、国务院连续 15 个指导"三农"工作的 1 号文件均对其予以专门部署。从 2007 年中央财政启动农业保险保费补贴试点，到 2012 年国务院颁布《农业保险条例》；从 2017 年中央 1 号文件提出"持续推进农业保险扩面、增品、提标"，到 2018 年中央 1 号文件要求"探索开展稻谷、小麦、玉米三大粮食作物完全成本保险和收入保险试点，加快建立多层次农业保险体系"。农业保险在我国 10 余年的跨越式发展，表明该政策是我国现代化农业经济体系的重要内容，是应对农业风险的防护堤和保障农民收入的稳定

---

　* 基金项目：国家自然科学基金（71873072、71503141 和 71363042）、内蒙古自治区高等学校"青年科技英才计划"（NJYT‐19‐B10）和内蒙古农业大学人文社科重点研究课题（XSK 201601）的阶段性研究成果。
　本文原载《保险研究》2019 年第 7 期。
　作者简介：柴智慧，内蒙古农业大学经济管理学院副教授；赵元凤，内蒙古农业大学经济管理学院教授，博士生导师。赵元凤为本文通讯作者。

器。2007—2017 年，我国农业保险保费收入从 51.8 亿元增加到 477.72 亿元，增长 8 倍；各级财政累计提供保费补贴约 2 000 多亿元；提供风险保障从 1 126 亿元增加到 2.79 万亿元，年均增速 33.88%；承保农作物从 2.3 亿亩增加到 20.96 亿亩；赔款支出从 33.72 亿元增加到 366.05 亿元，累计向 3.19 亿户次的受灾农户支付赔款约 1 877 亿元。

然而，伴随我国农业保险的迅猛发展，经营主体不断增多，市场竞争日益激烈，政策所面临的经营风险也逐渐凸显，其中一类就是保险公司的道德风险问题（庹国柱，2013、2018）。如果保险公司存在严重的道德风险问题，则无疑会导致农业保险的经营成本上升，经营效率降低，财政补贴耗散，甚至市场失灵。例如，已有研究表明，保险公司为了维持与大农场之间的业务关系，很少监督定损人员的行为，往往对被保险农户提供有利赔款，即使赔款存在问题也给予赔偿（Goodwin，2004）。美国农业部监察总署（1999）指出，在其检查的 1 100 万美元农作物保险已决赔款中，发现有问题的赔款高达 98 万美元；保险公司为了尽可能多地获取来自政府的经营管理费用补贴，偏好于销售保费收入较高的险种（如收入保障保险），或者偏好于向规模较大的农场主提供农作物风险保险，而对于生产规模较小的农户则不愿意销售保单或者为其提供风险保障服务；同时，保险公司在农业保险查勘定损与理赔中疏于管理的行为也造成联邦农作物保险赔款成本的迅速增加（金大卫、潘勇辉，2009）。

目前，国内学者有关农业保险市场行为主体道德风险的研究已比较丰富，在理论层面，主要是运用信息经济学理论或博弈理论对其形成原因进行剖析（张芳洁等，2013；张跃华等，2013；宗国富、周文杰，2014；柴智慧、赵元凤，2016；侯仲凯等，2018）。在实证层面，部分学者基于微观调查数据或省际面板数据检验了农户道德风险问题的存在性，具有代表性的研究集中在农业保险政策是否改变农户在农业生产中各类要素的配置行为（刘蔚、孙蓉，2016；王国军等，2017；等等）。钟甫宁和宁满秀等（2007）以新疆玛纳斯河流域的棉花保险为例，研究农业保险制度对农户农用化学要素施用行为的影响，结果显示：购买农业保险的农户倾向于施用更多的化肥与农膜，而倾向于施用更少的农药。林光华和汪斯洁（2013）研究发现参加家禽保险对养殖户疫病防控要素投入具有显著的负向影响，参保养殖户平均每只鸡的疫病防控要素投入比未参保养殖户约低 1.21~1.34 元。徐斌和孙蓉（2016）认为我国现行农业保险在鼓励农户增加耕种面积和农资投入以增加农业收入方面具有一定作用，且耕地面积变化作用更显著。付小鹏和梁平（2017）发现农业保险会显著增强农户专业化种植倾向，弱化多样化种植行为，且这种效应明显具有滞后性和异质性特征。张驰、张崇尚和仇焕广等（2017）以地块为研究对象，基于黑、豫、川、浙四省 1 039 户粮食种植户 1 709 个地块的调查数据，采用倾向得分匹配方法，实证分析农业保险参保行为对农户有机肥投入的影响，发现参保行为对有机肥施用具有显著负向影响，投保地块有机肥的施用概率比未投保地块低 3%~7%。在养殖业保险市场，张跃华等（2018）以浙江省德清县的生猪保险为例，基于 444 位生猪养殖户的调查数据和保险记录，发现养殖户参保时会向保险公司少报约 11.5% 的出栏量；这种少报行为与饲养规模正相关，而养殖经验丰富或者风险规避型养殖户在报告出栏量时更为精确。

综上所述，目前针对农业保险市场中行为主体的道德风险问题，研究视角主要集中于被保险人即农户；事实上，保险公司也存在道德风险问题（庹国柱，2013、2018），但研究尚比较少。在农业保险市场中，保险公司道德风险的内涵是什么？其有何具体表现？产生机理是什么？如何减少？上述问题目前鲜有系统性的梳理，故本文的研究成果可为我国农业保险在 2.0 时期如何精细化发展提供参考价值。

二、农业保险市场保险公司道德风险的内涵与表现

在信息经济学中，道德风险是指在信息不对称的情形下，市场交易一方参与人不能观察另一方的行动或当观察（监督）成本太高时，一方行为的变化导致另一方的利益受到损害。在农业保险市场中，保险公司的道德风险是指保险公司在开办政策性农业保险业务时受利润最大化目标的驱使，利用自身信息优势或者经营地位优势，不积极、谨慎地经营农业保险业务，导致国家财政资金耗散，以及农险经营结果背离国家财政补贴的初衷（冯文丽等，2012）。

政策性农业保险实施仅有十年多的时间，政策、制度等都还处于逐步完善的过程中，目前开展农险业务的保险公司中多数人员属于"半路出家"，职业素质的参差不齐导致部分人员对农险业务了解不透彻、对许多实际问题缺乏解决经验的现象。在新世纪以前，农业保险往往是各家保险公司眼中的"鸡肋"业务，新世纪以来则逐渐成为各家保险公司竞相淘金的"香饽饽"，究其根本原因是开展农业保险要比其他财产险相对容易，且有各级政府为农险开展提供大规模财政补贴，由此也导致部分农险经办公司或其业务人员经不起诱惑，违背《农业保险条例》的规定，违反农业保险保费补贴实施方案的要求和农业保险合同的约定，出现道德风险问题，主要表现有：

（一）通过虚假承保、虚假退保、虚假理赔、虚挂保费和虚列费用等"五虚"方式套取财政补贴资金

Ker（2001）指出，在美国联邦农作物保险市场中，保险公司缺乏动力花费较高成本来监督高风险的保单持有者，也没有动力拒绝可能存在问题的保险理赔，相反，保险公司可能通过向农户提供"有利"的赔款来维持客户关系。在国内农业保险市场中，根据中国裁判文书网的统计显示，2013—2015 年，我国农业保险领域犯罪案例共计有 142 个，涉案 241 人，其中保险公司人员 47 人（约占 20%），所涉罪名主要包括贪污罪（24 人）、滥用职权罪（20 人）、职务侵占罪（2 人）和玩忽职守罪（1 人）（裴雷和姚海鑫，2016）。在具体案例方面，如下所示：

2013 年 7 月至 10 月，根据河南省财政厅《关于开展农业保险保费财政补贴资金监督检查的通知》（豫财监〔2013〕224 号）要求，河南省财政厅监督检查二处检查

组在对 Y 县 G、S 两乡镇的玉米保险承保及理赔情况进行检查时，发现 XX 财险 Y 县支公司骗取财政补贴资金，王某、孙某等保险公司相关工作人员涉嫌侵占农业保险理赔款等问题。一是弄虚作假违规承保。G 镇有 3 个村投保人自负保费（3 元/亩）由村支书垫付，王某向村支书承诺每亩玉米交保费 3 元，通过理赔形式返还 5 元（其中 3 元为"本"，2 元为"利"）。S 乡孙某在保险公司授意下，通过村干部取得农户姓名、身份证号码、种植面积等信息，私自填制分户投保清单，加盖村委会公章投保，投保人自负保费（3 元/亩）由孙某和部分村干部垫付，孙某同样向村干部承诺通过理赔形式每亩玉米返还 5 元。G、S 两乡镇共虚报玉米投保面积 3.3 万亩（大于玉米良种补贴面积），以每亩保费财政补贴 12 元计算，合计骗取财政补贴资金 39.6 万元。二是编造虚假赔案骗取理赔款。在 G、S 两乡镇玉米保险理赔档案中，普遍存在出险及索赔通知书要素不齐全、无现场查勘原始记录、出险时间前后矛盾等现象。经过检查组反复调查取证，并询问王某、孙某及部分村干部等当事人证实，两乡镇玉米保险投保面积 99 703 亩，通过编造虚假赔案每亩赔付 6 元左右，共计骗取理赔款 60 万元。三是违规理赔截留保险理赔款。王某、孙某诱导 G、S 两乡镇村干部合谋投保，向村干部承诺每亩玉米交保费 3 元后，无论有灾无灾均通过理赔形式返还 5 元，剩余理赔款 99 703 元（99 703 亩，1 元/亩），由王某、孙某分别落入个人腰包，其中王某分得 18 338 元，孙某分得 81 365 元①。

（二）选择性供给，隐性拒保

以利益为导向的保险公司可能将低风险险种自留，而将高风险险种排除在外；相对于种植业保险，在养殖业保险领域这一问题比较凸显。因为，养殖业保险属于典型的"高风险、高成本、高赔付"险种，各家公司存在业务开展不积极、选择性供给、隐性拒保的现象。在具体案例方面，如下所示：

刘某、方某、朱某是安徽省 L 市 Y 改革发展试验区 S 乡的种植大户，2010 年三家分别种植 3 000 多亩、4 000 多亩和 2 000 多亩油菜。2010 年 11 月 26 日，保险公司 Y 服务部的刘经理和 J 分公司的吴经理一起到方某的油菜田块察看苗情，表示同意投保；11 月 29 日，方某按规定的 2.08 元/亩的标准把 8 936.72 元保费打到 Y 服务部刘经理提供的银行账号上，同时按要求提交乡政府的土地流转证明、土地流转分村统计表、与农户签订的土地流转合同等一系列相关材料。几天后，刘某也找到 Y 服务部的刘经理要求投保，刘经理答复说，她一个人不当家，必须要 L 市公司来人一道去现场看苗情；12 月 13 日，L 市公司、市农保办、市农委、市财政局等一行十几人来到现场察看苗情；当时 L 市公司的许经理说，油菜叶片小，能不能保还不能定。之后，经相关部门协调，保险公司先是同意保 80%，后又改为 70%、60%；随着干旱越来越严重，油菜苗的长势也越来越不好；最终，L 市公司许经理直接答复三人：

---

① http://finance.china.com.cn/roll/20140509/2393930.shtml.

"不能保"。2011 年 1 月 29 日，方某之前交的保费和相关材料也被保险公司退了回来[①]。

（三）业务操作不规范而造成理赔纠纷

例如，部分保险公司聘请的协保员为简化繁琐的农险工作，让投保人自行填制保单，既不认真履行其应当向投保人解释农业保险政策和条款的职责，也不仔细询问投保人的保单填制情况，导致部分投保农户的参保标的清单上存在保险标的数目不确切、没有农户本人的签字确认信息或者即使有签字确认信息但并非农户本人的签字等现象。现阶段，农业保险普遍存在一个"保险公司—基层政府部门—乡镇村协保员"的展业链条，多层次的渠道使得农业保险承保和理赔的真实性、准确性难以充分保证。在具体案例方面，如下所示：

根据 A 保险公司内蒙古分公司 2013 年 8 月对其 B 市支公司和 E 市支公司农业保险业务的内部审计情况可得知，B 市 G 县支公司的 PHNK 201315020000000014 号农作物保险保单、E 市 D 县 PHNL 201315270000000067 号和 PHNL 201215270000000019 号农作物保险保单，投保分户标的清单上均没有投保农户本人签字，而 PHNQ 201315270000000030 号农作物保险保单的分户标的清单中虽有农户签字但并非投保农户本人签字；同时，PHNL 201315270000000067 号保单，未直接将保险凭证发放到参保农户，而是发放到投保的村委会，由村委会在公司自制的保险凭证发放确认函上盖章，但保险凭证发放确认函上没有保单号及凭证数量等重要信息。

三、保险公司道德风险的产生机理：基于政府与保险公司的博弈视角

目前，我国农业保险的开办主要是政府支持下的商业化运营模式，政府与农业保险公司之间具有委托代理关系。政府作为委托方，其推行农业保险政策的目标已伴随中央政府对农业保险政策需求的变化从"提高农业生产抗风险能力"扩展为"保障农业可持续发展，维护国家粮食安全；促进农业现代化进程，保障农户收入稳定增长；控制农产品质量，保障国民廉价粮食供给；降低农产品价格，增强中国农产品的国际竞争力；让农业保险在实现脱贫攻坚战略中发挥重要的作用等"（庹国柱、张峭，2018）。然而，保险公司作为代理人，是商业化经营农业保险业务，自负盈亏，其无疑要将追求利益最大化作为开展农业保险业务的首要目标。因此，在利益最大化的驱使下和政府与保险公司之间信息不对称情况下，政府部门有时并不能完全获知保险公司在开展农业保险业务时的运营水平和运营质量；或者即使政府能够完全获知，也可能需要支付高额的信息成本。政府虽然是投保农户的利益代言人，但在政府"失声"

[①] http://www.cqn.com.cn/news/xfpd/szcj/cj/396996.html.

或者"无声"的农业保险环境中,有可能导致保险公司在经营农业保险业务时存在"机会主义"行为,部分保险公司工作人员可能会因为政府存在监管"盲区"而产生道德风险问题。例如,在美国农业保险市场中也有类似问题,如果政府没有给予足够重视,以利益为导向的商业性保险公司作为新的寻租集团就有可能技术性地攫取农业保险政策的收益(Ker 和 McGowan,2000)。

因此,从博弈论的角度看,政府与保险公司之间存在一种博弈关系;政府和保险公司作为博弈的两个参与人,各自有两个策略可供选择,即政府监管和不监管,保险公司遵守农业保险经营规范和不遵守农业保险经营规范。

为便于分析,本文假设:①政府和保险公司均是理性经济人。保险公司的策略空间为(遵守经营规范,不遵守经营规范),保险公司将根据其利润最大化的目标来决定采取哪一种策略;政府的策略空间为(监管,不监管),政府也将根据其实施农业保险政策的目标来决定究竟采取哪一种策略。②政府和保险公司完全掌握在博弈中所需要的信息,完全知道对方的策略空间与效用函数。③保险公司在按照经营规范供给农业保险产品时,无论政府是否进行监管,保险公司均可以获得正常收益。政府如果进行监管,则其就有可能查处保险公司不按照经营规范提供农业保险产品的行为①。④保险公司在不按照经营规范供给农业保险产品时,一旦被查处,会受到一定程度的惩罚。政府在对保险公司的农业保险业务进行监管时,会产生一定的成本,如果政府能够成功查处到保险公司不按照经营规范提供农业保险产品的行为,则其会得到一定的奖励(如官员政绩等)。

因此,政府的监管和不监管将会产生 4 种行为结果:监管,可能成功,也可能不成功;不监管,可能被举报,也可能不被举报。保险公司将会有 3 种行为结果:遵守经营规范,获得正常收益;不遵守经营规范,可能被查处,也可能不被查处。

基于以上假定,本文构建农业保险市场中政府和保险公司之间的博弈模型,如表 1 所示。假定 q 表示政府选择对保险公司是否按照经营规范提供农业保险产品进行监管的概率;p 代表保险公司选择不按照经营规范提供农业保险产品的概率。

表 1　政府与保险公司之间的博弈

类别		保险公司	
		不按照经营规范(p)	按照经营规范($1-p$)
政府	监管(q)	$(Y_G-C_1+\theta V_G,\ Y_I+M_I-\theta F_I)$	$(Y_G-C_2,\ Y_I)$
	不监管($1-q$)	$(Y_G-\lambda F_G,\ Y_I+M_I-\lambda F_I)$	$(Y_G,\ Y_I)$

注:括号中前面部分代表政府的收益,后面部分代表保险公司的收益。

其中,Y_G 代表政府的正常效用,Y_I 表示保险公司提供农业保险产品的正常收

①　例如,在原中国保险监督管理委员会行政处罚决定书(保监罚〔2018〕1 号至 24 号中,15 号至 24 号均为有关农业保险业务的处罚决定书,主要涉及多家保险公司的虚假承保、虚假理赔等道德风险问题。

益，V_G 代表政府成功查处保险公司不按照经营规范供给农业保险产品后所得到的效用；M_I 代表保险公司不按照经营规范提供农业保险产品可以获得的超额利润；F_G 表示政府失职等受到的处罚；F_I 代表保险公司不按照经营规范提供农业保险产品被查处后受到的惩罚；C_1 代表政府监管不按照经营规范提供农业保险产品的保险公司所付出的成本；C_2 表示政府监管按照经营规范提供农业保险产品的保险公司所付出的成本，且有 $C_1>C_2$，因为保险公司不按照经营规范提供农业保险产品的行为一般都具有较强的隐蔽性；θ 表示政府成功查处不按照经营规范提供农业保险产品的保险公司的概率；λ 表示保险公司不按照经营规范提供农业保险产品的行为被发现检举的概率。

（一）纯策略均衡分析

政府与保险公司的纯策略均衡有以下四种形式：

（1）监管，按照经营规范提供农业保险产品。政府选择对保险公司的农险业务进行监管，而保险公司则在被政府监管的情况下选择按照经营规范提供农业保险产品，该策略达到均衡的条件是 $Y_G-C_2>Y_G-\lambda F_G$ 和 $Y_I>Y_I+M_I-\theta F_I$，即 $\lambda>C_2/F_G$ 和 $\theta>M_I/F_I$，其经济含义是：①在政府的失职处罚大于其对保险公司的农业保险业务进行监管的成本的条件下，政府会选择竭尽所能进行监管；②在政府竭尽所能进行监管和加大对农业保险业务不合规经营的保险公司的惩罚力度的情况下，保险公司觉得不合规经营农业保险业务可能会得不偿失，而按照经营规范提供农业保险产品可能对保险公司更为有利。

（2）不监管，按照经营规范提供农业保险产品。政府对保险公司的农险业务采取不监管策略，保险公司能够自觉按照经营规范供给农业保险产品，该策略达到均衡的条件是 $Y_G>Y_G-C_1+\theta V_G$ 和 $Y_I>Y_I+M_I-\lambda F_I$，即 $\theta<C_1/V_G$ 和 $\lambda>M_I/F_I$，其经济含义是：①政府对保险公司的农业保险业务的监管成本比较高，而效用却偏小；②保险公司在提供农业保险产品时不合规经营不能够比合规经营获得更多的收益。结合具体的农业保险实践，可知："不监管，按照经营规范提供农业保险产品"策略是不可能实现的均衡。

（3）监管，不按照经营规范提供农业保险产品。政府选择对保险公司的农险业务进行监管，保险公司不按照经营规范供给农业保险产品，该策略达到均衡的条件是 $Y_G-C_1+\theta V_G>Y_G-\lambda F_G$ 和 $Y_I+M_I-\theta F_I>Y_I$，即 $\theta V_G/(C_1-\lambda F_G)>1$ 和 $\theta<M_I/F_I$，其经济含义是：①政府对保险公司农业保险业务进行监管所得到的效用大于其不监管所得到的效用，保险公司不合规经营农业保险可获得的收益大于其合规经营农业保险可获得的收益；②这种类型的均衡是最不理想的，政府必须加大对不合规提供农业保险产品的保险公司的惩罚，提高监管成功的概率，使 $\theta>M_I/F_I$，从而使得 F_I 越大。

（4）不监管，不按照经营规范提供农业保险产品。政府对保险公司的农险业务采取不监管策略，保险公司不按照经营规范供给农业保险产品，该策略达到均衡的条件

是 $Y_G - \lambda F_G > Y_G - C_1 + \theta V_G$ 和 $Y_I + M_I - \lambda F_I > Y_I$，即 $\theta V_G / (C_1 - \lambda F_G) < 1$ 和 $\lambda < M_I /$ F_I，其经济含义是：①政府对保险公司的农业保险业务不予监管，可能是因监管成本较高，而保险公司不合规经营农业保险的收益要大于其合规经营的收益；②要想促使政府对保险公司的农业保险业务进行监管，必须提高政府成功查处保险公司不合规经营农险业务的奖励和加大对政府失职的处罚力度，同时，设法降低政府的监管成本。

（二）混合策略均衡分析

1. 政府的最优行为选择

根据表1可知，政府的预期收益为：

$$EU_G = qp(Y_G - C_1 + \theta V_G) + q(1-p)(Y_G - C_2) + (1-q)p(Y_G - \lambda F_G) + (1-q)(1-p)Y_G$$

令 $\dfrac{\partial EU_G}{\partial q} = 0$，即：

$$\frac{\partial EU_G}{\partial q} = p(Y_G - C_1 + \theta V_G) + (1-p)(Y_G - C_2) - p(Y_G - \lambda F_G) - (1-p)Y_G = 0;$$

则有 $p^* = C_2 / (\theta V_G + \lambda F_G - C_1 + C_2)$。说明在保险公司以低于 p^* 的概率选择不合规经营农业保险业务时，政府不监管所得效用要大于其监管所得效用，故政府的最优行为选择是对保险公司的农业保险业务不予监管；当保险公司以高于 p^* 的概率选择不合规经营农业保险业务时，政府不监管所得效用要小于其监管所得效用，故政府的最优行为选择是对保险公司的农业保险业务给予监管；当保险公司以 p^* 的概率选择不合规经营农业保险业务时，政府则是随机地选择对保险公司的农业保险业务给予监管或者不予监管。

因此，政府可以通过影响均衡概率 p^*，如实施有效的激励和约束，降低监管成本等，改变涉及农业保险业务的相关政府部门选择不对保险公司的农险业务进行监管的行为区域，进而影响保险公司的农业保险业务经营水平。

2. 保险公司的最优行为选择

根据表1可知，保险公司的预期收益为：

$$EU_I = pq(Y_I + M_I - \theta F_I) + p(1-q)(Y_I + M_I - \lambda F_I) + (1-p)qY_I + (1-p)(1-q)Y_I$$

令 $\dfrac{\partial EU_I}{\partial p} = 0$，即：

$$\frac{\partial EU_I}{\partial p} = q(Y_I + M_I - \theta F_I) + (1-q)(Y_I + M_I - \lambda F_I) - qY_I - (1-q)Y_I = 0;$$

则有 $q^* = \dfrac{\lambda F_I - M_I}{F_I(\lambda - \theta)}$。说明在政府对保险公司农业保险业务的监管概率低于 q^* 时，保险公司开展农业保险业务的最优策略是不合规经营；当政府对保险公司农业保险业务的监管概率高于 q^* 时，保险公司开展农业保险业务的最优策略是合规经营；当政府对保险公司农业保险业务的监管概率等于 q^* 时，保险公司可以随机地选择合规经营和违规经营农业保险业务。

因此，政府可以通过制定政策来影响均衡概率 q^*，进而影响保险公司开展农业保险业务的最优行为选择；保险公司的最优行为选择模型分析表明，在社会监管环境越完善，监管力度越强，对保险公司违规经营的处罚力度越大的情况下，保险公司不合规经营农业保险业务所获取的收益会越小，此时，保险公司就越没有不按照经营规范提供农业保险产品的动力。

根据政府的最优行为选择和保险公司的最优行为选择，可知政府与保险公司之间的混合策略均衡是（p^*，q^*），即 $\left(\dfrac{C_2}{(\theta V_G + \lambda F_G - C_1 + C_2)}, \dfrac{\lambda F_I - M_I}{F_I(\lambda - \theta)} \right)$，表示保险公司以 $p^* = C_2 / (\theta V_G + \lambda F_G - C_1 + C_2)$ 的概率选择不按照经营规范供给农业保险产品，政府以 $q^* = \dfrac{\lambda F_I - M_I}{F_I(\lambda - \theta)}$ 的概率选择对保险公司是否按照经营规范提供农业保险产品进行监管。

至此，本文已分别运用政府与保险公司之间的纯策略均衡和混合策略均衡两种博弈分析方法对保险公司在农业保险市场中的道德风险问题的产生机理予以论证。可知：在政府和保险公司之间围绕农业保险业务因信息不对称产生的委托代理关系中，由于二者各自的目标诉求明显不同，在政府对保险公司的农业保险业务不能给予有效监管的情况下，保险公司不遵守经营规范所得收益要大于其遵守经营规范所得收益，从而导致保险公司在农业保险业务中出现违规经营的道德风险问题。

另外，在政府的失职处罚大于其对保险公司的农业保险业务进行监管的成本的条件下，政府会选择竭尽所能进行监管；政府必须加大对保险公司不合规供给农业保险产品的惩罚，且提高有效监管的概率；要想促使政府积极监管保险公司的农业保险业务，必须提高其成功查处不合规经营的奖励，加大失职处罚，同时设法降低监管成本；政府可以通过实施一定的激励及约束或者加强制度建设来改变其不能有效监管的行为区域，进而影响保险公司的农业保险业务经营水平。

四、结论与对策

本文以农业保险市场为例，一是系统性地阐述保险公司道德风险的内涵与表现。在农业保险市场中，保险公司的道德风险是指保险公司在开办政策性农业保险业务时受利润最大化目标的驱使，利用自身信息优势或者经营地位优势，不积极、谨慎地经营农业保险业务，导致国家财政资金耗散，以及农险经营结果背离国家财政补贴的初衷。结合具体的微观案例发现，保险公司的道德风险主要表现为通过虚假承保、虚假退保、虚假理赔、虚挂保费和虚列费用等"五虚"方式套取财政补贴资金；选择性供给，隐形拒保；业务操作不规范而造成理赔纠纷；等等。二是基于政府和保险公司的博弈视角，分别从纯策略均衡和混合策略均衡两个方面对保险公司道德风险问题的产生机理予以分析。结果显示：在政府和保险公司之间围绕农业保险业务因信息不对称产生的委托代理关系中，由于二者各自的目标诉求明显不同，如若政府对保险公司的农业保险业务不能给予有效监管，则保险公司不遵守经营规范所得收益要大于其遵守经营规范所得收益，从而导致保险公司在农业保险市场中出现违规经营业务的道德风险问题。

尽管当前各级政府和相关部门对我国农业保险业务的监管均比较关注和重视，但其仍然是违规经营的一个多发区。鉴于此，结合现阶段我国农业保险实践，可从以下方面来减少保险公司不遵守农业保险经营规范带给其的收益，督促保险公司依法合规经营农业保险业务。

（1）完善监管政策。虽然已有《农业保险条例》的顶层设计，但目前针对农业保险业务的监管规则仍有诸多缺项，如市场准入规则、市场竞争规则、市场退出规则、费用管理规则、信息系统规则、客户回访规则、第三方监督评价规则等，故需要进一步完善有关农业保险业务监管的政策和法规，为保险公司依法合规经营农业保险业务提供制度保障。

（2）整合监管资源。目前我国农业保险业务监管涉及银保监、财政、农牧、林业、气象、审计、税务等政府部门，其中，银保监负责监管保险业务，财政部门负责查处违规违法使用财政资金活动，而其他部门只是各司其职"推进和管理"农业保险业务，这种"九龙治水"的监管体制难以形成合力效应，故需要整合监管资源，既可以考虑成立类似于美国农业风险管理局或加拿大农作物保险局的全国性监管机构并在各地设立分支机构，专司监管职能，也可以借鉴韩国、西班牙等国家由多个部门协同监管的做法，形成上下联动、横向协作、职责明确的监管协调机制，从而为有效监管保险公司是否依法合规经营农业保险业务提供组织保障。

（3）优化协办机制。根据前文对保险公司道德风险的论述可知：部分类别的道德风险（如"五虚"问题）并非单纯是因为保险公司工作人员的违规操作，而是也涉及到"县—镇—村"的农业保险基层协保员，故需要进一步优化协办机制，明晰基层农业保险经办公司、基层政府部门和村民委员会以及各级各类协保员的具体职责，限制和约束基层各方主体在农业保险经营活动中的权力，确保协办程序规范。

（4）加大监管力度。既要增加专业监管人员，又要在资源的空间配置上充分考虑我国绝大多数农业保险业务是在远离城市的最基层农村的实际；同时，对保险公司在农业保险业务经营中的违规违法行为实行"零容忍"，加大处罚力度，例如，予以经济处罚，取消经营资格，撤销负直接责任的高管的任职资格，对总公司和分公司相关高管监管等进行约谈，责令限期整改，以此坚决维护投保农户的合法权益。

（5）设置差异化保险合约。针对选择性供给或隐性拒保等问题，保险公司需要考虑现阶段我国农业生产是新型经营主体和"小散户"并存的"二元主体"格局，充分做好市场研究与细分工作，改变目前"一省、一产品、一费率"的单一结构，设置差异化保险合约，例如费率浮动、险种多样，使具有不同农牧业生产风险的投保人可根据自身需求选择适宜的农业保险产品。

参考文献

[1] 柴智慧，赵元凤. 农作物保险中农户道德风险的产生机理与案例检验——以内蒙古为例 [J]. 保险研究，2016 (12)：85-93.

[2] 冯文丽等. 农业保险补贴制度供给研究 [M]. 北京：中国社会科学出版社，2012：176.

[3] 付小鹏，梁平. 政策性农业保险试点改变了农民多样化种植行为吗？[J]. 农业技术经济，2017 (9)：66-79.

[4] 侯仲凯，丁宇刚，何卓静. 大牲畜保险道德风险：比较静态与动态演化分析 [J]. 保险研究，2018 (4)：43-54.

[5] 金大卫，潘勇辉. 政策性农业保险的道德风险调控初探——基于信息经济学的视角 [J]. 农业经济问题，2009，30 (10)：25-33.

[6] 林光华，汪斯洁. 家禽保险对养殖户疫病防控要素投入的影响研究 [J]. 农业技术经济，2013 (12)：94-102.

[7] 刘蔚，孙蓉. 农险财政补贴影响农户行为及种植结构的传导机制——基于保费补贴前后全国面板数据比较分析 [J]. 保险研究，2016 (7)：11-24.

[8] 裴雷，姚海鑫. 农业保险领域犯罪的经济学分析——基于 142 个判例的研究 [J]. 保险研究，2016 (10)：119-127.

[9] 庹国柱. 有效防范道德风险　促进政策性农业保险健康发展 [N]. 中国保险报，2012-03-01 (007).

[10] 庹国柱. 农业保险经营的风险及其防控 [J]. 中国保险，2018 (2)：7-13.

[11] 庹国柱，张峭. 论我国农业保险的政策目标 [J]. 保险研究，2018 (7)：7-15.

[12] 王国军，王冬妮，陈璨. 我国农业保险不对称信息实证研究 [J]. 保险研究，2017 (1)：91-100.

[13] 徐斌，孙蓉. 粮食安全背景下农业保险对农户生产行为的影响效应——基于粮食主产区微观数据的实证研究 [J]. 财经科学，2016 (6)：97-111.

[14] 袁纯清. 实施乡村振兴战略　创新发展农业保险 [J]. 保险理论与实践，2018 (9)：1-10.

[15] 宗国富，周文杰. 农业保险对农户生产行为影响研究 [J]. 保险研究，2014 (4)：23-30.

[16] 张弛，张崇尚，仇焕广，吕开宇. 农业保险参保行为对农户投入的影响？——以有机肥投入为例 [J]. 农业技术经济，2017 (6)：79-87.

[17] 张芳洁，刘凯凯，柏士林. 政策性农业保险中投保农户道德风险的博弈分析 [J]. 西北农林科技大学学报（社会科学版），2013 (4)：82-87.

[18] 张跃华，刘纯之，利菊秀. 生猪保险、信息不对称与谎报——基于农户"不足额投保"问题的案例研究 [J]. 农业技术经济，2013 (1)：11-24.

[19] 钟甫宁，宁满秀，邢鹂，苗齐. 农业保险与农用化学品施用关系研究——对新疆玛纳斯河流域农户的经验分析 [J]. 经济学（季刊），2007 (1)：291-308.

[20] Goodwin, B. K., M. L. Vandeveer, and J. L. Deal. An Empirical Analysis of Acreage Effects of Participation in the Federal Crop Insurance Program [J]. American Journal of Agricultural Economics, 2004, 86 (4)：1058-1077.

[21] Mahul, O., and C. J. Stutley. Government Support to Agricultural Insurance: Challenges and

Options for Developing Countries [R]. World Bank, Washington D. C., 2010.

[22] Ker, A. P., and P. McGowan. Weather – Based Adverse Selection and the U. S. Crop Insurance Program:The Private Insurance Company Perspective [J]. Journal of Agricultural and Resource Economics, 2000, 25 (2): 386 – 410.

[23] Ker, A. P. Private Insurance Company Involvement in the U. S. Crop Insurance Program [J]. Canadian Journal of Agricultural Economics,2001, 49 (4): 557 – 566.

[24] Zhang, Y. H., Cao, Y., and H. H. Wang. Cheating? The Case of Producers' Under – reporting Behavior in Hog Insurance in China [J]. CanadianJournal of Agricultural Economics, 2018 (66): 489 – 510.

大数据背景下的中国农业保险欺诈检测：
国际经验借鉴及技术选择[*]

大数据背景下的中国农业保险欺诈检测：国际经验借鉴及技术选择[*]

贺　娟　肖小勇　谭偲凤　陶建平

摘要： 中国农业保险市场中欺诈骗保等违法行为屡禁不止，亟须运用数据挖掘技术提高农业保险发展质量。首先，本文对欺诈检测的常用方法进行了梳理，包括异常值检测、聚类法、线性回归法、社会关系网络分析法等方法。其次，总结美国运用数据挖掘技术开展农业保险欺诈检测的基本经验。美国利用政府主导、研究机构参与的模式，开发出多种欺诈检测项目，为美国农业保险节约巨额资金。再者，基于国际经验，提出适用于中国农业保险欺诈检测的相关性异常值检测法、合谋关系检测法和机器学习法。最后，为进一步推动数据挖掘技术在中国农业保险欺诈检测中的运用，提出建立农业保险大数据库、建立数据挖掘合作平台、建立常态化的数据利用机制以及培育和激励数据挖掘人才等建议。

关键词： 农业保险；数据挖掘；欺诈检测

一、引言

近 10 年来，中国农业保险市场的规模增长近 10 倍。从 2007 年财政部对农业保险进行补贴以来，保费收入已由 2007 年的 52 亿元增长到了 2017 年的 479 亿元，给予农户的保险赔付也由 2007 年的 30 亿元增长到了 2017 年的 333 亿元[①]。而市场规模排名第一的美国联邦农业保险（Federal Crop Insurance）在 2017 年的保费收入为 101 亿美元，约为中国的 1.4 倍，保险赔付为 48 亿美元，与中国基本持平[②]。可见中国农业保险的体量已不容小觑。银保监会在 2019 年初的监管工作通报会上指出，农业保险在支持实体经济上发挥了良好的作用，能使受到风险影响的企业和个人迅速恢复正

---

  * 基金项目：华中农业大学自主科技创新基金（2662017QD011）；国家自然科学基金青年项目（71703049）。本文原载《保险研究》2019 年第 7 期。

  作者简介：贺娟，华中农业大学经济管理学院副教授；肖小勇，华中农业大学经济管理学院讲师；谭偲凤，华中农业大学经济管理学院博士生；陶建平，华中农业大学经济管理学院教授。

  ① 数据来源：《中国统计年鉴》

  ② 数据来源：https://farm.ewg.org/。使用当前汇率 1 美元兑 6.7 元人民币。

常的生产经营①。2019 年 5 月召开的中央全面深化改革委员会第八次会议审核通过了
《关于加快农业保险高质量发展的指导意见》，将发展高质量农业保险作为我国改革重
点内容之一。农业保险已经成为深化农产品价格形成机制（王克等，2018）、提高农
业生产水平（代宁、陶建平，2017）、保障粮食安全（叶明华、朱俊生，2017）、保障
农民收入（张伟等，2018）、助力贫困农户脱贫（庹国柱、张峭，2018）和助推农村
经济发展（江生忠、张煜，2018）等的重要措施。

　　然而，在中国农业保险迅速发展的同时，保险欺诈事件层出不穷。2018 年，原
保监会公布的 24 份行政处罚决定书中，有 10 份是关于农业保险公司编制虚假资料的
处罚决定。历年的行政处罚决定书中提及各类违规骗保行为，有保险公司让村组为农
户代缴保费，之后通过编造保险事故或扩大部分农户损失程度，将赔款用于返还代缴
的保费和充当村组的工作经费；也有冒用农户名义虚假承保，再通过虚假理赔返还保
费以及资金利息；也有虚构和虚增保险标的的问题，如实际的种植面积和投保的种植
面积不符；还有扩大受损程度等的行为②。并且，历年的处罚决定涉及多个省份的多
家保险公司，可见农业保险违规行为的普遍性。保险欺诈会造成巨额的资金浪费。例
如，河南省某县在 2012—2014 年期间，保险公司假借农户名义出钱投保，县农业局
在保险公司的要求下，出具虚假的产量报告和鉴定意见书，套取政府补贴，对国家造
成直接经济损失 2 000 多万元③；为了得到理赔款，陕西省某村在 2013—2015 年出现
整村作弊，导致某保险公司严重亏损④；江西省某县政府在 2013—2015 年，借用大
量农户的名义投保，骗取保额的费用高达 220 万元以上⑤。庹国柱（2012）指出投保
方的道德风险造成的虚假赔款要占保险赔款的 20% 甚至更高，这是导致某些地区和
领域的农业保险增速减慢的原因，也是农业保险持续发展的"拦路虎"。

　　我国现有农业保险监管手段主要包括保险公司内部自查自纠、保监局对农业保险
业务的现场检查以及将农业保险清单在村中公示等方法。受中国农村实际情况所限，
上述监管措施存在较多阻碍。表现在：一是监管信息不充分。中国农村基础数据收集
较为困难，农户真实的耕种面积难以得知，保险业务员只有与村干部建立合作关系，
才有可能开展农业保险的服务。在缺乏第三方监督的情形下，及时发现虚假投保和理
赔行为是较为困难的。二是监管能力有限。保险公司在农村开设的分支机构数量不
多，一名保险业务员往往需要负责多个村庄上百多户农民的保险业务。三是监管成本
高。在现有的监管措施下，只有事后组织人力物力进行资料清查和现场检查才有发现
违法操作的可能。虽然有商业保险公司在尝试采用无人机、卫星遥感等技术以减少农
业保险中信息不对称的问题，但是这类技术需要大量资金和人力投入，无法在短期内

---

① 资料来源：https：//finance. sina. com. cn/money/bank/bank_hydt/2019 - 01 - 11/doc - ihqfskcn6280116. shtml.
② 资料来源：http：//bxjg. circ. gov. cn/web/site0/tab5240/.
③ 资料来源：http：//www. xinhuanet. com//legal/2017 - 08/29/c_1121559046. htm.
④ 资料来源：http：//www. nbd. com. cn/articles/2016 - 10 - 20/1046518. html.
⑤ 资料来源：https：//news. sina. cn/gn/2018 - 10 - 10/detail - ifxeuwws2881839. d. html？ vt＝4.

大规模开展起来。以上问题导致现有农业保险监管手段的效果不佳。

因而，中国农业保险监管部门亟须开发出成本低、效率高、效果好的欺诈检测技术。于晓华等（2019）认为，在大数据时代下，有必要利用新技术使得农业发展问题的研究更加精准和科学。从其他诸如信用卡和医疗保险等行业的操作中可以发现，数据挖掘技术已被广泛运用于多个领域的欺诈检测中。数据挖掘技术驱动的欺诈检测是指利用统计学或者模拟人类决策等方法找出数据中的异常值，从而判断某个数据背后是否存在欺诈行为。在农业保险领域，2000 年美国颁布的《农业风险保障法案》提出要利用数据挖掘技术提高农业保险的规范性和表现水平，至此，美国的农业风险管理部门已开发出多种欺诈检测项目，为美国农业保险节约了巨额资金。但是，目前该方面的探索在国内较为少见，为了更好地助力中国农业保险可持续且高质量的健康发展，以及真正发挥农业保险支农惠农的作用，有必要对这一领域展开研究。

综上，本文旨在借鉴农业保险欺诈检测的国际经验，并结合中国农业保险的实际情况，提出大数据背景下适合我国农业保险的欺诈检测技术。本文第二部分梳理欺诈检测的主要方法，然后对美国利用数据挖掘技术开展农业保险欺诈检测的经验进行借鉴。第三部分提出中国农业保险欺诈检测具体方法。第四部分提出推动数据挖掘技术在中国农业保险欺诈检测中持续有效开展的若干建议。

二、欺诈检测的主要方法和国际经验借鉴

保险欺诈本质上是信息不对称下的道德风险问题。传统的道德风险是指投保人通过减少预防性的措施以增加预期的赔偿收入，而欺诈行为是指投保人提供虚假信息增加保险公司的理赔金额，两者都是在保险公司无法得知投保人的具体行为下，投保人对保险公司进行的不利行为。道德风险为保险领域中难以完全解决的信息不对称问题，保险公司采取的多种措施只能降低其影响程度。而欺诈检测是利用大数据技术应对道德风险的一种较为先进的手段。本部分首先梳理欺诈检测的主要方法，然后对美国利用数据挖掘技术开展农业保险欺诈检测的经验进行借鉴。

（一）欺诈检测主要方法

欺诈检测技术最先发展于信用卡和医疗保险领域。信用卡欺诈检测系统和防范系统帮助银行减少了巨额的损失（Hassibi，2000）。大量的医疗保险滥用也因欺诈检测技术得以避免。如英国的 National Health Service（世界第二大的政府医疗保障机构）在 1999—2006 年损失下降了 60%[①]。众多成功的案例显示欺诈检测技术可以有效地减少经济损失。目前学术界对欺诈检测的研究主要集中在以下方法：

---

① 资料来源：https：//www. sas. com/en_us/insights/articles/risk - fraud/detect - health - care - claims - fraud. html.

（1）异常值检测法（Outlier Detection）。异常值检测假定数据中的大部分观测值都是正常的，因此与大部分数值最不接近的数值便认为是异常值，需要对其进行进一步的检查。这是美国农业保险欺诈检测主要使用的技术。位于美国塔尔顿州立大学的农业保险大数据分析中心使用该方法下的 14 种方案（scenarios），例如，连续多年赔偿金、或是理赔频率远高于全县平均值等。Rejesus 等（2000）使用美国各县作物收割面积与播种面积之比，筛选出位于 0.01～0.05 百分位的数值，并标记这些县存在异常行为。

（2）聚类法（Clustering）和分类法（Classification）。聚类法利用数据结构特征上的相似性，将数据分成多个类别，而分类法利用已知的分类规则将数据根据嫌疑程度进行分类。Derrig（2002）论述了以数据分类为主的检测欺诈的方法。Derrig 和 Ostaszewski（1995）利用模式识别中的模糊技术（fuzzy techniques）对财产和生命保险数据进行风险分级以及对欺诈嫌疑程度进行分类。He 等（1997）基于神经网络，使用 Backpropagation 等多种算法提高了医疗保险数据中对欺诈嫌疑程度分类的准确性。同样使用神经网络技术进行分类，Brockett 等（1998）指出 Kohonen Self - OrganizingFeature Map 方法在对交通事故欺诈嫌疑程度分类上具有一定的优势。Brockett 等（2010）在欺诈检测方法日趋复杂的背景下，提出较为简便的利用主成分分析的 RIDIT 评分方法，这种分类方法能对索赔案件特征进行分类，增加找出机动车保险中欺诈索赔案件的几率，帮助保险公司更加有效的分配用于调查的资源。Viaena，Derrig，和 Dedene（2004）利用人身伤害索赔数据证实了促进朴素贝叶斯（Boosting Naïve Bayes）这种分类方法可以有效地进行欺诈检测。

（3）线性回归法（Linear Regression）。该方法利用线性回归等计量模型找出能预测欺诈行为的指标，进而判断欺诈的可能性。如 Weisberg 和 Derrig（1993）使用线性回归模型找出能在统计显著水平上预测人身伤害欺诈理赔的指标。Belhadji 等（2000）利用 Probit 模型，在保险公司的 54 个指标中，筛选出 23 个预测欺诈最显著的指标。Artis、Ayuso 和 Guillén（2002）采用离散选择模型处理理赔数据中包含有未被发现为欺诈行为的情形，并对机动车保险的欺诈行为进行估测。

（4）社会关系网络分析法（Social Network Analytics）。社会网络分析不仅使用不同主体各自的特征变量，而且还将各主体之间的关系利用起来，为分析提供更多的信息。Subelj 等（2011）基于机动车保险理赔数据中的投保司机、事故车辆、交警、骨科医生、律师等组成的社会关系网络，构建模拟人类决策的专家系统（expert system）识别欺诈行为。类似的，Little 等（2002）使用 Log - Linear 分析方法检验保险业务员、保险理赔员和投保农户之间的合谋关系。

（5）机器学习法（Machine Learning）。利用计算机自动进行欺诈检测的传统方法是根据专家给出的常见欺诈模式，制定出能筛查出欺诈行为的规则，然后使用计算机对数据进行基于规则（rule - based method）的欺诈可能性判断。机器学习还能识别之前没有发现过的欺诈行为模式。计算机能通过学习历史数据做出欺诈可能性的判断。例如，通过各种分类方法，诸如人工神经网络（Artificial Neutral Network）和支持向量机（Support Vector Machine）等分类方法，对历史理赔数据（如时间、地点、理赔人、损失情况和是否涉及欺诈等变量）进行训练，从而判断新的理赔数据的欺诈嫌疑程度。

（二）美国农业保险欺诈检测的经验借鉴

2000 年，美国颁布的《农业风险保障法案》提出要利用数据挖掘技术提高农业保险的规范性和表现水平。美国因而在农业保险领域中开展利用数据挖掘技术的欺诈检测项目。美国风险管理机构通过政府部门和科研机构合作的模式，开发出的多种数据挖掘项目（比如"抽查表"等）能找出行为异常的农户，并对其进行通知和现场检查，以遏制可能存在的欺诈骗保行为。

下面描述美国利用数据挖掘技术进行农业保险欺诈检测的具体流程。在 2000 年，美国风险管理机构（Risk Management Agency，RMA）成立了战略数据采集办公室（Office of Strategic Data Acquisition），与农场服务机构（Farm Service Agency）整合了农业生产者的信息，并与美国塔尔顿州立大学（Tarleton State University）设立的农商卓越中心（Center for Agribusiness Excellence，CEA）合作开发项目识别欺诈、滥用、浪费农业保险项目资金的保险公司、保险业务员以及农户。从 2001 年开始，CEA 管理 RMA 的数据仓库并开发了多种数据挖掘项目，其中"抽查表（Spot Check List，SCL）"被认为是最有效的检测欺诈行为的方法[①]。

"抽查表"是通过 CAE 利用各种数据挖掘技术（包括 14 种方案），依据不同方案的权重给农户打分，生成最有嫌疑的农户名单。这份名单随后被送至 RMA 下的合规监察办公室（Compliance Field Office）进行进一步的审核，并根据该办公室的经验对移除名单上的农户或加入新的嫌疑农户提出意见。最后，农场服务机构（FSA）拿到最终名单，向名单上的农户发送信件，告知他们在抽查名单（SCL）上，会有被现场检查农田的可能（图 1）。通过这种利用数据挖掘技术确定嫌疑名单的方式，缩小了检查的范围，降低了监管成本。Rejesus 等（2018）估测"抽查表"为美国农业保险项目平均每年节约了高达 7 亿美元的损失，约为每年总赔付额的 12%～15%。这一数值已接近庹国柱（2012）估计的农业保险欺诈占总赔付额的 20%。因此可见，基于大数据的欺诈检测技术在防范农业保险欺诈骗保和节约财政资金上能发挥显著的作用。

RMA 对数据挖掘技术运用依赖于各个部门的充分合作。首先，为了给 CEA 建立数据仓库和提供欺诈检测的基础，RMA 成立了战略数据采集办公室。其次，基于和 RMA 达成的公私合作协议，有资质认证的保险公司（Approved Insurance Provid-

---

① 资料来源：https://cropinsuranceinamerica.org/what-steps-are-taken-to-ensure-that-the-public-funds-spent-on-crop-insurance-are-subject-to-sufficient-oversight-and-accountability/.

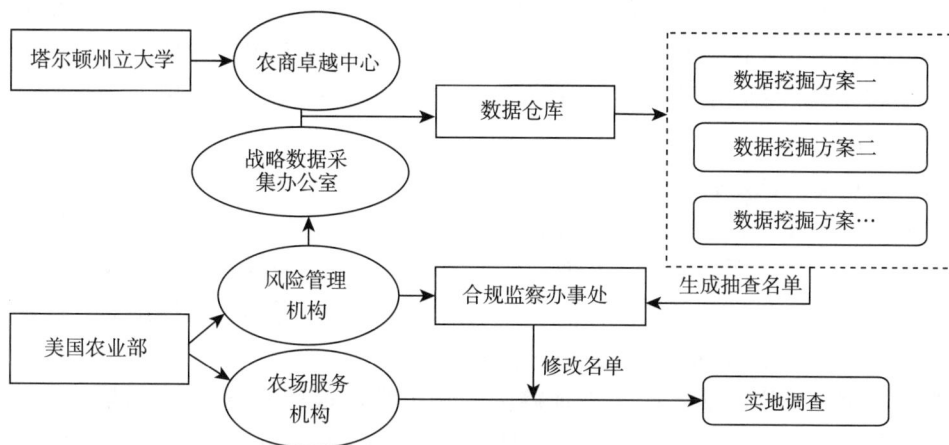

图 1　美国联邦农业保险数据挖掘技术运作路径图

er，AIP）被允许销售联邦农业保险保单，并被要求利用数据挖掘技术对业务进行复查，并将结果上报给联邦农业保险公司。除了 FSA，AIP 也需要利用其保险销售网络和人员对"抽查表"上的一部分农户进行现场检查。RMA 开展的数据挖掘工作至今已接近 20 年，其持续有效运行有赖于完善的管理监督体制。RMA 的工作由合规监察副署长（Deputy Administrator for Compliance）通过区域合规办公室、业务分析部门、评估审计复原司、诉讼人员、和特别调查人员等部门和人员进行审核。

综上所述，基于大数据技术的农业保险欺诈检测能以较低的成本开展工作，而且能有效地减少欺诈骗保所带来的财政资金的浪费和滥用。运用大数据技术进行农业保险欺诈检测的探索在中国较为少见，因此有必要对大数据背景下中国农业保险开展欺诈检验技术的具体方式和发展方向进行探讨。借鉴农业保险欺诈检测的国际经验，结合中国农业保险的具体情况，本文提出三类在中国适用的农业保险欺诈检测方法。

三、大数据背景下的中国农业保险欺诈检测技术

虽然对农业保险中道德风险的学术研究较为多见［如 Knight 和 Coble（1997）、Roberts 等（2006）和 Smith 和 Goodwin（1996）对美国农业保险的研究；He 等（2019）对发展中国家农业保险的研究］，但实际使用的农业保险欺诈检验技术（如美国的"抽查表"等）仅停留在其他领域均适用的传统检测方法，即前文所述的"异常值检测"法，并没有对农业保险及其市场的特殊性质进行利用。而对农业保险自身属性的利用可以为开发出更有效且更具针对性的欺诈检测技术提供思路和方法。因此本部分提出能利用农业保险自身及其中国市场特性的欺诈检测技术。

（一）相关性异常值检测

虽然异常值检测法可以有效运用于农业保险欺诈检测中，但这种方法是其他领

域，诸如信用卡、医疗健康保险、汽车保险中通用的方法，在农业保险中虽然是可行的，但没有利用农业保险自身的特性，而这些特性的利用有可能发展出更具针对性的农业保险欺诈检测法，能比通用的方法更加有效。这里提出一种利用了农业保险性质的异常值检测方法——相关性异常值检测法。

因为农业保险的定损理赔是依据受损的具体情况开展的，所以可以利用当地的农作物产量与理赔额的相关关系进行农业保险欺诈检测。这里的产量不是农业保险公司定损时记录的产量，而是来自于其他的数据源，如官方的农业数据统计或者是卫星遥感数据。因而，这类来自于第三方的产量数据若是没有与保险公司理赔的数据具有相应的相关性，便可推测该理赔数据是异常的。

为了从理论上说明地区产量与理赔额的相关性，这里假设某地区的单位产量是 Y，其中某一块田的单位产量为 y_i，参照 Miranda（1991）的公式，地区的单位产量与某一田块的单位产量的关系可以表示为，

$$y_i = \alpha_i + \beta_i(Y - \alpha) + \varepsilon_i \tag{1}$$

其中，α_i 是田块 i 自身的属性对产量的影响，β_i 代表田块 i 与该区域的关联风险（covariate risk），如共同的气候条件和地质自然条件，ε_i 为田块 i 的特异性风险（idiosyncratic risk），如这一块地遭受病虫害或局部自然灾害的风险。

当田块 i 的产量低于保险赔付触发产量 $\bar{y}$ 时，保险公司将给予投保农户损失赔偿。因此，赔付发生的概率 P 与地区产量 Y 有如下关系，

$$P(y_i < \bar{y}) = P[\alpha_i + \beta_i(Y - a) + \varepsilon_i < \bar{y}] = P[\varepsilon_i < \bar{y} - \alpha_i - \beta_i(Y - a)] \tag{2}$$

虽然无法得知 ε_i 的具体分布，但可以看出赔付概率与地区产量 Y 应当是呈现出负相关，即地区产量越低，田块 i 获得农业保险赔付的概率会越高。

这一结论可以用来检测出异常的保险理赔数据。根据不符合预期的相关关系，如农户赔偿金额和村庄产量或是保险公司总赔付和地区产量的相关性，可以筛查出具有异常行为的相关主体。中国农业保险当前的保障水平较低，小规模农户骗保动机较小，而保险公司在巨额补贴面前进行违法操作的动机较大，所以这个方法在当前情形下可用于检验有农业保险业务地区的异常行为。为了验证该检测方法的有效性，这里利用事后发现的保险欺诈案件，使用湖南省各市 2007—2009 年数据作为样本来进行验证。

在审计署公布的 2012 年第 2 号办结的涉保案件中，提及在 2007—2009 年间，位于湖南省的保险公司 CX 在 QY、ML 市，以及保险公司 LH 在 ML 市的支公司与当地政府联合骗取 3 700 多万元农业保险财政补贴。所涉资金虽然巨大，但仅从数据上看无法用一般的异常值检测法筛选出涉案地区。根据《中国保险年鉴》，后两家保险公司所在的 YY 市（ML 市为 YY 市的县级市），2009 年农业保险保费收入 12 011 万元，赔付为 8 319 万元，赔付率（保费收入/保险赔付）是 0.698 4，而没有保险公司涉案的 CD 市，2009 年农业保险保费收入 15 487 万元，赔付为 11 321 万元，赔付率为 0.643 9。两者并没有明显的差异。表 1 列出了湖南省各市 2007—

2009 年的农业保险赔付率，各地数据均处于合理区间内，没有明显的异常值。但若是采用前文提出的相关性检测方法，后两个涉案保险公司所在的 YY 市能被检测出有异常行为。

具体检测方法是首先从《湖南统计年鉴》和《中国保险年鉴》中搜集湖南省各市 2007—2009 年市级的稻谷产量、农业保险收入和保险赔付额，并算出产量（Y）与各市农业保险赔付率（L）的相关系数 $r(Y, L) = \dfrac{Cov(Y, L)}{\sqrt{Var|Y|Var|L|}}$。根据上文理论模型的推测，相关系数应为负数，因此，若是某市的相关系数为正，并且远高于省平均值，便可认定该值具有异常行为。这里需要说明的是，理想情形下的检测应是使用同一种作物的产量和该种作物保险的赔付率计算相关性，但因为无法获取农业保险按作物分类的数据，这里使用稻谷产量代替投保农作物的产量。湖南是水稻生产大省，并且水稻作为主粮作物，是农业保险推广的主要目标，因而可推测水稻保险占湖南省农业保险中很大的一部分。因此，在这个案例中，使用稻谷产量和农业保险总赔付率进行检测。各市相关系数及其与省平均值的差值（偏离度）见表1。

表 1　湖南省各市农业保险赔付率、稻谷产量及其统计量

单位：万吨

城市	赔付率 2007	赔付率 2008	赔付率 2009	稻谷产量 2007	稻谷产量 2008	稻谷产量 2009	赔付率与产量 相关系数	相关性偏 离度
CD	0.698 4	0.578 4	0.731 0	326.877 6	327.576 5	347.963 2	0.643 4	0.822 8
CZ	0.221 0	0.722 5	0.634 4	160.865 6	146.323 5	156.139 5	−0.848 5	−0.669 1
HY	0.629 0	0.616 5	0.625 3	301.307 8	295.585 5	307.145 4	0.677 2	0.856 6
HH	0.622 7	0.555 3	0.486 1	149.356 6	147.340 3	154.212 5	−0.692 7	−0.513 3
LD	0.601 6	0.605 6	0.651 6	132.562 9	127.023 6	128.789 2	−0.274 2	−0.094 8
SY	0.552 3	0.566 7	0.577 1	266.455 1	264.690 2	264.590 5	−0.926 8	−0.747 4
XT	0.533 2	0.579 0	0.589 2	154.767 8	142.416 1	147.150 9	−0.845 9	−0.666 5
XX	0.456 7	0.566 7	0.757 6	53.563 9	54.410 8	54.320 9	0.714 9	0.894 3
YI	0.729 7	0.610 5	0.752 7	204.683 4	207.635 2	224.667 5	0.511 7	0.691 1
YZ	0.374 6	0.599 5	0.566 3	268.772 5	266.512 4	271.537 7	−0.079 4	0.100 0
YY	0.643 9	0.661 6	0.692 6	281.728 9	281.527 4	287.880 1	0.923 0	1.102 4
ZJ	0.620 7	0.644 8	0.949 1	33.597 7	35.023 2	33.766 4	−0.342 0	−0.162 6
CS	0.593 1	0.582 1	0.644 4	240.529 4	240.506 0	235.496 4	−0.985 5	−0.806 1
ZZ	0.489 1	0.619 3	0.596 8	183.074 4	175.366 6	177.873 6	−0.986 9	−0.807 5
平均值	0.554 7	0.607 8	0.661 0	197.010 3	193.709 8	199.395 3	−0.179 4	0.000 0

资料来源：《中国保险年鉴》和各省农村统计年鉴。

从表 1 中最右一列相关性偏离程度可以看出，各市的差距比单看保险赔付率要明显很多。其中有 5 个市的产量与赔付率相关系数为正，其中 YY 市远高于其他市，偏离程度大于 1 个单位。图 2 为湖南省地图，根据相关性偏离程度用深浅颜色标识出了各市的偏离区间。由此可见，在普通异常值检测方法无效的情形下，本文提出的相关性检测法能识别出 YY 市农业保险的异常行为。值得注意的是，涉案保险公司所在的ML 市仅是 YY 市的一个县级市，而 YY 市共辖 2 个县级市和 4 的县，但因为县级农业保险数据尚未公开，本方法在使用市级数据的情况下，依然能识别出辖内的异常行为，更可以说明该检测方法的有效性。

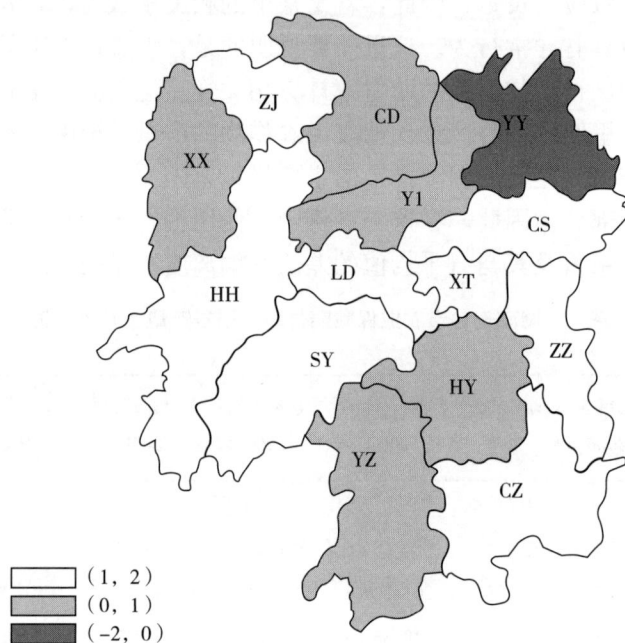

图 2　湖南省各市赔付率与产量相关性偏离度（2007—2009 年）

　　为进一步说明该方法的可行性，下面使用全国各市农业保险和产量数据进行相关性异常值的检测。首先使用《中国保险年鉴》公布的最新三年（2013—2015 年）的市级农业保险数据，计算出赔付率，再收集各省市统计年鉴中的市级粮食产量数据。因为在全国范围内有些市在进行产业结构调整，因而粮食产量的下降并不一定代表粮食受到灾害，所以在这个例子中使用粮食单位产量数据，用各市粮食产量除以粮食播种面积得出[①]。因为粮食总的产量有逐年增长的趋势，这里使用产量的增长率代表除去趋势（detrend）后的产量水平。在计算出各市农业保险赔付率和粮食产量的相关系数后，再减去各市所在省份相关系数的均值，得出偏离程度。

　　偏离度的分布情况如图 3 所示。异常值阈值的选择沿用前面案例中使用的 1 个单

[①]　其中，湖北省未有粮食播种面积的数据，使用耕地面积替代；江西省各市粮食产量和面积数据缺失较多，因而使用可获取数据中产值较大的油料单位面积产量替代粮食单位产量。

位作为偏离程度异常的阈值。依此标准，共计有 14 个省被检测出存在有异常市级数据（表2）。这个案例用来说明相关性异常值检测方法在使用上的可行性，但被筛选出具有异常行为的地区有可能遭受如小范围极端气候等因素的影响，需要做进一步的调查才能明确是否存在违规行为。偏离程度阈值的选择可以是个经验值，也可以使用0.95 百分位等方法，但无论何种方法，都可将全国三百多个市缩小为每个省仅有若干个市需要进行深入调查。这为合理有效分配调查资源提供了依据。

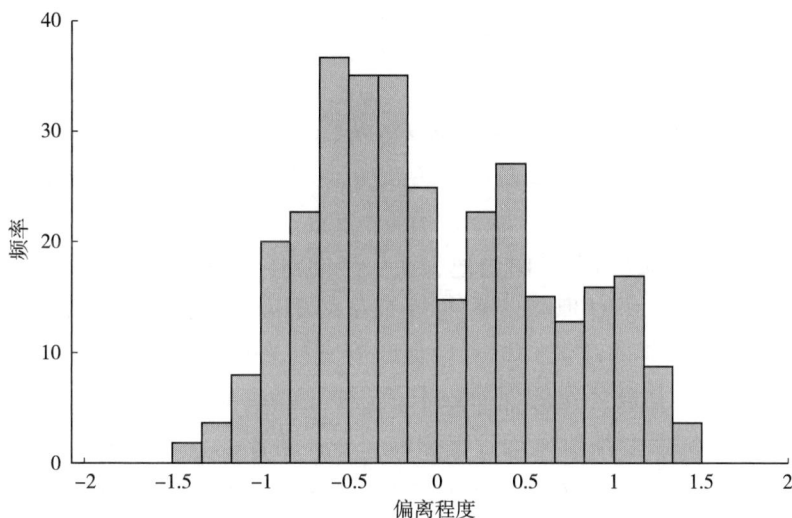

图 3　全国各市赔付率与单位产量相关性与各省平均值的偏离度

表 2　全国各市损失率与产量相关性偏离度检测结果统计

单位：个

省份	内蒙古	吉林	安徽	山东	山西	广东	江西	河北	河南	福建	贵州	辽宁	青海	黑龙江	总计
异常数目	2	1	3	2	2	3	2	2	4	2	2	2	2	2	31

（二）合谋关系检测

　　开展农业保险的工作流程，如保费收取、勘查理赔和补贴发放等，涉及了农户、村委会、保险公司、保险业务员和各政府部门，因而保险欺诈行为的发生往往不是单方面开展的。从原保监会和保监局公布的保险处罚决定书以及审计署公布的涉保案件中可以看出，保险公司联合当地政府、村委会、农户合谋骗保的非法行为占绝大多数。因而，若是存在相关主体之间的合谋关系，便可推测异常行为的存在。Little 等（2004）使用美国农业保险 2000 年的数据，发现农户—理赔人员—保险机构和农户—保险机构的合谋占美国农业保险浪费、欺诈和滥用的很大比例，但没有提出能具体确定合谋参与个体的方法。在中国，农业保险服务是由政府公开招标，由保险公司竞标获取提供服务的资格。因此，保险公司和当地部门的合谋关系有在农业保险开展过程中建立的可能。针对这类合谋情形，本部分提出通过检测保险公司和当地机构的合谋关系来筛查具有异常行为的保险公司。

如果不存在合谋关系，在排除地区产量波动的影响后，同一家保险公司的表现水平不会根据地区的变化而变化，因此若是存在某保险公司的表现水平与某地区呈现交互影响，则可推测有合谋关系的存在。为了从理论上阐明这一推断，首先，将保险公司在地年的农业保险赔付率写成如下等式：

$$L_{itc} = \frac{Indemnity_{itc}}{Premium_{itc}} \tag{3}$$

两边同时取对数，得到：

$$\begin{aligned}\log(L_{itc}) &= \log(Indeminity_{itc}) - \log(Premium_{itc})\\ &= \log Ind(nature_c, weather_{ct}, lossadjust_i) - \log Pre(policy_{ct}, premcollect_i)\end{aligned} \tag{4}$$

其中理赔额的对数（logInd）是由当地农业生产的自然条件$nature_c$，当年当地的气候条件$weather_{ct}$，还有公司对理赔流程的规范$lossadjust_c$决定的，而保费收入的对数（logPre）是由当地今年的政策$policy_{ct}$，如政府支持农业保险的力度和政府批准通过的保险费率水平，以及该公司的保费收取流程规范$premcollect_i$共同决定的。如果存在该地的保险分公司与当地机构的合谋骗保关系，则有：

$$\begin{aligned}\log(L_{itc}) &= \log Ind(nature_c, weather_{ct}, lossadjust_i, fraud_{ic})\\ &\quad - \log Pre(policy_{ct}, premcollect_i, fraud_{ic})\end{aligned} \tag{5}$$

其中，$fraud_{ic}$代表保险公司i与c地其他主体的合谋关系，会对保险收入和赔付产生影响。因而，比较（4）和（5）可以得知，若是保险公司i在c地t年的农业保险业务水平有受到因为保险公司i在c地而产生的特异性影响，则可推测合谋关系的存在。

因此，可以利用如下线性回归模型对合谋关系进行检验：

$$Log(L_{itc}) = \beta_i I_i + \beta_t Y_t + \beta_c C_c + \beta_{tc} Y_t \cdot C_c + \beta_{ic} I_i \cdot C_c + \varepsilon_{itc} \tag{6}$$

其中，I_i、Y_t和C_c是保险公司i、年份t和某一地区c的指示变量（indicator variable），β_i表示该保险公司i的赔付率受到自身公司管理规范影响的程度，β_t表示t年的政策或者其他宏观因素对保险公司表现水平的影响，β_c表示c地的生产条件带来的影响，β_{tc}表示t年c地的自然气候状况对表现水平的影响，β_{ic}表示保险公司i因在地区c而带来的特异性影响，ε_{itc}是不可观测的其他冲击。

根据上文合谋模型的推测，可以得知当β_{ic}不等于零时，保险公司i在地区c存在异常合谋行为。更进一步说，当β_{ic}大于零时，可能存在保险公司i和c地部门的合谋欺诈骗保情形，若是β_{ic}小于零则暗示当地的保险公司i连同c地部门存在不作为，未按照规范提供农业保险理赔服务。因为保险公司下属的各分行有统一的管理流程和治理标准，并且当地政府对开展农业保险业务的各家公司应当同等支持，所以这种方法可以发现可能存在的违法合谋关系。

表 3 2013—2015 年湖南省各市保险分公司赔付率统计

城市	统计指标	2013 年	2014 年	2015 年
长沙市	赔付率均值	0.90	0.72	0.76
	保险公司个数	2	2	2
株洲市	赔付率均值	0.81	0.58	0.48
	保险公司个数	2	3	3
湘潭市	赔付率均值	0.81	0.58	0.59
	保险公司个数	2	3	4
衡阳市	赔付率均值	0.77	0.48	0.43
	保险公司个数	2	3	4
邵阳市	赔付率均值	0.53	0.69	0.41
	保险公司个数	3	4	4
岳阳市	赔付率均值	0.65	0.57	0.57
	保险公司个数	3	3	4
常德市	赔付率均值	0.73	0.54	0.59
	保险公司个数	2	3	3
张家界	赔付率均值	0.79	0.63	0.42
	保险公司个数	2	3	4
益阳市	赔付率均值	0.72	0.52	0.56
	保险公司个数	1	3	3
郴州市	赔付率均值	0.62	0.51	0.47
	保险公司个数	2	3	4
永州市	赔付率均值	0.69	0.51	0.56
	保险公司个数	2	3	3
怀化市	赔付率均值	0.70	0.46	0.39
	保险公司个数	2	3	3
娄底市	赔付率均值	0.75	0.66	0.63
	保险公司个数	2	2	2
湘西州	赔付率均值	0.99	0.58	0.38
	保险公司个数	2	2	3
总计	赔付率均值	0.74	0.57	0.51

资料来源：《中国保险年鉴》。

为了阐明合谋关系检测法的具体实施步骤并验证其有效性，这里使用《中国保险年鉴》公布的 2013—2015 年湖南省市级多家保险公司的统计数据作为样本。湖南省这三年间从事农业保险业务的有 6 家公司，包括 LH、RB、GS、DD、TB 和 PA 保险公司。剔除样本中出现的明显统计错误数据，得到 115 个观测值的工作样本①。表 3 列出了湖南省各市保险公司农业保险的赔付率均值，以及各市开展农业保险业务的公司个数。从表中可以看出，各市开展农业保险业务的保险公司个数有逐年增加的趋势，在 2015 年，各市均有 2～4 家保险公司开展了农业保险业务。

表 4　合谋关系估计结果

赔付率	β_{ic}
HY 市 ♯ LH 保险公司	1.060 7**
	(2.43)
SY 市 ♯ LH 保险公司	1.150 7*
	(2.02)
YY 市 ♯ LH 保险公司	1.152 4*
	(2.02)
YY 市 ♯ TB 保险公司	0.821 3*
	(2.43)
观测值数量	115
R - squared	0.884 6

注：*、**分别代表在 10%和 5%上显著。

基于该样本使用普通最小二乘法估计式子（6），表 4 显示 β_{ic} 的估测值及其显著水平。结果显示在 YY 市、HY 市、和 SY 市发现 LH 保险公司有异常行为，在 YY 市还有 TB 公司有异常行为。

在湖南省地图上标注出表现异常的保险公司，并用深色标注其所在地（图 4）。可以看出，LH 保险公司在所有被发现存在异常情形的城市中均被列为嫌疑公司。通过检索湖南保监局公布的行政处罚单，可以发现 2012—2016 年间，湖南省的 LH 公司每年均收到罚单，总计收到 28 张罚单，为收到罚单最多的公司。由此可见，这里提出的合谋检测法能在湖南省开展农业保险业务的 6 家公司中找出严重违规的公司，因而本部分提出的合谋关系检测法可以有效筛查出行为异常的保险公司。

（三）机器学习技术

上述两类欺诈检验方法易于理解和使用，第一类方法是利用农业保险数据的特征对传统的异常值检验法进行的扩展，第二类方法融合了线性回归和社会网络分析的思想找出可能存在的合谋关系，这两类检测方法适合在农业保险欺诈检测技术发展的初期阶段使用。但随着数据量的增长和数据处理技术的进步，固定的检测方法会被不法

---

① 统计年鉴中存在若干极端数值，如 2014 年长沙市 PA 保险公司的农业保险赔付率仅有 0.014，2015 年怀化市 GS 赔付率高达 75.286，这一类极端数据很可能是出自统计错误，而非公司真实数据，为避免这类极端数据影响检验结果，故将数据中赔付率大于 2 或者小于 0.1 的值除去。共计删除 PA 公司 3 条，DD 公司 1 条，GS 公司 3 条数据。

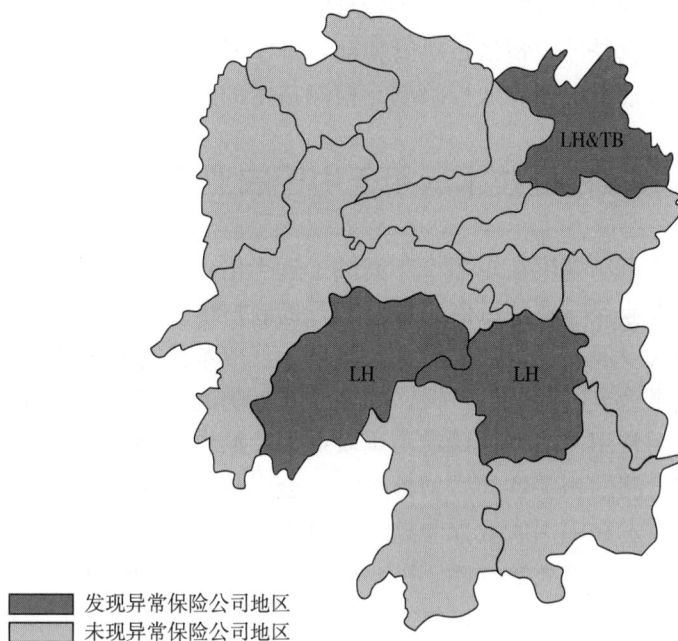

图4 湖南省各市保险分公司合谋关系检测结果（2013—2015年）

分子利用和进行规避，因而机器学习技术也应运用到农业保险欺诈检验中，以保证检测技术的时效性。早在20世纪90年代，机器学习技术就已应用于信用卡欺诈检测中。研究人员找出历史消费记录中能用来标记欺诈行为的模式，例如，一次消费金额过高、一天之内消费次数过多、或者短时间之内在不同地点消费。新的消费数据若出现这类模式，都将被标记为异常行为。

在历年农业保险的行政处罚决定书中，可以发现农业保险的违规行为集中在扩大赔付、冒用农户名义虚假承保、实际种植与投保清单不一致、一张受损照片重复使用等情形。因此，可以采用的机器检测规则包括，相较于周边地区赔付水平过高或理赔过于频繁；不同投保农户使用同样的信息，如电话号码；投保面积大于该区域总种植面积等。机器学习技术也可自动识别图片，因此重复使用的受损照片或是拍摄同一受损标的物的照片可自动甄别。通过构建检测规则，计算机可自动高效地识别出这些常见的农业保险欺诈模式，节省调查所需的人力和物力。

正如前文所介绍，机器学习的好处还在于能识别之前没有发现过的欺诈行为模式。在无法给出具体的欺诈模式时，计算机也能通过学习历史数据做出预测。如，通过人工神经网络等分类技术对历史理赔数据，如时间、地点、理赔人、损失情况和是否涉及欺诈等进行训练，可以对新的理赔数据的欺诈可能性进行判断。

然而，机器学习技术在中国农业保险监管中广泛使用的基础还未成熟。这首先需要建立农业保险数据中心，存储海量的农业保险相关数据。并且，因为每个领域中适用的机器学习算法是不同的，还需组织人力对不同算法进行调试和优化。不仅如此，不基于规则的机器学习技术的检测结果较难解释。在实际操作中难以向相关部门解释为何某些数据组合就是异常情形。尽管如此，基于机器学习的欺诈检测技术是在欺诈手段日趋复杂的背景下中国农业保险欺诈检测技术的发展方向。

四、推动数据挖掘技术运用于中国农业保险欺诈检测的建议

中国农业保险市场规模在短短十年间翻了近十倍，体量已经接近世界第一的美国农业保险。中国农业保险在降低农户风险和帮助农户恢复生产上发挥了重要作用，并将持续不断地深入发展。在大数据时代背景下，低成本且有效的欺诈检测技术可为中国农业保险提供更为丰富的监管手段，保障农业保险的可持续高质量的健康发展。通过梳理欺诈检测的常用方法，并借鉴美国农业保险欺诈检测经验，本文提出适用于中国农业保险欺诈检测的相关性异常值检测法、合谋关系检测法和机器学习法。为进一步推动数据挖掘技术在中国农业保险欺诈检测中的运用，本文提出如下建议：

第一，建立农业保险大数据库。"农业保险大数据库"的建立是数据挖掘技术深入开展的必要条件。数据库里存储复杂的、没有明显结构的、与农业保险相关的各类数据。这些数据的合理利用将为决策者、农业保险经营主体和监管部门提供有价值的信息和知识。另外，农业保险大数据库还应是开放的和共享的，这有利于数据的充分利用和各组织机构对农业保险的协同监督。我国在 2015 年发布的《促进大数据发展行动纲要》明确提出政府数据开放共享的整体要求。因此，通过建立开放共享的农业保险大数据库，能更好推动中国农业保险开展数据挖掘技术驱动的欺诈检测。

第二，建立数据挖掘合作平台。能高效且持续地开发出欺诈检测技术需要各级部门和组织合作关系的建立。美国为开展数据挖掘技术、提高农业保险监管水平，建立了战略数据采集办公室，并与位于美国德州的塔尔顿州立大学开设的农商卓越中心进行合作以及共享数据。这种政府部门主导、研究机构参与的合作模式能为我国农业保险提供借鉴。并且，通过数据挖掘合作模式，包括经济学家、计算机专家和统计学家在内的工作团队能够充分发挥自身专长。如经济学家能够敏锐地理解农业保险的属性、识别出有效的欺诈检测指标、设计监管体系激励方案、评估欺诈检测技术的有效性等，计算机专家能够提供最优算法、开发软件和硬件设施，统计学家能够提供统计方面知识和技术等。政府部门应调动各类学者的积极性、促进各类人才的合作，并提供研发资金。

第三，建立数据挖掘技术的常态化利用机制。充分发挥数据挖掘驱动的欺诈检测技术的作用有赖于各相关主体对技术的常态化体制化的利用。在美国，农业保险公司被要求利用数据挖掘技术对本公司的业务进行复查。在我国，监管部门除了行使监管职能外，还可以利用数据平台建立数据质量评价体系，及时发现表现水平亮红灯的地区或保险公司；各保险经营主体除了使用欺诈检测手段外，还可以建立前置反欺诈检测系统，利用多种欺诈模式的相互比对，及时发现反欺诈手段的使用。

第四，培育和激励数据挖掘人才。欺诈检测技术的开发和应用需要相关人才，数据挖掘技术日新月异，因此需要从事相关研究的人才持续在该领域进行探索和研发新技术，提供相应的平台和鼓励人才的发展。例如，可以要求相关机构提供各类数据库，开展数据挖掘技术的比赛，为对大数据技术有兴趣的人才提供激励。在教育上，提供与市场需求相适应的数据挖掘技术的课程，鼓励年轻人学习新技术，为人才队伍的建设提供储备力量。

参考文献

[1] 代宁，陶建平. 政策性农业保险对农业生产水平影响效应的实证研究——基于全国 31 个省份面板数据分位数回归 [J]. 中国农业大学学报，2017，22（12）：163 - 173.

[2] 江生忠，张煜. 农业保险对农村经济的助力效果分析——基于 3SLS 方法 [J]. 保险研究，2018（2）：102 - 111.

[3] 庹国柱，张峭. 论我国农业保险的政策目标 [J]. 保险研究，2018（7）：7 - 15.

[4] 庹国柱. 论政策性农业保险中的道德风险及其防范 [C]. 中国保险与风险管理国际年会论文集，2012：6.

[5] 王克，何小伟，肖宇谷，张峭. 农业保险保障水平的影响因素及提升策略 [J]. 中国农村经济，2018（7）：34 - 45.

[6] 叶明华，朱俊生. 农业保险微观效用与粮食安全的关联度 [J]. 改革，2017（9）：76 - 86.

[7] 于晓华，唐忠，包特. 机器学习和农业政策研究范式的革新 [J]. 农业技术经济，2019（2）：4 - 9.

[8] 张伟，黄颖，李长春，陈宇靖. 收入分化、需求演变与农业保险供给侧改革 [J]. 农业经济问题，2018（11）：123 - 134.

[9] Artís, M., Ayuso, M., and Guillén, M. Detection of Automobile Insurance Fraud with Discrete Choice Models and Misclassified Claims [J]. Journal of Risk and Insurance, 2002, 69 (3)：325 - 340.

[10] Belhadji, El Bachir, George Dionne, and Faouzi Tarkhani. A Model for the Detection of Insurance Fraud [J]. The Geneva Papers on Risk and Insurance - Issues and Practice, 2000, 25 (4)：517 - 538.

[11] Brockett, P. L., Derrig, R. A., Golden, L. L., Levine, A., and Alpert, M. Fraud Classification using Principal Component Analysis of RIDITS [J]. Journal of Risk & Insurance, 2010, 69 (3)：341 - 371.

[12] Brockett, Patrick L., Xiaohua Xia, and Richard A. Derrig. Using Kohonen's Self - Organizing Feature Map to Uncover Automobile Bodily Injury Claims Fraud [J]. Journal of Risk and Insurance 1998, 65 (2)：245 - 274.

[13] Cerioli, Andrea, Lucio Barabesi, Andrea Cerasa, Mario Menegatti, and Domenico Perrotta. Newcomb - Benford Law and the Detection of Frauds in International Trade [J]. Proceedings of the National Academy of Sciences, 2019, 116 (1)：106 - 115.

[14] Derrig, R. A. Insurance Fraud [J]. Journal of Risk and Insurance, 2002, 69 (3)：271 - 287.

[15] Derrig, Richard A., and Krzysztof M. Ostaszewski. Fuzzy Techniques of Pattern Recognition in Risk And Claim Classification [J]. Journal of Risk and Insurance, 1995, 62 (3)：447 - 482.

［16］Hassibi Khosrow. Business Applications of Neural Networks ［M］. Singapore – New Jersey – London – Hong Kong: World Scientific, 2000: 141 – 158.

［17］He J. , Zheng X. , Rejesus R. , Yorobe Jr, C. Moral Hazard and Adverse Selection Effects of Cost – of – Production Crop Insurance: Evidence from the Philippines ［J］. Australian Journal of Agricultural and Resource Economics, 2019, 63 (1): 166 – 97.

［18］He, H. , Wang J. , Graco W. , and Hawkins S. Application of Neural Networks to Detection of Medical Fraud ［J］. Expert Systems with Applications, 1997, 13 (4): 329 – 336.

［19］Li, J. , Huang, K. – Y. , Jin, J. , and Shi, J. A Survey on Statistical Methods for Health Care Fraud Detection ［J］. Health Care Management Science, 2008, 11 (3), 275 – 287.

［20］Little, Bertis B. , Walter L. Johnston Jr, Ashley C. Lovell, Roderick M. Rejesus, and Steve A. Steed. Collusion in the US Crop Insurance Program: Applied Data Mining ［C］. In Proceedings of the 2002 SIAM International Conference on Data Mining. Society for Industrial and Applied Mathematics,2002: 583 – 597

［21］Miranda, M. J. Area – Yield Crop Insurance Reconsidered ［J］. American Journal of Agricultural Economics, 1991, 73 (2), 233 – 242.

［22］Rejesus, R. M. , B. B. Little, and A. C. Lovell. Using Data Mining to Detect Crop Insurance Fraud: Is There a Role for Social Scientists? ［J］ Journal of Financial Crime, 2005, 12 (1): 24 – 32.

［23］Šubelj, L. , Furlan, S. , and Bajec, M. An Expert System for Detecting Automobile Insurance Fraud Using Social Network Analysis ［J］. Expert Systems with Applications, 2011, 38 (1): 1039 – 1052.

［24］Viaene, S. , Derrig, R. A. , Baesens, B. , and Dedene, G. A Comparison of State – Of – The – Art Classification Techniques For Expert Automobile Insurance Claim Fraud Detection ［J］. Journal of Risk and Insurance, 2002, 69 (3), 373 – 421.

［25］Viaene, S. , Derrig, R. A. , and Dedene, G. A Case Study of Applying Boosting Naive Bayes to Claim Fraud Diagnosis ［J］. IEEE Transactions on Knowledge and Data Engineering, 2004, 16 (5), 612 – 620.

［26］Weisberg, H. I. and R. A. Derrig. Quantitative Methods for Detecting Fraudulent Automobile Bodily Insurance Claims ［R］. AIB 1994 Fraudulent Claims Payment Filing. D. O. I. Docket G93 – 24.

"保险＋期货"背景下的农作物价格风险管理：农业合作社最优价格保险购买量研究

摘要：我国的"保险＋期货"模式从产生至今已近三年，该模式为农民管理农作物价格风险提供了新的金融工具——期货价格保险。现阶段，我国的"保险＋期货"模式还不够成熟，期货价格保险的客户一般为农业生产规模较大的农业合作社。农业合作社如何能通过购买期货价格保险获得更大的效用，是发展"保险＋期货"模式过程中一个必须关注的问题。本研究发现，期货价格保险的最优购买量总在农业合作社的投保成本约束线上，结算价格的波动水平和农业合作社的决策行为会对最优购买量的选择策略造成影响。另外，基差风险会减弱期货价格保险的有效性，投保成本的降低会为农业合作社带来利好。

关键词："保险＋期货"模式；期货价格保险；投保策略

一、引言

2015年8月，我国产生了第一个"保险＋期货"试点。保险产品易于推广的特性与期货市场分散价格风险的功能相结合，为解决我国农作物价格风险管理的难题迈出了创新的一步。保险公司与期货公司合作的模式被称为"保险＋期货"模式，保险公司基于期货合约设计的价格保险被称为期货价格保险。随后，试点的成功运行验证了"保险＋期货"的可行性。2016年起，连续三年的中央1号文件中都指出要稳步扩大"保险＋期货"试点。跟随政策引领，近几年全国范围内的"保险＋期货"试点不断增多，产品品种逐渐全面，"保险＋期货"模式稳步发展，越来越多的农业合作社在相关机构补贴保费的支持下投保了期货价格保险产品，并在农产品价格下跌时得到赔偿，保障了当年度的收入。据统计，2017年大商所领头开展的32个试点项目已有28个实现理赔，理赔金额超过4 000万元，试点的农业合作社有效地通过商业渠道管理了农作物价格风险。

"保险＋期货"模式主要有四个参加者，分别是农民、保险公司、期货公司和政府（或其他对保费进行补贴的机构）。容易看出，农民参与者，也就是农业合作社，

作者简介：周县华，安华农业保险研究院；郭珊一，富德财产保险股份有限公司。

是"保险＋期货"模式的出发点以及该模式所服务的一方，却也是在技术水平和话语权都处于弱势地位的一方。研究农业合作社如何能更好地使用期货价格保险以获得更高的效用，不仅与"保险＋期货"模式创新的初衷一致，也会为推动该模式发展起到积极的作用。然而，学术界目前还没有针对农业合作社期货价格保险最优购买量问题的文献。因此，本文创新性地选定这个角度对"保险＋期货"模式下的农作物价格风险管理机制进行研究，以充实对"保险＋期货"模式的学术解析。

本文旨在研究"保险＋期货"模式下，农业合作社使用期货价格保险管理农产品价格风险时，为了达到最大的效用而应选择的最优购买量。本文的第二部分将介绍研究参考的主要文献。第三部分将定义期货价格保险购买量，并构建受期货价格保险购买量影响的农业合作社的财富函数和效用函数模型。第四部分将使用历史数据的统计参数，采用随机模拟的方法拟合农业合作社所面临的价格风险，并计算得出历史参数水平下期货价格保险的最优购买量。第五部分将总结研究得到的结论。

二、文献综述

目前"保险＋期货"模式方面的研究还比较少，且主要集中在该模式的运行原理和机制、优点与局限性上。蔡胜勋（2017）详细讲解了"保险＋期货"模式下，保险公司是如何使农业合作社与农产品期货市场实现对接的。孙蓉等（2016）通过比较农产品价格指数保险和新兴的期货价格保险，肯定了"保险＋期货"模式中期货价格保单的结算价格与期货市场的对应期货合约价格之间联动机制的科学性和有效性。这一联动机制不仅降低了价格保险的保费，造福了农民，还增强了保险公司经营价格保险的财务稳定性。张峭（2016）指出，在"保险＋期货"模式中，期货市场其实是为价格保险的承保提供了"再保险"的服务。虽然原理上可行，但实施中还存在着一些规范性、制度性的问题。程百川（2017）通过与实际参与试点的相关机构和部门沟通，指出了"保险＋期货"模式存在的一些现实问题，如：农户选择的目标价格水平一般很低，保费补贴机制尚不健全、补贴资金存在缺口。

本文主要的创新在于，从农业合作社的角度出发研究"保险＋期货"模式下的农作物价格风险管理问题，为农业合作社提供了投保建议。本文基本研究框架的构建参考了 Golden（2007）对企业最优天气指数保险购买策略的研究，具体参考的内容包括财富函数和效用函数两个部分。财富函数方面，在 Golden 的研究中，企业财富由产量、支出的天气指数保险保费和/或天气指数保险赔偿三部分构成，其中产量受天气指数影响。本文中农业合作社的财富也由这三部分构成，但基于期货价格保险与天气指数保险不同的产品特点，每部分的具体数学表达与 Golden 的天气指数保险财富模型不尽相同。在效用函数的选择上，本文继续采用了 Golden（2007）所采用的、也是常见的均值方差效用函数。实际上，本文还参考了胡祥等（2017）在最优再保险研究中所使用的指数型效用函数、第一类功率效用函数和第二类功率效用函数进行实验，但发现实验结果并不理想，不仅与定性分析不符，也没有很大的参考价值。经过分析，本文找到了这些效用函数形式不适用的原因。即以上的效用函数都是单一时间点效用函数，忽略了长时间效用波动的方差。然而，对于财富状况较为贫困、对财富的波动承受力很低的农户而言，效用的方差至关重要。因此，这些效用函数不能很好地描述农户的效用特征，并进一步产生了偏离定性分析的实验结果。基于这一情况，本文最后还是选取了研究最佳投资组合问题时所采用的经典的均值方差型效用函数。

本文还创新性地把再保险定价法引入了期货价格保险的研究中，采用了胡祥等（2017）在讨论最优再保险的文章中给出的再保险的定价公式。即假定保险公司按照最大可能损失保费原则收取保费。采用这种方法主要是考虑到农作物价格的波动性大，并且具有系统性，保险公司难以按照传统的非寿险精算原理中赔付次数乘赔付强度的方法厘定保费。本文采用的定价方法形式上是在净保费的基础上按承保意愿附加一部分保费，这样的形式不仅在现实中是合理的，也方便了本文的实验研究。

三、农业合作社最优价格保险购买决策模型

（一）期货价格保险的产品原理

1. 期货价格保险的产品介绍

在"保险＋期货"模式下，农业合作社所购买的价格保险与特定的期货合约连接，因此这种价格保险产品被特定地称为期货价格保险。

（1）赔付金额的结算方法。期货价格保险保单与价格保险保单有相同的结算方法。当单位产品的目标价格小于或等于单位产品的结算价格时，单位产品可获得的赔付为0；当单位产品的目标价格高于单位产品的结算价格时，单位产品可获得的赔付为目标价格和结算价格的差值。总赔付金额是投保量与单位产品可获得赔付的乘积。

其中，目标价格是被保险人投保价格保险时确定的最低保障价格水平。结算价格是在保险期间终了时，单位产品的市场价格水平。结算价格在投保时不可预测的。为了保证结算价格的公平性，期货价格保险不会采用农户出售价作为结算价格。

由赔付金额的结算方法可见，目标价格和结算价格决定了理赔金额的值。因此，目标价格和结算价格的计算方法尤为重要，是期货价格保险产品设计的核心。

我国现行试点的期货价格保险保单中，目标价格并无特定的标准，是在一定范围内任意可选的。于是，结算价格的计算方法就成为了期货价格保险产品设计的关键。

（2）结算价格的计算方法。按照我国现行"保险＋期货"试点的实际操作方法，结算价格是保单参照的期货合约在收获期的收盘价的均值。其中，参照的期货合约理论上应是投保的农作物在其收获期之后最先到期的期货合约。但由于我国的期货市场并不发达，玉米期货市场轮流充当主力合约的是1、5、9月份到期的期货合约，所以在确定参照的期货合约时，应在1、5、9月份到期的期货合约中选择收获期后最先到期的期货合约。收获期是投保的农作物主要收获月份前后分别延长半个月的日期

区间。

以人保财险在辽宁的首个玉米"保险＋期货"试点为例（保单的主要内容如表1所示），玉米的收获期是 10 月左右，10 月之后最先到期的、并且曾经作为主力合约的期货合约是次年 1 月到期的玉米期货合约。因此，2015 年投保的玉米期货价格保险保单参照的玉米期货合约是 1 601 合约（2016 年 1 月到期的期货合约）。结算价格就是 1 601 合约在收获期 9 月 16 日到 11 月 16 日之内所有收盘价的均值。

表1　人保财险首单玉米期货价格保险的主要内容

投保时间	2015 年 5 月—2015 年 8 月
目标价格	2 060 元/吨～2 360 元/吨
结算价格	2015 年 9 月 16 日到 2015 年 11 月 16 日大连商品交易所玉米 1 601 合约收盘价的算术平均值
理赔金额	承保吨数×Max［（目标价格－结算价格），0］

2. 期货价格保险的投保成本及风险管理范围

（1）期货价格保险的投保成本。农业合作社投保期货价格保险的成本是保费减去政府补贴的部分。保费等于投保的产量乘以单位保费。

本文没有找到保险公司为期货价格保险厘定保费的现行方法，因此查阅了一些保险定价相关的文献，找到了替代方法以完成研究。

依据保险公司的经营原理可知，保险公司收取的保费包括覆盖赔偿费用的净保费和覆盖经营费用等其他费用的附加保费两部分。即，净保费等于未来赔付随机变量的期望，总保费是在这个期望上再附加大于零的数值以覆盖其他费用。附加保费会受保险公司的经营策略等因素的影响而在理论值的基础上左右调整。

在文献综述部分中提到，再保险中的最大可能损失原则定价法在本文的研究中是适用且可行的。这个定价法的数学表达式如下所示：

$$\pi(X)=E(X)+\beta\cdot[\sup(X)-E(X)] \tag{1}$$

其中，$\pi(X)$ 是再保险保费，X 是赔付随机变量，$E(X)$ 是赔付随机变量的期望，$\sup(X)$ 是赔付随机变量的最大值，β 代表了承保意愿，并有 $0<\beta<1$。易见，这种定价方法确定的保费在赔付随机变量的期望与最大可能赔付之间。

现实中，$\sup(X)$ 是很难确定的，因此在使用最大可能损失保费原则厘定保费时有指数保费原理、分位数保费原理、绝对偏差保费原理及王氏保费原理等方法来为 $\sup(X)$ 取值。而本文的研究使用了随机模拟的方法，对于赔付随机变量的模拟实验将会进行 20000 次。由于实验频率很高，本文将直接采用模拟样本数据的最大值作为赔付随机变量的上边界。保险公司在一定的目标价格下对单位产量的赔付随机变量 X 的具体表达将在下文给出。

（2）期货价格保险的风险管理范围。由于保险公司没有选择农户出售价作为期货价格保险的结算价格，农户出售价与结算价格之间总会产生不同程度的偏离，因此农业合作社只能通过期货价格保险转移一部分农作物价格风险。可以被转移的这部分与结算价格完全相关的农作物价格风险就是期货价格风险的作用范围。剩余的无法被转移的价格风险被称为基差风险。

为了对基差风险进行量化分析，可以把基差定义为农户出售价与结算价格之间的差值，即：基差＝农户出售价—结算价格。农户出售价和结算价格受相同的供求关系、经济形势影响，应有相同的变动趋势。此时基差风险相当于一个随机扰动项，根据地区的不同，在不同的期望水平附近上下波动。

（二）农业合作社的财富过程

农业合作社的生产周期与期货价格保险的运转周期基本重合。农业合作社在期初投入生产成本和期货价格保险的保费，在期末根据价格水平的高低获得生产收入，并按保单规则结算保险赔付。因为生产成本对农业合作社的投保决策影响较小，所以在下一步研究时被剔除。

1. 农业合作社的生产收入

农业合作社在期末获得的生产收入由农作物产量与实际出售价相乘计算而得。

（1）农作物产量。本文把农作物产量设定为一个常数。很多对我国农业的实证研究指出，随着生产力发展，农作物价格风险已超过产量风险成为我国农业经营中所面临的第一大风险。为了突出农作物价格对农业合作社财富的影响，本文在研究中把产量简化为一个常数，用 q 表示。

（2）农作物实际出售价。农作物的实际出售价被设定为结算价格与附加的基差之和。研究中用 I_m 表示期货价格保险的结算价格，用 δ 表示基差。

①结算价格的分布假设。现有文献指出农作物价格受供求关系影响有明显的周期性。结算价格作为农作物的公允价格，也应在年度间具有周期性。

在传统的价格随机过程研究中，尤其是在经典的 Black - Scholes 定价假设中，价格通常被认为服从对数布朗运动过程。本文借鉴了这一假设，并认为相对于股票价格来讲，农作物年度平均价格的运动相对稳定，周期性更明显，因此本文直接假设结算价格服从对数正态分布而非对数布朗运动过程。

为了验证这一假设的合理性，本文在对历史数据进行参数估计后，使用对数正态分布对结算价格进行随机模拟，取得了接近历史数据的拟合效果。由此可证明采用结算价格服从对数正态分布的假设基本合理。

②基差的分布假设。为了描述结算价格与农作物的实际出售价有相同变动趋势的特点，本文把基差看作农作物出售价围绕结算价格变动的一个随机扰动项，并假设基差服从正态分布。

（3）生产收入。于是，农业合作社的生产收入可被表达为：$q \cdot (I_m + \delta)$。

2. 农业合作社支付的保费

农业保险是受到相关部门或机构的补贴的，服务农民的期货价格保险也不例外。因此，农业合作社实际支付的保费等于保费乘以自行承担保费的比例。

期货价格保险的全额保费由投保产量与单位保费相乘而得。单位保费包括覆盖赔偿费用的净保费和覆盖经营费用等其他费用的附加保费两部分。附加保费会受保险公司的经营策略等因素的影响而在理论值的基础上左右调整。

用 c 表示政府补贴后农户需要自行承担的保费的比例，用 p 表示期货价格保险的单位保费，用 h 表示期货价格保险的投保比例。农业合作社支付的保费为 $h \cdot q \cdot c \cdot p$。

单位保费的确定参考上文中提到的再保险最大损失原则保费定价方法。具体在期货价格指数保险上，单位保费的表达式如下：

$$p = E(\text{Max}(I_t - I_m, 0)) + \beta \cdot [\sup(\text{Max}(I_t - I_m, 0)) - E(\text{Max}(I_t - I_m, 0))]$$

$$(2)$$

其中 $0 < \beta < 1$，代表了保险公司的承保意愿，也可以理解为保险公司的附加费用因子。

3. 农业合作社获得的赔偿

与期货价格保险的保费相对应，农业合作社获得的保险赔付是投保产量与单位产量赔付结算值的乘积。

当单位产量的目标价格小于或等于单位产量的结算价格时，单位产量赔付结算值为 0；当单位产量的目标价格高于单位产量的结算价格时，单位产量赔付结算值为目标价格和结算价格的差值。

用 I_t 表示期货价格保险的目标价格，那么 $\text{Max}(I_t - I_m, 0)$ 是单位产量保险赔付的结算值。

那么，农业合作社获得的赔偿为 $h \cdot q \cdot \text{Max}(I_t - I_m, 0)$。

4. 农业合作社的财富过程模型

由上述分析可得农业合作社的财富表达式如下式所示。其中，财富值 W 的单位为万元。

$$W = q \cdot (I_m + \delta) - h \cdot q \cdot c \cdot p + h \cdot q \cdot \text{Max}(I_t - I_m, 0) \quad (3)$$

（三）农业合作社的决策过程

1. 期货价格保险购买量的含义

农业合作社在投保期货价格保险时，可以选择两项内容，分别是投保产量和投保的目标价格。这两项内容均影响着保费的高低以及保障的水平。研究最优购买量的问题，就是研究最优投保策略的问题。本文中期货价格保险的购买量，即包含投保产量和投保的目标价格两个维度的投保策略。

为了使投保产量的决策具有一般性，本文把对投保产量的决策转化为对投保比例的决策。其中，投保比例指投保产量占总产量的比例。因此，研究农业合作社决策的期货价格保险购买量是投保比例和目标价格的二维向量 (h, I_t)。

2. 期货价格保险投保成本的限制条件

投保成本是农业合作社考虑是否投保期货价格保险的一个重要因素。农业合作社保费支出的上限被设定为目标农作物收入的一定比例。目标农作物收入是农作物产量与目标收入的乘积。

用 γ 表示农业合作社可承受实际支出保费占目标收入的比例，理论上应有 $0<\gamma<1$。那么投保成本限制可被表示为：

$$h \cdot q \cdot c \cdot p \leqslant \gamma \cdot q \cdot I_t \tag{4}$$

投保时目标价格是可知的，投保成本在期初决策时就会被确定。因此，这种投保成本上限计算法在现实中也有合理性和可行性。

3. 农业合作社效用函数的形式

本文选用了均值方差效用函数作为农业合作社的财富效用函数，表达式如下所示：

$$u(W)=E(W)-\alpha \cdot Var(W) \tag{5}$$

其中，α 是风险厌恶系数，应有 $\alpha>0$。α 越大，代表农业合作社的风险厌恶程度越高，承受风险的能力越低。

由于农民的经济水平较低，可承受的财富波动程度低，财富值波动的方差在很大程度上影响了其效用。再有，农业合作社投保期货价格保险是为了降低农作物价格风险，达到保障当年农业收入、稳定年度间农业收入水平的作用，而非出于投机目的。因此，本文选择了更强调财富的方差对长期效用影响的均值方差效用函数来描述农业合作社的长期效用。

（四）农业合作社的最优决策模型

1. 财富函数模型

由（3）式可得，农业合作社的财富 W 可被如下函数表示。

$$W=q \cdot (I_m+\delta)-h \cdot q \cdot c \cdot p+h \cdot q \cdot \text{Max}(I_t-I_m, 0)$$

其中：①q 是农民的产量，假设为常数。②h 是期货价格保险的投保比例，是常数产量 q 的一个比例值。③I_m 是期货价格保险的结算价格，假设 I_m 服从对数正态分布，即：$I_m \sim \log N(\mu, \sigma^2)$。④$I_t$ 是期货价格保险的目标价格。$\text{Max}(I_t-I_m, 0)$ 是单位产量保险赔付的结算值。⑤δ 是基差，即农作物出售价减去结算价格得到的差值。$(I_m+\delta)$ 代表农户的实际出售价。本文假设 δ 服从正态分布，即 $\delta \sim N(\mu', \sigma'^2)$。

⑥p 是期货价格保险的单位保费。单位保费的表达式由（2）式给出，即：

$$p=E(\text{Max}(I_t-I_m, 0))+\beta \cdot [\sup(\text{Max}(I_t-I_m, 0))-E(\text{Max}(I_t-I_m, 0))]$$

其中 $0<\beta<1$，代表了保险公司的承保意愿，也可以理解为保险公司的附加费用因子。⑦c 是政府补贴后农户需要自行承担的保费的比例。

2. 效用最大化决策模型

记可选目标价格的集合为 Q，本文的研究问题可以表述为：

$$(h^*, I_t^*)=arc\text{Max}_{(h, I_t)}u(W) \quad (h \in [0, 1], I_t \in Q)$$
$$u(W)=E(W)-\alpha \cdot \text{Var}(W) \tag{6}$$

保费成本限制的数学表达由（4）式给出，即：

$$h \cdot q \cdot c \cdot p \leqslant \gamma \cdot q \cdot I_t$$

其中，γ 是农业合作社可承受实际支出保费占目标收入的比例，理论上应有 $0 < \gamma < 1$。

通过最大化目标函数，最终得到农业合作社最优期货价格购买量（h^*，I_t^*）。

四、历史参数水平下农业合作社最优价格保险购买量

（一）最优购买量的求解步骤

样本数据的随机模拟和计算在 R 软件中进行，绘图在 Excel 中产生。

具体的操作步骤如下：

第一步，采用结算价格 I_m 服从对数正态分布、基差风险 δ 服从正态分布的假设，模拟产生 20 000 组市场价格和基差的组合（I_m，δ）的模拟数据。

本文认为结算价格 I_m 和基差 δ 是相互独立的，因此分别进行模拟，组成 20 000 对随机数样本，而非笛卡尔积等其他形式。

第二步，在闭区间 $[0，1]$ 内为投保比例 h 按 0.01 的步长产生实验序列，即为投保比例 h 设置（0，0.01，0.02，0.03，…，0.97，0.98，0.99，1）的实验序列。

在闭区间 $[\bar{I}_m - 100，\bar{I}_m + 500]$ 内为目标价格 I_t 按 10 的步长产生实验序列（$\bar{I}_m$ 是 I_m 的均值参数）。

把可行目标价格的集合 Q 的下界和上界分别设定为 $\bar{I}_m - 100$ 和 $\bar{I}_m + 500$ 的理由如下所述。一方面，如果保险公司提供的目标价格远低于结算价格的期望（在现实中对应历史结算价格的平均值），那么农业合作社将没有动力为期货价格保险支付保费。所以本文把可行目标价格的集合 Q 的下界定在了一个稍低于结算价格的期望的水平：$\bar{I}_m - 100$。另一方面，目标价格水平较高的期货价格保险虽然有吸引力，但保费也会随目标价格水平的增高而增高。为了能明晰保障水平与保费成本的正向关系，本文把可行目标价格的集合 Q 的上界定在了一个较高的水平：$\bar{I}_m + 500$。

另外，由于步长既要小到能产生足够密集的实验组合（h，I_t），使网格三维图足够光滑，又要足够大，以控制实验的运算时长。因此，本文折中选择了 101×61 组实验组合的实验密度，并由此确定了实验序列的步长。

第三步，做投保比例 h 的实验序列和目标价格 I_t 的实验序列的笛卡尔积，产生了 101×61 组（h，I_t）实验组合。

第四步，定义财富函数。因有 20 000 组（I_m，δ）模拟数据，所以应有 20 000 个模拟农业合作社生产收入样本，对每个目标价格 I_t 应有 20 000 个模拟赔付样本。对每个目标价格 I_t，把 20 000 个模拟赔付的均值作为赔付随机变量的期望，把 20 000 个模拟赔付的最大值作为赔付随机变量的上界，由此可计算每个目标价格 I_t 唯一对应的保费。进一步，可计算每个实验组合（h，I_t）唯一对应的实际支付的保费值和

20 000 个模拟财富值样本。

第五步，设置投保成本限制原则。当实验组合（h，I_t）计算出实际支付的保费超过农业合作社设置的保费上限时，农业合作社将选择不投保，该实验组合（h，I_t）无效，对应的财富值定义为空值。

第六步，定义效用函数。每个实验组合（h，I_t）在 20 000 组（I_m，δ）模拟数据下对应 20 000 个财富值，把这些财富值的均值和方差分别作为效用函数中的期望和方差，计算实验组合（h，I_t）对应的效用值。

第七步，求出 101×61 组实验组合（h，I_t）各自唯一对应的实际支付的保费值和效用值，得到两张 101×61 的表格，一个是实际支付的保费表，一个是效用表。

第八步，基于效用表，绘制以（h，I_t）为横纵坐标的效用图，观察效用的变化。

第九步，选择对应效用值最大的（h，I_t）为最优期货价格保险购买量。

值得注意的是，这是随机模拟实验产生的结果，具有一定的随机性。也就是说，研究中会出现完全相同的参数水平下，两次模拟实验产生的最优实验组合有微小数值偏差的现象。

（二）历史参数水平的设定

1. 结算价格参数

结算价格参数是其服从的对数正态分布中的两个参数 μ 和 σ。

本文首先收集了 2006—2017 年各年度的次年 1 月到期的期货合约在结算期（当年 9 月 16 日到 11 月 16 日）的收盘价作为每年的样本数据。例如，2006 年的样本数据是 0701 期货合约在 2006 年 9 月 16 日到 2006 年 11 月 16 日之间每个交易日的收盘价。然后，本文计算各年度样本数据的平均值作为结算价格，同时计算了各年度样本数据的标准差作为参考。接下来，本文汇总了计算结果，将 2006—2017 年历年的结算价格与结算期参考期货合约收盘价的标准差整理为表 2。其中，标准差的汇总行计算的是历年结算价格的标准差。为了展示历年结算价格所表现出的周期性，笔者把表2 中小于历年结算价格平均值的结算价格标 "*"。

表 2　2006—2017 年玉米期货价格保险的结算价格[①]

合约名称	结算期收盘价均值/结算价格（元/吨）	结算期收盘价标准差
c0701	1 372.923*（最小值）	33.873
c0801	1 582.250*	27.290
c0901	1 626.385*	35.575
c1001	1 698.868*	14.346
c1101	2 077.250	51.737

---

① 玉米期货合约价格原始数据来源于大连商品交易所官网。

（续）

合约名称	结算期收盘价均值/结算价格（元/吨）	结算期收盘价标准差
c1201	2 257.846	39.979
c1301	2 335.175	14.354
c1401	2 326.079	10.317
c1501	2 353.077（最大值）	8.988
c1601	1 918.923	24.323
c1701	1 490.842*	73.335
c1801	1 682.308*	16.620
总体均值	1 892.942	53.865

观察表 2，可见结算价格显著的周期性，历史结算价格均值为 1 892.942、标准差为 53.865。基于这一数据，本文设定市场结算价格 I_m 服从均值（$\bar{I}_m$）为 1 900，标准差为 50 的对数正态分布。经过转换计算，市场结算价格 I_m 应服从 μ 为 7.549、σ 为 0.026 3 的对数正态分布。

按照设定的结算价格参数组合进行 20 000 次模拟，可见结算价格围绕 1 900 上下波动，最大值为 2 132.205，最小值为 1 695.063，波动范围合理，拟合程度较好。

2. 基差风险参数

基差风险参数是基差服从的正态分布中的两个参数 μ' 和 σ'。

本文首先汇总了 2010—2017 年佳木斯、哈尔滨、齐齐哈尔、长春、白城、四平、通辽等七个地区的玉米的实际出售价均值如表 3 所示。然后分别减去对应的当年度的结算价格计算基差，汇总结果如表 4 所示。笔者在表 3 中将各地区历年出售价的最大值和最小值后标"*"；在表 4 中将基差为负的值标"*"。

表 3　2010—2017 年七个地区的玉米出售价①

年份	佳木斯	哈尔滨	齐齐哈尔	长春	白城	四平	通辽
2010	1 630.000	1 646.667	1 646.667	1 695.000	1 695.000	1 697.778	1 736.111
2011	2 028.205	2 063.077	2 052.308	2 097.949	2 097.949	2 111.282	2 151.282
2012	2 086.500*	2 132.000*	2 126.500*	2 174.500*	2 171.500*	2 193.500*	2 168.500*
2013	2 000.000	2 050.000	2 020.000	2 092.105	2 074.737	2 074.737	2 087.368
2014	1 946.286	1 999.143	1 974.857	2 065.714	2 058.857	2 079.143	2 090.000
2015	1 745.641	1 799.744	1 785.641	1 850.513	1 837.692	1 864.872	1 868.718
2016	1 320.526	1 361.316	1 340.000	1 409.474	1 405.000	1 414.474	1 439.211*
2017	1 306.538*	1 330.769*	1 316.923*	1 394.615*	1 381.538*	1 393.462*	1 467.692
均值	1 778.660	1 819.278	1 804.330	1 868.076	1 861.100	1 874.639	1 894.639

---

① 玉米出售价原始数据来源于 Wind 资讯。

表4　2010—2017 年七个地区玉米的基差

年份	佳木斯	哈尔滨	齐齐哈尔	长春	白城	四平	通辽
2010	−407.454*	−383.781*	−383.781*	−351.264*	−351.264*	−350.515*	−307.590*
2011	−314.142*	−281.550*	−283.607*	−236.447*	−236.447*	−232.126*	−193.813*
2012	−299.225*	−245.588*	−248.357*	−199.142*	−208.977*	−183.357*	−175.960*
2013	−364.476*	−309.328*	−327.598*	−239.497*	−249.876*	−246.037*	−258.400*
2014	−378.160*	−319.577*	−345.619*	−274.869*	−275.869*	−260.244*	−267.744*
2015	16.715	57.661	35.192	112.353	108.525	131.447	134.246
2016	67.805	114.732	107.805	147.723	146.453	149.158	154.568
2017	−420.108*	−391.908*	−407.808*	−353.058*	−368.208*	−348.558*	−300.908*
均值	−262.381*	−219.917*	−231.721*	−174.275*	−179.458*	−167.529*	−151.950*
标准差	180.522 3	182.980 7	182.271 6	183.024 3	184.617 5	185.443 9	176.543 9

由表4可观察出玉米的出售价一般在低于结算价格的水平上波动。七个地区历史基差的均值从−262.381到−151.950不等，标准差从176.544到185.444不等。基于这些数据，本文设定基差服从均值（μ'）为−200，标准差（σ'）为180的正态分布。

按照这个参数组合进行 20 000 次模拟，随机样本中玉米出售价（$I_m+\delta$）的均值为 1 700.982，最小值为 932.506，最大值为 2 412.205。参考实际的玉米出售价（表3）可得，玉米出售价模拟值的波动均值合理，波动范围非常不合理。因此，本文保持 μ' 不变，反复调整 σ' 的大小至80，得到玉米出售价模拟样本的均值为 1 698.631，最小值为 1 321.088，最大值为 2 091.288，波动范围合理，拟合程度较好。于是本文设定基差 δ 服从均值（μ'）为−200，标准差（σ'）为80的正态分布。

3. 保费成本参数

（1）附加保费系数。保守起见，本文选择了一个较高的附加费用比例：$\beta=0.5$。此时期货价格保险的保费是净保费和最高可能赔付的算术平均值。

（2）保费补贴参数。按农业保险的一般情况，农民实际承担的保费比例不会超过50%，一般在 20%～30%。但为了保守起见，本文设定农业合作社实际承担的保费比例为 50%（即 0.5）。

4. 决策行为参数

（1）风险厌恶系数。风险厌恶系数是 α，应有 $\alpha>0$。α 越大，代表农业合作社的风险厌恶程度越高，承受风险的能力越低。本文认为农业合作社有较高的风险厌恶系数，因此设定 α 为1。

（2）成本限制参数。依据现实中的投保心理，本文认为农业合作社愿意为期货价格保险支付的保费不会超过目标收入的10%。因此设定农业合作社实际承担的保费比例 γ 为 10%（即 0. 1）。

5. 参数汇总整理

在模型搭建中已经说明过，产量对效用值只有量级的影响，不影响最优策略的选择，因此本文简单地把产量 q 设定为一个普通农业合作社的产量规模：1 500 吨。

综合以上说明，本文将历史水平的参数设定整理如表 5 所示。

表 5　历史参数水平汇总表

参数	μ	σ	μ'	σ'	β	α	c	γ	q
值	7.549	0.026 3	−200	80	0.5	1	50% (0.5)	10% (0.1)	1 500

（三）最优购买量的求解结果与初步结论

1. 最优购买量的求解结果

（1）效用值随投保比例和目标价格变化的关系。在历史水平的参数组下，按照上述实验步骤，本文得到了 101×61 组实验组合（h，I_t）对应的 101×61 个效用函数值，做成三维图如图 1 所示。

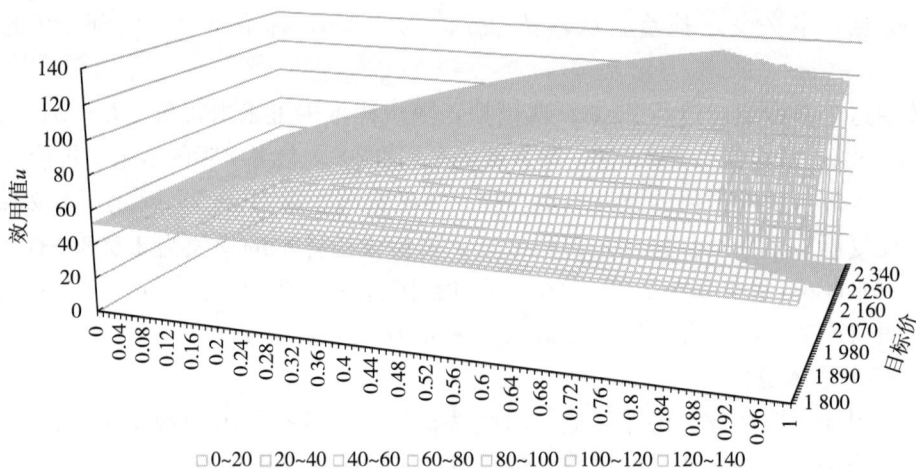

图 1　效用函数随投保比例和目标价格变化的三维关系图

在图 1 中，横坐标是投保比例，纵坐标是目标价格，竖坐标是效用值。在投保比例和目标价格都处于较高水平的水平面的右上部分，出现了不连续的断面。断面外侧这部分效用为 0 的实验组合即是实际支付的保费超过投保成本上限的购买量，是无效的实验区域。

在有效的实验区域中可以看到：一方面，效用值 $u(W)$ 随投保比例 h 的增高而增高，并且目标价格 I_t 越高，这一趋势更明显；另一方面，效用值 $u(W)$ 随目标价格 I_t 投保比例 h 的增高而增高，并且投保比例 h 越高，这一趋势更明显。由此我们可以得到，在投保成本限制下，较高的投保比例和目标价格可以带来较高的效用，并且有效实验区域与无效实验区域的交界线（下文简称有效边缘）上的购买量的效用最高。

由于投保比例和目标价格均与保费呈正向关系，所以有效边缘上的购买量都是投保成本恰达到上限时的购买量。因此有效边缘也是农业合作社的投保成本约束线。于是有，实际支出的保费达到投保成本上限时，可以达到较高的效用值。本文将在下文中具体说明最优购买量的解。

为了进一步比较有效边缘上购买量的优劣，并求解最优购买量，本文汇总了有效边缘附近购买量对应的效用值，取整后如表 6 所示。表 6 的第一行标示了购买量中目标价格的水平，第一列标示了购买量中投保比例的水平。最优购买量对应的效用值已加粗并加下划线强调表示。由表 6 可见，在有效边缘上，目标价格越高，对应的效用值越高：当目标价格被设定为可选目标价格中的最大值（即 2 400 元/吨）时，在投保成本限制下，选择最高的投保比例 0.79（即 79%）可得到最大的效用。

表 6　有效边缘附近购买量对应的效用值

目标价格 投保比例 h	2 230	2 240	2 250	2 260	2 270	2 280	2 290	2 300	2 310	2 320	2 330	2 340	2 350	2 360	2 370	2 380	2 390	2 400
0.78	120	121	121	122	122	123	124	124	125	125	126	126	127	128	128	129	129	130
0.79	120	121	122	122	123	123	124	125	125	126	126	127	128	128	129	129	130	**<u>131</u>**
0.8	121	121	122	123	123	124	124	125	126	126	127	127	128	129	129	130	130	—
0.81	121	122	122	123	124	124	125	126	126	127	127	128	129	129	130	130	—	—
0.82	122	122	123	123	124	125	125	126	127	127	128	128	129	130	130	—	—	—
0.83	122	123	123	124	125	125	126	126	127	128	128	129	129	130	—	—	—	—
0.84	122	123	124	124	125	126	126	127	127	128	129	129	130	—	—	—	—	—
0.85	123	123	124	125	125	126	127	127	128	128	129	130	—	—	—	—	—	—
0.86	123	124	124	125	126	126	127	128	128	129	130	130	—	—	—	—	—	—
0.87	123	124	125	125	126	127	127	128	129	129	130	—	—	—	—	—	—	—
0.88	124	124	125	126	126	127	128	128	129	130	—	—	—	—	—	—	—	—
0.89	124	125	125	126	127	127	128	129	—	—	—	—	—	—	—	—	—	—
0.9	124	125	126	126	127	128	128	129	130	—	—	—	—	—	—	—	—	—
0.91	125	125	126	127	127	128	129	129	—	—	—	—	—	—	—	—	—	—
0.92	125	126	126	127	128	128	129	—	—	—	—	—	—	—	—	—	—	—
0.93	125	126	127	127	128	129	—	—	—	—	—	—	—	—	—	—	—	—
0.94	125	126	127	128	128	129	—	—	—	—	—	—	—	—	—	—	—	—
0.95	126	126	127	128	129	—	—	—	—	—	—	—	—	—	—	—	—	—
0.96	126	127	127	128	—	—	—	—	—	—	—	—	—	—	—	—	—	—
0.97	126	127	128	128	—	—	—	—	—	—	—	—	—	—	—	—	—	—
0.98	126	127	128	—	—	—	—	—	—	—	—	—	—	—	—	—	—	—
0.99	127	127	128	—	—	—	—	—	—	—	—	—	—	—	—	—	—	—
1	127	127	—	—	—	—	—	—	—	—	—	—	—	—	—	—	—	—

（2）保费支出随目标价格和投保比例变化的关系。由于投保成本上限是目标收入的比例，因此目标价格越高，目标收入越高，投保成本上限也就越高。可以参考有效边缘附近购买量对应的保费支出汇总表（表7）来观察这一事实。表7的第一行标示了购买量中目标价格的水平，第一列标示了购买量中投保比例的水平。有效边缘上购买量对应的保费用加粗表示，最优购买量加下划线强调。表格中每个购买量对应的保费支出的单位是万元。由表7可见，最优购买量对应的保费支出在有效边缘上也是最高的，为35.7万元。

表7　有效边缘附近购买量对应的保费支出

单位：万元

投保比例 \ 目标价格	2 220	2 230	2 240	2 250	2 260	2 270	2 280	2 290	2 300	2 310	2 320	2 330	2 340	2 350	2 360	2 370	2 380	2 390	2 400
0.77	24.4	25.0	25.6	26.2	26.7	27.3	27.9	28.5	29.1	29.6	30.2	30.8	31.4	31.9	32.5	33.1	33.7	34.3	34.8
0.78	24.8	25.3	25.9	26.5	27.1	27.7	28.3	28.9	29.4	30.0	30.6	31.2	31.8	32.4	32.9	33.5	34.1	34.7	35.3
0.79	25.1	25.7	26.3	26.9	27.4	28.0	28.6	29.2	29.8	30.4	31.0	31.6	32.2	32.8	33.4	34.0	34.6	35.1	<u>35.7</u>
0.8	25.4	26.0	26.6	27.2	27.8	28.4	29.0	29.6	30.2	30.8	31.4	32.0	32.6	33.2	33.8	34.4	35.0	35.6	0.0
0.81	25.7	26.3	26.9	27.5	28.1	28.7	29.4	30.0	30.6	31.2	31.8	32.4	33.0	33.6	34.2	34.8	35.4	0.0	0.0
0.82	26.0	26.6	27.3	27.9	28.5	29.1	29.7	30.3	30.9	31.6	32.2	32.8	33.4	34.0	34.6	35.3	0.0	0.0	0.0
0.83	26.3	27.0	27.6	28.2	28.8	29.5	30.1	30.7	31.3	31.9	32.6	33.2	33.8	34.4	35.1	0.0	0.0	0.0	0.0
0.84	26.7	27.3	27.9	28.6	29.2	29.8	30.4	31.1	31.7	32.3	33.0	33.6	34.2	34.9	0.0	0.0	0.0	0.0	0.0
0.85	27.0	27.6	28.3	28.9	29.5	30.2	30.8	31.4	32.1	32.7	33.4	34.0	34.6	0.0	0.0	0.0	0.0	0.0	0.0
0.86	27.3	27.9	28.6	29.2	29.9	30.5	31.2	31.8	32.5	33.1	33.7	34.4	35.0	0.0	0.0	0.0	0.0	0.0	0.0
0.87	27.6	28.3	28.9	29.6	30.2	30.9	31.5	32.2	32.8	33.5	34.1	34.8	0.0	0.0	0.0	0.0	0.0	0.0	0.0
0.88	27.9	28.6	29.3	29.9	30.6	31.2	31.9	32.6	33.2	33.9	34.5	0.0	0.0	0.0	0.0	0.0	0.0	0.0	0.0
0.89	28.2	28.9	29.6	30.3	30.9	31.6	32.3	33.0	33.6	34.3	0.0	0.0	0.0	0.0	0.0	0.0	0.0	0.0	0.0
0.9	28.6	29.2	29.9	30.6	31.3	31.9	32.6	33.3	34.0	34.6	0.0	0.0	0.0	0.0	0.0	0.0	0.0	0.0	0.0
0.91	28.9	29.6	30.2	30.9	31.6	32.3	33.0	33.7	34.3	0.0	0.0	0.0	0.0	0.0	0.0	0.0	0.0	0.0	0.0
0.92	29.2	29.9	30.6	31.3	32.0	32.6	33.3	34.0	0.0	0.0	0.0	0.0	0.0	0.0	0.0	0.0	0.0	0.0	0.0
0.93	29.5	30.2	30.9	31.6	32.3	33.0	33.7	0.0	0.0	0.0	0.0	0.0	0.0	0.0	0.0	0.0	0.0	0.0	0.0
0.94	29.8	30.5	31.2	31.9	32.7	33.4	34.1	0.0	0.0	0.0	0.0	0.0	0.0	0.0	0.0	0.0	0.0	0.0	0.0
0.95	30.2	30.9	31.6	32.3	33.0	33.7	0.0	0.0	0.0	0.0	0.0	0.0	0.0	0.0	0.0	0.0	0.0	0.0	0.0
0.96	30.5	31.2	31.9	32.6	33.3	0.0	0.0	0.0	0.0	0.0	0.0	0.0	0.0	0.0	0.0	0.0	0.0	0.0	0.0
0.97	30.8	31.5	32.2	33.0	33.7	0.0	0.0	0.0	0.0	0.0	0.0	0.0	0.0	0.0	0.0	0.0	0.0	0.0	0.0
0.98	31.1	31.8	32.6	33.3	0.0	0.0	0.0	0.0	0.0	0.0	0.0	0.0	0.0	0.0	0.0	0.0	0.0	0.0	0.0
0.99	31.4	32.2	32.9	33.6	0.0	0.0	0.0	0.0	0.0	0.0	0.0	0.0	0.0	0.0	0.0	0.0	0.0	0.0	0.0
1	31.7	32.5	33.2	0.0	0.0	0.0	0.0	0.0	0.0	0.0	0.0	0.0	0.0	0.0	0.0	0.0	0.0	0.0	0.0

2. 初步结论与分析

从以上结果可以得到的结论主要有：

（1）当投保的目标价格大于农作物价格的波动均值时，投保期货价格保险的效用总是大于不投保期货价格保险的效用。并且有，对于每一个固定的目标价格，农业合作社的效用值随着投保期货价格保险时选择的投保比例增高而增高，并在投保成本限制下最高的投保比例处达到最大值。同样的，对于每一个固定的投保比例，农业合作社的效用值随着投保期货价格保险时选择的目标价格增高而增高，并在投保成本限制下最高的目标价格处达到最大值。

因此，可以认为投保成本约束线上的购买量相对优于其内部的购买量。

（2）保费支出与其可获得的效用值成正向关系。

（3）在历史参数水平下，期货价格保险最优购买量的确定方法是：选择可选的最高目标价格，在此基础上计算投保成本上限，并由此计算出最大的投保比例，最终得到的投保比例和目标价格的组合即是期货价格保险的最优购买量。

五、结语

"三农"问题是国家的基本问题，如何使农民摆脱贫困、实现更高的收入水平是我国长期面临的重点问题。在年复一年大力推进农村金融改革、用新型的金融工具造福农民的同时，我们不能忽略农民的相关金融知识水平能否跟上的问题。具体在推广"保险＋期货"试点的过程中，我们不仅要使农民了解期货价格保险的优点和原理，还要使农民掌握最优的投保策略。

本文研究发现，农业合作社按投保成本上限购买期货价格保险时可获得高水平的长期效用。并且，在一般情形下，选择最高的目标价格再计算可投保的最高投保比例即可得到最优的购买量。这样的结论也说明了期货价格保险保障农作物价格风险时的有效性。

另外，本文通过研究还发现，在结算价格波动幅度较大时，按最优购买量投保期货价格保险的农业合作社能很好地稳定各年收入，并且比不投保的农业合作社有更高的长期效用值。这一结果也说明了期货价格保险在管理农作物价格风险时的有效性。然而，期货价格保险不总是那么有效的。当基差风险很高时，具有场内期权性质的标准化的保单合同使农业合作社难以完全转移农作物的价格风险。

本文还证明了一个符合情理的推断：单位保费水平下降、保费补贴幅度提高都有利于农业合作社选择更大的期货价格保险购买量，也使农业合作社可以达到更高的长期效用值。除此之外，农业合作社设定的投保成本上限以及农业合作社的风险厌恶水平也影响着最优购买量的选择。自然地，投保成本上限与最优购买量呈正向关系，风险厌恶水平更多地影响着最优购买量中的投保比例的选择。

参考文献

[1] 安毅，方蕊．我国农业价格保险与农产品期货的结合模式和政策建议 [J]．经济纵横，2016（7）：64-69.

[2] 巴曙松．对我国农业保险风险管理创新问题的几点看法 [J]．保险研究，2013（2）：11-17.

[3] 蔡胜勋．农产品期货市场发展的前置条件及其制约因素 [J]．改革，2009（1）：105-111.

[4] 蔡胜勋，秦敏花．我国农业保险与农产品期货市场的连接机制研究——以"保险＋期货"为例 [J]．农业现代化研究，2017（3）：510-518.

[5] 程百川．我国开展"保险＋期货"试点的现状与思考 [J]．西部金融，2017（5）：67-69.

[6] 董婉璐，杨军，程申，李明．美国农业保险和农产品期货对农民收入的保障作用——以 2012 年美国玉米遭受旱灾为例 [J]．中国农村经济，2014（9）：82-86+96.

[7] 房瑞景，崔振东，周腰华，陈雨生．中美玉米期货市场价格发现功能的实证研究 [J]．价格月刊，2007（12）：16-20.

[8] 高伟．如何推动中国农产品期货市场发展 [N]．中国经济时报，2007-07-17（005）.

[9] 胡祥，张连增．基于期望效用函数最大化的最优再保险策略 [J]．统计与决策，2017（8）：50-52.

[10] 刘凤军，刘勇．期货价格与现货价格波动关系的实证研究——以农产品大豆为例 [J]．财贸经济，2006（8）：77-81.

[11] 刘庆富，王海民．期货市场与现货市场之间的价格研究——中国农产品市场的经验 [J]．财经问题研究，2006（4）：44-51.

[12] 李敬伟．"保险＋期货"试水农产品价格保险 [N]．中国信息报，2015-08-19（003）.

[13] 刘岩．中美农户对期货市场利用程度的比较与分析 [J]．财经问题研究，2008（5）：59-66.

[14] 刘岩．期货市场服务"三农"中的"公司＋农户"模式研究 [J]．经济与管理研究，2008（4）：54-57.

[15] 刘岩，于左．美国利用期货市场进行农产品价格风险管理的经验及借鉴 [J]．中国农村经济，2008（5）：65-72.

[16] 马龙龙．中国农民利用期货市场影响因素研究：理论、实证与政策 [J]．管理世界，2010（5）：1-16.

[17] 任柏桐．从"保险＋期货"看我国保险业服务三农新模式 [J]．上海保险，2017（2）：34-37.

[18] 孙林．我国农业保险制度："保险＋期货"的原理、路径及建议 [J]．改革与战略，2017（9）：91-93.

[19] 孙蓉，李亚茹．农产品期货价格保险及其在国家粮食安全中的保障功效 [J]．农村经济，2016（6）：89-94.

[20] 汪五一，刘明星．目前我国期货市场发展中的问题及解决建议 [J]．经济管理，2006（10）：76-81.

[21] 夏益国，黄丽，傅佳．美国生猪毛利保险运行机制及启示 [J]．价格理论与实践，2015（7）：43-45.

[22] 唐甜，单树峰，胡德雄．价格保险在农产品风险管理中的应用研究——以上海蔬菜价格保险为例 [J]．上海保险，2015（6）：18-22.

[23] 徐欣，胡俞越，韩杨，王沈南．农户对市场风险与农产品期货的认知及其影响因素分析——基于

5 省（市）328 份农户问卷调查［J］. 中国农村经济，2010（7）：47－55.

［24］杨伟鸽. 美国农业保险发展历程及运作模式［J］. 世界农业，2014（6）：32－34＋67.

［25］张峭. 基于期货市场的农产品价格保险产品设计与风险分散［J］. 农业展望，2016（4）：64－66＋80.

［26］张树忠，李天忠，丁涛. 农产品期货价格指数与 CPI 关系的实证研究［J］. 金融研究，2006（11）：103－115.

［27］张兆义，郑适，韩雪. 美国农业保险模式发展及对中国的启示［J］. 社会科学战线，2008（5）：43－47.

［28］祝捷. 创新我国农村社会保障制度［J］. 知识经济，2008（3）：52－53.

［29］Ashok. K，Barry. K. Adoption of Crop versus Revenue Insurance：A Farm－Level Analysis［J］. Agricultural Finance Review，2003（3）：144－155.

［30］Brockett，Goldens，Wen，Yang. Pricing Weather Derivatives Using the Indifference Pricing Approach［J］. North American Actuarial Journal，2012（3）：304－315.

［31］Coble，Heifner，Zuniga. Implications of Crop Yield and Revenue Insurance for Producer Hedging［J］. Journal of Agricultural and Resource Economics，2000（2）：432－452.

［32］Dismukes. R. Crop Insurance in the United States［Z］. paper submitted to：International Conference of Agricultural Insurance and Income Guarantees，2002.

［33］Golden，Wang，Yang. Handling Weather Related Risks Through The Financial Markets：Considerations Of Credit Risk，Basis Risk，and Hedging［J］. The Journal of Risk and Insurance，2007（2）：319－346.

［34］Kellner，Gatzert. Estimating the basis risk of index－linked hedging strategies using multivariate extreme value theory［J］. Journal of Banking & Finance，2013（37）：4353－4367.

［35］Mahul，Wright. Designing Optimal Crop Revenue Insurance［J］. American Journal of Agricultural Economics，2003（3）：580－589.

气象指数保险是合适的农业风险管理工具吗？[*]

刘亚洲　钟甫宁　吕开宇

摘要：气象指数保险在某种程度上可以克服传统农业保险的缺陷，但是，针对当前农业生产经营情况，中国是否适合实行气象指数保险，这是一个需要探讨的问题。本文运用 2004—2016 年全国农户面板数据，分别测算了小麦、玉米、稻谷和大豆等 4 种农作物的产量风险和县域农作物受灾系统性风险。研究发现：在中国，由于农作物气象灾害风险不满足"小概率、大损失"的基本可保条件以及针对受灾系统性风险的可保条件，气象指数保险的风险管理作用将十分有限，不宜作为农业风险管理工具。但是，借鉴气象指数保险的理赔方式，实行气象指数储蓄保险可以发挥农业保险的收入支持功能。

关键词：气象指数保险；风险管理；收入支持；系统性风险；可保性

一、引言

中国是世界上遭受农业灾害最为严重的国家之一。2006—2015 年，中国农作物受灾面积占总播种面积的比重平均达到 21.8%，成灾面积和绝收面积占总播种面积的比重分别达 10.92% 和 2.65%[①]。农业灾害给农户带来巨大的经济损失，直接影响农业生产、粮食安全以及社会经济的稳定，因此，在中国进行有效的农业风险管理是十分必要的。农业保险被认为是比较有效的风险管理工具（中国赴美农业保险考察团，2002；Cole et al.，2014）。2004 年后，中国重新开始积极探索合理的农业保险制度，并最终建立了政策性农业保险制度[②]。目前中国实施的大多数政策性农业保险与财产保险类似，是一种针对个体风险的保险，在定损及理赔过程中需要进行实地勘测。这类传统农业保险存在的问题被很多学者诟病，比如在保险运行过程中存在自选择、道德风险以及高额的运营成本（冯文丽，2004；Giné et al.，2007；Heimfar-

---

　　* 本文研究得到国家社会科学基金项目"《巴黎协定》生效后中国碳交易体系的发展路径研究"（项目编号：17BJY062）、国家自然科学基金面上项目"气候变化条件下农户投保行为与风险管理研究"（项目编号：71373264）、国家自然科学基金国际（地区）合作与交流项目"重大冲击和变化对中国—全球农业影响模拟模型的研究和开发"（项目编号：71761147004）的资助。

　　作者简介：刘亚洲，上海大学经济学院；钟甫宁，南京农业大学经济管理学院（通讯作者）；吕开宇，中国农业科学院农业经济与发展研究所。

　　① 资料来源：国家统计局农村社会经济调查司.2007—2016 年历年《中国农村统计年鉴》(M)，北京：中国统计出版社。

　　② 本文主要探讨政策性农业保险，2004 年之前在中国实行的商业性农业保险不在本文探讨范围内。

thand Musshoff，2011；Jensen et al.，2016）。虽然在实践中采用一定的技术和规则可以逐渐降低由自选择和道德风险带来的成本，但是，传统农业保险所必需的实地勘测的成本难以降低，这直接影响赔偿金额。

在中国，由于实行政策性农业保险的成本居高不下，保险赔偿金在很大程度上不能弥补农户受灾损失，传统农业保险的风险管理功能的实现效果不尽如人意（钟甫宁，2016）。风险管理是保险最基本的功能和目标，改善传统农业保险的方向就是寻找新的方式促进农业保险风险管理功能的实现。在国际上，印度、肯尼亚、马拉维等发展中国家实施了气象指数保险（Skees and Barnett，2006；Ginéet al.，2007；Jensen et al.，2016）。气象指数保险是将一个或几个气象条件（如气温、降水、风速等）对标的物的损害程度指数化，每个指数对应一定的农作物产量和损益指标，保险合同以这种指数为基础设定理赔触发值。当指数达到理赔触发值，且标的物遭受一定损害时，投保人就可以获得相应标准的赔偿（Barnett and Mahul，2007；Sarris，2013）。理论上讲，气象指数保险可以减少自选择和道德风险，降低农业保险的运营成本（Jensen et al.，2016；Heimfarthand Musshoff，2011；Barnettand Mahul，2007；Giné et al.，2007），在很多方面克服了传统农业保险的缺陷。

国内一些学者认为，指数保险（包括气象指数保险和其他指数保险）是一种有效的风险管理工具，可以替代传统农业保险。近年来，中国很多地方开始试点实行气象指数保险，相关问题也成为研究热点。气象指数保险不仅可以降低自选择和道德风险带来的成本，而且可以大幅度降低勘测定损的费用，减少险资"漏出"，从而提高赔偿金额，更好地发挥风险管理的功能。但是，气象指数保险在实践中出现了基差风险（Barnett and Mahul，2007；Elabedet al.，2013；Leblois et al.，2014；Jensen et al.，2016），这一类误差会在很大程度上削弱气象指数保险的风险管理功能。那么，气象指数保险作为一种新型农业保险，在实践中是否是良好的农业风险管理工具？当前在中国是否具备实行气象指数保险的条件？进一步地，是否存在大范围推广气象指数保险的可能性？本文利用 2004—2016 年全国农村固定观察点调查数据中的农户数据测算小麦、玉米、稻谷和大豆等 4 种农作物的产量风险和所遭受灾害的系统性程度，在此基础上评价气象指数保险的基本可保性和系统性风险可保性，并结合中国农户的农业保险需求现状和国际经验，讨论中国农业保险政策目标的调整方向。

二、文献综述

指数保险是在传统农业保险的基础上创新发展起来的。20 世纪 50 年代，在瑞士首次出现了气象指数保险产品。此后，针对传统农业保险的缺陷，国际农业保险界于 20 世纪 80 年代开发出了指数保险。在世界银行的推动下，指数保险作为一种平滑发展中国家农业风险的手段，开始在许多发展中国家试点，得到了长足的发展（Skees，2008）。与传统农业保险产品不同，指数保险产品的赔偿并非取决于单个农户的实际损失,而是取决于灾害强度所对应的预先设定的指数是否达到触发水平(张玉环,2017)。指数保险的类型非常多样,例如利用气象指标作为触发参数的气象指数保险、利用卫星图像作为触发参数的卫星指数保险、利用区域内农作物的平均价格作为触发参数的价格指数保险等(吕开宇等,2014)。

目前比较常见的两种指数保险分别是区域产量指数保险和气象指数保险,其中,气象指数保险已在很多国家实行。世界银行于 2003 年在印度试点实施了降雨量指数保险,此后,各种类型的气象指数保险(如季风指数保险、洪水指数保险、干旱指数保险等)相继出台。气象指数保险也是产量保险的一种类型,它是通过气象指数来推测农作物产量受损情况,然后对产量损失进行赔偿。通常情况下,气象指数保险以当地气象站观测到的气象指数为依据进行理赔。

从国内外已有研究来看,相对于其他类型的指数保险,气象指数保险受到更多关注。早期研究更多关注的是农户对气象指数保险的需求,研究方法主要是通过假设保险合同测算农户对气象指数保险的支付意愿。比如较早关注这一问题的 Sarris et al.(2006)通过分析 1 000 个农户的调查数据测算出了农户对气象指数保险的支付意愿。Hill et al.(2013)研究了影响埃塞俄比亚农户气象指数保险支付意愿的家庭因素,并且归纳了可能于早期进入气象指数保险市场的农户家庭特点。有关中国气象指数保险的研究中,Turvey and Kong(2010)研究了中国农户对气象指数保险的购买意愿,发现受访农户对气象指数保险非常感兴趣。宋博等(2014)和 Liu et al.(2019)也对中国农业气象指数保险支付意愿做了相关研究。

有学者发现,气象指数保险在实行过程中会出现基差风险并导致严重问题。Carter et al.(2014)对气象指数保险的可持续性表示了担心;张玉环(2017)总结了其他国家实行的气象指数保险项目,发现在农户层面,项目总体实施效果难以令人满意。还有一些研究发现,即使是在精算公平和保费补贴的情况下,气象指数保险的市场占有率仍然比较低(Mobarak and Rosenzweig,2012;Miranda and Farrin,2012;Jensen et al.,2016)。很多学者通过研究气象指数保险需求及其影响因素解释气象指数保险市场占有率低的问题(例如 Cole et al.,2013;Cole et al.,2014;Cai et al.,2016;De Janvry et al.,2014)。由于中国还没有大范围推广气象指数保险,学界的相关研究较少。

在气象指数保险的供给方面,大多数研究主要关注某些保险产品的设计和定价。Taib and Benth(2012)基于对保险人和被保险人盈亏情况的调查研究了温度指数保险的定价问题。Clarke et al.(2012)以印度为例探讨了温度指数保险、湿度指数保险及风速指数保险三种保险产品的设计和定价问题。国内也有学者研究了针对玉米(牛浩、陈盛伟,2015)、水稻(王韧等,2015)、橡胶(刘新立等,2017)等农作物的气象指数保险的设计和定价问题。

现有研究中鲜有针对气象指数保险最基本的风险管理功能的研究,针对气象指数保险的适用性问题的研究也较少。本文首先从风险管理的角度,通过实证测算考察气象指数保险在中国的适用性，然后将农作物的产量风险与系统风险相区分，运用概率分布的方法测算中国种植业的整体风险和农作物受灾的系统性风险，判断气象指数保险作为风险管理工具的可保性，并提出借助气象指数保险支持农业发展的新措施，这弥补了相关研究的不足，扩展了中国农业保险发展和支农措施的思路。

三、研究框架及数据描述

(一) 理论分析

1. 农业风险管理工具及其适用范围

农户在农业经营过程中会遇到各种风险，这些风险可以归纳为三大类：自然风险、市场风险和社会风险 (庹国柱、李军，2005)。自然风险是指由自然灾害引起产量损失带来的风险，自然灾害主要包括气象灾害 (如旱灾、洪灾、霜冻等)、病虫灾害和环境灾害 (如大气污染、水土流失等)。市场风险包括价格风险、金融风险等。社会风险包括技术风险、政策风险和个体人为风险等。随着农业生产经营形式和内容的不断丰富，以往没有的风险也可能会出现，但均可以归纳入这三大类风险中。本文重点研究应对气象灾害风险的风险管理策略。

农业风险管理的目的是采用适当的风险管理方法以最小的成本最大限度地分散农业生产经营中的风险，实施农业风险管理的主体应该是作为农业经营主体的农户，金融机构和政府可以协助农户进行风险管理。不同主体可采纳的农业风险管理工具如表 1 所示。具体来说，农户通常会采纳的风险管理工具包括：选择低风险、稳产农作物品种，修建水利设施，经营多元化，参与非农就业，变卖资产，利用社会关系组织互助等。储蓄、农业保险和信贷等市场手段也可以成为农户进行风险管理的工具。农业是弱质产业，需要政府支持，尤其是在应对自然风险方面，政府应该采取相应措施帮助农户进行风险管理。政府可以采用的风险管理工具主要有改进相关技术，建设大型设施，建立储备金制度用于灾害援助、救济等。将风险管理工具按照处理风险的方式来划分，它们又可分为风险防范、风险转移、风险保留、风险援助 4 种类型 (Carter et al.，2014)。

表 1　农业风险管理工具分类

	农户	市场	政府
风险防范	选择低风险、稳产作物品种，修建水利设施	储蓄	改进相关技术，建设大型设施
风险转移	经营多元化，参与非农就业	农业保险	—
风险保留	变卖资产	信贷	—
风险援助	利用社会关系组织互助	—	建立储备金制度用于灾害援助、救济

资料来源：根据庹国柱、李军 (2005)，OECD (2009)，OECD (2011)，Fuchs and Wolff (2011) 和 Chantarat et al. (2007) 等文献整理归纳得到。

储蓄、农业保险和借贷等金融工具是防范农业风险的重要措施。理论上讲，金融产品的价格应该由金融市场上的供求关系来调节。但是，由于农业风险往往具有系统性，金融产品分散系统性风险的能力有限。比如灾害发生时很多农户都需要贷款，或者农业保险公司需要对很大区域内的众多农户进行赔偿，此时仅靠市场的调节作用无法应对系统性风险，需要政府进行干预以弥补相应不足，这使得金融产品类风险管理工具的运用较为复杂，这也是本文主要关注的内容。

由于农业生产受到不可控的自然环境因素影响，农作物产量时常会出现波动。当农作物减产相对轻微并且完全在农户可承受范围内时（如图 1 中 0a 段），农户通常不会采取措施进行风险管理。当遇到发生频率很高但损失程度较小的风险时（如图 1 中 ab 段），农户往往会采取储蓄、信贷等风险保留措施。当遇到发生频率不高但损失程度较大的风险时（如图 1 中 bc 段），需要依据损失总价值判断所应采用的风险管理工具。如果损失总价值较高，接近或超出农户可承受范围，则需采用农作物保险等风险分散措施。"小概率、大损失"事件正是保险保障的对象。而如果损失总价值较低，不在保险适用范围内，农户可以采取动用储蓄或信贷等风险保留措施来应对。在农业生产中，单位面积产出的农作物价值相对较低，只有规模化生产遇到灾害时总损失价值较高。因此，图 1 中处于 bc 段损失程度的规模种植户适合采用农业保险转移风险，而小规模农户不适合采用农业保险。农业保险的运行通常会产生较高的运营管理费用，对农业保险的不当采纳可能会降低其分散风险能力（Surminski et al.，2016），因此，需要根据实际情况有选择地运用农业保险。当遇到发生频率低但损失程度巨大的风险时（如图 1 中 cd 段），通常需要政府采取措施进行风险援助和救济。

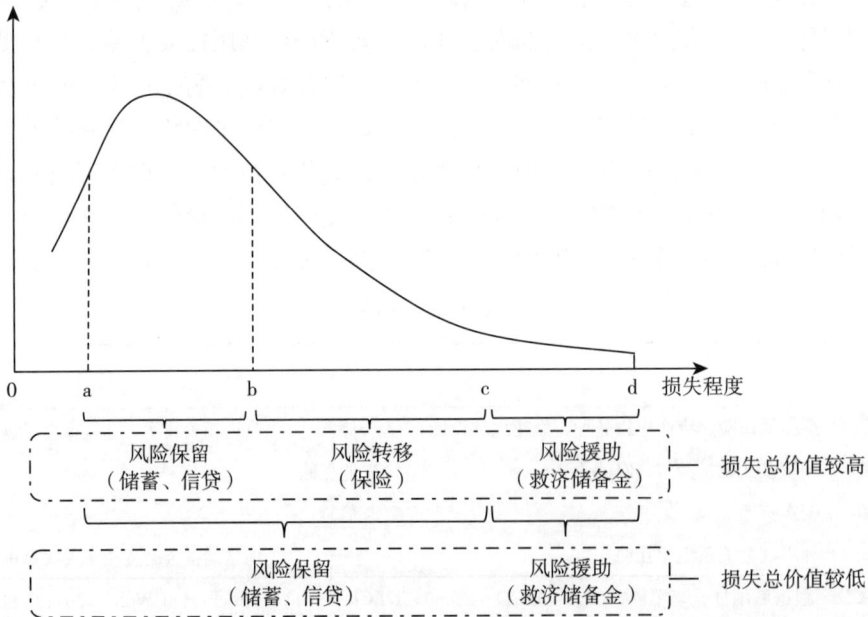

图 1　损失发生概率与风险管理工具选择

资料来源：在 Mahul and Stutley（2010）的研究基础上改进得到。

2. 研究框架

本文主要研究气象指数保险在中国是否可以作为农业自然风险管理工具，并以此为研究目标展开相关讨论。气象指数保险属于财产保险范畴，开展实施该保险需满足一般性财产保险的可保条件。财产保险分散风险功能的发挥需要满足一定的可保条件，比如风险出现的概率可知、风险事件发生概率小但损失率较大等（郭颂平等，2014）。其中，"小概率、大损失"这一可保条件尤为重要①。因此，气象指数保险成为一种有效的风险管理工具的前提是所保障的农业风险具有"小概率、大损失"的特点，即满足财产类保险的可保条件。要把握中国农业风险的特点，先要了解各种农作物的风险分布情况，包括农作物发生减产的频率和减产程度。从绝对价值看，与其他保险标的物相比，由于农作物单位面积产出的价值较低，如果种植规模较小，那么即使灾害所致的减产程度很大，损失总价值也较小。从相对价值看，灾害所致的损失还与农户经营多元化程度（包括多元化种植和多元化就业）相关。农户多元化经营程度越高，灾害所致的损失总价值占农户总收入的比重越低。因此，为了考察气象指数保险的基本可保性，首先需要了解中国主要农作物减产的经验分布，确保气象指数保险保障的损失区间发生概率较低；其次需要结合目前中国农户的生产经营状况（包括经营规模和经营多元化程度）对灾害所致的农作物损失相对价值做出判断。

此外，气象指数保险是一种针对系统性风险的保险，不仅需要满足基本可保条件，还应该满足系统性风险可保条件。简单地说，就是区域灾害的系统性风险越强，越符合气象指数保险的设计目标；而个体风险的存在会导致基差风险的产生（图2）。基差风险是指依据保险指数测量的损失与农户实际受到的损失之间存在误差而导致的没有得到保障的风险，这部分风险需要保险人和被保险人共同承担（Mobarak and Rosenzweig，2013；Elabed et al.，2013；Barnett and Mahul，2007）。基差风险会直接影响气象指数保险风险管理功能的实现。具体来说，它可能导致三种情况发生：一是受灾的农户得不到补偿；二是没受灾的农户得到了补偿；三是受灾农户虽然得到了赔偿，但是赔偿金额不合理（Clarke，2016）。基差风险主要是由保险区域内农户生产环境的异质性所致（Jensen et al.，2016）。发生灾害时区域内农户的单位面积产出变化越一致，即灾害系统性越强，则产生基差风险的可能性越小，气象指数保险越能有效发挥风险管理的作用。因此，要想较好地实现气象指数保险的风险管理目标，就必须确保在实行气象指数保险的区域内农作物受灾系统性较强②。

---

① 通常情况下，国家会对农业保险进行补贴以提高农户参与率，即农业保险并非在纯粹的市场条件下运行，但是，任何类型的保险运行均需满足基本可保条件，尤其是"小概率大损失"条件。此外，目前中国气象指数保险是在市场条件下运行的，没有相应补贴。

② 保险主要对农作物受灾后的产量损失风险进行保障，因此，本文对农作物增产的统一性不做探讨。《中国统计年鉴》中将减产10％及以上定义为受灾，本文测算的农作物受灾系统性风险是指一定区域内农作物减产10％及以上各损失率门槛的系统性风险。

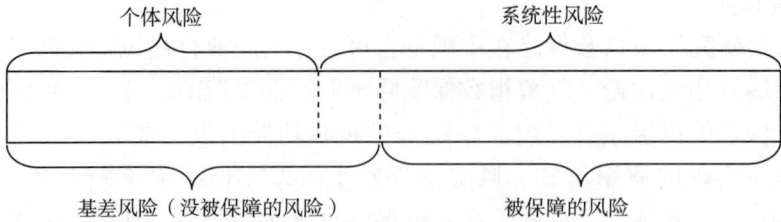

个体风险　　　　　系统性风险

基差风险（没被保障的风险）　　　被保障的风险

图 2　气象指数保险个体风险、系统性风险及基差风险分布

资料来源：Elabed et al.（2013）。

（二）数据描述

本文研究所用数据来源于全国农村固定观察点调查数据，所涉及的数据包括 2004—2016 年[①]全国 31 个省区市农户种植小麦、玉米、稻谷和大豆 4 类农作物的总产量和播种面积。相较于农业保险专项调查数据，全国农村固定观察点调查数据为农村基础数据，由于调查的目的性不强，规避了农户为某些目的而谎报信息导致农作物产量数据失真的问题，在一定程度上避免了可能产生的样本选择偏误所致的内生性问题。

在测算农户种植业产量风险时需要测算单个农户种植农作物的预期产量，而预期产量的测算需要依据多年连续追踪数据，因此必须保证样本农户在 2004—2016 年为连续跟踪调查户。本文在种植某种农作物的样本农户中筛选出了连续跟踪调查时间大于等于 5 年的农户。最终，种植小麦的连续跟踪调查户观察值数为 62 162 户，其中连续跟踪调查 13 年的农户观察值占 61.53%；种植玉米的连续跟踪调查户观察值数为 109 112 户，其中连续跟踪调查 13 年的占 57.92%；种植稻谷的连续跟踪调查户观察值数为 78 070 户，其中连续跟踪调查 13 年的占 44.93%；种植大豆的连续跟踪调查户观察值数相对较少，为 35 420 户，其中连续跟踪调查 13 年的农户观察值数最多，占比为 62.25%。对种植各种农作物的样本农户的连续跟踪调查年限分布如表 2 所示。从表 2 可知，连续跟踪调查 13 年的样本农户是样本主体。

表 2　2004—2016 年种植农作物的农户样本连续跟踪调查年限分布

连续跟踪调查年限	小麦		玉米		稻谷		大豆	
	数量（户）	占比（%）	数量（户）	占比（%）	数量（户）	占比（%）	数量（户）	占比（%）
5 年	1 964	3.16	3 535	3.24	2 250	2.88	350	0.99
6 年	1 002	1.61	2 760	2.53	2 358	3.02	600	1.69
7 年	840	1.35	2 422	2.22	1 981	2.54	882	2.49

[①]　本文可获取的最新数据是 2016 年的数据，选取 2004 年作为数据起始年份有两个原因，一是中国从 2004 年开始实行政策性农业保险，二是农业农村部农业研究中心全国农村固定观察点的调查问卷在 2004 年有较大调整，2004 年及此后的统计指标与 2004 年之前相比有较大差别。

（续）

连续跟踪 调查年限	小麦		玉米		稻谷		大豆	
	数量（户）	占比（%）	数量（户）	占比（%）	数量（户）	占比（%）	数量（户）	占比（%）
8 年	1 352	2.17	3 232	2.96	2 176	2.79	576	1.63
9 年	1 026	1.65	2 322	2.13	2 259	2.89	522	1.47
10 年	2 320	3.73	5 260	4.82	4 450	5.70	1 920	5.42
11 年	3 172	5.11	6 072	5.56	7 986	10.23	2 838	8.00
12 年	12 240	19.69	20 316	18.62	19 536	25.02	5 688	16.06
13 年	38 246	61.53	63 193	57.92	35 074	44.93	22 048	62.25
总计	62 162	100.00	109 112	100.00	78 070	100.00	35 420	100.00

注：表中种植不同农作物的农户数量表示连续跟踪调查年限对应的农户总数。本文测算县域农作物受灾系统性需在全国选定不同的样本县。通过筛选，本文最终确定了 145 个小麦种植样本县、208 个玉米种植样本县、157 个稻谷种植样本县和 152 个大豆种植样本县。

资料来源：根据农业农村部全国农村固定观察点调查数据统计得到。

四、气象指数保险可保性评价方法

（一）基本可保性评价方法

在讨论气象指数保险基本可保性评价方法之前，需要说明的是，虽然气象指数保险的理赔过程中气象指数与理赔金额直接相关，但是气象指数保险依然是一种产量保险。在设计气象指数保险产品时，首先构建模型测算气象指数与农作物产量的对应关系，然后测定气象指数对应的农作物产量损失价值，最后换算出理赔金额。因此，农作物产量是非常重要的转化变量。

邢鹂、钟甫宁（2006）在评估和分析种植业生产风险时曾以省为单位测度种植业产量风险，但是，由于省级行政单位所涵盖的种植面积过大，通常会出现同一省内某种农作物在某些地区受灾而在其他地区没有受灾甚至增产的情况，此时该省该种农作物的产量波动被平滑了，因而测算出来的结果存在较大误差。

农业保险投保和理赔都是以农户为单位，要想准确测度产量风险，最好是依据单个农户种植农作物的产量数据。鉴于此，本文将产量波动测算精确到农户层面，对农作物产量风险的测算是基于由农户预期产量和农作物单位面积产量变异算出的农作物减产数量的经验。具体来说，首先需要知道农户种植农作物的实际产量与预期产量，农作物的实际产量数据可以在调研中获得，但是农作物的预期产量需要计算。农作物预期产量的计算方法是：假定每个农户种植特定品种农作物的技术水平不变且要素投入稳定增长，为每个种植某种农作物的农户构建一个以农作物预期产量为因变量、以年份为自变量的线性回归方程，估计出相应的系数，便可以得到农户对该农作物的预期产量。这样构建模型的好处在于，此时测算的农作物产量变化只是因年份差异而产生的变化，而年份差异所致产量变化的最主要因素就是年际气象条件差异。假设某一

农户种植的第 j 种农作物在第 t 年的实际产量为 Y_t^j，Y_t^j 可以表示为：

$$Y_t^j = a + bt + \varepsilon_t \tag{1}$$

（1）式中 a、b 为待估系数，ε_t 为残差。同时，假设某一农户种植第 j 种农作物在第 t 年的预期产量为：

$$\hat{Y}^j = c + dt \tag{2}$$

（2）式中 c、d 为待估系数。通过（1）式和（2）式可以计算出单个农户种植农作物的单位面积产量在各年份的变异情况，即单产变异率 R_t^j，R_t^j 的具体形式为：

$$R_t^j = \frac{Y_t^j - \hat{Y}_t^j}{\hat{Y}_t^j} \times 100\% \tag{3}$$

通过计算单个农户种植农作物在各年份的单产变异率，可以对比各地区不同农作物的单位面积产量变异情况以及在不同年份的差异。如果在某一年单产变异率小于 0，则说明该农户种植的农作物在这一年处于减产状态，变异率越小说明减产越严重；如果单产变异率大于或等于 0，则说明该农户种植的农作物在这一年增产或者稳产。

将农作物的减产程度 $|R_t^j|$（$R_t^j < 0$）的取值区间 k 细分为（0，10%）、[10%，20%）、[20%，30%）、[30%，40%）、[40%，50%）、[50%，60%）、[60%，70%）、[70%，80%）、[80%，90%）、[90%，100%] 共 10 个区间，设 e_i^j 为 i 省种植第 j 种农作物的农户总数，每个减产程度取值区间 k 的农户样本数为 $m_{k,i}^j$，可以得出各省（区、市）不同农作物在 10 个减产程度区间的减产经验分布 $P_{k,i}^j$，$P_{k,i}^j$ 的具体形式为：

$$P_{k,i}^j = \frac{m_{k,i}^j}{e_i^j} \times 100\% \tag{4}$$

通过农作物减产经验分布可以直观地看出全国及各省区市不同农作物的受灾减产情况。中国幅员辽阔，各地自然地理环境各不相同，农户种植的农作物品种也存在差异。本文使用全国农村固定观察点调查数据测算小麦、玉米、稻谷和大豆 4 种农作物减产经验分布，最终测算出 21 个省区市的小麦减产经验分布、21 个省区市的玉米减产经验分布、23 个省区市的稻谷减产经验分布和 20 个省区市的大豆减产经验分布情况，并基于此计算出 4 种农作物的全国平均减产经验分布。

（二）系统性风险可保性评价方法

气象指数保险是一种区域性保险。在实行气象指数保险之前，首先需要确定保险保障的地域范围。气象指数保险保障的范围越小，赔偿出现误差的概率就会越小（Mirandaand Farrin，2012）。但是，气象指数保险保障范围的确定受到中国现有气象设施条件的限制。由于成本因素，各地通常不会为了实行气象指数保险而增加气象观测站，因而只能利用现有气象观测资源。2016 年中国共有 2 851 个县级行政区，而全国共设立了 2 423 个气象地面观测站[①]，平均每个县 0.85 个气象观测站，即气象指数保险可以

---

① 资料来源：国家统计局 . 中国统计年鉴 2017 [M]. 北京：中国统计出版社，2017.

利用的气象资料只能精确到县域层面，因此，本文测算县域层面农作物受灾系统性风险。

全国农村固定观察点调查通常是对某一县域内地理环境和经济条件方面具有代表性的样本村农户的调查，而不是对县域全部农户的普查，因此本文研究使用的数据无法直接计算出县域农作物受灾系统性风险，只能测算样本村农作物受灾系统性风险，以近似替代该县域农作物受灾系统性风险。理论上讲，由于县域比村域范围广，村域农作物受灾系统性风险要大于县域农作物受灾系统性风险。如果测算出的村域农作物受灾系统性风险都非常小，那么县域农作物受灾系统性风险将更小，此时实行区域性保险产生的理赔误差也比较小。因此，用村域农作物受灾系统性风险代替县域农作物受灾系统性风险是较为合理的。在测度村域农作物受灾系统性风险时，可以设定不同的损失率。某个村庄某种农作物不同损失率下的受灾系统性风险的计算公式如下：

$$U_j^x = \frac{S_j^x}{S_j} \times 100\% \qquad (5)$$

（5）式中，U_j^x 为某村庄在损失率为 x 时的第 j 种农作物遭受灾害的系统性风险值。本文设定损失率 x 取值分别为 10%、20%、30%、40%、50%、60%、70%、80% 和 90%，所对应的减产程度区间分别为 [10%，100%]、[20%，100%]、[30%，100%]、[40%，100%]、[50%，100%]、[60%，100%]、[70%，100%]、[80%，100%]、[90%，100%]。S_j^x 代表该村庄种植第 j 种农作物且损失率达到 x 的农户数；S_j 代表村庄内种植第 j 种农作物的农户总数。现实中，灾害的发生往往具有一定的周期性。本文测算的 S_j^x 是某村庄 2004—2016 年所有种植第 j 种农作物且损失率达到 x 的农户数，S_j 是某村庄 2004—2016 年所有种植第 j 种农作物的农户总数。某村庄的 U_j^x 越大，说明该村庄农户受灾后在 x 水平上减产的统一性越强，此时实行气象指数保险产生的理赔误差就越小；相反，某村庄的 U_j^x 越小，说明该村庄农户受灾后在 x 水平上减产的统一性越弱，此时实行气象指数保险产生的理赔误差就越大。

在测算出县域农作物受灾的系统性风险值 U_j^x 后，就可以算出各省区市及全国平均县域农作物受灾的系统性风险[①]。如果某省某种农作物的平均县域农作物受灾的系统性风险较小，则说明对该省该种农作物实行气象指数保险会产生较大的理赔误差，此时气象指数保险的风险管理效果会比较差。

五、气象指数保险可保性评价

（一）基本可保性评价

根据上述测算方法，本文计算出全国层面农户种植小麦、玉米、稻谷和大豆在 (0，10%)、[10%，20%)、[20%，30%)、[30%，40%)、[40%，50%)、[50%，

---

① 目前在中国，同一省内实行的农业保险条款与补贴政策基本一致。鉴于此，本文将分省对 4 种农作物的平均县域农作物受灾系统性风险进行测算。

60%）、［60%，70%）、［70%，80%）、［80%，90%）、［90%，100%］共 10 个减产程度区间的经验分布，4 种农作物的平均减产程度经验分布如图 3 所示。

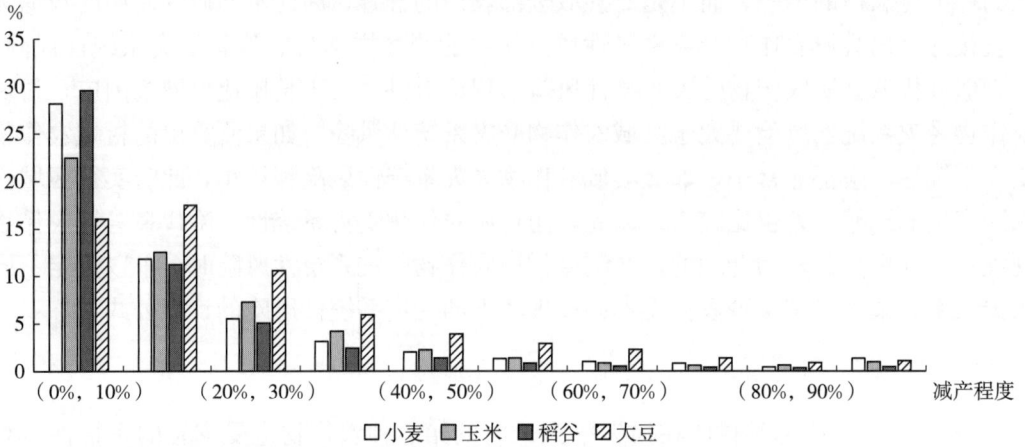

图 3　全国 4 种农作物的平均减产程度经验分布
资料来源：根据农业部全国农村固定观察点产量数据整理计算得到。

从图 3 可知，小麦、玉米和稻谷在各减产程度区间发生减产的概率相近。发生灾害后小麦、玉米和稻谷的减产程度在（0，10%）、［10%，20%）和［20%，30%）这 3 个区间的概率最高，平均概率分别为 25%、10% 和 5%；3 种农作物减产程度在其他区间的概率均小于 5%。玉米减产程度在（0，10%）的概率小于小麦和稻谷，在其余区间的概率大都大于小麦和稻谷，说明玉米严重减产的概率较大。发生灾害后大豆的减产程度在（0，10%）、［10%，20%）和［20%，30%）这 3 个区间的概率最高。但是，相对于小麦、玉米和稻谷，大豆的减产程度更高，例如大豆的减产程度在［30%，40%）和［40%，50%）的概率分别达到了 5.89% 和 3.89%，发生绝产（即减产程度在［90%，100%］）的概率超过了 1%。综上，发生灾害后 4 种农作物的减产程度大多小于 30%；减产程度在［40%，80%）的概率相对较低，只有 5%；减产程度超过 80% 的概率非常小。本文还测算了各省区市 4 种农作物的平均减产程度经验分布（表 3、表 4），结果与全国平均减产程度经验分布基本相同。

从整体情况来看，虽然 4 种农作物的减产程度经验分布存在差异，但是全国及各省区市 4 种农作物灾后减产程度大多小于 30%，风险发生概率较大，可能不适合采用农业保险（包括气象指数保险）进行风险管理。此外，虽然减产程度超过 80% 的概率非常小，但是，由于发生这类风险后需要赔偿的金额过大，保险公司可能会面临较大亏损。为了避免道德风险以及满足保险的可保性，农业保险通常会设定免赔范围，一般设定损失率超过 30% 时保险公司才履行赔偿责任（Antón et al.，2013）[①]。

---

① 这是世贸组织协议中规定的绿色保险补贴的必要条件。

如果把减产达到 30％ 及以上作为保险标的，根据上文测算的农作物减产经验分布，它发生的概率并不高（大约 5％），满足"小概率"的基本可保条件。

表3　各省区市小麦和玉米平均减产程度经验分布

单位：％

省份	小麦				玉米			
	减产 (0％, 10％)	减产 [10％, 20％)	减产 [20％, 30％)	减产 [80％, 90％]	减产 (0％, 10％)	减产 [10％, 20％)	减产 [20％, 30％)	减产 [80％, 90％]
天津	28.46	11.66	6.74	0.11	24.88	10.06	5.71	0.32
河北	30.75	9.74	3.40	0.20	27.96	10.27	3.78	0.49
山西	23.51	11.61	5.35	0.06	20.29	11.71	6.24	0.36
内蒙古	26.67	14.44	1.11	0.00	21.42	9.79	7.09	0.40
辽宁	—	—	—	—	16.86	12.57	9.22	0.52
吉林	—	—	—	—	17.09	15.44	9.68	0.95
黑龙江	16.67	9.09	3.03	0.00	27.99	10.22	4.56	0.38
上海	36.34	7.61	2.82	0.00	—	—	—	—
江苏	32.50	11.09	3.72	0.10	19.48	10.57	7.59	0.31
安徽	26.36	12.24	4.29	0.36	15.41	9.85	5.92	0.64
山东	36.81	7.40	1.56	0.25	28.56	11.32	3.96	0.39
河南	29.93	12.58	3.99	0.25	22.31	13.36	6.25	0.69
湖北	23.26	12.15	6.89	0.31	16.49	11.96	9.32	0.32
湖南	—	—	—	—	18.50	14.27	7.19	0.42
四川	22.47	11.73	6.29	0.29	19.78	12.70	7.47	0.33
贵州	13.16	7.72	4.84	1.14	23.61	12.26	6.18	0.23
云南	15.75	12.39	9.13	0.29	20.94	13.04	7.13	0.21
西藏	12.09	9.77	13.95	0.00	—	—	—	—
重庆	34.83	3.37	0.94	0.00	27.86	10.75	3.86	0.49
陕西	25.09	13.61	6.19	0.61	17.90	14.18	7.59	0.76
甘肃	26.05	12.34	5.24	0.36	23.42	14.08	7.52	0.41
青海	19.15	13.41	7.06	0.12	—	—	—	—
宁夏	24.80	13.12	4.11	0.22	26.11	12.90	5.27	0.27
新疆	25.82	11.67	5.01	0.28	24.24	11.70	5.58	0.27

资料来源：根据全国农村固定观察点调查数据整理计算得到。

表 4　各省区市稻谷和大豆平均减产程度经验分布

单位：%

省份	稻谷				大豆			
	减产 (0%, 10%)	减产 [10%, 20%)	减产 [20%, 30%)	减产 [80%, 90%]	减产 (0%, 10%)	减产 [10%, 20%)	减产 [20%, 30%)	减产 [80%, 90%]
天津	20.00	11.43	4.76	0.00	—	—	—	—
河北	—	—	—	—	15.30	11.94	6.42	0.45
山西	—	—	—	—	12.80	9.75	6.22	0.68
辽宁	24.08	10.46	7.09	0.20	—	—	—	—
吉林	28.91	10.32	3.46	0.47	18.46	12.59	7.33	0.35
黑龙江	39.78	9.32	0.76	0.16	18.81	9.07	4.45	0.30
上海	33.71	5.34	1.13	0.00	25.87	11.19	2.10	0.00
江苏	36.52	9.16	1.70	0.26	19.72	10.84	7.42	0.44
浙江	29.07	8.32	3.23	0.37	—	—	—	—
安徽	29.63	11.76	3.87	0.21	17.06	11.94	9.17	0.24
福建	26.75	10.69	5.43	0.42	—	—	—	—
江西	30.42	11.32	3.76	0.54	—	—	—	—
山东	30.15	11.71	4.44	0.13	25.78	8.98	6.45	0.00
河南	25.83	12.82	5.44	0.58	16.11	11.22	7.20	1.02
湖北	25.49	12.85	6.47	0.21	14.71	10.93	8.47	0.90
湖南	32.93	11.41	3.59	0.11	19.12	11.00	8.12	0.34
广东	27.42	12.89	5.36	0.23	—	—	—	—
广西	27.00	13.11	5.64	0.08	11.69	10.63	6.98	0.47
海南	27.45	11.39	4.09	0.13	—	—	—	—
四川	29.98	9.78	3.40	0.43	13.56	9.73	8.92	0.51
贵州	27.94	9.72	3.89	0.40	14.39	10.21	6.85	1.83
云南	22.47	13.18	7.74	0.23	17.83	9.38	4.60	0.00
重庆	32.72	7.31	2.09	0.25	23.96	9.40	5.87	0.31
陕西	30.21	11.19	4.02	0.17	12.03	9.23	9.00	1.56
甘肃	—	—	—	—	12.82	9.19	6.41	0.52
青海	—	—	—	—	16.31	12.20	9.15	0.46
宁夏	29.40	5.79	0.89	0.22	—	—	—	—
新疆	—	—	—	—	14.62	10.30	7.64	0.66

资料来源：根据全国农村固定观察点调查数据整理计算得到。

评价气象指数保险的基本可保性还需要看标的物的损失总价值。随着农业现代化的发展，经营规模较大的新型农业经营主体大量出现，但是，中国农村资源禀赋状况决定了农业生产仍然以小规模经营为主。目前中国农户户均耕地面积不足 10 亩[①]，而从本文研究的样本情况来看，全国种植小麦、玉米、稻谷和大豆的农户户均播种面积分别为 4.10 亩、6.52 亩、5.01 亩和 7.27 亩，4 种农作物的平均播种面积约为 6 亩。目前政策性农业保险保障的亩均物化成本约为 400 元[②]，如果农业保险的保障范围只包括种植的物化成本，那么，即使发生绝产，农户能获得的全部赔偿金额最多为 2 400 元，且获得此赔偿金额的概率不足 1%。全国农村固定观察点调查数据显示，2016 年受灾后得到保险赔偿的农户户均获得赔偿金额 598.74 元，这只占农户家庭种植业收入的 11.37%，占农户家庭纯收入的 5.03%。由此可以看出，农业保险标的物损失总价值并不高（庹国柱、李军，2003），这会影响农业自然灾害风险的可保性以及农业保险分散风险的能力。此外，由于农户通常会进行多元化经营，参加非农就业，农户收入结构也呈现多元化特征，农业经营收入占家庭总收入的比重逐渐下降，灾害所致的农作物损失总价值相对于农户家庭总收入来说相对较低。综上所述，无论在绝对量上还是在相对量上，灾害所致的农作物损失总价值都较低，不满足气象指数保险的"大损失"基本可保条件。

（二）系统性风险可保性评价

采用前文所述的方法，本文测算出全国层面小麦、玉米、稻谷和大豆的县域平均受灾系统性风险，具体如表 5 所示。从小麦的情况来看，当小麦损失率超过 10%，即小麦减产程度在［10%，100%］时，小麦遭受灾害的县域平均系统性风险为 22.06%，即如果一个县受灾，只有 22.06% 的农户受灾损失率超过 10%，而有 77.94% 的农户受灾损失率达不到 10%。如果所实行的气象指数保险设定在损失率为 10% 时开始赔偿，则会有 77.94% 的误差率，如此大的误差可能会使保险公司陷入运营困难。当小麦损失率超过 20%，即小麦减产程度在［20%，100%］时，小麦县域平均受灾系统性风险就下降到 10.61%，如果保险公司在这一损失率标准下赔偿，那么会产生更大误差；而如果不赔偿，那么会有 10.61% 的农户受到超过 20% 的减产损失却没有获得赔偿，这同样也是误差。随着小麦损失率的上升，小麦县域平均受灾系统性风险不断下降。相对于小麦，玉米县域平均受灾系统性风险较强，当玉米损失率分别超过 10% 和 20% 时，玉米县域平均受灾系统性风险分别达到 27.91% 和 15.60%，但总体上玉米县域平均受灾系统性风险依然不高，即在县域内发生灾害后玉米减产程度的一致性仍较差。稻谷在县域内受灾后减产程度的一致性也不高。当稻谷损失率超过 10% 时，稻谷县域平均受灾系统性风险为 20.15%。当稻谷损失率为超过 20% 时，稻谷县域平均受灾系统性风险快速下降到 9.23%。相对而言，大豆的县

---

① 根据全国农村固定观察点调查数据计算得到。
② 根据中国各省（区、市）农业保险条款中规定的保险金额计算得到。

域平均受灾系统性风险较高，当大豆损失率为超过 10％时，系统性风险达到 32.90％。但是，这依然不能说明农户遭受灾害的一致性较强。

表5 全国层面小麦、玉米、稻谷和大豆县域平均受灾系统性风险分布

单位：%

作物	减产 [10％, 100％]	减产 [20％, 100％]	减产 [30％, 100％]	减产 [40％, 100％]	减产 [50％, 100％]	减产 [60％, 100％]	减产 [70％, 100％]	减产 [80％, 100％]	减产 [90％, 100％]
小麦	22.06	10.61	5.85	3.52	2.21	1.55	1.13	0.88	0.58
玉米	27.91	15.60	8.89	5.20	3.27	2.14	1.46	1.00	0.50
稻谷	20.15	9.23	4.90	2.84	1.77	1.16	0.82	0.58	0.30
大豆	32.90	22.50	15.29	9.73	6.26	3.97	2.29	1.36	0.79

资料来源：根据全国农村固定观察点调查数据整理计算得到。

表6 和表7是本文测算的全国各省区市 4 种农作物县域平均受灾系统性风险，可以看出各省区市农作物县域平均受灾系统性风险普遍较低，表明农户在受灾时减产程度一致性普遍较差。

表6 各省区市小麦和玉米县域平均受灾系统性风险分布

单位：%

省份	小麦				玉米			
	减产 [10％, 100％]	减产 [30％, 100％]	减产 [50％, 100％]	减产 [80％, 100％]	减产 [10％, 100％]	减产 [30％, 100％]	减产 [50％, 100％]	减产 [80％, 100％]
天津	21.26	2.86	0.57	0.11	24.54	7.11	1.34	0.67
河北	17.47	4.33	1.24	0.30	18.72	6.79	3.81	0.92
山西	25.20	8.24	3.19	0.72	32.16	10.89	3.37	0.28
内蒙古	17.33	1.78	0.00	0.00	13.37	3.88	0.52	0.10
辽宁	—	—	—	—	36.73	17.17	8.46	3.3
吉林	—	—	—	—	37.93	16.98	9.14	1.06
黑龙江	12.12	0.00	0.00	0.00	10.69	2.44	1.68	0.46
上海	12.11	1.69	0.28	0.28	—	—	—	—
江苏	16.11	1.30	0.25	0.16	30.36	11.12	3.06	0.47
安徽	20.38	3.85	1.44	0.75	25.83	13.15	6.47	1.71
山东	12.11	3.15	2.17	1.81	17.72	2.73	0.91	0.39
河南	20.07	3.50	1.28	0.76	26.89	7.07	3.49	1.43
湖北	26.14	7.11	2.13	1.00	34.82	13.13	4.69	0.94
湖南	—	—	—	—	31.07	8.76	2.26	0.00

（续）

省份	小麦				玉米			
	减产[10%,100%]	减产[30%,100%]	减产[50%,100%]	减产[80%,100%]	减产[10%,100%]	减产[30%,100%]	减产[50%,100%]	减产[80%,100%]
四川	24.82	6.80	2.05	0.67	30.16	10.1	3.35	0.58
贵州	29.96	17.4	11.42	4.84	26.05	9.29	2.67	0.42
云南	36.46	14.94	4.82	0.62	29.96	9.39	2.90	0.55
西藏	42.79	19.07	7.91	0.47	—	—	—	—
重庆	5.24	0.94	0.75	0.56	18.21	5.22	2.14	0.76
陕西	26.31	6.51	2.06	0.98	31.43	11.59	4.96	2.1
甘肃	25.50	7.92	2.89	0.83	31.72	9.97	2.90	0.56
青海	32.52	12.05	4.31	0.40	—	—	—	—
宁夏	21.99	4.76	1.37	0.72	25.04	5.12	0.84	0.28
新疆	23.43	6.75	2.81	1.22	24.00	7.06	1.97	0.67

资料来源：根据全国农村固定观察点调查数据整理计算得到。

表7　各省区市稻谷和大豆县域平均受灾系统性风险分布

单位：%

省份	稻谷				大豆			
	减产[10%,100%]	减产[30%,100%]	减产[50%,100%]	减产[80%,100%]	减产[10%,100%]	减产[30%,100%]	减产[50%,100%]	减产[80%,100%]
天津	12.63	2.41	1.20	0.00	—	—	—	—
河北	—	—	—	—	31.06	15.39	9.85	1.91
山西	—	—	—	—	25.34	10.86	4.39	2.10
辽宁	31.30	13.12	6.53	0.52	—	—	—	—
吉林	27.78	13.89	11.11	0.00	26.41	11.6	5.19	1.09
黑龙江	12.69	2.86	1.24	0.00	28.48	15.21	2.53	1.91
上海	7.93	1.44	0.58	0.00	18.57	5.50	3.44	0.69
江苏	13.17	1.79	0.76	0.32	31.2	12.55	4.52	1.43
浙江	10.93	3.05	2.15	1.25	—	—	—	—
安徽	19.74	3.73	1.42	0.73	30.90	7.87	2.82	0.62
福建	28.92	9.67	4.26	1.49	—	—	—	—
江西	24.97	5.12	1.92	0.91	—	—	—	—
山东	18.03	1.89	0.13	0.13	21.22	5.80	1.10	0.20
河南	19.38	5.43	3.10	2.33	32.19	14.49	8.03	2.65

（续）

省份	稻谷				大豆			
	减产[10%,100%]	减产[30%,100%]	减产[50%,100%]	减产[80%,100%]	减产[10%,100%]	减产[30%,100%]	减产[50%,100%]	减产[80%,100%]
湖北	20.52	3.55	1.18	0.40	41.79	22.38	12.90	2.30
湖南	16.98	1.42	0.31	0.26	20.97	6.86	3.32	1.66
广东	25.6	6.29	1.08	0.22	—	—	—	—
广西	26.59	6.81	2.51	0.77	22.48	8.53	3.13	1.04
海南	18.78	6.87	1.07	0.19	—	—	—	—
四川	18.38	5.82	3.10	0.96	37.62	18.92	7.81	1.04
贵州	23.56	10.5	4.69	1.87	52.03	39.28	30.15	7.75
云南	30.93	8.52	2.32	0.77	23.77	9.28	1.78	0.00
重庆	11.74	2.65	1.02	0.61	19.69	6.57	2.84	0.20
陕西	16.85	3.25	1.05	0.25	39.65	20.46	9.81	2.85
甘肃	—	—	—	—	35.61	19.77	8.48	1.44
青海	—	—	—	—	34.6	13.51	3.55	0.77
宁夏	8.87	2.39	1.04	0.21	—	—	—	—
新疆	—	—	—	—	22.67	4.90	2.60	0.65

资料来源：根据全国农村固定观察点调查数据整理计算得到。

由以上测算结果可知，不论是在全国层面还是在省区市层面，小麦、玉米、稻谷和大豆的县域平均受灾系统性风险较低，不符合气象指数保险针对系统性风险的可保条件。小麦、玉米、稻谷和大豆的受灾系统性风险较低可能意味着种植这些农作物的农户个体风险较大。个体风险导致的基差风险会直接影响气象指数保险的信用，并且促使农户进行自选择，即该赔偿却没有获得赔偿的农户逐渐退出气象指数保险市场，而不该赔偿却得到赔偿的农户继续留在这一市场中，此时气象指数保险不能很好地发挥风险管理的作用。

六、结论及启示

（一）结论

本文利用 2004—2016 年全国农村固定观察点调查数据中的农户数据测算了全国以及各省区市小麦、玉米、稻谷和大豆 4 种农作物的减产程度经验分布和县域受灾系统性风险，并考察了气象指数保险的基本可保性以及受灾系统性风险可保性，得出以下结论：

　　首先，作为一种财产保险，气象指数保险在中国不具备基本可保性。从全国及各省区市小麦、玉米、稻谷、大豆的减产程度经验分布来看，4 种农作物灾后减产程度一般在 30% 以下，这部分风险发生概率较大，不宜作为保险的标的物。同时，虽然 4 种农作物灾后减产程度在 30%～80% 间的概率较低，仅为 5% 左右，符合"小概率"的可保条件，但是由于农户种植规模小且多采取多元化经营，灾后损失总价值较低，不符合"大损失"的可保条件。结合中国大部分地区农业生产条件和经营状况，本文认为目前尚不具备在全国开展气象指数保险的条件。

　　其次，作为针对系统性风险的区域性保险，气象指数保险也不具备系统性风险可保性。在中国大部分地区 4 种农作物的县域受灾系统性风险均较低，不符合气象指数保险针对一定区域系统性风险的可保条件。实行气象指数保险会出现较大基差风险，不能很好地发挥风险管理的作用。

（二）讨论与启示

　　虽然气象指数保险不宜作为农业风险管理工具，但是，理论和实践都证明实行气象指数保险的运营成本较低。因此，可以借鉴气象指数保险的理赔方式，将气象指数保险的政策目标定位为收入支持，结合保险与储蓄两种风险防范方式构建"气象指数储蓄保险"。收入支持不必与农户实际受灾程度挂钩，可以大大降低理赔勘测成本。具体来讲，可借鉴中国城镇居民住房公积金管理办法或智利失业保险储蓄账户的制度形式，在银行为参与农业保险的农户开设农业保险专用账户。农户自愿参与此类农业保险，并根据实际参保面积交纳保险费，中央和地方财政配套保费补贴。农户交纳的保险费和财政补贴资金合并放入农业保险专用账户，并实行专项管理。如果发生灾害，赔付机制被触发，银行将农户农业保险专用账户中依据保险合同相关规定确定的赔偿金额和政府救灾应急拨款转到农户的个人普通账户上，农户可以直接取钱应对灾害损失。保险费按照一定保险周期交纳，原则上实行"谁缴费谁受益"。同时，可以借鉴气象指数保险的定灾、定损方式，即将农作物受损害程度指数化，并以该指数为基础设计赔付触发机制及相关保险合同内容。将农作物受损害程度指数化意味着保险赔付不必基于农作物实际产量损失，这样就不需要保险公司理赔定损人员到田间定损，只需要设置小规模的管理机构即可完成日常运营管理。在保险责任方面，应将降水、气温、风力等多种气象指数纳入到保险责任里，尽可能地保障农业生产中的多种自然风险，以增大受灾农户获得赔付的可能性。

参考文献

［1］郭颂平，赵春梅，高鹏．保险学［M］．北京：高等教育出版社，2014.

［2］吕开宇，张崇尚，邢鹏．农业指数保险的发展现状与未来［J］．江西财经大学学报，2014（2）.

［3］刘新立，叶涛，方伟华．海南省橡胶树风灾指数保险指数指标设计研究［J］．保险研究，2017

(6).

[4] 牛浩，陈盛伟. 玉米风雨倒伏指数保险产品设计研究——以山东省宁阳县为例 [J]. 农业技术经济，2015 (12).

[5] 宋博，等. 基于 CVM 的中国农业气象指数保险支付意愿分析——以浙江柑橘种植户为例 [J]. 保险研究，2014 (2).

[6] 庹国柱，李军. 农业保险 [M]. 北京：中国人民大学出版社，2005.

[7] 庹国柱，李军. 我国农业保险实验的成就、矛盾与出路 [J]. 金融研究，2003 (9).

[8] 王韧，邓超，谭留芳. 基于湖南省 14 地市面板数据的水稻气象指数保险设计 [J]. 求索，2015 (1).

[9] 邢鹏，钟甫宁. 粮食生产与风险区划研究 [J]. 农业技术经济，2006 (1).

[10] 张玉环. 国外农业天气指数保险探索 [J]. 中国农村经济，2017 (12).

[11] 钟甫宁. 从供给侧推动农业保险创新 [N]. 人民日报 2016 - 6 - 24.

[12] 中国赴美农业保险考察团. 美国农业保险考察报告 [J]. 中国农村经济，2002 (1).

[13] Antón, J., A. Cattaneo, S. Kimura, and J. Lankoski. Agricultural Risk Management Policies under Climate Uncertainty [J]. Global Environmental Change, 2013, 23 (6): 1726 - 1736.

[14] Barnett, B. J., and O. Mahul. Weather Index Insurance for Agriculture and Rural Areas in Lower - income 15 Countries [J]. American Journal of Agricultural Economics, 2007, 89 (5): 1241 - 1247.

[15] Cai, J. The Impact of Insurance Provision on Household Production and Financial Decisions [J]. American Economic Journal: Economic Policy, 2006, 8 (2): 44 - 88.

[16] Carter, M. R., A. De Janvry, E. Sadoulet, and A. Sarris. Index - based Weather Insurance for DevelopingCountries: A Review of Evidence and A Set of Propositions for Up - scaling [OL]. FERDI Working Paper 112, https://ideas. repec. org/p/fdi/wpaper/1 799. html, 2014.

[17] Chantarat, S., C. B. Barrett, A. G. Mude, and C. G. Turvey. Using Weather Index Insurance to Improve Drought Response for Famine Prevention [J]. American Journal of Agricultural Economics, 2017, 89 (5): 1262 - 1268.

[18] Clarke, D. J. A Theory of Rational Demand for Index Insurance [J]. American Economic Journal: Microeconomics, 2016, 8 (1): 283 - 306.

[19] Clarke, D. J., O. Mahul, and N. Verma. Index Based Crop Insurance Product Design and Ratemaking: The Case of Modified NAIS in India [M]. Washington D. C.: The World Bank Press, 2012.

[20] Cole, S., X. Giné, J. Tobacman, P. Topalova, R. Townsend, and J. Vickery. Barriers to House-hold Risk Management: Evidence from India [J]. American Economic Journal: Applied Econom-ics, 2013, 5 (1): 104 - 35.

[21] Cole, S., D. Stein, and J. Tobacman. Dynamics of Demand for Index Insurance: Evidence from a Long - run Field Experiment [J]. The American Economic Review, 2014, 104 (5): 284 - 290.

[22] De Janvry, A., V. Dequiedt, and E. Sadoulet. The Demand for Insurance Against Common Shocks [J]. Journal of Development Economics, 2014 (106): 227 - 238.

[23] Elabed, G., M. F. Bellemare, M. R. Carter, and C. Guirkinger. Managing Basis Risk with Multi-scale Index Insurance [J]. Agricultural Economics, 2013 (44): 419 - 431.

[24] Fuchs, A., and H. Wolff. Concept and Unintended Consequences of Weather Index Insurance: The

Case of Mexico [J]. American Journal of Agricultural Economics, 2011, 93 (2): 505 - 511.

[25] Giné, X., R. Townsend, and J. Vickery. Statistical Analysis of Rainfall Insurance Payouts in Southern India [J]. American Journal of Agricultural Economics, 2007, 1248 - 1254.

[26] Heimfarth, L., and O. Musshoff. Weather Index - based Insurances for Farmers in the North China Plain: An Analysis of Risk Reduction Potential and Basis Risk [J]. Agricultural Finance Review, 2011, 71 (2): 218 - 239.

[27] Hill, R. V., J. Hoddinott, and Kumar N. Adoption of Weather - index Insurance: Learning from Willingness to Pay among A Panel of Households in Rural Ethiopia [J]. Agricultural Economics, 2013 (44): 385 - 398.

[28] Huo, R., and R. Octavio. Basis risk and welfare effect of weather index insurance for smallholders in China [OL]. Working Paper, https://ideas. repec. org/p/ags/saea17/ 252 816. html, 2017.

[29] Jensen, N. D., C. B. Barrett, and A. G. Mude. Index Insurance Quality and Basis Risk: Evidence from Northern Kenya [J]. American Journal of Agricultural Economics, 2016, 98 (5): 1450 - 1469.

[30] Leblois, A., P. Quirion, and B. Sultan. Price vs. Weather Shock Hedging for Cash Crops: Ex Ante Evaluation for Cotton Producers in Cameroon [J]. Ecological Economics, 2014 (101): 67 - 80.

[31] Liu, X., Y. Tang, J. Ge, and M. J. Miranda. Does Experience with Natural Disasters Affect Willingness - to - Pay for Weather Index Insurance? Evidence from China [J]. International Journal of Disaster Risk Reduction, 2019 (33): 33 - 43.

[32] Mahul, O., and C. J. Stutley. Government Support to Agricultural Insurance: Challenges and Options for Developing Countries [R]. World Bank Publications, 2010: 160 - 162.

[33] Miranda, M. J., and K. Farrin. Index Insurance for Developing Countries [J]. Applied Economic Perspectives and Policy, 2012, 34 (3): 391 - 427.

[34] Mobarak, A. M., and M. R. Rosenzweig. Selling Formal Insurance to the Informally Insured [OL]. Yale University Economic Growth Center Discussion Paper 1 007, https://www. econstor. eu/bitstream/10 419/59 144/1/ 715 687 328. pdf, 2012.

[35] Mobarak, A. M., and M. R. Rosenzweig. Informal Risk Sharing, Index Insurance, and Risk Taking in Developing Countries [J]. The American Economic Review, 2013, 103 (3): 375 - 380.

[36] OECD. Managing Risk in Agriculture: A Holistic Approach [R]. Paris: OECD Publishing, 2009.

[37] OECD. Managing Risk in Agriculture: Policy Assessment and Design [R]. Paris: OECD Publishing, 2011.

[38] Sarris, A., P. Karfakis, and L. Christiaensen. Producer Demand and Welfare Benefits of Rainfall Insurance in Tanzania [OL]. FAO Commodities and Trade Policy Research Working Paper18, http://www. fao. org/3/a - ah467e. pdf, 2006.

[39] Sarris, A. Weather Index Insurance for Agricultural Development: Introduction and Overview [J]. Agricultural Economics, 2013. 44 (4 - 5): 381 - 384.

[40] Skees, J. R. Challenges for Use of Index Based Weather Insurance in Lower Income Countries [J]. Agricultural Finance Review, 2008, 68 (1): 197 - 217.

[41] Skees, J. R., and B. J. Barnett. Enhancing Microfinance Using Index - based Risk - transfer Products [J]. Agricultural Finance Review, 2006, 66 (2): 235 - 250.

[42] Surminski，S. ，L. Bouwer，and M. J. Linnerooth – Bayer. How Insurance Can Support Climate Resilience [J]. Nature Climate Chang，2016 (6)：333 – 334.

[43] Taib，C. M. I. C. ，and F. E. Benth. Pricing of Temperature Index Insurance [J]. Review of Development Finance，2012，2 (1)：22 – 31.

[44] Turvey，C. ，and R. Kong. Farmers' Willingness to Purchase weather insurance in rural China [OL]. SSRN Working Paper 1601625，https：//papers. ssrn. com/sol3/papers. cfm? abstract_id= 1601625，2010.

农险经营中值得重视的几个问题

——一个农险赔案引发的思考

庹国柱　韩志花

摘要：我国政策性农业保险发展很快，成绩斐然。该类业务受到越来越多保险经营机构的青睐，但是保险经营中也存在很多值得探讨的问题。本文就一个案例涉及的方方面面，讨论了"成本保险"引发的问题，再次提出了农业风险区化的重要性和"一省一费率"引发的严重逆选择问题，解释了"自主自愿"原则的正确含义，剖析了屡禁不止的"协议赔付"的危害，阐述了坚持诚信经营农业保险的重要意义。这些问题有某些普遍性，值得引起广泛关注和重视。

关键词：农业保险经营差异化费率；协议赔付；诚信

2019 年，某地发生了一起农险理赔纠纷，几个参加 2018 当地小麦保险的被保险农户上访，引起广泛关注。大体案情是，2018 年一家保险公司承保某合作社种植的小麦近万亩，在苗期因发生严重干旱受灾，稀稀拉拉的麦苗被农户铲掉，然后要求保险公司按照全损赔付每亩 200 元（合同约定的保险金额是每亩 200 元）。保险公司只同意按照每亩 38 元赔付，被保险农户不同意，就搞起了维权。这个案子虽然在有关部门调解下得到妥善解决。但是其中涉及许多重要的农业保险理论和实际问题却值得我们研究和思考。

一、当前这种"成本保险"要不要改变

成本保险是我国的独创。顾名思义，农作物也好，家畜家禽也好，为了控制保费补贴数额，也为了防范道德风险，保险金额一般都按照物化成本的一定比例确定。在大部分地区这个保险金额实际上都不能覆盖全部物化劳动的成本，对预期收成（收益）来说，只占到 30％～40％。所以为了适应广大农户的需求，近两年中央提出要逐渐将保险金额提高到包括地租的成本和覆盖包括劳动力成本的"完全成本"，开始了"大灾保险"和"完全成本"保险试点。

作者简介：庹国柱，首都经济贸易大学保险系教授，农村保险研究所所长；韩志花，内蒙古银保监局财产保险监管处副处长。

但上述赔案涉及到的问题与上面过低保额的问题不一样，这个地区长期干旱少雨，小麦的产量不高，成本也很低，据当地农牧部门调查的数据，大体上一亩小麦的物化成本不过 80 元左右，如果签发"成本保险"保单，200 元的保险金额就大大超过了物化成本。有人认为，这种保险就是"超额投保"。因为成本保险的保险价值就是成本（目前的主要产品是"直接物化成本保险"）。根据我国《保险法》的规定"保险金额不得超过保险价值。超过保险价值的，超过部分无效。"因为，要是按照每亩200 元的保险金额赔偿，有违保险的"损失补偿原则"。这其实是在该地经营农业保险的公司一直感到困惑的问题。甚至在理赔上打折扣也有这方面的考虑，认为，要是据实足额赔付，岂不是让投保农户有不当得利。

因此，不管是保额低于物化成本或者保额高于物化成本的农险产品，以及其操作规则，其实都是需要改变的，理由不光是因为保障水平太低（抑或太高），而是因为这类产品不是将作物损失直接根据产量损失或者收入损失的程度定损，而是根据成本的损失程度定损，还要根据产量或者收入损失进行比例折算，增加了定损和理赔难度，也难以让投保农户理解。如果采用产量保险，就根据最终产量低于合同约定的产量标准的差额确定赔付就行了。

当初推出"成本保险"，笔者理解是出于三个方面的考虑：其一，我国大规模推行农业保险缺乏经验，太高的保险金额，其经营风险太大，难以防控；其二，高保险金额对应高补贴金额，对于需要财政拿多少钱才能满足"应保尽保"的要求，心中无数；其三，保险金额太高容易引起道德风险。但是经过这十多年的实践，不仅农户对如此低的保险金额不满意，保险经营也积累了丰富的经验，财政对农险补贴盘子有多大，也已经大体明确。所以，财政部门安排的"大灾保险"和"完全成本保险"才得以启动。这是令所有参保农户高兴的事，笔者同样感到赞同。

但是笔者希望这些提高了保障水平的保险不要再按照成本保险的方式运作和经营，就按照产量保险的方式经营，以产量损失为依据，以产品预期价格和平均产量确定损失产量的赔偿标准就好了。这样都以最终产量的歉收与否及其歉收程度确定赔款，既直观好理解，也好操作（对于改成本保险为产量保险的操作方式之优劣，此处不做详细论证）。

二、基于风险区划的差异化费率要不要提上议事日程

农业风险区划和农业保险费率分区的问题，学术界 20 多年前就已经提出（庹国柱、丁少群，1994），这些年也有很多关于其必要性和可行性的论证（邢鹂，2004；丁少群，2009；王国军、赵小静，2015）。几年前，监管部门意识到并提出来这个问题，也倡导各地逐步试验和实施。但迄今为止，基本上没有哪个省份实行根据不同风险区域的差异化保险费率。而因为没有基于风险区化的差异化费率，逆选择问题依然不同程度地在各地存在。本案就是一个典型的逆选择案例。

本案中，这个地区的气候、土壤等条件不是很好，干旱、冰雹等灾害频繁发生，生产风险很高，所以农作物产量较低且不稳定。在全省统一费率的条件下，这里的农户显然知道投保是占便宜的，所以投保非常积极，因为获得损失赔偿不是小概率，而是大概率。对于这一点，农户最了解，保险公司也是清楚的。据赵元凤和柴智慧的调查，在内蒙古中部地区的乌兰察布市和锡林郭勒盟，2010—2012年旱地玉米播种面积比例，远远高于其他四个盟市，且这两个盟市的旱地玉米保险的参保比例也远远高于其他四个盟市，2012年这两个盟市旱地玉米保险的参保率更是接近于100%[①]。

这种情况再次告诉我们，基于风险区化的费率分区迫在眉睫。风险一致性是保险的基本原则，在损失分布相同的条件下，保险标的损失风险大的地区就应该承担较高费率，低风险地区就应该适用较低费率，风险保障与其风险费率相匹配，才能公平，也才能有效防止逆选择。

有人认为，要是这样，像上述地区的农户在同样保险保障水平下，就得多缴保费，政府也要多补贴，问题是保险费率高到一定程度，当地的农户和政府恐难承受。这其实是问题的关键。那么，这里的农险产品费率高到农户和政府都不能承受的地步，怎么办？笔者认为，太高的费率就表明这里不适合发展农业保险。对于农户的风险损失只能用其他办法来解决，比如灾害救济。

类似的问题，其他国家早就遇到过。美国在试验和推行农业保险的过程中，就在多年实践的基础上，决定对那些高风险地区不再提供政府支持的农业保险，认为那里风险损失是大概率，不适合推行农业保险。也就是不鼓励这里的农户继续种植农作物，一定要种，政府不卖给他们有政府补贴的农业保险。这才是科学的态度。政策总是要实事求是，因地制宜。如果一定要对这些高风险地区收取跟其他低风险地区相同的低费率，这是在鼓励逆选择，也是在侵害其他低风险地区农户的利益，这种高风险地区的农业保险最终不可能持续，必将以保险公司退出经营而告终。

有的政府领导人，出于操作的简便考虑，不想把保费补贴的平均化改为差异化，甚至错误地认为，"保险公司在这里赔了，但在那里赚了，自己调整就好了。"岂不知，这种因为逆选择带来的"赔"和"赚"，与相同风险概率之下的灾害发生的偶然性造成的"赔"和"赚"，是性质根本不同的两回事，后者是持续经营的基础，而前者则是完全违背了保险的"风险一致性"的原则，只能把农业保险引向歧途甚至失败。

三、该如何准确理解农业保险"自主自愿"的原则

"自主自愿"是我国《农业保险条例》确定的四大原则之一。其实，这一条原则

---

① 赵元凤　柴智慧. 道德风险与逆向选择研究——以内蒙古自治区农业保险为例 [M]. 北京：中国科学技术出版社，2018.

的意思有三层：第一，农户参不参加农业保险是自主自愿的；第二，保险机构参不参加农业保险经营是自主自愿的；第三，地方政府愿意举办农业保险并给予农业保险哪些险别险种一定保费补贴，也是自主自愿的（中央财政只是在地方政府自主自愿的基础上，给地方政府确定的农业保险险别险种的保险费配套补贴）。

根据这条原则，保险机构做不做农业保险是完全自愿的，愿意不愿意接受农户投保也是可以选择的。农户参加不参加保险也是完全自愿的，而且选择哪家保险公司投保也是可以的。部分地区出现保险公司为了管控农险信访风险拒绝为个别大户承保或者主动压缩承保规模，农民的自愿参保没有问题，而令保险公司非常尴尬的是，因为不公平的费率机制，他们觉得某个地区的农险业务风险太大，不愿意在这里做业务时，遇到了麻烦，因为他们在招标时中标，不能不继续在这里做业务，其他公司想在这里做业务也不行。有的信誉不好的农户，承保公司不愿意接受其投保也不被当地政府允许。这就有些不妥当了，有违"自主自愿"原则了。

当然，一般情况下，愿意做农业保险业务的公司是很多的，这里的问题比较特殊，保险公司中标后做了几年就发现，这里的风险太高，又不能按照风险大小来厘定公平合理的费率，农户逆选择严重，想退出这里的农业保险市场。从道理上说，保险公司对业务和投保农户有选择权，这是符合保险经营的原则的。因为保险公司进行风险选择、对保户加以选择都是控制自身经营风险所必需的手段之一，特别是在那些高风险地区，公司如果不能根据风险一致性原则制定和要求合理高费率的情况下，不接受某些农户投保甚至退出这个市场是正确的选择，也是不能通过行政手段干涉的。

我相信，政府部门会进一步规范农业保险中的政府行为，杜绝政府插手保险机构的经营活动，因为那不是"PPP"模式中政府应该具有的行为规范。

四、如何正确理解禁止"协议赔付"的规定

上面的案例中，也涉及到被前保监会坚决禁止的"协议赔付"的问题。之所以该案得以解决，不是通过诉讼，而是通过当地政府部门做了大量工作得以解决的。

所谓"协议赔付"并不是指在定损时的协商和讨论，以便准确地确定实际损失。而是指损失确定之后的讨价还价，不按照损失补偿原则进行理赔，而是由政府部门和保险公司讨价还价，确定最后赔付标准。有的地方今年灾害很小，赔付率比如也就40%多，政府部门觉得很"亏"，仅各级政府补贴的保险费也有80%，怎么就给农户赔了这么一点？坚决要求保险公司多赔。公司迫于官方的压力，不得不支出多于实际损失的赔款。而遇到较大灾害的年份，比如要赔付130%，保险公司也会以自身可持续经营为理由，跟政府讨价还价，只赔100%，或者80%等，这时候，政府因为此前有理亏的地方，也就同意保险公司少给农户赔偿。在本案中，最后并没有完全按照合同约定赔付，政府同意让公司"通融"赔款。

根据不少地方调查的情况，"协议赔付"在不少地方都存在。其实2015年中国保

监会、财政部、农业部联合发布的《关于进一步完善中央财政保费补贴型农业保险产品条款拟订工作的通知》第十条就规定"条款中不得有封顶赔付、平均赔付、协议赔付等约定",就是针对当时发现的这类问题而做出的规定。问题是,有的地方在文件发出几年后还没有完全贯彻,这是令人遗憾的。笔者认为,并非个例的"协议赔付",是我国这些年的农业保险赔付并不能反映农业灾害损失真实情况的原因之一。

政策性农业保险的意义就在于通过保险再分配的方式,从一个普惠(同样得到保费补贴)的出发点,达到不相同的再分配后果,使真正遭受灾害损失的农户获得足额赔偿,使其能够迅速恢复生产。这也是它比财政的"救济"或者"补贴"能达到更好政策效果的重要机理。如果保险理赔都不按照实际损失来理赔,而是通过这种"协议"方式进行,农业保险就不是保险,而是撒"芝麻盐"式的财政救济或者损失补贴了,这种并不能很好实现保险再分配功能的保险就失去了存在的意义。因此,"协议赔付"看起来好像只是一个经营操作环节的小问题,实际上是关乎农业保险本身存在价值的根本性大问题。希望对这一问题,财政部门要明确,地方政府的官员更要明确,只有这样,我国农业的经营水平才能上一个台阶。

五、如何坚持诚信经营的原则

在保险中,我们有一个重要原则,就是"最大诚信原则"。农险经营也不例外,必须贯彻最大诚信原则。贯彻这个原则的直接体现,就是要按照合同约定的标准,根据认定的损失,足额赔付。在本案中,小麦保险金额是每亩200元,而合同约定作物生长期内,考虑到生产成本是逐渐投入的,所以一般情况下,如果发生绝产(全损),在不同生长期,只赔全部保险金额的一定比例,出苗到拔节赔保额的60%,拔节到抽穗赔保额的70%,抽穗到灌浆赔保额的80%,灌浆到成熟赔保额的90%,成熟到收获赔保额的100%。就本案而言,在苗期发生严重干旱遭受全损,按合同约定,每亩应当赔偿120元(200元×60%)。即使按照2015年中国保监会、财政部、农业部三部门联合下发的《关于进一步完善中央财政保费补贴型农业保险产品条款拟订工作的通知》第六条规定:"原则上,当发生全部损失时,三大口粮作物苗期赔偿标准不得低于保险金额的40%。"的规定,也应当每亩赔偿80元。而保险公司赔付的依据是两个:第一,当时在苗期发生旱灾的损失率是45.78%。第二,因为公司调查确定的物化成本是83元/亩。赔偿=83×45.78%=38元。其实这个公式的乘数和被乘数都是难以成立的。对于前者,农户没有人认同部分损失,认为是全损,因为继续让稀稀拉拉的麦苗生长已经没有意义,就铲掉了。对于后者,保险公司在定损理赔的时候不是以合同约定的保险金额200元为计算赔偿的依据,而是根据自己的调查修改保险金额,投保农户没有同意,因为这显然有违保险的基本经营规则。保险公司怎么能按照200元的保险金额收取保险费,却按照83元的保险金额计算赔款,这样做,使得保险合同的严肃性完全丧失。投保农户有意见是很正常的。对此,监管部门也不认可。尽管公司当年的小麦保险赔付率已经超过 270%，亏损严重，但并不表明保险公司就在这里正确贯彻了最大诚信原则。

扩展到本案所涉地市，作为农业生产的高风险区域应该对应较高的保险赔付率才正常。但据有关部门提供数据计算，该市历年农作物保险赔付率水平一直处于 60% 左右，并未出现持续多年的超赔问题。笔者根据该地 2008—2018 年的数据做了计算，农险赔付率的变异系数仅为 6.3%，然而绝产面积的变异系数却达到了 97.8%，可见赔偿不足的问题相当严重。

赔偿不足的问题，其实在农业保险经营中不是个案，不止一地反映农业保险定损理赔缺乏公信力，不少被保险农户每每获得的赔款与他们的实际损失相去甚远（真正按照合同约定来执行的话）。其实，有的保险机构心照不宣的是，遇到较大灾害损失时，最好的办法是找政府，想办法减少赔付。例如，某市发生大面积小麦赤霉病，保险损失惨重，保险公司就去找市长，市长就让农业部门的干部下去给被保险农户做工作，降低保险公司的赔付额，把赔付率尽可能降到公司可以接受的程度。有一个省发生较大灾害，保险公司甚至去向省长求助，希望通过行政手段减少赔付，"帮助"保险公司"渡过难关"。在这种环境下，我国政策性农业保险做了十多年，年际赔付额的标准差一直不大，虽然也有个别省份、个别公司出现过亏损一、二次，但全国性的"赔穿"至今没有发生过。图 1、表 1 是 2007—2018 年，中美两国农业保险赔付率比较情况。

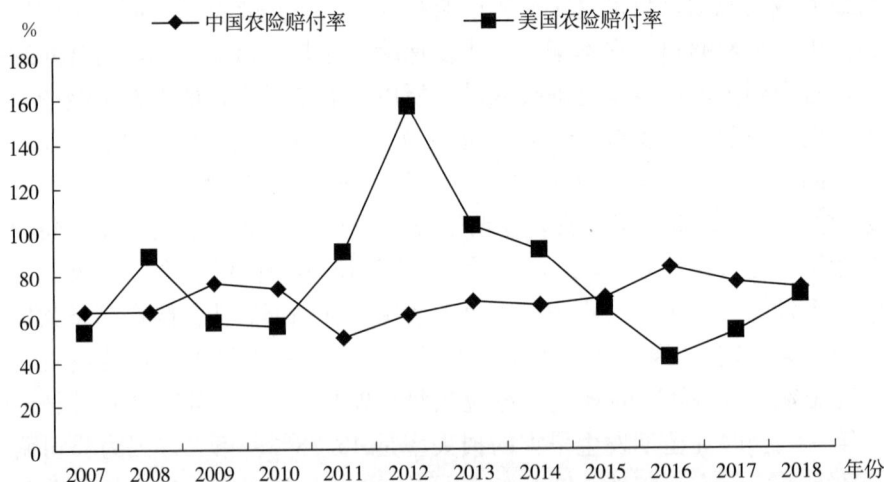

图 1　中美农业保险赔付率变动比较图

从图 1 和表 1 可看出，中国 12 年农业保险的赔付率，变动很小，而美国农业保险的赔付率变动较大。笔者计算，2007—2018 年 12 年间，中国农险赔付率的变异系数[①]

---

① 变异系数 $V_s = \dfrac{\sigma}{\overline{X}}$。$\sigma$ 为标准差，$\overline{X}$ 为平均值。

是 13.4％，没有一年的赔付率超过 100％，赔付率超过 80％的只有 1 年。简单平均一下，12 年的平均赔付率是 68.24％。而美国农业保险赔付率的变异系数是 42.2％，是中国的 3.15 倍。美国在这 12 年里，赔付率超过 100％的年份有 2 年，还有 3 年超过 80％。简单平均一下，12 年平均赔付率是 77.9％。

表 1　2007—2018 年中美两国农业保险赔付率比较

单位：％

年份	2007	2008	2009	2010	2011	2012	2013	2014	2015	2016	2017	2018	变异系数
中国农险简单赔付率	63.3	63.2	76.2	74.1	51.2	61.5	68.0	65.9	69.4	83.4	76.6	74.1	13.4
美国农险赔付率	54.1	88.1	58.3	56.0	90.6	157.0	102.3	90.7	64.5	41.8	53.5	70.0	42.2

资料来源：中国的数据来自历年保监会发布的数据，美国的数据来自美国农业部。

　　赔付率的高低，主要是跟此期间灾害发生的频率和程度有关。但我国农险赔付率变动很小的这种状况，并不表明我国的农业灾害在 12 年里都很温顺和平稳。据我国民政部 2007—2018 年间公布的每年"农作物绝产面积"的统计数据，笔者计算的变异系数是 38％（大约是赔付率变异系数的 3 倍）（表 2）。一般来说，假如这些作物面积都投保，绝产都是会得到赔偿的，"绝产面积"和"农作物保险赔付率"是正相关的。"绝产面积的变异系数"大体上应该与"赔款的变异系数"接近，而我们计算出来的"绝产面积"的变异系数和"保险赔付率"的变异系数相差将近 3 倍，反映出赔付率波动过小。如上所述，这里的趋势和本案例所在地区的趋势是一致的，不过因为本案例所在地区风险更高。

表 2　2007—2018 年我国农作物绝产面积统计

单位：千公顷，％

年份	2007	2008	2009	2010	2011	2012	2013	2014	2015	2016	2017	2018	变异系数
农作物绝产面积	5 747	4 033	4 918	4 863	2 892	1 826	3 844	3 096	2 233	2 902	1 826	2 585	38

资料来源：2007—2017 年中国民政统计报告，2018 年数据来自《中国应急管理报》2019 年 1 月 8 日。

　　农险赔付率波动过小无非是两个方面的原因：一个方面是不该赔的赔了，另一个方面是，该赔的没赔或者少赔了。而多赔的可能性或者数额，应该远远小于少赔的可能性或者数额。就是说，我国农业保险赔付率的变异系数很小，惜赔、千方百计少赔，没有赔到位，应该是主要原因。保险赔付不到位，损害的是投保农户的利益，对保险经营者的诚信现实，多少应该提出质疑。

　　还有一个有趣的现象：美国愿意经营农险的财险公司不多，在超过 1 000 家财产保险公司中，只有十几家愿意来做农业保险（2019 年是 14 家），而且每年有出有进。

而我国愿意做农险的公司占了全部产险公司的近 40%，而且还有公司希望进入这个市场。其中原因虽多，做农险，很多经营环节不规范或者难以规范，定损理赔伸缩性很大，相比真正的赔付率，实际赔付率偏低，从而容易盈利是原因之一。所以无法做到诚信经营，成了我们不止一家保险公司农险经营的重要特征之一。当然这中间除了保险公司自身的原因外，还跟大部分基层政府比较"仁慈"，并不适当地干预理赔有很大关系。

最大诚信原则是保险的基本原则之一，保险经营者的不诚信，直接损害的是投保人和被保险人的利益。任何不诚信行为都是对市场公平性的一种挑战。对于政策性农业保险而言，因为不诚信而损害投保农户的利益，导致农户对农业保险失去信任，将会削弱政策性农业保险制度基础及其想要达到的政策目标。我们必须要认真对待。

我国政策性农业保险经营已经走过 12 年的历程了，对于我国农业现代化和乡村振兴战略的稳步推进，发挥了重要的作用，也为我国粮食安全做出了重要贡献，在经营发展中我们已经积累了不少好的经验，但也有不少如同本文讨论的需要改进的突出问题。希望通过这个个案的分析，引起我们经营问题较多的公司的重视和思考。适应新的形势，按照中央《关于加快农业保险高质量发展的意见》的要求，把农业保险办得更好。

我国农机互助保险的发展现状、问题及对策*

刘晓玲　席飞扬　郭　丽　刘晓明　刘爱军

摘要：相互保险是保险组织的重要形式之一，是传统商业保险的重要补充。农机互助保险作为相互保险的一项重要的创新和尝试，对促进我国相互保险发展具有重要意义。我国农机互助保险最早于 2009 年在陕西省正式开展，在发展的过程中逐渐形成了较为完善的保险条款和运行体系，为农机手提供了有力的保险保障。此后，湖北省、湖南省、河南省驻马店市也相继开展了农机互助保险并取得了一定的成效。本文试对陕西省和河南省驻马店市两地的农机互助保险发展现状进行分析，并与传统商业保险进行对比，结合我国及国外的相关政策背景进行探索，寻找制约农机互助保险发展的因素，为农机互助保险的发展提出合理的建议。

关键词：农机互助保险拖拉机交强险顶层设计政策支持新型经营主体

农机互助保险是由农机部门引导，农机安全协会实施，不以盈利为目的，农民自愿参加并建立互保组织，共担事故风险的一种保险。其主要运作机制为农机安全协会组织会员筹集保费资金形成互助资金池与灾害作斗争。除了日常运营费用外，其余资金都用作事故损失赔偿，帮助会员恢复生产力。同时，每年结余的资金会向没有发生事故的会员分配权益积分可抵补下一年的保费。农机互助保险具有一定的相互性。相互保险组织内的会员具有相互保险、相互分担的法律关系，因此相互保险组织内的会员利益统一，他们不仅是保险人也是被保险人，这种组织模式可以有效避免利益冲突，减少道德风险发生的可能性。农机互助保险对于保障粮食安全生产、保护农机手利益、维护社会和谐稳定方面具有重要意义。

一、我国农机互助保险开展现状

（一）我国农机互助保险的产生和由来

20 世纪 80 年代初期，拖拉机第三方强制责任险首次实施，在政府的支持下，保

---

* 本研究得到 2019 年度江苏省保险学会研究课题立项资助，也得到 2019 年江苏省大学生创新训练计划资助（项目编号 201910307076Y），是江苏省农业农村厅农业软科学课题的研究成果之一（项目编号 19ASS045）。本文原载《中国保险》2019 年第 1 期。

作者简介：刘晓玲，南京农业大学金融学院副教授；郭丽、席飞扬，南京农业大学金融学院 2017 级学生；刘晓明，中国人民财产保险股份有限公司江苏省分公司农险部；刘爱军，南京农业大学经管学院副教授、博士。

险机构开始尝试不以盈利为目的的农机保险模式。但由于经营不善，很快停办。进入 21 世纪，全国各地开始了农机保险的改革。2005 年，上海开始了农机具综合保险的尝试。2008 年，江苏也开设了政策性保险试点。为了提升农机事故风险应对能力，保障农机手的安全生产，陕西省于 2009 年开始了农机互助保险的尝试。同年，中央 1 号文件中明确指出要鼓励在农村发展互助合作保险业务，增强农村金融的服务能力。此后，湖北、湖南和河南省驻马店市也相继学习了陕西省互助保险的经验，在当地开始了试点工作。

（二）农机互助保险受到政策支持

2009 年，保监会中介部门向农机互助保险的牵头组织机构——陕西省农机安全协会回函，鼓励江泰保险经纪公司积极探索与落实中央"三农"政策相关的风险管理服务，表明了对农机互助保险试点工作的支持。2014 年，国务院在《国务院关于加快发展现代保险服务业的若干意见》中指出，要健全农业保险服务体系，鼓励开展多种形式的互助合作保险。2015 年，中国保监会正式印发《相互保险组织监管试行办法》，为加强对相互保险组织的监督管理，促进相互保险组织规范健康发展提供了政策依据，规范了我国相互保险组织的运行，引导我国相互保险组织走上正轨。2018 年 6 月，农业农村部下发《农业农村部关于支付 2018 年度农业组织创新与产业融合发展项目的通知》，同意陕西省联合收割机安全互助保险创新试点项目立项，项目资金总额 465 万元，标志着陕西省农机互助保险获得了中央财政的支持。

（三）驻马店市农机互助保险的产生及开展现状

河南省驻马店市借鉴陕西等地农机互助保险的先进经验，于 2015 年开展了农机互助保险，试点开展 4 年来，农机互助保险发展势头良好，保险的保障作用发挥显著。2015 年以来驻马店市农机互助保险理赔情况见表 1。

表 1　驻马店市农机互助保险理赔情况

年份	互助保险会员（人）	理赔事故（起）	赔付资金（万元）	收取会费（万元）
2015	4 045	388	100.9	190.8
2016	3 479	280	100.2	154.7
2017	4 092	203	54.7	144.3
2018	5 353	422	71.2	179.9

数据来源：调研整理。

从农机互助保险发展规模来看，会员的数量呈现出稳中增长的态势，如图 1 所示，这反映出农机手对农机互助保险接受程度在日益增加。从农机事故理赔次数来看，农机事发生率逐渐下降，2018 年特殊原因有所上升，如图 2 所示，说明了农机互助保险的开展，在一定程度上形成了良好的安全教育引导作用。

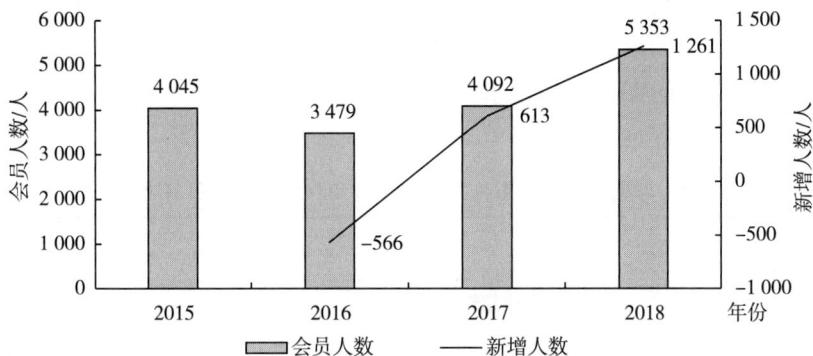

图 1　2015—2018 年驻马店市会员的数量呈现出稳中增长的态势

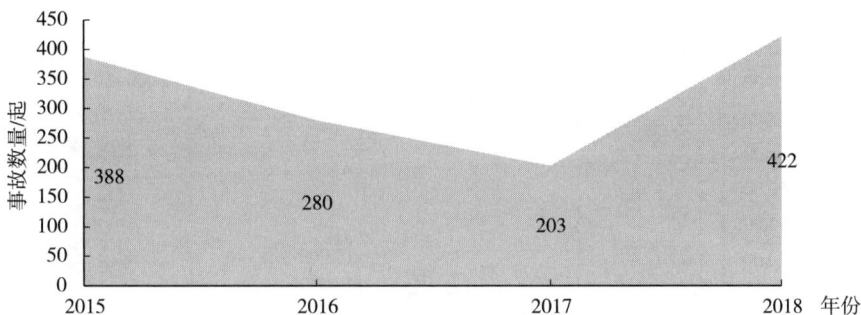

图 2　2015—2018 年驻马店市农机互助保险理赔事故数量

二、我国农机互助保险发展存在的问题

（一）农机互助保险产品优势不明显

1. 农机互助保险费率较高，吸引力不足

以商业保险公司普遍开展的拖拉机交强险为例，根据我国保监会于 2007 年下发的关于拖拉机交通事故责任强制保险行业协会费率的批复以及河南省驻马店市农机安全互助保险费率表（表 2）可知，在保费方面，运输型及兼用型拖拉机互助保险的费率并不具有明显优势，其费率均稍高于商业保险公司开展的拖拉机交强险费率。

2. 保额相对较低，保障不充足

在保险金额方面，我国拖拉机交强险的保额为 12.2 万元，其中财产损失补偿限额为 2 000 元，医疗费用补偿限额为 10 000 元，死亡伤残补偿限额为 11 万元。而驻马店市农机互助保险中的第三者责任互助保险的最高保额为 3 万～10 万元，其中财产损失补偿限额为 2 000 元，医疗费用补偿限额为 3 500～8 000 元，死亡伤残补偿限额为 24 500～90 000 元，如图 3 所示。由此可见，为了维持农机互助合作社的资金正常运转，保持充足的偿付能力，农机互助保险的保额通常较低。一旦发生人身伤亡、农机损毁等较为严重的事故时，该补偿限额对于帮助农机手恢复生产的能力较弱，不能够有效满足农机手的安全保障需求。同时也反映出相比于专业保险公司，农机安全互助社风险分散和资金运转能力较差。

表 2 河南省驻马店市拖拉机交强险和互助三者险费率对比表

类别		<＝14.7 千瓦	＞14.7 千瓦
拖拉机交强险	兼用型拖拉机	0.06%	0.09%
	运输型拖拉机	0.38%	0.52%
拖拉机互助三者险	兼用、运输型拖拉机	0.5%～0.67%	0.6%～0.86%

数据来源：中国保监会《拖拉机交强险费率方案》（2007 版）、《驻马店农机安全互助保险条款》（2019 版）。

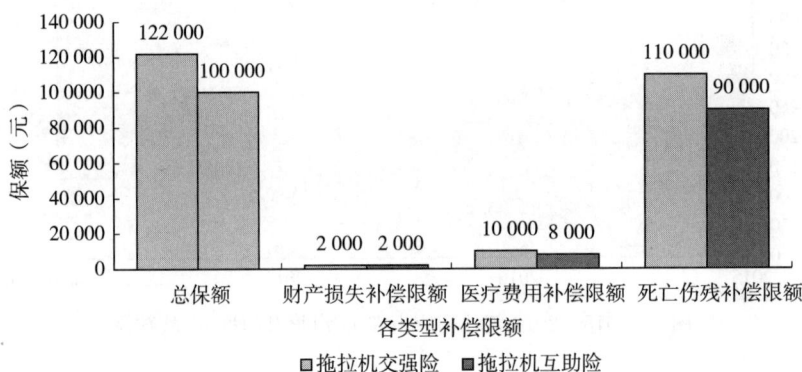

图 3 拖拉机交强险和互助三者险保额对比

3. 险种较少，不能满足农机手多元化需求

险种方面，各个试点地区农机互助保险险种的发展具有一定差异。相比于农机互助保险开展成熟的陕西省，驻马店市的农机互助保险还处于初步发展阶段，针对农机手的实际需求设计的互助保险产品仍较少。陕西省农机互助保险以农机手需求为导向，经过多年的发展，目前已设计出了多种符合农机手需求、有效保护农机手利益的保险，形成了以基本互保为主，兼以附加互保的模式。基本互保包括机身损失互助险，农机驾驶和辅助操作人员的人身伤害互助险和第三者责任互助险三种。而附加互保还包括转运损失互保、收割机自燃损失互保、玻璃单独破损互保和维修保养施救意外伤害互保等险种。而驻马店市目前只开展机身损失互助险，农机驾驶和辅助操作人员的人身伤害互助险和第三者责任互助险这些基本险种，如表 3 所示。相对于农机事故的多发性和复杂性而言，驻马店市目前开展的农机互助保险险种不能充分满足农机手的安全保障需求。

表 3　陕西省与驻马店市农机互助保险险种

	基本互保	附加互保
陕西省	机身损失互助险 驾驶人、辅助作业人员意外伤害互助险 第三者责任互助险	玻璃单独破碎互保 自燃损失互保 转运损失互保 非事故部件损失互保 维护保养施救意外伤害互保 农具或拖车损失互保
河南省驻马店市	机身损失互助险 驾驶人、辅助作业人员意外伤害互助险 第三者责任互助险	无

数据来源:《陕西农机安全互保条款》(2018 版)、《驻马店农机安全互助保险条款》。

(二)农机互助保险政策支持滞后

1. 农机互助保险的运作模式缺乏明确法律法规规定

目前,我国已经出台了多部法规条文,明确提出要鼓励支持开展农机互助保险,但对于农机互助保险的具体实施措施还没有法规做出明确指导规定。这使得某些地区缺乏开展农机互助保险的政策依据,也缺乏对于农机互助保险的参与主体的合作方式及发展模式的经验指导,极大地阻碍了农机互助保险的发展。反观法国的农业互助保险,在发展初期,法国即出台了《农业互助保险法》,明确了各类农业互助保险合作社的法律地位、互助会员相互保障的范围和各自拥有的权利。法国政府还牵头建立了中央互助保险组织和多层次的再保险机制。通过出台明确的政策法规并牵头建立较为完善的相互保险组织构架,法国政府为农业相互保险的组织运营提供了有力的支持。

同时为保证互助保险的正常运行,政府还牵头建立了再保险机制并成立农业互助保险集团,形成了三级农业保险体系,有效提升了农业保险合作社的承保能力,并降低了农业保险合作社的经营风险。由此可见,我国在对农机互助保险的具体开展模式上缺乏制度设计和政府支持,也缺乏完善的风险分散机制,使得农机互助保险的发展受到制约。

2. 缺乏相应的政策扶持和补贴

农机保险具有较强的"正外部性",不但能够分散被保险人的农机作业风险,帮助农机手尽快恢复生产力,也有利于农机安全生产,维护社会安全稳定。但是,农机保险的正外部性使得市场上农机保险的实际均衡量小于社会最优水平,致使市场失灵,对农机保险进行政策补贴是解决市场失灵的重要方法之一。

农业机械本身也具有一定的"弱可保性"。由于农机手风险意识较差、收入水平较低等原因,农机手对农机进行投保的数量较少,很多地区开展的农机互助保险业务并不满足"大数定律",且由于农机具自身价值高昂,单个农机的损失金额往往较大,农机保险的赔付率往往较高。因此，为了使保险公司能够开展农机保险业务，在客观上就要求政府参与引导并给予一定的政策补贴。但是，除了最早开展农机互助保险的陕西省获得了政府补贴之外，河南省驻马店市、湖北、湖南省等农机互助保险试点地区均未获得政府补贴。

3. 农机互助保险风险分散机制不完善

随着近些年的发展，各地的农机互助保险形成了较为完善的资金运作模式，但是却缺乏有效的风险分散机制。互助金由会员缴纳的互助保险会费、政府补贴、社会赞助等构成，并由省级或市级统一封闭运营。互助金用于事故损失补偿、经办管理费用支出，并对无事故的会员分配权益积分。会员按照互助保险的项目缴纳会费，互助金的财务管理由管委会按照国家政策和管理制度实行单独记账，单独核算，自负盈亏。资金的封闭管理使得互助资金具有较强的流动性和安全性，但却使得互助金的收益性却较差，不能有效地创造收益以扩大农机安全互助合作社的资金实力。另外，与法国成熟的农业相互保险模式相比，我国农机安全互助合作社缺乏各级政府的财政支持，无法建立融通资金的资金池，同时也缺乏再保险制度等多级风险分散体系，因此风险承担能力较差，经营风险较高。

4. 新型农业经营主体保险购买撬动作用不明显

以河南省驻马店市为例，据调研了解，该市农机合作社规模化投保较少，新型农业经营主体撬动保险购买的作用发挥不明显。随着我国农村产业的转型升级，新型农业经营主体已经成为农业生产的重要组成部分。根据驻马店年鉴数据显示，截至2017年，驻马店市农业机械化水平高达86%，全市农机专业合作社908个，农业机械总值为81.97亿元。农机合作社属于新型农业经营主体，多采用大规模经营，集中化程度高，规模化和集约化发展使得风险更加集中和多元化。相比于单个农机手，一旦遭遇自然或市场风险，其面临的损失后果更为严重，因此急需通过保险的方式来分散风险。

三、对策和建议

（一）加大宣传、增强农机安全教育力度

加大宣传力度，增强农机手对农机互助保险的认知了解程度，加强对农机驾驶员的安全教育和技能培训。通过电视广播、微信、微博等网络媒介，借助媒体的力量，积极向农机手宣传农机互助保险及农机安全相关知识。为农机手进行事故教育，提高农机手的风险认知程度和防风险意识，增强农机手对购买保险重要性的认知。同时，农机监理部门可以深入各个农机合作社，经常开展线下农机安全教育培训会，增强农机手的安全意识、保险意识，扩大农机互助保险的影响力。

（二）从农民利益出发，完善农机互助保险条款

虽然农机互助保险与商业保险在保险设计、保险运行方面都存在着明显差异，但

是农机互助保险作为一种逐渐发展成熟的保险形式，作为一项利国利民的好事，应当借鉴我国较为完备成熟的商业保险条款，从农机手实际需求出发，积极听取农机手的建议和使用反馈，不断改进保险理念，弥补目前互保条款的缺陷，完善保险条款。

（三）加快农机互助保险的制度设计和立法过程，发挥政策补贴的引导作用

与相互保险发展相对成熟的法国、日本等国相比，我国农机互助保险缺乏完善的上层制度设计和理论基础，以及用以指导农机互助保险的开展的完善的法律法规依据，在保险的风险分散方面也较为欠缺。要想推进我国农机互助保险的长远发展，需要加快立法进程，让农机互助保险有法可依，有理可循。同时也要逐渐建立起较为完善的保险体系，可以借鉴法国相互保险的经验，通过建立多层级再保险制度和大灾风险基金来提升农机安全协会对于自然灾害的承受能力并提高保险保障水平。

重视发挥政策补贴的引导作用。目前陕西省获得的国家级及省级的补贴资金主要用于提高保额和降低保费，但对于农机手的安全教育和思想引导投入却较少。在农机互助保险的宣传推广过程中也没有向农机手重点宣传国家的政策补贴。根据调研结果显示，有超过一半的农机手对于农机互助保险获得的政策补贴完全不知晓。应积极向农机手宣传国家对于农机互助保险的有利政策和相关优惠补贴，提高农机手对于农机互助保险的信任度和认可度，积极发挥相关政策补贴的引导示范效用。

（四）发挥农业机械合作社的保险购买撬动作用

保险作为风险转移的重要途径，其社会化、市场化的特点使其具有有效性和普遍性，它可以为广大农户及新型农村经营主体分散市场风险、气象风险、价格风险等，提供全流程、全要素的保障。而在陕西省、河南省等地区，农机合作社作为新型农业经营主体的保险撬动作用却没有得到很好地发挥。应充分利用农机合作社的带动作用，对农机合作社进行宣传教育，鼓励合作社牵头组织社员共同投保，并给予相应的补贴优惠。同时应根据农业机械合作社等新型农村经营主体的生产经营特点，设计出更多符合其需求的险种，提高对新型农业经营主体的保障水平，增强保险产品对新型农业经营主体的吸引力。通过农业机械化合作社的撬动，农机互助保险能更好地发挥保险保障功能，促进农业经营主体快速稳定发展，对农业机械化进程起到一定的促进作用。

参考文献

[1] 陈世波 . 陕西省农机互助保险发展研究 [D]. 长沙：中南林业科技大学，2017：1 - 39.

[2] 刘胜楠 . 我国农机互助保险发展研究 [D]. 哈尔滨：东北农业大学，2017：1 - 58.

[3] 费崇利，张玖昌 . 陕西省咸阳市渭城区农机安全互助保险的现状与发展对策 [J]. 农业开发与装备，2013 (1)：25 - 26.

[4] 吴爱茹，朱瑞祥，行学敏 . 我国农机安全互助保险发展存在的问题及对策 [J]. 农机化研究，2013

(8)：249 - 252.

[5] 韩珂. 基于供需意愿的我国农机保险模式研究 [D]. 北京：中国农业大学，2014：1 - 142.

[6] 谭崇静，杨仕，杨茂佳. 农机互助保险及其需求影响因素研究 [J]. 价格理论与实践，2017（1）：129 - 132.

[7] 袁连升，范静. 农机互助保险的中外比较研究 [J]. 中国农机化学报，2014，35（4）.

[8] 杨铁良. 法国农业互助保险制度经验与借鉴 [J]. 世界农业，2017（1）.

[9] 行学敏，惠君，张苗苗. 陕西农机互助保险事故分析 [J]. 中国农机监理，2018（11）.

[10] 何定明，刘一明. 陕西省建立农机互助保险的思考与感悟 [J]. 农机质量与监督，2019（7）.

农户参与森林保险意愿影响因素分析

——基于 **7** 省农户调研数据[*]

——基于 **7** 省农户调研数据[*]

张　璐　贺　超　林华忠

摘要： 从农户角度出发，基于辽宁、福建、江西、湖南、陕西、甘肃和云南 7 个省份 3 500 户农户调研数据，运用 logit 回归模型探究农户参与森林保险意愿的影响因素。模型结果显示：家庭林地面积、商品林面积比例、是否知道政策性森林保险、是否参加过森林保险、家庭林业生产经营总支出、家庭林业总收入、户主是否参加过林业培训 7 个变量是影响农户参与森林保险意愿的显著因素，并提出加大森林保险宣传力度、提高林业收益、促进商品林发展、对固定特征农户进行重点推广等政策建议。

关键词： 森林保险；参与意愿；影响因素

森林保险是为减少自然灾害、人为损害对森林经营者造成的经济损失而产生的有效保障机制，是深入推进集体林权制度改革的重要金融配套措施，对于保护森林资源和促进林农增收、风险防控具有重要意义。2009 年，中国人民银行、财政部、中国银行业监督管理委员会、中国保险监督委员会、国家林业局联合出台《关于做好集体林权制度改革与林业发展金融服务工作的指导意见》，指出要加快探索森林保险体系的建立健全，提高保险产品服务质量，"通过保费补贴等必要手段引导保险公司、林业企业、林业专业合作组织、林农积极参与森林保险，扩大森林投保面积。各地可设立森林保险补偿基金，建立统一的基本森林保险制度"。2016 年 11 月，国务院办公厅出台的《关于完善集体林权制度改革的意见》中指出，要加大金融支持力度以引导集体林适度规模经营，森林保险作为重要的金融支持配套政策之一，要进一步扩大森林保险覆盖面，完善大灾风险分散机制。自 2009 年以来，我国森林保险覆盖面积逐年增长，截至 2015 年底，全国各地区农户森林保险参保面积达 1.45 亿公顷，平均覆盖面积超过 60%，其中公益林和商品林分别为 1.10 亿公顷和 0.35 亿公顷，参保比例差距较大。这主要是由于商品林的补贴力度较公益林小，林农、林业经营者的参与意愿不强烈造成的。森林保险对于政策补贴的依赖程度过高，没有有效刺激林业经营主

[*] 基金项目：国家林业和草原局"集体林权制度改革跟踪监测"项目（2016FMA-1）。

本文原载《北京林业大学学报》2018 年第 7 期。

作者简介：张璐，北京林业大学经济管理学院硕士研究生；贺超，北京林业大学经济管理学院副教授；林华忠，福建省将乐国有林场。

体的客观需求。从经济学的角度分析，只有当林农有较高的购买意愿且付出的保费大于或等于保险公司开展业务的经营支出时，保险公司才能保证充足的产品供给，森林保险市场才可能达到供给与需求的平衡。

因此，探究林农森林保险购买意愿与哪些因素有关，对于构建供需均衡的森林保险市场具有重要的意义。本文基于 2016 年辽宁、福建、江西、湖南、云南、陕西和甘肃 7 省 3 500 户样本农户的实地调研数据，对森林保险参保意愿的影响因素进行了实证分析和聚类分析，从农户角度分析了流转价格形成时的关键影响因素，并将参保意愿强烈的农户进行分类，逐类对比分析，可以为森林保险体系的政策完善提供决策参考。

一、研究综述

从国外的研究来看，Carl 等[1]认为阻碍森林保险市场达到帕累托最优状态、农户参保需求不足的根本原因就是政府、农户、保险公司信息的不对称；Osama 等[2]研究发现木森林保险的普及面越广，林业保险价格越低，农户对林业保险的需求越大；Knight 等[3]通过使用二值响应的概率单位模型研究了林农对森林保险需求的程度及弹性；Ezdini[4]运用 Logit 模型研究发现 2000—2012 年期间，欧洲和美洲国家农户的森林保险需求受保险费率、政府补贴、林地受灾概率、林地经营者的受教育程度、宗教信仰等多个经济、社会、文化因素的共同影响。

我国对于森林保险的研究是从 1981 年开始，主要集中在宏观理论研究，如开展森林保险的必要性[5]、我国森林保险的发展现状、森林保险体系的构建[6]等方面，理论体系构建较为完备。从农户角度等微观层面的实证研究则起步较晚，集中在近 15年间，主要采用 Logit 回归模型、Probit 回归模型、COX 比例风险模型、多元线性回归等，进行农户参保意愿的影响因素分析。选取的指标主要有农户家庭特征、林地特征、森林保险相关政策、保险产品设计、对森林产品的认知情况等几大类，个别指标略有不同。农户家庭特征包括受教育水平、家庭收入水平[7]、家庭收入主要来源[8]、家庭劳动力人数、是否有尚未付清的贷款[9]等林地特征包括林木质量、林木林种[10]、林地细碎化程度[11]等政策选取指标包括林地流转限制[12]、林地补贴等。多数研究认为森林保险产品设计不合理，主要是保费过低[13]、理赔比率过低等因素会严重削弱农户参保意愿，保费政策的制定与森林保险市场不适应。

国内森林保险需求的实证研究不足在于，大部分研究主要依赖于在某个村、县的问卷调查数据，数据覆盖范围较窄，数据量小，代表性不强。我国林地分布广，不同地区林情、政策实施情况差异性较大，农户的行为决策特征受相应因素的影响。本文采用的数据是 2016 年"集体林权制度改革跟踪监测项目"在辽宁、甘肃、陕西、江西、湖南、福建和云南 7 个省份 70 个县 3 500 户农户的一手调查数据，地域范围涉及我国东南西北各个主要地理方向的代表性集体林区，样本数量较大，以期进一步从研究区域范围和样本代表性两个方面改善和丰富本领域现有研究成果。

二、实证模型

农户作为森林保险的投保人，在"购买森林保险"这一市场行为中扮演着消费者的角色，传统的消费者行为理论认为其行为由不同的因素决定。本文运用消费者的效用最大化理论对农民的森林保险需求进行理论分析。

假设农民在不遭受灾害的情况下收入为 W（元），灾害带来的损失为 L（元），赔偿金额为 Q（元），购买森林保险支付的保费金额为 A（元），林地损失发生的几率为 P。根据冯·诺依曼期望效用函数，效用函数 $u(X)$ 是连续可导函数且单调递减。基于这些假设，当农户所期望的购买森林保险的效用大于没有购买森林保险的效用时，就会选择参与森林保险。反之，农户不会参保。即：$P \cdot u(W-L-A+Q)+(1-P) \cdot u(W-A) > P \cdot u(W-L)+(1-P) \cdot u(W)$。

（一）数据来源

本文数据来源于国家林业和草原局"集体林权制度改革跟踪监测"项目的调研数据。笔者直接参与了此次调研问卷的设计、采集和录入过程。调研范围来自辽宁、福建、江西、湖南、云南、陕西和甘肃 7 省 70 个县市 700 个样本村的 3 500 户固定回访样本农户。该项目自 2011 年开始启动，截至 2017 年已进行了 7 次实地调研，本文采用的是 2016 年 7 月的调研数据。经筛选，剔除有数据遗漏、错填等不完整样本 428户，共保留完整样本 3 072 户。

（二）数据描述性统计分析

1. 家庭基本情况与参与森林保险意愿的关系

3 072 户样本农户全部家庭劳动力总数 3 994 人，户均 1.3 人，劳动力人数为 1～2 人的农户所占比例为 74.58%，反映出我国林业经营劳动力投入不足、经营规模小而零散的现状。劳动力人数与其对应的森林保险参与意愿如表 1 所示，可以看出，总体上呈现家庭劳动力人数越多，参与森林保险的意愿越强烈。家庭劳动力人数在 3 人以下时，林地经营规模小，林业经营收入较少且不是家庭收入的主体，因此没有足够的收入盈余购买森林保险。家庭劳动力人数大于或等于 3 人时，林业经营的收入可能成为家庭的主体收入，防控森林灾害所带来的损失、保障林业收入就会显得尤为重要[14]。

2. 家庭林业经营收支情况与参与森林保险意愿的关系

样本户 2015 家庭林业总收入 3 032.87 万元，户均 0.99 万元；2015 年家庭林业经营总支出 2 591.01 万元，户均 0.84 万元。家庭经营林地总面积为 18 101.24 公顷，平均每户承包林地 5.89 公顷；其中公益林总面积 9 929.01 公顷，占总面积的 54.9%；商品林总面积 8 172.23 公顷，占 45.1%。

表 1 劳动力人数与森林保险参与意愿

家庭劳动力人数	样本量	森林保险需求（%）
<1	542	49.57
1	1 493	55.12
2	798	55.14
3	203	59.77
4	28	57.14
5	8	60.76

按照有无参与森林保险意愿来划分，表示有参与意愿的农户 2015 年林业经营平均支出为 11 217 元，没有意愿参与的农户 5 070 元。同样按照有无森林保险参与意愿来考察，有森林保险参与意愿的农户家庭林业收入均值为 11 244 元，没有参与意愿的农户均值 8 214 元。

运用方差分析方法，对有意愿参与森林保险和无意愿参与森林保险的农户的林业经营收入和支出是否有显著差异进行分析（表 2、表 3）。林业经营收入均值差为 3 030 元，方差分析显示存在显著性差异（$P=0.044$）；两组农户的林业经营支出均值差为 6 147 元，方差分析显示存在显著性差异（$P=0.003$）。由此，可以初步假设林业经营收入与支出与农户森林保险需求存在正相关的关系。

表 2 林业经营收入与森林保险参与意愿方差分析表

	平方和	df	均方	F 值	显著性水平（P）
组间	6 991 000 000	1	6 991 000 000	4.05	0.044
组内	5 296 000 000 000	3 070	1 725 000 000		
总数	5 302 000 000 000	3 071	1 728 000 000		

表 3 林业经营支出与森林保险参与意愿方差分析表

	平方和	df	均方	F 值	显著性水平（P）
组间	28 760 000 000	1	28 760 000 000	13.35	0.003
组内	6 616 000 000 000	3 070	2 155 000 000		
总数	6 645 000 000 000	3 071	2 164 000 000		

3. 对森林保险感知情况与参与森林保险意愿的关系

从参保过森林保险的经验对于将来森林保险参与意愿的影响方面来看，1 160 户农户参与了投保，占 37.5%。其中仅 26 户购买了商业保险，其他 1 134 户均参保政策性保险。保费共计投入 64 441.98 元，其中享受政府森林保险补贴 63 528 元，补贴占 98.6%。参保后获得总赔偿金额 43 002 元，仅占实际损失金额的 1.1%。赔偿金额与损失金额严重不平衡，农户无法达到预期的风险规避效果。参保政策性森林保险的补贴比例非常高，农户自己付出的保费占很少一部分，82.3% 的参与过政策性森林保险且林地遭受过损失的农户其获得的赔偿金额高于自己付出保费的 10 倍以上。两种因素的共同作用下，无法判断参加过森林保险对于以后的需求是否有正向的推动作用。

我们在实际调研过程中了解到，从对森林保险的认识和了解程度来看，福建、江西等地森林保险起步较早，是 2009 年 3 月第一批中央财政保费补贴试点省份，率先为农户集体投保了政策性森林保险，并向农户进行了宣传，农户对森林保险已经有了一定的了解；有些省份虽然参加了政策性森林保险，但是没有进行政策宣传和引导，农户对森林保险仍一无所知，甚至不知道自己的林地已经投保；有些农户由于自身经营需要或其他原因，投保了商业性森林保险。如表 4 所示，了解森林保险的农户，有森林保险需求所占比例为 66.91%，比不了解的农户高 20%；对政策性森林保险有一定认识的农户，有 71.68% 有意愿参保，比完全不知道政策性森林保险农户高近 25%。由此，可以假设农户对森林保险越了解，就更有意愿参保。政府对政策性森林保险知识普及范围越广，农户参保意愿就会越强烈。

表 4　森林保险感知情况与森林保险参与意愿

森林保险感知情况	样本量	森林保险需求户数	所占比例（%）
了解森林保险	1 230	823	66.91
不了解森林保险	1 842	858	46.58
知道政策性森林保险	1 031	739	71.68
不知道政策性森林保险	2 041	942	46.15

（三）回归模型与变量设置

本文采用的是 logit 二值相应模型，探究各个自变量对于因变量"参与森林保险意愿"（愿意参与：$Y=1$；不愿意参与：$Y=0$）的影响。模型表达式如下：

$$\ln\left(\frac{p_i}{1-p_i}\right)=a+bx_i$$

式中，p_i 为农户愿意参与森林保险的概率；x_i 表示农户家庭基本特征、农户家庭林地基本特征、农户家庭林业生产经营情况、对森林保险感知情况共 4 类 14 个自变量，具体设置如表 5；a 为常数项；b 为自变量的特征向量。本研究在前人研究成果的基础上，由于研究范围覆盖的广度将影响因素进一步扩充，如家庭林地面积、商品林面积比例、户主是否参加过林业培训等因素。

表5　自变量设置与说明

变量分类	变量	符号	变量单位与说明	最大值	最小值	均值
农户家庭林地基本特征	家庭林地面积	X_1	公顷	400	0.013	5.892
	商品林面积比例	X_2	家庭商品林面积/家庭林地总面积	1	0	0.508
	所在省份	X_3	虚拟变量，取值为辽宁、福建、江西、湖南、云南、陕西、甘肃			
对森林保险感知情况	家庭是否购买过非森林保险的商业保险	X_4	0＝否；1＝是	1	0	0.220
	对森林保险有了解吗	X_5	0＝否；1＝是	1	0	0.400
	是否知道政策性森林保险	X_6	0＝否；1＝是	1	0	0.336
	是否参加过森林保险	X_7	0＝否；1＝是	1	0	0.414
农户家庭林业生产经营情况	家庭林业经营支出	X_8	2011—2015 年间家庭林业生产经营总支出（元）	559 000	657	8 434
	家庭林业经营收入	X_9	2011—2015 年间家庭林业总经营收入（元）	500 000	1 600	9 872
农户家庭基本特征	家庭劳动力数量	X_{10}	个	0	60	1.286
	户主受教育程度	X_{11}	小学及以下＝1；初中＝2；高中＝3；大专或本科以上＝4	4	1	1.780
	家庭成员担任村干部	X_{12}	0＝否；1＝是	1	0	0.272
	家庭收入水平	X_{13}	较低＝1；中等＝2；较高＝3	3	1	1.913
	户主是否参加过林业培训	X_{14}	0＝否；1＝是	1	0	0.485

三、模型回归结果与讨论

（一）回归结果

本文对样本数据使用统计软件 stata13.0 进行回归分析结果如表6所示，家庭林业经营收入、家庭林业经营支出两个自变量取对数调整后通过 sktest 正态分布检验。模型通过对参数 b 采用极大似然估计，揭示自变量对参保意愿的影响。似然比检验统计量（Likelihood Ratio）值为 562.16，其对应的检验 P 值为 0.00，故整个方程所有系数的联合显著性很高。同时对模型拟合程度进行 Hosmer and Lemeshow 检验，检验结果中的 P 值为 0.291，大于 0.05，统计不显著，即不能拒绝模型拟合很好的原假设，说明模型拟合度良好。

（二）结果讨论

logit 模型回归结果表明，4类自变量中共有7个变量显著影响农户的森林保险参保意愿。其中，农户家庭林地特征类变量中，家庭林地面积和商品林面积比例分别在5％和1％的水平上有显著影响；对森林保险的感知情况一类变量中，是否知道政策性森林保险和是否参加过森林保险均在1％的水平上影响显著；家庭林业生产经营情况类变量中，家庭林业经营收入和家庭林业经营支出分别在10％和1％的水平上影响显著；农户家庭基本特征类变量中，仅户主是否参加过林业培训这一变量显示正向的显著影响，显著水平为1％。对研究结果具体分析如下。

表6　回归结果

变量	系数	标准差	显著性水平（P）
家庭林地面积	0.001	0.000	0.010**
商品林面积比例	0.567	0.102	0.000***
所在省份	−0.037	0.022	0.102
家庭是否购买过非森林保险的商业保险	0.099	0.103	0.337
对森林保险有了解吗	−0.088	0.124	0.477
是否知道政策性森林保险	0.648	0.131	0.000***
是否参加过森林保险	1.309	0.091	0.000***
家庭林业经营支出	0.000	0.000	0.006***
家庭林业经营收入	−0.001	0.000	0.097*
家庭劳动力数量	0.078	0.050	0.120
户主受教育程度	−0.090	0.056	0.108
家庭成员担任村干部	−0.036	0.097	0.120
家庭收入水平	−0.119	0.081	0.141
户主是否参加过林业培训	0.637	0.090	0.000***

注：＊＊＊、＊＊、＊分别表示变量在1％、5％、10％水平上影响显著。

1. 家庭经营林地状况越好，越有意愿参保

家庭林地面积对森林保险需求在5％水平上有正向的显著影响，说明农户所经营的林地面积越大，就越有意愿参与森林保险。通常，家庭林地面积越大，农户在林地经营上投入的精力也就越多，林地受灾所带来的损失也就越大，就会考虑参加森林保险来防控风险，尽可能减少损失；而家庭林地面积小的农户，对林地受灾的感知可能就不强烈，所以没有参加森林保险的需求。

家庭经营林地中商品林面积比例在1％水平上有正向的显著影响，说明商品林面积比越大，对森林保险的需求越强烈。商品林是指以生产木材、薪材、干鲜品和其他工业原料等为主要经营目的的森林、林木，是农户进行林业经营的主体，与公益林相比，拥有造林、维护、砍伐等自主处置使用权，能带来预期的收益。因此，农户对商品林的劳动力、资金投入很高，对于商品林的收入依赖度更高，一旦发生森林灾害会给家庭带来长期的、巨大的经济损失。由此可以看出，家庭林地面积大和经营商品林的农户对于森林保险有更强的需求。

2. 对森林保险越了解，越有意愿参保

是否参加过森林保险和是否知道政策性森林保险两个因素均在 1‰ 的水平上对参保意愿有正向的显著影响，农户对森林保险的了解越多，越有意愿加入。加入过森林保险的农户，享受过森林保险所带来的好处，所以继续保持着对森林保险的需求，这种好处不一定局限于受灾后的赔付，也有可能是一些主观的因素，例如不用再担心林地受灾损失带来的心情的放松。户主是否参加过林业培训也在一定程度上代表了农户对包括森林保险在内的相关林业政策更能熟悉和了解，受过专业的培训和指导，对与自身经营有关的政策有信任感，觉得自己的利益得到了保障，就会更有意愿参保。

3. 家庭林业生产经营投入越多，越有意愿参保

在农户家庭林业生产经营情况方面，家庭林业经营支出在 1‰ 的水平上显著，系数大于 0，说明在林业经营上支出越多，农户对森林保险的需求就越强烈。这是显而易见的，农户希望他们在林业生产经营上的投入获得保护，而森林保险就是一种重要的手段。相比较而言，家庭林业经营收入变量在 10‰ 水平上影响显著，但系数为 −0.001，小于 0，与预期不太一致。笔者分析原因如下：一方面，由于林地规模的加大，经营投入的增多，林业收入水平中等的农户比收入低的农户更有意愿参与森林保险；另一方面，林业收入成为家庭主体收入的农户由于经营能力和技术的提升，防控风险能力加强，例如采用雇人专门定点维护林木、预防火灾等措施，使得参保意愿降低。由此反映出这两个变量可能并不是线性的正相关的关系，会呈现先上升后递减的趋势。但在 logistic 回归分析中无法表达这样的曲线关系，在林业经营收入对森林保险参与意愿的影响方面值得做进一步的研究和探讨。

四、政策建议

(一) 加大森林保险宣传力度

由研究结果可以看出，参加过森林保险的农户对森林保险的需求远远大于没有参加过森林保险的农户，并且"是否参加过森林保险"也是森林保险需求的显著影响因素。在调研中笔者发现，很多农户对森林保险认知水平十分有限，而且实际上当地林业部门已经给农户参保了政策性森林保险，但是农户并不知晓。这就导致了农户对森林保险的了解不足，并且由于林业经营存在风险，很多农户害怕承担风险就减少对林业的经营投入。因此，当地林业部门应当和保险公司联合起来加大对基层农户的森林保险宣传，可以借助网络、电视、广播、定期的林业培训、入村讲座、入户宣传等形式让农户了解森林保险，尤其是具体的保险条款（保费、赔偿金、费率等），并通过展示真实的参保实例增加可信度。这样可以通过加深农户对森林保险的认知程度来增加农户对森林保险的需求。

（二）增加林业收益，鼓励商品林发展

林农的经营投入和产出直接影响其对森林保险的参与意愿。就我国目前的林业发展状态来看，从事林业经营的农户由于地区偏远、能力技术有限，收入仍处于低层次。林业经营没有给家庭带来生活质量的提升，大部分林农已转变收入方式，靠打工、种田为生，将林业经营作为副业。在这种情况下，他们一方面没有经济余力，另一方面也没有强烈的减少损失、规避风险的动机参加森林保险。虽然我国目前已经出台了相关政策对林业生产活动给予补贴，但分到数量巨大的林农个体上就显得微不足道了，而且还无法保证获得稳定的财产性收益，长此以往会严重打击林农参与森林保险的热情和积极性，不利于森林保险业务的开展。笔者认为政府可以适当放宽商品林的采伐限额，让市场自主调配，林农出于自身收益提升的考虑，会转变经营管理方式，同时也会促进整个林业产业的转型升级。

（三）对固定特征农户重点推广，带动森林保险发展

通过分析可以看出，对森林保险需求较高的农户有着明显的群体特征：①参加过森林保险、对森林保险满意的农户；②参加过森林保险、林地遭受过灾害、对林业经营投入较大的农户。林业部门和保险公司应当对农户进行大致的筛选，将这两部分农户筛选出来进行重点推广。有针对性的推广可以明显减少森林保险的推广成本，并且达到预期的效果。另外，这部分农户会产生一定的带动效应，带动周围农户参与森林保险。

参考文献

[1] CARL H N，EDNA T L. Further toward a theory of agricultural insurance [J]. American Journal of Agricultural Economics，1987，69（3）：523 - 531.

[2] OSAMAA，ERESAS. Economic analysis of the introduction of agricultural revenue insurance contractsin Spain using statistical copulas [J]. Agricultural Economics，2015，46（1）：69 - 79.

[3] KNIGHT T O，COBLE K H. Survey of U. S. Multiple peril crop insurance literature since 1980 [J]. Review of Agricultural Economics，1997，19（1）：128 - 156.

[4] EZDINI S. Economic and socio - cultural determinants of agricultural insurance demand across countries [J]. Journal of the Saudi Society of Agricultural Sciences，2017（4）：165 - 188.

[5] 孔繁文，刘东生. 关于森林保险的若干问题 [J]. 林业经济，1985（4）：28 - 32.

[6] 王华丽，陈建成. 政府支持与我国森林保险发展的经济学分析 [J]. 经济问题，2009（10）：105 - 108.

[7] 李彧挥，孙娟，高晓屹. 影响林农对林业保险需求的因素分析———基于福建省永安市林农调查的实证研究 [J]. 管理世界，2007（11）：71 - 75.

[8] 廖文梅，彭泰中，曹建华. 农户参与森林保险意愿的实证分析———以江西为例 [J]. 林业科学，2011，47（5）：117 - 123.

[9] 杨琳. 浙江农户森林保险需求意愿分析 [D]. 杭州：浙江农林大学，2010.

[10] 殷丽秋，赵一坤，邱雨．我国林农购买森林保险的支付意愿及影响因素的实证研究 [J]．经济视角（下），2013 (2)：104 - 107.

[11] 张长达．完善我国政策性森林保险制度研究 [D]．北京：北京林业大学，2012.

[12] 谢彦明，刘德钦．林农森林保险需求影响因素分析———以云南 492 户林农为例 [J]．林业经济问题，2009 (5)：419 - 422.

[13] 秦涛，吴今，邓晶，等．我国森林保险保费构成机制与财政补贴方式选择 [J]．东南学术，2016 (4)：101 - 110.

[14] 万千，秦涛，潘焕学．农户参加政策性森林保险的影响因素分析———基于福建农户问卷调查的实证研究 [J]．东南学术，2012 (3)：62 - 74.

基于 Holecy 模型的森林火灾保险费率厘定研究[*]

秦 涛 张 晞 顾雪松 杨潇然 陈贝茜

摘要：本文利用改进后的 Holecy 模型，以参保率代替参保面积将费率计量单位由实际货币量改为千分率，创造性地将参数估计方法估计的各省份森林火灾年度受害率服从的概率密度分布纳入 Holecy 模型之中，避免了原有 Holecy 模型中单纯 Weibull 分布的理论假定与现实我国各省受灾损失实际分布的矛盾，对我国各省森林火灾风险进行评估、对森林火灾保险费率进行建模，计算出各省的风险纯费率并对不同参保率条件下的各省森林火灾保险风险附加费率进行厘定，同时计算出不同参保率条件下的各省森林火灾保险总费率理论值。本研究表明我国省际费率差距较大，吉林省的森林火灾保险总费率为全国最低，为 0.005‰，福建省的森林火灾保险总费率为全国最高，为 13.471‰。随着参保率增加，各省份估计总费率相应下降，其中浙江、内蒙古等高风险等级省区下降较快。改进后的 Holecy 模型估计结果准确可靠，符合我国森林火灾风险现状，适用于我国现行森林保险费率厘定，为科学厘定森林火灾保险费率提供参考。本文同时对我国森林火灾保险模型的发展提出展望。

关键词：森林火灾保险；费率厘定；Holecy 模型

一、引言

森林资源是我国的一大战略资源，在贯彻可持续发展战略中具有重要地位（周斌，2010；庄莉，2013）。然而，森林经营是一个复杂的生产过程，面临的自然灾害

---

[*] 基金项目：本文获中央高校基本科研业务费专项资金项目"森林保险运行机制与保费补贴政策优化研究"（2015ZCQ‐JG‐01）、国家自然科学基金青年项目"基于风险区划的中国森林火灾险费率厘定研究"（71403022）和教育部人文社会科学研究青年基金项目"基于费率厘定和保障水平差异化的森林保险补贴政策优化研究"（15YJC790022）资助。本文原载《保险研究》2018 年第 6 期。

作者简介：秦涛，北京林业大学经济管理学院教授；张晞，北京林业大学经济管理学院研究生；顾雪松，北京林业大学经济管理学院副教授；杨潇然，北京林业大学经济管理学院博士后；陈贝茜，北京林业大学经济管理学院本科生。

风险比一般行业更为显著。在所有森林灾害中，森林火灾突发性强、发生面广、破坏性大，被联合国粮农组织列为世界八大自然灾害之一（唐伟，2012）。为降低森林火灾损失，除了建立灾前预防机制，完善森林火灾保险机制成为很多国家健全森林灾害风险管理的重要方式（冷慧卿，2011）。目前，我国森林火灾发生频率较高，然而我国森林火灾保险的覆盖率依然较低，森林火灾保险并未在林业生产中充分发挥其应有的保障作用。根据我国特殊的人文因素与地理现况，森林火灾保险的研究应更多地侧重于森林火灾风险区划以及保险费率厘定。一方面，从灾害风险管理的角度来看，我国不同地区间的自然要素与人文因素差距较大，同时森林火灾发生机制不尽相同，故需要采取区划手段对具有同质风险的区域进行统一管理，并减少逆向选择问题的出现；另一方面，从森林火灾保险费率厘定的角度看，我国疆域辽阔的现状导致不存在适用于全部地区的统一费率，厘定具有差异性的保险费率需要风险划分提供更为准确的参考，从而提高费率厘定精度。国内外学者对森林火灾保险的大量研究已经产生了较为丰硕的研究成果，为本文研究提供了丰富的理论以及技术指导。

在森林火灾风险区划研究方面，国内外学者已经有了一些初步研究成果（潘家坪，1999；杨文杰，2006；石焱，2009；王华丽，2011；Gadow，2000；Subak，2003；Staupendahl et al.，2011；Marielle et al.，2011；Brunette et al.，2013；Barreal et al.，2014；Brunette et al.，2015；Dai et al.，2015；Qin et al.，2016），但是对森林火灾保险费率厘定的研究仍然不够深入。对于森林火灾保险费率厘定，国外学者主要利用含有树龄变量的数据，对森林火灾受灾概率进行分布拟合，以此厘定森林火灾保险费率。Holecy 等（2006）构建了含有参保面积参数以及树龄变量的 Weibull 分布，对斯洛伐克森林和德国西南部针叶林进行树木树龄损失概率分布拟合，得出各树龄区间的损失率，计算纯费率和风险附加费率。Staupendahl 等（2011）对受损树木建立存活年龄的生存模型，采用 Weibull 分布进行拟合，由此获得树木受损年龄的概率分布及危险率曲线。国外学者的研究对国内森林火灾保险有借鉴意义，但无法直接适用于我国森林保险。原因在于我国森林保险制度要求采用不区分林龄的总体费率、费率单位为千分率、保额为不区分树种的固定值。国外学者精细的保费厘定与我国森林火灾保险制度现状存在重大差异。国内学者在森林火灾保险的费率厘定方面也有一定研究。张德成等（2016）通过纳入参保面积变量以及更改费率计量单位、采用不区分林龄的固定保额假定等方式改进 Holecy 模型，使之适用于中国森林火灾保险的费率厘定，并利用改进后的模型计算出我国省级森林火灾保险的森林火灾费率，得出不同参保率下各省森林火灾保险的风险附加费率。结果表明改进后的模型能够提高森林火灾保险费率厘定的精度。张德成等（2016）的研究遵循现有我国森林火灾保险制度限制，但该研究拘泥于 Holecy 模型中应用的威布尔分布假设并未对各省份森林火灾年度受害率服从的概率密度分布进行拟合，没有针对各省做出最符合该省真实状况的保费定价结果。冷慧卿等（2011）在省一级行政单元尺度上，通过对历史森林火灾案例数据的统计分析，评估了各省森林火灾受害风险，并基于年森林火灾受害率的统计特征对省级森林火灾保险纯费率和充足费率进行了厘定。但该研究并未使用保险定价模型对各省的森林火灾保险产品进行厘定。叶涛等（2016）创新性地纳入树种、树龄等因素，将活立木价值设为保险金额，采用"重置成本法"和"市场价倒算法"以及"收获现值法"分别对浙江省不同树种的幼龄林、近熟林、成熟林等进行活立木价值评估，采用二项 Logistic 回归模型在对研究区历史森林起火点数据上建立起火概率模型，并基于元胞自动机利用适合我国国情的王正非—毛贤敏模型进行森林火灾蔓延的随机动态模拟，结果与经验知识完全相符，不同的空间以及不同优势树种之间却存在显著的过火概率差异，但王正非—毛贤敏模型未能对不同树种进行区分从而导致不同树种的火势蔓延概率平均化。

目前我国的森林保险产品创新和定价机制远远落后于林业灾害风险管理的实际需要，在森林保险费率厘定理论模型构建和费率精算实践方面亟待解决突破。森林保险费率厘定的不科学严重阻碍了森林保险的可持续发展。鉴于保险费率厘定是发展森林保险的核心基础课题，同时结合当前我国森林灾害风险管理与森林保险发展的实际需求，本文基于张德成等（2016）研究，以参保率代替参保面积、将费率计量单位由实际货币量改为千分率；同时基于冷慧卿等（2011）研究，使用参数估计方法估计各省份森林火灾年度受害率服从的概率密度分布并创造性地将其纳入到 Holecy 模型当中。本文对各省森林火灾受损概率进行最优分布拟合，对各省森林火灾受损数学特征进行精准度量，改进了张德成等（2016）的不足，提高了森林火灾保险厘定的精度。本文进而对我国各省森林火灾风险进行评估、对森林火灾保险费率进行建模，计算出各省的风险纯费率并对不同参保率条件下的各省森林火灾保险风险附加费率进行厘定，同时计算出不同参保率条件下的各省森林火灾保险总费率理论值。这不仅符合我国森林火灾风险管理实际情况，适用于我国现行森林保险产品设计与创新，更为我国森林保险费率厘定和精算提供科学依据，提高了森林火灾保险费率厘定的科学性和精确性，为建立科学的森林保险产品定价机制提供了理论基础，对于促进我国森林保险健康快速发展具有重要的意义。

二、森林火灾保险费率厘定模型与方法

（一）Holecy 模型介绍

Holecy 等（2006）构建了含有森林火灾发生概率、树龄、参保面积为参数的保费模型。Holecy 保费模型的基本表达式如下：

$$G_m(t) = N(t) + R_m(t) \tag{1}$$

其中，$G_m(t)$ 为树龄为 t 年树木，参保面积为 m 公顷的每公顷每年的单位总保费［单位为欧元/（公顷·年）］；$N(t)$ 为树龄为 t 年树木，每公顷的单位纯风险损失［单位为欧元/（公顷·年）］；$R_m(t)$ 为树龄为 t 年树木，参保面积为 m 公顷的每公顷每年的单位风险附加费用［单位为欧元/（公顷·年）］。该模型为理论模型，并未考虑保险

人的经营成本费用。

单位纯风险损失 $N(t)$ 是与投保面积 m 无关的函数，是林龄为 t 年的森林单位面积期望价格（保险额度）$H(t)$ 与林龄为 t 年的森林火灾发生概率 $p(t)$ 的乘积。计算方式如下：

$$N(t) = H(t) \times p(t) \tag{2}$$

其中，$N(t)$ 为树龄为 t 的保险金额；$p(t)$ 为树龄为 t 的森林火灾损失概率。$p(t)$ 的计算方式如下：

$$p(t) = u\Delta F(t) \times \hat{p} \tag{3}$$

其中，$\Delta F(t)$ 为树龄为 t 的森林火灾发生概率的函数分布，u 为每十年树龄为一组的组数；$\hat{p}$ 为包含全体树龄的期望森林火灾损失率，即多年森林火灾发生总面积与多年观察的森林总面积的商。

单位风险附加费用 $R_m(t)$ 计算方式如下：

$$R_m(t) = H(t) \times u \times \Delta F(t) \times S_m \times Z_{\doteq} \tag{4}$$

其中，S_m 为参保面积为 m 时的包含全体树龄的期望森林火灾损失率 $\hat{p}$ 的标准误差；$Z_{\doteq}$ 为分布函数的临界值。由统计学知识可知，标准误差与约定置信水平下的临界值的乘积，即为允许误差，是可承受的最大风险。

Holecy 等（2003）将 S_m 作为投保面积 m 和风险发生概率 $\hat{p}$ 的函数，其近似值的计算公式为：

$$S_m = \sqrt{\frac{\hat{p}(1-\hat{p})}{m}} \tag{5}$$

由式（4）和式（5）的实际意义来看，由式（5）的实际意义来看，投保森林面积 m 越小，标准误差 S_m 越大，单位风险附加费用 $R_m(t)$ 就越大。Holecy 等（2003）对德国南部 20 年生针叶林的研究表明，如果森林参保面积为 140 000 公顷，则单位风险附加费用 $R_m(t)$ 为 8.85 欧元/（公顷·年）。如果如果森林参保面积降至 1 400 公顷，单位风险附加费用 $R_m(t)$ 增加到 52.38 欧元/（公顷·年）

Holecy 模型的完整表达式如下：

$$G_m(t) = H(t) \times u \times \Delta F(t) \times \hat{p} + H(t) \times u \times \Delta F(t) \times S_m \times Z_{\doteq} \tag{6}$$

该模型考虑了树龄以及参保面积的因素，并假设森林火灾发生概率服从 Weibull 分布。

（二）Holecy 模型的改进

由于 Holecy 模型假设森林火灾发生概率服从 Weibull 分布，该假设与我国森林火灾发生状况存在一定差异，需要对 Holecy 模型进行改进。张德成等（2016）对 Holecy 模型做出了如下改进：

1. 简化树龄参数

原有的 Holecy 模型考虑了树龄的因素，然而我国实行的是不区分树龄的火灾保险费率机制，对于不同树龄的树木所收取的保费也依旧相同。所以首先消去树龄（t）参数的影响，即令 $u \times \Delta F(t) = 1$，意味着不同树龄的树木面临同样的森林火灾风险。

另外，Holecy 模型认为不同树龄的树木标的所对应的保险金额为 $H(t)$。然而我国的现状是，即便是不同树龄的树木，所对应的保险金额依旧相同。为消除树龄参数的影响，令 $H(t) = h$，其中 h 为常数，代表所有的树木都对应着同一个保险金额 h。

第一步简化后的模型为：

$$G_m(t) = h \times \hat{p} + h \times S_m \times Z_{\frac{\alpha}{2}} \tag{7}$$

2. 转换费率单位

原有的 Holecy 模型是以实际货币币种为单位的保费模型，然而我国采用的是以千分率为费率单位的计价方式。这里引入以千分率为单位的总费率、纯风险损失率、风险附加费率，其符号分别为：P_m、EP_m、RP_m。利用它们之间的内在关系建立方程式，消除以实际币种为单位的保费模型。其中，千分率与保额的乘积等于实际货币量的费率，所以得出下列各式：

$$G_m(t) = P_m \times h \tag{8}$$

$$N(t) = EP_m \times h \tag{9}$$

$$R_m(t) = RP_m \times h \tag{10}$$

将（7）式带入（6）式可得

$$h \times P_m = h \times \hat{p} + h \times S_m \times Z_{\frac{\alpha}{2}} \tag{11}$$

联立（1）式、（8）式、（9）式、（10）式可知

$$EP_m = \hat{p} \tag{12}$$

$$RP_m = S_m \times Z_{\frac{\alpha}{2}} \tag{13}$$

$$P_m = \hat{p} + S_m \times Z_{\frac{\alpha}{2}} \tag{14}$$

3. 参保面积转换为参保率参数

现将（5）式中参保面积 m 转换成参保率。令 M 为总森林面积，μ 为参保率。故 $m = \mu M$，且

$$S_m = S_{\mu M} = \sqrt{\frac{\hat{p}(1 - \hat{p})}{\mu M}} = \sqrt{\frac{1}{\mu}} \times \sqrt{\frac{\hat{p}(1 - \hat{p})}{M}} = \frac{S_M}{\sqrt{\mu}} \tag{15}$$

其中，S_M 为面积为 M 公顷的全部森林参保情况下的森林火灾发生概率的标准误差。

4. 确定 $Z_{\frac{\alpha}{2}}$ 临界值

原有的 Holecy 模型假定森林火灾发生概率服从 Weibull 分布，然而我国各省的现实情况表明，并非每个省的森林火灾发生概率都服从 Weibull 分布，所以需要在确定每个省森林火灾发生概率的最优分布，以及设定置信水平之后，确定各省的 $Z_{\frac{\alpha}{2}}$ 临界值。

5. 确定期望森林火灾损失概率

森林火灾损失概率是以森林火灾发生为条件的概率，所以期望森林火灾受灾率

$\hat{p} = p_1 \times p_2$，其中 p_1 是指该省当年是否发生森林火灾，p_2 为以发生火灾为条件的森林损失率。

综上所述，总费率、纯风险损失率、风险附加费率的表达式如下：

$$p_m = p_1 \times p_2 + \frac{S_M}{\sqrt{\mu}} \times Z_{\frac{\varepsilon}{2}} \tag{16}$$

$$EP_m = p_1 \times p_2 \tag{17}$$

$$RP_m = \frac{S_M}{\sqrt{\mu}} \times Z_{\frac{\varepsilon}{2}} \tag{18}$$

三、实证分析

（一）数据处理与假设

本文数据来源于中国林业数据库网站，包括《第一次到第八次森林资源连续调查数据》《2003—2014 年各地区森林火灾情况》《2003—2014 年全国森林资源情况》《林业系统各地区按事业分的营林基本建设投资完成额》《各地区三北及长江流域等重点防护林体系工程建设情况》，部分年份的数据来源于中国林业数据库网站。

根据本文所选取数据库的特征与实证分析的需要，具体的数据选择、处理与精算假设如下：①选取 1991—2014 年总计 24 年各省的森林受灾面积和森林面积数据。②通过线性差值法获得缺失的 1998 年、2003 年和 2009 年的森林面积数据。③用基数化处理后的受灾面积来计算森林火灾受灾率，以反映各省份单位森林面积的受灾情况，并作为费率厘定的基础。④假定森林火灾发生事件服从（0，1）的二项式分布，一个地区当年森林火灾发生面积＞0 时，则认为当年该地区发生了火灾。⑤假定保险人用于森林火灾保险赔付的资金全部来源于保费收入。

（二）森林火灾保险的费率厘定

1. 各省受灾情况最优分布的确定

针对各省历年受灾率时间序列数据，在进行统计分析以及分布拟合之前，需要进行平稳性检验。本文对受灾率时间序列数据做去趋势处理，去除时间序列的中心趋势。冷慧卿等（2011）即运用去趋势处理方法，较为普遍的相对折算法以避免序列的异方差性：

$$\delta_{it} = \frac{\tilde{\delta}_{it}}{\hat{\delta}_{it}} \hat{\delta}_{i2002} \tag{19}$$

式中，δ_{it} 为第 i 省第 t 年去趋势并折算到 2002 年水平上的森林火灾受损率；$\tilde{\delta}_{it}$ 为第 i 省第 t 年的实际森林火灾受损率；$\hat{\delta}_{it}$ 为第 i 省第 t 年由趋势模型预测的森林火灾受损率；$\frac{\tilde{\delta}_{it}}{\hat{\delta}_{it}}$ 为第 t 年的实际受损率对应于当年预测受损率的相对波动程度。为将 1991—

2014 年的实际受损率调整到以 2002 年为基准的受损率，本文采取将 $\dfrac{\tilde{\delta}_{it}}{\hat{\delta}_{it}}$（历年相对波动程度）与 $\hat{\delta}_{i2002}$（第 i 省 2002 年由趋势模型预测的森林火灾受损率）相乘的方式，获得去趋势后的无趋势森林火灾受损率序列。各省份趋势结果如表 1 所示。

表 1　各省份趋势检测结果

省份	趋势模型	省份	趋势模型
北京	趋势平稳	湖北	Simple
天津	趋势平稳	湖南	ARIMA (1, 0, 0)
河北	趋势平稳	广东	Simple
山西	趋势平稳	广西	Holt
内蒙古	Simple	海南	Simple
辽宁	Holt	重庆	Simple
吉林	Simple	四川	Simple
黑龙江	Brown	贵州	Holt
江苏	Holt	云南	Simple
浙江	ARIMA (1, 0, 0)	西藏	趋势平稳
安徽	Simple	陕西	Simple
福建	趋势平稳	甘肃	Simple
江西	ARIMA (0, 0, 1)	青海	Simple
山东	Simple	宁夏	趋势平稳
河南	Simple	新疆	Simple

结果表明，全国除了北京、天津、河北、山西、福建、西藏、宁夏等省份之外，其他省份均存在不同程度的趋势。对于存在趋势的时间序列，分离出附着在趋势上的随机波动值，并利用相对折算法得到无趋势时间序列。

2. 各省份无趋势受灾率时间序列的分布拟合

选取 Beta 分布、Exponential 分布和 Gamma 分布等 6 种参数模型对各省份无趋势受灾率序列进行拟合，采用最大似然法进行参数估计，并通过 K-S 拟合优度检验确定最优分布模型。拟合结果如表 2 所示。

表 2　备选参数模型检验值与最优分布参数结果

省份	P 值						参数一	参数二	均值 (×10⁻⁶)	方差 (×10⁻⁹)
	Beta	Exponential	Gamma	Lognormal	Normal	Weibull				
北京	0.08	0.00	0.08	0.44**	0.00	0.00	−13.50	1.98	9.45	4.37
天津	0.18	0.00	0.18	0.25**	0.01	0.25	−12.10	2.40	97.50	2 970.00
河北	0.61	0.00	0.61**	0.15	0.00	0.29	0.29	0.00	66.10	15.30

（续）

省份	P 值						参数一	参数二	均值 （×10⁻⁶）	方差 （×10⁻⁹）
	Beta	Exponential	Gamma	Lognormal	Normal	Weibull				
山西	0.54**	0.03	0.54	0.12	0.06	0.40	0.32	0.00	284.00	254.00
内蒙古	0.70	0.69	0.70	0.86**	0.14	0.83	−7.19	1.13	1 420.00	5 200.00
辽宁	0.99	0.34	0.99**	0.93	0.48	0.98	2.01	0.00	23.50	0.27
吉林	0.70	0.62	0.70	0.93**	0.09	0.78	−12.90	1.22	5.40	0.10
黑龙江	0.38	0.00	0.37	0.38	0.00	0.45**	0.00	0.45	2 440.00	41 500.00
江苏	0.67	0.60	0.67	0.77**	0.08	0.69	−11.20	1.23	30.30	3.27
浙江	0.65	0.34	0.65	0.66**	0.11	0.65	−7.90	0.82	519.00	256.00
安徽	0.94**	0.46	0.94	0.46	0.17	0.89	0.65	4 320.00	150.00	34.60
福建	0.00	0.00	0.00	0.58**	0.00	0.14	−7.88	1.83	2 010.00	110 000.00
江西	0.81	0.42	0.81	0.99**	0.20	0.78	−8.29	0.82	353.00	121.00
山东	0.64	0.52	0.64	0.95**	0.05	0.73	−11.80	1.28	17.30	1.23
河南	0.26**	0.04	0.26	0.04	0.16	0.17	0.40	1 780.00	222.00	125.00
湖北	0.83**	0.09	0.83	0.43	0.08	0.70	0.51	1 060.00	480.00	453.00
湖南	0.86**	0.21	0.86	0.80	0.32	0.78	2.36	5 630.00	419.00	74.30
广东	0.95	0.44	0.95**	0.60	0.19	0.92	0.61		457.00	340.00
广西	0.72	0.29	0.72	1.00**	0.01	0.93	−10.10	1.30	93.40	38.80
海南	0.47	0.19	0.47	0.84**	0.01	0.73	−10.10	1.48	119.00	112.00
四川	0.13	0.00	0.132 8	0.13	0.18	0.29**	0.00	7.20	16.40	0.01
贵州	0.43	0.37	0.43	0.96**	0.02	0.57	−8.44	1.17	427.00	533.00
云南	0.71	0.46	0.71	0.30	0.28	0.77**	0.00	1.20	52.70	1.94
西藏	0.01	0.00	0.01	0.40**	0.00	0.12	−12.10	2.61	168.00	168 000.00
陕西	0.99	0.88	0.99**	0.86	0.36	0.00	0.82	0.00	9.85	0.12
甘肃	0.55	0.20	0.55	0.87**	0.10	0.71	−10.80	1.44	56.60	22.30
青海	0.71**	0.04	0.71	0.26	0.04	0.61	0.35	3 270.00	108.00	33.10
宁夏	0.30	0.35**	0.30	0.11	0.13	0.23	0.00	—	8.68	0.08
新疆	0.05	0.00	0.05	0.63**	0.00	0.34	−11.50	1.87	59.00	110.00

注：①重庆市包含在四川省内；②＊＊表明该分布是该省受灾率的最优拟合分布；③参数一、参数二为对应分布的参数值。

由表 2 可见，绝大多数的模型拟合效果良好，P 值普遍大于 0.35，且广西和江西的拟合效果最好（P 值接近 1）。其中，受灾率的最优拟合分布为 Lognormal 分布的省份最多，包括北京、天津、内蒙古、吉林、江苏、浙江、福建、江西、山东、广西、海南、贵州、西藏、甘肃和新疆；受灾率的最优拟合分布为 Beta 分布的省份包括山西、安徽、河南、湖北、湖南和青海；受灾率的最优拟合分布为 Gamma 分布的省份包括河北、辽宁、广东和陕西；受灾率的最优拟合分布为 Weibull 分布的省份包括黑龙江、云南和四川；受灾率的最优拟合分布为 Exponential 分布的省份仅有宁夏；无任何省份的受灾率的最优拟合分布为 Normal 分布。

3. 费率厘定

（1）各省份森林火灾发生率的确定。森林火灾损失概率是以森林火灾发生为条件的损失概率，令期望森林火灾受灾率为 $\hat{p}$，$\hat{p}=p_1 \times p_2$，其中 p_1 是指该省当年是否发生森林火灾的概率，p_2 为以发生火灾为条件的森林损失率。为计算 $\hat{p}$，除了要获得损失率 p_2 外，还应求得森林火灾发生率 p_1。根据精算假设，森林火灾发生事件服从（0，1）的二项式分布。一个地区当年森林火灾发生面积>0 时，则认为当年该地区发生了火灾，记为 $p_1=1$，则

$$p_1 = \frac{该省发生火灾的总年数}{2014-1991+1} \qquad (20)$$

（2）纯风险损失率与风险附加费率的确定。根据 $\hat{p}=p_1 \times p_2$ 计算纯风险损失率。对于风险附加费率的确定，根据精算假设，保险人用于森林火灾保险赔付的资金全部来源于保费收入，则计算风险附加费率应基于最大可能损失原则。由（18）式，设定保险人可承受的超赔风险 $\alpha=0.01$（右侧），并设定参保率为 $\mu=100\%$、90%、…、10%。纯风险损失率结果如图 1 所示。

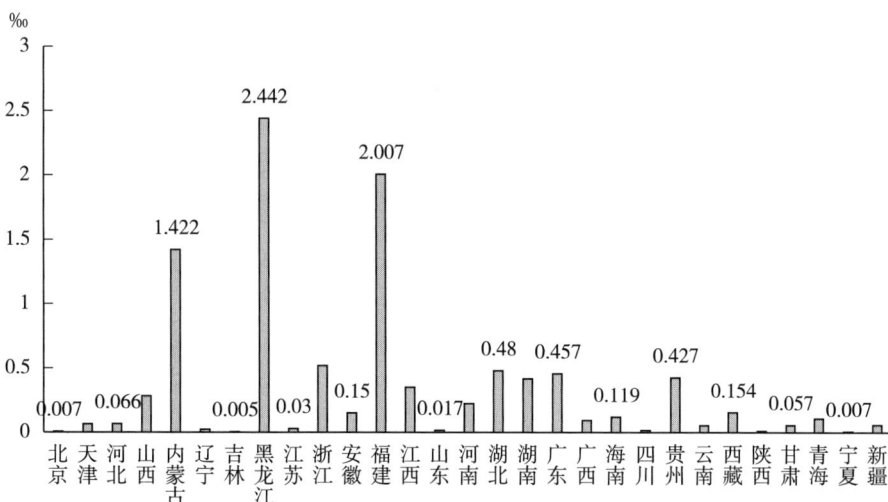

图1　各省纯风险损失率

由图 1 可知，黑龙江、福建、内蒙古的纯风险损失率在各省份中最高（分别为 2.442‰、2.007‰ 和 1.422‰），北京、宁夏、吉林的纯风险损失率在各省份中最低（分别为 0.007‰、0.007‰、和 0.005‰）。各省份不同参保率下的风险附加费率（以参保率为 10% 条件下按从大到小排列）如表 3 所示。

表 3 不同参保率下各省森林火灾风险附加费率 （以参保率为 10％条件下按从大到小排列）

单位：‰

参保率	100％	90％	80％	70％	60％	50％	40％	30％	20％	10％
福建	3.625	3.821	4.053	4.333	4.68	5.127	5.732	6.619	8.106	11.464
黑龙江	0.922	0.972	1.031	1.102	1.19	1.304	1.457	1.683	2.061	2.915
西藏	0.274	0.289	0.307	0.328	0.354	0.388	0.434	0.501	0.614	0.868
内蒙古	0.116	0.123	0.13	0.139	0.15	0.165	0.184	0.213	0.26	0.368
天津	0.072	0.076	0.081	0.086	0.093	0.102	0.114	0.132	0.161	0.228
贵州	0.013	0.013	0.014	0.015	0.016	0.018	0.02	0.023	0.028	0.039
湖北	0.005	0.005	0.006	0.006	0.006	0.007	0.008	0.009	0.011	0.016
浙江	0.004	0.004	0.004	0.004	0.005	0.005	0.006	0.007	0.008	0.012
新疆	0.004	0.004	0.004	0.004	0.005	0.005	0.006	0.007	0.008	0.012
广东	0.004	0.004	0.004	0.004	0.005	0.005	0.006	0.006	0.008	0.011
海南	0.003	0.004	0.004	0.004	0.004	0.005	0.005	0.006	0.007	0.011
山西	0.003	0.003	0.004	0.004	0.004	0.004	0.005	0.006	0.007	0.01
江西	0.002	0.002	0.002	0.002	0.003	0.003	0.003	0.004	0.004	0.006
河南	0.002	0.002	0.002	0.002	0.002	0.002	0.002	0.003	0.003	0.005
北京	0.001	0.002	0.002	0.002	0.002	0.002	0.002	0.003	0.003	0.005
广西	0.001	0.001	0.001	0.001	0.001	0.002	0.002	0.002	0.002	0.003
甘肃	0.001	0.001	0.001	0.001	0.001	0.001	0.001	0.001	0.001	0.002
湖南	0.001	0.001	0.001	0.001	0.001	0.001	0.001	0.001	0.001	0.002
青海	0	0.001	0.001	0.001	0.001	0.001	0.001	0.001	0.001	0.001
安徽	0	0	0	0	0.001	0.001	0.001	0.001	0.001	0.001
河北	0	0	0	0	0	0	0	0	0	0.001
辽宁	0	0	0	0	0	0	0	0	0	0
吉林	0	0	0	0	0	0	0	0	0	0
江苏	0	0	0	0	0	0	0	0	0	0
山东	0	0	0	0	0	0	0	0	0	0
四川	0	0	0	0	0	0	0	0	0	0
云南	0	0	0	0	0	0	0	0	0	0
陕西	0	0	0	0	0	0	0	0	0	0
宁夏	0	0	0	0	0	0	0	0	0	0

辽宁、吉林、江苏、山东、四川、云南、陕西和宁夏等地区的风险附加费率较低，而西藏、内蒙古、黑龙江和福建等地区的风险附加费率偏高。表 3 按照参保率为 10％条件下按从大到小排列同时若按其他参保率条件进行排列的话会得到相同的排列结果。表 3 显示，风险附加费率随着参保率的下降而上升；各省份风险附加费率的上

升幅度有明显差异。对于福建、黑龙江、内蒙古等高风险等级的省份，在相同参保率下，风险附加费率高于其他风险等级省份；风险附加费率受参保率的影响较大，当参保率下降时，风险附加费率大幅上升。因此，对于高风险等级省份，在费率厘定时需要密切关注参保率变动情况，若参保率降低，需要及时调整风险附加费率。基于本文中 Holecy 模型（3）式、（4）式和（18）式可知，参保率越高则期望森林火灾损失率越低。因此不同省份在不同参保率条件下的费率变化的根源来自于风险分散效率。

此外，根据纯风险损失率与风险附加费率结果，可以得到我国各省份在不同参保率下的总费率，结果如表 4 所示。

表 4　不同参保率下各省森林火灾保险总费率（以参保率为 10% 条件下按从大到小排列）

单位：‰

参保率	100%	90%	80%	70%	60%	50%	40%	30%	20%	10%
福建	5.632	5.828	6.06	6.34	6.687	7.134	7.739	8.626	10.113	13.471
黑龙江	3.364	3.414	3.473	3.544	3.632	3.746	3.899	4.125	4.503	5.357
内蒙古	1.538	1.545	1.552	1.561	1.572	1.587	1.606	1.635	1.682	1.79
西藏	0.428	0.443	0.461	0.482	0.508	0.542	0.588	0.655	0.768	1.022
浙江	0.523	0.523	0.523	0.523	0.524	0.524	0.525	0.526	0.527	0.531
湖北	0.485	0.485	0.486	0.486	0.486	0.487	0.488	0.489	0.491	0.496
广东	0.461	0.461	0.461	0.461	0.462	0.462	0.463	0.463	0.465	0.468
贵州	0.44	0.44	0.441	0.442	0.443	0.445	0.447	0.45	0.455	0.466
湖南	0.42	0.42	0.42	0.42	0.42	0.42	0.42	0.42	0.42	0.421
江西	0.355	0.355	0.355	0.355	0.356	0.356	0.356	0.357	0.357	0.359
山西	0.287	0.287	0.288	0.288	0.288	0.288	0.289	0.29	0.291	0.294
天津	0.137	0.141	0.146	0.151	0.158	0.167	0.179	0.197	0.226	0.293
河南	0.224	0.224	0.224	0.224	0.224	0.224	0.224	0.225	0.225	0.227
安徽	0.15	0.15	0.15	0.15	0.151	0.151	0.151	0.151	0.151	0.151
海南	0.122	0.123	0.123	0.123	0.123	0.124	0.124	0.125	0.126	0.13
青海	0.108	0.109	0.109	0.109	0.109	0.109	0.109	0.109	0.109	0.109
广西	0.094	0.094	0.094	0.094	0.094	0.095	0.095	0.095	0.095	0.096
新疆	0.063	0.063	0.063	0.063	0.064	0.064	0.065	0.066	0.067	0.071
河北	0.066	0.066	0.066	0.066	0.066	0.066	0.066	0.066	0.066	0.067
甘肃	0.058	0.058	0.058	0.058	0.058	0.058	0.058	0.058	0.059	0.059
云南	0.053	0.053	0.053	0.053	0.053	0.053	0.053	0.053	0.053	0.053
江苏	0.03	0.03	0.03	0.03	0.03	0.03	0.03	0.03	0.03	0.03
辽宁	0.023	0.023	0.023	0.023	0.023	0.023	0.023	0.023	0.023	0.023
山东	0.017	0.017	0.017	0.017	0.017	0.017	0.017	0.017	0.017	0.017
四川	0.016	0.016	0.016	0.016	0.016	0.016	0.016	0.016	0.016	0.016

（续）

参保率	100%	90%	80%	70%	60%	50%	40%	30%	20%	10%
北京	0.008	0.009	0.009	0.009	0.009	0.009	0.009	0.01	0.01	0.012
陕西	0.01	0.01	0.01	0.01	0.01	0.01	0.01	0.01	0.01	0.01
宁夏	0.007	0.007	0.007	0.007	0.007	0.007	0.007	0.007	0.007	0.007
吉林	0.005	0.005	0.005	0.005	0.005	0.005	0.005	0.005	0.005	0.005

由表 4 可知，全国各省份森林火灾保险保费随着参保率的不同而变化，全国各省的总费率在 0.005‰～13.471‰ 不等。各省份随着参保率的增加，总费率相应下降。

对比表 3 和表 4 可知，福建、黑龙江、西藏、内蒙古四个地区在风险附加费率和总费率两方面都高，山东、四川、陕西、宁夏在内蒙古四个地区在风险附加费率和总费率两方面都处于低水平。其余各省在风险附加费率和总费率二者的排名有明显差异。这说明各省纯风险损失率对其他省份的影响较大。

将表 4 中计算的森林火灾保险费率与实际存在的森林保险费率比较后得知，实际的保险费率普遍大于本文计算的森林火灾保险费率。产生差异的原因主要包括：一是实际存在的森林保险大多是综合险，其保障范围比森林火险要广，从而导致费率较高；二是我国森林保险参保率一般都低于 100%，由前文讨论可知，森林火险纯费率随着参保率的下降而提高，故实际保险费率应大于参保率为 100% 下的理论纯费率；三是实际保险费率一般都包括行政费用等费用，Holecy 模型为理论模型，并未将保险人的行政费用纳入模型中，因此模型计算的总费率结果小于实际保险费率。

本文结果为保险人厘定森林火灾保险的第一步，保险人在本文基础上可以加上经营费用以制定实际保费。同时保险人在实际操作过程中也需要考虑免赔额、被保险人的支付意愿（Marielle，2011）等因素综合厘定实际保险费率。目前我国的森林保险制度规定我国森林保险不分林龄、费率单位为千分率、保额为固定保额。为适应我国现有制度环境，本文基于张德成等（2016）年研究采用简化和改进的 Holecy 模型对我国各省进行森林保险费率的厘定。但是在林业经济发达的国家或地区，林业保险对于不同树种差异化地计算保额，同时对于不同树龄的树木厘定不同的费率。随着我国林业的发展和市场化需求，我国森林保险制度的限制条件会不断减少，保险市场会逐步细化为不同树龄、不同树种进行差异化定价。因为 Holecy 模型本来将树龄和不同树种的保险金额作为变量，因此在放宽约束条件的情况下 Holecy 模型依旧适用。

四、主要结论与启示

本文基于张德成等（2016）研究，以参保率代替参保面积、将费率计量单位由实际货币量改为千分率；同时基于冷慧卿等（2011）研究，使用参数估计方法估计各省份森林火灾年度受害率服从的概率密度分布并创造性地将其纳入到 Holecy 模型当中，避免了原有 Holecy 模型中单纯 Weibull 分布的理论假定与现实我国各省受灾损失实际分布的矛盾，改进了张德成等（2016）的不足，提升了 Holecy 模型的精度。对我国各省森林火灾风险进行评估，对森林火灾保险费率进行建模，计算出各省的风险纯费率并对不同参保率条件下的各省森林火灾保险风险附加费率进行厘定，同时计算出不同参保率条件下的各省森林火灾保险总费率理论值。本文的主要结论如下：

（1）森林受损率数据的趋势检测结果表明，全国省份中除了北京、天津、河北、山西、福建、西藏、宁夏等省份之外，其他省份均存在程度不同的趋势，通过去趋势处理可有效分离出波动值，获得无趋势时间序列。

（2）受损率分布的拟合结果表明，采用最大似然法并选用 Beta、Exponential、Gama、Lognormal、Normal 和 Weibull 等 6 种参数模型对各省份无趋势受灾率序列进行分布拟合，能获得拟合效果良好的模型，且绝大多数模型能通过 K-S 检验，拟合效果最佳的参数模型检验值普遍大于 30％。

（3）森林火灾保险厘定结果表明，在参保率 10％的情况下，全国各省的总费率在 0.005‰～13.471‰之间，且省际费率差距悬殊。随着参保率的增加，各省份总费率相应下降。不同省份在不同参保率条件下的费率变化源自于参保基数对风险分散效率的影响。

（4）本文采用的数据为省级数据，但火灾发生与林区的自然条件和植被类型高度相关，更加精细的保费厘定应该根据空间联系对参数进行调整。对于省内各个市县的森林火灾保险费率或者相邻省份地理距离接近且自然条件和植被类型相一致的市县，建议相应的市县打破省级层面的限制采用市县层面的数据对该地区的森林火灾保险费率进行差异化厘定。

本文改进后的 Holecy 模型充分考虑了森林火灾的确定因素和不确定性因素和森林火灾损失的实际分布状况，避免了单一的 Weibull 假定与我国各省实际损失分布的矛盾。模型估计结果准确可靠符合我国森林火灾风险现状，适用于我国现行森林保险制度。为我国目前森林保险费率厘定过程提供科学依据，提高了森林火灾保险费率厘定结果的科学性和精确性，为保险人在针对各省制定实际森林火灾保费时提供了计算基础。本文在我国森林保险现有制度下对我国森林保险费率厘定展开论证，随着我国森林保险的发展和市场化需要，我国现有森林保险制度过强的约束性（不分林龄、固定保额等）会逐步放宽。届时将树龄和树种作为变量考虑的 Holecy 模型依旧适用。同时基于各地林业资源分布的特点，保险人可以打破省级界限，使用 Holecy 模型以树木标的物为核心，针对同一省内部拥有不同林业资源的不同市县进行精细的差异化保险费率定价，抑或对相邻省份拥有相似林业资源的市县进行一体化保险费率定价。

参考文献

［1］冷慧卿. 我国森林火灾风险评估与保险费率厘定研究［D］. 北京：清华大学，2011.

［2］冷慧卿，王珂君. 我国森林保险费率的区域差异化——省级层面的森林火灾实证研究［J］. 管理世

界，2011（11）：49-54.

[3] 潘家坪. 森林保险中合理确定保险费率的探讨［J］. 林业资源管理，1999（5）：5-7.

[4] 石焱. 我国南方集体林区森林保险事业发展对策研究［D］. 北京：北京林业大学，2009.

[5] 唐伟. 北京西山林场生物防火隔离带规划与布局［D］. 北京：中国林业科学研究院，2012.

[6] 王华丽. 基于风险区划的中国森林保险区域化发展研究［D］. 北京：北京林业大学，2011.

[7] 杨文杰. 西北地区森林培育激励机制研究［D］. 杨凌：西北农林科技大学，2006.

[8] 叶涛，吴吉东，王尧，等. 多年期森林火灾保险产品设计研究——以浙江省丽水市为例［J］. 保险研究，2016（2）：87-98.

[9] 张德成，陈绍志，白冬艳. 森林火灾保险纯费率厘定模型及实证分析［J］. 林业科学，2016，52（7）：129-137.

[10] 周斌. 我国集体林权制度改革法律问题研究［D］. 青岛：中国海洋大学，2010.

[11] 庄莉. 中国林业企业可持续发展问题研究［D］. 哈尔滨：东北农业大学，2013.

[12] Barreal J，Loureiro ML，Picos J. On insurance as a tool for securing forest restoration after wildfires［J］. Forest Policy and Economics，2014（42）：15-23.

[13] Brunette M，Cabantous L，Couture S. Stenger A. The impact of governmental assistance on insurance demand under ambiguity：a theoretical model and an experimental test［J］. Theory Decis，2013（75）：153-174.

[14] Brunette M，Holecy J，Sedliak M，Tucek J，Hanewinkel M. An actuarial model of forest insurance against multiple natural hazards in fir（Abies Alba Mill.）stands in Slovakia［J］. Forest Policy and Economics，2015（55）：46-57.

[15] Dai Y，Chang HH，Liu W. Do forest producers benefit from the forest disaster insurance program? Empirical evidence in Fujian Province of China［J］. Forest Policy and Economics，2015（50）：127-133.

[16] Gadow K V. Evaluating risk in forest planning models［J］. Silva Fennica，2000，34（2）：181-191.

[17] Holecy J，Hanewinkel M. A forest management risk insurance model and its application to coniferous stands in southwest Germany［J］. Forest Policy & Economics，2006，8（2）：161-174.

[18] Holecy J，Skvarenina J，Tucek J，et al. Fire risk insurance model for forest stands growing in the area of Slovak Paradise［R］. Forest Fire in the Wildland，2003.

[19] Marielle B，Couture S，Garcia S. Insurance Demand against Forest Fire Risk：Empirical Analysis on French Private Forest Owners［J］. SSRN Electronic Journal，2011（5）.

[20] Qin T，Gu X，Tian Z，Pan H，Deng J，Wan L. An empirical analysis of the factors influencing farmer demand for forest insurance：Based on surveys from Lin'an County in Zhejiang Province of China［J］. Journal of Forest Economics，2016（24）：37-51.

[21] Staupendahl K，Möhring B. Integrating natural risks into silvicultural decision models：A survival function approach［J］. Forest Policy & Economics，2011，13（6）：496-502.

[22] Subak S. Replacing carbon lost from forests：an assessment of insurance，reserves，and expiring credits［J］. Climate Policy，2003（3）：107-122.

基于异方差调整的粮食单产风险分布对保险费率厘定的影响研究 [*]

任金政　李晓涛

摘要： 粮食单产风险分布是粮食保险费率厘定的基础。本文基于单产趋势估计中异方差现象对单产风险分布及费率影响的理论分析，构建基于异方差的调整系数估计模型和区域产量保险费率测算方法，利用 1963—2017 年全国 27 省主要粮食作物保险进行实证检验。结果发现：放松异方差假设对我国粮食单产风险分布及费率厘定具有显著影响，13 个省份的一种或多种粮食作物存在趋势异方差现象，且分布具有集聚特征。其中，小麦和水稻的单产风险随产量具有缩小趋势，费率受异方差影响较大，玉米单产风险随产量略有增大，费率受异方差影响较少。研究结果对于粮食单产风险分布、风险区划及保险费率的调整具有重要意义。

关键词： 粮食保险；风险分布；异方差；费率厘定

一、引言与文献综述

以完全成本保险和收入保险为突破口的粮食作物保险将推动农业保险保障水平进一步提升，而公平、合理地拟定保险条款和保险费率是农业保险持续、高效发展的技术基础。因此，科学合理地进行保险定价，建立使政府及农户放心的评价方法及机制成为保险费率厘定的关键（庹国柱等，2019）。就粮食作物而言，无论是传统成本保险、产量保险，还是逐步推广的收入保险，单产的风险分布都是费率厘定的基本依据。改革开放以来，我国农业技术条件不断改善，以实施乡村振兴战略为代表的一系列农业农村改革，尤其是粮价市场化定价机制和大宗农产品"价补分离"改革促进的粮食产业结构调整（隋丽莉等，2018），以及农业灾害的频发，都显著影响着单产风险分布特征。总的来看，粮食作物保险的内在发展要求和各类外部因素都促使粮食单产分布在保险费率厘定中发挥更加实质性作用。

粮食单产风险分布能否科学反映风险特征直接决定了费率厘定质量的高低。当

---

[*] 基金项目：国家自然科学基金面上项目"基于风险管控的粮食作物保险绩效研究：方法、水平与提升路径"（71873129）。本文原载《保险研究》2019 年第 9 期。

作者简介：任金政，中国农业大学经济管理学院教授、博士生导师；李晓涛，中国农业大学经济管理学院博士研究生。

前，利用趋势剔除后的单产风险分布进行参数估计和非参（半参）估计是费率研究中的基本范式。Skees 等（1997）将趋势预测作为保险合同制定过程中影响农作物风险判断的主要要素之一，将产量划分为趋势产量和残差，并利用残差代表的损失进行经验式费率厘定。Goodwin 和 Ker（1998）系统地评价了多项式回归、ARIMA 模型、指数平滑等趋势剔除及产量预测的方法，重点研究了非参估计在费率厘定中的优势。之后，Ker（2003，2016）、Norwood B（2004）、Coble（2007）、Woodard（2011）、Claassen R（2011）、Goodwin（2014）等大量学者对粮食单产风险分布的特征及费率厘定进行了更为深入的研究，探讨了不同作物的损失分布特点及影响因素，拓展了费率测算方法等内容。国内的邢鹂（2006）、张峭（2007，2011，2015）、姜会飞（2009）、梁来存（2010）、杨晓煜（2012）、王克（2010，2013）、任金政（2017）等也对该类问题做了大量工作。主要研究结论认为：趋势剔除方法各有利弊，粮食风险区域性差异明显，单产风险分布受数据年限、数据载体维度（省、县、农户等）、外在风险特征等因素影响表现出不同的统计分布特征，非参估计（半参估计）、贝叶斯估计等方法在研究中表现出更好的性能。

然而，趋势估计中的异方差作为最重要的风险特征之一，专门的研究相对较少。粮食单产趋势估计中存在异方差的主要原因是：①农业技术（Zhu 等，2011）、灌溉等生产条件改善或种植结构调整所引起的产量不确定性变化；②气候变化与自然灾害等外在冲击导致的产量变动（Urban 等，2015）；③趋势模型的设置与产量趋势相差过大或异常观测值的出现等。早在 1987 年，Gallagher 曾利用产量残差正比于时间变量来检验异方差进而设计权重纠正原趋势，其重点在于对模型估计的有效性方面，效果类似于当前的稳健估计；Goodwin 和 Ker（1998）则利用 Goldfeld‐Quandt 方法验证了同比例异方差（Proportional Heteroscedasticity）的假设，即各期残差与产量具有统计意义上的固定比例；Coble（2000）在趋势估计中采用了同方差（Homoscedasticity）假设，认为趋势估计中的残差不随时间或产量而变化，因此估计满足 OLS 的 BLUE 性质；而 Coble（2003）、Atwood J（2003）、Deng（2007）、Zhu（2011）以及我国大多学者在费率计算中多采用同比例异方差假设，赋予不同损失年份相同的损失权重，同比例方差一般假设 $\dfrac{\widehat{e_t^2}}{\widehat{y_t^2}}=\sigma^2$[①]，认为残差与产量的比值在统计意义上不随时间或产量而变化；Harri 等（2011）放松了以上两种假设，发现不同地区产量趋势估计中的异方差形式并不保持固定的比例关系，并探讨其对费率的影响。

综上所述，现有费率厘定研究中对异方差细节的考虑仍比较欠缺，Harri 虽然探讨了该问题，但缺少异方差如何通过影响单产风险分布进而影响费率的理论解释和必要的稳健性检验，国内在该方面的专门研究几乎没有。因此，本文将从理论角度重点分析产量趋势估计中异方差影响费率的机理，进一步讨论并设计基于残差调整的费率

---

① 为方便理解，公式中用"="表示统计意义上的同比例方差，但并非说明风险逐年丝毫无变化。

厘定方法，运用我国主要省份粮食产量数据实证分析异方差对单产风险分布及对费率的影响，最后进行稳健性检验，讨论实证结果并提出费率调整的相关建议。

二、理论分析

当前在研究粮食单产趋势剔除过程中较少考虑异方差的主要原因是：①异方差的存在并不影响估计量的线性无偏性，而且产量风险研究主要关注趋势拟合效果和剔除趋势后的波动，不太关注趋势估计的参数；②趋势估计常采用稳健估计以使估计参数最优来应对异方差问题，如 WLS、MM-estimator 等（Finger，2010），但稳健估计并不会改变残差代表的风险水平；③部分研究所用的数据年限较短，可以减少残差随时间或产量变动而带来的影响问题；④实际费率研究中大多已经假设异方差形式为同比例方差。较少考虑异方差并不代表异方差现象对费率没有影响，如果进一步放松异方差假设，是否会对粮食单产风险分布及费率厘定造成影响呢？如果有影响，哪些地区会有影响，影响程度如何等都是值得我们深入思考的问题。

为分析异方差对粮食单产风险分布和费率厘定的影响，需要先考虑趋势估计中的异方差与残差序列平稳性之间的关系。残差序列的平稳性及其分布特征是费率厘定的前提，如果因趋势剔除过程中模型设置偏差、差分不足等问题造成残差序列不平稳，进而引起趋势估计中的异方差，那么探讨异方差对费率厘定的影响则无任何意义。理论认为趋势估计中是否存在异方差和残差的平稳性无关，但残差序列不平稳（如残差序列的方差存在明显扩大或缩小趋势）往往表明趋势估计过程可能存在异方差。我们以 1963—2017 年山东省小麦单产时间序列为例，建立一个简单的二次项模型，令 $Y_t = \hat{Y_t} + e_t$，$\hat{Y_t}$ 表示二次项单产趋势估计量。利用 OLS 稳健标准误估计该模型，结果显示：回归参数均显著且判定系数（R）为 0.97，拟合效果较好，但怀特（White）异方差检验显著拒绝同方差，即趋势估计存在异方差，残差序列如图 1 所示。ADF（0 阶滞后）和 PP 平稳性检验均在 5% 显著水平上拒绝单位根，即残差序列为平稳。从图中可以看出，虽然波动存在集聚现象，但只要序列弱平稳，集聚现象导致的条件异方差不会影响残差序列的无条件方差为常数，平稳性依然成立。上述结果也表明趋势估计中存在异方差并不会影响残差序列的平稳性，而残差序列平稳也无法说明趋势估计不存在异方差，因此仅通过残差序列平稳性检验后的传统费率厘定方法有可能是在异方差情况下进行的。但非平稳性残差序列往往暗示可能存在异方差，因此讨论异方差的费率影响必须建立在平稳性检验基础上。

趋势估计中异方差的存在如何通过单产风险分布影响费率厘定呢？我们考虑一种理想异方差情况。假设产量长期保持增长，残差与趋势产量的比例在各时期均保持统计意义上的同比例，即 $\left|\dfrac{\hat{e_i}}{\hat{e_j}}\right| = \dfrac{\hat{y_i}}{\hat{y_j}}$，$i$ 和 j 表示不同时期，且 $i < j$，则可利用每一期的

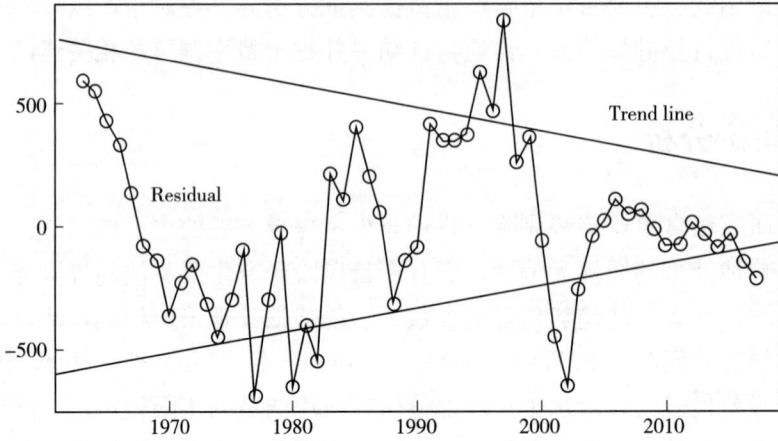

图1 山东省小麦单产趋势估计的残差序列

可能性损失（$\hat{e}_t$）或损失率$\left(\dfrac{\hat{e}_t}{\hat{y}_t}\right)$厘定费率。但当残差与估计产量的比例在各时期不保持统计意义上的同比例，即$\left|\dfrac{\hat{e}_i}{\hat{e}_j}\right|\neq\dfrac{\hat{y}_i}{\hat{y}_j}$，将出现以下两种情形：①残差变动趋势相比产量增长趋势小，即$\left|\dfrac{\hat{e}_i}{\hat{e}_j}\right|>\dfrac{\hat{y}_i}{\hat{y}_j}$，表明风险随着时间和产量的增长在降低，反之，即$\left|\dfrac{\hat{e}_i}{\hat{e}_j}\right|<\dfrac{\hat{y}_i}{\hat{y}_j}$，表明风险随着时间和产量的增长在增加；②两者的变动无统计规律可循，无法判断风险趋势。第一种情形下，如果可以验证残差变动趋势相比产量增长趋势小，如图1所示情况或特殊的同方差情况，利用多期的损失分布或损失率分布厘定预测期费率而忽视往期风险变化趋势，则预测期风险和费率便会高估，反之预测期风险和费率会低估，二者均不利于公平费率的实现。而在第二种情形下，风险变动无规律可循，可以认为风险变动具有随机性，利用每一期损失率的相同权重进行参数估计或非参估计比较符合理想假设。因此，深入探讨趋势估计中异方差的不同形式和风险变动趋势，构建适应该趋势的单产风险分布调整模型，对于公平、科学地核定费率具有重要的理论意义和现实意义。

如何利用异方差形式的不同来调整损失风险并厘定费率呢？Gujarati（2011）认为经过稳健标准误得到的估计量不如先按异方差类型进行数据变换之后再做估计来得有效，即假定残差正比于解释变量（Harvey，1976）或被解释变量的某种函数形式对于找到异方差的原因十分有效，这为我们提供了调整残差的思路。此外，Gallagher曾利用趋势估计过程中的残差正比于时间变量来检验异方差趋势进而设计权重纠正原趋势模型，Harri等人则正比于产量的幂函数来纠正残差进而调整损失分布。本文将在现有研究基础上，进一步讨论并优化基于异方差调整的费率厘定方法，同时利用我国主要粮食作物单产数据进行实证分析并讨论结果。

三、基于异方差调整的费率厘定方法与数据来源

（一）残差调整系数估计

趋势剔除主要有多项式回归、样条回归、差分法、移动平均法、HP 滤波法以及 ARIMA 等方法，各方法简单与否各有优劣（叶涛等，2012），直到目前也均有采用。例如，冯文丽（2017）和谢凤杰（2017）等采用移动平均法，刘素春等（2018）采用差分法，李琴英等（2018）采用 ARIMA，任金政（2017）和梁来存（2011）等采用多项式回归等。产量数据的拟合效果是重要的参考依据之一，例如，分段线性假设比较符合美国部分粮食产量增长趋势，因此联邦作物保险公司（FCIC）和部分美国学者在区域产量保险（Group Risk Program，GRP）费率研究中常采用样条回归。本文采用符合我国农作物单产增长趋势统计规律的模型公式[①]：

$$y_t = \alpha + \gamma_1 t^2 + \gamma_2 t + e_t \tag{1}$$

其中，y_t 为第 t 年（$t=1, \cdots, T$）观测到的作物单产；e_t 表示随机误差项，误差满足均值为 0，方差不确定的正态分布：$e_t \sim N[0, \sigma^2 opt(\hat{y_t}, t, t^2)]$，$\sigma^2$ 为不变方差基数，$opt(\hat{y_t}, t, t^2)$ 为最优方差调整函数。

借鉴 Gallagher（1987）、Harri（2011）等人的成果和 Harvey（1976）的思路，将产量的拟合值作为最优辅助解释变量，利用式（1）估计出的残差建立如下辅助回归方程：

$$var(e_t) = \sigma^2 opt(\hat{y_t}, t, t^2) = \sigma^2 \hat{y_t}^{\beta} \tag{2}$$

其中，$\hat{y_t}$ 为 t 年单产估计值；β 为残差的调整系数（不均匀系数），表示残差随着产量的指数形式递增。如果 $\beta=0$，表示模型（1）符合同方差假设，若 β 不等于 0，则说明残差随产量拟合值的变化而变化。当残差随产量拟合值变化，如果能估计出异方差的趋势特征，可将预测年之前不同年份的残差调整到预测年份维度上，以适应产量的趋势增长和风险的变化。首先建立比例模型：

$$\frac{\hat{e_{tj}}}{\hat{e_t}} = \frac{\sigma \hat{y_p}^{\frac{\beta}{2}}}{\sigma \hat{y_t}^{\frac{\beta}{2}}} \tag{3}$$

其中，$\hat{e_{tj}} = \sigma \hat{y_p}^{\frac{\beta}{2}}$，$\hat{e_t} = \sigma \hat{y_t}^{\frac{\beta}{2}}$，$\hat{y_p}$ 代表预测产量（标准产量），可采用最近几年的产量均值或第 $T(T+n)$ 年的估计产量代替，本文采用第 T 年（预测年）的单产估计值来代表预测产量。$\hat{e_{tj}}$ 表示 $\hat{e_t}$ 调整到预测年的残差，并可通过式（3）求得：

$$\hat{e_{tj}} = \hat{e_t} \left(\frac{\hat{y_p}}{\hat{y_t}} \right)^{\frac{\beta}{2}} \tag{4}$$

---

① 采用该模型的原因为：①模型符合农作物单产的理想增长趋势，满足对时间 t 的一阶导大于 0，二阶导小于 0，且和我国粮食单产增长较为吻合，在国内现有研究中使用率较高；②模型选择即便不是最优，可能影响估计精度，但不影响研究主要结论。

当调整系数 $\beta=2$ 时，调整后的残差为 $\hat{e_t}\dfrac{\hat{y_p}}{\hat{y_t}}$。如果当年产量发生风险损失，$\hat{e_{tj}}$ 小于 0，则调整到预测年的损失率（$-\hat{e_{tj}}/\hat{y_p}$）与未调整的当年损失率（$-\hat{e_t}/\hat{y_t}$）相同，表示按照每年相同的权重调整到预测年，即上文中提到的同比例方差费率。将（2）式两侧分别取对数：

$$\ln(\hat{e_t}^2)=\varphi+\beta\ln(\hat{y_t})+\varepsilon_t \tag{5}$$

式中，ε_t 表示随机误差项，满足 $\varepsilon_t\sim N(0,\ \tau^2)$。因此，我们可以用（5）式估计出来的 $\hat{\beta}$ 来计算调整后的残差 $\hat{e_{tj}}$。

（二）费率的测算方法

由于我国农户级别的长时间序列数据缺乏，本文选取区域产量指数保险为研究对象。费率计算方法主要有参数估计和非参估计等方法，我们采用较为简单有效的经验费率法，该方法作为基础的直方图式非参数估计法在国内外产量保险定价理论和实践中均应用广泛。不考虑管理费等附加费率，以损失率作为公平费率的计算方法如下：

$$\pi=\frac{1}{T}\sum_{t=1}^{T}\max\left\{\frac{\hat{y_p}\times cov-y_t}{\hat{y_p}\times cov},0\right\} \tag{6}$$

其中，$\hat{y_p}$ 和 y_t 分别代表投保年度预测产量和实际产量，cov 为保障水平，$\hat{y_t}\times cov$ 为实际保障水平。现利用调整系数将各期产量和预测产量进行调整并测算调整后费率，方法如下：

$$\hat{y_{Pj}}=\hat{y_P}+\frac{1}{T}\sum_{t=1}^{T}\hat{e_{tj}} \tag{7}$$

$$\hat{y_{tj}}=\hat{y_P}+\hat{e_{tj}} \tag{8}$$

$$y_s=\hat{y_{Pj}}\times cov \tag{9}$$

$$\pi_{pj}=\frac{1}{T}\sum_{t=1}^{T}\max\left\{\frac{(y_s-\hat{y_{tj}})}{y_s},0\right\} \tag{10}$$

其中，y_{tj} 为调整后的 t 年产量；$\hat{y_{Pj}}$ 为调整后预测产量，其调整残差用所有年份调整后的残差平均值代替，以避免预测年残差过于远离趋势而造成的偏差；y_s 为保障产量。本文将 cov 设定为 100%[①]，π_{pj} 为残差调整后的费率。

（三）数据来源

实证数据来自于《中国统计年鉴》《中国农村统计年鉴》以及国家统计局官网，变量包括 1951—2017 年各省小麦（Wheat）、玉米（Corn）和水稻（Rice）三大粮食

---

① 由于省级数据存在空间加总偏差，降低保障水平会显著影响（减少）费率水平，甚至出现 0 费率的异常情况。此外，我国成本保险中的赔付额度是实际损失率的函数，以 100%（即平均产量）这一保障水平为标准更符合我国实际，也更易应用于我国农业成本保险的费率调整。同时，该设定不影响调整模型及异方差的核心假设与检验估计。

作物播种面积（千公顷）、产量（万吨）以及计算出的单位产量（千克/公顷）。由于各省粮食作物种植面积差异较大，我们仅保留每种作物播种面积高于 10 万公顷的省份作为研究样本，去掉个别年份数据缺失严重的省份，最后样本共涉及 19 个小麦省、19 个水稻省和 18 个玉米省等 27 个省市区。2017 年，三种作物样本省份的播种面积占全国总播种面积的比重分别为 99.37%、95.79%、87.58%，样本省具有一定的总体代表性。由于"三年困难时期"可能存在更为复杂的因素导致产量剧烈下降（图 2）[①]，为保证二次多项式的拟合效果更佳，仅利用 1963—2017 年数据。

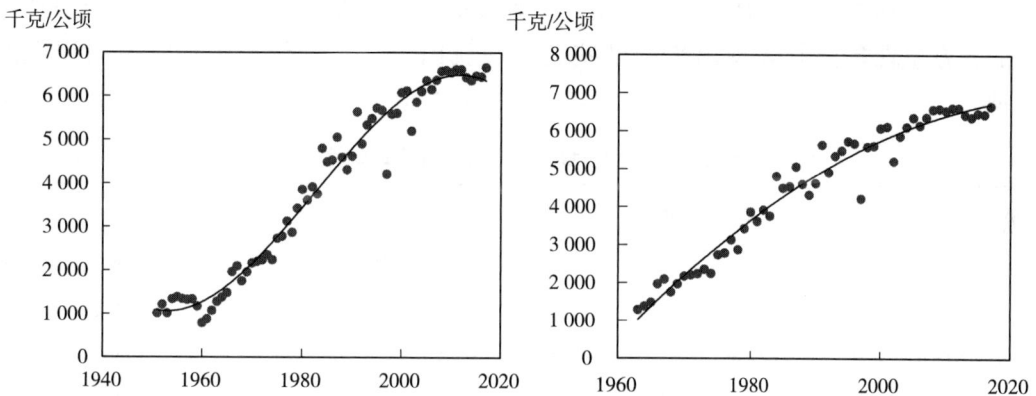

图 2　山东省玉米单产多项式趋势拟合情况

四、实证结果与讨论

（一）趋势估计及 β 调整系数估计

利用计量软件对三种粮食作物单产趋势进行回归拟合，结果如表 1 所示。所有作物的样本省份趋势拟合度（决定系数 R）平均值均在 0.89 以上，最小值为 0.769 5，平均绝对百分误差（Mean Absolute Percent Error，MAPE）最大值均明显小于 10，表明二次项可以较好地拟合三种粮食作物单产趋势。怀特（White）异方差检验结果显示：玉米、小麦和水稻三种作物分别有 50.00%、42.11%、36.84% 的省份在 10% 显著水平上拒绝同方差，分别有 38.89%、26.32%、36.84% 的省份在 5% 的显著水平上拒绝同方差。可以初步判断趋势过程中的异方差现象在我国主要粮食省份普遍存在。

式（5）的 OLS 估计结果如表 2。对于小麦作物，山东、安徽、贵州和湖北等 4 个省份系数显著；对于水稻作物，江苏、湖北、四川、贵州、上海、福建、湖南和广西等 8 个省份系数显著；对于玉米作物，安徽、河南、贵州、云南、辽宁和湖南等 6 个省份系数显著。以上 18 个样本省均存在统计意义上的趋势异方差现象，分别占比

---

① 经拟合观测，27 个省份在"三年困难时期"均存在不同程度的产量下滑。

21.05％、42.11％和 33.33％。式（5）估计出的异方差结果与 White 检验结果为何存在一定的差别呢？主要原因在于：BPG（Breusch-Pagan-Godfrey）检验和 White 检验是异方差检验最流行的方法，两者均以 $\sigma_i^2 = f[z(x_i)]$ 作为辅助回归，z 代表自变量线性组合，检验原理为判断辅助回归的系数是否显著为 0，White 检验还考虑自变量的交叉变量，更具一般性。White 检验的原理决定其可以有效判断异方差是否存在，但无法准确判断异方差变化趋势，而式（5）系数估计的显著性检验主要用以判断异方差的趋势，与帕克检验（Park）和 Goldfeld-Quandt 的结构性检验类似，因此两者结果存在差异。但无论是 White 一般检验，还是估计结果，粮食产量趋势估计中的异方差现象及其表现出来的某些趋势在我国三大粮食作物中均有不同程度的体现。

表 1   三大粮食作物拟合状况描述统计

作物种类	省份数	决定系数（R）		MAPE		White 异方差检验	
		Mean	Min	Mean	Max	Rejection（$p<0.1$）	Rejection（$p<0.05$）
玉米（Cron）	18	0.901 6	0.795 2	0.10	0.16	50.00％	38.89％
小麦（Wheat）	19	0.896 8	0.769 5	0.12	0.18	42.11％	26.32％
水稻（Rice）	19	0.902 1	0.785 6	0.08	0.15	36.84％	36.84％

注：Stata 软件计算整理而得，每省估计模型的时间变量系数均在 5％水平内显著。

表 2 β 调整系数估计结果（1963—2017 年）

省份	β					
	（1）小麦	Std. Err	（2）水稻	Std. Err	（3）玉米	Std. Err
黑龙江	1.247	(0.933)	0.186	(0.894)	1.068	(0.734)
江苏	0.331	(0.863)	−2.862***	(0.779)	1.201	(0.834)
安徽	0.881*	(0.446)	−1.046	(1.280)	1.176**	(0.579)
山东	−0.999***	(0.356)	0.356	(0.654)	−0.344	(0.625)
河南	0.268	(0.494)	−0.790	(1.051)	1.271**	(0.556)
湖北	1.094*	(0.652)	−2.733***	(0.700)	0.596	(0.516)
四川	−0.964	(0.856)	−1.747**	(0.814)	0.516	(0.662)
贵州	1.495**	(0.639)	1.662*	(0.944)	1.547***	(0.502)
云南	−0.301	(0.574)	1.054	(0.888)	2.558***	(0.795)
陕西	0.379	(0.636)	1.399	(1.006)	−0.184	(1.105)
浙江	−0.490	(1.114)	0.379	(1.141)	—	—
甘肃	1.351	(0.893)	—	—	1.513	(0.914)
青海省	−0.985	(0.877)	—	—		
宁夏	0.027	(0.853)	—	—		

（续）

省份	β					
	(1) 小麦	Std. Err	(2) 水稻	Std. Err	(3) 玉米	Std. Err
新疆	0.351	(0.458)	—	—	0.661	(0.543)
天津市	−0.155	(0.464)	—	—	—	—
河北	−0.115	(0.345)	—	—	1.269	(0.774)
山西	0.259	(0.503)	—	—	1.541	(1.026)
内蒙古	0.163	(0.491)	—	—	—	—
辽宁	—	—	0.435	(1.043)	2.795***	(0.940)
吉林	—	—	−0.408	(0.955)	0.263	(0.445)
上海	—	—	−2.961**	(1.341)	—	—
福建	—	—	−2.220**	(1.026)	—	—
江西	—	—	−1.604	(1.005)	—	—
湖南	—	—	−2.695***	(0.896)	2.905***	(0.458)
广东	—	—	−0.732	(1.032)	—	—
广西	—	—	1.961*	(1.091)	0.946	(0.664)
Average β	0.202		−0.663		1.183	
Average β^*	0.617		−1.449		2.042	
Rejection	21.05%		42.11%		33.33%	
Observations	19*55		19*55		18*55	

括号中的标准差：*** $p<0.01$，** $p<0.05$，* $p<0.1$
注：Average β^* 代表只计算估计结果显著的各系数均值。

从调整系数的估计值来看，水稻的 $\hat\beta$ 值在 8 个显著省份中有 6 个为负数，且均小于 2，$\hat\beta$ 均值为 −1.449；玉米的 $\hat\beta$ 值在 6 个显著的省份中均为正数，大于 2 的有 3 个，$\hat\beta$ 均值为 2.042；小麦 $\hat\beta$ 均值为 0.617。以上表明水稻和小麦的单产风险随着产量和时间逐渐变小，而玉米的单产风险随产量和时间略有增大。玉米本身"靠天生长"的特征较为明显，例如华北平原的玉米一季度一般只灌溉一水甚至不灌溉，主要靠 6—8 月的雨水，因此旱、涝和大风等自然灾害对于玉米种植的影响较大；另外，近几年玉米市场价格改革及种植结构调整也可能产生一定的影响。而水稻和小麦作为主要口粮，种植环境和条件相对稳定，受政策性影响也较玉米小，风险相对稳定，尤其是水稻，单产损失风险下降趋势更为明显。

（二）费率测算结果及分析

前文理论分析表明，异方差对费率的影响是通过对残差的分布调整来间接影响的，为更直观地判断估计出的调整系数对费率的影响，我们任意选取小麦、水稻和玉米三种作物参数较为显著的三个省份（贵州、江苏和辽宁），对其调整前后的残差密度分布情况进行拟合（图3）。结果显示，经估计参数和同比例方差（$\beta=2$）调整后的风险分布具有显著差异。以江苏省水稻为例，按照$\hat{\beta}$调整后的残差分布具有尖峰特征，产量波动相比调整前残差分布和$\beta=2$调整的分布更加集中，风险更小。从辽宁省玉米的分布图可以看出，调整前后三个分布差异不大，但按$\hat{\beta}$调整后的左偏（损失端）且厚尾特征相比同比例方差更加明显，可以初步判断风险有增大趋势，贵州小麦的风险变化从分布图上难以辨识。

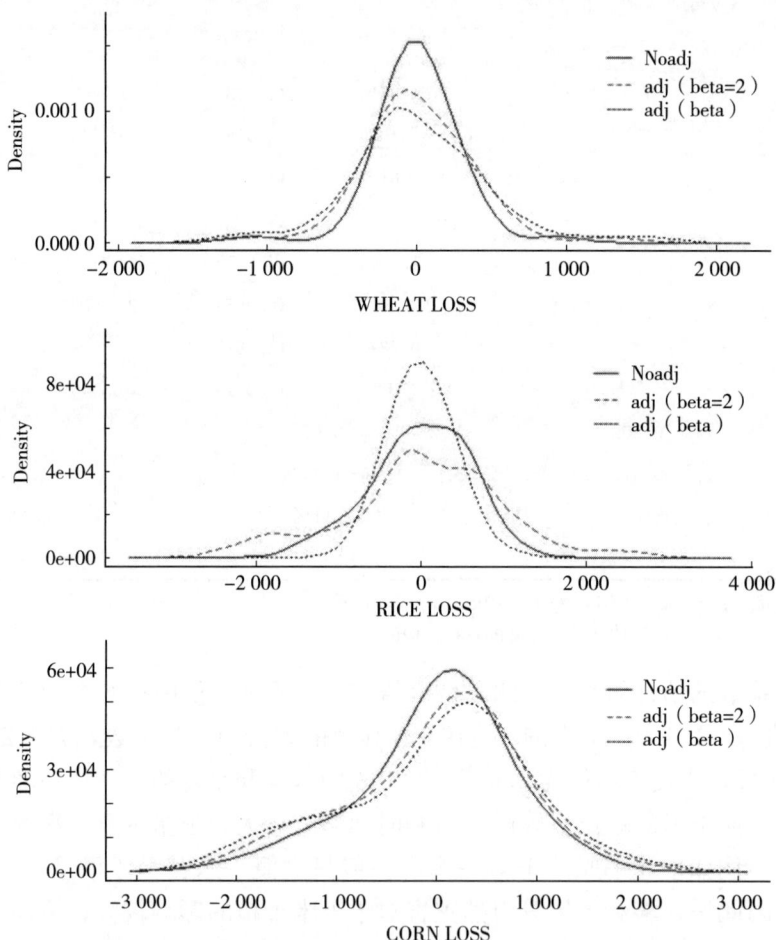

图3 小麦（贵州）、水稻（江苏）和玉米（辽宁）损失分布核密度图

为保证调整前后的费率测算结果在同一技术条件下实现，我们在下文中测算同比例方差（$\beta=2$）的费率来代替不调整的传统经验费率。利用 R 软件对三种作物56个样本省份的费率进行测算，不同异方差假设条件下的费率差异（表3）显示：若不考虑$\hat{\beta}$的显著性，小麦、水稻和玉米三种作物所有样本省份按同比例方差调整后的费率与按调整系数（$\hat{\beta}$）调整后的费率差异分别为0.028 6、0.013 3和0.009 7；仅考虑$\hat{\beta}$显著的省份，费率差异分别为0.034 3、0.014 7和-0.003 6。从两种异方差假设下

的费率结果差异可以看出，小麦受异方差影响最大，玉米受异方差影响最小。假设市场上现行费率均按同比例方差进行测算的话，可以认为对于小麦和水稻最不公平，对于玉米影响不大。小麦受影响大的原因主要来自山东省小麦的异方差表现出极强的收敛趋势特征，提高了 4 个小麦显著省份的费率差异。对于水稻作物，除广西的费率差异仅有 0.000 2 外，其余各省都存在一定程度的费率差异，差异介于 00 002～0.026 2 之间。

表 3　残差调整前后的费率差异

粮食作物	差异形式	平均差异	t-Test	SD	Max	Min
小麦						
全部省份	"$\beta=2$"－"$\hat{\beta}$"	0.028 6	4.541 8***	0.025 0	0.094 9	0.005 3
显著省份	"$\beta=2$"－"$\hat{\beta}$"	0.034 3	2.256 5*	0.035 7	0.094 9	0.007 1
显著省份	"$noadj$"－"$\hat{\beta}$"	0.020 4	2.215 4*	0.012 2	0.037 4	0.008 0
显著省份	"$\beta=2$"－"$noadj$"	0.013 9	1.059 2	0.025 2	0.057 5	−0.001 5
水稻						
全部省份	"$\beta=2$"－"$\hat{\beta}$"	0.013 3	3.870 5***	0.008 1	0.026 2	0.000 2
显著省份	"$\beta=2$"－"$\hat{\beta}$"	0.014 7	3.224 1***	0.008 9	0.026 2	0.000 2
显著省份	"$noadj$"－"$\hat{\beta}$"	0.013 8	3.061 0***	0.008 5	0.024 5	−0.000 3
显著省份	"$\beta=2$"－"$noadj$"	0.000 9	0.244 6	0.000 6	0.001 8	0.000 2
玉米						
全部省份	"$\beta=2$"－"$\hat{\beta}$"	0.009 7	1.744 0*	0.016 5	0.045 4	−0.034 4
显著省份	"$\beta=2$"－"$\hat{\beta}$"	−0.003 6	−0.335 6	0.015 1	0.011 9	−0.034 4
显著省份	"$noadj$"－"$\hat{\beta}$"	−0.004 4	−0.395 6	0.015 4	0.011 5	−0.035 7
显著省份	"$\beta=2$"－"$noadj$"	0.000 6	0.080 1	0.000 9	0.002 3	−0.000 3

注：R 软件计算整理而得；同方差假设（$\beta=0$）在理论和实践中都很少被接受，因此不测算、比较同方差的情况。

（三）稳健性检验

为确保费率测算结果的稳健性，我们首先在方法上利用不调整残差的传统方法测算了 $\hat{\beta}$ 系数显著省份的费率，并与两种调整方式分别进行了比较。结果（表 3）显示三种作物不调整（$noadj$）的费率与按同比例方差（$\beta=2$）调整的费率没有显著差异，而与按调整系数（$\hat{\beta}$）调整的费率结果具有显著差异。由于本文调整方法与传统的不调整费率测算方法存在技术差异，造成山东省不调整与按同比例调整的费率产生较大的差异，从而致使样本差异均值为 0.013 9，但均值 t 检验（1.06）依然接受其无差异。因此，基于异方差调整的费率测算方法具有较好的稳健性。

此外，合理的趋势模型设置和较好的拟合效果一般会保证剔除趋势后单产分布的平稳性，但并非充分条件。如果异方差是因为残差序列本身非平稳造成的，那么是否经残差调整来计算费率都缺乏理论支撑。因此，我们对异方差调整系数估计结果显著的省份进行残差平稳性检验，检验结果（表 4）显示：所有省份残差序列均为平稳，表明趋势估计过程中异方差的存在并非由残差序列非平稳造成，因此通过残差调整进行费率厘定符合"剔除趋势—损失分布—费率厘定"的内在逻辑。

表 4　ADF（5%显著性水平）平稳性检验

小麦省份（4个）		水稻省份（8个）		玉米省份（6个）	
安徽	1阶平稳	江苏	0阶平稳	安徽	2阶平稳
山东	0阶平稳	湖北	1阶平稳	河南	0阶平稳
湖北	0阶平稳	四川	5阶平稳	贵州	2阶平稳
贵州	1阶平稳	贵州	0阶平稳	云南	6阶平稳
—	—	上海	2阶平稳	辽宁	0阶平稳
—	—	福建	5阶平稳	湖南	3阶平稳
—	—	湖南	4阶平稳	—	—
—	—	广西	0阶平稳	—	—

　　一个序列在较长期内具有某种趋势且可以通过统计检验，则序列中一般也具有该趋势的较短序列，只是可以通过统计检验的阶段不易获取。前文提到，种植条件的变化是异方差产生的重要原因，1980 年之后，我国粮食作物的生产条件和抗灾条件均发生了较大变化，这种趋势的结构性变化可能对上述实证结果产生影响。因此，我们利用 1980 年以后的数据估计新趋势模型和 β 调整系数，结果如表 5。15 个样本省份表现出显著的趋势异方差现象，表明短序列（1980 年以来）样本依然存在大量趋势异方差情况，其中 5 个样本省份与长序列（1963 年以来）样本实证结果相似且显著。另外，在长序列系数显著的 18 个样本省中，有 88.89% 的短序列样本省的调整系数与其保持相同的趋势[①]，两者调整系数估计值的相关系数为 0.635，全部省份的相关系数为 0.430，表明表 2 的估计结果较为稳健。同样，短序列系数显著的 15 个样本省中，有 93.33% 的长序列样本省的调整系数与基保持相同的趋势。不同的是短序列样本估计出的调整系数（Average β^*）普遍小于长序列样本，说明 1980 年以后粮食生产风险呈现更加快速的下降，同时也验证了表 2 的结果：水稻单产风险下降最快，小麦次之，玉米单产风险依然最高。安徽和湖南两省的玉米作物与表 2 中的风险趋势结果差异较大的原因是：虽然总体情况稳健，但短序列并不能完全代表长序列趋势。以安徽为例，长序列实证结果显示玉米单产风险随年份略有下降（$\hat{\beta}=1.176$），但由于 1985 年前后几年间风险水平普遍波动不大，当样本按 1980 年分割后，短序列却显示风险略有提高（$\hat{\beta}=3.897$），而如果以安徽 1990 年以来的数据看，风险依旧呈现显著下降趋势，和长序列保持相同趋势（图 4）。因此，个别样本风险趋势的不稳健源自

---

　　① 趋势的判断以是否大于（小于或等于）2 为标准，即以同比例方差为标准。

于区间选择的问题。综上，虽然样本的缩减造成显著性有所差异，但绝大多数样本长期风险和短期风险趋势的一致性表明了结果的稳健性。从短序列 β^* 与 $\beta=2$ 更大的差异结果不难判断，按新的 $\hat{\beta}$ 和 $\beta=2$ 测算的费率将具有更大的差异。

表5　β 调整系数估计结果（1980—2017 年）

小麦（Wheat）		水稻（Rice）		玉米（Corn）	
黑龙江	0.633	黑龙江	−4.333***	黑龙江	0.816
江苏	−6.100*	江苏	−2.216	江苏	−3.345
安徽	−1.313	安徽	−12.588**	安徽	3.897***
山东	−3.471***	山东	1.787	山东	−2.315
河南	−2.129*	河南	−4.871*	河南	0.187
湖北	−4.920*	湖北	−3.369	湖北	−2.131
四川	−11.350***	四川	−1.040	四川	−5.015*
贵州	1.420	贵州	−0.907	贵州	−1.918
云南	2.477	云南	1.820	云南	4.708***
陕西	−2.461	陕西	−7.369**	陕西	−2.003
浙江	0.303	浙江	−4.672**	甘肃	1.281
甘肃	2.891	辽宁	−9.810	新疆	0.616
青海	−2.520	吉林	0.296	河北	2.973
宁夏	−3.659	上海	−2.410	山西	3.417
新疆	0.970	福建	−3.135	辽宁	3.094
天津	−0.383	江西	−4.083	吉林	−1.052
河北	−0.654	湖南	−8.878*	湖南	−0.018
山西	−0.500	广东	2.427	广西	0.265
内蒙古	1.558*	广西	−1.861	—	—
Average β	−1.537	Average β	−3.432	Average β	0.192
Average β^*	−4.402	Average β^*	−7.119	Average β^*	1.197
Rejection	31.58%	Rejection	31.58%	Rejection	16.67%
Observations	19 * 38	Observations	19 * 38	Observations	19 * 38

括号中的标准差：*** $p<0.01$，** $p<0.05$，* $p<0.1$

（四）结果讨论与费率调整

长期来看，27 个样本省份中有 13 个省的一种或多种作物存在统计意义上的异方差且具有某种方差趋势，即粮食风险随着产量发生着趋势性变化。从区域分布来说，这些省份主要集中在中国的东南部区域，包括东南沿海（山东、江苏、上海和福建）、西南地区（四川、云南、贵州和广西）、中部地区（河南、湖南、湖北和安徽）及东

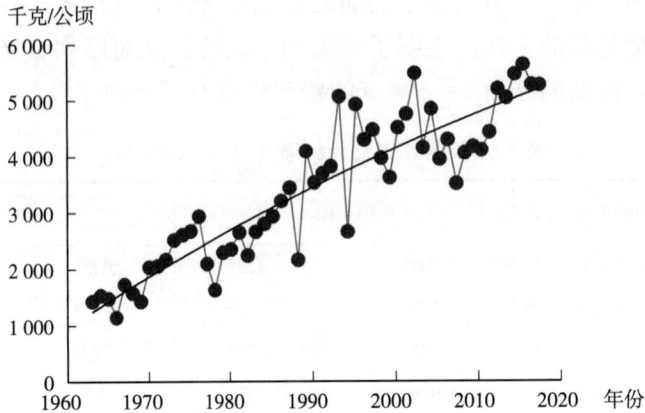

图 4　安徽省玉米单产趋势图

北的辽宁省。目前，我国西北部地区（新疆、青海、甘肃、宁夏、内蒙古和陕西等省份）粮食作物单产风险形势依然较为复杂，统计上无明显增减趋势，而东南部良好的自然种植条件、生产条件及农业技术进步都可能促进了粮食单产风险的下降。其中，对于小麦作物和水稻作物，单产风险普遍随产量的增加而逐渐降低，费率需调减；对于玉米作物，云南、湖南和辽宁单产风险随产量的增加而增加，费率需调增，而安徽、河南和贵州单产风险随产量的增加而逐渐降低，费率需调减。已有研究结果表明玉米稳定系数较低（李丹等，2017），以辽宁省为例，其玉米种植为旱作栽培，受旱、涝灾害相比水稻更加明显，历年平均减产率在 9.2%～26.7% 之间，风险较高（江和文等，2011）。因此，准确把握各省粮食作物风险形势，精确估计风险变化趋势，对于公平、科学地厘定费率具有重要意义。

我们进一步在理论上探讨适应我国保险产品的费率调整方案。当前我国农业保险费率制定还较为粗放，各省保障水平不一，产品也具有一定的同质性（柴智慧等，2017），现行费率普遍以简单精算费率为基础，同时也是保险机构和政府相互合作、博弈的结果。以我国目前主流的成本保险为例，投保农户得到的单位面积保险赔付额（$Indem$）为：

$$Indem = IL \times \max\left(0, \frac{\hat{y}_p - y_t}{\hat{y}_p}\right) \times I_{\triangleright r} \times f(period)^{①} \tag{11}$$

其中，IL 为单位面积保险额度，l 为农作物实际损失率，r 为相对免赔率，$f(period)$ 为阶段赔付比例，是作物生长阶段的函数。$I_{\triangleright r}$ 为示性函数，代表实际损失超过相对免赔（如 20%）才会触发赔付。按照精算原则，100% 保障水平下的纯费率应当等于实际损失率（如式 6），我们利用调整后的区域产量保险费率（损失率）替代未加调整的损失计算公式，可得新的赔付额（$Indem^*$）和应缴保费额（$Prem$）：

---

① 2015 年《关于进一步完善中央财政保费补贴型农业保险产品条款拟订工作的通知》明确要求取消农业保险绝对免赔，故公式中不涉及绝对免赔。

$$Indem^* = IL \times \max\left\{0, \frac{y_s - \hat{y_{tj}}}{y_s}\right\} \times I_{l^* \geqslant r} \times f(period) \qquad (12)$$

$$Prem = (1+a) \times E(Indem^*) \qquad (13)$$

其中，l^* 为产量调整后的损失率，a 为经营管理费附加，$E(Indem^*)$ 为赔付期望。保险行业改革的关键之一在于提升保险供给质量（何小伟，2018），如果一个县（一个区域），甚至是一个规模大户是利用 n 年产量数据并依据多年损失率测算费率，则保险机构可通过以上方法判断风险变化趋势、特征从而对公平费率加以调整。政府主管部门也可利用该思路对保险机构的费率策略予以科学评估，最终促进农业保险费率制度更加科学，实现农业保险高质量发展。

五、总结

粮食单产风险分布是费率厘定的重要基础，趋势估计中的异方差是表征风险变化规律的重要依据之一。本文基于单产趋势估计中异方差现象对单产风险分布及费率影响的理论分析，构建基于异方差调整的残差调整系数估计模型和费率计算方法，利用 1963—2017 年全国 27 个省市区主要粮食作物数据进行实证分析，得出以下主要结论：

不同省份（或区域）的风险变化在长期内并不遵循某种相同的变化趋势，这种差异在理论上对于风险调整、风险评估和费率厘定具有重要影响。通过放松异方差假设，讨论调整系数计算方法并构建系数估计模型，利用残差调整后的风险分布测算粮食费率发现：小麦和水稻的样本省份经异方差调整的保险费率显著低于不调整的保险费率，玉米作物中有 3 个样本省份（云南、辽宁和湖南）的保险费率高于不调整的保险费率。此外，具有趋势型异方差的省份存在区域集聚性特征。以上结果为粮食单产风险分布调整及保险费率调整提供了理论基础和实证，对于农业保险的风险区划具有重要参考意义。由于本研究主要关注不同异方差假设下对费率的影响问题，在趋势模型设置上并未优中选优，在样本选择上也仅以省级时序数据为实证基础，容易生产"数据空间加总偏差"（Data Aggregation Bias）。未来，可进一步优化趋势模型，以范围更小的县级数据为基础，更精确地研究费率差异的区域性特征及影响因素。

参考文献

[1] 柴智慧，赵元凤，徐慧. 农业保险的低保障水平与产品同质化问题研究——以内蒙古为例 [J]. 保险理论与实践，2017（9）：95 - 106.

[2] 冯文丽，郭亚慧. 基于 Copula 方法的河北省玉米收入保险费率测算 [J]. 保险研究，2017（8）：19 - 28.

[3] 何小伟，李小濛. 保险业供给侧结构性改革：逻辑与路径 [J]. 保险理论与实践，2018（10）：53 - 66.

[4] 姜会飞. 农业保险费率和保费的计算方法研究 [J]. 中国农业大学学报，2009，14（6）：109 - 117.

[5] 江和文，张录军，曹士民，郭婷婷，廖晶晶，张丽敏. 辽宁省主要粮食作物产量灾损风险评估 [J]. 干旱地区农业研究，2011，29 (4)：238 - 244.

[6] 梁来存. 我国粮食单产保险纯费率厘定的实证研究 [J]. 统计研究，2010，27 (5)：67 - 73.

[7] 李丹，马彪. 粮食作物保险费率测算与合理化研究——以黑龙江省 10 个区县数据为例 [J]. 保险研究，2017 (4)：79 - 90.

[8] 李琴英，黄伟洁. 河南省玉米区域产量保险费率厘定实证研究 [J]. 保险研究，2018 (2)：85 - 101.

[9] 刘素春，刘亚文. 农产品收入保险及其定价研究——以山东省苹果为例 [J]. 中国软科学，2018 (9)：185 - 192.

[10] 梁来存. 我国粮食保险纯费率厘定方法的比较与选择 [J]. 数量经济技术经济研究，2011，28 (2)：124 - 134.

[11] 任金政，李士森. 我国农作物灾害性损失风险的估计：方法选择与改进 [J]. 保险研究，2017 (5)：75 - 84.

[12] 隋丽莉，郭庆海. "价补分离" 政策对玉米种植结构调整效应研究——基于吉林省调研数据的分析 [J]. 价格理论与实践，2018 (12)：95 - 98.

[13] 庹国柱，李慧. 完善我国农业保险制度的一些思考 [J]. 中国保险，2019 (2)：8 - 17.

[14] 王克，张峭. 农作物单产风险分布对保险费率厘定的影响——以新疆 3 县（市）棉花单产保险为例 [J]. 中国农业大学学报，2010，15 (2)：114 - 120.

[15] 王克，张峭. 农业生产风险评估方法评述及展望 [J]. 农业展望，2013，9 (2)：38 - 43.

[16] 邢鹏，钟甫宁. 粮食生产与风险区划研究 [J]. 农业技术经济，2006 (1)：19 - 23.

[17] 谢凤杰，吴东立，赵思喆. 基于 Copula 方法的大豆收入保险费率测定：理论与实证 [J]. 农业技术经济，2017 (2)：111 - 121.

[18] 鄢姣，赵军. 中国农业风险评估——基于 H - P 滤波分析与非平衡面板数据的实证研究 [J]. 江苏农业科学，2014，42 (9)：409 - 412.

[19] 杨晓煜，鞠荣华，杨汭华，周俊玲，李晓峰. 河南省小麦保险费率厘定研究 [J]. 中国农业大学学报，2012，17 (3)：171 - 177.

[20] 叶涛，聂建亮，武宾霞，李曼，史培军. 基于产量统计模型的农作物保险定价研究进展 [J]. 中国农业科学，2012，45 (12)：2544 - 2551.

[21] 张峭，王克. 农作物生产风险分析的方法和模型 [J]. 农业展望，2007 (8)：7 - 10.

[22] 张峭，王克. 中国农业风险综合管理 [M]. 北京：中国农业科学技术出版社，2015：75 - 82

[23] Atwood J，Watts S M. Are Crop Yields Normally Distributed? A Reexamination [J]. American Journal of Agricultural Economics，2003，85 (4)：888 - 901.

[24] Claassen R，Just R E. Heterogeneity and Distributional Form of Farm - Level Yields [J]. American Journal of Agricultural Economics，2011，93 (1)：144 - 160.

[25] Coble K H，Zuniga H M. Implications of Crop Yield and Revenue Insurance for Producer Hedging [J]. Journal of Agricultural and Resource Economics，2000，25 (2)：432 - 452.

[26] Coble K H，Glauber D J W. Private Crop Insurers and the Reinsurance Fund Allocation Decision [J]. American Journal of Agricultural Economics，2007，89 (3)：582 - 595.

[27] Deng X，Barnett B J，Vedenov D V. Is There a Viable Market for Area - Based Crop Insurance? [J]. American Journal of Agricultural Economics，2007，89 (2)：508 - 519.

[28] Damodar N. Gujarati，Dawn C. Porter. Basic Econometrics (Fifth Edition) [M]. McGraw - Hill，

2011: 390 - 393.

[29] Finger, R. Revisiting the Evaluation of Robust Regression Techniques for Crop Yield Data Detrending [J]. American Journal of Agricultural Economics, 2010, 92 (1): 205 - 211.

[30] Gallagher P W. U. S. Soybean Yields: Estimation and Forecasting with Non - Symmetric Disturbances [J]. Staff General Research Papers Archive, 1987, 69 (4): 796 - 803.

[31] Goodwin B K, Ker A P. Nonparametric Estimation of Crop Yield Distributions: Implications for Rating Group - Risk Crop Insurance Contracts [J]. American Journal of Agricultural Economics, 1998, 80 (1): 139 - 153.

[32] Harri A, Coble K H, Ker A P, et al. Relaxing Heteroscedasticity Assumptions in Area - Yield Crop Insurance Rating [J]. American Journal of Agricultural Economics, 2011, 93 (3): 703 - 713.

[33] Harvey A C. Estimating Regression Models With Multiplicative Heteroscedasticity. [J]. Econometrica, 1976, 44 (3): 461 - 465.

[34] Ker A P, Coble K. Modeling Conditional Yield Densities [J]. American Journal of Agricultural Economics, 2003, 85 (2): 291 - 304.

[35] Ker A P, Tolhurst T N, Liu Y. Bayesian Estimation of Possibly Similar Yield Densities: Implications for Rating Crop Insurance Contracts [J]. American Journal of Agricultural Economics, 2016, 98 (2): 360 - 382.

[36] Skees J R, Barnett B B J. Designing and Rating an Area Yield Crop Insurance Contract [J]. American Journal of Agricultural Economics, 1997, 79 (2): 430 - 438.

[37] Norwood B, Lusk R J L. Ranking Crop Yield Models Using Out - of - Sample Likelihood Functions [J]. American Journal of Agricultural Economics, 2004, 86 (4): 1032 - 1043.

[38] Urban D W, Sheffield J, Lobell D B. The impacts of future climate and carbon dioxide changes on the average and variability of US maize yields under two emission scenarios [J]. Environmental Research Letters, 2015, 10 (4): 45003 - 45011.

[39] Ying Z, Goodwin B K, Ghosh. SK. Time - varying Yield Distributions and the U. S. Crop Insurance Program [C]. Agricultural & Applied Economics Associations (AAEA) & NAREA Joint Annual Meeting, Pittsburgh, Pennsylvania, 2011: 24 - 26.

[40] Ying Z, GoodwinBK, Ghosh. SK. Modeling Yield Risk under Technological Change: Dynamic Yield Distribution and the U. S. Crop Insurance Program [J]. Journal of Agricultural and Resource Economics, 2011, 36 (1): 192 - 210.

农作物收入保险省及地市级定价实证分析

——以辽宁省玉米、大豆为例*

田　菁　张　琅　袁佳子

摘要：我国农险产品总量很多，但总体来看同质性较强，基本都属于保成本的产品。从美国经验看，收入保险将成为未来农业保险产品的主导形态。国内近年逐步开发了气象指数、价格指数、保险＋期货、收入保险等创新性产品，以发展价格指数（传统价格、期货价格）为主。根据 IFRS17 准则对保险合同的确认，纯价格指数保险为转移价格风险，界定为市场风险，不属于保险风险，对这类合同准则认为可能不属于保险合同。从农险业务发展的角度着眼，建议我国从重点保障农户价格风险向保障农户收入风险转换。国内目前收入保险主要是以"产量保险＋价格保险"的形式呈现，费率厘定采用自然灾害责任和价格责任单独计算损失率后相加，与实际收入保险存在一定差异。结合美国收入保险定价经验，文章探讨适合我国现状的收入保险产品类型，研究收入保险产品定价技术，对影响收入保险的要素论证，并完成了东北地区粮食集中产区——辽宁省级、地市级费率厘定全流程实证分析，为收入保险试点做好定价储备工作，最后结合国内农产品价格支持政策背景及农险收入保险发展提出建议参考。

关键词：综合收入保险；收入保险；排除收割价格收入保险

一、推行农作物收入保险的意义及现有收入产品形式

随着全球气候变化加剧和极端气候的频发，世界各地政府对农业保险和农业风险管理的重视程度不断增加，持续创新及探索，使得农业保险发展再创新高。从美国经验来看，收入保险将成为未来农业保险产品的主导形态。在近 20 年中，美国农产品收入保险逐渐取代了产量保险。我国 2016 年中央 1 号文件和保监会"十三五"规划纲要都明确指出，要"探索开展重要农产品目标价格保险，以及收入保险、天气指数保险试点"，2017 年中央 1 号文件也指出要"探索建立农产品收入保险制度"，2018 年中央 1 号文件提出要"探索开展稻谷、小麦、玉米三大粮食作物

　＊　本文原载于《保险研究》2019 年第 3 期。
　　作者简介：作者系中国人民财产保险股份有限公司精算部。

完全成本保险和收入保险试点，加快建立多层次农业保险体系。"在国家政策和市场需求双重导向下，保险公司积极推进农产品收入保险试点是我国农业产业化的必经之路。

另外，根据可能于2022年1月1日实施的IFRS17准则对保险合同的确认，纯价格指数保险为转移价格风险，故界定为市场风险，不属于保险风险，对这类合同准则认为可能不属于保险合同[①]。行业可能需要对合同条款进行改造升级、融合产量保障和价格风险。

国内目前共有两大类收入保险产品，综合收入保险及收入保险，产品设计具体差异如表1所示：市场上主要以"产量保险＋价格保险"形式为主，即综合收入保险，保障保险标的在生长时期因自然灾害及意外事故导致的减产，又保障保险标的在上市销售时期因价格（地方价格）下跌造成的收入损失。综合收入保险的减产和价格责任是相对独立的，因此保险责任期间需要分别设置。例如：自然灾害责任期间是自保险标的长芽时起，至保险标的成熟开始采摘时止，但最晚不得超过11月30日（含），具体以保险单载明为准；价格责任期间则是保险标的成熟后的集中上市期，即为9月1日（含）至12月31日（含）。保险金额可分为共同保额和不同保额，赔偿处理不同。收入保险，保障因自然灾害和意外事故造成产量下降与因价格（地方价格或期货价格）下跌共同作用而导致的实际收入低于约定收入，自然灾害责任和价格责任共在一个保险期间，例如：自保险标的出苗成活后开始，至成熟收割集中上市交易期结束时止。根据约定产量和约定目标价格（即约定收入）确认保险金额，约定收入与实际收入的差值即为赔偿金额。目前国内收入类保险对实际产量、实际价格、目标产量、目标价格的数据发布机构及测定方法标准不一，费率主要是由政府确定。

表1　收入保险与综合收入保险产品差异

保险产品	综合收入保险	收入保险
保险责任	自然灾害或价格因素分别导致的收入损失	自然灾害和价格共同作用导致的收入损失
保险期间	自然灾害责任或价格责任分别确定	一个保险期间涵盖自然灾害责任、价格责任
保险金额	共同保额（参照保险标的生长期的投入成本的一定比例）	不同保额（自然灾害责任参照保险标的生长期的投入成本，价格责任则根据保险标的产值的一定比例）｜保险金额即约定收入（每亩保险产量×每千克保险目标价格）

① IFRS 17 Insurance Contracts 内附录 Appendix A Defined terms 对 financial risk 有明确定义：the risk of a possible future change in one or more of a specified interest, financial instrument price, commodity price, currency exchange rate, index of prices or rates, credit rating or credit index or other variable, provided in the case of a non-financial variable that the variable is not specific to a party to the contract.

（续）

保险产品	综合收入保险	收入保险
赔偿处理	价格责任的计算要考虑自然灾害责任赔偿金额冲减后的保险金额 责任 1：自然灾害责任赔偿金额 $=\left[\sum（各生长期受损株数×每株保险金额）\right]×$ 损失率 责任 2：价格责任赔偿金额 $=$（保险金额－自然灾害责任赔偿金额）－每千克市场价格×实际产量	自然灾害责任和价格责任单独计算损失率，直接相加 责任 1：自然灾害责任赔偿金额＝自然灾害保险金额×受损面积×损失率 责任 2：价格责任赔偿金额＝价格责任保险金额－每千克市场价格×实际/约定产量	根据实际和约定收入的确定方式，计算差值即为赔偿金额
保险费率	中（1＋1≤2）	高（1＋1＝2）	低（1＋1＜2）

二、文献综述

（一）国外相关研究

美国农作物收入保险研究较成熟，实践已经取得了明显成效。美国从 1996 年开始收入保险试点，产品形式分为作物收入保障（CRC）、收益保障（IP）、指数收益保障（IIP）、收入保证（RA），业务主要围绕在作物收入保障（CRC）和收入保证（RA），2011 年新设立收入保护保险（RP），取代了原有 4 个产品，业务以 65.7％增速上升至 92.9 亿美元（田菁等，2018）。美国收入保险产品在进行价格风险分布拟合时，是基于农产品期货合约价格数据来预测作物收获期价格，即玉米收割时价格采用每年 10 月的 11 月期货价格的月均价，大豆收割时价格采用每年 10 月的 12 月期货价格的月均价。由于价格与产量之间具有非线性相关关系，Tejeda 和 Goodwin（2008）引入使用 Copula 函数建立联合分布概率模型，并以此为定价方法完成收入保险费率的测算。

（二）国内相关研究

国内学术界对农作物收入保险研究主要分为三大类：一是农作物收入保险试点的前景研究，二是农产品期货市场价格发现功能研究，三是农作物收入保险定价研究。目前关于收入保险的定价研究也大都采用 Copula 的方法，区别主要在于价格、产量数据的选取和处理方法，以及边缘分布和 Copula 函数的选择不同。主要研究对象以省级或主要县级粮食作物（小麦、玉米、大豆）为主。

本文在已有国内外定价研究的基础上，继续研究国内主要农产品价格支持相关政策、国内现有农作物期货合约，综合考虑国内临时收储价格政策变化、作物收获期间以及期货合约日收割量和持仓量开展适合国内农作物收入保险全流程产品定价工作，设计适合国内产品条款框架，确定涉及定价各项指标定义，鉴于国内现有数据样本量较少且价格市场化周期较短，尝试多种方法对价格、产量数据进行处理，结合校验结果选取最佳方法，针对不同作物在东北地区粮食集中产区（辽宁）分别进行省级及省内全地市级费率厘定实证分析，并检验省级与地市级风险差异，为收入保险试点做好定价储备工作。

三、农作物收入保险省及地市级费率厘定——以辽宁省玉米、大豆为例

截至目前，我国有豆粕、大豆、玉米、鸡蛋、橡胶等少数农产品期货，结合我国对主要农产品价格支持政策以及农作物期货市场发布的有效数据来看，国家的粮食产业政策影响主导着稻谷、小麦的供求及价格，这两种作物期货交易规模较小；玉米、大豆期货交易量相对较多且取消临时收储价相对较早。鉴于收入保险涉及产量主要是基于农作物单位面积产量，根据国家统计局公布数据显示，东北地区是粮食集中产区，辽宁粮食作物单位面积产量近年来全国排名基本居于第三，且从中国人保财险种植险业务规模来看，东北三省中辽宁业务排名第一。因此，本次主要针对辽宁省玉米、大豆省级以及地市级收入保险进行定价实证分析，根据中央 1 号文件提出"要探索开展稻谷、小麦、玉米三大粮食作物完全成本保险"，以下选取 100% 保障范围开展定价测算。

（一）产品及方法选取

1. 产品选取和设计

美国市场上收入保险的具体形式比较多，且通常设有保障水平，但主要的产品特征以收入保护保险（Revenue Protection，RP）与排除收割价格收入保护保险（Revenue Protection - Harvest Price Exclusion，RP - HPE）两种形式为主，以上两个产品均是基于农户（户级）单作物收入的保障，保护农户实际收入不低于预期收入水平。

RP 和 RP - HPE 两个产品含义相近，均是在实际收入低于预期保障收入时，农户获得赔偿，唯一的区别是 RP 产品计算赔偿金额时选取目标价格和实际收割价格的最大值，而 RP - HPE 产品计算赔偿金额使用的是目标价格。RP 产品是为签订了远期期货合约的农户所设计，若交割时实际产量不足，农户需要以实际价格买入差额，当实际价格高于目标价格时，RP 可以保障农户不受任何损失（肖宇谷，2018）。

RP 和 PR - HPE 的保险费率定义如下所示：

■ 收入保护保险（RP）

$$RP \text{ 费率} = \frac{E[\max\{\lambda_{RP}\max[E(P), P] \cdot E(Y) - Y \cdot P, 0\}]}{\lambda_{RP}E(P)E(Y)} \quad (1)$$

■ 排除收割价格的收入保护保险（RP-HPE）：

$$RP\text{-}HPE\,费率 = \frac{E\left[\max\{\lambda_{RP\text{-}HPE}E(Y)\cdot E(P) - Y\cdot P,\ 0\}\right]}{\lambda_{RP\text{-}HPE}E(P)E(Y)} \tag{2}$$

其中，随机变量 Y 和 P 分别代表作物产量和作物价格，λ_{RP}、$\lambda_{RP\text{-}HPE}$ 分别代表 RP 和 RP-HPE 的保障水平参数。

考虑到国内实际情况，一是价格发布机制不完善，较难动态监控或收集价格数据，理赔难度较大；二是基本不存在以农户层级进行统计的单产数据。因此，建议国内开发地市级基于单作物收入保障，以目标价格进行赔付的收入保险产品。

收入保险产品框架设计方案如表 2：

表 2　收入保险产品框架设计方案

适用于单作物	玉米、大豆
保障范围	可选地市级基于单作物收入的保障，保护农户所在地市平均收入不低于地市预期平均收入水平
保险责任及保险金额	在保险期间内，因自然灾害、意外事故造成的产量降低，以及因期货价格下跌导致地市单作物的实际平均收入低于保险合同约定的地市预期平均收入（保险金额）时，视为保险事故发生，保险人按照保险合同约定负责赔偿。 预期平均收入＝目标平均产量（吨/亩）×目标价格（元/吨） 实际平均收入＝实际平均产量（吨/亩）×实际价格（元/吨） 保险单作物的目标价格，参考作物期货合约在历史约定时期各交易日收盘价（或结算价）的平均值以及价格周期确定。 保险单作物的目标产量，参照保险作物历史年度产量及趋势确定。 保险单作物的实际价格，根据作物期货合约在约定时期期货交易日均价即各交易日收盘价（或结算价）的平均值确定（单位：元/吨），平均值取小数点后 2 位。 保险单作物的实际产量，根据辽宁信息统计网公布数据确定。 期货价格以大连商品交易所网（http：//www.dce.com.cn/）公布数据为准，玉米价格取自玉米期货合约，大豆价格取自黄大豆 1 号期货合约。产量数据以辽宁信息统计网（http：//www.ln.stats.gov.cn）公布数据为准
赔偿处理	约定的预期平均收入与实际平均收入的差值即为赔偿金额

2. 方法选取

方法概述：收入保险的费率厘定取决于作物的产量和价格，即需要考虑一个二元随机变量的联合分布。由于价格和产量之间具有非线性的相依关系，Tejeda 和 Goodwin（2008）引入 Copula 函数进行模拟。

copula 函数是边缘分布为均匀分布的多元分布函数，可以连接变量的边缘分布，确定变量间的联合分布形式，进而度量变量间的非线性、非对称等相依关系。copula 函数的重要应用在于构造多元分布函数，其构造多元分布函数的理论依据是 Sklar 定理。

Sklar 定理：设 $F(x_1, x_2, \cdots, x_n)$ 为具有边缘分布 $F_1(x_1), \cdots, F_n(x_n)$ 的 n 元联合分布函数，则存在一个 n 元 Copula 函数 $C(u_1, u_2, \cdots, u_n)$ 满足公式 $F(x_1, x_2, \cdots, x_n) = C[F_1(x_1), F_2(x_2), \cdots, F_n(x_n)]$。若 $F_1(x_1), F_2(x_2), \cdots, F_n(x_n)$

是连续函数，则该 Copula 函数 $C(u_1, u_2, \cdots, u_n)$ 是唯一的。

根据 Sklar 定理，分别确认价格的分布函数、产量分布函数，输入价格和产量数据及拟合分布进入不同 Copula 函数，拟合出 Copula 函数参数，用于测算价格和单产的相关系数，最终得到 copula 联合分布函数，通过 Monte Carlo 模拟法求解收入保险的费率。

具体测算步骤如下：

（1）确定单产、价格的边缘分布。主要是从 normal，lognormal，weibull，logistic，gamma 等常用备选分布中选取，选取方法是以检验统计量作为标准，选取合适的分布模型。检验统计量通常有 2 个，Kolmogorov - Smirnov（K - S）统计量（公式 3），即经验分布和理论分布在垂直方向上的最大距离，如下：

$$D_n = \max_{t \leqslant y \leqslant u} |F_n(x) - F^*(x)| \tag{3}$$

Anderson - Darling（A - D）统计量（公式 4），即经验分布和理论分布的偏差的平方的加权期望值，如下：

$$A^2 = n \int_t^u \frac{[F_n(x) - F^*(x)]^2}{F^*(x)[1 - F^*(x)]} f^*(x) \mathrm{d}x \tag{4}$$

K - S 统计量和 A - D 统计量都是经验分布和理论分布某种形式的偏差，因此统计量的值越小，分布拟合的效果越好，但由于 K - S 统计量受异常值影响较大，而 A - D 是加权平均值，较为稳定，因此当两个统计量结果不一致时以 A - D 统计量为准。

（2）确定联合分布。由 SKlar 定理可知，二元连续分布函数与相关结构函数之前存在一一对应关系，联合分布决定了相关结构函数的形式，而相关结构函数与边缘分布一起决定了联合分布。Copula 方法不需要事先对变量间的相互关系进行测定，仅知道变量的边际分布便可以建立联合分布函数。在非线性相关系数中，常用的是 Kendall'sTau 和 Spearmans'Rho 两种秩相关系数，本次为便于测算选取 Kendall'sTau 用以表示两个边际分布之间的相关系数。常用 copula 函数包括 normalcopula，frankcopula，claytoncopula，gumbelcopula，通过使用不同 copula 函数对价格和单产分布建立联合分布拟合，使用极大似然估计法选取 copula 函数，极大似然值越大说明拟合效果越好。

（3）纯费率测算。根据得到的联合分布函数，分别随机抽样 10 000 次，得到 10 000 组产量及价格模拟数据，将各组数据相乘得到 10 000 条模拟收入值，取模拟收入值的平均数作为期望收入，根据收入保险纯费率的计算公式计算损失率。

（二）数据来源及数据处理

1. 产量数据及处理

研究采用 2000—2016 年辽宁省及其各地市（14 个）的玉米、大豆单产数据，数据来自辽宁统计信息网公开发布的历年《辽宁统计年鉴》。目前国内对产量数据的常用处理方法有：线性回归模型（加法模型①、乘法模型②）和直线滑动平均法③（LMA），线性回归模型两种方法仅对数据进行线性拟合，再将样本转换成以最后一期为基期的数据。相比于线性回归模型（加法模型和乘法模型），LMA法考虑了滑动平均作用，将线性回归模型后延滑动，不再是简单的一元线性回归的趋势，可以更加全面反映产量历史演变趋势。

经使用 ADF（Augmented Dickey-Fuller）检验方法对所有单产数据的时间序列数据进行检验，结果发现，样本玉米、大豆单产序列在水平状态下不平稳（表3）。由于受科技、化肥、机械使用状况等农业生产条件的影响，作物单位面积产量序列数据可能存在时间趋势。因此，在进行单产风险测算之前对所有单产数据均采用 LMA 法进行去趋势处理。将实际单产Y_t分成预测趋势产量$\hat{Y}_T$和随机波动项e_t，将样本转换成以最后一期为基期的产量：

$$\widetilde{Y}_t = \hat{Y}_T \cdot \left(1 + \frac{e_t}{\hat{Y}_t}\right), \text{其中 } t = 2000\text{—}2016 \text{ 年}, \ T = 2016 \tag{5}$$

在产量数据样本中，产量数据总量为 17 年，步长为 11 年，共回归 7 次，分别为：2000—2010，2001—2011，2002—2012，2003—2013，2004—2014，2005—2015，2006—2016。经过去趋势处理的单产数据将在下一步单产分布时使用。

表3　辽宁省玉米和大豆单产数据处理检验

变量	处理方法	显著水平	处理前		处理后	
			$P-\text{Value}$	检验结果	$P-\text{Value}$	检验结果
玉米单产	直线滑动平均法	0.05/0.1	0.684 9	不稳定	0.01	稳定
大豆单产		0.05/0.1	0.634 2	不稳定	0.01	稳定

2. 价格数据及处理

研究以大连商品交易所（DCE）玉米、大豆期货合约价格数据为基础，测算玉米、大豆的价格风险。大连商品交易所大豆期货合约分为是黄大豆 1 号期货合约和黄大豆 2 号期货合约，其中交易量集中在黄大豆 1 号期货合约，主要是国产的非转基因大豆，包括大连市在内的东北地区所种植的大豆均为此类大豆。目前国内玉米、大豆 1 号期货每年各有 6 个期货合约（分别为 1 月、3 月、5 月、7 月、9 月、11 月合约）。

---

① 加法模型：$\overline{y_t} = \widetilde{y}_T + e_t$，其中$\widetilde{y}_T$是 2016 年线性回归的估计值，$e_t$是每期线性回归的估计值与实际值的差值。

② 乘法模型：$\overline{y_t} = \widetilde{y}_T \cdot \left(1 + \frac{e_t}{y_t}\right)$，其中$\widetilde{y}_t$是每期线性回归的估计值，$e_t$是每期线性回归的估计值与实际值的差值，$\widetilde{y}_T$是 2016 年线性回归的估计值。

③ 直线滑动平均法（LMA）：一种线性回归模型与滑动平均相结合的方法，将产量的时间序列在某个阶段内的变化看作线性函数，呈直线，随着阶段的连续滑动，直线不断变换位置，后延滑动，从而反映产量历史演变趋势的变化。依次求取各阶段内的直线回归模型，而各时间点上的各回归模拟值的平均即为趋势产量。只有步长 K 值足够大的时候，趋势产量才能消除短周期波动的影响。一般 K 值可取 10 年或更长，标准规定 K 值取 11 年。

美国收入保险玉米收割时价格采用每年 10 月的 11 月期货价格的月均价。大豆收割时价格采用每年 10 月的 12 月期货价格的月均价。考虑到国内收获期集中在秋季以及期货合约日收割量和持仓量，为便于测算国内收入保险费率，本次选用 2006—2017 年每年次年 1 月期货合约在当年 8—12 月期货交易日结算价均价为收获期价格（单位：元/千克）。

剔除玉米、大豆历史价格分别受临时收储价格的影响，对价格数据进行去趋势处理。目前国内对价格数据的常用处理方法有：一阶差分和加法模型。一阶差分是指将当期价格与上一期价格的差值作为被解释变量。该方法的缺点在于会损失一部分有效数据，因此在数据量较小的样本中，该方法不适用。加法模型是先对数据进行线性拟合，再将样本转换成以最后一期为基期的数据，该过程没有损失有效数据，较为合适。我们选取加法模型对剔除临时收储价格影响的玉米、大豆价格去线性趋势（表 4）。

表 4　辽宁省玉米和大豆价格数据处理检验

变量	处理方法	显著水平	处理前		处理后	
			P - Value	检验结果	P - Value	检验结果
玉米价格	加法模型	0.05/0.1	0.610 6	不稳定	0.057 1	稳定
大豆价格		0.05/0.1	0.417 6	不稳定	0.011 1	稳定

（三）价格、单产边缘分布拟合

玉米、大豆的价格和单产数据处理后，从 Normal、Lognormal、Gamma、Weibull、logistic 常用分布中，以 K‑S 和 A‑D 统计量计量为标准（参考 K‑S，主要以 A‑D 结果为准），选取各自合适的分布模型，表 6 和表 8 结果比较，选取玉米的价格和单产分别服从 Gamma 和 Weibull 分布，大豆的价格和单产分别服从 Gamma 和 Logistic 分布，参数估计结果详见表 5 和表 7。

表 5　辽宁省玉米价格和单产分布拟合优度比较

常用分布	玉米价格（元/吨）		玉米产量（千克/公顷）	
	K‑S	A‑D	K‑S	A‑D
Normal	0.201 3	0.398 6	0.169 4	0.502 6
Lognormal	0.201 1	0.395 9	0.173 5	0.666 9
Gamma	0.187 3	0.352 8	0.174 3	0.612 7
Weibull	0.177 6	0.420 8	0.133 5	0.271 3
Logistic	0.204 5	0.401 9	0.138 4	0.433 4

表6 辽宁省玉米价格和单产分布拟合结果

标的	变量	最优分布	参数值
玉米	价格（元/吨）	Gamma	shape=391.314 657 0，rate=0.251 118 0
	单产（千克/公顷）	Weibull	shape=11.427 280，scale=6 349.339 215

表7 辽宁省大豆价格和单产分布拟合优度比较

常用分布	大豆价格（元/吨）		大豆产量（千克/公顷）	
	K-S	A-D	K-S	A-D
Normal	0.174 6	0.341 3	0.144 8	0.299 8
Lognormal	0.174 2	0.333 1	0.173 2	0.401 4
Gamma	0.161 0	0.308 2	0.163 7	0.357 3
Weibull	0.192 7	0.460 1	0.143 1	0.395 3
Logistic	0.169 1	0.334 6	0.124 0	0.221 0

表8 辽宁省大豆价格和单产分布拟合结果

标的	变量	最优分布	参数值
大豆	价格（元/吨）	Gamma	shape=813.809 267 43，rate=0.209 510 18
	单产（千克/公顷）	Logistic	location=2 161.449 64，scale=161.533 10

（四）单产与价格联合分布确定

通过使用不同 copula 函数对价格和单产分布建立联合分布拟合，常用 copula 函数包括 normalcopula、frankcopula、claytoncopula，使用极大似然估计法选取 copula 函数。经对表9结果比较，玉米价格与单产联合函数选取 Claytoncopula，大豆玉米价格与单产联合函数选取 Normalcopula。玉米和大豆的价格与单产间均存在一定负相关性。

表9 辽宁省玉米和大豆价格和单产 Copula 函数拟合与参数

Copula 函数类型	玉米		大豆	
	极大似然估计	参数值	极大似然估计	参数值
Normalcopula	0.338 6	−0.301	0.132 7	−0.232
Frankcopula	0.234 4	−1.255	0.080 6	−1.009
Claytoncopula	0.913 7	−0.403	0.038 7	0.135 6

（五）省级收入保险费率厘定

基于 Copula 方法，以辽宁省的玉米、大豆单产及大连商品交易所玉米、黄大豆1号期货合约价格数据为基础测算的产量及收入保险费率（考虑20％农险费用率假设），如表 10 所示：玉米产量保护保险（Yield Protection，YP）费率为 5.2%，排除收割价格收入保护保险（RP-HPE）费率为 5.0%；大豆产量保护保险（YP）费率为 6.5%，排除收割价格收入保护保险（RP-HPE）费率为 6.4%。鉴于价格与单产存在负相关，收入保险费率略低于产量保险费率。为查看测算费率合理性，使用 2011—2016 年美国玉米、大豆产量保险和收入保险平均费率与辽宁省对应费率比较，差异相对较少，原因如下：表美国费率是整体平均业务费率水平，并非个体费率，二是我国和美国均是农业大国，美国农业种植业较为分散，我国东北地区属于主要粮食产区，辽宁省数据较有代表性（表 11）。

表 10　辽宁省玉米和大豆产量保险与收入保险费率

标的		边缘分布	AD 统计量	Copula	Kendall's tau	Likelihood	YP 费率	RPHPE 费率
玉米	价格	Logistic	0.494 6	Clayton	−0.226 6	0.263 1	5.2%	5.0%
	单产	Weibull	0.271 3					
大豆	价格	Gamma	0.308 2	Normal	−0.149 1	0.132 7	6.5%	6.4%
	单产	Logistic	0.221 0					

表 11　与美国玉米和大豆产量保险与收入保险费率比较

标的	美国		辽宁省	
	YP 费率	RPHPE 费率	YP 费率	RPHPE 费率
玉米	5.7%	5.0%	5.2%	5.0%
大豆	6.7%	6.7%	6.5%	6.4%

（六）地市级收入保险费率厘定

1. 辽宁省地市产量分布

根据辽宁省统计信息网发布 2014—2016 年产量数据显示，辽宁省共有 14 个地市，玉米产量占比超过 10% 的地市有铁岭（20.8%）、沈阳（16.1%）、锦州（11.8%）、朝阳（11.6%）以及阜新（10.0%），合计产量占比 70.4%（表 12）。大豆地市产量比较集中，主要在大连（27.3%）、铁岭（12.6%）以及沈阳（12.0%），合计产量占比 51.9%（表 13）。

表 12　2014—2016 年辽宁省玉米地市产量

单位：万吨

地市	2014	2015	2016	选取权重
沈阳	251.0	249.0	244.2	16.1%
大连	81.3	67.1	103.3	5.4%
鞍山	90.3	105.6	107.5	6.5%

（续）

地市	2014	2015	2016	选取权重
抚顺	37.1	45.3	43.8	2.7%
本溪	17.0	24.6	23.3	1.4%
丹东	60.2	64.5	55.0	3.9%
锦州	160.3	177.4	211.2	11.8%
营口	23.4	22.9	21.8	1.5%
阜新	174.6	132.5	154.1	10.0%
辽阳	52.1	56.3	56.7	3.6%
盘锦	13.6	13.2	12.8	0.9%
铁岭	280.6	347.6	338.5	20.8%
朝阳	155.7	177.0	209.1	11.6%
葫芦岛	34.5	66.7	72.5	3.7%

表 13　2014—2016 年辽宁省大豆地市产量

单位：万吨

地市	2014	2015	2016	选取权重
沈阳	2.5	1.8	3.3	12.0%
大连	4.7	5.9	6.0	27.3%
鞍山	0.9	0.8	0.9	4.3%
抚顺	0.7	0.6	1.3	4.2%
本溪	0.4	0.4	0.4	1.9%
丹东	1.1	1.1	1.0	5.2%
锦州	1.2	0.9	1.1	5.2%
营口	0.4	0.4	0.5	2.3%
阜新	2.4	1.3	1.8	8.8%
辽阳	0.3	0.3	0.2	1.4%
盘锦	1.6	1.3	1.5	7.2%
铁岭	4.2	1.4	2.5	12.6%
朝阳	0.4	0.3	0.4	1.6%
葫芦岛	0.7	1.1	2.0	6.0%

2. 地市级收入保险费率差异率

使用省级收入保险费率确定方法，分别对辽宁省内 14 个地市的玉米和大豆两种收入保障进行拟合测算，为更好地检验省级与地市级风险差异，考虑各作物 2014—2016 年地市产量权重测算地市加权损失率，从表 14 可看出，玉米地市内产量分布较为分散，直接使用省级数据测算出的费率低于地市加权损失率；大豆地市内产量相对较为集中，地市加权费率与省级费率基本相同，但省级损失率无法真实体现省内地市间风险差异。玉米、大豆各地市间收入保险费率差异较大，按玉米产量排名来看，以沈阳玉米 RP－HPE 保险费率为基准，铁岭、锦州、阜新、朝阳的风险差异率分别是0.98、1.72、2.14、2.55（表15）。按大豆产量排名来看，以大连大豆 RP－HPE 保险费率为基准，沈阳、铁岭风险差异率是1.13、1.55（表16）。

表 14　玉米和大豆两种保险省级及地市级加权结果比较

作物	RPHPE 费率	
	辽宁省费率	地市加权费率
玉米	5.0%	8.0%
大豆	6.4%	6.6%

表 15　辽宁省玉米地市级价格与单产分布拟合等结果

地市	边缘分布		AD 统计量	Copula 函数	Kendall's tau 相关系数	极大似然估计	RPHPE 保险风险差异率
沈阳	价格	Gamma	0.352 9	Clayton	−0.148 5	0.117 5	0.98
	单产	Normal	0.318 8				
大连	价格	Gamma	0.352 9	Clayton	0.118 8	0.319 4	1.20
	单产	Weibull	0.319 0				
鞍山	价格	Gamma	0.352 9	Clayton	−0.265 5	1.406	0.74
	单产	Weibull	0.525 3				
抚顺	价格	Gamma	0.352 9	Clayton	−0.174 1	0.283 0	0.91
	单产	Weibull	0.185 7				
本溪	价格	Gamma	0.352 9	Clayton	−0.226 7	1.269 0	0.89
	单产	Weibull	0.679 1				
丹东	价格	Gamma	0.352 9	Clayton	−0.204 7	1.113 0	0.76
	单产	Weibull	0.637 8				
锦州	价格	Gamma	0.352 9	Gumbel	0.235 5	0.772 0	1.72
	单产	Logistic	0.415 2				
营口	价格	Gamma	0.352 9	Clayton	−0.249 5	0.904 2	0.91
	单产	Weibull	0.292 3				
阜新	价格	Gamma	0.352 9	Clayton	0.211 1	0.564 8	2.14
	单产	Weibull	0.234 5				
辽阳	价格	Gamma	0.352 9	Frank	−0.330 5	1.050 0	0.75
	单产	Weibull	0.519 8				

（续）

地市	边缘分布		AD 统计量	Copula 函数	Kendall's tau 相关系数	极大似然估计	RPHPE 保险风险差异率
盘锦	价格	Gamma	0.352 9	Clayton	0.239 7	0.453 5	1.51
	单产	Weibull	0.295 9				
铁岭	价格	Gamma	0.352 9	Normal	−0.314 2	0.883 0	1.00
	单产	Weibull	0.478 6				
朝阳	价格	Gamma	0.352 9	Gumbel	0.327 1	0.749 3	2.55
	单产	Logistic	0.337 4				
葫芦岛	价格	Gamma	0.352 9	Clayton	−0.046 5	0.027 4	2.37
	单产	Logistic	0.515 6				

表 16　辽宁省大豆地市级价格与单产分布拟合等结果

地市	边缘分布		AD 统计量	Copula 函数	Kendall's tau 相关系数	极大似然估计	RPHPE 保险风险差异率
沈阳	价格	Gamma	0.308 2	Normal	−0.101 3	0.120 2	1.13
	单产	Weibull	0.147 4				
大连	价格	Gamma	0.308 2	Normal	−0.502 4	2.830 0	1.00
	单产	Weibull	0.586 1				
鞍山	价格	Gamma	0.308 2	Normal	−0.343 8	1.437 0	0.90
	单产	Weibull	0.279 5				
抚顺	价格	Gamma	0.308 2	Clayton	0.058 9	0.019 7	1.29
	单产	Logistic	0.373 4				
本溪	价格	Gamma	0.308 2	Normal	−0.148 3	0.352 4	1.03
	单产	Weibull	0.398 5				
丹东	价格	Gamma	0.308 2	Clayton	0.109 4	0.113 5	0.91
	单产	Weibull	0.276 6				
锦州	价格	Gamma	0.308 2	Normal	−0.115 1	0.140 4	1.69
	单产	Weibull	0.331 5				
营口	价格	Gamma	0.308 2	Frank	−0.199 0	0.267 5	0.93
	单产	Weibull	0.279 8				
阜新	价格	Gamma	0.308 2	Clayton	0.094 2	0.047 2	2.59
	单产	Logistic	0.962 8				
辽阳	价格	Gamma	0.308 2	Clayton	−0.282 8	1.173 0	0.73
	单产	Normal	0.251 2				

（续）

地市	边缘分布		AD 统计量	Copula 函数	Kendall's tau 相关系数	极大似然估计	RPHPE 保险风险差异率
盘锦	价格	Gamma	0.308 2	Frank	−0.086 3	0.091 5	0.53
	单产	Gamma	0.308 3				
铁岭	价格	Gamma	0.308 2	Gumbel	0.422 6	3.279 0	1.55
	单产	Logistic	0.275 4				
朝阳	价格	Gamma	0.308 2	Frank	0.057 4	0.038 4	3.51
	单产	Logistic	0.183 7				
葫芦岛	价格	Gamma	0.308 2	Normal	−0.393 3	1.888 0	1.59
	单产	Logistic	0.422 6				

四、国内收入保险发展建议

（一）开展以目标价格进行赔付的地市级收入保险

考虑到我国农产品价格发布机制不完善，较难动态监控或收集价格数据，理赔难度较大，建议国内现阶段发展以目标价格进行赔付的收入保险（RP‐HPE）产品为主。需注意的是本次费率测算时采用的是辽宁省（或地市）统计数据而非单个农户的索赔数据，只有在以全省（或地市）为单位承保和按照全省（或地市）平均产量设计保险产品方案才有意义。从本次收入保险费率实证测算结果来看，省级损失率无法体现地市间风险差异性，建议试点时以地市作为承保单元进行展业，待累积一定业务数据后对业务质量进行后续跟踪，并动态优化费率测算模型。后期累积一定县级产量数据后，可对县级收入保险产品进行开发以及定价。

（二）全国统一产量数据口径及完善发布机制

收入保险经营的前提依赖于完善的产量、价格的收集和发布机制，否则难以开展。我国农产品生产动态监测及产量发布机制严重缺失，与美国健全的体系差距较大。美国单产主要是以农场（户级）平均单产为基础或以区域（县级）平均单产为基础进行计量，且在美国农业部（USDA）均可查到。而我国单产的统计口径差异相对较大，主要集中在以下几个方面：一是地理统计颗粒度较粗，各省统计口径不一，地市级及县级产量数据缺失，单产数据缺失逐级加剧，规模较小的作物并未纳入统计范畴，基本不存在以农户层级进行统计的数据；二是统计单位不一致。另外，国家统计局有全国及省级农业粮食产量数据，各省各自收集统计地市级数据。考虑到现阶段收集农户数据可行性偏低，建议与监管部门协商各省统一农作物产量数据发布口径及明确各省发布机构，以省级产量数据为基础，积累地市级、县级产量数据。单产地理细颗粒数据越细，设计的收入保险越能体现风险差异化，市场需求度越高。

（三）利用收入保险助推农产品价格改革

为保护种粮农民利益、保证粮食市场供应和保障国家粮食安全，我国从 2005 年开始实施最低收购价政策（最低保护价），对我国粮价进行"兜底"，造成我国粮价市场形成机制长期偏离真实水平。建议用收入保险替代现有的价格支持政策。一是收入保险作为市场化工具运作更加规范、专业和透明，可以有效规避现行农作物价格制度的缺陷，激活粮食市场化交易，发挥市场自由定价作用，完善市场的价格发现功能。二是收入保险分散转移了农业生产者面临的自然风险和市场风险，保障程度可覆盖生产的物化成本、地租成本、人工成本、部分收益，相对于传统的物化成本保险和单一的产量、价格保险，对农民的风险保障程度更为全面。三是如上文所述，收入保险也更加符合国际会计新准则对保险合同保险风险保障的新定义。考虑到目前我国的粮食产业政策主导着稻谷、小麦的供求及价格，两种作物期货交易规模较小，尚不具备市场价格发现功能；玉米、大豆期货交易量相对较多且取消临时收储价相对较早，建议先从玉米、大豆收入保险开始着手试点。

参考文献

[1] 田菁，魏柏林，张琅，等 . 美国农业保险发展及收入保险研究 [J]. 保险理论与实践，2018（2）：75 - 105.

[2] 肖宇谷 . 农业保险中的精算模型研究 [M]. 北京：清华大学出版社，2018.

[3] Barry K. Goodwin, Ardian Harri, et al. Actuarial Review for Price Volatility Factor Methodology [OL]. August 2014，http：//www. sumariasystems. com/.

[4] Dennis A. Shields, Federal Crop Insurance：Background and Issues [R]. CRS Report for Congress, December 6，2013：1 - 14.

[5] FCIC. United Sates Department of Agriculture Federal Crop Insurance Corporation Supplemental Coverage Option Endorsement [OL]. June 2014，https：//www. rma. usda. gov/.

[6] RMA. The Risk Management Safety Net：Portfolio Analysis - Market Penetration and Potential [OL]. July 2013，http：// www. rma. usda. gov/pubs/2013/portfolio/index/html.

[7] RMA. A Comprehensive Review of the RMA APH and COMBO Rating Methodology Final Report [OL]. March 2010，https：//www. rma. usda. gov/.

[8] RMA，Summary of Changes for the Common Crop Insurance Policy Basic Provisions - Reinsured Version（11 - BR）[OL]. April 2010，https：//www. rma. usda. gov/.

[9] RMA. Summary of Changes for the Actual Revenue History Pilot Endorsement [OL]. 2014，https：//www. rma. usda. gov/.

[10] Tejeda，H. A. ，Goodwin，B. K. Modeling crop prices through a Burr distribution and analysis of correlation between crop prices and yields using a copula method [c] //Annual meeting of the Agricultural and Applied Economics Association，Orlando，FL. 2008.

巨灾风险

农业保险巨灾风险分散模式的比较与选择

包璐璐　江生忠

摘要： 农业保险对于分散农业风险、稳定农业生产收益、保障农民切身利益起到了至关重要的作用。然而，农业巨灾风险的存在，使得农业保险的经营面临着财务稳定性和发展可持续性问题。直至目前，我国仍然缺乏有效的农业保险巨灾分散机制，尽快建立和完善国家层面的农业保险巨灾风险分散体系对防范农业巨灾风险、分担农业大灾损失具有重要意义。本文通过蒙特卡洛仿真，测算了直保公司购买商业性再保险、财政为农业保险公司兜底、政府出资购买再保险和政府通过政策性农业再保险公司经营再保险四种模式下，农业保险各参与方的平均支出、波动情况、最大支出和赔付缺口，从风险分散体系各方支出的角度来探讨我国农业保险巨灾风险分散模式的选择。经过研究，本文认为政府通过政策性农业再保险公司经营再保险是分散我国农业保险巨灾风险的最优选择，既能有效分散巨灾风险，平滑赔付波动，又能使政府资金的使用效率保持在较优水平。

关键词： 农业巨灾风险；农业保险；农业再保险；财政支出

一、引言

农业保险对于分散农业风险、稳定农业生产收益、保障农民切身利益起到了至关重要的作用。然而，农业巨灾风险的存在，使得农业保险的经营面临着财务稳定性和发展可持续性问题。不同于一般的风险，农业巨灾风险具有时间和空间上高度相关、造成损失大等特点，一旦发生，会给农业生产经营带来严重的损失，甚至对经济发展和社会稳定产生影响。我国农业自然灾害频发，从近年农业保险的经营情况看，全国包括计划单列市在内的 36 个省区中，2015 年共有 4 个地区简单赔付率超过 100%，最高为深圳的 170%，辽宁省赔付率为 111%；2016 年共有 9 个地区简单赔付率超过

作者简介：包璐璐，中国再保险集团（股份）有限公司博士后；江生忠，南开大学金融学院教授、博士生导师，南开大学农业保险研究中心主任。

感谢中国再保险集团（股份）有限公司农共体管理机构的李琼先生和单言女士在本文研究过程中提供的宝贵建议。

100%，最高为深圳的 278%，其次为福建省的 140%；2017 年共有 4 个地区简单赔付率超过 100%，最高为内蒙古的 133%，其次为深圳的 127%（数据来源于《中国保险年鉴》）。中共中央、国务院重视农业保险巨灾风险分散问题，2007 年的中央 1 号文件提出"完善农业巨灾险转移分摊机制，探索建立中央、地方财政支持的农业再保险体系"，此后的中央 1 号文件多次提及农业巨灾风险分散机制的建立。2013 年财政部印发《农业保险大灾风险准备金管理办法》，对农业保险经营机构计提和使用大灾风险准备金进行了规定。2014 年国务院印发《国务院关于加快发展现代保险服务业的若干意见》，明确指出落实农业保险大灾风险准备金制度，以及建立财政支持的农业保险大灾风险分散机制。2019 年 2 月，中国人民银行等五部门联合发布的《关于金融服务乡村振兴的指导意见》提出，落实农业保险大灾风险准备金制度，组建中国农业再保险公司，完善农业再保险体系。

尽管政府高度重视农业巨灾风险分散体系的建设，部分省市也根据自身特点建立了农业巨灾保障试点，但是整体上讲，我国农业保险巨灾风险分散机制的建立步伐相对缓慢，政策支持的全国性风险分散机制至今仍未建立（庹国柱，2018）。在国家层面，我国目前建立了保险公司计提大灾风险准备金的机制，并提供大灾风险准备金可税前扣除的优惠政策。2014 年，中国保监会引导和支持中国再保险集团牵头发起成立中国农业保险再保险共同体，截至 2018 年底，中国农共体已扩展到 34 家公司成员。然而，农共体分保方式单一，主要为比例分保，成员公司间关系松散，近两年综合成本率高达 111.3%，因此只能作为临时性的农业保险巨灾风险分散制度安排（丁少群、李植，2019）。与发达国家相比，我国的农业保险巨灾风险分散体系尚不成熟，政府承担的角色尚未明确，参与的方式较为单一。

国内学者对全国性的巨灾风险分散模式进行了研究，提出了诸多政策建议。但是，对于农业保险巨灾风险分散的各种可选模式下，政府、保险公司、再保险公司等参与方的支出情况鲜有研究。本文旨在使用量化的方法来研究我国农业保险巨灾风险分散的模式选择，模拟了直保公司购买商业性再保险、财政为农业保险公司兜底、政府出资购买再保险和政府通过政策性农业再保险公司经营再保险等分散方式，通过蒙特卡洛仿真测算了以上情形下各参与方的支出水平、波动情况和赔付缺口，以说明我国是否应建立财政支持的农业保险巨灾风险分散体系和政府如何参与风险分散等问题，对农业保险巨灾风险分散机制的建立提出建议。

二、国内外农业保险巨灾风险分散的实践经验及相关研究

（一）国外农业保险巨灾风险分散机制

各个国家在发展过程中形成了独具特色的农业保险巨灾风险分散机制，对我国相关机制的建立具有一定借鉴意义。

美国政府在农业保险巨灾风险分散机制中发挥主导作用，依托美国联邦农作物保

险公司（FCIC）参与农业再保险的经营，形成了与商业保险公司利润共享、损失共担的农业再保险运行机制（袁祥州、朱满德，2015）。FCIC 起初专营联邦农作物保险计划，1980 年美国修订《联邦农作物保险法》，鼓励商业保险公司经营农作物保险业务，FCIC 建立农业再保险职能，并逐渐将业务重心转至再保险；2001 年起，FCIC 完全退出农作物直接保险业务，成为美国政府制定和管理农业保险计划、提供财政补贴和经营再保险的载体（吕晓英、李先德，2014）。FCIC 根据《标准再保险协议》和《牲畜价格再保险协议》开展农业再保险，从最初的简单约定风险分摊、利润分享比例的模式逐步发展为"成数＋超赔＋净额成数分保＋利润共享、损失共担"的再保险模式，以平滑农业保险的经营结果（李琼等，2018）。经过多年的探索和调整，美国农业保险体系逐步形成了以农业再保险为核心的风险分散链条，其农业保险巨灾风险分散体系包含直接保险、再保险、大灾专项基金以及紧急预案四层结构，实现风险从低到高的逐级分散，有效保障农业保险体系的稳健运行。

加拿大的农业保险是公共机构经营、政府补贴、自愿参与的模式（朱俊生，2013）。加拿大农业保险巨灾风险分散机制包含农业保险公司、省政府和联邦政府三个层次，农业保险公司由各省政府组建，垄断经营农业保险，商业保险公司由于无法得到政府补贴，极少参与农业保险计划（中原农业保险公司加拿大农业保险考察团，2016），联邦政府和省政府则提供再保险和巨灾融资支持。联邦政府和省政府分别设立再保险基金，保管各省农作物保险公司缴纳的再保险费，再保险费率根据再保险基金的盈余确定，当农业保险公司的账户余额不足以赔付时，由两级再保险基金按照一定比例摊赔，若再保险基金不够支付，差额部分则由省政府和联邦政府提供无息贷款进行弥补，再保险基金在后续经营中偿还（王克，2019）。

日本以分散的小农经营为主，农业保险采用共济制。1947 年日本颁布《农业灾害补偿法》初步建立共济保险制度，1952 年制定《农业共济基金法》，建立农林渔业信用基金解决灾害补偿资金短缺问题，之后多次修订相关法律和机制，建立并完善了农业保险巨灾风险分散体系（卜庆国，2017）。日本的农业保险风险分散机制体现了"多级分散"与"政府兜底"的农业保障政策理念，包含农业共济组合、农业共济组合联合会、国家农业共济再保险和紧急预案四个层次。农业共济组合为农业保险直接承保机构，是民间的、不以赢利为目的的保险相互会社，向都道府县设立的农业共济组合联合会办理再保险，而农业共济组合联合会可向政府的农林水产省经营局保险课进行再保险，中央政府以再保险的模式参与巨灾风险分散。政府和农业共济组合联合会共同出资设立农业共济基金，在发生高额赔付时向农业共济组合联合会提供贷款；国家农业共济再保险的资金不足以支付赔款时，由国库提供紧急资金。为了减少中间环节，提高组织效率，缩短赔付时间，部分都道府县合并了基层农业共济组合和农业共济组合联合会，共济组合直接向政府缴纳保险费（江生忠、费清，2018）。

法国的农业保险也起源于农民自发成立的农业相互保险组织，1900 年法国政府颁布《农业互助保险法》，1964 年设立国家农业灾害保障基金，1966 年在大区范围内设立再保险机构，建立逐级分保的再保险体系，1986 年组建国家保险公司专门经营农业保险及相关业务，形成了民办官助、逐级分保的风险分散体系，政府是农业巨灾风险的最终承担者。法国的农业保险巨灾风险分散机制由农业相互保险合作社、农业相互保险公司、中央再保险公司和国家农业风险管理基金四个层次组成，农业相互保险公司为相互保险合作社提供再保险，中央再保险公司为相互保险公司提供再保险，农业灾害保障基金则对农业保险组织无力承受的农业巨灾风险进行补贴性补偿（杨铁良，2017）。

从以上国家的经验来看，美国、加拿大、日本和法国的农业保险巨灾风险分散机制都体现出了公共参与、政府兜底的特性，再保险和巨灾风险基金是各个国家普遍采用的做法。美国、日本和法国都通过农业再保险的模式参与巨灾风险分散，加拿大则通过再保险基金的模式提供再保险支持。以上各国均建立了巨灾基金来应对农业巨灾风险，提供融资支持。

（二）国内部分省市的农业保险巨灾风险分散机制

我国农业保险巨灾风险分散机制不完善，没有国家层面的巨灾损失分摊制度安排，但是部分省市已作为试点进行了探索，较为典型的有北京、上海、江苏、浙江和黑龙江等，各省模式和特点对比如表 1 所示。

表 1　国内各省市农业保险巨灾风险分散机制典型模式

省份	模式	优点	缺点
北京	商业保险公司承担赔付率在 160% 以下的损失补偿责任； 政府拨付财政资金为赔付率在 160% 至 300% 的风险购买再保险； 政府按农业生产总值的 1‰ 计提巨灾风险准备基金，为赔付率超过 300% 的风险提供保障； 北京市下调再保险起赔点至 150%	政府统一采购再保险，提高了议价能力； 转移政府承担的不确定巨灾风险超赔责任； 省去委托保险公司购买再保险的中间环节（刘春广、刘跃林，2010）	再保险费支出大； 160% 赔付下限设定过高，再保险的风险分散作用有限（李丹，2015）； 政府需要承担赔付率在 300% 以上的赔款责任发生概率很小（王德宝、庹国柱，2010）
上海	农业保险机构承担赔付率在 90% 以下的损失，采取"以险养险"方式运作； 农业保险机构按需购买再保险，承担赔付率 90%～150% 的损失，财政给予再保险 60% 的保费补贴，最高不超 800 万元； 农业保险机构计提农业大灾风险准备金承担赔付率超过 150% 以上的损失； 仍不能弥补的损失由财政通过一事一议方式予以安排解决	政府鼓励购买再保险，可有效分散风险； "以险养险"模式通过商业保险的盈余弥补农业保险的亏损，降低经营风险	财政一事一议解决方式下，当巨灾发生时政府和保险公司临时筹资压力较大

（续）

省份	模式	优点	缺点
江苏	原模式为政府和保险公司按照5：5的比例收取保费，分摊赔付；2019年起，由政府与保险机构"联办共保"转为政府指导下的保险机构独立承保； 政府和保险公司分别建立巨灾风险准备金，地（市）政府按照全市农业保险保费收入的10％建立农业风险准备基金，省级财政给予同比例的配套	原模式将各级政府和保险公司有机结合，使政策机制和市场机制实现优势互补； 减少了"委托——代理"问题，能够降低承保中的道德风险	仅选择一家保险公司独立承保，风险较为集中（谭中明、徐勇谋，2010） 政府承担的风险责任大（高庆鹏、周振等，2012），财政支出波动较大
浙江	多家保险公司形成"共保体"，分摊保费和风险，政府对共保体提供20％的经营管理费用补贴，同时采用"以险养险"模式运作	风险由多家公司承担，实现风险分散； 浙江农业灾害严重，再保险保费较高（陈亮、孙永锡），共保体模式减少了再保险需求	共保体实际经营亏损严重，积极性不高（陈亮、孙永锡）
黑龙江	保费两级留存，保险互助社和阳光农保各留存50％保费，并承担相应比例责任； 阳光农保购买超赔再保险，提供赔付率在90％～140％的风险保障	相互保险模式对巨灾风险具有自动吸纳机制（庹国柱、朱俊生，2010）	巨灾风险分散仅依靠商业化手段，个别大灾年份难以有效分散

　　各省市的农业保险巨灾风险分散机制各有优缺点，政府的参与程度、资金使用方式也不同。北京模式是政府主导下的商业化运作模式，政府通过统一采购再保险的模式来转移巨灾风险，但是该模式下政府需每年支出再保险费，且再保险的起赔点设定较高导致赔付分担作用有限，因而北京市已将再保险的起赔点降低至150％。上海市制定了《农业保险大灾（巨灾）风险分散机制暂行办法》，通过提供再保险保费补贴的形式鼓励保险公司购买再保险，农业保险公司承担赔付率90％以下的责任，负担相对较轻，但仅依靠保险公司计提的大灾风险准备金，难以对赔付率150％以上的损失进行有效分担，当巨灾发生时政府的筹资压力较大。江苏省原采用"联办共保"模式，政府和保险公司均通过设立巨灾风险准备金的方式来分散风险，由于政府直接参与农业保险的经营，可利用平常年份的保费盈余分散赔付责任，减轻财政负担，但是该模式下政府和保险公司的风险均未向外有效分散，风险仍集中于省内，政府承担的风险责任较大，财政支出的波动也较高。2019年起江苏省由政府与保险机构"联办共保"转为政府指导下的保险机构独立承保。浙江省的共保体模式使风险在多家保险公司间分散，由于浙江省灾害严重，再保险费率较高，共保体可一定程度上替代再保险发挥作用，但共保体实际经营亏损严重，积极性不高，政府除经营管理费用补贴外，未形成其他的激励措施。浙江省曾实施5倍封顶的政府超赔分担机制，赔付在2倍以内由共保体全部承担，2～3倍部分由共保体与政府按1：1比例分担，3～5倍部分由共保体与政府按1：2比例分

担，但由于财政负担过重，自 2013 年取消了五倍封顶制度和政府超赔责任。黑龙江省垦区的政策性农业保险业务大多由阳光农保公司承保，保险公司按需购买再保险，但巨灾风险分散仅依靠商业化手段，个别大灾年份难以有效分散，2013 年和 2016 年，黑龙江省遭遇农业巨灾，农业保险赔款 79 亿元，简单赔付率超过 130%，保险公司通过再保险和多年积累的大灾准备金才渡过难关，若持续发生巨灾则难以为继（黑龙江保险学会课题组，2019）。北京、上海模式中，政府发挥了重要角色，通过采购再保险、提供再保险保费补贴等方式来参与农业保险巨灾风险的分散，甚至提供财政兜底支持；北京和江苏建立了省市级的巨灾风险准备金。吕晓英、李先德（2010）对北京市政府出资购买农业再保险的运作方式进行模拟，指出该模式并不能实现财政资金支出效用比最优，政府直接承担巨灾超赔的再保险方式增大了政府应对早期出现巨灾的筹资难度，原保险公司直接与再保险公司开展赔付率超赔再保险既可实现保险公司的可持续发展又能提高政府资金的效率。高庆鹏、周振等（2012）测算了在假定损失率下，北京、江苏和安徽三省农业保险巨灾风险分散模式中政府、保险公司的赔付责任，并指出江苏模式中政府承担的风险责任最大，但是赔付负担较轻，保险机构的风险责任压力较大，而北京模式在灾害较小时政府负担较轻，灾害严重时政府负担为三种模式中最重。

（三）全国性农业保险巨灾风险分散机制的研究

国外和国内部分省市的农业保险巨灾风险分散模式为我国全国性分散机制的建立提供了参考，但是由于财政实力、灾害情况和农业保险发展基础不同，很难直接移植推广。国内学者也对全国性的巨灾风险分散模式进行了研究，探究存在的问题并提出建议。庹国柱、朱俊生（2010）讨论了多种巨灾风险分散制度，指出建立巨灾风险准备金、再保险安排、财政"兜底"和农业保险巨灾债券是政府对于农业保险巨灾风险分散制度的主要选择，但政府支持的方式多种多样，比较有效的方式是为农业再保险提供财政支持（庹国柱，2019）。冯文丽、苏晓鹏（2014）提出应构建多元化农业巨灾风险承担体系，通过农户、保险公司、再保险公司、省级政府、中央政府、资本市场六个层级来分担农业巨灾风险。丁少群、王信（2011）建议建立保险公司巨灾风险准备金，政策主导、市场运作的农业再保险和国家层面巨灾风险准备金组成的农业巨灾风险保障体系。白玉培（2016）和周桦（2008）研究了以再保险为基础的农业巨灾风险分散机制。庹国柱、王克等（2013）探讨了巨灾风险分散制度的选择，对巨灾风险准备金规模进行了量化测算。庹国柱、朱俊生（2014）建议加速建立中央和省两级农业保险大灾风险分散制度。但是，对于全国性农业保险巨灾风险分散的多种可选模式下政府、保险公司、再保险公司等参与方的支出情况，目前鲜有定量的研究。

三、农业保险巨灾风险分散模式的仿真模拟

本文使用蒙特卡洛仿真来模拟多种农业保险巨灾风险分散模式，比较不同机制下

政府资金使用效率和农业保险各参与方支出，以研究我国农业保险巨灾风险分散的模式选择和政府在风险分散体系中扮演的角色。

（一）基本假设及数据说明

为简化模型，本文的模拟建立在以下假设之上：一是测算范围包含各省的所有农作物，且不考虑不同农作物在保额、费率和赔付政策方面的差异；二是不考虑各省、各险种的起赔点差异，原保险起赔点统一设定为 20%，再保险赔付区间设置为 100%～200%；三是投保面积为各省 2017 年农作物播种面积，数据来源为《中国农村统计年鉴 2018》，在模拟时间内不发生变化；四是保险的费率在模拟时间内不发生变化；五是农业保险公司和再保险公司均按照现行办法计提大灾风险准备金，包括保费准备金和利润准备金，保费准备金的计提比例为《农业保险大灾风险准备金管理办法》中种植业保险计提比例的中间值，利润准备金的计提比例为在保险公司提取法定公积金和一般风险准备金后，超额承保利润的 75%，大灾风险准备金在使用时可跨越省份；六是不考虑保险公司的资本金和其他准备金，不考虑保险资金的投资收益；七是农业保险公司和再保险公司的费用率均设定为 20%。

（二）研究情景设定

本文研究了以下四种情形：

模式一：直保公司购买商业性再保险公司的超赔再保险，再保险公司承担超赔责任部分，剩余部分由直保公司承担，该模式是商业化的风险分散模式。

模式二：直保公司不购买再保险，政府直接为直保公司兜底，财政兜底模式是政府参与农业巨灾风险分散最直接、最简便的方式。

模式三：政府为直保公司购买商业性再保险公司的超赔再保险，再保险公司承担超赔责任部分，剩余部分由直保公司承担，该模式由政府采购再保险，与北京模式类似。

模式四：政府建立政策性农业再保险公司，为直保公司提供农业再保险，政府为再保险公司兜底，剩余部分由直保公司承担。该模式与美国模式类似，政府通过政策性再保险方式参与农业保险巨灾风险的分散。为鼓励保险公司参与农作物保险计划，同时减少政策性农业再保险运作过程中的逆选择风险和道德风险，在设计农业再保险公司的股权结构时，就应当从股权结构上形成政府与市场收益共享、损失共担的格局，因此，政府和商业再保险公司、保险公司共同出资设立是可行的选择。假设成立政策性农业再保险公司所需的资本金为 120 亿元，政府持股比例占 30%～50%，政府首年出资额为 36 亿元至 60 亿元。在后续测算中，我们假设政府在首年需投入 60 亿元的注册资本。

上述模式中，模式一是市场化的运作模式，通过商业再保险安排来分散巨灾风险，但政府仅提供保费补贴，不参与风险的分散。模式二至模式四中，政府通过不同方式来参与风险的分散，模式二的财政兜底方式是政府参与巨灾风险分散最直接的方式；模式三和模式四均包含再保险安排，用于比较政府采购再保险和政府提供政策性再保险模式的差异。各种模式下农业保险公司、再保险公司和政府的收入及支出项见表2，具体计算过程详见本节的蒙特卡洛仿真步骤部分。

表2　农业保险公司、再保险公司和政府的收入及支出情况

模式	农业保险公司		再保险公司		政府	
模式一	自留保费	GP_{ij}	分保费收入	RP_{ij}	再保险保费补贴	0
	分出保费	RP_{ij}				
	赔付支出	$P_{ij}^{[0,a]}+P_{ij}^{(b,+\infty)}$	赔付支出	$P_{ij}^{(a,b]}$	赔付支出	0
模式二	自留保费	GWP_{ij}	分保费收入	0	再保险保费补贴	0
	分出保费	0				
	赔付支出	P_{ij}^{in}	赔付支出	0	赔付支出	$P_{ij}^{gov\_in}$
模式三	自留保费	GWP_{ij}	分保费收入	RP_{ij}	再保险保费补贴	RP_{ij}
	分出保费	0				
	赔付支出	$P_{ij}^{[0,a]}+P_{ij}^{(b,+\infty)}$	赔付支出	$P_{ij}^{(a,b]}$	赔付支出	0
模式四	自留保费	GP_{ij}	分保费收入	RP_{ij}	再保险保费补贴	0
	分出保费	RP_{ij}			首年注册资本	60亿元
	赔付支出	$P_{ij}^{[0,a]}+P_{ij}^{(b,+\infty)}$	赔付支出	P_{ij}^{re}		$P_{ij}^{gov\_re}$

（三）蒙特卡洛仿真步骤

1. 生成农作物因灾损失序列数据

由于农业保险理赔数据的缺失和样本量有限，庹国柱、王克等（2013）基于每年各省农作物的成灾、受灾和绝收面积数据来估算农作物的因灾损失率，并以此作为样本数据来拟合损失的概率密度分布，见表3，使用灾情数据估算损失的方法可避免出现使用单产数据所致的"单产数据空间加总偏差"和"低估风险"的问题。本文基于该文献中的分布和参数，利用蒙特卡洛模拟生成31个省份的农作物因灾损失时间序列数据 L_{ijk}，其中 i 为模拟次序，j 为模拟年份，k 为省份编号，模拟期限为 $T=30$ 年，模拟运行次数为 $N=10\,000$ 次。经过模拟，各省的平均因灾损失率见表4。

表3　各省农业保险因灾损失率分布

省份	分布函数	参数		
安徽	Gamma	$\alpha=1.741\,7$	$\beta=0.050\,9$	$\gamma=0.027\,24$
北京	Logistic	$\sigma=0.025\,83$	$\mu=0.083\,33$	
重庆	Loglogistic	$\alpha=2.916\,7$	$\beta=0.097$	$\gamma=0.022\,49$
福建	Weibull	$\alpha=1.871$	$\beta=0.090\,88$	$\gamma=0.011\,09$

（续）

省份	分布函数	参数			
甘肃	Weibull	$\alpha=2.179\,3$	$\beta=0.152\,52$	$\gamma=0.038\,52$	
广东	Loglogistic	$\alpha=4.211\,4$	$\beta=0.092\,08$	$\gamma=-0.008\,25$	
广西	Loglogistic	$\alpha=8.815\,5$	$\beta=0.185\,42$	$\gamma=-0.083$	
贵州	Weibull	$\alpha=1.652\,9$	$\beta=0.084\,28$	$\gamma=0.041\,9\,7$	
海南	Loglogistic	$\alpha=5.104\,8$	$\beta=0.215\,95$	$\gamma=-0.095\,674$	
河北	BetaGeneral	$\alpha_1=1.347\,6$	$\alpha_2=1.419\,8$	$a=0.045\,98$	$b=0.207\,95$
河南	Weibull	$\alpha=1.840\,5$	$\beta=0.094\,3$	$\gamma=0.020\,48$	
黑龙江	Normal	$\sigma=0.062\,4$	$\mu=0.146\,56$		
湖北	Normal	$\sigma=0.055\,26$	$\mu=0.137\,15$		
湖南	Loglogistic	$\alpha=7.882\,5$	$\beta=0.197\,2$	$\gamma=-0.070\,52$	
吉林	Weibull	$\alpha=1.444\,9$	$\beta=0.163\,34$	$\gamma=0.034\,35$	
江苏	Weibull	$\alpha=1.249\,6$	$\beta=0.077\,19$	$\gamma=0.025\,41$	
江西	Loglogistic	$\alpha=4.487\,8$	$\beta=0.104\,9$	$\gamma=-0.009\,28$	
辽宁	Lognormal	$\sigma=0.368\,91$	$\mu=-1.452\,5$	$\gamma=-0.072\,06$	
内蒙古	BetaGeneral	$\alpha_1=1.385\,5$	$\alpha_2=2.048\,8$	$a=0.076\,16$	$b=0.438\,03$
宁夏	Normal	$\sigma=0.074\,01$	$\mu=0.151\,81$		
青海	Loglogistic	$\alpha=2.157\,7$	$\beta=0.081\,21$	$\gamma=0.050\,11$	
山东	BetaGeneral	$\alpha_1=3.058$	$\alpha_2=3.316$	$a=-0.000\,435\,45$	$b=0.247\,31$
山西	Logistic	$\sigma=0.044\,41$	$\mu=0.206\,94$		
陕西	Weibull	$\alpha=2.301\,9$	$\beta=0.137\,57$	$\gamma=0.050\,4$	
上海	BetaGeneral	$\alpha=0.205$	$\alpha_2=2.133$	$a=4.86E-15$	$b=0.335\,85$
四川	BetaGeneral	$\alpha_1=1.936\,5$	$\alpha_2=2.703\,9$	$a=0.026\,01$	$b=0.183\,71$
天津	Weibull	$\alpha=2.041\,6$	$\beta=0.146\,64$	$\gamma=-0.009\,67$	
西藏	InvGauss	$\lambda=0.353\,64$	$\mu=0.121\,57$	$\gamma=-0.030\,85$	
新疆	Logistic	$\sigma=0.023\,51$	$\mu=0.077\,2$		
云南	Logistic	$\sigma=0.023\,58$	$\mu=0.103\,04$		
浙江	Weibull	$\alpha=1.645\,5$	$\beta=0.084\,18$	$\gamma=0.015\,0\,5$	

资料来源：庹国柱、王克等（2013）。

2. 估算各省的农业保险赔付比率

根据文献中全国 31 个省市的保额和农业保险费率数据，可估算出各省的农业保险赔付比率

$$I_{ijk}=\begin{cases}L_{ijk}，如果\ L_{ijk}-Trigger>0 \\ 0，其他，\end{cases}$$

其中，$Trigger$ 为农业保险的起赔点，当损失率超过该数值时，农业保险进行赔付。

总赔付金额为

$$P_{ijk} = C_k \times A_k \times I_{ijk}$$

其中，C_k 为 k 省单位面积的保额，A_k 为 k 省的承保面积。简单赔付率为

$$LR_{ijk} = \frac{P_{ijk}}{C_k \times A_k \times PR_k^{in}} = \frac{I_{ijk}}{PR_k^{in}}$$

其中，PR_k^{in} 为 k 省的农业保险费率，$C_k \times A_k \times PR_k^{in}$ 为农业保险保费。

3. 估算农业巨灾超赔再保险费率

本文根据农作物的损失模拟数据来估算各省巨灾超赔再保险的费率。假设农业再保险公司承担赔付率 LR_{ijk} 在下限 a 和上限 b 之间的赔付责任，农业再保险公司的赔付金额为

$$P_{ijk}^{re} = C_k \times A_k \times PR_k^{in} \times \min[\max(LR_{ijk} - a, 0), b - a]$$

k 省的超赔再保险的费率为

$$PR_k^{re} = \frac{\sum_i \sum_j P_{ijk}^{re}}{N \times T \times C_k \times A_k \times PR_k^{in}} = \frac{\sum_i \sum_j \min[\max(LR_{ijk} - a, 0), b - a]}{N \times T}$$

本文测算了 $a = 100\%$，$b = 200\%$ 的情形，所得的各省农业巨灾超赔再保险费率如表 4 所示。模拟中不考虑商业再保险和政策性再保险的费率差异，假设各种模式的巨灾超赔再保险费率均相同。

表 4 各省农业保险保额、费率和损失率

省份	保险金额（元/亩）	农业保险费率（%）	再保险费率（%）	平均损失率
安徽	300	5	13.22	0.115 9
北京	500	7	1.35	0.087 7
重庆	300	5	17.52	0.139 6
福建	400	4	10.77	0.064 5
甘肃	250	6	19.83	0.127 1
广东	300	6	3.79	0.092 9
广西	500	5	2.84	0.106 5
贵州	300	6	10.83	0.089 9
海南	300	5	20.30	0.136 6
河北	300	6	2.45	0.124 9
河南	300	6	11.43	0.075 3
黑龙江	150	10	23.64	0.148 2
湖北	200	7	15.47	0.138 3
湖南	300	6	9.17	0.132 2
吉林	200	8	20.43	0.126 7
江苏	500	5	9.40	0.069 5

（续）

省份	保险金额（元/亩）	农业保险费率（%）	再保险费率（%）	平均损失率
江西	200	6	5.16	0.104 7
辽宁	400	6	40.89	0.178 5
内蒙古	350	8	67.19	0.222 4
宁夏	300	6	31.57	0.155 6
青海	300	8	24.89	0.161 0
山东	500	2	4.27	0.118 4
山西	300	5	65.29	0.209 3
陕西	300	6	18.48	0.129 1
上海	600	6	2.66	0.029 3
四川	300	5	0.00	0.091 8
天津	300	5	43.70	0.219 1
西藏	300	5	9.19	0.091 4
新疆	500	6	0.68	0.081 1
云南	300	6	2.02	0.104 7
浙江	400	5	9.99	0.064 1

注：再保险费率和平均损失率为本文测算结果，四川省由于在模拟中未发生达到再保险起赔线的农业灾害，故不需要购买再保险。

资料来源：庹国柱、王克等（2013）。

4. 计算各方赔付及支出

基于农作物因灾损失序列和原保险、再保险保费费率数据，计算各种模式下农业保险公司、再保险公司、政府的收入和支出情况。

（1）保费收入。农业保险公司在第 i 次模拟中第 j 年的原保险保费收入为

$$GWP_{ij} = \sum_k C_k \times A_k \times PR_k^{in}$$

假设保险公司为所有业务购买超赔再保险，则再保险公司分保费收入为

$$RP_{ij} = \sum_k GWP_{ijk} \times PR_k^{re}$$

此时，农业保险公司的自留保费为

$$GP_{ij} = \sum_k C_k \times A_k \times PR_k^{in} \times (1 - PR_k^{re})$$

（2）赔付金额。在第 i 次模拟的第 j 年，农业保险的总赔付金额为

$$P_{ij} = \sum_k C_k \times A_k \times I_{ijk}$$

总赔付金额可按赔付率区间 $[0, a]$、$(a, b]$、$(b, +\infty)$ 划分为三个部分，分别为

$$P_{ij}^{[0,a]} = \sum_k C_k \times A_k \times PR_k^{in} \times \min(LR_{ijk}, a)$$

$$P_{ij}^{(a,b]} = \sum_k C_k \times A_k \times PR_k^{in} \times \min(\max(LR_{ijk}-a, 0), b-a)$$

$$P_{ij}^{(b,+\infty)} = \sum_k C_k \times A_k \times PR_k^{in} \times \max(LR_{ijk}-b, 0)$$

若保险公司购买了巨灾超赔再保险，再保险分摊的赔付金额为 $P_{ij}^{(a,b]}$，在政府不参与赔付的情况下，直保公司承担剩余的部分。

（3）大灾风险准备金。农业保险公司和再保险公司提取大灾风险准备金，包括保费准备金和利润准备金。承保利润为当年保费收入减去赔付支出和运营成本。若当年承保盈利，则提取利润准备金；若承保亏损，则不提取利润准备金。当保险公司当年的保费收入不足以覆盖赔付及运营支出，则动用准备金来进行赔付。对于准备金仍然无法覆盖的部分，本文假设保险公司的偿付能力充足，能够使用其他资金来偿还。模式二中，政府为直保公司兜底，承担直保公司无法赔付的所有损失责任，直保公司的赔付金额为

$$P_{ij}^{in} = \min(P_{ij}, GWP_{ij}+RES_{ij}^{in})$$

其中，RES_{ij}^{in} 为保险公司在第 i 次仿真的第 j 年累积的准备金。模式四中，政府为再保险公司兜底，再保险公司的赔付金额为

$$P_{ij}^{re} = \min(P_{ij}^{(a,b]}, RP_{ij}+RES_{ij}^{re})$$

其中，RES_{ij}^{re} 为再保险公司在第 i 次仿真的第 j 年累积的准备金。

（4）政府支出。在模式二中，政府承担农业保险公司无法赔偿的剩余部分，赔付金额为

$$P_{ij}^{gov\_in} = \max(P_{ij}-GWP_{ij}-RES_{ij}^{in}, 0)$$

在模式三中，政府出资为农业保险公司购买再保险，支出金额为 RP_{ij}。在模式四中，政府为政策性再保险公司兜底，赔付金额为

$$P_{ij}^{gov\_re} = \max(P_{ij}^{(a,b]}-RP_{ij}-RES_{ij}^{re}, 0)$$

四、农业保险巨灾风险分散模式的模拟结果及对比

本文通过农业保险各参与方的平均支出、支出波动、最大支出和赔付缺口四个方面来比较不同模拟情形。表 5 为各参与方的平均收入及支出，表 6 为各参与方的平均波动和最大支出，表 7 为保险公司和再保险公司的赔付缺口。为直观展示各方支出的波动水平，图 1 至图 6 选取了 100 次仿真，计算了每次仿真的模拟期限内，各方支出的标准差和最大值。

（一）各参与方平均支出的比较

假设农业保险公司和商业性农业再保险公司的赔付能力没有上限，能够承担所有赔付责任，在现有赔付率、保险费率下，政府平均支出从低到高排序为：模式一、模式四、模式二、模式三，如表 5 所示。由于农民获得的赔付金额在各个

模式下是相同的，因此政府的支出水平决定了政府资金的效率，政府支出越少，资金使用效率越高。模式一中，政府仅提供农业保险补贴，而不参与任何赔付；模式二中，政府兜底直保公司的亏损，政府支出偏高；模式三中，政府为直保公司购买商业性农业再保险，政府的平均支出最高，且远远高于其他模式，原因主要是在文中假设的损失率和费率水平下，农业保险的平均赔付率约为 69%，直保公司收取的保费基本能够满足大部分情况下的赔付，政府为应对个别年份出现的巨灾赔付而每年购买商业再保险，造成了政府资金的浪费；模式四中，政府通过政策性农业再保险公司提供再保险，政府仅承担其亏损部分，农业再保险公司收取农业再保险保费，可使用盈利年份的资金盈余来弥补大灾年份的亏损，因此，政府额外支出的金额不大，通过有限的资金达到了分散直保公司风险的效果。

表 5 各参与方收入及支出情况

单位：亿元

模式	直保公司自留保费	直保公司赔付	再保公司保费收入	再保公司赔付	政府支出
模式一	372.04	245.90	75.52	62.94	0.00
模式二	447.56	303.57			5.26
模式三	447.56	245.90	75.52	62.94	75.52
模式四	372.04	245.90	75.52	61.36	3.58

（二）各参与方支出波动和最大支出的比较

在购买再保险的情况下，农业保险公司支出的波动有一定程度的降低，从图 1和图 2 可以看出，模式一、三、四下，农业保险公司的波动和支出的最大金额均显著低于未购买再保险的模式二，说明再保险可以转移直保公司的部分波动，有效分担巨灾所致的重大赔付。再保险公司吸收了农业保险公司的部分波动，但赔付金额波动幅度相对较小，如图 3 和图 4 所示。政府在不同模式下的波动水平差异较大，如图 5 和图 6 所示，在模式一和模式三中，政府不参与赔付，支出金额固定；在模式二中，政府为农业保险公司兜底，承担亏损，波动较大；在模式四中，政府通过政策性农业再保险公司参与市场，为农业再保险公司兜底，平均波动为 14.56 亿元，除去政府首年注入大额资本金的影响，政府赔付的平均波动为 5.62 亿元，相对较小。

从各参与方在仿真中的最大支出来看，在模式二下，政府未通过其他模式分散风险，而是为直保公司直接兜底，最大支出高达 1 296.41 亿元，远远超过了其他模式，因此模式二的方式虽操作简便，但却会在个别年份造成极大的负担；在模式四中，政府为政策性农业保险公司兜底，在个别年份下有较大支出，支出金额大约为模式三中政府采购商业再保险费用的 3 倍（表 6）。

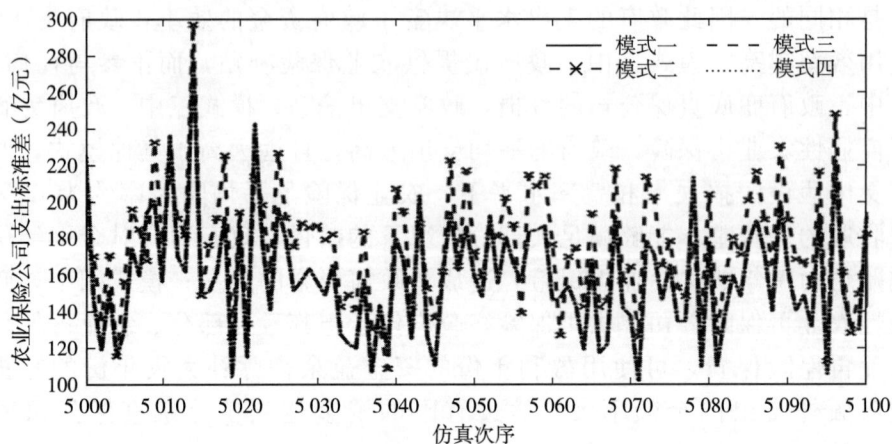

图 1　农业保险公司的支出波动

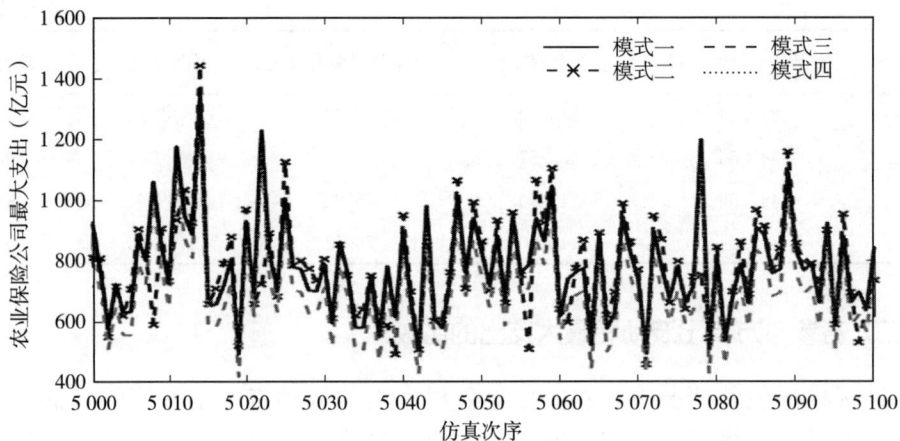

图 2　农业保险公司的最大支出金额

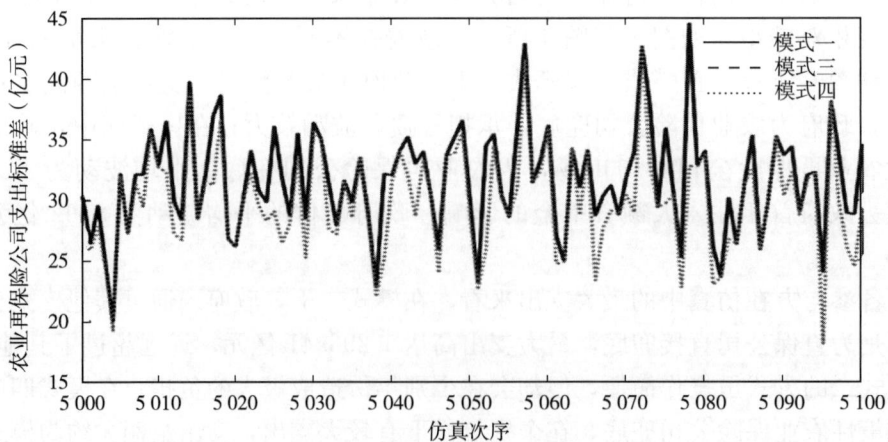

图 3　农业再保险公司的支出波动

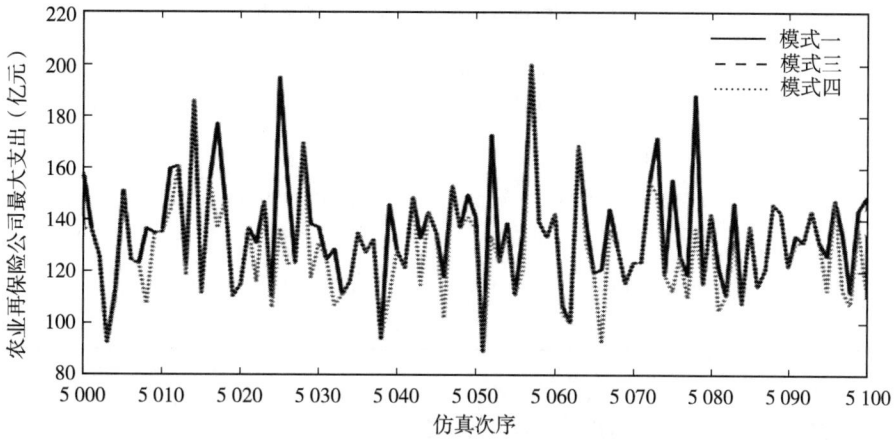

图 4　农业再保险公司的最大支出金额

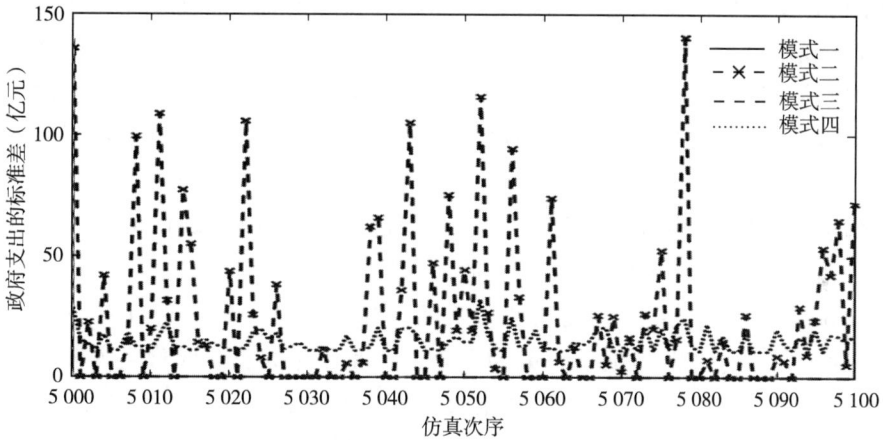

图 5　政府的支出波动

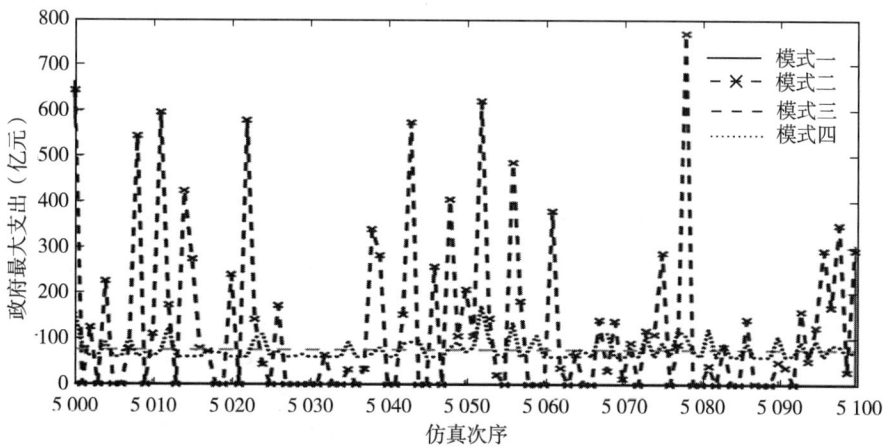

图 6　政府的最大支出金额

表6　各参与方的平均波动和最大支出

单位：亿元

模式	平均波动（各次仿真标准差的平均值）			最大支出（各次仿真的最大支出）		
	直保公司	再保公司	政府	直保公司	再保公司	政府
模式一	159.70	31.80	0.00	1 567.71	224.29	0
模式二	176.74		22.45	1 640.71		1 296.41
模式三	159.70	31.80		1 567.71	224.29	75.52
模式四	159.70	30.10	14.56	1 567.71	212.56	212.47

（三）直保公司和再保公司赔付缺口的比较

假设农业保险公司和商业性农业再保险公司的赔付能力有限，仅能使用收取的保费进行赔付，不能使用资本金，当赔付责任超过收取的保费和累计计提的准备金时，超出部分形成赔付缺口。赔付缺口可反映保险公司的经营可持续性，缺口越大，整个农业保险风险分散体系就越脆弱，直保公司和再保险公司的资本实力和偿付能力对农民权益的影响越大，一旦直保公司和再保险公司经营出现亏损，整个系统将会受到较大冲击。

从平均赔付缺口（表7）来看，模式一下保险公司的赔付缺口最大，随后是模式四和模式三，但各种模式的差异不大；从最大赔付缺口来看，模式一的最大赔付缺口达1 356.73亿元，接下来是模式三和模式四。综合来看，政府为直保公司兜底的模式下，保险公司不存在赔付缺口，最为安全；纯商业化的农业保险巨灾风险分散模式下，赔付缺口最大，保险公司的偿付能力水平对整个农业保险系统的稳健性影响较大；政府采购商业再保险的分散模式下，平均赔付缺口较小，原因是直保公司免去了购买再保险的费用，降低了其赔付缺口，但是在极端情况下，由于再保险公司也存在赔付缺口，因而整体的赔付缺口较大；政府经营政策性农业再保险的模式下，再保公司不存在赔付缺口，因而整个农业保险巨灾风险分散体系的赔付缺口相对略小。

表7　直保公司和再保公司的赔付缺口

单位：亿元

模式	平均赔付缺口			最大赔付缺口		
	直保公司	再保公司	总和	直保公司	再保公司	总和
模式一	4.29	1.58	5.87	1 204.26	152.47	1 356.73
模式二	0.00	0.00	0.00	0.00		0.00
模式三	2.14	1.58	3.72	1 143.84	152.47	1 296.32
模式四	4.29	0.00	4.29	1 204.26	0.00	1 204.26

（四）各种模式的优缺点总结与比较

直保公司购买商业再保险的纯商业化运作模式下，政府不参与风险分散，因此除保费补贴外无其他支出，但是直保公司和商业再保公司的支出波动较大，赔付缺口在四种模式中最大。

政府为直保公司提供财政兜底的模式下，政府平均支出相对较大，由于缺乏再保险作为缓冲，直保公司和政府的波动水平均为最高，个别极端情况下政府的财政支出压力巨大。

政府统一采购商业再保险的模式下，政府平均支出最大，通过固定的支出转移了不确定的风险，且平均赔付缺口相对较小，但是个别极端情况下，整个农业保险巨灾风险分散体系的赔付缺口较大。

政府通过政策性农业再保险公司经营再保险的模式下，政府平均支出相对较小，仅承担农业再保险公司的亏损部分，但也正因为政府兜底赔付，在个别情况下，政府的财政支出相对略大，然而却可以降低整个农业保险巨灾风险分散体系的赔付缺口。

五、结论及展望

（一）主要结论

1. 再保险在农业保险巨灾风险分散体系中发挥重要作用

农业巨灾超赔再保险能够平抑保险公司赔付的波动，有效分担巨灾风险。政府直接承担直保公司亏损的模式能够使直保公司免于破产，减小巨灾大额赔付的影响，但却增加了财政负担，降低了政府资金的效率，个别年份政府财政支出压力较大，且不能平滑直保公司经营的波动，政府兜底亏损还难以对直保公司的经营形成激励，因此该模式并不可取。所以，巨灾超赔再保险是农业保险巨灾风险分散的有效模式。

2. 政府应该参与农业保险巨灾风险的分散

政府提供财政支持对保障农业保险巨灾风险分散体系持续运作有重要意义。直保公司购买商业再保险的纯商业化运作模式下，政府不参与风险分散，直保公司和商业再保公司的支出波动较大，个别年份存在巨大的赔付缺口，容易导致农业保险市场失灵。因此，政府应该深入参与风险分散，建立财政支持的农业保险巨灾风险分散制度，保障农业保险巨灾风险分散体系持续稳健地运作。

3. 提供政策性农业再保险是政府参与农业保险巨灾风险分散的最优选择

在现行损失率和赔付率水平下，政府设立农业再保险公司的模式，与通过纯商业化手段分散风险的做法相比，能够为农民提供更可靠的保障，提高整个农业保险体系抵御巨灾风险的能力；与政府直接为农业保险兜底的模式相比，政府的支出波动水平相对较低，能够降低巨灾所致的财政压力；与政府为农业保险公司购买商业性巨灾超赔再保险的模式相比，政府资金的使用效率大大提升，财政负担相对较轻，同时减少商业再保险费率和分保渠道的不确定性带来的风险（林长青、张鹏，2017）。因此，从政府资金使用效率和整个农业保险体系的安全性来看，政策性农业再保险是政府参与农业保险巨灾风险分散的最优选择。

4. 国家层面的巨灾风险基金是农业保险体系的重要补充

农业保险公司和再保险公司形成的两级体系能够覆盖大部分赔付责任，分散大多数年份的农业风险，但是在个别极端的情况下，仍然难以完全消化。在政府设立政策性农业再保险公司的模式下，直保公司的最大支出金额仍高达约 1 500 亿元，农业保险系统的赔付缺口达约 1 400 亿元。面对重大灾害，保险公司和政府临时筹集资金的压力陡增。因此，有必要在国家层面建立巨灾风险基金，承担赔付后的剩余缺口，平滑政府的财政支出，提高农业风险分散体系的稳健性。因此，巨灾风险基金是农业保险体系的重要补充，是整个体系不可缺少的部分。

本文认为政府应该为我国农业保险巨灾风险的分散给予财政支持，提供政策性农业再保险安排是政府参与农业保险巨灾风险分散的最优模式。我国应建立由农业保险公司、政策性农业再保险公司和国家层面巨灾风险基金构成的三层农业保险巨灾风险分散体系，既能有效分散巨灾风险，平滑赔付波动，同时又能使政府资金的使用效率保持在较优水平。

（二）政策建议

建议政府加快政策性农业再保险公司的筹建，为农业保险公司提供巨灾超赔再保险，完善农业保险巨灾风险分散体系。同时，建议政府在中央层面设立巨灾风险基金，由中央财政和地方财政按照一定比例划拨资金，委托政策性农业再保险公司统一管理和运作，可减少赔付层级，提高运作效率，降低整体运营成本。针对个别年份出现的严重灾害或在制度建立早期发生的巨灾，巨灾风险基金可能无法完全覆盖，需要结合巨灾债券、政策性贷款等资本市场手段来进行分散。

考虑到经营的可持续性，政策性农业再保险公司要坚持"政府主导、市场化运作"的原则，在精算平衡的基础上维持公司自身的良性运作，虽不以逐利为目的，但是仍需要以保本为底线，产品的定价与风险相匹配。这在一定程度上可促进再保险定价趋于合理，减少国际再保人价格过度波动对市场造成的不利影响。

（三）本文不足之处与研究展望

本文通过量化的方法研究了我国农业保险巨灾风险分散制度的选择，但仍有许多不足之处。一是本文通过农业保险巨灾风险分散体系中各参与方的支出、波动和赔付缺口等指标来对比不同的分散制度安排，衡量指标相对简单，并未考虑到农业保险的实际保障水平等更多复杂的衡量因素。二是本文的仿真建立在假设之上，假设条件的设立可能对结论有一定影响。如本文假设起赔点为 20%，导致实际测算结果显示个别省份再保险费率较高，与实际情况仍有差异；又如再保险的赔付区间为 100%～

200％，这样的结构设计是否较优仍需进一步讨论。以上均为本文需要改进的地方。在未来的研究中，我们将会对上述问题进行更多的探索，进一步完善研究内容和方法，提升研究的实践指导意义。

参考文献

［1］白玉培. 以再保险为基础的我国农业保险巨灾风险分散机制构建研究［J］. 农业经济，2016（7）：96-98.

［2］卜庆国. 农业巨灾保险国际典型模式的比较研究［J］. 世界农业，2017（5）：84-90.

［3］陈亮，孙永锡. 农业保险巨灾准备金在浙江的实践与探索［C］//浙江保险科研成果选编（2014年度）. 浙江：浙江省保险学会，2015：63-72.

［4］丁少群，李植. 建立农业保险巨灾风险分散机制的迫切性与发展路径［J］. 中国保险，2019，374（2）：25-31.

［5］丁少群，王信. 政策性农业保险经营技术障碍与巨灾风险分散机制研究［J］. 保险研究，2011（6）：56-62.

［6］冯文丽，苏晓鹏. 构建我国多元化农业巨灾风险承担体系［J］. 保险研究，2014（5）：31-37.

［7］高庆鹏，周振，何新平. 政策性农业保险巨灾风险分担模式比较——以北京、江苏、安徽为例［J］. 保险研究，2012（12）：30-37.

［8］黑龙江保险学会课题组. 黑龙江省农业保险创新发展报告［J］. 保险理论与实践，2019（2）：15-31.

［9］江生忠，费清. 日本共济制农业保险制度探析［J］. 现代日本经济，2018，220（4）：27-38.

［10］李丹. 关于优化北京农业再保险体系的思考［J］. 经济论坛，2015（1）：23-25.

［11］李琼，单言，王硕，王铭. 美国农业再保险体系运行模式及启示［J］. 保险理论与实践，2018（9）：85-105.

［12］林长青，张鹏. 我国农业保险组织管理体系：现状、问题与框架设计［J］. 保险理论与实践，2017（1）：1-17.

［13］刘春广，刘跃林. 北京市政策性农业保险制度建设的实践与思考［J］. 保险研究，2010（3）：72-77.

［14］吕晓英，李先德. 政策性农业再保险运作方式的动态模拟［J］. 保险研究，2010（7）：46-51.

［15］吕晓英，李先德. 美国农业再保险制度及其对中国建立农业大灾风险分散体系的借鉴［J］. 世界农业，2014（10）：1-8.

［16］谭中明，徐勇谋. 江苏省政策性农业保险规模测算、影响因素、模式改进及完善对策［J］. 保险研究，2010（10）：18-25.

［17］庹国柱. 从40年政策变化喜看我国农业保险蓬勃发展［J］. 保险研究，2018（12）：84-87.

［18］庹国柱. 我国农业保险政策及其可能走向分析［J］. 保险研究，2019（1）：3-14.

［19］庹国柱，王克，张峭，张众. 中国农业保险大灾风险分散制度及大灾风险基金规模研究［J］. 保险研究，2013（6）：3-15.

［20］庹国柱，朱俊生. 农业保险巨灾风险分散制度的比较与选择［J］. 保险研究，2010（9）：47-53.

［21］庹国柱，朱俊生. 完善我国农业保险制度需要解决的几个重要问题［J］. 保险研究，2014（2）：44-53.

［22］王德宝，庹国柱. 政策性农业保险巨灾风险准备金制度研究——以北京市政策性农业保险为例

[J]. 福建金融，2010（8）：44-48.

[23] 王克. 加拿大农业支持政策和农业保险：发展和启示 [J]. 世界农业，2019，479（03）：58-64+118.

[24] 王克，张峭. 农业生产风险评估方法评述及展望 [J]. 农业展望，2013，9（2）：38-43.

[25] 杨铁良. 法国农业互助保险制度经验与借鉴 [J]. 世界农业，2017（1）：169-172.

[26] 袁祥州，朱满德. 美国联邦农业再保险体系的经验及对我国的借鉴 [J]. 农村经济，2015，（2）：124-129.

[27] 中原农业保险公司加拿大农业保险考察团. 加拿大农业保险制度发展模式（中）[J]. 保险理论与实践，2016，（6）：107-123.

[28] 周桦. 基于再保险补贴的农业保险制度模式探讨 [J]. 保险研究，2008（3）：49-51.

[29] 朱俊生. 国外不同农业保险模式下巨灾风险分散制度及其比较 [J]. 世界农业，2013（10）：6-10.

《他山之鉴》

美国农业安全网政策保险化：
表现、动因与启示*

夏益国　谢凤杰　周　丽

摘要： 美国农业安全网经历了从价格支持向收入支持再向风险管理支持的政策转变。自 20 世纪 80 年代市场化改革以来，联邦农作物保险在联邦农业安全网中发挥日益重要作用，部分替代传统农场商品项目的功能，农业安全网政策保险化趋势明显。美国农业安全网政策保险化演进的动因包括：农场商品项目面临的困境催生美国农业安全网政策市场化改革；来自世界贸易组织的外部压力；美国农民收入状况长期优于美国普通家庭所产生的政治压力；农场风险增加等。美国农业安全网政策保险化趋势对我国农业支持政策改革具有重要参考价值。

关键词： 农业安全网；保险化；农场商品项目；农作物保险项目

自 20 世纪 90 年代中期收入保险产品问世以来，美国联邦农作物保险项目和农场商品项目在管理农场风险方面走向殊途同归之路（Anderson et al, 2013）。在《2014年美国农业法案》中，联邦农作物保险的地位进一步提升，事实上已经成为美国农业安全网①（Farm Safety Net）最重要的政策工具，美国农业安全网政策保险化②趋势明显；《2018 年美国农业法案》延续了这种趋势。本文拟就美国农业安全网政策保险化趋势的表现、动因及对我国农业支持政策改革的启示进行全面分析，以期为我国农

---

　　* 项目资助：本文研究受到国家自然科学基金项目"种粮大户农业保险需求识别、测度与保险政策优化研究"（编号：71503172）、安徽省教育厅人文社会科学重点研究项目"农业支持政策协同研究：基于农业规模化视角"（项目编号：SK2016A0164）和安徽省保险学会 2018 年重点研究课题"美国农业安全网政策保险化的动因和影响研究"（项目编号：WB 201809）"的资助。

　　本文原载《保险研究》2019 年第 11 期。

　　作者简介：夏益国，安徽工业大学商学院、安徽创新驱动发展研究院教授；谢凤杰，沈阳农业大学经济管理学院讲师，博士；周丽，安徽工业大学商学院。

　　① 农业安全网也称农场安全网。

　　② 在英文文献中，农业安全网政策保险化的表述为"Insurance - Based Farm Safety Net"或"Insurance De-signs"。

业支持政策的改革创新提供借鉴。

一、美国农业安全网及其构成

(一) 美国农业安全网

美国农业安全网源于 20 世纪 30 年代"罗斯福新政",其目标是为农民"提供可靠的收入安全网"。通常将帮助农民管理生产和价格风险以支持农民收入的一系列政策通称为农业安全网 (Shields, 2015)。目前,美国农业安全网主要由下列三部分构成:永久授权的联邦农作物保险项目 (Federal Crop Insurance Program);永久授权的农场商品项目 (Farm Commodity Program);永久授权的农业灾害救助项目 (Agricultural Disaster Assistance Program)。其他的支持项目包括紧急贷款和美国农业部自由斟酌的援助项目等。美国农业安全网以保障农民收入为核心目标,以维护食物可持续充分供给为根本目标 (Shields, 2015)。美国农业安全网在保障农民收入方面发挥了巨大的作用,表 1 给出几种大田作物 2003—2012 年农业安全网支付占作物销售收入的比重,9 种大田作物中有 7 种支付比例达到 10% 以上,3 种支付比例超过 20%,高地棉的支付比例高达 45.3% (Zulauf, 2013)。

表 1　2003—2012 年美国主要作物农业安全网支付占作物销售收入比重

单位:%

作物	高地棉	高粱	水稻	花生	大麦	小麦	玉米	大豆	燕麦
比例	45.3	27.3	22.3	17.3	14.4	13.7	9.9	3.6	3.0

资料来源:Carl Zulauf, Payments by U. S. Farm Safety Net Program: Differences by Crop, farmdocdaily, May 9, 2013.

(二) 美国农业安全网构成分析

1. 联邦农作物保险项目

就保障范围而言,联邦农作物保险已成为美国农业安全网政策的核心。目前,联邦政府为 130 多种农作物保险提供保险费补贴,以帮助农民管理相关风险。保险责任范围从不利气候条件如干旱、洪涝灾害风险到市场价格风险、收入风险甚至毛利风险等。保障的农作物包括大田作物,如小麦、玉米、大豆、棉花、花生和稻米,以及诸多特产(包括水果、树坚果,蔬菜和苗圃作物)、牧场、草地、饲料作物和畜牧。2017 年和 2018 年全美农作物净投保面积已连续两年突破 1.21 亿公顷,2018 年净投保面积达 1.36 亿公顷。主要大田作物投保率达 87%。[①] 如果作物没有被联邦农作物保险覆盖,则能够通过非保险作物灾害救助计划 (the Noninsured Crop Disaster As-

---

① Majority of crop acres covered by crop insurance. https://agroinsurance.com/en/usa-majority-of-crop-acres-covered-by-crop-insurance/.

sistance Program，NAP）提供保障。

2. 农场商品项目

农场商品项目在历史上曾是美国农业安全网政策的核心，由美国农业部所属的农场服务局（Farm Service Agenc，FSA）管理，其最重要的目标是保障农民因遭受农产品价格下跌而致损失风险。农场商品项目曾采用过诸多的运行机制，包括价格支持、营销贷款、供给控制激励、差额贷款等，资金由美国农业部商品信贷公司的项目融资提供。美国农业部农场服务局通过县级服务网络发放农场商品项目的各种补贴并通过选举的农场委员会实施监督。

3. 农业灾害救助项目

美国农场要么被农作物保险保障，要么被灾害救助项目保障，这样有望减少对临时性的联邦救助要求。农业灾害救助项目包括牲畜补偿项目（Livestock Indemnity Program，LIP），牲畜牧草灾害项目（Livestock Forage Disaster Program，LFP），牲畜、蜜蜂和农场养鱼紧急救助项目（Emergency Assistance for Livestock，Honey Bees，and Farm - Raised Fish Program，ELAP），果树救助项目（Tree Assistance Program，TAP）等构成。

二、美国农业安全网政策保险化的表现

美国农业安全网政策保险化是指美国农业安全网政策演进过程中，越来越倚重于农作物保险政策。不仅联邦农作物保险项目已成为农业安全网的基石，而且农场商品项目也注重运用保险机制设计，整个农业安全网政策机制设计趋向保险化。美国农业安全网政策保险化主要表现在以下三方面。

（一）联邦农作物保险项目已成为美国农业安全网的基石

1. 联邦农作物保险项目已成为农民管理农场风险的主要工具

联邦农作物保险项目和联邦农场商品项目两者具有相当的历史。尽管两者都根植于"罗斯福新政"，但在历史上的相当长时间里两者几乎没有任何联系，联邦农作物保险项目实际上是一个试点项目，很少受到农场主和政策制定者关注；另外，农场商品项目中的价格支持政策很快发展成为美国农业支持政策的核心，成为农民抵御价格风险的主要工具。

联邦农作物保险项目的地位真正提升始于 1980 年，《1980 年联邦农作物保险法案》修订在这年获国会通过，该法案旨在提升农作物保险项目，以便以合理代价取代永久性联邦灾害援助项目（Glauber，2004）。但当时联邦农作物保险项目参与率与保险费补贴率仍然相当低，至 1989 年净投保面积才突破 1 亿英亩①，保险费平均补贴率

---

① 英亩为非法定计量单位，1 英亩≈0.404 68 公顷，下同。

只有 25.2%，保险费总收入为 8.14 亿美元。随后在 1994 年和 2000 年进行两次改革，通过大幅度提高保费补贴率激发农民投保的积极性，1995 年净投保面积首次突破 2 亿英亩，保险费平均补贴率由 1994 年 26.8%大幅上升至 1995 年的 57.6%（Glauber et al.，2002）。《2000 年美国农业法案》再次提高农作物保险费率补贴，2001 年达到 60%。《2014 美国农业法案》取消了实施近 18 年、每年耗资近 50 亿美元的农业直接补贴，同时进一步扩大农作物保险项目覆盖范围和补贴力度，以突出保险在农业风险管理中的作用（Coble、Barnaby，2014）。2017 年联邦农作物保险净投保面积首次突破 3 亿英亩，大田作物（如玉米、小麦、大豆和棉花）投保率均达 87%，保险费平均补贴率在 63%左右（表 2）。联邦农作物保险已成为美国农民管理农业风险的主要工具。

表 2　近 30 年部分年份联邦农作物保险运行情况

年份	1989	1991	1995	1998	2001	2006	2009
净承保面积（千英亩）	101 632	82 357	220 510	181 834	211 329	242 082	264 750
保险责任（千美元）	13 535 807	11 215 994	23 728 452	27 921 436	36 728 588	49 919 480	79 548 388
总保险费（千美元）	814 302	737 049	1 543 349	1 875 927	2 961 847	4 579 539	8 951 458
保险费补贴（千美元）	204 965	190 066	889 372	946 312	1 771 740	2 682 006	5 427 410
赔偿额（千美元）	1 212 235	955 289	1 567 730	1 677 542	2 960 125	3 503 536	5 222 341
赔付率	1.49	1.3	1.02	0.89	1.00	0.77	0.58
保险费平均补贴率	0.252	0.258	0.576	0.504	0.598	0.586	0.606

年份	2012	2013	2014	2015	2016	2017	2018
净承保面积（千英亩）	282 941	295 423	294 468	295 263	290 201	311 653	335 042
保险责任（千美元）	117 159 688	123 805 170	109 895 618	102 5533 231	100 622 592	106 092 833	110 155 867
总保险费（千美元）	11 116 979	11 807 740	10 072 455	9 767 970	9 328 217	10 072 797	9 896 365
保险费补贴（千美元）	6 979 363	7 296 713	6 214 744	6 089 303	5 866 170	6 355 965	6 266 657
赔偿额（千美元）	17 451 159	12 083 833	9 131 107	6 314 455	3 912 207	5 421 574	6 972 123
赔付率	1.57	1.02	0.91	0.65	0.42	0.54	0.70
保险费平均补贴率	0.628	0.618	0.617	0.623	0.629	0.631	0.633

数据来源：https://www.rma.usda.gov/summary of business.

2. 联邦农作物保险项目部分取代农场商品项目功能

农场商品项目历史上曾是美国农业支持政策的核心，其主要功能是通过维持农产品价格以达到保护农民收入之目的。由于农场商品项目的价格支持政策主要基于法定固定价格即目标价格（现称参考价格），因此农场商品项目支付在各年度支付额波动性很大。农场商品项目的授权主要来自三个永久性法律：《1938 年农业调整法》《1949 年农业法案》和《1948 年商品信贷公司章程法案》。

《1994 年联邦农作物保险改革法案》在联邦农作物保险项目中引入收入保障保

险。收入保障保险（Revenue Protection，RP）承保被保险人因灾而致产量下降或由于市场价格下跌而至收入损失风险。此前，联邦农作物保险重点是产量损失保障，对价格风险保障仍是农场商品项目的功能。正是由于收入保险既承保自然灾害风险也承保市场价格风险，风险保障全面，因此，收入保险产品自问世以来一直受到市场的欢迎。近年来，收入保险的保险费收入一直占联邦农作物保险总保险费收入的 75% 以上，保险金额也占总保险金额的近 70%（表3），收入保险已成为联邦农作物保险主流产品，成为保障农民收入的有力工具。

表3 产量保险和收入保险的保险责任金额和保险费占总保险金额和保险费的比重

单位：%

		2011	2012	2013	2014	2015	2016	2017	2018
产量保险	保险责任金额	9.77	8.33	6.81	6.49	6.28	6.24	6.4	6.10
	保险费	7.75	7.05	5.84	5.36	4.68	4.66	4.70	4.40
收入保险	保险责任金额	68.53	70.22	73.23	71.83	69.87	67.42	69.36	69.42
	保险费	77.57	77.43	80.07	78.18	78.11	75.86	75.99	74.10

资料来源：https：//www.rma.usda.gov/summary of business.

收入保险使联邦农作物保险和农场商品项目之间的功能产生一定程度的重叠，在某种程度上为收入保险替代农场商品项目创造了条件。表4显示，2003—2012年9种大田作物中，已经有6种作物的联邦农作物保险净赔偿占作物销售额的比重超过价格支持项目支付占作物销售额的比重，反映出收入保险在管理农民价格风险方面发挥了主导作用。

表4 2003—2012年直接支付、价格支持和联邦农作物保险净支付占作物销售额比例

单位：%

	高地棉	高粱	水稻	花生	大麦	小麦	玉米	大豆	燕麦
直接支付	16.2	14.9	16.2	6.6	9.1	9.4	2	2	1.3
价格支持	25.3	4.7	5.4	8.7	2.8	0.4	2.8	0.1	0.3
农作物保险净支付	0.7	7.8	8.4	2	2.4	4	2.9	1.5	1.4

注：①价格支持项目支付主要指反周期支持和无追索权营销贷款支持。②联邦农作物净支付是指农民收到的赔偿减去农民所支付的保险费差额。

资料来源：Carl Zulauf，Payments by U. S. Farm Safety Net Program：Differences by Crop [OL]. farmdocdaily，May 9，2013. http：//aede. osu. edu/publications.

3. 《2014年农业法案》进一步强化了联邦农作物保险在农业安全网中的作用

《2014年农业法案》取消了直接支付项目，这是农场商品项目中最大的支出项目（表4）。在保留原有联邦农作物保险基本政策的同时，通过增加保险品种、提高保险金额、扩大保险覆盖面等多种措施构建更为健全、更能适应农业发展新要求的农业保险体系，以此巩固和扩大美国农业的优势地位（Coble、Barnaby，2014）。最引人注目的是创设累积收入保险（STAX）和补充保障选择保险（Supplemental Coverage Option，SCO）。另外，风险管理局把毛利保险（Margin Protection，MP）推向农作物保险领域，完善了农作物保险产品体系，进一步强化农作物保险在农业安全网中的基础作用。

累积收入保险是为高地棉生产者开发的一种新保险项目，旨在为高地棉生产者提供区域（县级）期望收入（Expected Area Revenue）保障，作为对取消高地棉直接支付和反周期支付的一种替代。该项目自 2015 作物年度开始上市，政府提供 80％保险费补贴。

补充保障选择保险是《2014 年农业法案》新创设的为生产者基本农作物保险提供补充保障。SCO 把对生产者保障增至实际历史产量（APH）和价格选择的 86％。与累积收入保险一样，补充保障选择也属于区域保险，当县级实际产量或收入达不到县级预期产量或收入的 86％时，补充保障选择保险启动赔偿。SCO 于 2015 年正式上市，保险费补贴率为 65％。

近年来，风险管理局开发了毛利保险产品为生产者毛利提供保障，所谓毛利（Margin）指收入与投入品成本的差额。毛利保险产品问世使得农作物保险产品体系更趋完善，也大大扩展农作物保险的保障范围，承保的风险扩大至农业生产投入品的价格风险，是未来这农作物保险的发展方向。早在 2006 年风险管理局育肥牛毛利保险（Livestock Gross Margin Insurance for Cattle，LGM for cattle），2007 年推出生猪毛利保险（LGM for Swine），之后相继推出羊毛利保险（LGM for lamb）和牛奶毛利保险（LGM for dairy）进行试验。近期，RMA 又把毛利保险推向水稻、玉米、小麦和大豆等大田作物领域。

（二）农作物保险项目是农业安全网支出最大项目

从《2014 年美国农业法案》的支出结构来看，2014—2018 财政年度，联邦政府每年农业支出约为 1 000 亿美元，其中 80％用于资助营养项目，8％用于资助农作物保险计划，6％用于资助资源保护项目，5％用于资助农场商品项目，剩下的 1％用于资助所有其他项目。《2018 年农业法案》的支出结构大致相当，76％用于资助营养项目，9％用于资助农作物保险项目，7％用于资助环境保护项目，7％用于资助农场商品项目，剩余的 1％用于资助其他所有项目（ERS，2019）。虽然《2018 年农业法案》提高了用于资助农场商品项目比例，但同时也提高了用于农作物保险项目的支出比例。用于农作物保险项目的资助比例一直高于农场项目的资助比例，显示出农作物保险项目在美国农业安全网的重要性。

表 5 给出 2010—2018 年美国农业安全网各项实际支出及占农业安全网总支出的比例。①2010—2018 年的 9 年中，其中有 7 个年份农作物保险支出比例超过了农场商品项目，有 6 个年份农作物保险支出占整个农业安全网的支出比例超过 50％，显示了农作物保险项目在农业安全网中的主导地位。②从 2010—2018 年的 9 年中总支

出水平看，期间农场项目的总支出占农业安全网总支出的比例为 37%，农作物保险支出占比为 51%，灾害求助项目支出比例占 12%，农作物保险项目主体地位明显。

表5 2010—2018年美国农业安全网各项支出及占农业安全网支出的比例

单位：百万美元

年份		2010	2011	2012	2013	2014	2015	2016	2017	2018	总计
农场商品项目	总支出	6 527	5 440	5 838	5 381	1 480	5 385	8 549	7 025	3 444	49 068
	比例	47%	34%	29%	32%	11%	41%	62%	52%	31%	37%
农作物保险项目	总支出	4 656	9 387	13 419	9 621	7 696	5 889	4 517	5 830	6 657	67 672
	比例	34%	58%	66%	57%	55%	45%	33%	43%	59%	51%
农业灾害救助项目	总支出	2 648	1 305	1 102	1 943	4 726	1 801	658	679	1 147	16 008
	比例	19%	8%	5%	11%	34%	14%	5%	5%	10%	12%
农业安全网	总支出	13 831	16 131	20 360	16 945	13 901	13 075	13 723	13 534	11 248	132 748
	比例	100%	100%	100%	100%	100%	100%	100%	100%	100%	100%

注：2018年农场商品项目数据中不包括为应对贸易争端而向从事玉米、大豆等生产的农场主支付的51.95亿美元。

资料来源：https：//data. ers. usda. gov/reports. aspx？ ID＝17833；https：//www. rma. usda. gov/summary of business.

（三）农场商品项目运行机制保险化设计

美国农业安全网政策保险化趋势不仅表现在联邦农作物保险已成为美国农业安全网政策体系的基石。同时，也表现在农场商品项目改革过程中，其运行机制设计亦呈现保险化趋势，其典型代表是在《2014年农业法案》中推出了基于保险运行机制设计的美国乳业毛利保障项目（Margin Protection Program for Dairy，MPP）。

MMP是由美国农业部农场服务局管理的农场商品项目，MMP替代《2002年美国农业法案》授权的乳业收入损失补偿项目（Milk Income Loss Contract Program，MILC）和《2008年美国农业法案》授权的乳业价格支持项目（The Dairy Product Price Support Program，DPPSP），前者是乳业目标价格政策，后者是乳业最低收购价政策。

MMP的保险机制主要表现在：第一，投保条件。参加乳业毛利保障项目投保人必须是在美国农业部农场服务局登记注册的境内乳业生产者，每年须缴纳100美元的管理费，且没有购买乳业毛利保险（LGM for dairy）。也就是说，乳业生产者在MMP和LGM for dairy之间只能二者选一。第二，保障标的。MMP保障的标的是乳业生产者的生产毛利，即全国牛奶平均价格与生产牛奶的平均饲料成本的差额。第三，保障水平。MMP以生产者的历史产量（Production History）为基础，并选择历史产量保障百分比和毛利保障水平。历史产量保障百分比从25%到90%不等，每5%为一个等级，共14个等级；毛利保障水平从每美担牛奶4.0美元至8.0美元不等，每 0.5 美元为一个等级，共计 9 个等级。第四，给付条件。当生产者的实际毛利水平下降至生产者所选择的毛利保障水平以下时，政府对乳业生产者提供补偿。第五，保险费交纳。如果生产者选择最低的每美担 4 美元毛利的保障水平，那么，只需每年缴纳 100 美元的管理费而无需另缴保险费。对于其他较高的保障水平，则需要根据所选择的保险水平缴纳相应的保险费，选择的保障水平越高，保险费率越高（夏益国，2016）。

此外，美国农场商品项目的价格损失保障项目（Price Loss Coverage，PLC）和农业风险保障项目（Agriculture Risk Coverage，ARC）运行机制设计也采用了保险机制。以 PLC 为例，当保障的农产品的有效价格低于 PLC 规定的参考价格时，农场管理局启动商品项目支付，其支付额为参考价格与有效价格的差额乘以支付产量再乘以历史基准面积的 85%。支付产量以 2008—2012 年的平均产量 90% 为基准，历史基准面积以农场主向农场管理局注册面积为基准。有效价格为保障的农产品全国营销年度的平均价格（Marketing Year Average price，MYA）与贷款率的较高者为基准。PLC 运用价格保险运行机制进行设计，ARC 具有类似的机制。

三、美国农业安全网政策保险化趋势动因分析

（一）农场商品项目面临的困境催生美国农业安全网政策市场化改革

价格支持政策一方面给联邦政府造成沉重的财政负担，另一方面也干扰了价格机制正常发挥作用。因此，美国国内要求农业支持政策市场化改革的呼声一直较高。2008—2009 年次贷危机引发经济衰退，联邦政府为应对危机大幅度增加支出导致巨额财政赤字，仅 2009 财年财政赤字就达到创纪录的 1.4 万亿美元，占当年国内生产总值的比重高达近 10%。国会预算办公室（Congressional Budget Office，CBO）预测，如果联邦债务规模不加以控制，2047 年，联邦政府债务余额占 GDP 的比例将达到 150%（CBO，2017）。国会和联邦政府都意识到，必须采取措施控制债务规模增长，因此，适度削减农业法案支出成为两党共识，尽管在削减项目和规模上两党仍有很大分歧，但双方有一个明确共识即取消或大幅度削减直接补贴（Orden and Zulauf，2015）。《2014 年农业法案》逆转了 2002 年和 2008 年农业法案形成的以高补贴为特征的农业支持、保护思路，逐步放弃政府对农业生产和农产品市场的直接干预，强化农作物保险的作用，调控手段趋于市场化（彭超，2014）。

（二）美国农民家庭收入状况长期优于美国普通家庭引发的政治压力

由于农业自身的脆弱性以及农产品需求较低的价格弹性和收入弹性，农业一向被认为是弱势产业，农民一向被视为弱势群体，美国也不例外。大萧条期间农产品普遍过剩，价格暴跌，无数农场主破产，租赁土地的小农场主陷入赤贫，丧失了基本的再生产条件，严重威胁美国长期粮食安全。因此，通过恢复农产品价格体系的调节功能

成为恢复农业经济的重要举措，《1933年农业调整法》揭开了现代意义上的农业支持政策序幕。其后，美国农业支持政策经过多次调整，历经以价格支持向收入支持、再向风险管理支持的转变，通过构建农业安全网保障农民收入的稳定，实现维护美国粮食安全的目标（Glauber&Effland，2016）。

自1960年代以来，美国农民收入状况日趋好转。图1显示，1960—2018年的59个年份中，有34个年份农民家庭平均总收入超过全美家庭平均总收入；特别是自1996年以来的20多年中，美国农民家庭平均总收入一直超过全美家庭平均总收入；尤其是自2009年以来，与美国居民收入增长乏力形成鲜明对比的是，美国农民家庭收入在农产品高价格的带动下快速增长，成为经济衰退期间美国经济的最大亮点，是促进美国经济复苏的重要经济部门（张丽娟、高颂，2012），2014年农民家庭平均总收入与全美家庭平均总收入的比达到创纪录的1.77：1，尽管近年来有所回落。

美国农民收入长期持续走高使得对农场的巨额补贴遭受美国社会的广泛批评，引发公众对农业补贴公正性的怀疑（Shields，2015）。另外，美国农场财务状况的不断改善，也为削减补贴创造条件。正如美国农场局联合会声称"对于直接补贴的政治意愿已经下降"，美国农民收入中直接补贴所占比重下降也为削减农业直接补贴创造了条件（彭超等，2012）。

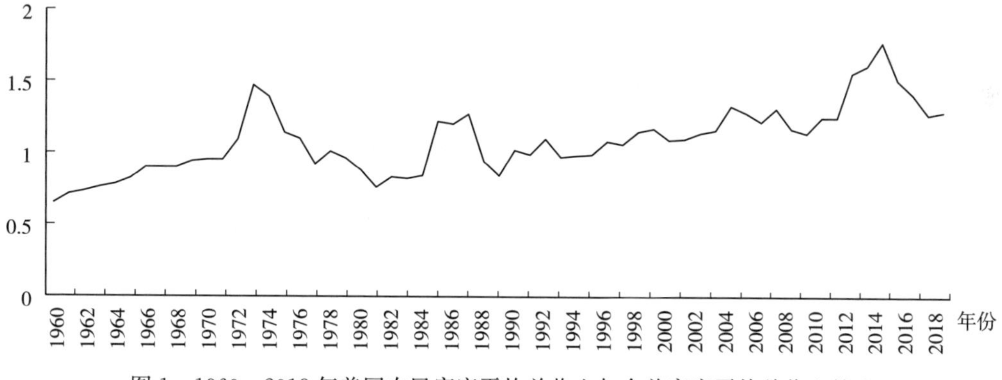

图1　1960—2018年美国农民家庭平均总收入与全美家庭平均总收入的比

资料来源：USDA，ERS，http：//www.ers.usda.gov/data-products.aspx *Farm Household Income and Characteristic*.

（三）来自世界贸易组织的外部压力

作为世界农业强国及农产品生产、贸易大国，美国农业政策的任何举动都会引发全世界的关注，其农业支持政策对世界农产品价格的走势和其他国家农产品贸易也产生非常大的影响。巴西于2002年9月向WTO申诉美国高地棉补贴对巴西高地棉产业造成实质损害。2004年9月，WTO裁定美国对高地棉采取的营销贷款、出口信用担保、市场损失补助和反周期支付四种补贴违反了WTO规则，使美国高地棉在其国内市场相对于进口棉花具有价格优势，也造成国际市场棉花价格扭曲，允许巴西对美国高地棉采取最多 2.95 亿美元的制裁措施[①]。

巴西诉美国高地棉案对美国农业支持政策市场化改革有一定推动作用。受此案影响，美国没有把高地棉列入农场商品项目 PLC 和 ARC 的参考价格保障范围，创设累积收入保险项目（STAX）为高地棉生产者提供较为市场化的保障措施，以应对巴西的申诉。不过，STAX 项目与高地棉种植面积和高地棉市场价格关系密切，对生产者的生产决策有影响，因此，保险费补贴仍有可能归入"黄箱补贴"范围。

（四）美国农场生产风险增加是美国农业安全网政策保险化的重要动因

美国农业高度规模化和现代化。自 20 世纪 80 年代以来，美国农场的平均规模变化很小，但大农场与小农场的数量都在上升，而中等规模的农场数量却不断下降，耕地实际上向大农场集中。2011 年，耕地规模在 1 000 英亩以上大农场占农场的总数比例为 5.6%，与 2001 年相当，但大农场占全部农场耕地面积比例由 2001 年的 46.8% 上升至 2011 年的 53.8%，耕地向大农场集中的趋势非常明显（MacDonald et al, 2013）。

现代农业具有高投入、高成本和高风险的三大特征。与小农场相比，大农场具有低成本优势，但大农场规模化生产经营易产生生产经营风险规模化，对农场财务安全形成严重威胁。农业不仅面临很高的自然风险，而且具有很高的市场风险。随着世界农产品贸易自由化进程加深，农产品价格波动性将加剧。此外，各种生产要素价格波动同样影响到农场财务状况。研究表明，商品价格和利息率变动对农场长期和短期收入均产生显著影响；宏观经济变量中汇率变动对农场收入产生长期重要影响（Baek&Koo，2009）。

大农场在美国农业体系中的地位上升，他们直接面对国际市场，面临全球化风险，加之 WTO 农产品贸易补贴纪律约束，使得政策制定者更加关注风险管理而非传统的价格支持和供给控制，国会和联邦政府几十年来一直试图将价格和收入支持纳入更加市场化轨道，以使市场而非政府为农业生产者提供激励（Glauber&Westhoff，2015）。

美国农业高度规模化的生产方式为低成本实施农作物保险提供了得天独厚的外部环境，而小农数量巨大（如中国）又恰恰是有效运行农作物保险的巨大障碍，推高了农作物保险的运行成本。从这个意义上看，美国农业安全网政策保险化趋势契合了美国农业生产方式，具有一定的历史必然性。

（五）农作物保险自身特点也是重要诱因

保险作为一种市场化、社会化的互助机制和风险转移机制，在风险管理过程中发

---

① WTO 批准巴西制裁美国棉花补贴 . http：//international. caixin. com/2009 - 09 - 01/100064473. html.

挥着独特作用。与其他农业支持政策相比较，农作物保险具有以下几个方面特点。第一，农作物保险是相对便宜的支持政策。农作物保险要求投保人缴纳保险费，可以让投保人分担政策成本，有助于在预算紧张形势下削减农业支出。第二，农作物保险的道德风险较低。因为农作物保险费费率高低与风险相联系，可以通过保险费率的价格杠杆作用抑制农民在高风险地区进行过度种植，有助于抑制农产品供给（Barry at al，2002）。第三，对市场机制干扰较小。由于美国农作物保险主要以收入保险为主体，不直接干预价格。因此，与传统的价格支持政策相比，农作物保险对农产品价格机制扰动较小，有助于发挥市场机制的作用。第四，有助于规避 WTO《农业协定》设定的 191 亿美元的国内综合支持总量限制。美国迄今仍把农作物保险费的部分补贴支出纳入"绿箱政策"范畴，通过农业安全网政策保险化可以现实对美国农业更高水平的支持（齐浩天等，2017）。

四、对我国农业支持政策改革的启示

农业支持保护制度建立与完善不仅是农业现代化发展的必然之路，也是经济社会现代化的表征（胡冰川，2019）。发达国家已对农业支持政策进行重大调整，削减价格支持而转向不扭曲生产和贸易的其他支持，新的支持政策更强调农民收入、风险管理、环境外部性和创新问题，建立起以非价格支持为主导的新型农业支持政策体系（程郁、叶兴庆，2017）。

（一）中国农业支持政策演变

长期以来，中国不仅没有农业支持保护政策，而且对农业实行负保护政策，中国真正意义的农业支持政策发轫于我国加入世界贸易组织之后。2004 年 1 月，中央下发《中共中央国务院关于促进农民增加收入若干政策的意见》，成为改革开放后中央下发的第六个有关"三农"问题的 1 号文件，开启了中国农业支持保护政策的序幕，也成为中国现代化进程中的标志性事件之一。①农业支持保护补贴。2004 年政府开始对粮食主产区的种粮农民实行直接补贴，2006 年政策扩大到全国，并基本涵盖了主要粮食作物。同期，良种补贴与农资综合补贴的出台也是为了解决当时投入品价格上涨引发的种粮效益下降，起到进一步优化农业资源配置的目的。②托市收购政策。20 世纪 90 年代，我国曾实施过粮食保护价收购政策，但由于国有粮食企业管理等诸多方面原因，最终在 2002—2004 年取消粮食保护价收购政策。2004 年中国出台稻谷最低收购价政策，2005 年正式启动。2006 年实施小麦最低收购价格政策。当粮食市场价格低于最低收购价格时，相关部门按照最低收购价格收购农民交售的新粮；当市场价格高于最低收购价，则不启动该政策。2004—2008 年该政策在稻谷与小麦两大品种取得良好运行效果。因此，面对 2008 年大宗农产品价格暴跌时，又顺势出台了大豆、玉米、棉花等农产品临时收储政策。③政策性农业保险。随着我国工业化、城镇化不断发展，农村劳动力大规模向二三产业转移，我国农业规模化得到长足发展，以家庭农场为代表的新型农业经营主体发展迅速。但农业的高风险性使得新型农业经营主体面临极高风险，亟须一种有效的风险管理机制，因此，政策性农业保险应运而生。2007 年，政策性农业保险在全国范围内全面试点，保险费补贴由中央和地方政府共同承担，总体按照"政府引导、市场运作、自主自愿、协同推进"的原则实施，按照"广覆盖、低保障"原则对农作物实施物化成本保险试点，以积累经验和数据。自此，我国建立起以直接补贴、托市收购和政策性农业保险为主要支柱的农业支持保护政策，初步构建了中国的农业安全网。其中，直接补贴和托市收购是农业安全网主体政策，尤其是托市收购是我国农业支持政策构建初期的核心政策，不仅关系到国家粮食安全，也事关农民收入。

（二）中国农业支持政策存在的问题与矛盾

以价格支持为核心的农业安全网政策历经十余年的运行后，其积累的问题与矛盾也日益显现。第一，2012 年后，面对国际农产品市场价格暴跌，国内农产品市场需要政府巨额财政补贴支持以维持价格，政府补贴已经面临世界贸易组织"微量允许"约束，进一步扩大补贴的空间有限，微量允许的"天花板"已经开始对我国粮食价格支持政策构成实质性约束（朱满德、程国强，2015）。2016 年 9 月，美国就中国对小麦和大米种植者的补贴政策向世贸组织提起诉讼，世贸组织在 2019 年 2 月裁决认为中国在 2012—2015 年间向小麦和大米（籼米和粳米）种植者提供的补贴超出了世贸组织《农业协定》的标准，从而损害了美国的利益。中国政府表示尊重世贸组织的裁决，承诺将在 2020 年 4 月前，完成对水稻、小麦补贴政策的改革，以适应 WTO 相关规则。第二，更重要的是托市收购政策导致我国国内粮食价格与国际市场价格严重倒挂，国内粮食加工企业成本增加、竞争力下降，诱发粮食走私问题，形成"国粮入库，洋粮入市"的奇观，国内粮食生产越多，库存就越多，给政府财政造成巨大压力，即托市收购遭遇国际粮价天花板制约，国内农业价格支持政策面临困境（倪洪兴、秦富等，2014）。第三，价格支持政策的激励作用开始减弱，政策效果的不确定性加大。研究表明，近年来我国通过主粮价格支持政策促进农民收入增加已经效果甚微（贾娟琪等，2019）。

为了增强农业支持政策的灵活性，解决价格支持对市场机制扰动问题。近年来，我国农业支持政策进行了一系列改革。2014 年启动了东北大豆与新疆棉花目标价格改革试点，寄希望通过目标价格理顺农产品价格形成机制；2016 年取消玉米临时收储政策，出台了生产者补贴政策；2016 年将种粮农民直接补贴、农作物良种补贴和农资综合补贴合并为农业支持保护补贴；2017 年大豆生产实行市场化收购加补贴新机制，而小麦和水稻仍然延续托市收购政策。不过 2017 年和 2018 年国家根据市场供求状况连续两年对水稻最低收购价向下微调，2018 年和 2019 年连续两年对小麦最低收购价向下微调，以缓解内外差价过大引发的问题与矛盾。

考虑到我国农业直接补贴空间有限的基本事实，近年来，我国开始重视政策性农业保险在农业安全网中的作用。因为目前我国政策性农业保险保险费补贴仍属"绿箱政策"，并且该政策对社会资金具有一定的撬动性、对市场扰动小、财政负担相对较轻、财政补贴效率相对较高等优势。因此，在前期试点基础上，2017年中央决定在13个粮食主产省选择200个产粮大县，面向适度规模经营农户开展农业大灾保险试点，提高种植大户的保障水平，使得政策性农业保险的保障功能进一步显现。考虑到农业补贴的财政压力、WTO纪律约束以及价格支持的国际粮价天花板约束，在可预见的未来，政策性农业保险将会在我国农业支持政策中发挥越来越重要的作用。

尽管中美两国农业的自然禀赋、生产条件、市场环境和约束条件存在巨大差异，但中国农业支持政策尤其是价格支持政策在运行过程中遭遇与美国当年类似的矛盾。保障中国粮食安全，一方面需要发挥市场对资源配置的决定性作用，唯有这样才能更好地调动农民和各类市场主体的积极性；另一方面要发挥政府政策引导作用，农业支持政策需最大限度顺应市场机制要求，尽可能减少对市场机制的不利影响，农业支持政策市场化改革大势所趋。研究表明，政策性农业保险通过"长期机制"和"短期机制"的共同作用对农作物产出带来影响（左斐、徐璋勇，2019），是政府配置农业资源较理想的手段。

（三）进一步提升政策性农业保险在农业安全网的地位和作用建议

1. 政策性农业保险须重点支持农业规模化经营主体

如前所述，美国农业高度规模化是联邦农作物保险有效运行的重要外部条件。农业规模化、产业化和现代化程度越高，农民对农业保险需求越强烈。政策性农业保险是农业规模化、产业化和现代化发展的重要支持条件，而农业规模化、产业化和现代化是政策性农业保险成功运行的条件，二者之间具有耦合机制（夏益国、李殿平，2012）。我国政策性农业保险实施难点在小农户，尽管近年来我国农业规模化发展迅速，但数以亿计的小农户在数量上仍占绝对优势。小农模式下政策性农业保险的逆向选择和道德风险在投保人和保险人两方均存在，而道德风险、逆向选择与小农模式下的高经营成本是农业保险市场失灵的重要原因（张跃华、庹国柱等，2016）。研究表明，在过往十余年我国农业保险的跨越式发展中，来自保险公司的道德风险问题日益凸显，因为小农模式下小农户对政策性农业保险需求不足导致对保险人监督缺乏动力（柴智慧、赵元凤，2019）。

政策性农业保险在小农户实施过程中成本畸高，产生了难以克服的困难和矛盾，消耗了大量的财政资源，且政策效果不明显。有学者通过分析全国10个省份小规模农户农业保险获赔的情况，发现我国政策性农业保险在现实中确实不能较好地发挥风险管理功能（刘亚洲、钟甫宁，2019）；规模化经营农户的保险需求达不到满足，政策性农业保险的保障水平仍较低，物化成本补偿仍不足，人工成本难以得到保险保障。因此，我国政策性农业保险改革的当务之急是要提高政策的精准性，这就要求在实践中对于新型农业经营主体和小农户特别是兼业小农户采取区别对待政策，坚持"抓大放小"原则。对于大量兼业小农户，农业经营收入已不再是其家庭收入的主要来源，其自身并无保险需求。减少对小农户的政策性农业保险资源投入，一方面既可节约政策资源，避免或减少政策性农业保险实施中存在的种种问题与矛盾；另一方面也可以集中财力，重点支持农业规模经营主体，为他们构建强有力的安全网，促进农业规模化、产业化和农业现代化的发展。研究表明，政策性农业保险对激励农业规模化、产业化发展效果显著（张旭光、赵元凤，2017；付小鹏、梁平，2017）。对于小农户，可以考虑采用其他更有效率的支持政策。

2. 建立中国统一的主要农作物农业保险政策

当前，我国政策性农业保险政策由各省制定，中央政府给予财政补贴，此举意在让各地根据自身情况进行试点，以取得多元化的经验。但政策性农业保险政策各自为政带来的问题与矛盾也日益显露，由于各省市财力上的差距，导致各省市主要农作物保险的保障水平存在着较大差距。研究发现一些农业大省承担着更大的补贴压力，而中央财政在转移支付的差异化对待上有所不足，结果产生了补贴的区域不公平问题（何小伟、庹国柱、谢远涛，2019）。

表6给出开展农业大灾保险试点部分省区普通农户与种植大户水稻保险金额，无论是普通农户还是种植大户，水稻每亩保险金额存在较大省际差距，使得不同地区农户享受政策性农业保险保障水平存在较大差距，就水稻大灾保险而言，每亩保险金额差距最高达400元。

表6　部分大灾试点地区普通农户和种植大户水稻政策性农业保险每亩保障金额

单位：元/亩

省份	辽宁	山东	湖南	湖北	安徽	四川	江苏	黑龙江	江西
普通农户	590	650	500	400	406	400	700	220	400
种植大户	940	1 100	800	700	800	700	1 100	940	700

注：种植大户规的经营规模应为当地户均承包地面积的10～15倍，大多数省份界定为50亩。

从国际经验看来，政府层面统一管理农业保险是必要的，特别是那些农业保险发展较好的国家，例如美国、加拿大、日本、印度、菲律宾等，都有统一的管理机构，便于统一执行各项农业保险政策（庹国柱，2016）。强化政策性农业保险在农业支持政策中的基础作用，需要在全国建立相对统一的主要农作物（如水稻、小麦、玉米、大豆、棉花和油料等大田作物）保险政策，统一保险责任、保险金额、理赔程序，保险费率根据各地的风险高低有所差别，保险费补贴全部由中央财政负担，体现中央政府在维护国家粮食安全中的主体责任，全国各地的主粮生产者享受到同等待遇。省级及以下地方政府根据自身的情况，选择本地优势特色农产品制定保险政策，保险费补贴由各省市地方政府自行承担。

3. 发展收入型保险产品

要发挥政策性农业保险在我国农业支持政策中的基础性作用，需要创新政策性农业保险，发展收入型保险产品。我国目前政策性农业保险主流产品是成本保险，主要承担生产者因自然灾害或意外事故造成的生产成本损失。成本保险不承担由于灾害造成的减产损失风险或市场价格变化而致的生产者收入损失的风险。因此，成本保险属于农业保险中的较为低级形态的保险产品，对农业生产者的风险保障水平相对有限，无法满足规模化、现代化生产条件下新型农业经营主体的风险管理需求。生产者的价格风险只能由价格支持政策承担，并实际上由政府承担了主要农作物的价格风险，这导致政府财政补贴具有很大的不确定。

相对于产量型保险而言，收入型保险产品既承保因自然灾害所致产量损失而致的收入风险，也承保由于农作物市场价格不利变动所致的收入风险，因此收入型保险所承保的风险更全面，更能满足农业规模化生产条件下的生产者的需求。更重要的是，利用收入保险助推农产品价格改革，用收入保险替代现有的价格支持政策，可实现农业支持政策的升级换代（田菁、张琅、袁佳子，2019）。因此，发展收入保险是更好发挥政策性农业保险在农业支持政策中基础作用的必然要求。当然，发展收入型保险产品需要一定的市场条件，如完善的农产品期货市场，相对稳定的农场制度，可追溯的农场历史生产记录等。这些条件目前我国还不能完全满足，需要在实践中逐步创造条件。

参考文献

[1] 柴智慧，赵元凤．农险市场中的保险公司道德风险研究 [J]．保险研究，2019 (7)：45 - 52.

[2] 程郁，叶兴庆．借鉴国际经验改革中国农业支持政策 [J]．学习与探索 [J]．学习与探索，2017 (3)：113 - 119.

[3] 付小鹏，梁平．政策性农业保险试点改变了农民多样化种植行为吗 [J]．保险研究，2017 (9)：66 - 79.

[4] 何小伟，庹国柱，谢远涛．农业保险保费补贴的央地责任分担：基于区域公平的视角 [J]．保险研究，2019 (4)：3 - 14.

[5] 胡冰川．改革开放四十年农业支持保护制度：脉络与发展 [J]．江淮论坛，2019 (2)：29 - 36.

[6] 贾娟琪，李先德，孙致陆．中国主粮价格支持政策促进了农户增收吗？——基于农业农村部全国农村固定观察点调查数据的实证研究 [J]．华中农业大学学报（社会科学版），2018 (6)：39 - 47.

[7] 刘亚洲，钟甫宁．风险管理 VS 收入支持：我国政策性农业保险的政策目标选择研究 [J]．农业经济问题，2019 (4)：130 - 139.

[8] 倪洪兴，秦富等．大宗农产品内外价差扩大问题与对策研究 [J]．农业贸易研究，2014 (9)：14 - 23.

[9] 彭超，潘苏文，段志煌．美国农业补贴政策改革的趋势：2012 年美国农业法案动向、诱因及其影响 [J]．农业经济问题，2012 (11)：104 - 109.

[10] 彭超．美国 2014 年农业法案的市场化改革趋势 [J]．世界农业，2014 (5)：77 - 81.

[11] 齐皓天，等．农业保险补贴如何规避 WTO 规则约束：美国做法及启示 [J]．农业经济问题，

2017（7）：101 - 109.

[12] 田菁，张琅，袁佳子. 农作物收入保险省及地市级定价研究——以辽宁省玉米、大豆为例［J］. 保险研究，2019（3）：103 - 115.

[13] 庹国柱. 我国农业保险政策及其可能走向分析［J］. 保险研究，2019（1）：3 - 14.

[14] 夏益国，李殿平. 政策性农业保险与农业规模化：耦合机制和政策支持［J］. 区域金融研究，2012（12）：32 - 36.

[15] 夏益国. 美国乳业安全网保险机制探究［J］. 中国农村经济，2016（9）：83 - 96.

[16] 张丽娟，高颂. 美国促进农业出口机制研究［J］. 美国研究，2012（3）：7 - 28.

[17] 张旭光，赵元凤. 奶牛保险对奶牛养殖规模的影响研究［J］. 保险研究，2017（2）：40 - 49.

[18] 张跃华，庹国柱，符厚胜. 市场失灵、政府干预与政策性农业保险理论——分歧与讨论［J］. 保险研究，2016（7）：3 - 10.

[19] 朱满德，程国强. 中国农业的黄箱政策支持水平评估：源于 WTO 规则一致性［J］. 改革，2015（5）：58 - 66.

[20] 左斐，徐璋勇. 农作物保险对产出的影响：理论框架，研究现状与展望［J］. 保险研究，2019（6）：26 - 38.

[21] Anderson J. D. , Young R. E. , and Davis T. D. Institutional Barriers to an Insurance - Based Farm Safety Net, Selected Paper prepared for presentation at the Agricultural and Applied Economics Association's2013 Crop Insurance and the Farm Bill Symposium［R］. Louisville, KY, October 8 - 9, 2013.

[22] Baek J. , and Koo W. W. On the dynamic relationship between U. S. farm income and macroeconomic variables［J］. Journal of Agricultural & Applied Economics, 2009, 41（2）：521 - 528.

[23] BarryP. J. , Collins K. J. , and Glauber J. W. Crop insurance, disaster assistance, and the role of the federal government in providing catastrophic risk protection［J］. Agricultural Finance Review, 2002, 62（2）：81 - 101.

[24] Congress of the United State, Congress Budget Office［R］. The 2017 Long - Term Budget Outlook. www. cbo. gov/publication/52480.

[25] Coble K. H. , Barnaby G. A. , and Jones R. Crop insurance in the Agricultural Act of 2014［J］. Choices, 2014, 29（2）.

[26] Glauber J. W. Crop Insurance Reconsidered［J］. American Journal of Agricultural Economics, 2004, 86（5）：1179 - 1195.

[27] Glauber, J. W. , and Westhoff P. The 2014 Farm Bill and the WTO［J］. American Journal of Agricultural Economics, 2015, 97（5）：1287 - 1297.

[28] Glauber J. W. and Effland A. United States Agricultural Policy：Its Evolution and Impact［R］. IFPRI Discussion Paper 01543, July, 2016.

[29] Glauber J. W. , Collins K. J. , and Barry P J. Crop Insurance, Disaster Assistance, and the Role of the Federal Government in Providing Catastrophic Risk Protection［J］. Agricultural Finance Review, 2002, 62（2）：81 - 101.

[30] MacDonald J. M. , Kor bP. , and Hoppe R. A. Farm Size and the Organization of U. S. Crop Farm［R］. United States Department of Agriculture Economic Research Service Economic Research Report, Number 152, August, 2013.

[31] Orden, D. , and Zulauf C. The Political Economy of the 2014 Farm Bill［J］. American Journal of

Agricultural Economics, 2015, 97 (5): 1 - 14.

[32] Shields D. A. Farm Safety Net Programs: Background and Issues [R]. Congressional Research Service, August 21, 2015.

[33] USDA, Economic Research Service. Agriculture Improvement Act of 2018: Highlights and Implications [OL]. https: //www. ers. usda. gov/agriculture - improvement - act - of - 2018 - highlights - and - implications/.

[34] Zulauf C. Payments by U. S. Farm Safety Net Program: Differences by Crop [R]. farmdocdaily, May 9, 2013.

美国农业风险管理政策体系构建及其应用效果

——兼对 2018 年美国新农业法案动向的观察[*]

赵　将　张蕙杰　段志煌

摘要：本文对美国农业风险管理政策体系的构建、成效及遇到的问题进行了梳理，并对 2018 年美国新农业法案的走向进行观察和分析。美国农作物商品项目和农业保险项目是美国农业风险管理政策体系的两大支柱，两者有机结合，相互补充，分别实现对农民收入浅度和深度损失的补偿。特殊条件下，美国会启动永久法案中《农作物商品信贷公司宪章法案》，对农民施行额外保护。美国农业风险管理政策体系保护了农民收入，促进了农业生产，但项目赔付向大规模农户偏移。2018 年 12 月 20 日签署的美国新农业法案将继续坚持并优化农业风险管理政策体系，提高政策运行效率和对农民的保护力度。建议我国继续坚持发展农业保险，完善数据体系和运营系统等基础工作，不断完善农户利益补偿机制和农业支持保护制度。

关键词：美国，农业风险管理政策，农作物商品项目，农业保险，农民收入

引　言

美国农业政策在保护农民收入与促进农业生产方面发挥了重要作用。1933 年美国出台第一个农业法案（Agricultural Adjustment Act），形成了以农产品价格支持与供给调控为核心，以农作物商品项目（Crop Commodity Program）为主的政策体系，防止谷贱伤农。而在 1996 年之后，美国农业政策逐渐转向了以风险管理为核心，以农作物商品项目和农业保险（Federal Crop Insurance Program）为两大支柱的政策体系（Mesbah et. al.，2018）。2018 年 12 月 20 日，美国总统特朗普签署了新农业法案（The Agriculture Improvement Act of 2018），新法案与 2014 年《食物、农场与就业

---

　* 项目来源：国家现代农业产业技术体系建设专项资金（CARS - 09），国家自然科学基金青年项目"农村正规金融发展、金融空间演化与县域内城乡收入差距（编号：71603306）"

本文原载《农业经济问题》2019 年第 7 期。

作者简介：赵将，中国人民大学农业与农村发展学院博士；张蕙杰，中国农业科学院农业信息研究所研究员（通讯作者）；段志煌，中国人民大学农业与农村发展学院讲席教授。

法案》十分相似，它延续并优化了以农作物商品项目和农业保险为两大支柱的农业风险管理政策体系。美国目前的农业政策体系在世界上具有较强的特殊性，理解其形成和构建的脉络与逻辑具有重要意义。本文对 1996 年之后，尤其是 2014 年美国农业风险管理政策体系构建及其应用效果进行分析，以理解该体系形成与演进的思路。

一、农业风险管理政策体系的构建

在美国现行的农业风险管理政策体系两大支柱中，农作物商品项目和农业保险项目有机结合、相互补充，其中，农作物商品项目补偿农民收入的浅度损失（Shadow loss），农业保险则补偿农民收入的深度损失（Deep loss）（Erik，2016；Mesbah et. al.，2018）。两者共同实现了对农业生产经营风险深度和广度覆盖，从而保护农民收入，促进农业生产。

（一）支柱 1：农作物商品项目改革与风险管理

农作物商品项目改革要追溯到 1996 年《联邦农业发展和改革法案》。该法案终止了 1933 年以来美国第一个农业法案（Agricultural Adjustment Act）农产品价格支持的政策手段（Young and Westcott，1996），以减少对市场干预。随着价格支持的取消，美国农民面临着较大的市场价格波动风险。受 1997—1999 亚洲金融危机的影响，农产品价格下跌，美国农民损失惨重。2002 年至今农作物商品项目构建起了具有脱钩和反周期补贴性质的新型农民收入保护网，在减少对市场干预的同时，保护农民的收入（Westcott，Young，and Price，2002）。

1. 2002 年反周期支付与收入保护网构建

2002 年农业法案农民收入"安全保护网"由直接补贴（Direct Payment，DP）、反周期补贴（Counter‐Cyclical Payments，CCP）和贷款差额补贴（Loan Deficiency Payments，LDP）组成（图 1）。三层网络都属于脱钩补贴，与当期产量、种植面积脱钩，因此并不直接干预农民该期的生产决策。①直接补贴基于其补贴率、历史基础耕作面积和历史亩产计算，称为"绿色补贴"；②反周期补贴与农产品价格波动相关，当贷款率①或者市场价格与直接支付率之和低于目标价格时生效。反周期补贴同样根据历史耕作面积和历史亩产计算；③贷款差额补贴（LDP）在市场价格低于到贷款率时生效，农民以较低市价归还营销援助贷款（Marketing Assistance Loans，MALs），从而获得贷款差额补贴（Westcott and Price，2001）。

---

① 贷款率（Loan rates）为保护价，在制定时往往低于当时的市场价格。在美国商品信贷公司（Commodity Credit Corporation）为农民提供的营销援助贷款（MALs）中，若市价低于贷款率，农民可以使用抵押的农产品抵偿债务。1985 年的农业法案提出农民可以较低的市价归还 MALs，而不用将产品抵押给国家，即产生了贷款差额补贴（LDP），这一偿还方式调整标志着美国农业政策向市场化方向的转变（Sumner，2007）。

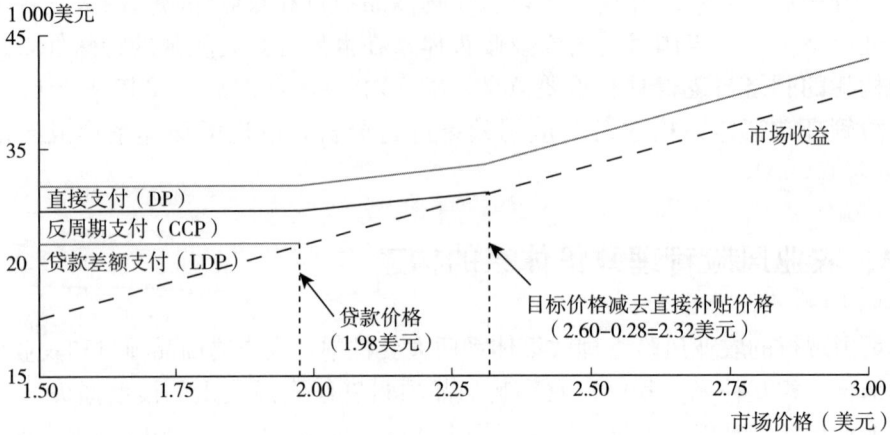

图 1　2002 年 DP、CCP 和 LDP 的互补机制

注：设玉米面积为 100 英亩，亩产 135bu/英亩，直接支付补贴产量 103bu/英亩，反周期支付补贴产量 120bu/英亩。①DP 补贴额度（玉米）=（DP 补贴率）×（DP 补贴亩产值）×[（基础耕地面积）×0.85]；②CCP 补贴率（玉米）=目标价格-DP 补贴率-Max（市场价格，贷款率）；③CCP 补贴额度（玉米）=（CCP 补贴率）×（CCP 补贴亩产值）×[（基础耕地面积）×0.85]。

2. 2014 年农作物商品项目对农民收入保护机制

2014 年《食物、农场与就业法案》建立了价格损失保障计划（Price Loss Coverage，PLC）和农业风险保障计划（Agriculture Risk Coverage，ARC）为核心的农作物商品项目（表 1）：①。ARC 和 PLC 归美国农业部农场服务局（Farm Service Agency，FSA）管理。参与 ARC 或 PLC 不需要支付任何费用，农民只需要于 2014 年农业法案执行之初，在 PLC 和 ARC 计划之间做出选择即可，没有做出选择的农民被默认参与 PLC。此外，2014 年农业法案出台了补充性保障选择计划（Supplement Coverage Option，SCO），作为 PLC 的补充。如果农民选择了 PLC，可以同时参与 SCO，但如果农民选择了 ARC，则就不能参与 SCO。SCO② 是农业保险项目中的新内容，受美国农业部风险管理局（RMA）管理，参加 SCO 则需支付保费，政府提供 65% 的保费补贴。农民购买 SCO 时须参与农业保险项目中单产保护计划（Yield Protection）或收入保护计划（Revenue Protection），并确定风险覆盖水平（保险条款）。

ARC、PLC 和 SCO 计划都可以降低农民收入波动风险，但是三者作用机制各不相同（表 1）。①PLC 类似反周期补贴，在农产品销售当期的地头价格（Farm Price）低于 2014 年农业法案制定的指导价格（Reference Price）时启动支付。当地头价格降低到贷款率时，PLC 补贴达到最大值，高出的损失部分由贷款差额补贴补偿。PLC

---

① 2014 年的 ARC 项目包含农场和县域两个层面的产品，其中县域产品参与最多。后文除特殊说明外，提到的 ARC 特指县域产品。

② SCO 为农业保险项目，因其会影响农民在 PLC 和 ARC 项目参与，所以在本节介绍。

补贴额度与农场实际产量无关。指导价格越高，PLC 补贴越高。②ARC 类似收入保险，当农场实际的亩均收入低于县域标准收入[①]（Benchmark County Revenue）的 86％时启动支付，补偿农民在县域标准收入 76％～86％之间的损失，最大补贴额度为县域标准收入的 10％。ARC 赔付额度与农场当期的产量与销售价格均相关。县域标准收入越高，ARC 补贴越高。③SCO 保险（以参加收入保护计划为例），以播种时期货价格（The Futures Price）确定县域期望收入，并以此作为补贴标准。当农民实际收入下降到县域期望收入的 86％以下时启动支付。若农民购买的风险覆盖水平为 70％，则 SCO 会补偿农民在县域期望收入 70％～86％的损失，最大补偿额度为县域期望收入的 16％。县域期望收入值越高，SCO 补偿越高。

表1　2014 年农业法案 ARC 和 PLC 计划与补充性保障选择计划 SCO 的作用机制

法案内容	2014 年农业法案主题 I（农作物商品项目）		2014 年农业法案主题 XI（联邦农作物保险项目）
项目名称	农业风险保障计划（县级 ARC）	价格损失保障计划（PLC）	补充性保障选择计划（SCO）
管理部门	农场服务局（FSA）	农场服务局（FSA）	风险管理局（RMA）
费用与补贴	无	无	有（保费补贴 65％）
参与限制	2014 年农业法案执行之初确定，法案期内不能更改。不能参与 PLC 和 SCO	2014 年农业法案执行之初确定，法案期内不能更改。不能参与 ARC	每年自愿购买。可加入 PLC，不能加入 ARC。农民必须参与农作物保险单产保护计划 YP 或收入保护计划 RP
支付机制	当县域的实际收入下降到县域收入标准的 86％以下时	当市场价格（地头价格）下降到 2014 年农业法案制定的指导价格以下时	以加入 RP 为例。当县域的实际收入下降到县域期望收入标准的 86％以下时
支付计算公式	（I_县域标准收入×86％－I_县域实际收入均值）×H_基础面积×85％	（P1_国家指导价格－P2_农场价格）×H_基础面积×Q_FSA 计划单产×85％	（0.86－SCO 保险的风险覆盖水平）×县域期望收入
最大支付值	县域标准收入的 10％	市场价格下降到贷款率（Loan Rate）及以下时。	当县域实际收入下降到 SCO 保险的风险覆盖水平以下时
主要参与作物	玉米，大豆	小麦，小米，花生	参与率不高

农民参与 PLC 或 ARC 计划取决于其所处的风险条件及其对补偿的预期。农民不仅会比较 PLC 和 ARC 预期补贴收益，还会比较 SCO 和 ARC 之间差异。相比 ARC 依据历史价格计算县域标准收入，SCO 提供了基于远期价格的期望收入标准。当农

---

① 县域收入标准为前 5 年全国移动平均价格（除去最低和最高价）和前 5 年县域移动平均单产（除去最高产和最低产）的乘积。其中，价格指代年度标准价格（The annual benchmark price）取全国指导价格（The reference price）和全国市场平均价格中的高价。

产品历史价格较高或预期价格较低时，农民从 SCO 中得到的补偿相对较低；反之，更多的农民将参与 SCO（Erik et. al.，2016）。从农作物商品项目实际参与情况来看（Mesbah et. al.，2018），大部分的玉米和大豆种植者选择了 ARC，ARC 的参与面积分别达到了玉米和大豆种植面积的 91% 和 96%；而大部分小麦、大米和花生种植者选择了 PLC。实际补偿情况与农民的预期基本一致，2014 年，玉米、大豆和小麦从 ARC 计划中获得的补偿高于 PLC。但随着 2016 年价格下滑，ARC 和 PLC 补贴的差距逐渐缩小，其中小麦生产者从 PLC 获得的补贴甚至超过了 ARC。SCO 的参与率则不高，从 2015 年 400 万英亩下降到了 2016 年 250 万英亩（SCO 为每年自愿参与），主要原因在于农民对 SCO 期望补贴值较低。SCO 作为浅度损失的农业保险在风险发生率低的地区更受欢迎，在风险发生率高的地区农民购买意愿较低（Erik et. al.，2016）。

（二）支柱 2：农业保险项目的发展与风险管理

农业保险可在保护农民收入的同时减少对市场的干预，促进贸易公平性（Glauber，2015）。1996 年之后，美国农业保险迅速发展，成为了重要的风险管理工具。2016 年，美国政府农业保险支出已超过农作物商品项目和土地休耕项目（Congressional Research Service，2018）。

1. 以保费补贴为主的多元化政策工具

美国政府采用保费补贴、对私营保险公司运营费用补贴、再保险支持等政策工具促进农业保险发展。在风险管理局（RMA）、联邦作物保险公司（FCIC）和农业保险公司（AIP）构成的美国农业保险运行体系中（图 2），联邦作物保险公司执行对农业保险公司再保险支持（Government's share of participating in underwriting gains and losses）和运营行政费用补贴（Administrative & Operation，A&O）（包括保费收缴、查勘和保险理赔等）。在保险体系实际运营过程中，农业保险公司普遍依托下级代理商（Crop Insurance Agent）参与市场竞争，其大部分的运营费用即来自于对代理商的支付。保费补贴并非由联邦作物保险公司事先发给农业保险公司或者农户，而是通过承保合同以及再保险协议与农业保险公司年终统一核算。

在多元化的政策工具中，增加保费补贴、提高风险覆盖程度是提高保险可得性、促进农民参保最主要的手段。2000 年《农作物风险保障计划》（the Agricultural Risk Protection Act of 2000）规定对风险覆盖程度为 75% 的保费补贴由 18% 提高到 55%。之后，政府在保费补贴等方面投入不断增加。美国农业保险项目每年财政投入在 2000 年之前不超过 10 亿美元；2000—2004 年增长到 33 亿美元，其中保费补贴占比 56%；2010—2014 年达到了 86 亿美元，保费补贴占比 87%（Zulauf，2016）；2007—2016 年，美国农业保险项目总支出 720 亿美元，其中对农民直接保费补贴 430 亿美元，对农业保险公司补贴合计 280 亿美元，风险管理局运营支出 7.54 亿美元，分别占比 60%、39% 和 1%（Congressional Research Service，2018）。

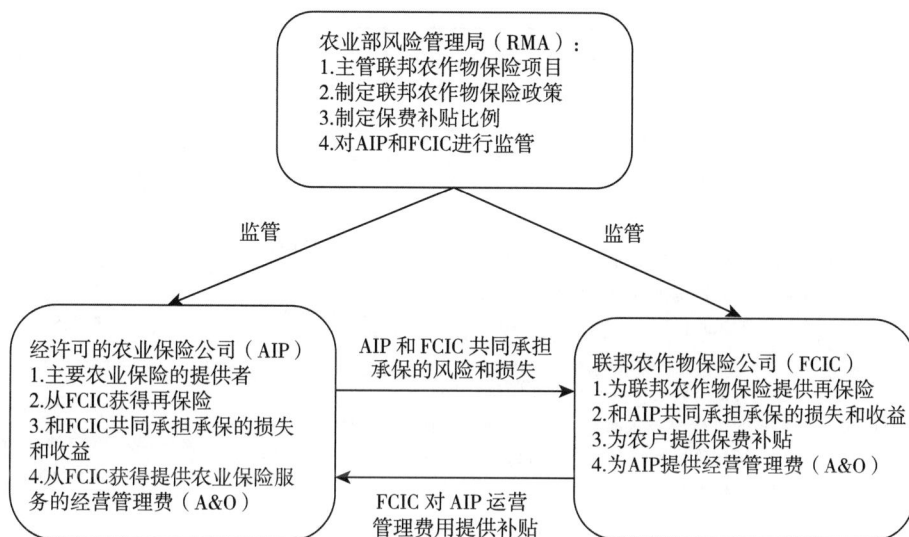

图 2　联邦农作物保险现行运营管理体系

2. 以收入保险为主的农业保险产品体系

目前，美国的农业保险形成了以收入保险为主[①]的 20 多种保险险种，覆盖的农作物达到 123 种，产品体系十分丰富（表 2）。2017 年，美国农业保险项目总保额达到了 1 060 亿美元，其中收入保护计划（Revenue Protection）、真实生产历史保险（Actual Production History）和单产保护计划（Yield Protection）分别占比 69.3%、12.5%、6.4%，三个项目的保额合计占比达 88%。此外，整个农场总收入保险（Whole‐farm revenue protection）和边际保险（Margin insurance）等产品保额占到总保额的 11.8%（Congressional Research Service，2018）。

表 2　美国主要农业保险项目的名称与类型

保险项目	支付机制	赔付标准	农民支付成本
单产保护计划（Yield Protection）	低于产量标准[②]的覆盖比例。产量的风险覆盖水平为 50%～75%。价格的风险覆盖水平为 55%～100%	（产量风险覆盖水平×产量标准－实际产量）×价格风险保障水平×预计价格[③]	支付一定比例的保费。风险覆盖水平越高，费率越低

---

　　① 1980 年之前，美国农险以产量险（"多种灾害性农业保险"，MPCI）为主，共涉及包括土豆、大豆、柑橘等在内的 28 种农作物。1980—1996 年，MPCI 依然是常见的保险方式。

　　② 对于大多数作物而言，标准产量为真实历史产量（Actual Production History，APH）的年度平均值。RMA 要求参保农户具有 4～10 年的 APH 数据以及相应的销售和仓单记录。如果农民 APH 数据不足 4 年，RMA 将使用过渡产量或 "T 产量"，即县域 10 年平均产量作为其替代值，其中如果农民没有 APH 数据，则只能使用 "T 产量" 的 65% 作为替代值，有 0～4 年生产记录的农户可以使用 "T 产量" 的 80%～100% 作为替代值。

　　③ 预计价格（Projected price）采用芝加哥期货交易所（CBOT）远期合约价格数据，其中大豆采用 2 月份的同年 11 月的远期合约价格的日平均值，玉米则采用 2 月份的同年 12 月份远期合约价格的日平均值。

（续）

保险项目	支付机制	赔付标准	农民支付成本
大灾保险（Catastrophic Risk Protection Endorsement）	低于产量标准的覆盖比例。产量的风险覆盖水平为50%。价格的风险覆盖水平为55%	（0.50×产量标准－实际产量）×（0.55×预计价格）	行政管理费。每个县每种作物管理费300美元
真实生产历史保险（Actual Production History）	低于产量标准的覆盖比例。产量的风险覆盖水平为50%～75%。价格的风险覆盖水平为55%～100%	（产量风险覆盖水平×产量标准－实际产量）×价格风险保障水平×预计价格①	支付一定比例的保费。风险覆盖水平越高，费率越低
收入保护计划（Revenue Protection）	低于收入标准②的覆盖比例。收入的风险覆盖水平为50%～85%（取预计价格和收获价格③的高价计算收入标准）	（收入风险覆盖比例×收入标准）－实际收入④	支付一定比例的保费。风险覆盖水平越高，费率越低
收入保护计划—收获价除外（Revenue Protection-Harvest Price Exclusion）	收入标准的50%～85%，（以预计价格计算收入标准）	以85%为例，（0.85×收入标准×价格－实际收入）	支付一定比例的保费。风险覆盖水平越高，费率越低

二、风险管理工具在农业政策中的应用效果

美国农业风险管理政策有效地保护了农民收入，减缓了农民收入波动，促进了农业生产发展。然而该政策体现出与大规模农业更强的亲和力，农作物商品项目补贴和农业保险项目赔付都逐渐向大规模农户偏移。在执行过程中，风险管理政策体系也遇到了诸多困难与挑战。

（一）风险管理与农民收入保护

1. 农作物商品项目中的价格损失保障计划和农业风险保障计划

2014年法案期内，ARC和PLC计划实现了对农业种植者全覆盖。农民可以根据自身风险条件不同，选择参与适合自己的项目。从实际补偿情况来看（Mesbah et. al.，2018），2014年，ARC和PLC补贴分别为44.86亿美元和7.74亿美元；2015和2016年，ARC和PLC补贴分别达到78亿美元和69亿美元。2014—2016年，玉米、小麦和大豆种植者平均每年从ARC计划中获得的补贴分别为35、5.47亿美元

---

① APH计划中，预计价格计算方法灵活多变。
② 收入标准为真实历史产量（AHP）和价格（取预计价格和收获价格的高价）乘积。
③ 收获价格（Harvest price）采用芝加哥期货交易所收获期的远期合约价格数据，其中大豆采用的是10月的同年11月的远期合约价格的日平均值；玉米采用10月的同年11月的远期合约价格的日平均值。
④ 实际收入为实际产量和收获价格乘积，并非农民真实销售价格。

和 5.39 亿美元；PLC 每年支付补贴从 7.74 亿美元增加到 32 亿美元，主要补偿给小麦种植者。以脱钩和反周期补贴为核心思想的农作物商品项目在减少对市场干预的同时，为农民应对农产品市场价格和收入的波动提供了有益的保障。

2. 农业保险项目

随着农业保险市场不断发展，美国农业保险项目实现了对风险的深度和广度覆盖。①1980—2017 年，参保面积从 0.266 亿英亩增加到了接近 3.00 亿英亩（牧草、牲畜等面积除外），达到了可耕地面积的 90% 以上。②1990—2015 年，农业保险项目总保额在农作物总价值的 85%（85% 是最高的风险覆盖比例，也是最受欢迎的保险产品），比重从 16% 增加到了 54%。2017 年，农业保险总保额达到了 1 061 亿美元。农业保险有效保护农民收入、减缓农民收入波动。根据 Mesbah et. al.（2018）的计算，收入保险（RP）（以风险覆盖程度为 75% 的产品为例）可以有效提高农民的最低收入和平均收入，降低收入波动系数（表 3），其中玉米最低收入从 257 提升至 583 美元，大豆最低收入从 150 提升至 358 美元，冬小麦最低收入从 31 提升至 180 美元；玉米、大豆和冬小麦分别收入波动系数分别降低了 0.1、0.1 和 0.14。

表 3　收入保险对农民收入变化的影响

单位：美元

模拟结果	保费补贴	每英亩收入平均值	收入区间	每英亩收入波动系数
玉米				
无保险	—	739	[257；1，286]	0.36
收入保险	28.68	768	[583；1，257]	0.26
大豆				
无保险	—	480	[150；871]	0.39
收入保险	18.48	498	[358；854]	0.29
冬小麦				
无保险	—	265	[31；564]	0.54
收入保险	15.63	280	[180；552]	0.40

注：采用风险覆盖程度为 75% 的收入保险进行的模拟分析（Mesbah et. al.，2018）。

3.《农作物商品信贷公司宪章法案》及相关应急方案

2018 年特朗普政府施行以"美国优先"的发展战略，通过加征关税、高筑贸易壁垒等方式解决国内失业等问题，在世界范围内挑起贸易摩擦，引发中国等贸易伙伴反制（国务院新闻办公室，2018）。美国农产品出口受阻，大豆、玉米、小麦和猪肉等价格出现了大幅下滑。2018 年 7 月 24 日美国临时启动了《农作物商品信贷公司宪章法案》①，提出了 120 亿美金的应急方案，加强对农民的保护。第一，由农场服务

---

① 该方案基于 1949 年永久法案的《农作物商品信贷公司宪章法案》［The Commodity Credit Corporation（CCC）Charter Act］，区别于 ARC 和 PLC 计划以及农业保险。

局（FSA）执行市场促进项目（The Market Facilitation Program），对大豆、玉米、小麦、高粱、猪肉等产品生产者提供直接补贴（USDA，2018；Giri et. al. , 2018）。以大豆为例，对大豆的补贴额为农场产量的 50% 乘以 1.65 美元/蒲式耳。如果一个豆农种植 1 000 英亩土地，每英亩产量为 50 蒲式耳，则其可获得 41 250 美元的补贴。第二，由农产品运销局（Agricultural Marketing Service）执行食物采购和分配计划（Food Purchase and Distribution Program），采购过剩农产品，分配给食物银行（Food Bank）等营养项目。第三，由涉外农业服务局（Foreign Agriculture Service）执行贸易促进项目（Trade Promotion Program），如与墨西哥和加拿大签订自由贸易协定，开拓海外市场。

（二）风险管理与财政分配的偏移

虽然美国风险管理风险体系有助于保护农民的收入，但是农作物商品项目补贴以及农业保险项目的赔付逐渐向大规模农场偏移（图 3）（White and Hoppe，2012；McFadden et. al. , 2017）。①从农作物商品项目来看，1991—2015 年，规模在年收入 100 万美元以上的农场获得的农作物商品项目补贴占比从 11% 增加到了 34%；年收入小于 35 万美元的小规模农场获得的补贴从 61.3% 下降到了 30.2%。②从农业保险项目来看，1997—2015 年，规模在年收入 100 万美元以上的农场获得的美国农业保险项目赔付占比从 12.1% 增加到了 32.7%；年收入小于 35 万美元的小规模农场获得的赔付从 47.5% 下降到了 22%。

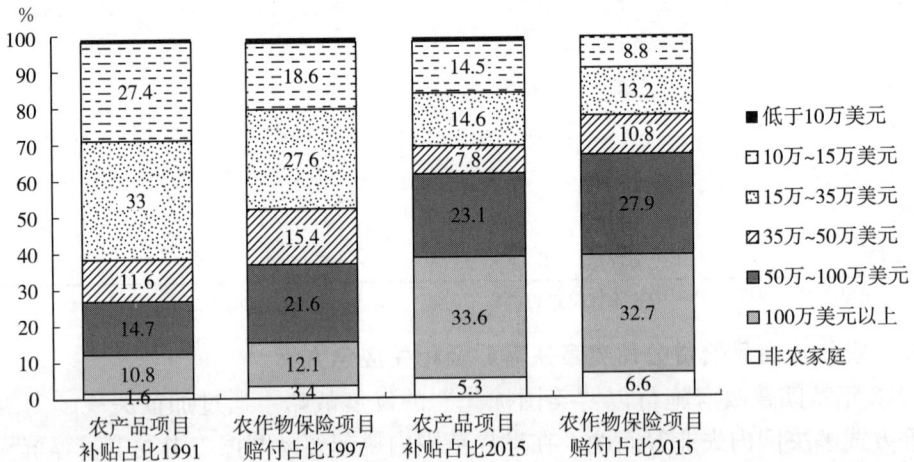

图 3　美国各类收入水平农民获得的农产品项目补贴和联邦农作物保险项目赔付占比情况

注：以家庭现金总收入对农民家庭进行分类（McFadden et. al. , 2017）。

数据来源：美国 National Agricultural Statistics Service and Economic Research Service，包括 1991 年农场成本与利润调查（Farm Costs and Returns Survey），以及 1997 年和 2015 年农业资源管理调查（Agricultural Resource Management Survey，ARMS）。

　　风险管理项目补贴或赔付向大农场偏移主要原因在于美国农业生产经营的集中化及其引发的对风险管理工具更高的需求（MacDonald et. al.，2013；McFadden et. al.，2017）。1982—2007 年，美国农场规模中位数从 589 英亩增加到 1 105 英亩，许多农场规模达到了中位数的 5～10 倍。规模化发展伴随生产经营的集中（图 4）：1991—2015 年，年收入 100 万美元以上的农场农业总产值在全国农业总产值的比重从 19％增至 42％；年收入在 35 万～100 万美元的农场农业总产值占比逐年下降；年收入小于 35 万美元的农场农业总产值占比从 46.4％降至 24.2％。规模化农场采纳大型农机装备、转基因技术以及信息技术等提高管理效率，并可以更低价格获取土地，从而盈利性不断提高（Kislev and Peterson，1982；Kirwan and Robert，2016）。他们专业化、商业化程度高，对风险管理要求更高（Dimitri，Effland，Conklin，2005）。对大农场而言，每单位农业保险赔付和反周期补贴分别为 1.38 美元和 1.09 美元（Key，2017）。美国大农场参保率是最高的。2015 年，年收入小于 10 万美元的农场参保率只有 1％，而年收入在 15 万～35 万美元和 35 万美元以上的农场参保率分别为50％和 66％～71％（McFadden et. al.，2017）。

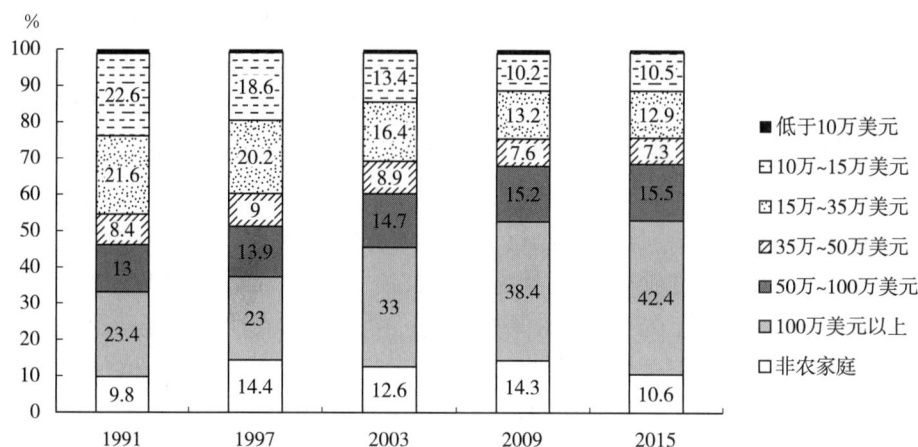

图 4　美国各类收入水平农民农业产值在全美农业总产值中的占比

注：以家庭现金总收入对农民家庭进行分类（参考 McFadden et. al.，2017）。

数据来源：美国 National Agricultural Statistics Service and Economic Research Service，包括 1991 年农场成本与利润调查（Farm Costs and Returns Survey），以及 1997 年，2003 年，2009 年和 2015 年农业资源管理调查（ARMS）。

（三）风险管理政策体系的运营与挑战

　　农作物商品项目与农业保险运营中存在诸多挑战。如在农作物商品项目理赔时，由于数据缺乏权威性，部分区县使用多套数据理赔，包括 NASS 数据和农作物保险数据（Crop Insurance Data），从而引起纠纷。农业保险的经营面临着更为严峻的挑战（Congressional Research Service，2018）：①农场产量报告和气候变化带来的不确定性依然较强；②农产品的供给和需求的影响因素较多，不确定性往往导致农业生产和农产品价格波动较大；③农业保险承保的范围包含洪水，干旱等系统风险，这些系统性风险给保险经营带来了更大的困难；④多种灾害险的经营风险较高，收入保险的加入进一步增加了农业保险的经营难度；⑤农业保险经营中，逆向选择和道德风险等问题依然普遍存在。

三、2018 年美国新农业法案对农业风险管理政策的改进

2018 年 12 月 20 日，美国总统特朗普签署了美国新农业法案（The Agriculture Improvement Act of 2018）。新法案保持脱钩和反周期补贴政策思路，继续坚持并优化了农业风险管理政策体系，提高政策运行效率和对农民的保护力度。

（一）农作物商品项目

与 2014 年农业法案相比，新农业法案做了以下方面的优化（Coppess et. al.，2018；Coppess et. al.，2018）：①保留 PLC 和县域 ARC 计划，删除个人 ARC 计划。②统一使用农业保险数据理赔，改变之前部分区县使用多套数据理赔的问题。③ARC 和 PLC 计划分别改进了县域标准收入或农户基础产量数据计算方法，如 ARC 计划县域标准收入计算中将过渡产量（Transitional yield）的计算比例提高至 80%，并将纳入趋势产量（Trend‐adjusted yield）等变量，从而使县域标准收入计算方法更为科学，补贴标准也将进一步提高。④法案执行之初，农民须在 ARC 和 PLC 之间进行选择，保留 PLC 计划作为默认选项。2021 年之后，农户可以在 ARC 和 PLC 之间每年进行选择。此外，新法案提高了对农民的保护力度。由于近来农产品市场价格低迷，相比于十年平均值，2018 年美国农场净收入下降了 28%（Johansson，2019；Burns and Macdonald，2018）。为保护农民利益，提高其生产积极性，新法案扩大了农民获取补贴的资格：一是将贷款差额补贴（LDP）从收入限制条款中免除，二是将法定农民家庭范围扩大，使更多人分享农业补贴。而农作物商品项目补贴以及农业保险项目的赔付逐渐向大规模农场偏移的问题被搁置①。在新法案起草过程中，美国参议院提出通过设置补贴上限等方式减少对大农场的补贴的建议最终未得到落实（Coppess et. al.，2018），包括：①将农户可获得补贴标准从 900 000 美元下调至 700 000 美元 [以家庭总收入（Adjusted Gross Income）计算]，则新法案中收入超过 700 000 美元的家庭将无法获得补贴；②将农产品（除坚果外）补贴上限统一设定为 125 000 美元。以大豆和大米为例，两者补贴标准分别为 6 美元/英亩和 146 美元/英亩，则生产者可获得补贴的耕地面积分别为 20 000 英亩和 854 英亩。

---

① 2018 年 6 月 13 日，美国参议院顺利通过农业法案草案，唯一反对票针对大农场主获得农业补贴资格。

（二）农业保险项目

根据美国国会 2018—2027 年农业法案预算，在现有政策体系下，农业保险项目将保持农业政策中最大支出项目的地位，其中营养项目、农作物保险项目、土地休耕、农产品政策的预算占比分别为 77%（6 790 亿美元）、9%（770 亿美元）、7%（600 亿美元）、6%（590 亿美元）（Congressional Research Service，2018）。新法案基本保持了原有农业保险运营思路，只做了细微的改进：①维持高补贴。尽管学者呼吁降低或取消保费补贴[①]（Zulauf，2016），但鉴于保费补贴影响参保率，美国两院不同意降低保费补贴而牺牲参保率（Woodard and Yi，2018）。②提高县区基本行政管理费。每种作物每个县管理费提高至 655 美元。③数据规范化管理。NASS 数据以及其他统计数据需汇总到 FCIC，实现数据的统一。允许农业保险公司（AIPs）等对农户产量统计数据进行适当修正。④鼓励参保农户遵守良好耕作方法（Good Farming Practice），减少其道德风险（Coppess et. al.，2018）[②]。

四、对中国农业风险管理政策的启示与建议

（一）启示

农业风险管理工具具有准公共物品的特性，支持准公共物品的供给是政府的责任和义务。美国农作物商品项目和农业保险项目是美国农业风险管理政策体系的两大支柱，两者有机结合，相互补充，分别实现对农民收入浅度和深度损失的补偿。在特殊条件下，美国临时启动永久法案中《农作物商品信贷公司宪章法案》，对农民实行额外保护。美国农业风险管理政策体系在保护农民收入的同时，促进了农业生产。然而，该体系显示出与大规模农业之间天然的亲和力，包括农作物商品项目补贴以及农业保险项目赔付都逐渐向大规模农户偏移。2018 年美国新农业法案出台，美国政府会继续坚持农业风险管理工具这一准公共物品的供给，但会针对政策运行中遇到的问题改进、优化农业风险管理政策体系。

（二）建议

我国粮食收储制度和价格形成机制改革不断深化，按国际价格判定国内粮价将成为新常态。在此背景下，我国应加快构建多层次补贴体系，学习美国通过改进农作物商品项目和发展农业保险两条途径，完善农户利益补偿机制，保护粮食生产主体的利益，保障国家粮食安全。

---

① 保费补贴质疑类似于 2002 年直接补贴（DP），直接补贴因补贴比例的合法性与合理性受到质疑在 2014 年被终止了。1999—2013 年，直接补贴支出 44~81 亿美元，占到政府支农项目支出的 18%~45%。

② 良好耕作方法是指科学性和可持续性的生产方式。参议院提出了对在生产过程中采用降低风险措施的农民提供更多的保费优惠，受法规限制被否定。因为折扣等方式不合法，RMA 需要实行统一的费率和价格。

第一，学习美国开展 ARC 和 PLC 等农作物商品项目的经验。1996 年美国农业市场化改革之后，具有脱钩和反周期补贴性质的农作物商品项目改革，在保护农民收入的同时减少了对市场的干预。农作物商品项目在支农支出中的占比从 1999 年的 89％下降到 2015 年的 43％（Congressional Research Service，2018），从长期来看，该项目能够有效节省财政预算资金。

第二，现行 WTO 规则下，农业保险已是众多国家农业支持保护工具（Mahul and Stutley，2010）。我国应继续坚持探索和发展农业保险，完善我国农业支持保护制度。美国在农业保险发展过程中积累了长时间的经验，尤其是市场化改革后农业保险实现快速发展，其经验是不可替代的。我们应该学习总结美国农业保险的发展经验，包括政策体制设计和运营体系等。

（1）建立并完善产量、价格、面积等数据体系，为开展农业保险产品设计、理赔等做好基础性工作，并建立一定的权威性，减少因计算和理赔时农民可能出现的不满和诉讼。完善的大数据体系是开展农业保险产品设计及理赔的重要基础，美国发达的农产品期货市场以及农场自身完善的产量、销售和仓储等数据为农业保险产品设计和运行提供基本保障。相比之下，中国农户普遍没有生产与销售记录的习惯，缺乏产量及销售数据，并且受长期价格支持政策的影响，中国粮食市场缺乏反映市场规律的价格数据。数据系统的不完善制约了我国农业保险的发展，政府应加强此方面公共服务投入，促进农业保险市场进一步发展。

（2）科学核定保费补贴比例与确定保费补贴对象。提高保费补贴比例是促进农民参保的重要手段。然而，过高的保费补贴会带来过大的财政负担。我国可借鉴国外农业保险发展的经验或通过试点方式，探索适合我国国情的最优保费补贴比例，在节省财政预算的同时促进农民参保。此外，我国应适度平衡对规模化农户与小规模农户的保费补贴，保证转移支付分配的公平性，防止出现我国农业规模化经营过程中，补贴向规模化农业偏移等问题。

（3）积极探索农业保险再保险制度体系的建立。美国通过农业再保险体系的构建，分散农业保险公司的经营风险，有效促进农业保险供给。我国目前再保险体系并不完善，然而随着农业保险需求的快速增长和农业保险市场的快速发展，保险公司面临的复杂性和风险越来越高，探索再保险体系的构建是促进保险公司增加供给的有效手段，是符合市场规律的选择。

（4）探索发展气象和价格的指数保险，构建中国特色的收入保险体系。整合气象指数数据，开发指数保险产品，构建以指数保险为依托，广覆盖的普惠保险体系；随着粮食市场化改革的深入和期货市场的完善，我国可通过"保险＋期货"等方式发展价格指数保险。

参考文献

[1] Burns C. and MacDonald J. M. America's Diverse Family Farms：2018 Edition［R］. USDA－ERS

Agric. Info. Bull No. （EIB-203）28，2018.

［2］ Congressional Research Service. Federal Crop Insurance：Program Overview for the 115th Congress ［R］. CRS Report Prepared for members and committees of congress，2018.

［3］ Coppess，J.，G. Schnitkey，C. Zulauf，and N. Paulson. Initial Review of the Senate Ag Committee's Draft 2018 Farm Bill ［R］. farmdoc daily，（8）：107，Department of Agricultural and Consumer Economics，University of Illinois at Urbana-Champaign，2018.

［4］ Coppess，J.，G. Schnitkey，C. Zulauf，and N. Paulson. Progress and Potential Hurdles for the 2018 Farm Bill ［R］. farmdoc daily，（8）：112，Department of Agricultural and Consumer Economics，University of Illinois at Urbana-Champaign，2018.

［5］ Coppess，J.，G. Schnitkey，C. Zulauf，N. Paulson，B. Gramig and K. Swanson. The Agriculture Improvement Act of 2018：Initial Review ［R］. farmdoc daily，（8）：227，Department of Agricultural and Consumer Economics，University of Illinois at Urbana-Champaign，December 12，2018.

［6］ Dimitri，C.，Effland，A. B.，& Conklin，N. C. The 20th century transformation of US agriculture and farm policy（Vol. 3）［R］.Washington，DC：US Department of Agriculture，Economic ResearchService，2005.

［7］ Erik J. O'Donoghue，Ashley E. Hungerford，Joseph C. Cooper，Thomas Worth，and Mark Ash. The 2014 Farm Act Agriculture Risk Coverage，Price Loss Coverage，and Supplemental Coverage Option Programs' Effects on Crop Revenue ［R］.U. S. Department of Agriculture，Economic Research Service，ERR-204，2016.

［8］ Giri，A.，E. W. F. Peterson，and S. Sharma. The Impact of the Market Facilitation Program on U. S. Soybean，Sorghum and Corn Producers ［R］. Choices. Quarter 4，2018.

［9］ Glauber，J. W. Agricultural Insurance and the World Trade Organization ［R］. International Food Policy Research Institute（Discussion paper），2015.

［10］ House of Representatives. Agriculture Improvement Act oa 2018 ［Z］. 2018. 12. 12.

［11］ Johansson. C. R. The Outlook for U. S. Agriculture-2019：Growing Locally，Selling Globally ［R］. USDA's Agricultural Outlook Forum，2019.

［12］ Key，N.，D. Prager，and C. Burns. Farm Household Income Volatility：An Analysis Using Panel Data From a National Survey ［R］. U. S. Department of Agriculture，Economic Research Service，ERR-226，2017.

［13］ Kirwan，B.，and M. J. Roberts. Who Really Benefits from Agricultural Subsidies? Evidence from Field-Level Data ［J］. American Journal of Agricultural Economics，2016，98（4）：1095-1113.

［14］ Kislev，Yoav，and Willis Peterson. Prices，Technology，and Farm Size ［J］. Journal of Political Economy，1982，（90）：578-595.

［15］ MacDonald，J. M.，P. Korb，and R. A. Hoppe. Farm Size and the Organization of U. S. Crop Farming ［R］. U. S. Department of Agriculture，Economic Research Service，ERR-152，2013.

［16］ Mahul，O.，& Stutley，C. J. Government support to agricultural insurance：challenges and options for developing countries ［M］. World Bank Publications，2010.

［17］ McFadden，Jonathan R. and Robert A. Hoppe. Evolving Distribution of Payments From Commodity，Conservation，and Federal Crop Insurance Programs ［R］. U. S. Department of Agriculture，Economic Research Service，EIB-184，2017.

［18］ Mesbah Motamed，et al. Federal Risk Management Tools for Agricultural Producers：An Overview.

U. S. Department of Agriculture [R]. Economic Research Service，ERR - 250，2018.

[19] Sumner，D. A. Farm subsidy Tradition and Modern Agricultural Realities [R]. Paper prepared for American Enterprise Institute Project on Agricultural Policy for the 2007 Farm bill and Beyond，2007.

[20] USDA，Farm Service Agency. Market Facilitation Program (MFP)：Fact Sheet [OL]. https：// www. fsa. usda. gov/Assets/USDA - FSA - Public/usdafiles/FactSheets/2018/Market_ Facilitation_ Program_Fact_Sheet_September_2018C. pdf，2018.

[21] Westcott，P. C.，& Price，J. M. Analysis of the US commodity loan program with marketing loan [R]. USDA - ERS Report (801)，2001.

[22] Westcott，P. C.，Young，C. E.，&·Price，J. M. The 2002 Farm Act：Provisions and implications for commodity markets [R] . United States Department of Agriculture，Economic Research Service，(No. 33745)，2002.

[23] White，T. K.，and R. A. Hoppe. Changing Farm Structure and the Distribution of Farm Payments and Federal Crop Insurance [R]. U. S. Department of Agriculture，Economic Research Service，EIB - 91，2012.

[24] Woodard，J. D.，& Yi，J. Estimation of insurance deductible demand under endogenous premium rates [J]. Journal of Risk and Insurance，2018 (9999)：1 - 24.

[25] Young，C. E.，&·Westcott，P. C. The 1996 US Farm Act increases market orientation. USDA - ERS Agric [J]. Info. Bull，1996 (726).

[26] Zulauf，C. Why Crop Insurance Has Become an Issue [J]. farmdoc daily，2016 (6)：76.

美国牲畜价格指数保险的经验及局限性[*]

汪必旺　王　克

摘要：美国的牲畜价格指数保险是世界上最早产生和保险方案相对比较完善的农产品价格保险，它是美国将作物收入保险的成功经验向畜牧业延伸的结果。通过保险方案设计和再保险安排，美国牲畜价格指数保险在解决农业价格保险可行性问题上取得了一定效果。相对于期货与期权工具，美国牲畜价格指数保险具有准入门槛和交易成本更低等优势，但也存在操作不够灵活等劣势，总体而言更适合美国的中小规模生产者，而对大规模生产者吸引力较弱；且与期货与期权工具类似，只能提供年度内的价格风险保障，无法如美国的农产品计划项目那样提供跨年度的价格风险保障。从运行结果来看，美国的牲畜价格指数保险的发展规模十分有限，且无持续增长趋势，占美国农业保险的比重和牲畜价格风险管理体系的比重都很低。另外，相对于作物收入保险，还存在着赔付率波动幅度很高的问题。美国牲畜价格指数保险的经验及局限性对中国具有如下启示：改进中国农产品价格保险实施方案；建立农产品价格保险再保险制度；优先发展农产品收入保险；探索多种政策可能性管理农产品价格风险。

关键词：农产品价格保险；农产品收入保险；价格风险管理

一、引言

价格风险是除生产风险之外，农业生产者面临的主要风险。农产品价格的水平和波动性，不仅影响农业生产者的收益的水平和稳定性，也会影响其对农产品生产投入的意愿，进而影响整个社会农产品供应的稳定性和食品安全。因而，帮助农业生产者应对价格风险，从而保障其农业经营收入的稳定十分重要。近年来，农产品价格保险在中国被认为是值得探索和尝试的农产品价格风险管理工具之一，也一度成为国内研究的热点问题。农产品价格保险的特点是以单一的农产品价格指数或几种农产品的价格指数组合作为保险保障水平和赔付计算的依据。2011 年，上海市在我国率先推出

* 基金项目：本文系国家自然科学基金青年项目"生猪价格保险对农户养殖行为的影响及其市场价格稳定功能研究"（项目编号：71603262）的阶段性成果。本文原载《保险研究》2019 年第 5 期。

作者简介：汪必旺，广东省农业科学院农业经济与农村发展研究所助理研究员、博士；王克，中国农业科学院农业信息研究所副研究员。

感谢首都经贸大学庹国柱教授对本文初稿提出的修改意见，但文责自负。

绿叶菜价格指数保险。此后,全国各地相继出现了生猪、鸡蛋、玉米、生鲜乳等价格指数保险试点。同时,2014—2018 年的中央 1 号文件也多次提到要支持开展农产品价格保险试点。在探索发展我国农产品价格保险之前,深入研究国外的农产品价格保险发展情况十分必要。

总体来说,农产品价格保险在全球并不普及,目前国外仅有美国、加拿大等少数国家开展农产品价格保险。其中,美国是世界上农产品价格保险最早开始和持续运营时间最久的国家。值得注意的是,美国的农产品价格保险仅被运用于畜牧业,而没有被运用于种植业。因而,对美国农产品价格保险的研究,也就是对美国牲畜价格指数保险的研究。

目前国内学者对美国牲畜价格指数保险已经展开了一些研究。比如,周志鹏(2014)和夏益国等(2015)对美国生猪毛利润保险的保险方案设计做了介绍和分析;夏益国(2016)与汪必旺、王玉庭(2018)分别从不同角度对美国的乳业毛利润保险(Livestock Gross Margin Insurance for Dairy,LGM‑Dairy)的操作方式和运作原理进行了分析,并将乳业毛利润保险与乳业毛利润保障计划(Margin Protection Program for Dairy,MPP‑Dairy)的运行机制及效果进行了对比研究。然而,当前我国学者对美国牲畜价格指数保险的研究主要集中于对某一特定畜产品的某一种价格指数保险形式进行研究,而且研究主要局限于对保险方案设计及其风险保障原理的研究,而缺乏对美国牲畜价格指数保险整体内容的深入系统分析。

本文首先分析了美国牲畜价格指数保险的产生背景,以了解美国牲畜价格指数保险产生的推动因素及局限于畜牧业的原因;接着,介绍了美国牲畜价格指数保险的主要产品设计方式,以及政府采取的限制措施和再保险方案;然后,从保险运作原理的角度,分析了美国牲畜价格指数保险如何处理价格指数保险理论上所面临的可行性问题,并从养殖者的角度,分析了美国牲畜价格指数保险同期货、期权等传统市场化价格风险管理工具以及政府的价格支持政策相比较的优缺点;最后,从多个角度分析评价了美国牲畜价格指数保险的实际运作效果,并基于其实际运作所表现出的诸多不足深入剖析了美国牲畜价格指数保险的局限性。基于以上分析,并结合当前我国农产品价格保险试点的实际情况以及农产品价格风险管理的整体形势,提出了美国牲畜价格指数保险的经验与局限性对我国的借鉴意义。

二、美国牲畜价格指数保险产生的背景

美国是世界上农业保险发展最早的国家。不过,从 1938 年美国联邦作物保险产生到 1995 年,美国政府支持的农业保险都只为种植业提供生产风险保障,牲畜死亡率保险只有少数私人保险公司开展。因而,长期以来,美国政府支持的农业保险都被称之为"联邦作物保险"(Federal Crop Insurance)。1996 年美国出现了作物收入保险(Crop Revenue Insurance)。作物收入保险的特点是同时对农作物的单产风险与销

售价格风险提供风险保障。美国作物收入保险在计算作物收入保障水平和实际收入水平所使用的价格指标，均使用美国期货市场上的农作物期货价格。具体而言，保障价格是基于作物远期期货合约在作物播种期的平均结算价格；而"实际价格"是基于作物远期期货合约在作物收获期的平均结算价格（庹国柱、朱俊生，2016）。作物收入保险在美国推出后，发展十分迅速，在 2002 年与产量保险的保费规模基本相当，2003 年则一跃占到美国作物保险保费总额的 60.6%。2017 年，作物收入保险保费已经占到美国联邦作物保险保费总额的 81.1%。

美国作物收入保险的成功，无疑给美国利用保险机制同时管理农产品生产风险和价格风险提供了信心（Hart et al.，2001）。美国《2000 年农业风险保障法案》（Agricultural Risk Protection Act of 2000）提到让美国农业部风险管理局（Risk Management Agency，RMA）下属的联邦作物保险公司（Federal Crop Insurance Corporation，FCIC）开展牲畜保险试点，使用保险手段来应对牲畜的生产与价格风险。2002 年 FCIC 分别批准了牲畜价格风险保障保险（Livestock Risk Protection，LRP）和牲畜毛利润保险（Livestock Gross Margin，LGM）的项目试点（Collins，2011）。LRP 是当畜产品价格低于保障价格时，提供保险赔付，适用的牲畜有育肥小肉牛（Feedercattle）、待宰大肉牛（Fedcattle）、生猪和羔羊；LGM 是当畜产品价格与饲料价格按一定的公式计算的毛利润低于保障水平时，提供保险赔付，最开始仅适用于活肉牛（Cattle）和生猪，2008 年又增加了牛奶。LRP 和 LGM 实际上都是对牲畜的价格风险提供保障，所不同的是 LRP 仅对牲畜的销售价格提供下行风险保障；而 LGM 在此基础上，还同时提供饲料成本价格的上行价格风险保障。因而，LRP 和 LGM 都属于牲畜价格指数保险。

到目前为止，美国依然没有出现政府财政支持的牲畜死亡率或意外灾害保险，牲畜死亡率或意外灾害保险仅有少数私人保险公司提供。这主要是因为在美国农作物的生产风险主要来源于人为不可控制的自然灾害（尤其是不利天气），而牲畜的生产风险主要来源于疾病引致的动物死亡。疾病的发生和传播在很大程度上可以通过先进的技术和管理手段来控制。这种人为可控性使得对保险的需求大为降低。而且，由于美国养殖业的整体技术和管理水平较高，所以，生产风险并不是美国牲畜养殖者所面临的主要风险。而市场风险，包括牲畜的销售价格和饲料成本价格的不利波动，才是养殖者面临的主要风险。正因为如此，美国在考虑将保险手段运用于牲畜时，主要考虑如何利用保险手段来管理牲畜养殖者面临的价格风险（Babcock，2004）。另外，从保险产品设计的角度来说，牲畜很难采取和农作物相似的收入保险形式。农作物收入保险的赔付指标一般是使用单产乘以价格；牲畜的价格一般是以重量计价，而饲养牲畜获得的重量与牲畜的存活头数和单头重量有关。牲畜的单头重量与许多因素有关，很难区分是受意外事件还是牲畜的自然生长状况影响。所以，一般来说，在保险领域提到畜牧业的生产风险，仅指造成牲畜的意外死亡而言，而非减重。不过，以美国的经验，牲畜可以和农作物一起以全农场收入保险的形式被承保。美国在 1999 年和 2003

年分别推出了调整的总收入保险（Adjusted Gross Revenue，AGR）和调整的总收入保险简化版（AGR‐Lite），并在 2014 年农业法案后用新的全农场收入保障保险（Whole‐Farm Revenue Protection，WFRP）替代了 AGR 和 AGR‐Lite。这三种保险都是以整个农场的收入作为保险赔付依据，计算农场实际收入则依据生产者提交给美国国内税务局（Internal Revenue Service，IRS）的年度税收申报表（Shields，2010；Shields，2015）。

三、美国牲畜价格指数保险的主要运作方式

（一）LRP 的主要操作方式

在一般情况下，LRP 的保单每个工作日均有销售，生产者可以选择不同的保险期间（如生猪的保险期间可以选择 13、17、21 或 26 周）。LRP 保障的价格水平为预期结算价格（Expected Ending Value）乘以保障水平。预期结算价格是在投保日对应保险期间长度的远期期货合约的结算价格，标的期货合约来自于芝加哥商品交易所（Chicago Mercantile Exchange，CME）。保障水平（Coverage Level）可以选择 70%～100%。在保险期间结束后，如果实际结算价格（Actual Ending Value）低于保障价格，那么保险公司提供赔付。实际结算价格在保险期间结束前的一段时间进行计算，计算基于美国农业部公布的畜产品现货价格，所使用的计算方式与标的期货合约的交割价格计算方式是一致的。LRP 的保障数量为预期牲畜销售头数乘以每头牲畜预期重量。预期牲畜销售头数需要与生产者的实际生产规模相称，在投保时即已确定。保险赔付的计算只与投保时确定的保障数量有关，在保险期间内，生产者的实际牲畜销量与每头牲畜的实际重量与赔付无关。LRP 保险费率的计算与期权定价方法类似，费率与保障的价格水平和保险期间的长度等相关；因而，每批保单的保险费率是不同的。FCIC 为生产者提供 13% 的保费补贴。

（二）LGM 的主要操作方式

LGM 的保单每个月统一销售一次（如无意外情况，一年销售 12 次），销售日期为每个月最后一个为工作日的星期五（可以短暂延时到第二天）。保险期间为保单销售之后的 11 个自然月份，其中保险期间的第一个月不提供风险保障，即实际保障期限为保险期间的后 10 个月。LGM 的保障水平是预期总毛利润（Expected Total Gross Margin）扣除免赔额。预期总毛利润为所有保障月份的预期毛利润之和。保险保障月份的预期毛利润等于该月的目标销量（Target Marketings）乘以单位预期毛利润。单位预期毛利润为畜产品的预期价格减去单位预期饲养成本。每单位重量的畜产品需要的饲养成本数量在保单签订时确定。其中，活肉牛的饲养成本为育肥小肉牛和玉米；生猪的饲养成本为玉米和豆粕；奶牛的饲养成本为玉米和豆粕或者生产者选择的其他饲料转化为玉米与豆粕的等价物。畜产品和饲养成本的预期价格都根据 CME

对应期货合约在保单签订前三个工作日的平均结算价格计算。当实际总毛利润低于保障毛利润水平时，保险公司提供赔付。实际总毛利润（Actual Total Gross Margin）是所有保障月份的实际毛利润之和。计算实际毛利润所使用的价格依据 CME 对应期货合约在期货交易截止日前三个工作日的平均结算价格。LGM 的费率计算采取蒙特卡洛模拟方法，不同保单的保险费率也是不同的。影响保险费率的因素包括预期畜产品与饲养成本价格的水平及波动性程度，投保人选择的免赔额等。FCIC 对活肉牛和生猪的毛利润保险不提供保费补贴，但对牛奶毛利润保险提供 18%～50% 的保费补贴（补贴程度根据免赔额调整，免赔额越高，补贴率越高）①。

LRP 和 LGM 项目的主要操作方式对比，见表 1。

表 1　LRP 与 LGM 项目的主要操作方式对比

	LRP	LGM
可选保险标的	育肥小肉牛、待宰大肉牛、生猪和羔羊的价格指数	活肉牛、生猪和牛奶的毛利润指数
保单销售周期	每个工作日	每个月一次
保险期间	有不同的保险期间可供选择，最长为 26 周	保单销售之后的 11 个自然月份（第一个月不提供风险保障）
投保数量	设定整个保险期间的投保数量	分别设定每个保障月份的投保数量
保障水平确定方式	预期结算价格乘以保障水平	预期总毛利润扣除免赔额
预期价格水平指标计算	投保日对应保险期间长度的远期期货合约的结算价格	畜产品和饲养成本的预期价格都根据 CME 对应期货合约在保单签订前三个工作日的平均结算价格计算
实际价格水平指标计算	基于美国农业部公布的畜产品现货价格计算	基于 CME 的对应期货合约在期货交易截止日前三个工作日的平均结算价格计算
费率厘定方法	期权定价法	蒙特卡洛模拟法
FCIC 保费补贴比例	13%	活肉牛和生猪无保费补贴，牛奶提供 18%～50% 补贴

资料来源：根据 RMA 公布的 LRP 与 LGM 保险条款整理。

（三）美国牲畜价格指数保险的限制措施

受财政预算约束和牲畜价格指数保险自身特征的影响，RMA 对牲畜价格指数保险在政府补贴和保单销售等方面采取了一些限制措施。这些措施主要包括：

1. 政府补贴金额限制

美国的《联邦农业保险法》（Federal Crop Insurance Act）规定，对于牲畜价格

① LGM 的操作方式相对更加复杂，限于篇幅，本文不详细举例论述，之前已有不少国内学者对其操作方式进行了举例介绍。

指数保险，FCIC 在每个再保险年度对生产者的保费补贴和对商业保险公司的管理与运营费用补贴的总和上限为 2 000 万美元（Burdine et al.，2014）。在一般情况下，牲畜价格指数保险的管理与运营费用按当年总保费的 22.2% 计付（若某州牲畜价格指数保险的总赔付率超过 120%，则该州补贴比例提升为 23.35%），且完全由 FCIC 补贴（RMA，2017）。

2. 承保数量限制

RMA 对每个被保险人每年和每个保单所允许的投保数量也进行了限制（表 2）。

表 2　LRP 与 LGM 项目对每个被保险人的承保数量限制

单位：头、美担

项目类型与品种	年度限制	每批保单限制
LRP－Feeder Cattle（头）	2 000	1 000
LRP－Fed Cattle（头）	4 000	2 000
LRP－Swine（头）	32 000	10 000
LRP－Lamb（头）	28 000	2 000
LGM－Cattle（头）	10 000	5 000
LGM－Dairy（美担*）	24 000	24 000
LGM－Swine（头）	30 000	15 000

注：1 美担＝100 磅。
资料来源：根据 RMA 公布的 LRP 与 LGM 保险条款整理。

3. 销售启动限制

美国的牲畜价格指数保险完全依托于美国的期货市场运作，而期货市场难以避免会出现过度投机炒作或非理性行为，或者一些意外事件（如瘟疫发生等）导致期货价格出现异常变动。为了控制承保风险，RMA 规定，在保单销售期间，当 LRP 或 LGM 所使用的期货合约价格出现连续跌停或涨停时，RMA 会暂停相应保单的销售。

（四）美国牲畜价格指数保险的再保险制度

美国的牲畜价格指数保险的再保险主要依据 FCIC 与商业保险公司签订的《畜牧价格再保险协议》（Livestock Price Reinsurance Agreement）。按该协议规定，商业保险公司承保的任意牲畜价格指数保险的保单都可以使用"商业基金"（Commercial Fund）或"私人市场基金"（Private Market Fund）来安排再保险，其中，"商业基金"为默认方式，而"私人市场基金"需要单独提出申请。在"私人市场基金"里的保单，商业保险公司可以选择将保费和保险责任的 5%～65%（以 5% 的幅度变化）分保给 FCIC。在"商业基金"里的保单，商业保险公司可以首先选择将保费和保险责任的 0～65%（以 5% 的幅度变化）分保给 FCIC；对于自留的保费和保险责任部分，商业保险公司需要向 FCIC 购买超额赔付再保险，再保险费率为 4.5％（即需要交纳给 FCIC 的再保险费为商业保险公司自留保费的 4.5％）。超额赔付再保险按两个层级安排：第一个层级是当超赔率为 150％～500％时，FCIC 承担的再保险赔付为超赔额度的 90％；第二个层次是当超赔率超过 500％时，FCIC 承担的再保险赔付为超赔额度的 100％（RMA，2017）。

值得注意的是，按照该协议规定，除了与 FCIC 达成再保险协议之外，商业保险公司也可以选择与商业再保险公司签订再保险协议。但是，商业保险公司不允许使用期货、期权或其他金融衍生产品来对冲承保风险。

四、美国牲畜价格指数保险的运作原理分析

（一）美国牲畜价格指数保险对价格保险可行性问题的应对

农产品价格保险的可行性是学术界比较关心的问题之一（王克等，2014）。从理论上说，农产品价格保险的可行性存在如下两个难点：①农产品价格风险的发生具有系统性特征，即在同一时间，对于不同地区的所有生产者而言，农产品价格的水平和变化趋势基本是一致的，这使得一旦发生保险赔付，对所有投保的生产者几乎都会出现赔付，从而诱发保险巨灾赔付风险；②容易出现逆选择。农产品的价格并非完全随机形成的，还包含长期趋势性、周期性和季节性的可预期因素；如果价格指数和保险期间等的设置不合理，投保人可以从农产品价格的历史数据或过去经营的经验中判断价格走势的可预期因素，从而同时做出有利于自己而不利于保险人的投保选择（张峭等，2015）。美国牲畜价格指数保险通过保险方案设计和运作安排，一定程度上缓解了以上两个难题。

对于第一个问题，首先，美国牲畜价格指数保险将不同保单的保险期间错开，并提供不同的保障水平，从而降低了同一保险项目出现连续多次赔付的可能性。具体来说，LRP 的保单几乎每个工作日销售一次，且保险期间长度也是不一致的；LGM 的保单一年销售 12 次。而且，LRP 和 LGM 不同批次保单的保障价格水平和对应的实际价格都是不同的，即使是同一批次保单，投保人也可以选择不同的保障水平。这些措施都可以降低承保的保单同时发生赔付的可能性（表3），而且发生赔付的保单的赔付率也是不同的。不过，如果价格（或毛利润）在较长一段时间内出现持续下降，那么赔付率也会很高；反之，如果持续上升，那么赔付率则会很低。其次，不同牲畜之间的价格相对比较独立，从而在牲畜之间也实现了赔付的分散。最后，通过再保险安排，保险公司可以选择将大部分承保风险转移给政府。

对于第二个问题，主要通过使用远期期货价格作为保障价格确定的依据来解决。期货市场具有价格发现功能，在交易足够活跃的有效期货市场，远期期货合约价格已经充分包容了长期趋势性、周期性、季节性等可预期因素对农产品价格的影响（张峭等，2015）。因而，LRP 和 LGM 实际价格与预测价格的偏离，主要是保险期间内不

可预期的随机因素造成的。这样，被保险人出现逆选择的可能性大为降低。

表 3　2014—2017 年美国牲畜价格指数保险承保的保单和发生赔付的保单数量

单位：件

年份	LRP 承保保单	LRP 发生赔付保单	LGM 承保保单	LGM 发生赔付保单
2014	1 987	72	547	143
2015	1 564	814	843	471
2016	1 056	805	343	270
2017	1 449	372	325	216

资料来源：根据 RMA 公布的 Summary of Business 数据整理。

（二）美国牲畜价格指数保险的存在必要性与适用对象分析

从 LRP 和 LGM 的操作方式不难发现，虽然采取保险的形式，对生产者而言，LRP 类似于标的物为 CME 某畜产品期货合约所形成价格指数的看跌期权；LGM 既可以看作是一种期权组合，即畜产品的看跌期权和投入品的看涨期权组合（Burdine et al.，2014），也可以看作是标的物为多种期货合约所形成的价格指数的看跌期权。问题是，除了通过购买保险的方式，美国的牲畜养殖者也可以通过使用 CME 的牲畜期货或期权来转移风险。相对于交易所的期货与期权工具而言，LRP 和 LGM 有哪些优点和缺点？进行这样的分析才能理解美国牲畜价格指数保险存在的必要性和适用对象。

对生产者而言，购买 LRP 或 LGM 与使用 CME 期货或期权进行对冲交易相比，主要的优势表现在如下几个方面：①进入门槛低。期货与期权合约每笔最低交易规模都比较大，且需要大量资金维持足额保证金；而 LRP 与 LGM 无最小购买规模限制，也不存在追加保证金的问题。②无佣金支付。期货与期权交易需要通过交易所的经纪人完成，保险则可以通过当地的保险经纪人购买。交易所经纪人需要收取一定的佣金，而保险经纪人一般不收取佣金。不过要注意的是，虽然保险经纪人不收取佣金，但如果没有联邦政府对保险公司的管理与运营费用补贴，在提供相同保障程度情况下，美国牲畜价格指数保险的费率将高于期权费率，高出的部分即可以理解为保险公司收取的管理与运营费用。所以，美国牲畜价格指数保险的运作成本并不一定小于期货市场，只不过政府替生产者承担了保险公司附加收取的管理与运营费用。③操作简便。期货和期权的对冲交易，一般需要比较专业的知识，而且需要根据期货市场的变化，对持仓量和保证金等进行动态调整；而 LRP 和 LGM 只需要对保险购买进行一次性决策即可。

不过，与 CME 期货与期权合约相比，美国的牲畜价格指数保险也存在明显的劣势，这主要表现在 CME 期货与期权比 LRP 和 LGM 在操作上要更加灵活。①对于保障期间起始时间与长度的选择，期货与期权比牲畜价格指数保险更加灵活。生产者可以在任意交易日的任何时段选择购买期货或期权合约，而牲畜价格指数保险的购买时间相对有限且固定。而且，期货与期权提供了不同期限的合约，生产者可以根据自身的需要，做出差异化的选择，而牲畜价格指数保险的保险期间的长度相对是比较固定的。不难发现，LRP 比 LGM 在投保时间和保障期间长度的选择上相对更加灵活。②期货与期权可以灵活调整持仓量，更利于生产者根据对未来价格预期的变化调整风险敞口。如果生产者采取期货进行对冲，那么可以在交易截止日前随时根据市场状况对持仓量进行调整；CME 上交易的期权都为美式期权，即期权的买方可以在期权到期日之前的任意交易日提出行权。随着市场形势的变化，生产者对未来价格的预期一般也是动态调整的。如果采取 CME 的期货或期权进行对冲，那么在交易截止日前，预期未来市场价格走势明显有利，就可以及时调整仓位或平仓，降低损失额。而 LRP 和 LGM 的设置比较类似于欧式期权，投保人在保险期间内都不能对保单做出任何调整。

另外，由于 LRP 和 LGM 类似于基于期货合约的期权工具，因而也具备期货与期权工具类似的缺点，主要表现在其能提供的保障价格（或毛利润）水平不一定是生产者满意的水平。期货市场一般只能提供年度内的价格风险保障，如果农产品的价格在一个年度以上都持续下滑，那么远期期货合约的价格水平一般也比较低，甚至低于生产者愿意投入的水平。对于跨年度的价格风险，美国采取的措施是提供由政府完全运作和提供补贴的农产品计划项目（Farm Commodity Programs），该类项目可以为生产者提供最低价格或收入水平保障（Shields，2015）。

由此可见，美国的牲畜价格指数保险比较适用于难以参与期货或期权交易的中小规模生产者，对较大规模的生产者或合作社不一定有足够的吸引力。从 RMA 对投保人参保数量的限制政策，也不难发现当前美国牲畜价格指数保险的主要目标对象就是中小规模生产者。另外，该项目并不能完全替代政府提供的最低价格或收入保障政策。

五、美国牲畜价格指数保险的运行效果与局限性分析

（一）美国畜牧价格指数保险的运行效果

根据美国农业部提供的有关数据，可以对美国牲畜价格指数保险的保费规模、承保损益和保障数量等多方面的运行情况进行分析。

首先，美国牲畜价值指数保险的保费规模和保险金额都十分有限，且无持续增长趋势。2017 年，美国牲畜价格指数保险的总保费为 1 804.7 万美元，保险金额为 5.6 亿美元；而美国种植业保险的总保费为 100.7 亿美元，保险金额为 1 061.0 亿美元；牲畜价格指数保险的保费与保险金额分别仅占种植业保险的 0.18% 和 0.53%。而且，牲畜价格指数保险的保费在 2011 年达到顶峰后，之后年份明显回落（表4），并没有显示出持续增长的前景。

表 4   2009—2017 年美国牲畜价格指数保险的保费金额

单位：万美元

年份	LRP	其他牲畜 LGM	LGM – Dairy	合计
2009	282.4	104.7	28.7	415.7
2010	433.5	111.3	78.2	623.0
2011	811.0	100.5	2 501.3	3 412.8
2012	1 002.8	68.0	1 914.4	2 985.2
2013	597.0	86.2	1 687.3	2 370.5
2014	1 002.8	118.4	1 159.2	2 280.4
2015	955.2	93.6	2 233.1	3 281.9
2016	786.9	97.1	718.4	1 602.3
2017	978.6	172.8	653.3	1 804.7

资料来源：根据 RMA 公布的 Summary of Business 数据整理。

其次，美国牲畜价格指数保险总体而言实现了比较合理的赔付率，但不同项目和年份间的赔付率差异较大。2003—2017 年，美国牲畜价格指数保险的总体赔付率为 78%，与美国种植业保险的总体赔付率基本相当（表 5）。这说明从牲畜价格指数保险实施至今，保险公司总体而言并没有出现承保损失，且发生的承保收益也十分有限，牲畜价格指数保险整体处于精算合理的水平。但是，从表 5 可以看出，牲畜价格指数保险项目不同年份间的赔付率差别较大，有些年份几乎没有赔付，有些年份的赔付率却可以达到 200%，甚至 300% 以上（考虑到表 5 的数据是所有保险公司数据汇总的结果，对于单个保险公司而言，赔付率的变动幅度会更大）。而同期美国的主要收入保险项目（以 RP 和 CRC 为例）和种植业保险总体的赔付率相对更加稳定，且极少出现超过 150% 的赔付率。而且，研究发现，2003—2008 年，牲畜价格指数保险的整体赔付率为 83%，2009—2017 年则为 77%；虽然整体差别不大且都处于合理水平，但 2009—2017 年之所以维持了比较合理的赔付率水平，主要得益于 2008 年之后推出的 LGM – Dairy 项目在这期间整体仅有 36% 的赔付率，而 LRP 明显出现了超额赔付，其他牲畜的 LGM 项目的赔付率达到了 98%。这充分说明，保险公司经营牲畜价格指数保险所面临的超额赔付风险要远高于其他保险形式，对再保险的需求也更高。

表 5   2003—2017 年美国牲畜价格指数保险、主要收入保险和所有种植业保险的赔付率

单位：%

年份	LRP	其他牲畜 LGM	LGM – Dairy	CRC/RP*	牲畜价格指数保险	所有种植业保险
2003	2	51	—	106	25	95
2004	7	211	—	71	101	77
2005	6	60	—	48	36	60
2006	59	58	—	89	59	77

（续）

年份	LRP	其他牲畜 LGM	LGM - Dairy	CRC/RP*	牲畜价格指数保险	所有种植业保险
2007	57	83	—	62	73	54
2008	141	104	—	89	128	88
2009	188	203	250	58	203	58
2010	32	38	36	53	34	56
2011	44	45	0	89	12	91
2012	346	95	7	167	123	157
2013	328	49	16	108	96	102
2014	63	44	32	94	46	91
2015	108	239	75	57	89	65
2016	127	198	121	27	129	31
2017	54	74	16	45	57	53
2003—2017 年均值	126	103	36	—	78	80
2003—2008 年均值	62	106	—	—	83	75
2009—2017 年均值	141	98	36	—	77	81

注：①收入保障保险（Revenue Protection，RP）是美国 2011 年至今最主要的作物收入保险项目，作物收入覆盖保险（Crop Revenue Coverage，CRC）是美国 1996—2010 年主要的作物收入保险项目之一，两者的操作方式比较近似；②后面三行计算的是对应年份间实际总赔付率，即用总赔付额除以总保费。

资料来源：根据 RMA 公布的 Summary of Business 数据整理。

最后，美国牲畜价格指数保险的保障数量占国内生产量的比例很低，并不是美国养殖者的主要价格风险管理工具。2009—2017 年，美国肉牛价格指数保险承保的肉牛头数最多仅占当年存栏量的 1.13%；生猪和羔羊价格指数保险承保的生猪头数和羔羊头数分别最多占当年出栏量的 0.24% 和 39.93%；LGM - Dairy 承保的牛奶数量最多仅占当年牛奶总产量的 2.35%（表 6）。相关调查研究也表明，美国养殖者除了牲畜价格指数保险之外，更多采用其他价格风险管理工具。据统计，美国直接从事期货与期权套期保值的农场主比例总体在 19%～25%；其中，肉牛和生猪养殖者的比例约 20%，奶牛养殖者的比例约 18%，家禽养殖者的比例约 20%（刘岩，2008）。另外，美国养殖者也通过"远期合同＋期货"等方式间接使用期货市场对冲价格风险。"远期合同＋期货"的模式主要采取如下步骤：首先，农场主与合作社、贸易商、加工商等签订远期合同；然后，合作社、贸易商、加工商等主体再利用期货市场对冲远期合同签订后面临的价格波动风险。这些远期合同的交易价格确定方式也有多种形式，有的采取固定价格，有的仅限定价格浮动范围。实际操作中大多数远期合同会以期货价格作为各类远期合同的谈判基础和定价依据（安毅、方蕊，2017）。在美国，大多数家禽养殖者一般直接或通过合作社与下游加工企业签订远期合同或订单农业协议转移价格风险，生猪养殖者与下游加工企业签订远期合同的比例也在迅速提高

（Collins，2011）。而合作社也是美国期货与期权市场的重要参与者，据统计，美国约有 2 760 个供销合作社是芝加哥商品交易所牛奶期货和期权市场的最主要参与者，其持有的多头、空头期货和期权合约占比在 21 世纪最初几年一度高达 70％（安毅、方蕊，2017）。另外，美国政府一直保留对乳业的价格与收入支持项目，2016 年，美国农业部下属的农场服务局（Farm Service Agency，FSA）直接运作的牛奶毛利润保障项目（Margin Protection Program for Dairy，MPP‐Dairy）的牛奶保障数量为 8 123.9 万吨，占当年美国牛奶总产量的 74.9％（FSA，2017）。

表6　2009—2017 年美国牲畜价格指数保险各牲畜承保数量占产出量比例

单位：％

年份	肉牛	生猪	羔羊	牛奶
2009	0.22	0.14	8.83	0.02
2010	0.37	0.24	10.76	0.10
2011	0.68	0.19	14.65	2.35
2012	0.61	0.12	39.93	2.02
2013	0.47	0.15	23.00	1.70
2014	1.13	0.18	6.51	1.35
2015	0.79	0.14	0.19	2.34
2016	0.54	0.14	3.62	0.94
2017	0.66	0.15	3.53	0.86

注：肉牛的比例计算是将当年承保的育肥小肉牛（Feedercattle）、待宰大肉牛（Fedcattle）和活肉牛（Cattle）的总头数除以当年的肉牛总存栏量；生猪与羔羊的比例计算是将当年承保的头数除以当年的出栏量；牛奶的比例计算是将当年承保的牛奶重量除以当年的牛奶产量。

资料来源：美国肉牛存栏量、生猪和羔羊出栏量及牛奶产量数据来源于美国国家农业统计服务局（National Agricultural Statistics Service，NASS），承保数量数据来源于 RMA 的 Summary of Business 数据库。

（二）美国牲畜价格指数保险的局限性

通过以上分析，可以发现：一方面，美国牲畜价格指数保险通过产品设计和再保险制度等做法，在解决农产品价格保险可行性问题上取得了一定效果，保险公司经营牲畜价格指数保险整体上实现了比较合理的赔付率水平，且可以选择将大部分承保风险转移给联邦政府，这使得保险公司愿意为养殖者持续提供牲畜价格指数保险，这是美国牲畜价格指数保险得以从 2002 年延续至今的基础。另一方面，需要注意到美国牲畜价格指数保险的发展规模很小，在美国的农业保险体系中只占很小的比例，美国养殖者更多采用牲畜价格指数保险之外的其他价格风险管理工具。这说明美国牲畜价格指数保险还存在很大的局限性。总结起来，这些局限性包括如下几个方面：

首先，农产品价格保险相比收入保险具有更大的局限性。从农业保险本身的特点来看，同样是利用保险手段管理农产品价格风险，收入保险比价格保险具有明显的优势，主要体现在收入保险具有比价格保险更低的保险赔付率波动幅度，且出现巨灾赔付的可能性更低（表5）。从理论上来说，出现这样的结果主要是由如下两个原因导致：①收入保险同时出现赔付的可能性更低。在同一时间段，不同地域作物的实际收入水平相对有更大的差异性。美国的作物收入保险所使用的价格指标对生产者是相同的，但由于生产者获得的单产水平是不同的，就使得不同生产者的收入水平也是不同的。②农产品收入的波动幅度本身低于价格的波动幅度。作物单产和价格在较大范围内一般存在着负相关关系，这本身就为生产者提供了风险对冲机制。对保险而言，当承保的范围足够大时，也可以充分利用这种负相关关系，使承保的收入损失波动的幅度小于承保的价格损失或产量损失波动的幅度（朱俊生、庹国柱，2016）。正因为如此，在利用保险手段管理农产品价格风险方面，美国对种植业仅采用收入保险，而没有采用价格保险；而畜牧业之所以没有采取收入保险的形式，根据前文的分析，主要是由于畜牧业本身的特点不适合采取与美国种植业类似的收入保险形式。

其次，美国牲畜价格指数保险相对其他价格风险管理工具的优越性十分有限。通过对美国牲畜价格指数保险运作原理的分析可以发现，美国牲畜价格指数保险本质上类似于场外欧式期权，相对于场内期货与美式期权，其优势主要体现在准入门槛低及操作简便，但在操作灵活性上远不如场内期货与美式期权。这就意味着美国牲畜价格指数保险主要对独立经营的中小规模生产者有较大吸引力，而对大规模生产者或合作社吸引力十分有限。考虑到美国畜牧养殖的平均饲养规模较大，且合作社比较普及，美国牲畜价格指数保险受欢迎程度有限也就不足为奇了。另外，美国牲畜价格指数保险也有与一般期货与期权工具类似的局限性，即仅能对年度内价格风险提供风险保障，而无法对跨年度的价格风险提供保障，因而无法完全替代政府主导的价格稳定项目。

最后，美国政府对牲畜价格指数保险提供的补贴支持有限，制约了养殖者对牲畜价格指数保险的需求。美国政府对LRP的保费补贴比例仅为13%，2009—2017年对LGM-Dairy的实际保费补贴率为44.2%，对肉牛和生猪的LGM没有保费补贴；而美国政府对种植业保险的保费补贴率一般在60%以上（Shields，2015b）。另外，美国政府还对牲畜价格指数保险的保费补贴和对商业保险公司管理与运营费用补贴的总和设置了每个年度2000万美元的上限。为了限制参保率，美国政府还限制了养殖者的投保数量（表2）。2016年，美国政府对种植业保险仅保费补贴就达到了58.5亿美元。可见，美国政府对牲畜价格指数保险的财政支持力度十分有限，远低于种植业保险。值得注意的是，从2002年至今，美国牲畜价格指数保险仅在2011年由于达到政府补贴上限而停售（Collins，2011），其他年份均没有达到政府补贴上限。由此可见，美国政府的补贴限制更多影响的是养殖者对牲畜价格指数保险的需求意愿，而非保险公司的供给意愿。通过前面的分析可以推断，由于美国养殖者还可以使用不少其他价格风险管理工具，而且美国牲畜价格指数保险在理论上相对其他价格风险管理工具的优势十分有限，而相对农产品收入保险来说出现保险超额赔付的风险要大很多，这很可能是美国政府对牲畜价格指数保险的补贴金额与参保数量采取较严格限制措施的主要原因。

六、对中国的启示

目前，中国正处在农产品市场价格形成机制改革和探索利用市场化工具管理农产品价格风险的阶段。自 2011 年上海开展绿叶菜价格指数保险试点以来，农产品价格保险这种较新颖的农业保险形式，就引起了各方关注。此后，中国在多个省市陆续开展了生猪、鸡蛋、玉米、生鲜乳等价格保险试点，而且不少地区还探索采取"保险＋期货"的方式来转移保险公司的承保风险，扩大农产品价格保险的试点规模。

中国无论是种植业还是养殖业，单个生产者的平均经营规模都远低于美国，从理论上说，农产品价格保险在中国比在美国具有更大的适用空间。如果继续在中国开展农产品价格保险试点，美国牲畜价格指数保险对价格保险可行性问题的解决方式，值得中国学习和借鉴。美国牲畜价格指数保险发展所揭示出的农产品价格保险本身的局限性，也启示中国在利用保险手段参与农业价格风险管理这个问题上，需要进行更多深入思考和探索。具体来说，美国牲畜价格指数保险对中国探索利用保险手段管理农产品价格风险，具有如下启示与借鉴意义：

（一）借鉴美国牲畜价格指数保险的操作方式，增强我国农产品价格保险的可行性与可持续性

当前中国的农产品价格保险试点，普遍采取"集中承保、集中理赔"的做法，这既不利于生产者更灵活地选择参保时间和保险期间，也不利于降低保单同时发生赔付的可能性和保险赔付率的波动幅度。对于牲畜等比较连续投入生产的农产品，应尽可能效法美国牲畜价格指数保险的经验，采取错开保险期间和理赔周期的做法。另外，当前中国进行的农产品价格保险试点，保障价格一般为"目标价格"，而目标价格一般是根据历史平均值计算；由于农产品价格具有很强的周期性波动特征，如果整个保险期间都处于周期性波动的高点或低点，都极容易诱发投保人的逆选择。美国牲畜价格指数保险利用期货远期价格作为保障价格，则可以比较好地降低逆选择出现的可能性。因此，在中国已经发展了期货合约的农产品，可以效法美国开发基于期货价格的农产品价格保险产品。事实上，当前中国不少地区开展的"农产品期货价格保险"试点，就是借鉴美国牲畜价格指数保险经验的结果（李亚茹、孙蓉，2017）。

（二）建立中国的农产品价格保险再保险制度

农产品价格保险面临着比其他农业保险更严重的超赔风险，因而保险公司更加需要有转移承保风险的途径。目前中国农业保险总体上都缺乏国家层面的再保险制度设计，各省采取的再保险方式各有不同（庹国柱、朱俊生，2014）。针对农产品价格保

险的保险巨灾风险分散问题，中国一些地区开展了"保险＋期货"试点，保险公司以期货合约为基础设计价格保险保单，然后将绝大多数或全部风险敞口以场外期权的方式转移给期货公司，而期货公司再通过期货对冲交易转移风险（蔡胜勋、秦敏花，2017）。这种方法可以保证保险公司在任何情况下都接近获得保费与期权费的差价，由于价格保险的保费定价与期权定价方法基本是相同的，因而该差价本质上是保险公司在净保费基础上收取的管理与服务费用。如果最后的保险赔付率超过100％，那么投保人可以从该操作中获取收益，该收益主要来源于期货市场投机者的损失。该模式的优点是可以将生产者面临的价格风险通过这套体系最终转移一部分出去给期货市场的投机者承担；但是，如果没有发生保险赔付或者赔付率低于100％，那么部分保费收入也会转移给期货公司或期货市场投机者。而美国采取以联邦政府提供再保险为主的方式，最大的好处是可以将保费（包括保费补贴）再回笼由政府管理，从而防止保险资金的外溢。

（三）优先发展农产品收入保险

与美国优先和主要发展农产品收入保险不同，中国国内虽然已经对农产品收入保险有不少学术探讨和少数试点，但目前中国农产品收入保险的试点规模要远低于农产品价格保险。从理论分析和美国的实践经验都可以看出，收入保险相对价格保险除了风险保障更加全面外，还具备更低的赔付率波动幅度，从而更适合大规模开展。因此，在中国，对于已经发展起产量保险的农产品，尤其是种植业，应优先探索发展收入保险，而非价格保险。

（四）农产品价格风险管理应探索多种政策可能性

在探索农产品价格风险管理问题上，中国也应像美国那样，研究和发展多种政策手段和管理工具，包括政府主导的价格与收入支持政策、远期合约、期货与期权、收入保险或价格保险等。不同政策手段和管理工具之间可能相互补充也可能相互替代。具体采用哪种方式或政策组合，和农产品的产品特征、产业链特征、国内外市场环境、生产者的特征、国家的农业产业发展目标等诸多因素相关，因而对于不同的农产品也需要差别对待，找到最合适的农产品价格风险管理方式。

参考文献

[1] 安毅，方蕊. 发达经济体农业风险管理体系建设经验与启示 [J]. 经济纵横，2017（10）：114 - 121.

[2] 蔡胜勋，秦敏花. 我国农业保险与农产品期货市场的连接机制研究——以"保险＋期货"为例 [J]. 农业现代化研究，2017（3）：510 - 518.

[3] 李亚茹，孙蓉. 农产品期货价格保险及其在价格机制改革中的作用 [J]. 保险研究，2017（3）：90 - 102.

[4] 刘岩. 中美农户对期货市场利用程度的比较与分析 [J]. 财经问题研究，2008（5）：59 - 66.

［5］庹国柱，朱俊生. 完善我国农业保险制度需要解决的几个重要问题［J］. 保险研究，2014（2）：44 - 53.

［6］庹国柱，朱俊生. 论收入保险对完善农产品价格形成机制改革的重要性［J］. 保险研究，2016（6）：3 - 11.

［7］汪必旺，王玉庭. 美国奶业价格风险管理政策及对我国的启示［J］. 价格月刊，2018（5）：19 - 26.

［8］王克，张峭，肖宇谷，等. 农产品价格指数保险的可行性［J］. 保险研究，2014（1）：40 - 45.

［9］夏益国. 美国乳业安全网保险机制探究［J］. 中国农村经济，2016（9）：83 - 96.

［10］夏益国，黄丽，傅佳. 美国生猪毛利保险运行机制及启示［J］. 价格理论与实践，2015（7）：43 - 45.

［11］张峭，汪必旺，王克. 我国生猪价格保险可行性分析与方案设计要点［J］. 保险研究，2015（1）：54 - 61.

［12］周志鹏. 美国生猪毛利润保险对中国生猪价格指数保险的启示［J］. 世界农业，2014（12）：45 - 48.

［13］朱俊生，庹国柱. 收入保险发展的价值及其挑战［N］. 中国保险报，2016 - 06 - 13.

［14］Babcock B A. Implications of Extending Crop Insurance to Livestock［R］. Agricultural Outlook Forum：United States Department of Agriculture，February 2004.

［15］Burdine K H，Kusunose Y，Maynard L J，et al. Livestock Gross Margin - Dairy：An Assessment of Its Effectiveness as a Risk Management Tool and Its Potential to Induce Supply Expansion［J］. Journal of Agricultural and Applied Economics，2014，46（2）：245 - 256.

［16］Collins K. The State of US Livestock Insurance［OL］. November 2011，http：//purl. umn. edu/160538.

［17］FSA. Dairy Margin Protection Program［OL］. 2017，www. fsa. usda. gov/programs - and - serv-ices/Dairy - MPP/index.

［18］Hart C E，Babcock B A，Hayes D J. Livestock Revenue Insurance［J］. Journal of Futures Markets，2001（21）：553 - 580.

［19］RMA. 2018Livestock Price Reinsurance Agreement［Z］，2017.

［20］Shields D A. Federal Crop Insurance：Background and Issues［R］. CRS Report for Congress，2010.

［21］Shields D A. Federal Crop Insurance：Background and Issues［M］. CRS Report for Congress，2015.

［22］Shields D A. Farm Safety Net Programs：Background and Issues［M］. CRS Report for Congress，2015.

日本农业收入保险的实施：因由、安排与启示[*]

王学君　周沁楠

摘要： 2019 年 1 月 1 日起，日本在全国范围内推行以农业经营者的整体销售收入作为保险对象的农业收入保险。该保险一方面引入市场风险，拓宽了日本农业保险适用范围；另一方面将保险对象扩展至整体销售收入，利于激励农业经营者自主经营尝试。更为重要的是，农业收入保险通过风险管理的名义，可符合国际规则给予农业生产补贴，益于日本国内支持"减黄增绿"，又不损伤农业经营者既得利益。中国现行的政策性农业保险，目标定位侧重于风险管理，对于农业保险的收入支持功能开发利用不足。此次日本实施农业收入保险的政策思路，以及在保险运行机制设计上的具体安排，对于中国调整财政支农政策思路以及发挥农业保险的收入支持功能有重要的启示意义。

关键词： 日本农业；农业保险；收入保险；收入支持；风险管理

一、引言

日本是世界上最早开展农业保险的国家之一，已建立起相对完善的风险保障体系。然而，迫于国内外农业发展形势以及配合"进攻型"农业发展战略[①]需要，日本经过数年的基础数据调查、运行机制模拟以及相应政策法规的调整等前期准备，自2019 年 1 月 1 日起，在全国范围内推行了以农业经营者涉农经营的整体销售收入作为保障对象的农业收入保险。相比于已有的农业保险，该保险将市场风险引入农业保险范畴，扩宽了保险适用范围；另将保险对象由特定农产品扩展到农业经营主体，利于鼓励农业经营者进行自主经营尝试。更为重要的是，在现行 WTO 规则下，满足一定条件的农业保险支持计划被认为是"绿箱政策"，可免于国内支持削减。日本农业收入保险在保险对象、赔付条件以及赔付标准等具体运行机制上，尽可能地与 WTO"绿箱政策"规则保持一致。由此，日本农业收入保险可通过风险管理的名义，更为隐蔽且符合国际规则地给予国内农业财政补贴，这有益于日本减少扭曲生产或贸易的"黄箱政策"，而又不损伤农业经营者的利益。

---

[*] 本研究得到"江苏省高校优势学科建设工程资助项目"和南京农业大学"中国粮食安全研究中心"资助。原载《农业经济问题》2019 年第 9 期。

作者简介：王学君，南京农业大学经济管理学院；周沁楠，南京农业大学经济管理学院。

① 有关日本"进攻型"农业发展战略更为详尽的介绍，可参考王学君和周沁楠（2018）。

中国现行的农业国内支持政策多以促进产量、保障供给为主要目标，而在日益开放的市场条件下，这类农业政策在进口价格竞争和国际规则限制的双重约束下正面临诸多实施困境（倪洪兴，2017）。中国农业国内支持政策正处于，从以增产为导向的农业支持政策向以竞争力为导向的农业支持政策的转型期（叶兴庆，2017）。从发达国家农业保险的实施经验来看，农业保险不仅是风险管理工具，更具有收入补贴功能，是国家支持农业发展的一项有效措施，势必会在今后农业支持政策体系中扮演日益重要的角色。中国自 2007 年开始实施农业保险财政补贴政策，农业保险发展迅速。根据保监会数据，2007—2016 年，农业保险保费收入从 51.8 亿元增长到 417.12 亿元，年均增长 26.08%，承保农作物从 2.3 亿亩增加到 17.21 亿亩，增长了 6 倍。

从统计数字上看，我国农业保险实践已取得长足发展，但农业保险体系尚不完善，当前仍以产量保险为主，价格保险和收入保险尚处在试点和摸索阶段（吴本健、马九杰，2017）。农业保险实际操作中也存在补贴不清、方式单一、水平较低等一系列问题（袁祥州等，2016）。中国亟须借鉴发达国家经验，完善农业保险运行机制及财政补贴方式，更好地推动中国农业保险发展。日本是世界上农业保险发展最为成功的国家之一，且中日两国在农业资源禀赋、转变财政支农方式需求等方面有诸多相似之处，因此日本农业保险发展经验及动态很值得我们仔细研究。

本文针对此次日本农业保险的最新调整，在简要剖析实施农业收入保险原因的基础上，系统研究日本农业收入保险制度的运营机制安排、运营主体及政府作用等核心内容，进一步总结日本发展农业收入保险实践中值得我国借鉴的经验与启示。

二、日本农业收入保险制度实施的因由

日本地理位置和气候条件特殊，农业生产易受自然灾害影响。为保障农业稳定经营，日本政府早于 20 世纪 40 年代就通过颁布《农业灾害补偿法》，着手推广共济制农业保险。发展至今，体系成熟的共济制农业保险，通过发挥其风险管理功能为日本脆弱的小农经营提供了坚实的支撑。然而，在当前日益开放的市场条件下，日本农业资源禀赋的劣势被不断放大，农业生产经营被更为直接地暴露于外部冲击下的市场风险中。如何在贸易开放和产业保护间寻求农业发展，是日本当前农政调整和改革中亟须解决的难题。在此背景下，日本政府实施农业收入保险制度主要基于以下三个方面的原因：

（一）国内新农政改革下营造自主经营环境的需要

面对国内资源禀赋制约以及国际市场竞争，过去二三十年里日本农业发展遇到了许多较为严重的问题，日本农业正逐渐失去活力。日本农业国内生产衰退明显，以热量计算的粮食自给率已经持续多年低于 40%[①]。日本农业农户营农意愿下降，从业人

---

① 2017 年日本以热量计算的综合粮食自给率为 38%，以生产额计算的综合粮食自给率为 65%。

员老龄化和兼业化现象严重，2017 年农业人口平均年龄 66.7 岁，65 岁以上农业人口占 66.5%，销售农户^①中兼业农户所占比重为 77.8%^②。日本农业的国内生产高度依赖国内支持保护，据 OECD 估算日本农业生产者补贴占其国内农业产值的 49.2%^③。一系列的现实问题反映出日本农业当前面临发展的巨大困境。

基于上述问题问题，2013 年日本政府提出"进攻型农业"发展战略，将农业政策重点转向提高农业竞争力上，力求通过延伸农业产业链、农业产业化等方式与欧美农业形成错位竞争（胡凌啸、周应恒，2018）。在新的农政改革下，农业经营者被鼓励从事规模经营、复合经营^④以及农产品加工流通等多种经营尝试，可以更为自主地决策生产。然而，更多自主的生产经营尝试，也意味着更多的经营不确定性。新形势下，日本政府将转变扭曲市场的国内支持保护政策，更倾向于通过引入市场机制向国内农业生产转型提供扶持。日本农业收入保险以农业经营者的整体销售收入作为保险对象，正是体现了政府鼓励农业经营者自主经营尝试的改革思路。

（二）贸易自由化进程中转变农业支持政策的需要

日本向来重视外向型经济发展，是全球贸易自由化的受益者和推动者。然而，日本却长期依赖财政补贴和贸易保护，给予农业高度的支持保护。农业领域的保护主义是日本参与双边或多边贸易谈判中的软肋，谈判对手往往在农业领域向日本要价，迫使其在非农领域给出更多的让步。一方面是国内工商业团体对于更高层次贸易自由化的诉求，另一方面则是农业经营者和农协对于农业支持保护的追求，如何平衡两者之间的利益一直是日本贸易自由化进程中的两难选择。2013 年日本加入"跨太平洋伙伴关系协定"（TPP）谈判，并在美国退出之后主导更名为"全面与进步跨太平洋伙伴关系协定"（CPTPP）的谈判。为促使 CPTPP 达成，日本政府基于本国整体经济贸易格局的考虑，已同意大幅削减甚至取消大部分农产品进口关税，以期通过农业领域的妥协来换取工商业的贸易增长空间。根据 CPTPP 谈判结果，日本过去利用高关税或进口关税配额措施保护的大米、糖料和牛肉等重点农产品也需在关税水平上做出让步^⑤。虽然，CPTPP 对于农业国内支持没有限制，但由于 WTO 规则的制约，关税削减对于农业经营者利益和本国农业生产的影响并不能简单地依靠农业国内支持来弥补。

根据日本当前的农业政策选择，日本一方面通过国内政策引导农业提升国际竞

---

① 销售农户是指经营耕地面积 0.3 公顷以上或是农产品年销售额 50 万日元以上的农户。相对的，自给农户是指经营耕地面积 0.3 公顷以下且农产品年销售额 50 万日元以下的农户。

② 老龄化和兼业化数值依据日本农林水产省《基本数据集》的数据计算得出。

③ OECD 计算的农业生产者补贴包括由纳税人负担的财政支付和由消费者负担的市场扭曲。

④ 复合经营，根据日本农林业普查的定义，复合经营是指除单一经营外，农业经营者最主要经营的农产品的销售金额占其全部农产品总销售金额 60% 以下。

⑤ 具体关税调整情况可参考，農林水産省「TPP11における品目ごとの農林水産もつの影響について」（2017 年 12 月）。

争力，另一方面寻求 WTO "绿箱政策" 进行农业国内支持[①]。这正是日本目前实施农业收入保险的一个原因。因为，根据 WTO《农业协定》，如果农业收入保险的赔付条件和赔付水平满足相关规定，同时收入保险的适用性不与农业经营者的生产选择以及生产要素投入等相挂钩，就可归入 "绿箱政策"[②]。从日本农业收入保险的制度内容来看，该保险合理利用了 WTO 规则，基本符合 "绿箱政策" 的农业保险。

（三）完善农业保险体系分散农业经营风险的需要

日本是世界上最早开展农业保险的国家之一，且已建立了相对完善的风险保障体系。日本原有的农业保险被称为共济制（或互助式）农业保险，该保险是基于保险原理设立的灾害补偿制度，即以农业经营者自主的相互救济为基本原则，利用保险原理分散自然灾害风险的保险制度。共济制农业保险正式施行于 1947 年，经过多次完善运行机制、扩大覆盖范围，目前已建立起涵盖主要粮食作物、家畜以及经济作物的农业保险体系[③]（汪生忠、费清，2018）。共济制农业保险对于日本农产品稳定供给以及保障农民收入发挥了重要的支撑作用。

然而，随着日本近期贸易政策和国内农业发展战略的调整，原有的农业保险制度已无法满足农业发展对于农业保险制度的新需求。其一，原有的农业保险仅适用于由自然灾害造成的产量减少所产生的收入损失，而将价格波动造成的收入损失排除在外。虽然由于自然灾害频发，对于农业灾害实施救济互助十分必要，但随着日本农产品市场与国际市场整合程度日益加深，国内农产品价格波动导致的生产风险也随之增加，将价格波动引起的收入损失纳入农业保险适用范围变得格外重要。其二，原有的农业保险的被保险对象是特定农产品，且没有包括所有农产品[④]。农业收入保险以农业经营者所经营的全部农产品的销售收入作为保险对象，被认为更有利于激励农业经营者进行生产收益性更高的新农作物、开拓新的销售途径等生产经营尝试。日本农业收入保险则从以上两个方面进一步完善日本农业保险制度，构建体系更为完整的农业经营风险保障体系。

---

① WTO 根据农业国内政策机制设计及其对贸易扭曲作用差异，一般将农业国内支持政策区分为 "绿箱"、"黄箱" 和 "蓝箱" 三种类型。"绿箱" 政策指与生产脱钩，对贸易和生产扭曲作用小甚至没有的农业国内支持政策。

② 符合 "绿箱" 收入保险的条件具体可参考 WTO《农业协定》附件 2 第 7 条中的相关规定。其中主要规定是，赔付条件是收入损失应超过前 3 年期或通过去除前 5 年期最高和最低年收入确定的 3 年平均总收入或等量净收入的 30%，赔付金额不得超过当前收入损失的 70%。

③ 日本于 1947 年整合《农业保险法》（1938 年）和《畜牧保险法》（1929 年）颁布了《农业灾害补偿法》，立法明确了共济制农业保险制度；其后 1952 年颁布《农业共济基金》详细规范共济基金的理赔使用与增值过程；1957 年进一步完善农业保险法律体系，改进灾后赔付机制；到 20 世纪 60 年代，日本共济制农业保险体系基本确立。

④ 关于日本农业收入保险与共济制农业保险的比较，详细内容可参考，農林水産省「収入保険制度と既存の類似制度との比較のポイント」（2018 年 6 月）。

三、日本农业收入保险制度的运行机制安排

日本农业收入保险是典型的政策性农业保险，日本政府不仅给予财政支持，也直接参与运行机制设计。农业收入保险正式实施之前，日本政府曾花费数年开展基础数据调查、运行机制模拟以及相应政策法规调整等前期准备工作。整体而言，日本政府对农业收入保险的运行机制给予了明晰安排，充分考虑了如何规避农业保险运行中的逆向选择和道德风险问题。下文将从投保人、保险对象及适用范围、损失赔付、运营主体和政府职责等四大方面详细介绍日本农业收入保险的运行机制安排，并对机制安排给出相应的解释与说明。

（一）关于投保人的规定

1. 投保人资格

日本农业收入保险原则上规定，连续 5 年以上采用蓝色申报表纳税[①]（以下简称蓝色申报）的农业经营者，才具有投保农业收入保险的资格。但考虑到满足这一要求的农业经营者数量较为有限，政府补充规定 1 年以上但未满 5 年的蓝色申报农业经营者，也具备投保资格。日本农业收入保险自 2019 年开始实施，因此 2018 年开始采用蓝色申报表纳税的农业经营者，就有资格申请加入农业收入保险。对于蓝色申报年数不同的农业经营者，收入保险在保险赔付限度上加以区分。连续 5 年及以上的蓝色申报农业经营者，可投保最高赔付限度的保险，而农业经营者的蓝色申报年数越少，其可选择的赔付限度也会相应下降。

日本农业收入保险要求投保人采用蓝色申报，主要出于准确掌握农业经营者在保险期间经营收入状况的需要。蓝色申报通常需要采用复式记账的正式簿记法，报税时需要提交的账簿和文件包括日记账、总分类账、损益表、资产负债表、库存表等[②]。这种税收申报方式能够全面、系统地反映纳税人资金变动及生产经营状况，便于查证与审核，申报信息的可信度较高。因此，日本农业收入保险要求投保人采用蓝色申报，一方面有助于准确掌握投保人收入状况，从而可以合理地设定收入保险的基准收入水平；另一方面，蓝色申报下，农业经营者的收入和经营信息更为透明、公开，有助于遏制农业经营者加入保险后懈怠经营等道德风险行为出现。此外，对于农业经营者而言，采用蓝色申报，实行更为严格的会计管理，有助于提高其自身经营能力和增加融资机会，并且可以享受到一系列蓝色申报的特有

[①] 蓝色申报表纳税是日本申报纳税制度的一种方式，适用于事业所得（包括有农业所得）、山林所得、不动产所得等个人所得税或法人税的申报，因申报时需填写蓝色申报表格而得名。

[②] 除正规簿记法外，蓝色申报也可以采用简易簿记法，该方法虽不要求像正式簿记法一样详尽，但也必须设立现金账簿、应收账款分类账、应付账款分类账、固定资产分类账等，对每日交易余额都需要进行记账。

权益[①]。

2. 潜在投保人

日本农业收入保险的潜在投保人，除了具有保障农业经营收入的主观期望外，还要满足投保资格的客观要求，即前文所述农业经营者需采用蓝色申报纳税。从目前日本农业经营者采用蓝色申报的数量来看，大部分农业经营者不具备农业收入保险的投保资格。根据日本国税厅事务年报数据可知，2016 年采用蓝色申报的农业经营者44.5 万人，约占农业经营者总的 20% 左右。因此，有日本学者认为，蓝色申报的投保资格要求，虽然是农业收入保险有效运营的必要条件，但也可能会限制其对日本农业整体的支撑作用（清水徹朗，2016）。

然而，这种担忧也许并不会成为真正的问题。首先，日本农业经营者采用蓝色申报数量整体上看虽然有限，但政策重点扶持培育的农业经营者中，采用蓝色申报的比例却相当高。如表 1 所示，近年来认定农业者制度下完成经营改善计划的认定农业者中，采用蓝色申报的比例均稳定在 70% 以上[②]。此外，农业经营者中采用蓝色申报数量也在逐年上升。近年来，日本政府以及日本税务协会等团体，都在积极推动蓝色申报普及工作，且呈现出一定的工作成效。2013—2017 年蓝色申报者数量年均增长率约 3%，其中，2017 年农业所得者采用蓝色申报的数量较 2013 年增加了 1.7 万人[③]。再次，农业收入保险对投保资格的补充规定相对容易满足。农业收入保险的投保资格补充规定，有 1 年蓝色申报的农业经营者即可加入农业收入保险，这一规定充分顾及到农业经营者中蓝色申报者数量有限的问题。最后，农业收入保险制度确定以后，各地的农业协同组合和农业委员会也在积极推介农业收入保险制度，并鼓励农业经营者采用蓝色申报。因此，可以预见有收入保障需求且具备投保收入保险资格的农业经营者数量会逐步扩大。

表 1　完成经营改善计划的认定农业者采用蓝色申报情况

单位：万人

年份	2012	2013	2014	2015	2016
完成经营改善计划的认定农业者	4.1	3.6	3.9	5.4	5.7
蓝色申报认定农业者数量	3.0	2.6	2.9	4.3	4.4
蓝色申报认定农业者占比	73.2%	72.2%	74.4%	79.6%	77.2%

资料来源：日本農林水産省，経営局経営政策課調査データ。

[①]　例如，对于个人纳税人，采取正式簿记法和简易簿记法可以分别享受 65 万日元和 10 万日元的所得特别扣除；可以享受净亏损向前结转 1 年，向后结转 3 年的政策等。对于法人纳税人，允许将经营亏损向前结转 1 年，向后结转 9 年等。

[②]　日本农业认定制度开始于 1993 年，是旨在改善农业经营状况、推进农业规模经营、提高农业经营效率的重要农政改革措施。认定农业者被视为各地域农业生产核心和农业经营骨干。更为详尽的介绍可参考赵维清（2012）。

[③]　数据来源于日本国税厅「第 66 回事务年报」（2017 年 12 月）。

（二）关于保险对象及适用情况的规定

1. 保险对象的确定

如前文所述，日本农业收入保险区别于共济制农业保险，原则上不对农产品进行区分，而是将农业经营者生产经营的整体销售收入作为保险对象。农业收入保险对象采用销售收入而非实际收益的原因在于，农业经营者可以在生产环节自己决定成本投入的大小，但收入保险的实施主体却很难辨别成本投入行为的合理性，因而选用销售收入而非实际收益作为保险对象更为合理。此外，农业收入保险不区分具体农产品，而以农业生产经营整体作为保险对象的制度安排，旨在鼓励农业经营者自主经营尝试，进而提高经营收益也可疏散经营风险。

农业收入保险对于销售收入的计算，依据蓝色申报决算书上记载的收入金额计算得出，其计算公式如下：

销售收入＝农产品销售金额＋生产性消费金额＋（期末库存量金额－期初库存量金额）

这里，生产性消费是与生活性消费相对应，指的是农业经营者自己生产的农产品用于生产过程的消费，这种情况与市场上销售收入同等看待，而自己生产的农产品用于生活性消费的不计入销售收入。

此外，计算销售收入时，还有以下三点额外的规定[①]。首先，虽然原则上农业收入保险对象涵盖农业经营者生产的全部农产品，但适用于畜产品经营稳定对策的肉牛、肉猪、肉牛牛仔以及鸡蛋等畜产品是除外的[②]。因为已有的畜产品经营稳定对策已经涉及收入减少补偿，如果收入保险也包括这些农产品，则会出现双重补偿的情况。所以，如果农业经营者同时生产以上畜产品和其他农产品，那么计算销售收入时需要扣除相关畜产品的销售收入。其次，加工农产品原则上不计入农产品销售收入中，但农业经营者自行生产并简单加工的加工品，可计入农产品销售收入，如精米、年糕、粗茶、梅干、榻榻米席面、干红薯片等。经过相对深度加工的农产品不能计入农产品销售收入的原因是，这类加工农产品价值主要在于非农环节的价值增值，作为原料的农产品所占比例较小。再次，申报决算书中的杂项收入，与农产品销售相关的部分需要计入销售收入，具体包括：农产品的精算金；旱田作物直接支付补助金、糖料作物补助金、用于淀粉原料的薯类补助金以及加工原料乳生产者补助金中以产量为单位交付的补助金；基于家畜传染病预防法的补贴费、基于植物防疫法的补偿金；以及日本烟草产业股份公司的烟叶灾害救助金。除此之外其他杂项收入项目，由于与农产品销售无关，一般不计入销售收入。

---

① 三点额外规定详见農林水産省「収入保険の導入について」（2018 年 6 月），额外规定的理由可参考「収入保険に関する Q&A」（2018 年 6 月）关于问题 20-26 的说明。

② 畜产品经营稳定对策包括肉用牛肥育经营安定特别对策事业、养猪经营安定对策事业、肉牛牛仔生产者补助金制度、肉用牛繁殖经营支援事业、鸡蛋生产者经营安定对策。

2. 保险适用范围规定

与日本已有农业保险相比，农业收入保险明显地拓宽了其适用范围。无论是由自然灾害造成的产量减少而导致的收入损失，还是由市场价格波动造成的收入损失，只要是由于客观原因造成且农业经营者无法通过主观努力而避免的收入损失，都属于农业收入保险的收入保障范畴。同时，由于买方倒闭等原因，导致农产品无法销售或销售收入减少等收入损失，也在农业收入保险的保障范围之内，而这类收入损失在缓和收入减少影响对策和蔬菜价格稳定制度等日本已有的农业支持政策中都是不予以承认的。

此外，为防止农业经营者加入保险后懈怠经营等道德风险问题的出现，日本农业收入保险对于农业经营者的行为也做出额外的规定。具体地，如规定农业经营者应当记载和保存农业作业日记等生产经营证据；当灾害等事故发生时应及时通知保险实施主体；不允许有疏忽经营管理和故意低价出售等行为。实施主体会以考察周边经营者的情况以及检查农业生产日志的方式，综合判断农业经营者是否懈怠经营，例如与附近农场相比该农场农作物的生长是否存在明显异常，农业经营者的农业生产日志是否无法逻辑自证等。如果农业经营者在保险期间的销售价格相较刚加入时大幅减少，根据需要，实施主体将通过调查检验农业经营者的销售价格与市场价格间的关系，或者直接向农业经营者的交易方取证，综合判定其行为是否属于故意低价销售[①]。如果农业经营者未履行上述规定义务，或通过不正当方式获取保险金的行为被核实，农业收入保险实施主体有权根据免责条款，视情节轻重不予支付农业经营者部分或全部收入损失保险赔付；情节严重者将于次年起禁止再次投保农业收入保险。

（三）保险赔付的规定

日本农业收入保险采用"非返还型保险方式"（下文简称保险方式）和"返还型储备方式"（下文简称储备方式）两种方式组合进行收入损失的赔付[②]。保险赔付机制则采用限度赔付方式，即基于投保的农业经营者的历史年度销售收入确定基准收入，当该农业经营者当年收入低于基准收入但高于保险方式和储备方式赔付限度值时，保险实施主体免于承担赔付责任，当农业经营者当年收入低于赔付限度值时，保险实施主体则承担赔付责任。另外，保险方式和储备方式赔付限度值并不是固定值，而是取决于投保人蓝色申报年数以及缴纳保险费水平。图1以农业经营者可投保的最高赔付限度为例，给出了农业保险赔付机制示例。以下，将就基准收入设定、具体赔付方式以及投保费用等相关规定给出详细介绍。

1. 基准收入的设定

日本农业收入保险将基准收入设定为，农业经营者过去 5 年（保险期间前 5 年）的平均营农收入。基准收入采用平均值而非固定值，主要是出于规避道德风险的考

---

① 相关说明可参考農林水産省「収入保険に関するQ&A」（2018 年 6 月）关于问题 42 的说明。
② 下文关于农业收入保险赔付方式及标准部分，将会给出保险方式和储备方式两种赔付方式的详细说明。

虑。采用平均值的情况下，基准收入会随农业经营者历年经营状况变化而调整，人为不当经营导致的营农收入下降会导致基准收入基数下降，从而影响其后续的收入赔付。

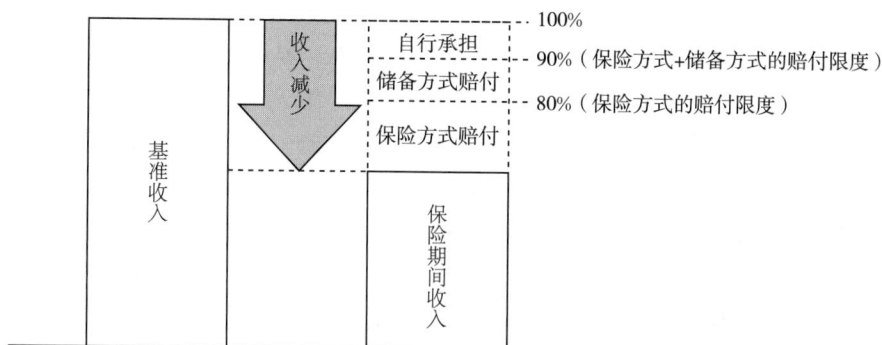

图1　日本农业收入保险赔付方式
资料来源：日本農林水産省，「農業収入保険の導入について」，2018年6月。

同时，日本农业收入保险还综合考虑了农业经营者调整生产经营规模、经营品种、经营范围可能引起的收入变动，给出了发生上述情况时基准收入的调整方案。具体如，当农业经营者过去5年平均经营规模小于保险期间经营规模时（经营规模扩大的情况），平均收入将通过特定算法上调。调整后平均收入和保险期间预计收入中的较小值，将被设定为基准收入。当农业经营者过去5年每2年间收入增长率的算术平均值大于1时（收入增加的情况），农业经营者5年收入平均值将乘上"上升指数"（过去5年年间增长率的平均值的立方）。调整后的平均收入和保险收入期间预计收入中的较小值，将被设定为基准收入。相对的，当农业经营者缩小经营规模，或者生产经营的农作物向收益、产量较低的品种转换时，预计保险期间收入将低于平均收入（收入下降的情况），基准收入也会相应下调[①]。

2. 赔付方式及标准

如前文所述，日本农业收入保险采用保险方式和储备方式的组合赔付投保人的收入损失。保险方式，即通过缴纳不予返还的保险费，以保险金方式补偿收入损失；储备方式，即通过缴纳储备金，以特别补偿金方式补偿收入损失。其中，储备方式是选择性的，即农业经营者可仅选择保险方式加入农业收入保险。保险方式和储备方式在运营管理有很大不同。保险方式近似于消费型保险，缴纳的保险费越高，可享受的收入损失的赔付水平越高，但收入损失低于规定的比例的情形下，投保人即使支付了保费也得不到任何形式的收入返还。储备方式则与储蓄型保险类似，储备方式下缴纳的储备金具有返还性质，保险期满后，储备金在偿付投保人收入损失外还有结余时，需

---

① 生产经营调整时调整基准收入的具体规定可参见，全国農業共済組合連合会「全国農業共済組合連合会事業規程」（2018年11月）。

要返还给农业经营者。

保险方式和储备方式下赔付限度规定分别如下：保险方式下的赔付限度取决于投保人蓝色申报年数以及缴纳保险费水平。如表 2 所示，对于已连续 4 年及以上采用蓝色申报表纳税的农业经营者，根据缴纳保险费高低，可分别投保赔付限度分为基准收入的 80%、70%、60% 和 50% 四个不同水平。这里，基准收入的 80%，是已连续 4 年及以上采用蓝色申报表纳税的农业经营者可选择投保的赔付金额的上限值，而已采用蓝色申报纳税年数为 3 年、2 年和 1 年的农业经营者，可选择投保的赔付限度则分别是基准收入的 78%、75% 和 70%。储备方式下的赔付限度与投保人蓝色申报年数无关，但根据投保人缴纳储备金的数额，赔付限度分为 10% 和 5% 两个水平。假设农业经营者选择以"保险方式＋储备方式"加入农业收入保险，则理论上农业收入保险最高赔付限度为基准收入的 90%，即收入损失超过基准收入 10% 的情况下，农业经营者就可以获得农业收入保险赔付。

表 2　保险方式下赔付限度标准

申请加入收入保险时蓝色申报的年数	保险方式下基准收入的赔付限度
4 年及以上	80%、70%、60%、50%
3 年	78%、70%、60%、50%
2 年	75%、70%、60%、50%
1 年	70%、60%、50%

注：若农业经营者申请加入收入保险时已有 4 年蓝色申报经历，再计入投保当年的蓝色申报经历，则可被认为是连续 5 年以上采用蓝色申报。因此，加入收入保险时，蓝色申报年数为 4 年及以上，就可以投保最高赔付限度。

资料来源：日本農林水産省，「収入保険に関するQ&A」，2018 年 6 月。

然而，对于保险赔付还有额外规定。为防止保险期间预期收入低于赔付金额的情况下，农业经营者疏于经营管理等道德风险行为的发生，赔偿额并不是完全赔付，而是为投保人设定了 90%、80%、70%、60%、50% 五个赔付支付率。保险方式和储备方式可以分别选择不同的赔付支付率，但储备方式下的赔付支付率不得高于保险方式。

假设一个农业经营者的基准销售收入为 1 000 万日元，同时加入保险方式和储备方式两种赔付方式。保险方式下选择 80% 的赔付限度，储备方式下选择 10% 的赔付限度，且两种方式下均选取 90% 的赔付支付率。表 3 给出了不同程度收入减少的情况下，农业经营者从农业收入中所获得的收入赔付。例如，保险期间农业经营者销售收入较基准收入减少 50%（收入为 500 万日元），其中收入减少的 10% 是赔付免责的，由农业经营者自行承担，其余 40% 由农业收入保险赔付。因而，农业经营者可得到由保险方式赔付的金额为 270 万日元（＝1 000×30%×90%），由储备方式赔付的金额为 90 万日元（＝1 000×10%×90%），则农业经营者的收入损失的 72%（＝360/500）得到赔付，收入可恢复到基准收入的 86%〔＝(360＋500)/1 000〕。

表3　农业经营者收入减少程度及相应的赔付示例

单位：万日元

收入减少的程度	赔付金额	保险方式（保险金）	储备方式（特别补偿金）	包括赔付金额在内的保险期间收入（占基准收入的比重）
20%（800）	90	0	90	89%
30%（700）	180	90	90	88%
40%（600）	270	180	90	87%
50%（500）	360	270	90	86%
60%（400）	450	360	90	85%
70%（300）	540	450	90	84%
80%（200）	630	540	90	83%
90%（100）	720	630	90	82%
100%（0）	810	720	90	81%

数据来源：日本農林水産省，「収入保険の導入について」，2018年6月。

这里需要特别说明的是，农业经营者选择以"保险方式＋储备方式"加入农业收入保险，且符合最高赔付限度的情形下，农业收入保险的赔付标准可能高于WTO"绿箱政策"关于赔付金额不得超过收入损失70%的规定。但若仅考虑保险方式，农业收入保险赔付超出"绿箱政策"规定的可能性极小，仅在收入损失超出基准收入90%的极端情形下才会出现。因而，日本农业收入保险结合使用保险方式和储备方式，且规定储备方式是可选择性的，通过这样的含糊处理方式，尽可能地做到赔付标准不与国际规则相违背又能满足国内支农的需求。此外，农业收入保险是否满足WTO"绿箱政策"规定主要取决于，其是否与特定农产品挂钩。日本农业收入保险虽在赔付标准上存在违背"绿箱政策"规定的可能，但其保险对象是农业经营者的整体销售收入，与特定农产品脱钩。因此，整体来看日本农业收入保险是可以被认定为"绿箱政策"的。

3. 缴纳费用规定

一般来说，农业收入保险需要缴纳的费用包括保险费、储备金以及事务费。但是，因为储备方式是选择性的，因此如果农业经营者不选择这种赔付方式，则相应地不需缴纳储备金。为减轻农业经营者加入保险的财务负担，国家财政承担保险费的50%、储备金的75%以及事务费50%等相关费用。

保险费的计算公式为：

保险费＝基准收入×赔付限度×赔付支付率×保险费率

这里，赔付限度如表4所示，依据蓝色申报年数和保费率高低细分为50%～80%六个不同水平；赔付支付率如上文介绍包括90%、80%、70%、60%和50%五个不同水平；保险费率是财政补贴后农业经营者所需支付的保险费率，其取值随赔付限度增加而增加。

表 4　保险方式下赔付限度与对应的保险费率

赔付限度	保险费率
80%	1.080%
78%	0.953%
75%	0.792%
70%	0.587%
60%	0.335%
50%	0.212%

注：保险费率均为财政补贴后的保险费率。

资料来源：同表 3。

此外，为鼓励农业经营者努力减少收入损失进而降低出险概率，保险费率实行浮动制，不同的出险状况对应不同的风险级别，不同风险级别则对应不同的保险费率。以保险方式下赔付限度为 80% 的情况为例，如表 5 所示，保险费率以标准保险费率（风险级别为 0）为中心，上下各设置 10 个阶段，共 21 个阶段。风险级别最低的阶段（-10）的保险费率为 0.540%，是标准保险费率 1.080% 的 50%。每个农业经营者加入收入保险的第一年均适用标准保险费率。如果农业经营者在第二年未取得保险赔付金，则风险级别向下移动一级，若之后每年都如此，则加入保险 10 年后，保险费率将降为标准值的 50%。如果农业经营者在第二年取得了保险赔付金，则根据其取得的

表 5　不同危险级别下的保险费率

危险级别	平均损失率区间（%）	保险费率	危险级别	平均损失率区间（%）	保险费率
10	[195，+∞)	2.574%	-1	[85，95)	1.024%
9	[185，195)	1.578%	-2	[75，85)	0.969%
8	[175，185)	1.522%	-3	[65，75)	0.913%
7	[165，175)	1.467%	-4	[55，65)	0.858%
6	[155，165)	1.412%	-5	[45，55)	0.803%
5	[145，155)	1.356%	-6	[35，45)	0.747%
4	[135，145)	1.301%	-7	[25，35)	0.692%
3	[125，135)	1.246%	-8	[15，25)	0.637%
2	[115，125)	1.190%	-9	[5，15)	0.581%
1	[105，115)	1.135%	-10	[0，5)	0.540%
0	[95，105)	1.080%			

注：表中给出的数值是保险方式下赔付限度为 80% 时的保险费率。

资料来源：全国農業共済組合連合会，「全国農業共済組合連合会事業規程」，2018 年 11 月。

保险赔付金计算保险损失率（＝保险赔付金/保险费），并相应地由保险损失率所处的损失率区间确定危险级别及对应的保险费率。由于农业经营者遭受经营损害的程度存在差异，有些农业经营者一年内可能存在危险级别上移多级的情况，为避免其保险费负担增加过快，农业收入保险规定一年内风险级别最多只能向上移动 3 级[①]。

储备金的计算公式为：

$$储备金＝基准收入×赔付限度×赔付支付率×（1－75\%）$$

这里，赔付限度分为 10％和 5％两个水平；赔付支付率与保险费的计算公式规定相同分为五个水平，即 90％、80％、70％、60％和 50％；（1－75％）指扣除国家财政负担后农业经营者需自行承担的储备金比例。

事务费的计算公式为：

$$事务费＝加入者人均负担费用＋按赔付金额负担费用$$

这里，加入者人均负担费用是指扣除政府财政补贴所支付的事务费，按规定加入保险第一年需缴纳 4 500 日元，其后每年下降为 3 200 日元；关于按赔付金额负担费用的规定是，按照赔付金额的每 1 万日元缴纳 22 日元的事务费。

假设一个农业经营者的基准收入为 1 000 万日元，同时加入保险方式和储备方式两种赔付方式。保险方式下选择 80％的赔付限度，储备方式下选择 10％的赔付限度，且两种方式下均选取 90％的赔付支付率。出于对比的考虑，表 6 给出了扣除政府补贴和未扣除政府补贴两种情况下农业经营者加入农业收入保险应缴纳费用。整体而言，政府补贴下农业经营者在加入当年的应缴费用是未补贴情况下的 30％左右，日本政府负担了实际应缴费用的 70％。

表6　扣除和未扣除政府补贴时农业投保人应缴费用示例

单位：万日元

	扣除政府补贴		未扣除政府补贴[⑤]	
	加入第一年[①]	第二年及以后	第二年及以后	第二年及以后
保险费	7.776	7.776±α[②]	15.552	(7.776±α)×2
储备金	22.500	(22.500)[③]	90.000	(90.000)
事务费	2.232	2.102[④]	4.464	4.204
合计	32.508		110.016	

注：①保险费，1 000×80％×90％×1.08％＝7.776；储备金，1 000×10％×90％×25％＝22.500；事务费，0.45＋1 000×（80％＋10％）×90％×（22/10 000）＝0.45＋1.782＝2.232。②保险费中 α 的取值取决于保险费的浮动状况。③如果前一年的储备金未曾使用，则不需要再缴纳储备金。④事务费，0.32＋1 000×（80％＋10％）×90％×（22/10 000）＝0.32＋1.782＝2.102。⑤国家财政承担保险费的 50％、储备金的 75％以及事务费 50％，因此未扣除政府补贴的保险费、储备金和事务费分别由扣除政府补贴情况下各费用乘以 2、4 和 2 算出。

数据来源：笔者根据日本農林水産省「収入保険の導入について」（2018 年 6 月）整理得到。

---

① 关于损失率区间与危险级别对应表更详细的内容，可参考全国農業共済組合連合会「全国農業共済組合連合会事業規程」（2018 年 11 月）。

（四）实施主体及政府的作用

1. 实施主体

日本政府在农业收入保险酝酿成期间，于 2017 年 6 月修改了《农业灾害补偿法》并将其更名为《农业保险法》。依据该法，日本将于 2018 年 4 月成立全国农业共济组合联合会（简称全国联合会），届时该组织将承担农业收入保险的管理与运营工作。全国联合会由 47 个都道府县的农业共济组合或农业共济联合会作为正式成员组建而成，隶属于全国农业共济协会（NOSAI 协会），是全国性的农业组织。农业共济组合或农业共济联合会是已有日本共济制农业保险的实施主体[①]，这些农业组织是区域性农业组织，分别接受政府的监管与财政支持，由于共济制农业保险的投保人的区域分布均衡，所以通过独立核算的方式能够有效运行。但是收入保险的投保资格与纳税方式相关，投保人在区域分布上可能呈现较大地域差异。因此，日本政府与 NOSAI 协会认为，农业收入保险的实施主体必须具备在全国范围内整体协调的能力。基于此种考虑，日本在已有共济制农业保险运营体系的基础上，整合了已有共济组织，成立了全国联合会。

根据日本全国农业共济组合联合会事业规程，全国联合会负责农业收入保险运营中的统筹管理工作，而将申请受理、保险费征收、事务费收取、保险赔付等农业收入保险实际运营中的具体业务，委托给 47 个都道府县的农业共济组合或农业共济联合会代理执行（图 2）。此外，全国联合会一方面与政府联系，获得政府运营事务费补贴，向政府分保分散经营风险；另一方面，与民间保险公司开展合作，将民间保险公司的技术性经验活用于农业收入保险的实践中，以此提高农业收入保险服务水平。

2. 政府的作用

日本农业收入保险具有明显的政策性农业保险的特征。日本政府虽然不直接参与农业收入保险的运营管理，但通过公共财政补贴的方式，支持农业收入保险经营与发展。具体来说，日本政府对投保农业经营者需缴纳的保险费和储备金进行补贴，并对农业收入保险实施主体（全国联合会）提供运营费用补贴和再保险服务。

由于农业经营者和保险实施主体间存在信息不对称，风险高于平均水平的经营者会更倾向加入农业收入保险并挤出低风险经营者，进而影响农业收入保险运营的持续性。为缓解这种"逆向选择"问题，保证农业收入保险的参与率及运营的可持续性，日本政府对农业收入保险的投保人及实施主体都给予了财政补贴。根据农林水产省 2018 年度预算，农业收入保险实施第一年的政府财政补贴预算为 260 亿日元（约相

---

① 日本共济制农业保险运营包括两种路径，基层农业共济组合及市町村事务机构、农业共济组合联合会以及政府三阶段体系，另一种是整合后的农业共济组合联合会与政府组成两阶段体系。关于日本农业共济制保险运营更为详细的介绍，可参考汪生忠和费清（2018）。

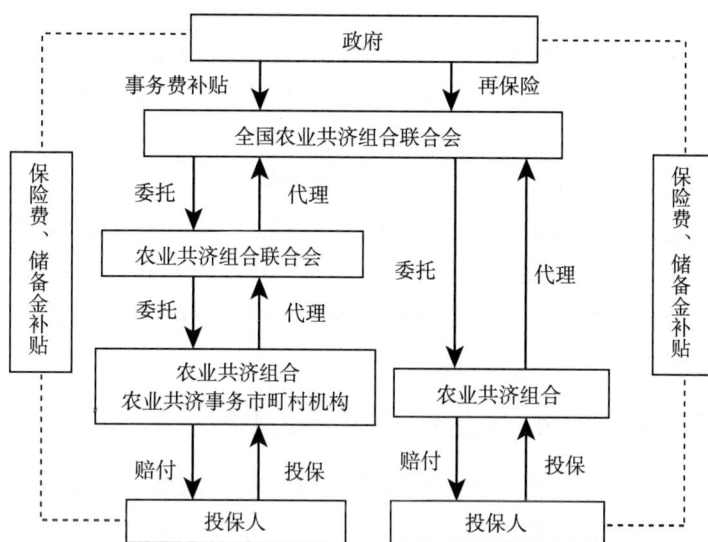

图 2 日本农业收入保险运营体系

注：笔者根据日本全国農業共済組合連合会「全国農業共済組合連合会事業規程」（2018 年 11 月），并结合吉井邦恒「わが国における農業収入保険をめぐる状況」（2014 年 10 月）整理得到。

当于 16 亿元人民币）。另外，由于农业经营风险通常具有系统性特征，即经营风险通常在同一时间、同一区域的多数农业经营者中发生，因此，日本政府构建了农业收入保险再保险体制，分散极端情况下实施主体可能面临的巨额赔付风险，确保农业收入保险的可持续性运营。

四、日本农业收入保险制度设计的政策启示

日本农业收入保险是近期日本政府在农业政策领域实施的一项重大举措。在宏观政策布局上，日本政府通过实施农业收入保险制度，以符合国际规则约束的方式，为自由化过渡期的日本农业提供了支持保护，并通过协调新旧制度关系，进一步完善了国内农业风险保障体系；在微观制度细节上，日本通过对于投保资格、保费和赔付浮动设定以及财政补贴和事后惩治等制度设计，尽可能地规避了农业保险实施中常见的逆向选择和道德风险问题的发生。中国现行的政策性农业保险，目标定位侧重于风险管理，对于具有收入支持功能的农业保险，还处于尝试摸索的试点阶段。日本在已有农业保险体系中实施农业收入保险的政策思路和具体措施，或能为中国调整财政支农政策，发挥农业保险的收入支持功能，在以下几个方面提供参考：

（一）发挥保险收入支持功能，创新农业支持保护制度

农业保险最基本的政策目标是风险管理，日本此次农业保险的调整是对农业保险

收入支持功能的开发与利用。在贸易开放和产业保护的权衡之下，日本着手调整现有财政支农方式，在未来一段时期内将以农业收入保险作为维持农民收入和支持农业生产的主要措施。与之相应地，中国现行的农业国内支持政策调整趋势大致明确，即从增产导向转向竞争力导向，消除市场扭曲、实现国内外价格并轨，"减黄增绿"降低国际规则约束，同时还要注重维护生产者既得利益以及保护现有产能。面临相似内外部约束的日本，通过发挥农业保险的收入支持功能促进财政支农方向转变。我国或许也应该积极探索利用农业保险收入支持功能的可行性，研究日本农业收入保险的具体运行机制设计，探索符合我国国情且被国际规则允许的农业支持政策工具和手段。

（二）遵循国际规则约束，避免贸易争端摩擦风险

日本农业收入保险在保险对象、赔付条件以及赔付标准等具体运行机制上，尽可能地与 WTO "绿箱政策"规则保持一致。如此的制度安排，有助于日本通过收入风险管理的名义，隐蔽且符合国际规则地给予国内农业生产财政补贴。2018 年我国对水稻、小麦和玉米三大粮食作物开展收入保险的试点工作。选择三大主粮作物作为试点对象，体现出我国发展农业收入保险重点突出、循序渐进的特点，同时也表明我国农业收入保险很大程度上会采用基于特定农产品的收入保险形式。依据 WTO 农业协议，基于特定农产品的收入保险被归类为"黄箱政策"。如美国对于陆地棉采用的此类收入保险项目，曾被 WTO 争端解决机构裁定"黄箱政策"。我国农业收入保险尚处于试点阶段，我国或可借鉴日本农业收入保险的做法，尝试符合 WTO "绿箱政策"的农业收入保险在中国的可行性，避免后续实施阶段受制于国际规则约束与他国挑战。

（三）重视顶层制度设计，完善相关配套措施安排

农业收入保险的正式出台前，日本政府进行了基础数据调查、模拟实施以及制度法制化等多个阶段的筹备，为农业收入保险的建立以及后续的有效实施提供了基础支持和前提保障。此外，由于农业收入保险基于农业者收入状况确定保险补偿，因此日本政府将其与现行税制关联整合，对与收入保险相关的税务和会计记账的处理方法进行了详细的规定与说明。我国农业收入保险尚处于试点阶段，在收入保险正式在全国范围内推行前，政府也应考虑修订相关法律规定，明确农业收入保险制度与税制以及其他农业补贴制度间的关系，做好顶层制度设计。此外，还应完善相关配套制度安排，尤其需要通过制度完善着力提高我国农业经营者收入统计数据的质量，这将直接关乎农业收入保险能否切实发挥实际效用。

（四）借鉴运行机制设计，推进农业收入保险展开

由于农业生产的特殊性，农业保险运行中的逆向选择和道德风险问题是普遍存在

且相对严重的。日本通过财政支持，保证农业收入保险的参与率以及收入保险的持续运营，克服逆向选择问题。此外，日本通过风险等级划分、保险费率厘定、保险费率浮动等多种具体措施规避道德风险行为的出现。我国在实施农业收入保险试点工作的同时，出台《三大粮食作物完全成本保险和收入保险试点工作方案》，对于农业收入保险的实施方案给出大致的说明。但是，对于收入保险具体实施办法，则需要各试点省份探索符合本地实际的具体保险模式，自行规避农业收入保险实施过程中的逆向选择和道德风险问题。日本农业收入保险对于规避这两个问题上机制设计，或可为我国农业收入保险试点甚至后续全面推广提供有益的参考。

参考文献

[1] 国税厅. 第 66 回事务年报. http：//www. nta. go. jp/about/introduction/torikumi/jimunenpo/66/pdf/all. pdf，2017 年 12 月.

[2] 胡凌啸，周应恒. 提升小农竞争力：日本农业新政策的指向及启示. 中国农村经济，2018（2）：126 - 138.

[3] 吉井邦恒. わが国における農業収入保険をめぐる状況［J］. 保険学雑誌，2014（627）：107 - 127.

[4] 江生忠，费清. 日本共济制农业保险制度探析［J］. 现代日本经济，2018（4）：27 - 38.

[5] 倪洪兴. 开放条件下农产品价格形成机制与价格政策选择［J］. 中国粮食经济，2017（6）：18 - 26.

[6] 農林水産省. 農業収入保険の導入について［OL］. http：//www. maff. go. jp/j/keiei/nogyohoken/attach/pdf/syu_kyosai - 55. pdf，2018 年 6 月.

[7] 農林水産省. TPP11における品目ごとの農林水産もつの影響について［OL］. http：//www. maff. go. jp/j/kanbo/tpp/attach/pdf/index - 12. pdf，2017 年 12 月.

[8] 農林水産省. 収入保険に関するQ&A［OL］. http：//www. maff. go. jp/j/keiei/nogyohoken/attach/pdf/syu_kyosai - 56. pdf，2018 年 6 月.

[9] 農林水産省. 収入保険制度と既存の類似制度との比較のポイント［OL］. http：//www. maff. go. jp/j/keiei/nogyohoken/attach/pdf/syu_kyosai - 43. pdf，2018 年 6 月.

[10] 清水徹朗. 農業共済の現状と収入保険導入の課題［J］. 農林金融，2016（69）：2 - 20.

[11] 全国農業共済組合連合会. 全国農業共済組合連合会事業規程［OL］. http：//nosai - zenkokuren. or. jp/pdf/2018business - regulations. pdf，2018 年 11 月.

[12] 王学君，周沁楠. 日本粮食安全保障策略的演进及启示［J］. 现代日本经济，2018（4）：73 - 88.

[13] 吴本健，马九杰. 以政策性农业保险促进农民脱贫增收［J］. 新重庆，2017（9）：21 - 22.

[14] 叶兴庆. 我国农业支持政策转型：从增产导向到竞争力导向［J］. 改革，2017（3）：21 - 36.

[15] 袁祥州，程国强，黄琦. 美国农业保险财政补贴机制及对我国的借鉴［J］. 保险研究，2016（1）：76 - 86.

[16] 赵维清. 日本认定农业者制度及其对我国的启示［J］. 现代日本经济，2012（2）：65 - 72.

研究播报

2019 年中国农业保险部分研究播报

段 拯 于 跃

期刊论文

【制度建设】

农业保险中的政府角色：公私法交错的介质

【摘要】在现代风险社会治理体系中，农业保险不可或缺，由政府承担农业保险中公私法利益移转的介质角色，是实践政策性农业保险机能的主体保障。文章依据不同的政府治理理论，比较政府的作用机制，并以农业保险为视点，集中分析新时代政府角色转换的立论依据，论证其效能发挥的最佳行为逻辑。研究旨在为政府治理机制优化提供有效建议，奠定政策性农业保险立法的理论基础。

冯张美，浙江树人大学学报（人文社会科学），2019 年 06 期

浙江省农业保险制度问题研究

【摘要】农业保险是我国解决精准贫困问题，推动农民脱贫发展的重要举措。本文从农民、政府和保险机构的三方博弈中，分析浙江省农业保险精准扶贫的现状及困境，结合实际工作提出政策建议。

戴铭，农家参谋，2019 年 01 期

我国农业巨灾风险管理及政策保障

【摘要】我国地域辽阔，是农业灾害频发的国度之一。农业巨灾给农业发展乃至整个社会都带来了巨大危害。在应对农业巨灾的过程中应大力发展保险行业，提高农业巨灾风险管理水平。从实际状况来看，我国农业保险的发展状况不容乐观，很多情况下都是由农户自行承担费用或由政府部门进行灾后救济。在这种情况下针对我国农业巨灾风险管理展开研究是非常有必要的。本文从农业巨灾风险管理方面存在的问题入手，在深入分析的基础上，提出提高农业巨灾风险管理水平的政策保障措施。

高婵，农业经济，2019 年 03 期

我国倾斜性农业保险支持法律机制研究

【摘要】倾斜性农业保险支持法律机制并不是一种政府主导的对农业保险利益进行机械输送的制度体系，而是将对农业的保险支持内化为政府、保险公司和农业生产者之间共同利益诉求的制度构造，这是一种农业支持的"造血机制"而不是"输血机制"。作为一种金融支持手段，倾斜性农业保险支持法律机制的构建需要以粮食安全为基本目标，在基本面上需要厘清几对关键的利益博弈关系，在节点把握方面需要建立基金、债券、再保险这种"三位一体"的农业巨灾风险应对机制。倾斜性农业保险支持法律机制的构建是一项系统工程，发挥农村基层组织的作用、创新农业保险的方式等，也是需要认真对待的问题。

肖顺武，西南政法大学学报，2019 年 01 期

完善我国农业保险制度的一些思考

【摘要】我国农业保险制度主要由九套规则构成。在 2007 年以来 12 年的实践中，这个制度虽然显示出它成功的一面，但也暴露出不少缺陷和问题，有必要从政府和市场两个方面采取措施不断完善。

庹国柱、李慧，中国保险，2019 年 02 期

我国农业保险的政府作用长效机制建设探讨

【摘要】依据政府保费补贴政策结合农业保险市场失灵的普遍原因，探讨农业保险的政府作用长效机制建设对提升农民参保意愿与政府保费补贴的效率、健全政策性农业保险的经营体系十分必要。笔者首先结合农业保险市场失灵的普遍原因，讨论政府介入农业保险发展的必要性；然后通过分析影响农户参保决策的因素和农业保险市场的交易成本，探讨保费补贴的运作效率，以此阐明我国农业保险政府作用长效机制建设的必要性；最后依据《农业保险条例》，从农业保险组织管理与基层服务体系、保费补贴政策、大灾风险分散机制、市场监管内容等层面探讨政府作用长效机制建设。

黄正军，黑龙江畜牧兽医，2019 年 10 期

农业保险服务乡村振兴战略的制度创新研究综述

【摘要】基于创新发展理念，以制度创新理论推动农业保险服务乡村振兴战略为逻辑主线，对国内外文献进行系统评述。以保险学、财政学、风险管理学等理论作为依据，对农业保险服务乡村振兴战略的必要性，以及农业保险进行制度创新的理论基础进行分析；重点围绕管理制度创新、财政制度创新和风险管理机制创新三个维度，对农业保险服务乡村振兴战略制度创新的具体内容进行归纳、总结。最后，对农业保险的未来发展方向提出研究展望。

郑军、盛康丽，电子科技大学学报（社科版），2019 年 04 期

新中国 70 年农村养老保险制度改革历程与基本经验

【摘要】新中国成立 70 年来，农村养老保险制度从无到有，大致经历了萌芽、初步形成、试点改革、全面深化改革等阶段。农村养老保险制度的改革历程，是政府责任不断完善的过程。政府在制度设计、财政支持、监督管理等方面的努力，使农村养老保障从最低限度的生存满足向高阶发展权的保障转变，并逐渐形成从一元主导到多元并用的保障模式。新时代全面深化农村养老保险制度改革，面临着城乡差异较大、养老金替代率不足、法制化程度低、区域差异性大等难题。在实施乡村振兴战略的背景下，农村社会养老保险制度需面向城乡一体化和法制化建设，进一步明确政府责任，适应区域差异进行有效的制度设计。

张婷、王三秀，改革，2019 年 08 期

农业保险扶贫及其法律制度研究

【摘要】我国"十三五"规划提出，到 2020 年农村人口要实现全面脱贫。这是全面建成小康社会必须要打赢的攻坚战。2017 年 10 月，党的十九大报告中指出，脱贫攻坚战取得决定性进展。但是，我国现在的贫困人口还有 4 000 多万，全面建成小康社会的最艰巨、最繁重的任务仍然在农村。要消除农村贫困问题，最根本的还是要提高农村居民的收入水平，农村地区农民的收入主要还是依赖传统的农业经营，但是我国自然灾害发生的频率屡增不减，使得农业的发展伴随着很高的危险系数，这不利于农业生产的发展，使得农户更难摆脱贫困。保险作为一种特殊的风险管理工具，其风险阻隔、经济补偿等功能对预防、分散农业风险、减少损失方面具有重要意义。但我国农业保险扶贫存在着很多问题，有关法律制度的不完善是造成这些问题的主要原因，因此，我们要积极完善农业保险扶贫法律制度，以促进农业保险发挥其扶贫功能，助力脱贫攻坚战的胜利。

赵容容，时代金融，2019 年 35 期

农业保险制度的基本框架与路径选择探讨

【摘要】我国农业保险在国家策略带领与《农业保险条例》的指引下，正在迅速进化。从 2008 年开始，保费收入数已经跃居世界第二。但在如此喜人的发展环境下，出现了一部分亟待化解的难题。鉴于此，对农业保险制度的基础框架与路径选择加以阐述，以期能够对农业保险在我国的实施有所帮助。

马丽华，经济研究导刊，2019 年 34 期

关于农业保险法律制度的研究

【摘要】农业是我国三大产业中的第一产业，是基础性产业，对我国的国民生产总值有着直接的影响。但是由于我国幅员辽阔，地理环境复杂，自然灾害频繁，导致我国农业生产的风险性较大。因此，为提高农业抗风险能力，稳定农业生产能力，保

护农民基本利益，实施农业保险制度是非常必要的。由于我国现阶段关于农业保险的法律制度还不够完善，这就需要我们通过进一步的研究与分析，逐步完善我国农业保险法律制度，从而促进农业生产的发展。

李向阳，南方农机，2019年19期

【补贴政策】

WTO规则下农业保险补贴的发展逻辑与策略

【摘要】自中央财政试点农业保险保费补贴以来，我国农业保险补贴已经跨越十年发展历程，推动农业保险取得了巨大的发展。在WTO框架下，世界各国已经广泛利用WTO规则鼓励和支持农业保险补贴在推动农业发展中发挥更大作用，但是我国却仍然对此缺乏足够重视，缺少对WTO农业支持规则标准的深入理解和对WTO最新通报动态的密切关注。一方面，我国仍存在所有的农业保险补贴都可按"绿箱"政策通报且不受WTO规则约束的传统误区，片面夸大农业保险补贴的效用；另一方面，在贸易保护主义日渐盛行的今天，以美国为代表的发达国家已经过度使用WTO规则发展农业保险补贴，以救济农业发展之名行贸易保护之实，而我国在WTO框架下对农业保险补贴的利用方面却明显不足。通过分析农业保险以及农业保险补贴在WTO规则下发展的逻辑，借鉴国际经验和教训，探求农业保险补贴运用的中国方案。

张宗良，陇东学院学报，2019年03期

改革开放以来我国农业补贴制度回顾

【摘要】农业补贴政策是国际上普遍采用的农业支持与保护手段。改革开放以来，我国的农业补贴政策经历了三次演变。当前我国的农业补贴政策主要有对种粮农民的补贴政策、养殖业补贴、农业科技支持补贴和推广补助，农业救助补贴，新型农业生产经营主体补贴。农业补贴政策的推行提高了农民的种粮积极性，增加了农产品供给，对保护耕地、确保粮食安全和增加农民收入有明显的积极意义。

司睿，中国集体经济，2019年30期

我国农业补贴政策实施现状及问题研究——基于邳州市的调查

【摘要】我国小规模农业缺乏竞争优势，农业补贴对稳定粮食生产、农民增收、改善生态、甚至消除贫困具有重要作用。本文通过对邳州市的农业补贴现状进行调查，发现我国农业补贴金额逐年增加；"绿箱"政策种类繁多，"黄箱"补贴力度逐年减弱；补贴政策的激励作用更加精准。但同时也存在着补贴的力度不够，补贴结构有待优化等问题。文章基于实地调研结果，对完善我国农业补贴提出一些建议。

刘楠楠，当代农村财经，2019年08期

借鉴美国经验完善广东省农业保险补贴政策

【摘要】自 2007 年启动财政补贴农业保险试点工作以来，广东省农业保险品种不断增加，保险覆盖率稳步提高，基本实现了农林牧副渔业全覆盖，但也存在省级财政补贴不足、财政补贴率上升空间有限等问题。总结美国农业保险制度及财政补贴政策的经验，提出了完善广东省农业保险补贴政策和提高农业保险参保率的建议。

陈林艳，山西农经，2019 年 23 期

粮食安全视角下农业保险财政补贴政策效果评估

【摘要】文章采用 2000—2011 年中国 31 个省份的面板数据和双层差分模型研究中央财政农业保险补贴政策对粮食产量与结构的影响。结果表明：农业保险财政补贴政策实施显著地促进了粮食总种植面积的增加以及稻谷、玉米、小麦种植面积的增加和产量的增长；显著抑制了薯类种植面积的增加和产量的增长。在此基础上，进一步识别出：农业保险财政补贴政策通过促进粮食总种植面积增加以及促进高保险或高产粮食作物对低保险或低产粮食作物的种植替代，从而促进粮食产量结构发生转变的机制。异质性检验结果显示，农业保险财政补贴政策效果存在异质性，总体而言对最先开始试点的省域的粮食作物的影响更大。

肖攀、刘春晖、苏静，统计与决策，2019 年 23 期

美国政府补贴家庭农场农业保险对我国的启示

【摘要】政策性农业保险的发展和加快培育发展新型农业经营主体都是发展现代农业的现实需求，二者的有机结合催生了以家庭农场经营者为投保对象的新兴农险市场。文章利用 SPSS 进行模型构建，分析美国农险模式对美国农场主增收的影响，并结合公共经济学相关理论，探讨政府补贴农业保险的适当规模、合理结构。

刘香香、奚含、周琪，中国集体经济，2019 年 31 期

美国"黄箱"补贴政策应对 WTO 规则的经验及其启示

【摘要】WTO "黄箱"规则包括特定农产品支持和非特定农产品支持，是一国国内农业支持政策的主干部分。从 1996 年的农业法案至今，美国为了应对 WTO "黄箱"规则，对其国内农业补贴政策进行了三次重大改革，包括削减价格支持，完善收入补贴和农业保险制度，在不同阶段有不同的适应 WTO "黄箱"规则的方式。整体来看，美国"黄箱"综合支持量在下降，但微量允许增长较快，特定农产品支持以非市场化价格手段为主，非特定农产品支持手段多样化。美国应对"黄箱"规则经历了一个不断探索的过程，重点支持具有比较优势的特定农产品并大力拓展非特定农产品的支持空间。我国农业补贴政策应该借鉴美国的经验，按照市场化方向逐步改革"黄箱"政策，基于农产品比较优势来优化补贴结构以及充分拓展对非特定农产品的支持空间。

徐晓莉，武汉金融，2019 年 08 期

黑龙江省乡村农业补贴政策存在的问题及对策

【摘要】农业是一国的战略产业,关乎国家经济、社会及政治的稳定。农业保险作为连接农业和经济的重要环节,是有效化解现代农业风险、保障农业战略地位的主要方式。我国农业保险面临着补贴水平低下、区域间财政补贴差异大等问题。为了克服农业保险市场失灵、保障粮食供给稳定、促进农业保险市场发展,完善农业保险财政补贴政策的必要性不言而喻。基于此,本文从我国农业补贴政策基本情况分析出发,从财政补贴品种、资金拨付机制、保障水平和补贴方式等方面提出优化财政补贴机制的政策建议。

王均宇,河南农业,2019 年 08 期

特色农业产业发展与农业补贴政策——以辽宁为例

【摘要】长期以来,财政补贴对农业发展,特别是特色农业产业发展具有立竿见影的推动作用。但由于财政补贴对农业扶持的补贴方式主要是通过财政直补与价格支持等方式进行。因此,农业补贴在很大程度上影响了农业发展的市场化进程,一定程度上加剧了市场扭曲现象。在乡村振兴战略的指引下,未来农业的发展方向是通过以发展特色产业为基础,构建现代农业体系,并通过市场化、适度规模化、城乡经济一体化等方式的协调作用,逐渐实现农民增收的过程。因而,如何调整和完善农业补贴政策,不仅是实现农业特色产业发展的基础,也是乡村振兴战略的有力抓手。本文以辽宁为例,分析特色产业发展状况,从特色产业发展的视角梳理农业补贴政策存在的问题,通过明确补贴目的及对象,构建特色产业补贴长效机制。

卢宇,地方财政研究,2019 年 03 期

【经营技术】

"3S" 技术在黑龙江省农业保险中的应用现状及建议——以阳光农业相互保险公司为例

【摘要】农业保险在承保和理赔等方面的业务存在很多不完善和低效率的地方,为了解决这些问题,"3S" 技术是一种集遥感、定位导航和地理信息系统为一体的高效技术系统,逐渐被应用在农业保险的业务中。经过调查访问,总结出 "3S" 系统在农业保险的应用现状,创新性地研究了该系统在应用过程中的不足主要在同行之间的关系、农业数据的获取以及卫星的精度三个方面,并认为融合 "3S" 技术的农业保险公司应该加强与政府、高校和同行的合作,建立行业统一标准,完善对系统的教育和对数据的规划,为实现按图承保和按图理赔的最终目标出谋划策。

于烨堃、王京虹,中国市场,2019 年 35 期

智慧农险关键技术及应用分析

【摘要】作为"三农"金融的重要组成部分之一，农业保险对于推进现代农业发展、促进乡村产业振兴、改进农村社会治理、保障农民收益等具有重要作用，科技赋能是保障农业保险高质量发展的关键因素。文章在梳理相关文献的基础上，结合笔者实践深入分析了智慧农险的总体框架，围绕智慧农险4个核心内容论述了其应用领域，并对智慧农险发展进行展望。面对当前和今后较长时间内农业保险高质量发展、科技赋能农业保险的迫切需求，智慧农险需要从系统性和整体性的角度展开综合研究，多技术集成、创新推广模式和对产业支撑将是未来智慧农险的重要发展方向。

龙禹桥、许伟强、蔡剑，中国农业信息，2019年06期

基于国内外经验探讨以"互助模式"破解水产养殖保险技术难题

【摘要】当前农业保险规模迅猛发展，水产养殖保险却进展缓慢。本文浅析了国外互助保险开展模式，结合国内水产养殖保险政策支持力度不足，保险自身查勘定损难，道德风险、逆选择突出等技术上的难题，提出了开展水产养殖保险"互助模式"的建议，以期为水产养殖保险工作提供参考。

张伟光、李鹏飞，中国水产，2019年12期

卫星遥感技术在气象农业保险定损中的应用

【摘要】利用Landsat8、高分一号卫星数据，结合作物生长发育期数据、保险单数据对呼和浩特市土默特左旗2018年受灾承保地块进行了评估。结果表明，通过Landsat 8 6、5、2波段特殊的组合显示方式可以有效地判别地块灾前是否耕种了作物；通过图像预处理、图像配准，利用植被归一化指数NDVI在灾前灾后的对比、分等定级可以有效地反映出承保地块受灾的严重程度，通过ArcGIS软件分别计算出每个承保地块受灾的面积，为气象农业保险定损提供了有效参考。

李耀琛，内蒙古科技与经济，2019年23期

我国农业保险数据技术的现状与问题研究

【摘要】我国农业保险市场规模大，发展速度快，但同时面临着险种单一、缺乏创新、承保范围受限、理赔保障不足等诸多问题。借助大数据等技术是促进农业保险发展的关键。通过卫星遥感、无人机平台、物联网传感器等"天—空—地"全方位的物联技术，实时、有效地获取各类农业生产场景的多形态数据，并结合边缘技术、云计算、大数据等手段，可在险种设计、承保验标、定损理赔、风险监测、防灾防损等各个环节推动农业保险高质量发展。

包璐璐、江生忠、张颂，中国保险，2019年07期

农业保险经营模式改革思考

【摘要】截至 21 世纪初，世界上有 100 多个国家正在推行或试验农业保险，但不同国家农业保险采用的制度模式并不相同。我国在精准扶贫背景下，必须积极推进农业保险经营模式改革。本文重点就推进农业保险经营模式改革的政策保障及实现途径进行探讨，从政策法规、机构设置、补贴优惠等方面提出相关建议。

刘颖，合作经济与科技，2019 年 16 期

基于区块链技术的农业经济优化路径研究

【摘要】我国农业正处于转型升级时期，农业经济的持续、优质发展对我国国民经济而言具有重要意义。本文首先从三大环节阐明我国农业经济发展过程中的潜在问题并说明原因；其次介绍区块链的含义以及运作机制；最后基于区块链技术的原理，为我国农业经济优化发展提供新思路、新路径建议。

梁丹，农村实用技术，2019 年 11 期

【绩效评价】

河南省种植业保险保费补贴的绩效评价——基于 SE‐DEA 模型和 Malmquist 指数分析

【摘要】结合平衡记分卡原理和相关政策文件选取相关指标，利用 2012—2016 年河南省 18 个地市的种植业保险相关数据，构建超效率模型和 Malmquist 指数，从横向和纵向角度测算河南省种植业保费补贴的经济和社会绩效。结果显示，近年来河南省种植业保险保费补贴的绩效水平在上下波动中呈现缓慢的上升趋势。省内各地市绩效水平不均衡，济源、许昌在内的四个地市绩效水平较高，但大多数地市绩效水平未达到目标值，少部分地市如周口、信阳等绩效水平较低，进一步发现各地市技术效率相差不大，规模效率有显著差异且与综合效率趋势一致，说明规模报酬递减是导致绩效水平降低的主要原因。对此，建议加强地区和品种差异化，建立分级补贴制度，建立完善的规章制度和监督机制以加强规范化管理，提高保费补贴资金的配置效率。

李琴英、杨鸣莺、陈力朋，金融理论与实践，2019 年 01 期

保险产品在农村牧区的扶贫减贫效果评价——基于内蒙古自治区 680 份农牧户问卷调查数据

【摘要】为了有效识别保险产品对农牧区贫困户的扶贫减贫效果，基于内蒙古自治区 680 份农牧户问卷调查数据，在梳理保险扶贫作用机理的基础上，分析了贫困农牧户的主要特征，论证了农业保险、新农保、新农合等主要保险产品减轻农牧户贫困状况的效果。同时，调研数据也揭示出：目前的保险制度安排及产品特征制约了保险的扶贫减贫效果，并在此基础上提出了促进保险助力农村扶贫的政策建议。通过对农

村地区保险产品在扶贫效果上的多方面评价和建议，为各级政府和保险经营主体采用针对性政策参与解决农村地区贫困问题提供参考，对国家精准扶贫战略目标的顺利实现和各地区完成扶贫减贫任务具有重要的现实意义。

李傲、赵元凤，金融理论与实践，2019 年 05 期

中美农业保险保障水平和反贫困绩效的"4E"比较

【摘要】农业保险对于贫困地区脱贫有重要促进作用。美国农业保险的法律规范、财政补贴、巨灾机制等促进了其保障水平的提高。中国农业保险在财政支持、补贴品种和农业巨灾分摊机制等方面同美国仍有较大差距。"4E"评价法是评价政府绩效管理的基本原则，并在国内外的政府绩效评价中有广泛的应用。基于新公共管理理论的"4E"评价法，构建农业保险保障水平和反贫困绩效指标体系，从经济性、效率性、效益性和公平性四个方面对中美农业保险的扶贫效益进行比较。借鉴美国农业保险的成功经验，从中国农业保险的保障体系、巨灾保障机制、政策精准度和农业保险人才培养等方面，提出有助于提高中国农业保险保障和反贫困水平的政策建议。

郑军、杜佳欣，沈阳工业大学学报（社会科学版）2019 年 03 期

农业保险扶贫的福利溢出效应

【摘要】农业保险可以保障贫困农民的最低收入水平，并且增强农户信用水平，使其有机会获取更多的农村金融资源，扩大生产摆脱贫困。通过理论与实证分析发现，农业保险具有扶贫的福利溢出效应。通过分析 Cobb - Douglas 生产函数的方程，得出农业保险对于多种收入来源具有福利溢出效应，同时还对农户的健康福利有着溢出效应。通过 VAR 模型实证，验证了这一点。基于此，向政府提出政策建议，以充分发挥"农业保险＋农业信贷"的扶贫效应。

汤天铭、章明芳，黑龙江工业学院学报（综合版），2019 年 10 期

基于动态及三阶段 DEA 的种植业保险保费补贴绩效评价

【摘要】精确评价农业保险保费补贴的绩效水平是提高财政资金使用效率，改进农业保险政策的前提和基础。为剔除外在环境对绩效评价的影响，提高绩效评价的准确性，文章通过三阶段及动态 DEA 方法，利用省级面板数据对 2008—2012 年我国种植业保险保费补贴的绩效水平进行了评价。研究结果表明，我国农业保险保费补贴的绩效水平整体较低，各省绩效水平存在较大差别，绩效水平的动态变化也存在显著差异，在实证基础上对种植业保险保费补贴政策提出相关建议。

吴海平、尉京红，石家庄铁路职业技术学院学报，2019 年 04 期

农业保险效率测度及对农村经济的影响研究——以黑龙江省为例

【摘要】本文选择 10 个指标衡量农业保险规模、发展与效率，采用主成分分析

法对黑龙江省 2010—2017 年农业保险效率进行了实证分析，并进一步以综合评分为解释变量，构造了一个动态差分 GMM 模型以测量农业保险效率对农村经济的影响。

焦星瑞、孔阳，开发性金融研究，2019 年 05 期

互联网技术普及对农业保险发展效率的影响研究——基于 SBM‑Tobit 模型的实证分析

【摘要】如何实现互联网技术与农业保险的深度融合，提升互联网技术对农业保险发展的综合效率，是新时期数字乡村建设的重要内容之一。本文利用 2007—2017 年全国农业保险时间序列数据作为样本，选取非径向非导向数据包络（DEA‑SBM）模型，在对中国农业保险发展效率进行测度的基础上，采用 Tobit 方法分析了互联网技术普及对中国农业保险发展效率的影响，并就此提出应对建议。

李泉、张璐帆，农村金融研究，2019 年 10 期

山东省政策性农业保险发展评价——基于 2008—2017 年度数据

【摘要】本文基于 2008—2017 年山东省及其 17 地市政策性农业保险的经营数据，选取农业保险收入密度等相对指标构建山东省政策性农业保险发展水平评价指标体系，运用主成分分析法和数据包络分析法，从时间序列和空间序列两个角度对山东省政策性农业保险整体财政补贴效率、17 地市政策性农业保险发展水平差异，以及风险保障水平差异进行评价研究。研究发现，山东省政策性农业保险整体发展水平较好，财政补贴效率较高。按照可比口径，农业产值占比低的地区农业保险发展水平好。不过，从农业保险保障粮食稳产和农业产值稳定看，政策性农业保险发展水平较高的地市，其风险保障效率并不高。2014 年以后山东省农业保险风险保障综合效率受技术效率影响程度增强。

王晓丽、陈盛伟，山东农业大学学报（社会科学版），2019 年 02 期

【实证研究】

创新农业保险助力精准扶贫的实践探索——以黑龙江省为例

【摘要】当前，扶贫攻坚进入关键期。保险的基本职能是风险保障，是有效的风险管理工具。而相当多的贫困恰恰是由于风险发生而导致的，因而保险与消除贫困之间就有了天然的逻辑关系。保险的风险保障功能可以实现精准扶贫，信用保障功能可以解决贷款难题，增信杠杆功能可以放大资金使用效应，保险融资功能可以助力产业发展。

刘永刚、高殿伟，中国金融家，2019 年 12 期

水稻收入保险试验效果与复制推广的政策建议——基于江苏省常州市武进区国家农村改革试验区的调查

【摘要】本文选取江苏省武进水稻收入保险试验区作为研究对象，基于 2018 年针对武进区规模农户的问卷调查，构建水稻收入保险试验效果评价体系并运用熵值法评析试验效果。结合试验区承保规模稳步增加、保险参与成本较低、收入保障效果较好的现实情况，研究表明武进试验区水稻收入保险试点取得了良好的试验效果，在全国范围内起到了良好的带动示范作用，已能基本满足规模农户需要，并实现了五大创新以及五大利好。同时，在试验进程中也揭示出收入保险进一步试点需直面的挑战，收入保险的保险服务、风险分散渠道及保费补贴机制等亟待优化，并给出了复制推广的政策建议。

林乐芬、陈燕、刘贺露，保险理论与实践，2019 年 06 期

西部地区农业保险的发展——以甘肃省为例

【摘要】虽然我国的国土面积大，但是农业发展受地理环境和自然环境的影响特别大。尤其对于我国土地资源丰富的西部地区，农民收入主要依赖于种植业，而种植业又受自然影响大，农民收入低。所以，农业保险对西部地区人民而言至关重要。虽然国家一直在积极推行各种措施来推动西部政策性农业保险的发展，但是西部的经济发展和制度建设一直在制约着农业保险的发展。可以通过分析甘肃省农业保险的发展来探究西部地区政策性农业保险的相关问题。

邢妍，现代商贸工业，2019 年 05 期

小农户和现代农业发展有机衔接——经验证据、突出矛盾与路径选择

【摘要】本文在对小农户和现代农业发展有机衔接这一命题进行理论论证的基础上，剖析了新时代中国小农户和现代农业发展有机衔接所面临的突出矛盾，提出了实现两者有机衔接的制度路径以及相关制度创新的目标和任务。发达国家农业现代化的历史经验和实证研究结果表明，小农户和现代农业发展之间不存在实质性矛盾，在小农户经营的基础上实现农业现代化，不仅得到了日本、韩国等东亚发达国家和地区的经验支持，而且具有广泛的实证依据。小农户经营是由中国人多地少的基本国情和小农户的组织特性所决定的现实选择，也是中国现代农业建设与发展的必然选择。由于小农户自身存在某些先天缺陷以及体制障碍等原因，实现小农户和现代农业发展有机衔接将面临一系列矛盾。实现两者有机衔接的关键是要遵循结构主义范式，按照"产权清晰可靠、生产安全高效、交易便捷顺畅、收入持续稳定"的目标要求，全面推进产权制度、生产耕作制度、交易制度和收入分配制度等与小农户经营相关的制度创新，以有效化解两者有机衔接所面临的诸多矛盾和体制羁绊，加快小农户经营基础上中国农业现代化的历史进程。

阮文彪，中国农村观察，2019 年 01 期

乡村振兴背景下银保合作金融创新研究——基于江苏涉农贷款保证保险试点情况调查

【摘要】银保合作创新模式为破解农村信贷和农业保险双重约束提供了新视角，有利于改变城乡二元结构，以实现乡村振兴。本文着重分析江苏省银保互动模式下涉农贷款保证保险的政策协调机制，并运用 logistic 模型探究新型农业经营主体对其的响应条件。研究表明，新型农业经营主体对涉农贷款保证保险的响应意愿普遍较高，这是因为其家庭年收入较少，资金需求"小而分散"，风险防范意识较强，对银保互动模式的认可度较高。但由于农村金融市场的信贷约束，银行和保险公司缺乏主动宣传的积极性，农业保险保障水平较低等局限性会阻碍涉农贷款保证保险开展和推广。据此，本文提出加快建设贷款征信系统、加大银保产品宣传力度、构建多层次农业保险体系以及扩大银保合作范围等政策建议。

林乐芬、何婷，学海，2019 年 01 期

河南省农业保险经营效率的实证研究

【摘要】农业保险是我国一项重要的政策性保险，能够有效分散风险，补偿损失，稳定生产。通过建立 DEA 模型分析我国 31 个省区市 2015 年的农业保险经营效率，可以发现，我国各省区市农业保险的经营效率不均衡，其中河南省的农业保险经营效率排在中等水平，存在供给和需求不足、财政补贴制度不完善、基层管理混乱、市场竞争程度较低等问题。相关部门应完善财政补贴制度，培养高素质专业技术人员，建立多方监管体系，加强农业保险宣传教育，鼓励通过服务和创新适当竞争等。

杨鸣莺，河南工程学院学报（社会科学版），2019 年 01 期

棉花价格保险的探索与思考——基于新疆生产建设兵团的实践

【摘要】棉花价格保险是在 WTO "黄箱"规则约束下进行的新型棉花补贴方式的有益探索。2017 年在新疆生产建设兵团第六师进行了棉花价格保险的试点工作。试点有效保障了棉农的收益，提高了对农户的补贴效率，属于纯商业保险的试点工作，具有农户操作简单方便的特点。但是棉花价格保险的试点中在保费确定、保障水平、农户败德行为约束等方面仍然存在诸多不足。建议加快建立起科学的保费确定方式；加强农户保险培训教育；保险公司应提升自我服务水平，改善在农户心中的形象；加快健全棉花价格保险的运行机制和监管机制。对下一步棉花补贴政策改革提出了相应的思考。

程文明、王力、赵新民、刘景德，金融理论与实践，2019 年 05 期

财政支农与政策性农业保险对农民增收的影响——以张家界市为例

【摘要】农业经济发展与农民收入提高是我国全面建成小康社会中恒久不变的话题，其中，财政支农将是解决"三农"问题的最直接的方式，政策性农业保险是降低农民承担的风险，侧面稳定农民收入的一项惠农政策。在粮食连续增长但农民收入相

对降低的大背景下，张家界市的农业发展也处于探索中，幸而财政支农资金与政策性农业保险使农民收入保持着一个长期稳定的关系，对于促进农民增收、扶持农业发展具有重要意义。因此，探寻三者之间的关系可以有效地调整政策结构，有助于农民农村的更好发展。按照张家界市财政部、统计局统计资料，运用计量经济分析方法，就财政支农资金与政策性农业保险对农民收入的影响进行了实证分析，探寻提高张家界市农民收入的方法。

高豪、胡方、张文峰，农村经济与科技，2019 年 07 期

广东省各地区农业保险发展不平衡的实证研究

【摘要】近年来广东省政策性农业保险发展取得较大进展，但也出现了较为严重的地区间发展不平衡问题，影响了农业保险功能的发挥。论文选取广东省 20 个地区 2007—2017 年农业保险保费收入、保险赔款等总量指标以及保险密度、保险深度等相对指标数据，运用时间序列平均发展水平方法，度量了广东省地区间农业保险发展不平衡程度，并运用聚类分析方法进行了发展水平的分类，分析了发展不平衡的原因，进而提出了对策建议。

张祖荣、邓美君，农村金融研究，2019 年 06 期

农业保险保费补贴政策对农业产值效应实证分析——基于面板数据 DID 法

【摘要】农业保险保费补贴政策自 2007 年开展试点至今已逾 10 年，农业保险保费补贴政策在 10 年间不断扩大补贴地区，丰富补贴险种。本文通过搜集 2007 年试点地区与周边市级行政区相关数据，试图利用面板数据以 DID 方法对政策实施之初的效应进行实证分析，解释农业保险保费补贴政策的有效性，并受农业保险保费补贴政策启发，建议适度采用财政支农手段刺激农业发展，促进农业专业化，提高生产效率，提高农村居民收入水平。

王美玲，农村实用技术，2019 年 03 期

【国际启示】

美国农作物收入保险的运营体系及其对我国的启示

【摘要】农作物收入保险是粮食最低收购价等直接价格支持政策逐步退出后的重要发展方向。本文分析了美国农作物收入保险的发展历程，阐述其运行机制，重点总结了美国农作物收入保险产品在"价格、产量、保障水平"数据确定，投保单元设置和费率、补贴率的确定等方面的特色，对比分析中国和美国农作物收入保险典型产品设计，认为我国应加快保险产品制度设计、丰富产品种类、提高保障水平以及加大保障补贴力度。

彭建林，云南农业大学学报（社会科学），2019 年 05 期

加拿大农业支持政策和农业保险：发展和启示

【摘要】加拿大是世界上农业保险最为发达的国家之一，但国内专门介绍加拿大农业保险发展经验的文献相对较少，更缺乏将农业保险纳入加拿大整个农业支持政策框架内进行分析的文献。本文根据文献资料，对加拿大农业支持政策和农业保险政策的历史演变和最新进展进行了较为全面系统的梳理，研究发现：①农业保险在加拿大农业支持政策中的地位非常重要，几乎伴随了加拿大农业支持政策发展演变的全过程。②加拿大除了积极发挥农业保险作用之外，更加注重农业保险和其他农业政策工具的协调配合。③制度建设是加拿大农业保险获得成功的重要保障。据此，本文提出了5个方面的政策建议。

王克，世界农业，2019 年 03 期

政府干预与市场边界：澳大利亚农业保险制度实践及其启示

【摘要】澳大利亚是世界上为数不多的不对农业保险进行政府补贴的国家之一，农业保险因坚持市场化承保农业风险而体现出清晰的市场边界，政府则致力于弥补"市场失灵"提供以巨灾风险管理为核心的农业风险管理政策，并通过政策组合积极干预农业保险发展。通过考察澳大利亚农业保险的制度特点，总结农业保险制度的市场边界和政府干预措施，为高效发展我国农业保险提供经验借鉴。

邱波、朱一鸿，金融理论与实践，2019 年 03 期

农业保险发展的国际经验借鉴

【摘要】近年来，中央聚焦"三农"问题，深化农业改革推动乡村振兴战略。我国农业保险发展关乎脱贫攻坚、农业现代化以及国民经济的发展。从农业保险发展规模、管理体制、财政补贴政策以及相关法律法规建设四个角度出发，对比分析我国农业保险与美国、日本、加拿大等国的差距，探讨我国农业保险发展中的问题并提出建议。

李紫薇、蔡洋萍，科技经济导刊，2019 年 10 期

农业保险反贫困的中日比较及启示——基于交易成本理论的"三重维度"视角

【摘要】农业保险作为国家反贫困政策的重要手段之一，其保障水平关系着农业保险的扶贫力度。而农业保险的保障水平与国家的制度环境有很大关系。本文从新制度经济学出发，以交易成本理论中的契约约束成本、度量和界定产权的成本、组织活动成本三重维度作为研究基础，对比分析中日制度环境下农业保险的保障水平及其所产生的反贫困绩效。针对自身发展的不足，提出相应建议，以期促进我国"十三五"扶贫开发目标的实现。

郑军、王彪，经济体制改革，2019 年 04 期

国际经验对中国农业保险发展的启示

【摘要】农业保险从国家层面上看是发展农业经济和扶贫的重要组成部分，是保障农户切身经济利益和生活水平的经济补偿手段。发展农业，改善农民生活如今已经成为国家战略，农业保险显得尤为重要。经历了十几年的发展，中国目前已成为全世界第二大农业保险保费收入国家，但现在总体的发展情况来看还很粗放，中国已经到了将农业保险推到高质量发展的阶段。本文对主要发达国家农业保险的架构演变和先进经验进行了概述，并从政府财政补贴方式、保险保障程度、赔付率与理赔、再保险等方面对主要发达国家的农业保险发展经验进行了比较分析和理论总结。最后对中国农业保险发展提出一些政策建议。

张帅，未来与发展，2019 年 12 期

国内外农村保险组合特点及趋势分析

【摘要】本文通过研究中国、法国、美国、加拿大、印度等多个国家的农村保险组合，梳理了国内外现有保险组合所涵盖的险种、责任等信息，总结归纳了各国农村保险组合的特点和发展趋势。基于以上收集到的信息，本文发现中国农村保险组合在一些方面需要改进。例如拓宽保险组合的覆盖范围；提高保险组合的灵活性，在一定程度上实现组合的个性化定制；提升保险产品的风险管理服务质量，保险公司在经营保险组合产品的同时，为农户提供配套的风险管理服务，提升保险业务价值。

杨轩睿、李心怡，农村经济与科技，2019 年 20 期

基于 SCP 范式的农业保险反贫困新思路——中国与俄罗斯的比较和启示

【摘要】俄罗斯农业保险在市场结构、行为和绩效方面对我国农业保险助推反贫困事业具有重要借鉴意义。论文依托 SCP 范式及其演进模式，围绕"制度—行为—绩效"的逻辑关系，对比分析了中俄两国农业保险的市场结构、行为差异对反贫困绩效的影响。就俄罗斯而言，合理的行业结构、高效的业务能力、政府强有力的财政支持、良好的市场绩效等促进了农业保险助推反贫困事业的发展。中国在市场结构、市场行为和市场绩效等方面与俄罗斯存在较大差距。因此，应结合 SCP 范式，对中俄行业结构、企业行为与市场绩效进行比较研究，更好地规范和引导我国农业保险与扶贫事业的发展。

郑军、陈美丽，青岛农业大学学报（社会科学版），2019 年 03 期

论美日农业补贴政策及对我国的启示——基于粮食安全视角

【摘要】美国"世界粮仓"地位的巩固及日本粮食安全的保障均得益于本国所实施的农业补贴政策。本文结合我国粮食安全所面临的严峻形势及农业补贴政策的实践困境，对美国、日本农业补贴政策进行针对性、典型性借鉴后得到如下启示：一是逐

步推进粮食最低收购价政策向目标价格政策转型；二是注重对亲资源环境生产方式的补贴激励；三是强化对农业基础设施及农业科技的财政扶持；四是助力农业保险发展与新型职业农民培育；五是构建农业"走出去"的财政支持政策体系。通过借鉴美日典型经验并对我国农业补贴政策予以动态完善，有助于提高补贴政策效应，最终保障国家粮食安全。

赵和楠，财政监督，2019 年 11 期

博硕论文

地方法人财产保险公司经营绩效研究

【摘要】地方性保险公司近年来规模迅猛发展，作为地方性保险公司的典型代表地方法人财险公司更是这个热潮中的领军者。从 2008 年到 2016 年，期间先后有 17 家地方法人财险公司成立，如此多的地方法人财险公司成立，我们不禁疑惑是利润推动导致还是政策推动导致。目前地方法人财险公司存在着原保费收入的市场占比停滞不前、市场定位相对模糊、营业利润负增长等诸多问题，因此，有必要对地方法人财险公司的经营绩效进行研究，剖析其在经营过程中存在的问题，从而助推地方法人财险公司的发展。围绕地方法人财产保险公司的经营绩效研究分析，本文共有五个章节：第一章为绪论，主要讲述文章的背景和意义。第二章第为理论界定与理论分析，主要阐述我国地方法人财险公司的建立动因以及发展状况；第三章是通过对经营指标计算进行经营绩效分析，本章的评价分析指标主要由盈利能力、资产质量状况、债务风险状况、经营增长状况等四大类九个指标构成，通过同全国性财险公司的评价指标进行对比分析，得出地方法人财险公司在经营过程中存在的问题；第四章是地方法人财险公司经营绩效评价的实证分析，通过数据包络分析，同全国性财险公司的经营效率进行对比，检验各地方法人财险公司经营效率和规模效率的优劣；第五章为政策建议，分别从发展模式选择、监管体系构建和业务风险防范三个方面提出政策建议。

张玉龙，兰州财经大学

保险精准扶贫模式的评价——以南召县为例

【摘要】保险具有撬动扶贫资金的杠杆作用，能够大大提高风险保障范围，增强扶贫的精准度。1989 年南召被国务院确定为国家级贫困县，2011 年南召县再次被确认为国家扶贫开发工作的重点县。政府部门在开展扶贫工作时，面临着南召县的贫困人口年龄偏大、贫困人口文化程度低、人均耕地少、贫困发生率高、金融资本缺失的问题，南召县政府建立保险精准扶贫体系和出台扶贫政策，将保险业参与精准扶贫中，充分发挥了其在扶贫中的风险保障作用，同时有利于自身加快发展。实践证明，贫困地区经济具有脆弱性，贫困地区人口抵御风险的能力较弱。理论上看，保险作为一种市场化的风险处置机制，能有效防范群众因病、因灾、因农产品价格波动等因素

带来的致贫、返贫风险，为脱贫致富构筑起有力屏障。这是银行、证券等其他行业，以及其他扶贫手段所不能比拟和替代的作用，有效发挥了保险经济"助动器"和社会"稳定器"的功能。伴随着时间的推移，保险精准扶贫模式得到了较为成功的推广和发展。本文以县级保险精准扶贫模式的效果为视角，对扶贫工作中引入保险的工作机制进行分析，在一定程度上为保险精准扶贫的县级模式研究提供支持。以南召县的保险扶贫为研究案例，采用逐村逐户发放回收问卷的方式得到科学有效的数据。以当地贫困群众的保险需求作为切入点，对当前南召县存在的各类风险进行了细致的梳理，并以此为基础，从农户、保险公司、政府角度等角度进行说明，同时，将经济社会等因素纳入考虑范围，使用因子分析法作为分析方法，构建对应的保险精准扶贫的可操作评价模型，最后根据模型进行实证分析。实证结果表明：保险扶贫工作具有较高的综合得分增长速率，保险精准扶贫政策对南召县的经济发展的贡献度越来越高；保险公司具有 0.167 分的综合利润率得分，表明了在保险扶贫政策施行中，从整体上看保险公司是亏损的，对于保险扶贫工作的可持续发展不利的。存在着农业保险产品的种类比较少、补贴缺乏精准性、保险密度低、相关的保障制度以及管理机制不够完善的问题，最后，提出实现保险产品的创新、提升保险扶贫的精准度、完善风险管理机制、健全财政补贴制度的对策及建议。

高虎，河南大学

人保财险（江西）农业保险业务管理模式优化

【摘要】近年来，随着江西省经济的持续增长，农业生产水平也逐步提高。政府支持农业保险发展不断深入，进一步推动农业产业的发展，现有的农业保险模式已经无法满足农业生产者的需求。针对这个问题，近年来随着中央、各级政府对农业保险的重视程度不断提升，为贯彻中央的农业保险统筹规划的精神，江西省政府为支持江西省农业保险业务更上一个台阶相继出台农业保险相关文件，探索解决途径。本文对人保财险江西省分公司农业保险业务现有的管理模式进行研究分析，总结出有现实意义的意见和建议。本文从七个部分对人保财险江西省分公司农业保险业务模式优化进行研究。第一部分对研究目的、选题意义进行阐述，并对所运用的研究方法和具体思路进行介绍。第二部分介绍农业保险相关基本概念、相关理论。第三部分概述人保财险江西省分公司农业保险业务管理模式现状，陈述人保财险江西省分公司农业保险业务的基本概况、战略发展目标和业务管理模式。第四部分具体分析人保财险江西省分公司农业保险业务管理模式，包括优势分析、问题分析和原因分析。第五部分研究商业保险公司农业保险业务管理模式的借鉴，通过对比不同的管理模式，找出可以为公司借鉴的方面。第六部分针对影响人保财险江西省分公司农业保险业务发展的因素，提出具体的建议和相关措施，并总结建议和保障方面的具体内容。第七部分为结论与展望，总结研究结论，并对本文的不足和创新方面进行说明。

帅丽莎，江西财经大学

地方性财产保险公司承保业务的困境及对策——以燕赵财产保险股份有限公司为例

【摘要】我国的财险公司大致分为两类：一类是起步较早且立足于全国市场的全国性财险公司，其中以人保、平安和太平洋为代表；另一类是起步较晚且立足于地方市场开展业务的地方性财险公司。2014年《关于加快发展现代化保险服务业的若干意见》发布，明确表态支持地方性财产保险公司的发展，使地方性财产保险公司的发展背后增加了一道政策支撑。截至2018年底，我国共有财产保险公司88家，其中地方性财产保险公司23家。现有地方性财产保险公司大都是由当地省政府部门牵头，大型地方国有企业出资设立的，因而地方色彩浓重。但是，由于受市场空间以及产品和服务同质化等因素的影响，这些地方性财产保险公司存在大面积承保亏损的问题。据各公司公布的年报数据显示，2018年承保盈利的地方性财产保险公司仅有2家。如何通过业务整合及产品和服务创新促进地方性财险公司的发展，是这些地方性财险公司当下面临的重要课题。本文基于地方经济和社会背景，利用对比分析、数据分析及描述性研究等方法分为四部分进行论述，第一部分对23家地方财产保险公司的发展情况以及大多数地方性财产保险公司承保业务面临的困境进行了分析，引出选取燕赵财险作为案例公司的原因。第二部分，先对公司进行了简单的介绍，之后从行业背景、政府方的考虑、股东方的考虑分析了燕赵财险成立的背景，再对燕赵财险的经营现状进行介绍。第三部分分析其承保业务出现规模经济失效、业务结构失衡、脱离河北省社会经济现状以及行政监管引导力度不足的问题。最后，本文基于以上的分析，针对燕赵财险公司承保业务发展的困境提出了三点对策，分别是：立足区域经济发展；充分利用股东资源；发挥政府部门监管引领作用。

郭艺，河北金融学院

ZJ农业公司经营模式研究

【摘要】如何有效破解"三农"问题一直是摆在政府面前的重大课题。实践证明，推进农业产业化是促进我国农业由传统农业走向现代农业的重要举措，能够有效解决农户小生产与大市场衔接不畅的问题，对于推进农业供给侧结构性改革、引领农业适度规模经营发展、带动农民就业增收、增强农业农村发展新动能具有十分重要的意义。而在农业产业化当中，龙头企业作为重要的参与经营主体，起着引领带头的作用，助推农业产业化发展进程。本文选取农业产业化龙头企业ZJ农业公司为研究对象，通过对其进行实地调研掌握了大量第一手数据和资料，并在查阅文献的基础上，对其经营模式的现状及存在的问题进行分析研究，提出了公司经营模式优化的对策建议。首先对涉及的农业产业化经营模式相关概念、利益联结机制、农业产业链管理理论进行了阐述，然后通过对ZJ农业公司的经营模式现状及存在问题进行分析，发现其存在融资渠道单一，合作社不独立，公司与农户地位不平等，利益分配机制不完善，双方利益联结不紧密，利益约束力不强，规模化扩张有阻碍，风险保障机制不健全，产业链条窄、产品附加值低等问题。运用 SWOT 分析工具对 ZJ 农业公司的经营模式优势、劣势、机会和威胁进行了分析，并通过借鉴国内其他常见的农业产业化经营模式，结合当前农业公司经营模式生态化、基于"互联网＋"创新性发展方向，以农业产业链管理理论为支点，对 ZJ 农业公司的进一步发展提出了鼓励农户以地入股、建立规模化种植基地，多领域拓宽产业链、提升产品附加值，调整和完善利益联结机制，探索建立风险共担机制，加强人才建设、狠抓带头人培育，依靠"互联网＋"、发展智慧农业等六条对策建议，从政府层面提出建立投资引导机制、助推农业产业化发展，强化财政引导、完善支持政策，加快发展农业保险、推进农业风险防范机制建设，加大人才培训引进力度、加快新型经营主体人才队伍建设，加大科技支撑、推广现代农业技术五个方面的保障措施。

王豆豆，山东师范大学

甘肃省农业保险保费补贴机制优化研究

【摘要】农业保险是目前世界各国在支持农业发展的过程中运用较广泛的一项政策，并且是得到世贸组织允许的一项"绿箱"政策，对现代农业发展过程中转移风险有重要意义。农业保险的顺利实施离不开政府财政资金的补贴，要想发展农业保险，必须实行政策性农业保险制度。虽然近年来社会各界对于农业保险的保费补贴问题进行了各种探索，国家财政部门也不断地尝试改进农业保险财政补贴的模式，致力于提高财政资金补贴效率的探索，但是迄今为止，并没有形成一套科学稳定的补贴机制，国家关于财政补贴农业保险方面的法律法规也并不完善。在这种现实背景下，如何对不同地区实施合理的农业保险财政资金补贴，包括合理的补贴范围、比例等非常重要，探索出一个适合本地区的农业保险保费补贴机制，不管是对于农业保险的持续发展还是整个农业发展都有着极其重要的作用。尤其考虑到甘肃省的现实问题，从地理环境来看，地处西部地区，自然环境差，农业生产又有其自身的弱质性，一系列的原因导致甘肃地区经济发展相对比较缓慢。如果仅仅依靠农民自己去面对生产过程中的风险难度比较大，因此农业保险的推广就显得很有必要。本文以福利经济学、非均衡理论等经济学理论为依托，以甘肃省农业保险市场为例，对在甘肃省农业保险实践中出现的一些问题进行了研究，同时借鉴相关发达国家农业保险补贴政策的成熟做法和成功经验，立足于我国农业保险推行过程中的实际情况，汇总学术界的普遍看法，从补贴资金的形成机制和运行机制两个方面提出优化建议，以期达到提高财政补贴农业保险效益，实现农业增产、农民增收、农村稳定的目标。

范雨龙，兰州财经大学

图书在版编目（CIP）数据

中国农业保险研究 . 2020 / 庹国柱主编 . —北京：
中国农业出版社，2020.10（2023.12 重印）
ISBN 978-7-109-27330-6

Ⅰ.①中…　Ⅱ.①庹…　Ⅲ.①农业保险－研究报告－
中国－2020　Ⅳ.①F842.66

中国版本图书馆 CIP 数据核字（2020）第 175821 号

中国农业出版社出版

地址：北京市朝阳区麦子店街 18 号楼
邮编：100125
责任编辑：赵　刚
版式设计：杜　然　责任校对：沙凯霖
印刷：三河市国英印务有限公司
版次：2020 年 10 月第 1 版
印次：2023 年 12 月河北第 2 次印刷
发行：新华书店北京发行所
开本：787mm×1092mm　1/16
印张：33.75
字数：800 千字
定价：98.00 元